大展好書　好書大展
品嘗好書　冠群可期

道家養生與生命科學 ⑨

葛洪抱朴子
道醫丹道修真學

葛洪　原著
蘇華仁　總主編

梅全喜　李志杰　巫懷征
郝近大　冉懋雄　胡曉峰　編著

大展出版社有限公司

中國道家內丹養生之道祖師　中華民族神聖祖先　黃帝　聖像　*3*

中國道家丹道養生祖師老子聖像

黃帝、老子丹道傳人葛洪聖像

杭州抱朴道院葛洪塑像

稚川移居圖（葛洪移居羅浮山圖）

葛洪講經授徒圖

葛洪羅浮山煉丹圖

皇帝、老子丹道當代傳人吳雲青坐像

《中國道家養生與現代生命科學系列叢書》第 2 輯
編委會名單

本叢書所載中國道家丹道修真長壽秘傳師承

1. 吳雲青（1838～1998）

中華聖祖黃帝，老子創立道家丹道修真長壽當代 160 歲傳師，世界著名壽星。（詳況登陸央視四台發現之旅「肉身不腐之謎」）

2. 邊智中（1910～1989）

中國道家華山派丹道修真長壽當代傳師，世界著名生物學家牛滿江道功師父。

3. 李理祥（1893～1996）

中國道家龍門派丹道修真長壽當代百歲傳師，中國當代著名道家醫學傳師。

4. 李嵐峰（1905～1977）

中國道家金山派丹道修真長壽當代傳師，張三豐太極拳與丹道修真長壽當代傳師。

5. 唐道成（1868～1985）

中國道家武當派丹道修真長壽當代 117 歲傳師，中國當代著名道家醫學傳師。

6. 趙百川（1876～2003）

中國道家青城山丹道修真長壽當代 127 歲傳師，中國當代著名長壽老人。

7. 李靜甫（1910～2010）

中國當代華山丹道道醫著名百歲道長、華山道教協會原會長。

《中國道家養生與現代生命科學系列叢書》第 2 輯
編委會名單

總主編	蘇華仁				
總策劃	趙志春				
副主編	辛　平（編注）	李志杰（策劃）		張　利（編務）	
編　委	丁成仙	于昔群	于曉非	毛飛天	馬　源　王大陽
	王正忠	王麗萍	王炳堯	王　強	龍　源　鄧衛東
	田合祿	天真子	葉欣榮	葉蘆生	古陽子　藍彥嶺
	劉俊發	劉繼洪	劉裕明	劉淑華	任芝華　孫光明
	孫愛民	孫景浩	齊善鴻	牟國志	沈岳武　辛　平
	辛立洲	蘇華仁	蘇建林	蘇小文	蘇華禮　曠智勇
	邢　妍	巫懷征	李靜甫	李太平	李宗旭　李志杰
	李　興	李　東	李善文	李建輝	李誠順　吳祥相
	何山欣	何綺紅	嚴　輝	易建軍	趙志春　趙樹同
	趙文澤	趙彥琴	杜葆華	杜宏圖	羅尚賢　張劍峰
	張海良	張德礜	張若根	張高澄	張良澤　張　方
	張仲軒	陳　維	陳　鈺	陳全林	陳安濤　陳成才
	陳紹聰	金世明	鄒通玄	周彥文	周敏敏　范耀華
	楊　波	林　清	駢運來	胡建平	高志良　唐明邦
	唐福柱	郝鎮熙	柯　可	賈曉明	賈瀚文　徐震宇
	黃恩坡	黃德欽	黃子龍	梁偉明	梁俊雄　梁淑范
	郭棣輝	郭中隆	梅全喜	嵇道明	曾信善　曾本才
	董應周	韓仲鵬	韓百廣	釋印得	釋心月　蔡孟珂
	廖冬晴	廖慶生	廖孟江	裴志剛	謝東方　潘志賢
	潘一德				
秘　書	吳朝霞	孫祥植	韋明言	蘇　明	蘇小黎　潘海聰
	劉　振	王　洋	張藝獻	張志強	嵇春霖　張君博
	趙彥琴				

《中國道家養生與現代生命科學系列叢書》
總主編蘇華仁簡介

・蘇華仁與恩師吳雲青1996年合影於西安樓觀台老子說經台

　　蘇華仁道長，道號蘇德仙，20 世紀中葉出生在舉世聞名的《周易》發源地和世界文化遺產殷墟與甲骨文的發祥地——中國古都安陽（古都安陽同時是中華智聖鬼谷子的故鄉）。

　　為追求宇宙天地人大道，年輕時曾雲遊四海、尋真問道，三生有幸於 1980 年被 1998 年 160 歲坐化、至今金剛肉身不壞的世界著名丹道養生老人吳雲青收為入室掌門弟子，精心培養長達十八年。（世界著名壽星吳雲青老人修道養生和坐化肉身不朽情況主要載《人民日報》1980 年 9 月 10 日、中央電視台四台國際頻道「發現之旅」欄目 2010 年 11 月 25 日晚間以「肉身不腐之謎」節目播出，登錄央視網站即可觀看）；蘇華仁道長還曾師從當代道功名師李嵐峰、當代華山道功名家邊智中、

117 歲的丹道高師唐道成、終南山百歲道醫李理祥、青城山127 歲道長趙百川、當代佛門禪宗泰斗虛雲法師弟子九華山佛學院首座法師釋明心、佛門密宗泰斗釋圓照、佛門淨土宗百歲禪師釋淨嚴，有緣學得中國道家內丹與佛家禪修秘傳。

蘇道長曾於 1980 年被中國禪宗祖庭少林寺行正禪師委任為副主持，二人同住一屋。現任中國道教十大名山羅浮山軒轅庵、紫雲洞道長。

他將中國道家內丹養生學傳授給海內外有緣的國家、地區和人士，同時用中國道家內丹養生修真學為攻克聯合國公布十七種疑難雜症中的十六種（艾滋病除外）進行了多年探索，取得不少科研成果，康復患者無數，享譽海內外。

蘇華仁道長數十年從事內丹養生修煉，基本上已達先天境界，對各種中國道家內丹養生理論和功法有全面而獨到的精煉解釋。如今，揮手之間，口中金津玉液泉湧無窮，身輕如燕、行走無聲、皮膚已煉至橘子色……是不可多見的理論與實修兼具、有正宗傳承、用生命證明了丹道絕學的當代道家高人。

蘇華仁道長還兼任中國老子道學文化研究會常務理事，中國作家協會河南分會的會員，中國安陽《周易》研究會常務理事，中國珠海市老子道學文化研究會名譽會長，中國珠海市古中醫養生發展研究會會長、新加坡道家養生學會名譽會長等職。

近年來，蘇華仁道長與世界著名易道泰斗唐明邦、董應周和山西科學技術出版社副總編趙志春等同道精心編著《中國道家養生與現代生命科學系列叢書》（共十二冊），蘇道長擔任總主編。本叢書由山西科學技術出版社出版後受到海內外同道好

評。書目如下：

1.《老子<道德經>養生之道》
2.《藥王孫思邈道醫養生》
3.《道家內丹功與現代生命科學》
4.《太極拳祖師張三豐內丹養生》
5.《<周易參同契>與道家養生》
6.《世界著名壽星吳雲青談中國傳統養生之道》
7.《<黃帝外經>丹道修真長壽學》
8.《<鬼谷子>與茅山道派丹道修真學》
9.《葛洪<抱朴子>道醫丹道修真長壽學》
10.《呂洞賓丹道修真長壽精華》
11.《華山陳摶老祖丹道修真長壽學》
12.《道家南宗丹道修真長壽學》

通訊地址：中國廣東博羅縣羅浮山寶田國際會議大酒店中醫養
　　　　　生理療中心轉軒轅庵　蘇華仁道長收。
郵　　編：516133　　手機：13138387676，13542777234
電子郵箱：su13138387676@163com
公開郵箱：su13138387676@126com　密碼：510315
網　　站：wwwdjystcom
博　　客：http：//blog.sina.com.cn/suhuaren
　　　　　http：//hi.baidu.com／蘇華仁

北京愛心中立高文化有限責任公司，是一個專門研究、傳承、創新、傳播經典文化的組織，公司以全真和合論為指導理論，以提升全民文化自覺自信為己任，以健康國民身心為宗旨，以促進和平和諧為目的，秉承傳統，契合當代，弘揚國學經典文化，傳承孝道養老美德，結合傳統工藝精髓，發展身心健康事業。

公司目前在北京、河北、山東、甘肅等地共有連鎖店 18 處，公司秉著「誠信合作、互利共贏」的理念誠邀社會文化精英與愛好者共謀發展、共促和諧。

電話：010-51811253

地址：北京豐台區小屯路 9 號立高大廈

目錄

第六章◆

葛洪在羅浮山廣建道觀、弘揚道家丹道與中醫藥養生文化、著書立說、行醫度人 …………………………/661

※ 第一章 ※
緒論：中國道家著名高師 葛洪《抱朴子》道醫丹道 修真學綱要

生活於中國東晉時期的中國道家著名高師葛洪，其所著《抱朴子》一書，被古今中外有關專家、學者譽為「中國道家百科全書」，連同葛洪其他道學著作，他對中國傳統文化貢獻主要有三個方面：

一是中國道家文化，二是中國道家丹道養生，三是中國道醫與中醫藥學。

為了弘揚中國道家文化、中國道家丹道養生、中國道醫與中醫藥學，我們《中國道家養生與現代生命科學系列叢書》編委會特意會同有關專家學者編注出《葛洪<抱朴子>道醫丹道修真學》，其綱要如下：

一、葛洪簡史及其對中國道家文化的貢獻

中國道家文化發展史啟迪我們：中華《道藏》最早是從葛洪師父《鄭隱藏書》起源，後經葛洪將鄭隱所藏道經收入葛洪《抱朴子》及其他道學著作中，而後經後人努力，逐漸完善而成今日我們看到的中華《道藏》。

關於葛洪簡史及其弘揚的中國道家文化，中國近代道學泰斗陳攖寧先生在其編撰的《道教知識類編初集》中甚為精要，此恭錄如下供讀者詳讀之：

【葛洪】東晉道教理論家、醫學家。字稚川，自號抱朴子。丹陽句容人，葛玄的侄孫。少好神仙導養之法，從葛玄的弟子鄭隱受煉丹術，又博覽群書，精通醫學。

司馬睿為丞相，用為掾，後任諮議、參軍等職。因以往有軍功，賜爵關內侯。咸和初（公元 326 年），被召為散騎常侍兼大著作的官職，他固辭不就，一心想去煉丹，聞交趾出產丹砂，求為勾漏（今廣西北流縣）令。攜子侄經過廣州，為廣州刺史鄧岳款留他住羅浮山，從事著書和煉丹生活，後來就在山尸解。

（補充）《晉書卷七十二·葛洪傳》：「洪少好學，家貧，躬自伐薪以貿紙筆（即親自砍柴賣給人家以換取紙筆等物），夜輒寫書誦習（夜間常常抄書誦讀和溫習），性寡慾，無所愛玩，為人木訥（木是樸實，訥是不會花言巧語），不好榮利。後師事南海太守鮑玄（即鮑靚，字太玄），玄以女妻洪（道書上稱為鮑姑）。洪博聞深洽（謂葛洪所學極博，又能深入理解），江左絕倫（江東一帶地方無人能夠及他），著述篇章，富於斑馬（他寫作的書籍文章比漢朝的班固、司馬遷還要豐富）」。

據《晉書·葛洪傳》及《抱朴子·自序》將他的著述名目和卷數列舉如下：抱朴子內篇二十卷，抱朴子外篇五十卷，神仙傳、隱逸傳、良吏傳、集異傳各十卷，移檄章表三十卷，碑誄詩賦一百卷，金匱藥方一百卷，抄經史百家言三百一十卷，肘後備急方四卷，以上共計六百五十四卷；此外尚有抱朴子養生論，大丹問答，葛洪枕中記，稚川真人較證術，抱朴子神仙金汋經，葛稚川金木萬靈論，各篇皆見於道藏中。

本傳又言，葛洪在羅浮山與廣州刺史鄧岳書云，「當遠行尋師，克期便發」，岳得信，急趕到山中，而洪已坐化，遂不及見。時年81歲。（按，葛洪生歿年月無考，是否81歲，也有問題。）

二、葛洪對中國道家丹道養生的貢獻

葛洪對中國道家丹道養生貢獻可謂巨大：首先，葛洪《抱朴子・黃白篇》中，葛洪援引的龜甲文詞句：「我命在我不在天，還丹煉金億萬年」早已成為中國道家掌握生命科學的綱領性口號，而《抱朴子・金丹篇》中所講的金丹煉法，既明講外丹煉法，同時則隱含中國道家內丹煉法，另外中華《道藏》中珍藏葛洪內丹名著如下：

1.《抱朴子・胎息訣》
2. 葛洪與其丹道師父鄭隱《大丹問答》
3. 抱朴子養生論

三、葛洪對中國道醫與中醫藥的巨大貢獻

葛洪著述雖多，但大多已亡佚，現存且與醫藥有關係的當數《抱朴子內篇》和《肘後備急方》。

《抱朴子內篇》全書 20 卷，首次全面論述了道教宗旨、哲理、儀式、方法，對宇宙本體、人的本質及生活哲學、神仙的存在、俗人成仙的可能性、養生健身、金丹的煉製及齋醮的方法也都進行了闡述說明，正如葛洪在《抱朴子外篇・自敘》中所說：

「其《內篇》言神仙、方藥、鬼怪、變化、養生延年、攘邪卻禍之事，屬道家；其《外篇》言人間得失、世事臧否，屬

儒家。」

反映出作者以神仙養生為內，儒術應世為外，內外兼用、仕隱變通的人生哲學。

《抱朴子內篇》繼承了早期的煉丹、醫療、養生等理論與實踐，在科學史上留下了可貴的一頁。他在《金丹》、《仙藥》、《黃白》等卷中較集中地討論了煉製金銀及丹藥，書中載有不少煉丹煉金的實驗、煉丹的設備及丹方等化學及製藥知識。

如方中載有硫化汞加熱分解出汞，而汞和硫黃又能生成硫化汞（「丹砂燒之成水銀，積變又還成丹砂」）；鉛能變成紅色的四氧化三鉛，而四氧化三鉛又能分解出鉛（「鉛，性白也，而赤之以為丹，丹性赤也，而白之以為鉛」的可逆性化學反應；金屬鐵可以從銅鹽中置換出銅（「曾青塗鐵，鐵赤色如銅」的置換反應；雌黃、雄黃的昇華反應等。

此外，還載有大量礦物藥的應用。介紹了養生理論、方法、養生藥物的應用以及部分醫學理論的闡述及醫學實踐。總之，《抱朴子內篇》對推動煉丹術、化學、製藥化學、養生學、醫藥學、性醫學等方面的發展是有一定貢獻的。

《肘後備急方》全書列有 70 餘篇名，所論述疾病多以急性病為主，包括各種傳染性熱病及由物理、化學、生物等因素引起的急症，對於常見而多發的慢性病也未忽視，還有療牛馬瘋症等獸醫的內容。

在臨床治療學方面的成就尤為突出，特別是在傳染病和寄生蟲病的認識和治療方面，如沙虱病（羌蟲病）的傳染途徑和治療方法；用狂犬的腦（狂犬毒素）來治療狂犬病的免疫接種療法；對瘧疾的治療，尤其是最早提出用青蒿治療瘧疾；對天花的描述是世界最早的記載；對腳氣病的記述以及各種藥物、毒物中毒的急救方法等，都是十分科學合理的。

又因其編寫的目的是作「手冊」使用，所以對於每一病症均略記病因、症狀，直接簡述各種治法，以應急需。並且所用的藥物「率多易得之藥」，「所在皆有」，切合實用，後世醫家對其評價為「簡、驗、便、廉」是很恰當的。

總之，《肘後備急方》在一定程度上反映出我國兩晉南北朝時期的醫藥水準和治療技術，為我們今天研究醫藥學發展史提供了可貴的資料。

葛洪在道教的發展和煉丹術的傳播方面曾發揮過重要作用，這些已得到後世的肯定。他死後，人們在不少著名的山嶺上都保留和修建了紀念他的建築物或傳說中他的煉丹遺址，如廣東惠州羅浮山、江蘇句容大茅山、廣西北流勾漏洞、江西樟樹閣皂山、杭州西湖葛仙嶺等。

葛洪在煉丹術上的成就也得到了世界各國的肯定，中國煉丹術經印度、波斯、阿拉伯及西班牙傳入歐洲，在葛洪之後數世紀，他的煉丹理論和方法，有時甚至他的術語都被這些國家的煉丹家所採用。

如前所述，葛洪在醫藥學上的成就和貢獻也是巨大的。

本書由《中國道家養生與現代生命科學系列叢書》編委會總主編蘇華仁選定書名與結構總綱，然後特請本叢書編委、葛洪研究會副主任梅全喜、本叢書編委、中國廣東養生康復專家、廣東醫藥大學巫懷徵老師共同完成本書。

其中：葛洪關於修煉道家內丹的主要著作精選於中華《道藏》。

葛洪《抱朴子‧內篇》以清代孫星衍平津館校刊本為底本整理而成。

葛洪《肘後備急方》以明代萬曆年間岳州劉自化奉檄校刊本為底本。

然後選用梅全喜、郝近大、冉懋雄、胡曉峰葛洪《抱朴子・內篇》、葛洪《肘後備急方》兩書的今譯文本。本書最後由蘇華仁、梅全喜、巫懷征統稿而成。

《中國道家養生與現代生命科學系列叢書》編委會蘇華仁、梅全喜、巫懷徵 2011 年秋於羅浮山。

※ 第二章 ※
葛洪史傳

第一節 《晉書·葛洪傳》

葛洪，字稚川，丹陽句容人也。祖系，吳大鴻臚。父悌，吳平後，入晉為邵陵太守。

洪少好學，家貧，躬自伐薪，以貿紙筆，夜輒寫書誦習，以儒學知名。性寡慾，無所愛玩，不知棋局幾道，樗蒱齒名。為人木訥，不好榮利，閉門卻掃，未嘗交遊。於餘杭山見何幼道、郭文舉，目擊而已，各無所言。時或尋書問義，不遠數千里，崎嶇冒涉，期於必得。遂究覽典籍，尤好神仙導養之法。從祖玄，吳時學道得仙，號曰葛仙公，以其煉丹秘術授弟子鄭隱。洪就隱學，悉得其法焉。後師事南海太守上黨鮑玄。玄亦內學，逆占將來，見洪深重之，以女妻洪。洪傳玄業，兼綜練醫術，凡所著撰，皆精核是非，而才章富贍。

太安中，石冰作亂。吳興太守顧秘為義軍都督，與周玘等起兵討之。秘檄洪為將兵都尉，攻冰別率，破之，遷伏波將軍。冰平，洪不論功賞，徑至洛陽，欲搜求異書，以廣其學。洪見天下已亂，欲避地南土。乃參廣州刺史嵇含軍事，及含遇害，遂停南土多年，征鎮檄命，一無所求。後還鄉里，禮辟皆不赴。元帝為丞相，辟為掾，以平賊功，賜爵關內侯。咸和

初，司徒導召補州主簿，轉司徒掾，遷諮議參軍。干寶深相親友，薦洪才堪國史。選為散騎常侍，領大著作，洪固辭不就。以年老，欲煉丹以祈遐壽。聞交阯出丹，求為勾漏令。帝以洪資高，不許。洪曰：「非欲為榮，以有丹耳。」帝從之。洪遂將子姪俱行，至廣州，刺史鄧岳留不聽去，洪乃止羅浮山煉丹。岳表補東宮太守，又辭不就。岳乃以洪兄子望為記室參軍。在山積年，優游閑養，著述不輟。

其自序曰：「洪體乏進取之才，偶好無為之業。假令奮翅則能凌厲玄霄，騁足則能追風躡景，猶欲戢勁翮於鷦鷯之群，藏逸跡於跛驢之伍，豈況大塊稟我以尋常之短羽，造化假我以至駑之蹇足？自卜者審，不能者止，又豈敢力蒼蠅而慕沖天之舉，策跛鱉而追飛兔之軌。飾嫫母之篤陋，求媒陽之美談，推沙礫之賤質，索千金於和肆哉？夫僬僥之步而企及夸父之蹤，近才所以躓碍也。要離之羸而強赴扛鼎之勢，秦人所以斷筋也。是以望絕於榮華之途，而志安乎窮圮之域。藜藋有八珍之甘，蓬蓽有藻梲之樂也。故權貴之家，雖咫尺弗從也；知道之士，雖艱遠必造也。考覽奇書既不少矣，率多隱語，難可卒解。自非至精，不能尋究；自非篤勤，不能悉見也。道士弘博洽聞者寡，而意斷妄說者眾。至於時有好事者欲有所修為，倉卒不知所從，而意之所疑，又無足諮。今為此書，粗舉長生之理。其至妙者不得宣之於翰墨。蓋粗言較略，以示一隅，冀俳憤之徒省之，可以思過半矣。豈謂暗塞，必能窮微暢遠乎？聊論其所先覺者耳。世儒徒知服膺周、孔，莫信神仙之書，不但大而笑之，又將謗毀真正，故予所著子書，言黃白之事，名曰《內篇》；其餘駁難通釋，名曰《外篇》。大凡內外一百一十六篇。雖不足藏諸名山，且欲緘之金匱，以示識者。」

自號抱朴子，因以名書。其餘所著《碑誄詩賦》百卷，《移

檄章表》三十卷、《神仙》、《良吏》、《隱逸》、《集異》等傳各
十卷，又《抄五經史漢百家之言方技雜事》三百一十卷，《金
匱藥方》一百卷，《肘後備急方》四卷。洪博聞深洽，江左絕
倫，著述篇章，富於斑馬。又精辯玄賾，析理入微。後忽與岳
疏云：當遠行尋師，克期便發。岳得疏，狼狽往別。而洪坐至
日中，兀然若睡而卒。岳至，遂不及見，時年八十一。

第二節　葛洪生卒年代小考

梅全喜

　　葛洪，是我國東晉著名的醫藥學家、煉丹術家、道教理論
家，在醫學、製藥化學以及道教改革等方面作出了巨大的成就
和重要貢獻。但國內的一些文獻資料對於葛洪的生卒年代記載
頗不一致，現根據手頭僅有的資料提出如下考證。

一、葛洪生卒年代的幾種不同記述

　　關於葛洪的生卒年代，各種資料記載頗不一致，歸納起來
主要有以下幾個方面：

　　1. 載其生卒年代為公元 281 ～ 341 年的有：《辭海》、
《新辭海》（試行本）、《辭源》、《中醫大辭典》《醫史文獻
分冊》、《中國醫學簡史》、《中醫診斷學》、《中國藥學史
料》，是目前最流行的一種說法。

　　2. 以其生卒年代為公元 283 ～ 363 年的有：《中國歷代
名醫簡介》，《醫古文》。

　　3. 以其生卒年代為公元 284 ～ 363 年的有：《中國古今
名人大辭典》、《博羅縣文物志》。

　　4. 以其生卒年代為公元 284-364 年的有：《辭海》（醫

藥衛生分冊）。

5. 以其生卒年代為公元 261 ～ 341 年的有：《中國醫學史》。

這些不同的記載使今人對葛洪的生卒年代認識十分模糊，筆者有幸參加這次「紀念葛洪及其藥劑學成就學術研討會」的審稿工作，發現來稿中對葛洪生卒年代的記述亦是十分混亂，會議錄用專門論述葛洪的稿件 24 篇，其中有 16 篇述及葛洪生卒年代，計有載其生卒年代為公元 281 ～ 341 年的有 6 篇、284 ～ 364 年 4 篇、283 ～ 363 年 2 篇、281 ～ 361 年 2 篇、261 ～ 341 年和 283 ～ 341 年各 1 篇，可見現代對葛洪生卒年代之認識是眾說紛紜。

葛洪的生卒年代雖有多種記載，但按其年壽歸納起來可分為 2 類；一是以公元 281 ～ 341 年為代表的，以此推算葛洪年壽當是 61 歲；一是以公元 283 ～ 363 年、284 ～ 364 年、261 ～ 341 年等為代表的，以此推算葛洪年壽當是 81 歲，由此可見，確定葛洪年壽對於確證葛洪生卒年代具重要參考價值。

二、考　證

1. 關於葛洪的年壽有不同記載，大多數文獻資料記載葛洪年壽為 81，如《晉書》載：「卒年 81」，《晉書·本傳》對葛洪之死有這樣的記載：「忽與（鄧）岳疏云：當遠行尋師，克期便發，岳得疏，狼狽往別。而洪坐至日中，兀然若睡而卒，岳至，遂不及見，時年 81」。

葛洪的故鄉《句容縣志》亦有類似記載。唐·王松年《仙苑編珠》亦考稱謂 81。《歷代名醫蒙求》引《晉中興書》載「時年 81，視其貌如嬰童，平生體亦軟弱，舉尸就棺，甚輕如空衣，時有知者，咸以為尸解得仙焉」。《太平御覽》

中亦引有此內容。明·徐春甫《古今醫統》載「80 餘，人言尸解仙去」。

清·陸以湉《冷廬醫話》載：「醫人每享高齡，約略數之：如葛洪 81」。清《四庫全書提要》載：「後終於羅浮山，年 81，事績具《晉書·本傳》。」在葛洪逝世的羅浮山，各種地方史料均認為葛洪卒年 81 歲，如《羅浮山志》就有這樣一段關於葛洪之死的記載：「洪坐至日中，兀然若睡，年 81，視其顏如生體，柔軟。舉入棺甚輕如空衣，世以為得尸解云」，「葛仙尸解，葬其衣冠」，至今在羅浮山上仍保留有「葛洪衣冠冢」之遺跡。

也有少數文獻載其年壽為 61 歲，如宋《太平環宇記》載：「死時 60 歲，」侯外廬《中國思想通史·卷三》亦指出「其壽為 61」，《預防思想史》載：「推斷為 60 歲」。

《晉書》係唐房玄齡等撰於貞觀十八年（公元 644 年），是論述晉代史的專著，且《古今醫統》和《冷廬醫話》分別是明、清期的重要綜合性醫書，選輯資料豐富，參考價值高。而《太平環宇記》則是宋代樂史編撰於太平興國四年（公元 978 年），是北宋地理志。由此可以看出以《晉書》為代表記載葛洪年壽 81 的一組文獻資料歷史早、資料面廣，史實性強，可信性高，故葛洪年壽當以 81 的可能性大。

2. 關於葛洪的生、卒年；葛洪生年有三種記載即 281 年（西晉太康二年）、283 年（西晉太康四年）和 284 年（西晉太康五年），《辭源》雖載葛洪生於 281 年，但亦對此持懷疑態度，故在公元 281 年之後加上「？」號，說明葛洪是否生於 281 年還待考證，韋氏曾指出《抱朴子外篇》有佚文云：『昔太安二年（公元 303 年），京邑始亂，余年 21』，以此上推，葛洪生於晉武帝太康四年（公元 283 年）。」此

說取證於葛洪自述，當可信，故葛洪應是生於公元 283 年。葛洪的卒年也有 341 年（東晉咸康 7 年）、363 年（東晉興寧二年）和 364 年（東晉興寧三年）幾種記載，從前述史料記載葛洪年壽 81 可知，葛洪卒年為 341 年是不對的。

葛洪曾在所撰《神仙傳》中云：平仲節於晉穆帝永和元年（公元 345 年）5 月 1 日去世。由此也可見葛洪之死當在 345 年之後，其卒年不可能是 341 年，此述也佐證葛洪年壽不是 61，而是 81，故按其生年及年壽推算葛洪當卒於公元 363 年。

綜上所述，筆者認為葛洪生卒年代為公元 283～363 年，年壽 81 歲。

第三節　葛洪撰述書目表

《抱朴子內篇》二十卷

《抱朴子外篇》五十卷

《碑頌詩賦》百卷

《軍書檄移章表箋記》三十卷

《神仙傳》十卷

《隱逸傳》十卷

《兵事方伎短雜奇要》三百一十卷

《金匱藥方》一百卷

《玉函方》一百卷

《肘後要急方》四卷

《神仙服食藥方》十卷

《太清神仙服食經》五卷

《服食方》四卷

《玉函煎方》五卷

《黑髮酒方》一卷

《渾天論》

《幙阜山記》一卷

《潮說》《兵法孤虛月時秘要法》一卷

《陰符十德經》一卷

《抱朴子軍術》《金木萬靈決》一卷

《太清玉碑子》一卷

《大丹問答》一卷

《還丹肘後訣》三卷

《四家要訣》一卷

《抱朴子養生論》一卷

《稚川真人校證術》一卷

《神仙金汋經》三卷

《要用字苑》一卷

《史記鈔》十四卷

《漢書鈔》三十卷

《後漢書鈔》三十卷

《良吏傳》十卷

《集異傳》十卷

《西京雜記》六卷

《漢武內傳》一卷

《老子道德經序決》二卷

《修撰莊子》十七卷

《喪服變除》一卷

《遁甲返覆圖》一卷

《遁甲要用》四卷

《遁甲秘要》一卷

《遁甲要》一卷

《三元遁甲圖》三卷

《龜決》二卷

《周易雜占》十卷

《抱朴君書》一卷

《序房內秘術》一卷

《太一真君固命歌》一卷

《抱朴子別旨》一篇

《胎息要訣》一卷

《胎息術》一卷

《郭文傳》《五金龍虎歌》一卷

《五岳真形圖文》一卷

《老子戒經》一卷

《關中記》一卷

《馬陰二君內傳》一卷

《隱論雜訣》一卷

《元始上真眾仙記》一卷

《抱朴子玉策記》

※ 第三章 ※

中華《道藏》載葛洪關於修煉道家內丹養生主要著作

第一節　《抱朴子・胎息訣》

凡修行之人，須要定息，息者正也、安也、順也、歸也、伏也、寧也、靜也，若四威儀中常如是，決入真道，必著諸境，虛心實腹，最為妙也。

但澄息心定，心定則氣寂，氣寂則神靜，神靜則境空，境空則寂滅，寂滅則無事，無事則清靜，清靜則道生，道生則自然，自然則逍遙，既入逍遙，則無量自在，得做神仙，自然五行總聚，六氣和合，八卦配偶成於內丹，身形永勢不壞矣。

第二節　葛洪與其丹道師父鄭隱《大丹問答》

原　文

晉道士鄭思遠，授入室弟子葛洪。字稚川，號抱朴子。稽首我尊師先生曰：洪竊謂人之權輿，陰精陽精。陽精魂立，陰精魄成，兩精相薄，而生神明。神以形用，形以神生。神之云逝，形亦斯斃。敢問先生，其神可全乎，其形可延乎。先生

曰：神以道全，形以衛延。

洪又問曰：道衛之旨奚若。先生曰：道隱無名，衛彰有實。有實而衛可行，無名而道可成，道成而神自全矣。

洪曰：道隱無名，始存乎象外，術彰有實，本在乎轂中，唯願先生少垂開獎。

先生曰：夫衛有俯仰屈伸，胎息嗽津，御女以還精，餌朱兒以存身，過是以往，非吾所聞。

洪曰：還精之方昔已聞命，存身之衛，願更發蒙。

先生曰：取金之精，合石之液，結為夫妻，列為魂魄，一體混沌，兩精感激，河車覆載，鼎候斯扼。洪爐烈火，炎焰燴赫，煙未及黑，焰不霞碧。如蓄扶搖，若藏霹歷，姥女氣索，嬰兒聲寂，透出兩儀，麗乎四壁，時歷幾多，馬馳一驛，宛其死矣，釋然從革，惡黜善遷，情回性易。紫色內達，赤錯外射，照若火生，潤如血滴，字曰中還，可超大厄。退藏於密，服之無教。霧散五內，川流百脈，骨變金石，顏回玉澤。陽德乃敷，陰功斯積，南宮度名，北帝落籍，為道之首，為仙之伯，勿授非人，以招譴謫。

又曰：天地至大，比身即小。製至精以成藥，孰淺識之能了。夫何慮乎，若有所少。氣雙則和，體獨則悄，和則增壽，悄則趣天。命也一絕，難乎再紹，然而理以意求，意在言表，今試言之。夫一陰一陽謂之道，一金一石謂之丹。石乘陽而熱，金乘陰而寒。其服食也，取壯陽而伏陰。其征應也，俾魂壯而魄嬋。類水流而趣濕，若火動而赴干，其勢必然，其理可觀。伏望先生更容請益。

先生曰：吾子之言，精義可采，彼陽之終，已陰之極。亥分為四時，周行不殆，天地相感，日月相會，胡可闕諸，略舉其大。且石液鬼隱，金精山在。皇孤陰之獨化，諒九幽之可

待。曷若君子之好述，得淑女之良配，然後陰陽得中，魂魄無外。嗟世人之電光，指桑田之變海。斯言乃合於仙秘，吾道得傳於真宰。

洪曰：率臆之言，偶符真理。伏煉石液其衛，奈何。

先生有曰：物有狀，可大可久。采乎鹽食之前，用乎火化之後。成湯自止而淋下，剖釜虛中而見受。日月周旋，五復伺候，索鑰疾鼓，金汁不走，以水沃之，則從有而入元，以火溫之，則從元而入有。施素粉而委靈，暫蘇黃而凝丑。轉制不已，神趣鬼驟。提挈意氣，返覆衰朽。金歟石歟，天年地壽。元著於文，訣之在口。《太清真人歌》曰：昭一徹數里，皆上界仙官。下來收采，非但世人所遇也。皆生在南方，向日相近，感氣積年而生也。四千三百二十年，乃生自然還丹，上古仙人則知。今用三年火，象自然之氣。今之仙人秘教，但火候依節符斤兩，炭數應交卦乾坤用，施行運轉，逐日火候，自然相邀。

夫一爻生二日半，二爻生五日，六十時。一月有三百六十時，得一年十二月，得四千三百二十時，一時當一年四千三百二十年、象自然之氣，從黃芽一周，抽成龍虎，從虎從龍，一年形體如炭，又去更一年，赫然成還丹。皆是陰陽交感，變通靈化，人之不測，謂之神妙。運火一晝夜，象一周天。四時生成，陰陽合度，自然之道，抽添和合，火候合符。若元師授，據按文修，終元成理，固不可造担次也。若專志不息者，必當遇師傅訣矣。

第三節　葛洪傳《老子常清靜經》

老君曰：大道無形，生育天地；大道無情，運行日月；大

道無名，長養萬物。吾不知其名，強名曰道。夫道者，有清有濁，有動有靜；天清地濁，天動地靜；男清女濁，男動女靜；降本流末，而生萬物。清者，濁之源。動者，靜之基。人能常清靜，天地悉皆歸。

夫人神好清，而心擾之。人心好靜，而欲牽之。常能遣其慾，而心自靜；澄其心，而神自清，自然六慾不生，三毒消滅。所以不能者，為心未澄，欲未遣也。能遣之者，內觀其心，心無其心；外觀其形，形無其形；遠觀其物，物無其物；三者既悟，唯見於空；觀空亦空，空無所空；所空既無，無無亦無；無無既無，湛然常寂；寂無所寂，欲豈能生；欲既不生，即是真靜；真常應物，真常得性，常應常靜，常清靜矣！如此清靜，漸入真道；既入真道，名為得道；雖名得道，實無所得；為化眾生，名為得道；能悟之者，可傳聖道。

太上老君曰：上士無爭，下士好爭；上德不德，下德執德；執著之者，不明道德。眾生所以不得真道者，為有妄心；既有妄心，即驚其神；既驚其神，即著萬物；既著萬物，即生貪求；既生貪求，即是煩惱；煩惱妄想，憂苦身心，便遭濁辱，流浪生死，常沉苦海，永失真道。真常之道，悟者自得；得悟道者，常清靜矣！

仙人葛公曰：吾得真道者，曾誦此經萬遍，此經是天人所習，不傳下士。吾昔受之於東華帝君，東華帝君，受之於金闕帝君，金闕帝君，受之於西王母，西王母皆口口相傳，不記文字。吾今於世，書而錄之，上士悟之，升為天宮。中士修之，南宮列仙。下士得之，在世長年，游行三界，升入金門。

左玄真人曰：學道之士，持誦此經者，即得十天善神，擁護其身，然後玉符保神，金液煉形，形神俱妙，與道合真。

正一真人曰：人家有此經，悟解之者，災障不干，眾聖護

門，神升上界，朝拜高真，功滿德就，相感帝君，誦持不退，身騰紫雲。

第四節　抱朴子養生論

抱朴子曰：一人之身，一國之象也。胸腹之設，猶宮室也。肢體之位，猶郊境也。骨節之分，猶百官也。膝理之間，猶四衢也。神猶君也，血猶臣也，氣猶民也，故治人能治其身，亦如明主能治其國。夫愛其民，所以安其國。愛其氣，所以全其身。民弊國亡，氣衰身謝。是以至人上士，乃施藥於未病之前，不追修於既敗之後。故知生難保而易散，氣難消而易濁。若能審機權，可以制嗜欲，保全性命。且夫善養生者，先除六害，然後可以延駐於百年。何者是耶？一曰薄名利，二曰禁聲色，三曰廉貨財，四曰損滋味，五曰除佞妄，六曰去沮嫉。六者不除，修養之道徒設爾。蓋緣未見其益，雖心希妙道，口念真經，咀嚼英華，呼吸景象，不能補其短促。誠緣捨其本而忘其末，深可誡哉。所以保和全真者，乃少思、少念、少笑、少言、少喜、少怒、少樂、少愁、少好、少惡、少事、少機。夫多思則神散，多念則心勞，多笑則臟腑上翻，多言則氣海虛脫，多喜則膀胱納客風，多怒則膝理奔血，多樂則心神邪蕩，多愁則頭鬢焦枯，多好則志氣傾溢，多惡則精爽奔騰，多事則筋脈干急，多機則智慮沉迷。斯乃伐人之生甚於斤斧，損人之命猛於豺狼。無久坐，無久行，無久視，無久聽。不飢勿強食，不渴勿強飲。不飢強食則脾勞，不渴強飲則胃脹。體欲常勞，食欲常少。勞勿過極，少勿至飢。冬朝勿空心，夏夜勿飽食。早起不在雞鳴前，晚起不在日出後，心內澄則真神守其位，氣內定則邪物去其身。行欺詐則神悲，行爭競則神沮。

輕侮於人當減算，殺害於物必傷年。行一善則魂神樂，搆一惡則魄神歡（魄神樂死，魂神好生）。常以寬泰自居，恬淡自守，則身形安靜，災害不干。生錄必書其名，死籍必削其咎。養生之理，盡於此矣。至於煉遠丹以補腦，化金液以留神，斯乃上真之妙道。蓋非食谷啖血者，越分而修之。萬人之中，得者殊少，深可誡焉。

老君曰：存吾此道，上士全修延壽命，中士半修無災病，下士時修勉夭橫。愚者失道擯其性，其斯之謂歟。

※ 第四章 ※

葛洪《抱朴子·內篇》內含丹道養生（內附注釋、譯文）

原著 晉·葛洪

梅全喜 冉懋雄 譯

抱朴子內篇序

原 文

洪體乏超逸之才，偶好無為之業。假令奮翅則能凌厲玄霄，騁足則能追風躡景，猶故欲戢勁翮於鷦鷯之群，藏逸跡於跛驢之伍，豈況大塊稟我以尋常之短羽，造化假我於至駑之蹇足，以自卜者審，不能者止。豈敢力蒼蠅而慕沖天之舉，策跛鱉而追飛兔之軌，飾嫫母之陋醜，求媒揚之美談，推沙礫之賤質，索千金於和肆哉！

夫以焦僥之步，而企及夸父之蹤，近才所以躓閡也。以要離之羸，而強赴扛鼎之契，秦人所以斷筋也。是以望絕於榮華之途，而志安乎窮否之域。藜藿有八珍之甘，而蓬蓽有藻梲之樂也。故權貴之家，雖咫尺弗從也。知道之士，雖艱遠必造也。

考覽奇書，既不少矣，率多隱語，難可卒解。自非至精，不能尋究，自非篤勤，不能悉見也。道士淵博洽聞者寡，而意

斷妄說者眾。至子時有好事者，欲有所修為，倉卒不知所從，而意之所疑，又無可諮問。今為此書，粗舉長生之理，其至妙者，不得宣之於翰墨。蓋粗言較略，以示一隅。冀俳慎之徒省之，可以思過半矣，豈為暗塞必能窮微暢遠乎！聊論其所先舉耳。

世儒徒知服膺周孔，桎梏皆死，莫信神仙之事，謂為妖妄之說，見余此書，不特大笑之。又將謗毀真正，故不以合於余所著子書之數，而別為此一部，名曰內篇，凡二十卷，與外篇各起次第也。雖不足以藏名山石室，且欲緘之金匱，以繫識者。其不可與言者，不令見也。貴使來世好長生者，有以釋其惑，豈求信於不信者乎！謹序。

譯文

　　葛洪本缺乏超眾的才華，又偶然愛好沒有作為的事情。如果振翅則能勇往直前地飛入高空，奮力奔走則能追趕上疾風和日影，猶如讓有強勁羽翼的鳥棲息在鷦鷯群中，讓能快速飛奔的馬隱藏在跛驢的隊伍裡，何況大自然稟賦給我的是極為平常而短弱的羽翼，天地造化予我成為跛足而能力極端低下的馬。自己選擇的事應慎重，不能做到的則應停止。怎麼敢以蒼蠅之力欲做出沖天的舉動，鞭打跛腳的龜鱉去追趕奔跑如飛的兔子；掩飾嫫母的醜陋面貌，追求媒揚的美麗談吐；拿著不值錢的河沙和碎石，到出售玉器的地方索要千金售價呢？

　　邁著三尺矮人的步伐，而企圖追趕上能追趕太陽的夸父的蹤跡，是因才能淺近才導致失敗而進退無據。以要離失去右手的虛弱，而勉強去完成扛舉重鼎的約定，秦朝的人因此而折斷筋骨。所以，對榮華富貴的仕途應斷絕慾望，而志向應安於貧窮至極的地方，窮人吃的野菜有山珍海味般的甘美，窮人住的

房屋也有陋室生輝的樂趣。所以，權勢顯貴的家庭，雖近在咫尺也不去追隨。懂得道術的人，雖然知道修煉道術之路艱難險遠，也一定去修煉。

參考閱讀的各種奇異書籍不少，但一般書中多用隱語，很難一下子理解。自己並不十分精通，不能探索研究；自己並不專心勤奮，不能全部看到。道士之中見多識廣、知識淵博的極少，而憑主觀判斷事情，狂妄亂說的卻眾多。以致經常有喜歡神仙道術的人想要有所修煉作為，倉卒間又不知道所應追隨學習的對象，而心中有所疑慮，又沒有什麼可以詢問的。

我現在編寫了這本書，粗略地列舉有關長生的理論，那些最奧妙的東西是難以用筆墨來表述的。用粗略的語言講述大致的情況，以向人們介紹一個方面。

希望憂思鬱結的人能反省自己，可以反省自己大部分過失，怎麼能因為黑暗阻隔而必定能夠窮盡微妙、暢達深遠呢？姑且評論那些有所先知先覺的人罷了。

世上信奉儒學的人只知道衷心信服周公、孔子，受其倫理束縛而死亡，不相信神仙道教的事情，認為是怪誕、狂惑、不真實的說法，看到我的這本書，不但大聲譏笑之，還將誹謗詆毀真實的事情，故不將此書合於我所著的子書之中，而是另外編為一部，取名為《抱朴子內篇》，一共二十卷，與《抱朴子外篇》各自排列次序。

此書雖不能夠像經典秘籍那樣當作寶物收藏在名山的石室中，而只是想讓它能封藏於貴重的書匱中，以此告知認識懂得的人。那些不能與之交談的人，不能給他閱讀。重要的是使後來喜好長生之術的人，有可以解釋其疑惑的書。怎麼能要求不相信的人來相信這些呢？

謹序。

卷一　暢玄

原　文

抱朴子曰：玄者〔1〕，自然之始祖，而萬殊之大宗也。眇眛乎其深也，故稱微焉〔2〕。綿邈乎其遠也，故稱妙焉〔3〕。其高則冠蓋乎九霄，其曠則籠罩乎八隅。光乎日月，迅乎電馳。或倏爍而景逝，或飄滭而星流，或混混漾於淵澄，或霧霏而雲浮。因兆類而為有，托潛寂而為無〔4〕。淪大幽〔5〕而下沉，凌辰極〔6〕而上游。金石不能比其剛，湛露不能等其柔。方而不矩，圓而不規。來焉莫見，往焉莫追。乾以之高，坤以之卑，雲以之行，雨以之施。胞胎元一〔7〕，範鑄兩儀〔8〕，吐納大始，鼓冶億類〔9〕，回旋四七〔10〕，匠成草昧〔11〕，轡策靈機，吹噓四氣，幽括衝默，舒闡粲尉，抑濁揚清，斟酌河、渭，增之不溢，挹之不匱，與之不榮，奪之不瘁。故玄之所在，其樂無窮，玄之所去，器弊神逝〔12〕。夫五聲八音〔13〕，清商流徵，損聰者也；鮮華艷采，或麗炳爛，傷明者也；宴安逸豫，清醪芳醴，亂性者也；冶容媚姿，鉛華素質，伐命者也。其唯玄道，可與為永。不知玄道者，雖顧盼為生殺神器，唇吻為興亡之關鍵。綺榭俯臨乎雲雨，藻室華綠以參差。組帳霧合，羅幬雲離。西、毛〔14〕陳於閒房，金觴華以交馳；清弦嘈囋以齊唱，鄭舞〔15〕紛柔以透迤；哀簫鳴以凌霞，羽蓋浮於漣漪，掇芳華於蘭林〔16〕之囿，弄紅葩於積珠〔17〕之池；登峻則望遠以忘百憂，臨深則俯聾以遺朝飢；入宴千門之焜熿，出駈朱輪之華儀。然樂極而哀集，至盈必有虧。故曲終則嘆發，燕罷則心悲也。寔理勢之攸召，猶影響之相歸也。彼假借而非，故物往若有遺也。

夫玄道者，得之乎內，守之者外，用之者神，忘之者器，此思玄道之要言也。得之者貴，不待黃鉞〔18〕之威；體之者富，

不須難得之貨。高不可登，深不可測。乘流光，策飛景，凌六虛[19]，貫涵溶。出乎無上，入乎無下；經乎汗漫之門，遊乎窈眇之野[20]。逍遙恍惚[21]之中，倘佯彷彿之表，咽九華於雲端，咀六氣於丹霞[22]。徘徊茫昧，翱翔希微，履略蜿虹，踐跚旋璣[23]，此得之者也。

其次則真知足，知足者則能肥遯勿用[24]，頤光山林。紆鸞龍之翼於細介之伍，養浩然之氣於蓬蓽之中[25]。襤縷帶索，不以貿龍章之瑋曄也，負步杖策，不以易結駟之駱驛也，藏夜光[26]於嵩岫，不受他山之攻[27]。沉靈甲於玄淵，以違鑽灼之災。動息知止，無往不足。棄赫奕之朝華，避債車之險路。吟嘯蒼崖之間，而萬物化為塵氛；怡顏豐柯之下，而朱戶變為繩樞；握來甫田，而麾節忽若執鞭，啜菽漱泉，而太牢同乎藜藿。泰爾有餘歡於無為之場，忻然齊貴賤於不爭之地。含醇守樸，無欲無憂，全真虛器，居平味淡。恢恢蕩蕩，與渾成等其自然；浩浩茫茫，與造化鈞其符契。如闇如明，如濁如清，似遲似疾，似虧似盈。豈肯委尸祝之坐，釋大匠之位，越樽俎以代無知之疱，舍繩墨而助傷手之工[28]。不以臭鼠之細瑣，而為庸夫之憂樂，藐然不喜流俗之譽，坦爾不懼雷同之毀，不以外物汩其至精，不以利害污其純粹也，故窮富極貴，不足以誘之焉，其餘何足以悅之乎？直刀沸鑊，不足以劫之焉；謗言何足以戚之乎！常無心於眾煩，而未始與物雜也。

若夫操隋珠以彈雀[29]，舐秦痔以屬車[30]，登析縐以探巢，泳呂梁以求魚[31]，旦為稱孤之客[32]，夕為狐鳥之餘。棟撓餗覆，傾溺不振，蓋世人之所為載馳企及，而達者之所為寒心而淒愴者也。故至人嘿《韶》、《夏》而韜藻梲[33]，奮其六羽於五城之墟，而不煩衛蘆之衛[34]翳其鱗角於勿用之地[35]而不持曲穴之備。俯無倨鵲之呼，仰無亢極之悔[36]。人莫之識，

 第四章 葛洪《抱朴子‧內篇》內含丹道養生（內附注釋、譯文）

貌矣，遼哉！

注釋

〔1〕此所謂的「玄」，原出自西漢楊雄的《太玄・玄圖》：「夫玄也者，天道也，地道也，人道也。」而非魏晉時期玄學之玄。葛洪為建構道教理論體系，將「玄」擬定為宇宙本原萬物實體，無所不在，無所不有，無所不為，無所不能。他在本書第一章《暢玄》則開宗明義地先尋出天地萬物的本原實體之「玄」（他亦將原本同義的「玄」、「道」連稱為「玄道」）來為建構道教理論體系立本建基。

〔2〕《老子》：「博之不得，名曰『微』。」

〔3〕《老子》：「微妙玄通，深不可識。」

〔4〕《老子》：「天下萬物生於有，有生於無。」

〔5〕《山海經・海內經》：「北海之內，有大幽之國。」

〔6〕《爾雅・釋天》：「北極謂之北辰。」

〔7〕元一：葛洪將「一」稱為「元」，是玄道生化萬物的第一步。「元」指元氣。劉歆《三統歷》：「經元一經統治，《易》太極之首也。」又云：「太極元氣，涵三為一」。即天、地、人混合於一元。《老子》尚說：「道生一，一生二，二生三，三生萬物。」

〔8〕兩儀指天，《易・繫辭上》：「易有太極，是生兩儀。」

〔9〕大始：《易・繫辭上》：「乾知大始，坤作成物。」

〔10〕四七：指二十八宿。

〔11〕草昧：指天地初開時的混沌狀態。

〔12〕器：指有形體的具體事物；神：指無形體的抽象精神。《易・繫辭上》：「形而上者謂之道，形而下者謂之器。」

〔13〕五聲：指「宮、商、角、徵、羽」五類古代音階的

分類；八音：指「金、石、土、革、絲、木、匏、竹」八類上古樂器之音。見《周禮·春官》。八音的「金」指鐘鎛，「石」指磬，「土」指塤（ㄒㄩㄣ）。「革」指鼗（ㄊㄠˊ），「絲」指琴瑟，「木」指祝敔（ㄩˇ），「匏」指竽笙，「竹」指管簫。

〔14〕西施：春秋時越國美女；毛嬙，越王美姬。這裡泛指美女。

〔15〕鄭舞：指鄭國的舞蹈。含有淫靡義。

〔16〕蘭林：係古代宮苑名。

〔17〕積珠：係古代殿閣名。

〔18〕黃鉞：為以黃金飾的斧，最早為古代帝王所專用，後代用作帝王的儀仗，或特賜給專主征伐的重臣出征時以黃鉞顯示威風。

〔19〕六虛：則指上下四方。《易·繫辭下》：「變動不拘，周流六虛」。

〔20〕汗漫：乃無邊無際。《淮南子·俶真》：「徙倚於汗漫之宇。」「窈眇」指幽暗玄妙。《淮南子·覽冥》：「得失之度，深微窈冥，難以知論。」

〔21〕《老子》：「道之為物，唯恍唯惚。」

〔22〕九華：指日月之精華。《雲笈七籤》：「上清真人呼月日為大寶九華。」六氣；指大地四時氣息。但對「六氣」說法不一。如《楚辭·遠遊》：「湌六氣而飲沆瀣兮。」王逸注引《陵陽子明經》：「春時朝霞，朝霞者，月始欲出赤黃氣也；秋食淪陰，陰淪者，日沒以後，赤黃氣也；冬飲沆瀣（ㄏㄤ、ㄒㄧㄝˋ、露水），沆瀣者，北方夜半氣也；夏食正陽，正陽者，南方日中氣也，並天地玄黃之氣，是為六氣。」

〔23〕旋璣：係北斗星名。北斗七星分別名「樞」、「旋」、「璣」、「權」、「衡」、「開陽」、「搖光」；此泛指北斗。旋，同

「璇」。

〔24〕《易·遯》。「肥遯無不利」。「肥遯」即「飛遁」或「隱遁」。「勿用」意同「無為」或近「無為」，《易·乾》：「初九。潛龍勿用」，即遁而不用於世。

〔25〕細介：指小甲蟲。蓬蓽：指蓬戶蓽門之陋室。《禮記·儒行篇》：「蓽門圭窬（ㄩˊ），蓬戶甕牖（ㄧㄡˇ）。」

〔26〕夜光：係璧玉名，《戰國策·楚策》：「楚王獻夜光之璧玉於秦王。」

〔27〕《詩經·小雅·鶴鳴》：「它山之石，可以攻玉。」

〔28〕尸、祝：分別指古代負責主祭和贊禮的人。繩墨：指木匠畫直線的工具，即俗稱「墨斗」。《莊子·逍遙遊》：「庖人雖不治庖，尸祝不越樽俎而代之矣。」《老子》：「夫代大匠斫者，稀有不傷手矣。」

〔29〕隋珠：即「隋侯之珠」，《淮南子·覽冥》：「譬如隨侯之珠」。原注作「隨侯，漢東之國，姬姓諸侯也。隋侯見大蛇傷斷，以藥傅（敷）之。後蛇於江中銜大珠以報之。因曰隋侯之珠，蓋明月珠也。」《莊子·讓王篇》「以隋侯之珠彈千仞之雀，世必笑之。」

〔30〕《莊子·列御寇》：「秦王有病召醫，破癰潰痤者得車一乘，舐痔者得車五乘，所治癒下，得車愈多。」

〔31〕《莊子·達生》：「孔子觀於呂梁，縣水三十仞，流沫四十里，黿鼉魚鱉之所不能游也。」

〔32〕《老子》：「貴以賤為本，高以下為基。是以侯王自稱『孤』、『寡』、『不谷』。」

〔33〕嘿：同「默」，「使……沉默」。《韶》：古代著名樂章。《論語·述而》：「子在齊聞《韶》，三月不知肉味。」《夏》：古代大樂章。鄭玄注《詩經·時邁》：「樂歌大者稱《夏》。」

〔34〕《淮南子·修務》:「夫雁順以愛氣力,銜蘆而翔以備矰(ㄗㄥ:一種用絲繩繫住以便於弋射飛鳥的短箭)弋。」原注:「所以令繳不得截其翼也」。其自衛作用恐與人行軍「銜枚」一樣。

〔35〕王嘉《拾遺記》:「員嶠山有冰蠶長七寸,黑色,有角有鱗,以霜雪覆之。」

〔36〕亢極之悔:《易·乾》:「亢龍有悔」,其全句義為處於極高點的龍必有所悔。

譯文

抱朴子說:玄道,是自然的始祖,萬象的大宗,也就是天地萬物的本原實體。玄道深邃而渺茫,所以稱之為「微」;悠遠而綿邈,所以稱之為「妙」。

玄道之崇高,像那峨冠覆蓋於九天之上,玄道之空曠,像那巨籠環罩在八方之外。其光輝耀於日月,其飛馳迅於閃電;時而閃現,好似那光影浮動,時而飄移,又似那流星疾行;時而幽邃,真比深淵清澄,時而紛飛,又勝遊雲悠浮。

玄道,可因其附著於萬事萬物之上而呈現為「有」,又可因寄寓於幽深清寂之中而轉化為「無」。其淪落到大幽國則往下沉潛;凌越過北極星則向上游移。那堅硬的金石不比玄道剛勁,那濃盛的露珠又無玄道輕柔。說其方,卻不能用矩尺衡量;說其圓,又不能以圓規測度;來時看不見,去時又追不上。上天因其而高上,大地因其而低下;白雲因其而浮行,霖雨因其而施降。玄道孕育出「元一」,又鑄造出「兩儀」;化育出原始,又冶煉出萬物;回轉著星宿,培育出混沌;駕馭著神妙機關,吹動著四時天氣;囊括了淡泊寧怡之態,抒發出鮮明濃盛之情。玄道能遏制污濁,揚發清明;增減黃河,損益渭

水。增加之，不會顯得盈溢，耗損之，不會顯得匱乏；給予之，不會顯得旺盛，剝奪之，不會顯得憔悴。所以，玄道所在之處，則情趣盎然，其樂無窮；玄道不在之所，則形體破弊，神髓消亡。

大凡各類音樂，五聲八音，那清新的商曲，流暢的微調，卻好比損傷聽力的罪魁；那艷麗的色彩，奪目的光華，卻猶如損害視力的禍首。豪華的宴樂，香烈的酒漿，如同擾亂天性的毒藥；妖冶的姿容，美膚的脂粉，好像砍伐生命的利斧。而唯有玄道，可與得道的人永存。

而不懂玄道的人，雖回首注目顧盼，但也會衝撞殺身的機關；雖唇舌言語傳媒，但也將觸動敗亡的鍵鈕。在那綺麗的高台樓榭俯視流雲煙雨，那粉妝華飾的殿堂屋宇卻參差排列不齊。華美的帷帳像那輕霧合聚，錦羅的繡幕像那彩雲罩籠。西施毛嬙，卻自守空房；金杯交錯，徒流彩飛花。清雅的絲竹卻喧鬧而聲齊響，淫靡的舞步又雜沓而極紛亂。哀婉的簫聲飛凌於紅霞之中，翠羽的帷蓋飄蕩於碧波之上。在那蘭林宮的花圃裡去採摘芳香馥郁的鮮花，在那積珠殿的湖池中去玩賞綠肥紅透的奇葩。登高望遠，則忘卻諸般憂患；俯拾枝蔓，則充實早間飢腸。入室歡宴集會，成千雕門上流光溢彩；出門飛馬馳騁，朱輪華車前儀仗威嚴。

然而，歡樂到極限，悲哀則匯集而至；盈滿至頂點，虧損必接踵而來。所以，歡歌曲終時將哀嘆頓發，華宴散結處必心緒悲愴。

這本是自然法則的趨勢，好比那影子與身形、回聲與呼叫的永相追隨，永不離分。那種種歡愉原本就屬虛假的幻象，絕非真正的實體，所以必然情隨景遷，終將悵然若失。

對於玄道，只能在心中去領悟，而在心外來持守。善於運

用玄道的人則可暢達其精神，而忘卻玄道者則只會拘泥於形體；這就是思索如何真正掌握玄道的主要秘訣。

凡真正掌握玄道者則顯貴，不必借用帝冑黃鉞以顯威風；體會到玄道者富有，也不必憑借難得的資財以示貴重。真正得到玄道的人是高不可攀，深不可測的。其能乘取流動光線，鞭策飛馳虛影，凌駕上下四方，貫穿浩翰宇宙，出自於無限高之處，深入於無比深之地，經歷過無邊無際的門楣，遊蕩在幽暗玄妙的四野。在那迷茫不清、唯恍唯惚之中逍遙，在那迷迷蒙蒙、彷彷彿彿之中徜徉；在那雲端之上吞食日月精華，在那紅霞之中咀嚼天地氣息。將徘徊於無形無跡之中，翱翔在不見不聞之際。腳踏虹霓，足登北斗。這便是真正掌握玄道者所達到的境界。

其次一等的是所謂真知足者。這類人能飛遁隱沒而不為世用，韜光養晦於山光林泉之中。其處於卑小地位而甘願收斂起那鸞鳳蛟龍般的翅膀，蝸居在那蓬草為門、蓽草為戶的破敝茅舍頤養著耿耿浩氣。

其寧肯身穿褴褛衣衫以草索繫腰，也不交易換取文采鮮明的龍紋繡飾之華服；寧願背負重物以竹竿為手杖徒步而行，也不去設法換取往來不絕的高車駟馬。在那高山崖穴將名貴的璧玉夜光收藏，也不接受其他山石的攻磨；在那幽深淵潭將靈異的烏龜甲片沉匿，以免於遭到鑽孔灼燒的災禍。動靜知足，無往不利。

寧拋棄僅早晨片刻盛開而光彩照人的鮮花，願避開曾累累傾覆車輛而無比艱險的山路。在那青蒼懸崖之上引吭歌吟，靜觀萬事萬物化作塵土飛煙；避入嘉木秀林之下修身養性，冷眼朱門大戶變成破敗貧民。

在那大田之中，握犁耕耘，而將持旌旗符節指揮戰鬥的將

帥蔑視為執鞭隨鐙的奴僕；在那甘泉之旁，細品芳茗，而把那牛羊大肉諸多的佳餚看成為藜藿一般的蔬食。泰然自若，在順手自然、應乎規律的「無為」場合裡享盡歡樂；怡然自得，在順應發展、靜待時變的「不爭」心境中無視貴賤。含蘊醇厚，持守素樸，不存慾念，不存憂愁，保全真率，漠視外物，居處平庸，體味淡泊。坦坦蕩蕩，與渾沌一體的宇宙一樣天然；渺渺茫茫，和創造自然的化育達到默契。似乎昏暗，又似乎明朗；好像混濁，又好像清澈；看似遲緩，但又似迅疾；看似虧損，但又似盈溢。

哪裡肯放棄清閒的主祭身份而超越職守，越俎代庖；豈能夠撇下高明的木匠地位而捨去「墨斗」，而手指受傷。不能像腐臭老鼠般地去追求細瑣的功名利祿，以免於造成凡夫俗子那樣的喜怒哀樂。

要傲然，不喜歡世俗的種種稱譽，要坦然，不畏怯小人的般般詆毀。不因為身外之物而擾亂其崇高精神，不由於利害之爭而玷污其純潔胸襟。所以，不管怎麼的富甲天下，不管怎麼的貴不可言，都無法足以引誘他，其他任何名利地位又何能足使他有所喜悅呢？

鋒利的刀刃，沸騰的鼎鑊，不足以脅迫於他，任何誹謗與讒言又何足以引起他絲毫憂懼不安呢？他從來沒將任何煩惱之事放在心頭，從來未曾與外界之物有一絲一毫的相混相雜。

至於那手持隋侯之珠去彈擊野雀，舔舐秦王的痔瘡以圖獲取車乘，攀登那枯朽的樹枝去掏鳥窩，在那湍急得魚鱉都無法游淌的呂梁河裡去抓撈魚蝦，早上還在稱孤道寡的人，晚上卻就成為狐狸、山雀之類末流之輩。棟樑折斷，鼎翻食撒，沉溺傾覆，一蹶不振。

大致說來，庸俗之輩所幹的趨炎附勢的勾當，正是通達的

得道者最感到寒心和可悲的地方！所以，修養極高的真知玄道的人能使如《韶》、《夏》之類著名音樂沉默，而且還將天子的神聖廟飾、畫有文彩的柱子予以遮掩暗藏。

他們像鴻雁振動其雄健的翅膀奮飛於崑崙五城的廢墟上，而不必口銜蘆葦加以自衛；又像蟄龍隱翳其尖銳的鱗角以達潛龍「無為」之境，而無須依仗曲折的洞穴去加以防備。他們對下，沒有倨傲鷂鷹那般咋呼；他們對上，也無身居極限亢龍那般有悔。但是，沒有人能真正認識與達到這種境界，因為玄道實在是既渺邈而又空曠啊！

卷二　論仙

原　文

或問曰：神仙[1]不死，信可得乎？抱朴子答曰：雖有至明，而有形者不可畢見焉。雖稟極聰，而有聲者不可盡聞焉。雖有大章、豎亥之足，而所常履者，未若所不履之多；雖有禹、益、齊諧之智，而所嘗識者，未若所不識之眾也。萬物云云，何所不有？況列仙之人，盈乎竹素矣。不死之道，曷為無之？

於是問者大笑曰：夫有始者必有卒，有存者必有亡。故三、五、丘、旦之聖，棄、疾、良、平[2]之智，端、嬰、隨、酈[3]之辯，賁、育、五丁[4]之勇，而咸死者，人理之常然，必至之大端也。徒聞有先霜而枯瘁，當夏而凋青，含穗而不秀，未實而萎零，未聞有享於萬年之壽，久視不已之期者矣。故古人學不求仙，言不語怪，杜彼異端，守此自然，推龜鶴於別類，以死生為朝暮也。夫苦心約己，以行無益之事，鏤冰雕朽，終無必成之功。未若攄匡世之高策，招當年之隆祉，使紫

青重紆，玄牝龍踦，華轂易步趣，鼎悚代來耒耜，不亦美哉？每思詩人《甫田》[5]之刺，深惟仲尼「皆死」之證[6]，無為握無形之風，捕難執之影，索不可得之物，行必不到之路，棄榮華而涉苦困，釋甚易而攻至難，有似喪[7]者之逐遊女，必有兩失之悔，單、張[8]之信偏見，將速內外之禍也。夫班[9]、狄[10]不能削瓦石為芒針，歐冶不將鑄鉛錫為干將[11]，故不可為者，雖鬼神不能為也；不可成者，雖天地不能成也。世間亦安得奇方，能使當老者復少，而應死者反生哉！而吾子乃欲延蟪蛄之命，令有歷紀之壽[12]；養朝菌之榮，使累晦朔之積[13]，不亦謬乎？願加九思，不遠迷復焉。

抱朴子答曰：夫聰之所去，則震雷不能使之聞；明之所棄，則三光不能使之見。豈輷磕之音細，而麗天景微哉？而聾夫謂之無聲焉，瞽者謂之無物焉。又況管弦之和音，山龍之綺粲，安能賞克諧之雅韻，瑋曄之鱗藻哉？故聾瞽在乎形器，則不信豐隆之與玄象矣[14]。而況物有微此者乎？暗昧滯乎心神，則不信有周、孔於在昔矣。況告之以神仙之道乎？夫存亡終始，誠是大體。其異同參差，或然或否，變化萬品，奇怪無方，物是事非，本鈞末乖，未可一也。夫言始者必有終者多矣，混而齊之，非通理矣。

謂夏必長，而薺麥枯焉；謂冬必凋，而竹柏茂焉；謂始必終，而天地無窮焉；謂生必死，而龜鶴長存焉。盛陽宜暑，而夏天未必無涼日也；極陰宜寒，而嚴冬未必無暫溫也。百川東注，而有北流之活活[15]；坤道至靜，而或震動而崩弛；水性純冷，而有溫谷之湯泉；火體宜熾，而有蕭丘[16]之寒焰；重類應沉，而南海有浮石之山[17]；輕物當浮，而牂柯有沉羽之流[18]。萬殊之類，不可一概斷之，正如此也久矣。

有生最靈，莫過乎人。貴性之物，宜必鈞一。而其賢愚邪

正，好醜修短，清濁貞淫，緩急遲速，趨舍所尚，耳目所欲，其為不同，已有天壤之覺，冰炭之乖矣。何獨怪仙者之異，不與凡人皆死乎？

若謂受氣[19]皆有一定，則雉之為蜃[20]，雀之為蛤[21]，壤蟲假翼[22]，川蛙翻飛[23]，水蠆為蛉，苻苓為蛆[24]，田鼠為駕[25]，腐草為螢[26]，鼉之為虎[27]，蛇之為龍[28]，皆不然乎？

若謂人稟正性，不同凡物，皇天賦命，無有彼此，則牛哀成虎[29]，楚嫗為黿[30]，枝離[31]為柳，秦女為石[32]，死而更生[33]，男女易形[34]，老彭之壽[35]，殤子之夭，其何故哉？苟有不同，則其異有何限乎？

若夫仙人，以藥物養身，以術數延命，使內疾不生，外患不入，雖久視不死，而舊身不改，苟有其道，無以為難也。而淺識之徒，拘俗守常，咸曰世間不見仙人，便云天下必無此事。夫目之所曾見，當何足言哉？天地之間，無外之大，其中殊奇，豈遽有限，詣老戴天，而無知其上，終身履地，而莫識其下，形骸，己所自有也，而莫知其心志之所以然焉；壽命，在我者也，而莫知其修短之能至焉。況乎神仙之遠理，道德之幽玄[36]，仗其短淺之耳目，以斷微妙之有無，豈不悲哉？

設有哲人大才[37]，嘉遁勿用，翳景掩藻，廢偽去欲，執太璞於至醇之中，遺末務於流俗之外，世人猶鮮能甄別，或莫造志行於無名之表，得精神於陋形之裡，豈況仙人殊趣異路；以富貴為不幸，以榮華為穢污，以厚玩為塵壤，以聲譽為朝露，蹈炎飆而不灼，躡玄波而輕步，鼓翩清塵，風馭雲軒，仰凌紫極[38]，俯棲崑崙，行尸之人，安得見之？假令遊戲，或經人間，匿真隱異，外同凡庸，比肩接武，孰有能覺乎？若使皆如郊間兩瞳之正方[39]，邛疏之雙耳，出乎頭巔；馬皇乘龍

而行〔40〕，子晉躬御白鶴〔41〕；或鱗身蛇軀〔42〕，或金車羽服；乃可得知耳。自不若斯，則非洞視者安能睹其形，非徹聽者安能聞其聲哉！

世人既不信，又多疵毀，真人疾之，遂益潛遁。且常人之所愛，乃上士之所憎，庸俗之所貴，乃至人之所賤也。英儒偉器，養其浩然者，猶不樂見淺薄之人、風塵之徒。況彼神仙，何為汲汲使芻狗〔43〕之倫，知有之何所索乎；而怪於未嘗知也？目察百步，不能了了，而欲以所見為有，所不見為無，則天下之所無者，亦必多矣。所謂以指測海，指極而云水盡者也。蜉蝣校巨鰲，日及料大椿，豈所能及哉！

魏文帝窮覽洽聞，自呼於物無所不經，謂天下無切玉之刀，火浣之布〔44〕，及著《典論》，嘗據言此事。其間末期，二物畢至，帝乃嘆息，遽毀斯論。事無固必，殆為此也。

陳思王著《釋疑論》，云：初謂道術，直呼愚民詐偽空言定矣。及見武皇帝試閉左慈等，令斷穀近一月〔45〕，而顏色不減，氣力自若，常云可五十年不食。正爾，復何疑哉？又云，令甘始以藥含生魚，而煮之於沸脂中。其無藥者，熟而可食；其銜藥者，遊戲終日，如在水中也〔46〕。又以藥粉桑以飼蠶，蠶乃到十月不老。又以往年藥食雞雛及新生犬子，皆止不復長。以還白藥食白犬，百日毛盡黑。乃知天下之事，不可盡知，而以臆斷之，不可任也。但恨不能絕聲色，專心以學長生之道耳。彼二曹學則無書不覽，才則一代之英，然初皆謂無，而晚年乃有窮理盡性，其嘆息如此。不逮若人者，不信神仙，不足怪也。劉向〔47〕博學則究微極妙，經深涉遠，思理則澄清真偽，研核有無，其所撰《列仙傳》，仙人七十有餘，誠無其事，妄造何為乎？邃古之事，何可親見？皆賴記籍傳聞於往耳。《列仙傳》炳然，其必有矣。

然書不出周公之門，事不經仲尼之手，世人終於不信。然則古史所記，一切皆無，何但一事哉？俗人貪榮好利，汲汲名利，以己之心，遠忖昔人，乃復不信古者有逃帝王之禪授，薄卿相之貴任，巢、許之輩，老萊、莊周之徒[48]，以為不然也。況於神仙，又難知於斯，亦何可求今世皆信之哉？多謂劉向非聖人，其所撰錄，不可孤據，尤所以使人嘆息者也。夫魯史不能與天地合德，而仲尼因之以著經[49]。子長不能與日月並明，而揚雄稱之為實錄[50]。

　　劉向為漢世之名儒賢人，其所記述，庸可棄哉？凡世人所以不信仙之可學，不許命之可延者，正以秦皇、漢武求之不獲，以少君、欒太為之無驗故也。

　　然不可以黔婁、原憲[51]之貧，而謂古者無陶朱、猗頓[52]之富。不可以無鹽、宿瘤[53]之醜，而謂在昔無南威、西施[54]之美。進趨猶有不達者焉，稼穡猶有不收者焉，商販或有不利者焉，用兵或有無功者焉。況乎求仙，事之難者，為之者何必皆成哉？彼二君兩臣，自可求而不得，或始勤而卒怠，或不遭乎明師，又何足以定天下之無仙乎？

　　夫求長生，修至道，訣在於志，不在於富貴也。苟非其人，則高位厚貨，乃所以為重累耳。何者？學仙之法，欲得恬愉淡泊，滌除嗜慾，內視反聽，尸居無心[55]。而帝王任天下之重責，治軫掌[56]之政務，思勞於萬幾，神馳於宇宙，一介失所，則王道為虧，百姓有過，則謂之在予。醇醪汨其和氣，艷容伐其根荄，所以翦精損慮，削乎平粹者，不可曲盡而備論也。蚊噆膚則坐不得安，虱群攻則臥不得寧。四海之事，何只若是！安得掩翳聰明，歷藏數息，長齋久潔，躬親爐火，夙興夜寐，以飛八石[57]哉？漢武享國，最為壽考，已得養性之小益矣。但以升合[58]之助，不供鍾石[59]之費，畎澮之輸，不給

尾閭之泄耳[60]。

仙潔欲靜寂無為，忘其形骸，而人君撞千石之鐘，伐雷霆之鼓，砰磕嘈戲，驚魂蕩心，百技萬變，喪精塞耳，飛輕走迅，釣潛弋高。仙法欲令愛逮蚑蠕，不害含氣，而人君有赫斯之怒，芟夷之誅，黃鉞一揮，齊斧暫授，則伏尸千里，流血滂沱，斬斷之刑，不絕於市。

仙法欲止絕臭腥，休糧清腸，而人君烹肥宰腯，屠割群生，八珍百和，方丈於前，煎熬勺藥[61]，旨嘉屢飫。仙法欲溥愛八荒，視人如己，而人君兼弱攻昧，取亂推亡[62]，闢地拓疆，泯人社稷，驅合生人，投之死地，孤魂絕域，暴骸腐野，五嶺[63]有血刃之師，北闕懸大宛之首[64]，坑生煞伏，動數十萬，京觀[65]封尸，仰干雲霄，暴骸如莽，彌山填谷。秦皇使十室之中，思亂者九。

漢武使天下嗷然，戶口減半。祝其有益，詛亦有損。結草[66]知德，則虛祭必怨[67]。眾煩攻其膏肓[68]，人鬼齊其毒恨。彼二主徒有好仙之名，而無修道之實，所知淺事，不能悉行。要妙深秘，又不得聞。又不得有道之士為合成仙藥以與之，不得長生，無所怪也。

吾徒匹夫，加之罄困，家有長卿壁立[69]之貧，腹懷翳桑絕糧之餒，冬抱戎夷後門之寒[70]，夏有儒仲環堵之暎[71]。欲經遠而乏舟車之用，俗有營而無代勞之役。入無綺紈之娛，出無遊觀之歡，甘旨不經乎口，玄黃不過乎目，芬芳不歷乎鼻，八者不關乎耳，百憂攻其心曲，眾難萃其門庭，居世如此，可無戀也。

或得要道之訣，或值不群之師，而猶恨恨於老妻弱子，眷眷於狐兔之丘[72]，遲遲以臻殂落[73]，日月不覺衰老，知長生之可得而不能修，患流俗之臭鼠而不能委。何者？愛習之情卒

難遣，而絕俗之志未易果也。

況彼二帝，四海之主，其所耽玩者，非一條也，其所親幸者，至不少矣。正使之為旬月之齋，數日閒居，猶將不能，況乎內棄婉孌之寵，外捐赫奕之尊，口斷甘餚，心絕所欲，背榮華而獨往，求神仙而幽漠，豈所堪哉？是以歷覽在昔，得仙道者，多貧賤之士，非勢位之人。又欒太所知，實自淺薄，飢渴榮貴，冒干貨賄，炫虛妄於苟且，忘禍患於無為，區區小子之奸偽，豈足以證天下之無仙哉？

昔勾踐式怒蛙〔74〕，戎卒爭蹈火；楚靈愛細腰，國人多餓死〔75〕；齊桓嗜異味，易牙蒸其子〔76〕；宋君賞瘠孝，毀歿者比屋〔77〕。人主所欲，莫有不至：漢武招求方士，寵待過厚，致令斯輩，敢為虛誕耳。欒太若審有道者，安可得煞乎？夫有道者，視爵位如湯鑊〔78〕，見印綬如縗絰，視金玉如土糞，睹華堂如牢獄，豈當扼腕空言，以僥幸榮華，居丹楹之室，受不訾之賜，帶五利〔79〕之印，尚公主之貴，耽淪勢利，不知止足，實不得道，斷可知矣。

按董仲舒所撰《李少君家錄》云：少君有不死之方，而家貧無以市其藥物，故出於漢，以假塗求其財，道成而去。又按《漢禁中起居注》云：少君之將去也，武帝夢與之共登嵩高山，半道，有使者乘龍持節，從雲中下。云太乙請少君。帝覺，以語左右曰：如我之夢，少君將舍我去矣？數日而少君稱病死。久之，帝令人發其棺，無尸，唯衣冠在焉。按《仙經》云：上士舉形升虛，謂之天仙；中士遊於名山，謂之地仙；下士先死後蛻，謂之尸解仙。今少君必尸解者也。

近世壺公將費長房去，及道士李意期將兩弟子去，皆托猝死，家殯埋之。積數年，而長房來歸。又，相識見李意期將兩弟子皆在郫縣。其家各發棺視之，三棺遂有竹杖一枚，以丹書

符於杖，此皆尸解者也。

昔王莽引《典》、《墳》[80]以飾其邪，不可謂儒者皆為篡盜也；相如因鼓琴而竊文君，不可謂雅樂主於淫佚也。噎死者不可譏神農之播穀；燒死者不可怒燧人之鑽火；覆溺者不可怨帝軒之造舟；酗茗者不可非杜儀之為酒。豈可以欒太之邪偽，謂仙道之果無乎？是猶見趙高、董卓，便謂古無伊、周、霍光；見商臣、冒頓，而云古無伯奇、孝己也。

又《神仙集》中有召神劾鬼之法，又有使人見鬼之術。俗人聞之，皆謂虛文。或云天下無鬼神，或云有之，亦不可劾召。或云見鬼者，在男為覡[81]，在女為巫[82]，當須自然，非可學而得。按《漢書》及《太史公記》皆云齊人少翁，武帝以為文成將軍。武帝所幸李夫人死，少翁能令武帝見之如生人狀。又令武帝見灶神，此史籍之明文也。

夫方術既令鬼見其形，又令本不見鬼者見鬼，推此而言，其餘亦何所不有也？鬼神數為人間作光怪變異，又經典所載，多鬼神之據，俗人尚不信天下之有鬼神，況乎仙人居高處遠，清濁異流，登遐遂往，不返於世，非得道者，安能見聞？而儒、墨之家知此不可以訓，故終不言其有焉。

俗人之不信，不亦宜乎？惟有識真者，校練眾方，得其徵驗，審其必有，可獨知之耳，不可強也。故不見鬼神，不見仙人，不可謂世間無仙人也。人無賢愚，皆知己身之有魂魄，魂魄分去則人病，盡去則人死。故分去則術家有拘錄之法，盡去則禮典有招呼之義，此之為物至近者也。

然與人俱生，至乎終身，莫或有自聞見之者也。豈可遂以不聞見之，又云無之乎？若夫輔氏報施之鬼，成湯怒齊之靈，申生交言於狐子，杜伯報恨於周宣，彭生托形於玄豕，如意假貌於蒼狗，灌失守田蚡，子義掊燕簡，蓐收之降於莘，欒侯之

止民家，素薑之説讖緯，孝孫之著文章，神君言於上林，羅陽仕於吳朝，鬼神之事，著於竹帛，昭昭如此，不可勝數，然而蔽者猶謂無之，況長生之事，世所希聞乎？望使必信，是令蚊虻負山，與井蟆論海也。俗子未嘗見龍鱗鸞鳳，乃謂天下無有此物，以為古人虛設瑞應，欲令人主自勉不息，冀致斯珍也。況於令人之信有仙人乎？

世人以劉向作金不成，便謂索隱行怪，好傳虛無，所撰《列仙》，皆復妄作。悲夫！此所謂以分寸之瑕，棄盈尺之夜光；以蟻鼻之缺，捐無價之淳鈞。非荊和之遠識，風胡之賞真也。斯朱公所以鬱悒，薛燭所以永嘆矣。夫作金皆在《神仙集》中，淮南王抄出，以作《鴻寶枕中書》。雖有其文，然皆秘其要文，必須口訣，臨文指解，然後可為耳。其所用藥，復多改其本名，不可按之便用也。

劉向父德治淮南王獄中所得此書，非為師授也。向本不解道術，偶偏見此書，便謂其意盡在紙上，是以作金不成耳。至於撰《神仙傳》，自刪秦大夫阮倉書中出之，或所親見，然後記之，非妄言也。

狂夫童謠，聖人所擇：菭蕘之言，或不可遺。採葑採菲，無以下體。豈可以百慮之一失，而謂經典之不可用，以日月曾蝕之故，而謂懸象非大明哉？

外國作水精碗，實是合五種灰[83]以作之。今交、廣多有得其法而鑄作之者。今以此語俗人，俗人殊不肯信。乃云水精本自然之物，玉石之類，況於世間，幸有自然之金，俗人當何其有可作之理哉？愚人乃不信黃丹及胡粉是化鉛所作，又不信騾及駏驉[84]是驢馬所生。云：物各自有種，況乎難知之事哉！夫所見少，則所怪多，世之常也。信哉此言！其事雖天之明，而人處覆甑之下，焉識至言哉？

注釋

〔1〕神仙：是道教徒理想中修煉得道，神通廣大，變化無窮、長生不老的人。神、仙二者若嚴加區分則略有不同，神是指生命得到弘揚的人；仙是指生命長度趨於無限的人。《莊子·逍遙遊》：「至人無己，神人無功，聖人無名。」又：「藐姑射之山，有神人居焉。肌膚若冰雪，綽約若處子，不食五穀，吸風飲露，乘雲氣，御飛龍，而遊乎四海之外；其神凝，使物不疵癘而年穀熟」。這「神人」則是古代道家所謂得道而神妙莫測的人，其精神世界完全能超脫於物外。心目中沒有功名利祿的人。

〔2〕後稷，名棄，周人祖先，倡導農耕，見《史記·周本紀》；樗裡子名疾，秦惠王弟，滑稽多智，見《史記·苗侯世家·陳平世家》。

〔3〕端木賜，字子貢，孔子弟子，利口巧辭；晏嬰謚平仲，齊國政治家，善於辭令；隨何，秦漢辯士；酈食其亦秦漢謀士，分別見《史記·仲尼弟子列傳·管晏列傳·黥布列傳·酈生陸賈列傳》。

〔4〕孟賁、夏育，均是周代時衛人或齊人，皆大勇士，見《史記·范雎列傳》；五丁為秦惠王時蜀地的五位勇士，見《華陽國志·蜀志》。

〔5〕《甫田》：係《詩經·齊風》的詩篇。《詩·序》：「大夫刺襄公也。無禮義而求大功。……志大心勞，所以求者非其道也。」以戒時人厭小務大，忽近圖遠，徒勞無功。

〔6〕《論語·顏淵》：「（子）曰：『自古皆有死，民無信不立』。

〔7〕喪：通「桑」。《列子·說符》：「晉文公出，會欲伐衛。公子鋤仰天而笑。公問何笑。曰：『臣笑鄰之子有送其妻

適私家者，道見桑婦，悅而與言。然顧視其妻，亦有招之者矣。臣竊笑此也」。

〔8〕《莊子·達生》：「魯有單豹者，岩居而水飲，不與民共利，行年七十，而猶有嬰兒之色，不幸遇餓虎。餓虎殺而食之。有張毅者，高門懸薄（義同帘），無不走也。行年四十，而有內熱之病以死。豹養其內，而虎食其外；毅養其外，而病攻其內。」

〔9〕公輸班，魯國人，又稱魯班。

〔10〕狄：即墨翟，亦魯大巧者。

〔11〕歐冶子。越人，與干將同師，均善鑄劍，見《吳越春秋》卷四。

〔12〕紀：一「紀」：三百天。《抱朴子·微旨》：「紀者，三百日也。」

〔13〕《莊子·逍遙遊》：「朝南不知晦朔，蟪蛄不知春秋。」

〔14〕豐隆：指雷神。《淮南子·天文》：「季春三月，豐隆乃出，以將其雨。」高誘注：「豐隆，雷也。」這裡指雷聲。「玄象」係指日月星辰形成的天象。《晉書·庚冰傳》：「玄象豈我所測，正當勤盡人事耳」。

〔15〕活活：指水流聲，《詩經·衛風·碩人》：「北流活活」。

〔16〕蕭丘：是一山巒名，傳說此處火焰不熱。劉晝《新論·從化》：「火性宜熱，而有蕭丘寒炎。」

〔17〕《太平御覽》四十九引《交州記》：「海中有浮石山」。

〔18〕牂柯：古地名，在今貴州境內。《漢書·地理志》顏師古注引應劭：「臨牂柯江也，沉羽之流，似弱水，不勝鴻毛。」

〔19〕受氣：乃指「承受」、「稟性」。《論衡·氣壽》：「非

天有長短之命，而人各有稟受氣。」

〔20〕《禮記・月令》：「孟冬雉入大水為蜃」。「蜃」即「大蛤」。見《周禮・天宮・鼈人》：「以時籍魚鱉龜蜃。」注：「蜃，大蛤」。

〔21〕《禮記・月令》：「季秋雀入大水為蛤。」

〔22〕《淮南子・道應》：「吾比夫子，猶黃鵠與蠰蟲也。」「蠰蟲」原注：「蟲之幼也」。

〔23〕《淮南子・齊俗》：「夫蝦蟆為鶉。」

〔24〕《淮南子・齊俗》：「水蠆為蟌蚑（ㄏㄨㄟˋ ㄨㄤˋ）。」蟌蚑，王念孫認為是：蟌（ㄘㄨㄥ）之誤，蟌即蜻蜓。《說林》：「水蠆為蟌。」高誘注曰：「水蠆化為蟌，蜻蜓也。」蜻蜓等昆蟲的幼蟲，生活在水中，浮游在水面，一般脫皮十多次後化為成蟲。「荇」指一種多年水生草本，即荇菜。「苓」即苓耳，植物名。「馬陸」，一種小蟲，又名馬蚿，即蛆。「荇苓」疑指腐草而化為蛆《呂氏春秋・季夏紀》：「腐草化為蚈。」高誘注：「蚈，馬蚿也。」

〔25〕《禮記・月令》：「季春之月。桐始華，田鼠化為鴽。」

〔26〕《禮記・月令》：「季夏之月，腐草為螢。」

〔27〕鼉：一種鱷魚。《淵鑒類函》引《本草綱目》：「（鼉）老者多能變化為邪魅。」

〔28〕《史記・外戚世家》：「蛇化為龍，不變其文。」

〔29〕公牛哀：古代傳說的人名。《淮南子・俶真》：「昔公牛哀轉病也，七日化為虎」。原注作「江淮之間公牛氏為易病，化為虎，若中國（中原地區）有狂疾者，發作有時也。」這是古代傳說。「轉病」為「借尸還魂」之說。「轉病」又叫「注病。」「轉」和「注」同義。

〔30〕《後漢書・五行志》：「靈帝時，江夏黃氏之母，浴而

化為黿。」

〔31〕枝離：指莊子寓托的人名。《莊子‧至樂》：「支離叔與滑介叔觀於冥伯之丘，崑崙之虛，黃帝之所休。俄而柳生其左肘，……」

〔32〕宋吳淑《事類賦》引《蜀記》：「梓潼縣有五婦山。昔秦遺蜀五美人，蜀遣五丁迎之。至此，五丁踏地大呼，五女皆化為石。」

〔33〕《後漢書‧五行志》載：建安四年，武陵充縣女子李娥，死後十四日重新復活。」

〔34〕如《後漢書‧五行志》載：《史記》魏襄王十三年，魏有女子化為丈夫；漢哀帝建平中，豫章有男子化為女子。

〔35〕老彭：指傳說中的殷代大夫籛鏗，其為帝顓頊之孫，歷夏至殷末，活八百餘歲，常食桂芝，善導引行氣。見《神仙傳》。

〔36〕道德：鄭玄注《禮記‧曲禮上》「道者，通物之名；德者，得理之稱。」幽玄：幽微玄妙。

〔37〕哲人：指才能識見超越尋常的人。《詩‧小雅‧鴻雁》：「維此哲人，謂我劬勞。」「大才」：指才能很高明智通達的人。《後漢書‧馬援傳》：「汝大才當晚成。」

〔38〕紫極：星座名，又名「紫宮」。《晉書‧天女志》：「北極五星，鉤除六星，皆在紫宮中。」

〔39〕郊間：古仙人名。《抱朴子內篇‧袪惑篇》：「仙人目瞳皆方。」

〔40〕《列仙傳》：「馬師皇者，黃帝時馬醫也。有龍下，向之垂耳張口。皇曰：此龍有病，乃針其唇下口中，以甘草湯飲之而愈。後一旦復皇而去。

〔41〕《列仙傳》：「王子喬，周靈王太子晉也，好吹笙作鳳

鳳鳴，後乘白鶴而去。」

〔42〕後漢王延壽《魯靈光殿賦》：「伏羲鱗身，女媧蛇軀。」

〔43〕芻狗：古代結草為狗，供祭祀用。《老子》：「天地不仁，以萬物為芻狗。」這裡比喻傀儡般無用的人。

〔44〕切玉之刀，火浣之布：《博物志・異產》引《周書》曰：「西戎獻火浣布，昆吾氏獻切玉刀。火浣布污則燒之則潔，刀切如臈（ㄌㄚˋ）。」《列子・湯問》：「周穆王征西戎，西戎獻錕鋙之劍，火浣之布，其劍用之切玉，如切泥焉；火浣之布，浣之必投於火。出火而振之，皓然疑乎雪。」火浣布即石棉布舊稱。昆吾氏指昆吾山上的部族。《山海經・中山經》：「又西二百里，曰昆吾之山。其上多赤銅。」郭璞注：「此山出名銅，色赤如火，以之作刃，切玉如割泥也，周穆王時西戎獻之，《尸子》所謂昆吾之劍也。」

〔45〕斷穀近一月：「斷穀」指斷糧；「一月」：月字依敦煌石室本《抱朴子》應作「朞」，即「期」，周年。《神仙傳》：「魏太祖召左慈，閉一石室中，斷穀期年，乃出之，顏色如故。」

〔46〕曹植《辯道論》：「甘始取鯉魚一雙，令取一著藥，俱投沸膏中，有藥者奮尾鼓鰓，游行沉浮，有若處淵；其一者已熟可啖。」

〔47〕劉向：漢代學者。

〔48〕巢父、許由：為傳說中的清高孤傲，不願為官的隱士。皇甫謐《高士傳》：堯曾以天下讓巢父，不受；又讓許由，仍不受。《史記正義》引《列仙傳》：老萊子曾避亂躬耕蒙山，楚王迎而不往。《莊子・秋水》：楚王請莊周出仕。莊周不屑一顧。

〔49〕《史記‧孔子世家》載：孔子承襲魯國史官寫《春秋》。儒者尊稱為「經」。

〔50〕《法言‧重黎》：「或問太史遷，曰：實錄」。言司馬遷《史記》，不虛美，不隱惡。

〔51〕黔婁、原憲：古代著名貧士。劉向《列女傳、魯黔婁妻》載：黔婁生時，食不充虛，衣不蓋形，死後覆以布被，首足不盡斂。《莊子‧讓王》載：孔子弟子原憲居魯，環堵之室，茨以生草，蓬戶不完，桑以為樞，而甕牖二室，褐以為塞，上漏下濕，匡坐而弦。

〔52〕陶朱、猗頓：古代著名富豪。《列女傳》載：范蠡助越王滅吳後乘舟適齊，旋至陶，「名朱公」，善治產業巨萬，故言富者皆稱陶朱公。又猗頓，原為魯之窮士，聞朱公富，往而問術。朱公告之曰：子欲速富，當畜五牸（ㄗ、本指牛，也泛指雌性牲畜）。於是乃適西河，販賣牛羊而致富，因其以富興於猗氏，故曰猗頓。

〔53〕《列女傳》載：鍾離春為齊國無鹽邑女子，外貌奇醜：「臼頭，深目，長肚，大節，昂鼻，結喉，肥項，少髮，折腰，出胸，皮膚若漆。」又宿瘤者，齊東都採桑之女。項有大瘤，故號宿瘤。

〔54〕南威、西施：古代著名美女。《戰國策‧魏策》載：晉文公得南威，三日不聽朝，遂推南威而遠之，曰：「後世必有以色亡國者。」西施，見前《暢玄篇》注釋。

〔55〕《史記‧商君傳》：「趙良曰：『反聽之謂聰，內視之謂明。』」這裡的「內視反聽」是指控制意念，修煉身體以求長生的方法。《脈望‧卷二》：「誠能內視返聽，此氣自充，精神自固」。尸居：像受祭的活人一樣呆著，比喻沉默無為。《莊子‧在宥》：「尸居而龍見」。雖安然不動，但精神騰飛。

〔56〕鞅掌：事務多而煩勞。《詩經・小雅・北山》：「或王者鞅掌」。

〔57〕八石，指道人煉丹的八種石類原料：丹砂、雄黃、雌黃、石留黃、曾青、礬石、磁石、戎鹽。

〔58〕升合（《ㄜ）：古代計量單位，一升等於十合，十升為一斗。這裡「升合」引申含義為極言量小。

〔59〕鍾石：古代計量單位，一鍾等於六石四斗，一石等於十斗。這裡「鍾石」引申含義為極言量大。

〔60〕畎澮：田間排水的溝渠。尾閭：尾指百川之下，閭指水聚之處。尾閭為傳說中海底泄漏海水的地方。《莊子・秋水》「天下之水，莫大於海，萬川歸之，不知何時止而不盈；尾閭泄之，不知何時已而不虛。」

〔61〕八珍：指古代的八種烹飪法。百和：指各種烹飪調和法。勺藥即芍藥，可作調味品，古人因此作為五味調料的總稱。《史記・司馬相如傳》：「勺藥之和具」。《集解》引郭璞注：「勺藥，五味也。」

〔62〕《左傳》：「宣公十二年：兼弱攻昧，武之善經也。仲虺有言曰：取亂侮亡，兼弱也。」又襄公十四年載：「仲虺有言曰：亡者侮之，亂者取之，推亡存固，國之道也。」這裡所述即此事。

〔63〕五嶺：山名。《史記・張耳陳余列傳》：「北有長城之役，南有五嶺之戍。」裴駰《集解》：嶺有五，因以為名。但五嶺所指其說不一，如《廣州記》以大庾、始安、臨賀、桂陽、揭陽名五嶺。

〔64〕北闕：古代宮殿北面的門樓。《漢書・武帝紀》：「太初四年春，貳師將軍李廣利斬大宛王首。」

〔65〕京觀：即指古代戰爭後將戰敗死者尸體堆積封土所

成的「高冢」。

〔66〕《左傳》載：宣公十五年晉大夫魏武子臨死命子魏顆以妾殉葬，魏顆不從命而嫁妾。後來魏顆與秦將杜回交戰，見一老人以草打結絆倒杜回而勝。夜夢老人說自己是魏顆所嫁之妾的亡父。後人則以「結草」表示鬼魂報恩。

〔67〕《漢書・賈捐之傳》：「當此之時，寇賊並起，軍旅數發，父戰死於前，子鬥傷於後，女子乘車障，孤兒號於道，老母寡婦，飲泣巷哭，遙設虛祭，想魂乎萬裡之外。」

〔68〕膏肓：中醫稱心臟下都為肓，膈膜為膏。《左傳》：「成公十五年，醫至，曰：『疾不可為也，在肓之上，膏之下，攻之不可，達之不及，藥不至焉，不可為也』』。

〔69〕《史記・司馬相如傳》：「相如乃與馳歸成都。家居徒四壁立。」

〔70〕《呂氏春秋・長利篇》：「戎夷去齊如魯，天大寒而後門，與弟子宿於郭外，寒愈甚。不得已解衣與弟子，夜半而死，弟子遂活。」「後門」，高誘注：「日夕門已閉也。」

〔71〕《後漢書・逸民傳》：「王霸字仲儒，隱居守志，茅居蓬戶。」暎：日照。

〔72〕《淮南子・說林》：「鳥飛返鄉，兔走歸窟，狐死首丘，寒將翔水，各哀其所生。」這裡以「狐兔之丘」用來比喻對故鄉的留戀。

〔73〕殂落：死亡。《尚書・舜典》：「二十有八載，帝乃殂落。」

〔74〕式：通「軾」，古代車廂前用作扶手的橫木叫「軾」。低頭伏在「軾」上表示敬意也稱「軾」。《吳越春秋》載：越王道見鼓著腮幫張腹而怒的青蛙，為之軾。曰：「吾思士卒元怒久矣，未有稱吾意者，今蛙蟲無知之物見敵而有怒氣，故為之

式。」

〔75〕《韓非子‧二柄》「楚靈王好細腰，而國中多餓人。」

〔76〕《韓非子‧二柄》：「齊桓公好味，易牙蒸其子首而進之。」，

〔77〕《韓非子‧內儲說上》：「宋崇門之巷人，服喪而毀，甚瘠。上以為慈愛於親。舉以為官師，明年，人之所以毀死者歲十餘人。」

〔78〕湯鑊：滾燙的水和鍋鼎，古代的一種酷刑。

〔79〕五利：漢代將軍名號，漢武帝封欒太為五利將軍。

〔80〕《典》、《墳》：傳說中我國最古老的書。此泛指古代文獻。

〔81〕覡：即男巫。

〔82〕巫：即女巫。

〔83〕五種灰：《太平御覽》八百七十一卷引此名為「五百種灰」，今脫「百」字。

〔84〕駏驉：形似騾的一種野獸。

譯文

有人問道：神仙不會死亡，這真有可能的、可確信嗎？抱朴子回答道：人們雖然有最好的視力，但也不可能將所有的有形物體都一一看清；縱有最好的聽力，也不可能把所有的聲音都完全聞全；雖然有極善行走而跋涉極遠的大章、豎亥的雙足，但其曾走過的地方，總不及沒走過的地方廣；縱有見多識廣的禹、益、齊諧的智慧，但其已知道的事物，總不如沒認識的事物多。萬物繁雜，無所不有，何況已成超出人世、長生不死的仙人，並已有充滿眾多典籍的記載。超出人世、長生不死的道術，怎麼會沒有呢？

於是，問話的人對此卻不以為然地大聲笑道：呃，凡是世事有始必有終，有生必有死。所以不管他是三皇五帝、孔子周公之類的聖人，還是那稷棄、樗里子、張良、陳平之類俊智之士；端木賜、晏嬰、隨何、酈食其之類雄辯之才；孟賁、夏育、五丁之類勇武之將，都難免終有一死。由此可見死亡是人生之旅的必然歸路，是不可抗拒的總歸宿。

我還沒聽說過植物會先霜凍而枯萎，正當夏令而落葉，含苞待放的花蕾不盛開，沒有結實的果實就凋零，更未聽說有誰能享萬年的壽命，能享永久不老的期頤呵！所以古人治學不妄求成仙之道，言論不妄談玄怪之事，而杜塞種種異端邪說，堅信自然法則，將那些龜靈仙鶴所謂長生不老之類，斥為與人類不同的類別，將人類的生存與死亡，視為如同每日出現的晨昏。與其苦苦追求約束自己去做無益之事，猶如刻鏤冰塊，雕琢朽木，終究毫無成功，倒不如去施展糾正世道風氣的高明策略，以求獲得當代則能得到的盛大福澤，使佩掛高官金印的紫綬青綬沉甸甸地下垂，使祭祀用的黑色公畜象龍一般地妥善安置，讓華美的高車駟馬代替步行，以鼎中的美食替代農耕，這豈不非常美妙嗎？

每每想到詩人在《甫田》中對那些「志大心勞」者的諷刺，深深思考孔子在《論語》裡有關「人皆有死」的論斷，則感到確實不應去把握不具形態的疾風，捕捉無法捉摸的影子，追求不可得到的事物，走上不可達到目的的歧路；拋棄榮華富貴的生活而涉入困苦，放棄容易達到的成功而轉攻難關。這好似桑道逐戲游女的人，結果落得兩面有失的悔恨；又好似單豹修身，張毅附勢，結果也招來身內身外的禍害。魯班、墨翟再巧也不能將瓦片石塊削磨成細針；歐冶子善鑄也不能將鉛錫鍛鑄為寶劍。所以凡不可能辦到的事，雖是鬼神也無能為力；凡不

可能做成的事，雖為天地亦不能作成。

人世間哪有什麼奇妙的方藥，能使本應衰老的人復變年少，本該死的人死而復生呢？而您卻欲延續蟪蛄生命，想讓它的壽命超過三百天，還想朝生暮死的菌類，也能茂盛地度過一天的晨昏，這豈不是十分荒謬的嗎？願您能加以再三思考，在迷途尚未走得太遠的時候正好返回呵！

抱朴子答道：倘若人的聽力喪失去後，則震天的雷鳴也不能使其聽到；倘若人的視力喪失去後，則日月星辰的光輝亦不能使其看到。這哪裡是隆隆的雷鳴聲細弱，或者是日月星辰的光芒微弱呢？然而，聾子認為沒有雷聲，瞎子認為沒有光明。又何況對管弦樂曲的和奏音響，山圖龍紋的綺麗璀璨，他們怎麼能很好地欣賞到這和諧的雅樂和鮮明的圖案呢？所以，聾子只注重可以見到的具體事物，瞎子只留意可觸摸到的有形東西，但不相信有雷霆霹靂和日月星辰，更何況有些事物還要比這些更細微呢！

愚笨蒙昧可以滯塞理智，從而就不會相信昔日曾有過周公和孔子，何況是以神仙的道術相告呢！誠然，事物是有生必有死，有始必有終，這確是大的趨向。但是，這當中的差異處與共同點是參差不齊的，有的這樣，有的不是這樣，真是變化萬端，奇怪無比，物類相似而又表現不同，根本相同而又枝末相背，真不能一概而論呵！對於常說的有始必有所終，確實多是如此，但混淆一切事物，將它們均看成同一模樣，那就不是通達之理了。

人們都總說夏日萬物必定生長繁茂，但蕎麥卻在此時枯萎；都總是說冬日萬物必定凋謝，但竹柏卻在此時豐茂；都總說有始必有終，但天地卻永是無窮無盡；都總說有生必有死，但靈龜、仙鶴卻總能長生久存。盛夏應是炎熱的，但夏天未必

無一涼爽之日；嚴冬應是寒冷的，但冬天未必無一溫暖之時。千條江河都在齊向東流，但仍有向北流的潺潺水聲；大地之道本屬十分安靜，但仍有地震而崩塌落陷。

水的特性本應寒冷，但卻有「溫谷」的熱泉；火的性質本應熾熱，但卻有「蕭丘」的冷焰；重的物類本應沉沒，但南海卻有能浮飄的石山；輕的物體本應浮起，但羊柯卻有能沉下羽毛的河流。由此可見，不同種類的萬物，不可以一個標準來論斷，事物的複雜久已如此。

擁有生命而又最靈秀的，沒有什麼動物能超過於人。擁有可貴生性的人類，應該完全相同。然而，人的賢達、愚鈍，邪惡、正直，漂亮、醜陋，修長、矮小，清正、污濁，貞節、淫蕩，慢緩、急躁，遲鈍、敏捷，歸附、捨棄等所崇尚的，耳朵、眼睛等所欲求的，其間差異之大，有如天壤之別，冰、炭之異呵！那麼，為何唯獨疑怪仙人之特異、不與凡人一樣都會死亡呢？

如果說承受自然的稟性都有一定規矩，那麼野雞變為大蛤，鳥雀變為蛤蜊，幼蟲憑借翅膀翔翔，河裡青蛙變為鶺鴒飛騰，水蠆化為蜻蜓，苻苓化為馬陸，田鼠化為鵪鶉，腐草化為螢火蟲，鼉龍變成老虎，長蛇變成蛟龍，莫非都不是事實嗎？

如果說人稟受純正天性，而與一般動物不同；且皇天既賦予人以生命，則不會厚此薄彼。那麼公牛哀變成老虎，楚地老婦變成大黿，枝離叔左肘上生出柳樹，秦國女子化為石人，死人復活，男女改變性貌，殷朝的大夫彭祖（陸終子）更有八百多歲的長壽，但也有未成年就早逝者的夭折，這又是什麼緣故呢？既然人間有這些差別不同，那麼種種差異又有何限制可言呢？

至於那些仙人，他們善以藥物補養身體，或以法術祈壽延

年，使身體內的疾病不致發生，身外的禍患也不致侵入，從而長生不老，體貌不改，只要善養生之道，那就沒有什麼為難了。然而，一些見識淺薄的人，卻拘泥世俗，墨守成規，認為世上未見什麼仙人，便斷然說天下沒有神仙之事。對於人們眼睛所曾看到的事物，哪能就作為論斷的足證呢？天地宇宙之間，浩瀚宏大無邊，這當中奇特怪異之事，哪有限度呢？人生到老，頭頂蒼天，但不知蒼天何以在上，人生一世，腳踏厚土，但不曉大地何以在下。

人的身形體骸本是自我擁有的，而不知自己的心理志向為何會如此；人的天年壽命本是自我所有的，而不知自己的生命所能達到的限度。更何況求神成仙的玄遠之道、通物得理的幽微玄妙，僅僅依仗著自己淺短的眼見耳聞，去論斷幽微玄妙之道的有無，豈不是甚為可悲嗎？

假若有才能出眾，明智通達，識見卓越的人，合乎正道地退隱而不為世用，隱匿光芒，掩蓋文飾，廢除虛偽，遠離慾望，拋卻私心雜念，在最為醇厚的環境之中執著於最樸質的品質，遺棄那枝微末節的事務於世俗之外；對此世人都很少能認識鑒別，沒有人寧願在無名無聲之處去培養超世的志向，在鄙陋形容裡得到脫俗的精神；更何況仙人與世人意趣迥然不同，道路大相徑庭呢！

哲人隱者們將財富與顯達視為不幸，把榮耀與華貴視為污穢；將貴重的玩物視同低賤的塵土，把名美的聲譽視同早晨的露珠。腳踏炎熱的暴風，卻不被灼傷；足履幽深的波濤，似閒庭信步；鼓動雙翅，翔翔於清靜虛無。長風為馬，雲霓當車，仰上，凌越星座紫宮；俯下，棲身大岳崑崙。而那行尸走肉般的俗人，怎能看得見他們呢？

他們偶爾遨遊或經歷世間，但也藏匿真容，隱翳奇異，外

表視同俗人，即使與人們比肩接踵地在一起，可誰又能察覺識別他們呢？如若他們都像古代仙人郊間那樣，兩眼瞳子是正方形的，或像古代仙人邛疏那樣，兩耳直接從頭頂長出；或像馬師皇那樣，乘駕著蛟龍飛行，或像太子晉那樣，親馭著白鶴升天；或者身體長鱗甲，軀幹如長蛇；或者乘坐金車，身著羽服，這樣才可能讓世俗凡人一見便知吧！如若不是這樣的話，則非深透的觀察者怎能看出他們的外形，非透徹的耳聰者怎能聽出他們的聲音呢？

而世俗凡人既不相信又生出多種挑剔與詆毀，那存真得道的仙人們則厭惡這種情況，並更加潛藏隱遁。同時世俗凡人所喜愛的正是品質高雅的人所憎恨的，世俗庸人所看重的正是道德高尚的人所鄙棄的。傑出的儒生、能幹偉業的人才及培養浩然正氣的人，尚且不樂意看見淺識薄見之人或墜迷紅塵之輩，何況那些上仙神人，為何要急切地使傀儡般無用的人去認識神仙，去知道如何求索，去懂得自己的無知疑怪正在於自己沒有徹悟仙道呢？

人的視力能看到百步之物，但還不能看得非常明瞭，而想所看見的為有，以所未見的為無，那麼，普天下所沒有的事物就必定太多太多了呵！這正如所謂的用手指測量大海，以指頭到極限就說海水已到了底一樣，以蜉蝣去比較大鰲，日及去估量大椿，豈能比得上呢！？

魏文帝曹丕觀覽盡致，見聞廣博，自稱對天下事物無所不曉。他認為天下沒有切玉的刀，也無火中洗滌的布。在他所著的《典論》中，也曾據其博學論及此事。誰知其後不到一年，此二物均獻了上來，魏文帝方才嘆服並毀棄了他從前的結論。陳思王曹植所著的《釋疑論》說：起初談到神仙方術，都認為是愚昧下民謊詐假話，並定信不疑。但等見到魏武帝曹操試將

術士左慈關閉，不給穀物吃食近一年，結果他仍容顏不改，氣力自若，還說可以五十年不吃糧食。這才使人真正意識到事實本是如此，又有何值得懷疑呢？

又說：讓甘始給一活魚含藥物後放到沸騰的油中煎煮，那另一不含藥物的魚則煮熟可食，而含藥物的魚卻整天都在沸油中遊戲，如同在水中一般。又用藥物粉末塗抹桑葉後去養蠶，其蠶竟能活到十月不會變老；又以駐顏不老的藥物餵養雛雞和新生小狗，皆能使它們停止發育而不再生長；用能使白髮返黑的藥物餵養白狗，其一百天後白毛盡皆轉黑。真是天下的事情不可皆知，若憑主觀臆測去論斷它，那是極不可信的呵！

但遺憾的是，世俗凡人不能斷絕音樂美女，而一心一意去學習長生不老之道。至於那曹丕、曹植兄弟，論學問可說無書不讀；論才華可算一代精英。然而他們當初皆認為神仙之事不存在，直至晚年方才窮盡事理，徹悟物性，這豈不令人可嘆！而遠不及這些精英的人，他們不相信神仙之事那便更為不足為奇了呵！

漢代學者劉向博學多才，研究盡微，探索精深，涉及面廣，思路清晰，判明真假，深研有無。他所撰寫的《神仙傳》，載有仙人七十多位，假若確無其事，他何必去妄行編造呢？遠古的事，何能親見？這都全依賴於古籍記載的往昔傳說聞見呵！《神仙傳》寫得十分清楚明白，神仙這事必定存在無疑。然而，此書不出自周公門下，此事未經過孔子審定，故世人對此始終不予相信。若果如此，那古籍史書所記載的，不都是虛假皆無的嗎？又何止一事兩事呢？

世俗凡人貪名圖利，急切地追逐著名位利祿，以自己的心胸去忖度久遠的古人，更不相信古代有逃避帝王禪讓，有鄙薄卿相重任的巢父、許由、老萊子、莊周之輩，認為沒有這樣的

隱士高人；更何況那些神仙，比這些隱士還難理解知曉，又何能要求今世的人均相信神仙呢？世人多說劉向並非聖賢，他的撰寫錄著，不能獨自作為憑證，這是尤為令人嘆息的事呵！

魯國史官雖然不能與天地的德業相匹，但孔子卻繼承他們編撰了《春秋》經典。司馬遷雖然不能同日月的光明相等，但楊雄卻稱贊他的記敘實事求是。劉向為漢代著名的儒士賢人，他所記述的《神仙傳》，難道可以棄置不信嗎？但凡世人之所以不相信仙道是可以學成的，不贊同壽命是可以延長的，其原因是由於秦始皇、漢武帝祈長壽求成仙均未獲得成功，李少君、欒太作法皆沒有應驗的緣故。但是不能因為黔婁、原憲的貧困，就認為古代沒有陶宋、猗頓之類的豪富；也不可因為無鹽、宿瘤的醜陋就認為昔日沒有南威、西施之類的美女。

奮進奔跑尚且有達不到目標的，播種收割難免亦有收不到成果的；商販或許有不得利潤時，打仗亦可能有不獲勝利時，何況追求仙道是艱難的事，修煉的人又何必都望成功呢？那秦皇、漢武、少君、欒太之輩，本來可能追求而又不可得，或許是因其開始勤求而後來怠惰，或許是因其未遇到高明老師，又怎能以此而定論天下沒有神仙呢？

追求長生不老，修行最高仙道，其要訣在於立志，不在於是否富貴。倘若不是有志之士，那高官厚祿、榮華富貴，可反而是增加累贅的根緣。為什麼呢？因為學仙成道的方法，必須恬愉淡泊，滌淨慾念，對內能省察自我，對外善聽取他見，像泥塑木雕一樣沉默無為，淡泊名利。

然而帝王承擔著天下重任，治理著煩雜政務，思維在冗雜公務中勞倦，精神在四方古今裡飛馳，一點兒失誤，就會使仁義治理天下的「王道」受到虧損，老百姓有錯，就得說『錯誤的責任在我』。佳釀可擾亂身體中和之氣，美色將砍伐生命基

礎之根。所以那些剪除精氣、損傷思慮、破壞平衡、剝奪精粹的因素，不可能探索到底而完全說清論明呵！

蚊蟲叮咬皮膚則令人坐立不安，蝨子群起攻之更令人睡臥不寧。而普天下四海內的萬事萬物，又何只僅有這些呢？又怎能掩著耳朵，閉著眼睛，默視臟象，暗數呼吸，長吃齋飯，潔身清心，親自煉丹，起早睡遲，勤奮不懈，以煉製八石精華呢？那漢武帝享有國政，最為長壽，已經初獲養生效益。但是，以『升合』這樣少量的積累，不能滿足「鍾石」這樣大量的消費，田間排水溝渠的流量，不能供給大海歸藏處的泄流。

神仙的法術要求清靜安寂，無所作為，甚至忘記自己的形體，而君主卻撞擊千石重的巨鐘，敲響雷霆般的大鼓，猶如隆隆雷聲喧呼，使得幽幽魂魄受驚而心靈激蕩，百般伎倆，萬種變化，喪失精蘊，震聾耳朵，輕捷蒼鷹騰飛，迅疾獵犬奔走，釣起深潛游魚，射下高翔飛鳥。

神仙的法術應使仁愛施及蟲豸，決不侵害含有靈氣的生物，而君主卻有勃然大發的盛怒，割除掃平的誅滅，君主用以殺伐的金斧一旦揮動，利斧瞬間授予的話，則會尸橫遍野，血流成河，斬首腰斬的行刑於市曹不斷。

神仙的法術要求禁止臭肉腥血，斷絕糧食，清空腸胃，而君主卻烹殺肥壯牲畜，屠宰芸芸眾生，以八種烹飪方法和各種調和方法製成的食品，擺了一丈見方，豐盛無比，用五味調料宴食以飽餐那美味佳餚。

神仙的法術要求將博愛廣布四面八方，看待他人如看自己，而君主卻兼并弱國及攻打愚昧落後者，取代亂敵以刺人致死，開闢地盤，展拓疆土，泯滅他國，驅殺生民，將他們逼入死亡境地，造成孤魂野鬼徘徊於遍野，暴露尸骸腐爛於荒地。五嶺曾有鮮血塗染兵刃的軍隊；北闕宮門懸掛過大宛國君的頭

顧。活埋生者，妄殺降卒，動輒就是幾十萬之多呵！甚至為了炫耀勝者武功，還將殺滅的敵人尸首堆積起來，封土成為高聳入雲的「高冢」；那暴露於荒野的尸體如同叢生的草木，填滿了山谷。秦始皇曾造成十家人中就有九家想造反；漢武帝曾使得天下怨聲載道而戶口減少一半。祈禱本有益處，詛咒亦會有害。結草報恩，鬼神也懂感恩戴德；但無尸虛祭，百姓就會刻骨仇恨。種種煩惱仇怨攻擊著君主的臟腑內體，活人死鬼都一齊興起痛恨。那秦皇漢武兩位君主徒有喜好仙道名聲，卻無修行悟道實際，所知淺薄事理，尚不一一施行，深奧妙秘又不得知曉，更未得到懂道的高士為其敬獻合成仙藥，所以他們不得長生不老則何足為奇。

我本僅是一普通常人，加上貧窮困乏，家中有似司馬相如四壁空空的貧寒，腹裡懷有如黔桑餓人斷絕食糧的飢餒；冬天，象戎夷赤露地被關在城門外的嚴寒之下；夏日，似仲儒暴曬在四壁破漏下的日光之中。

本欲出行遠去卻無車船使用，想要經營產業又無代勞役夫；進家來沒有綾羅綢緞享用，出門去又無遊覽觀光觀悅；美味佳餚不得親口一嘗，五彩繽紛不能親眼一觀；芳馨馥郁不得用鼻一嗅，笙簫鼓樂不能用耳一聽。只有千愁百憂攻入我的心靈深處，萬苦千難闖到我的門內庭中，這樣生活在人世間，真可說無何眷戀呵！

或者有人得到道術要訣，或者有人幸遇超群師長，但仍對離別老妻弱子憾悔不捨，真好像狐狸和兔子一般，對故巢丘墟無比眷戀。而年華如流，漸漸地趨近死亡；日月如梭，慢慢地走向衰老。明知長生不老是可能的，卻不能去修煉；明知世俗功利是可厭的，卻不能去委棄。這為什麼呢？

吝惜與習慣的欲情始終難以斷然排遣，而與世俗人欲一刀

第四章　葛洪《抱朴子·內篇》內含丹道養生（內附注釋、譯文）

兩斷的志向不易見效之故呵！何況那秦皇漢武二帝，乃是天下的主宰者，他們所沉溺玩賞的，非只一種；他們所親近寵幸的，更是不少。只要求他們履行十天半月的齋戒儀式，短短數日清居閒處尚難做到，何況要他對內拋捨年輕貌美的寵幸女子，對外放棄威武顯赫的尊貴地位，口不得甘美佳餚，心斷絕世俗慾望，背棄榮華而獨處，修行成仙於荒漠，這他們怎能受得了呢？所以，一一回覽往昔的結果，凡能求得仙道者多是貧賤士人而不是手握大權身居高位者。至於那欒大所知道的，實在淺薄，他只知如飢似渴地貪圖榮華富貴，一味追求金銀財寶，在苟且馬虎中炫耀虛妄，於毫無作為時忘卻禍患，這種卑賤小人的奸詐，豈能足以證實天下沒有神仙呢？

在往昔，越王勾踐曾為鼓著腮幫子似含怒氣的青蛙低頭伏「軾」表示敬意，以激勵士卒們爭著赴湯蹈火；楚靈王愛好細腰美女，楚國中人多為腰細而餓死；齊桓公喜吃奇異美味，易牙竟將自己兒子蒸死而進獻；宋國君主贊賞為守孝而瘦弱的孝子，因此毀形而亡的人排滿於屋。從上可見凡國王所喜愛的事，臣下沒有辦不到的。

漢武帝招募懂得方術士人，寵幸的待遇過於豐厚。才致使不學無術之輩敢於弄虛作假呵！欒大如若真是明瞭並具備道術的人，哪裡又會被殺呢？至於真有道術的高士，將高官厚爵視同致死人命的湯鑊酷刑；將金印紫綬視同喪服麻帶；看待黃金白玉視同世間不值一顧的泥土大糞；將華麗殿堂視同監牢死獄。豈可緊握手腕去說謊放空，去僥幸求取恩榮華富，去居住朱梁畫棟宮室，去接受無法計量賞賜，去攜帶五利將軍大印去與比己位高的公主攀親？反而沉淪於權勢利益之中，不知滿足而中止，這樣當然不能求得仙道，當是斷然可知的事呵！

按照董仲舒撰寫的《李少君家錄》一書所說，李少君有長

生不死的方劑，但因家境貧寒而沒法買來必需的藥物，所以在漢朝時出山為官，假借仕途而求得買藥錢財，當修道成功就毅然離去。又按照《漢禁中起居注》所說，李少君將離去的時候，漢武帝夢見與李少君同上嵩高山，走到半道時，有一個使者乘著飛龍，手持符節，從雲端飄然而降，並說：天皇太乙請李少君。漢武帝夢醒後將此告訴左右：照我所夢，李少君將要離我而去呵。不幾日，有人告訴李少君已病死離世。再過很久之後，漢武帝命人掘開李少君的棺材，其棺內卻未見尸體，僅有衣服和帽子尚在。按照《仙經》的說法：上等道士飛升凌空而去，稱之為「天仙」；中等道士於名山大川遨遊，稱之為「地仙」；下等道士先假死後蛻變，稱之為「尸解仙」。而今看來，李少君必為「尸解仙」，這一等了。

近世以來，有壺公帶費長房離去，有道士李意期帶兩個弟子離去，均假托猝然而死，家人如期出殯埋葬。

但過了幾年後，費長房卻又回了家，熟識李意期的人又見他帶著兩個弟子仍活在四川郫縣。他們的家人各自打開棺材一看，三個棺內都有竹杖一根，並用丹漆書寫著符籙於竹杖上，他們都是尸解仙呵！

昔年王莽曾引用《三墳》、《五典》粉飾偽裝他的奸邪，但不能說讀書人都是篡奪政權者；司馬相如以彈琴傳情與卓文君而私奔，也不能說高雅音樂主要是嗜慾放縱。被飯噎死者不能指責神農氏教民栽種五穀；被火燒死者不能怒斥燧人氏發明鑽木取火；因翻船溺死者不能埋怨軒轅製造船舸；因酗酒發瘋者不能非議杜康、狄儀釀制酒漿。豈能因有欒太奸邪作假，就說仙道根本沒有嗎？若是如此，就猶如見了趙高、董卓之類奸雄，便說古代沒有伊尹、周公、霍光之類賢臣；見了商臣、冒頓之類逆子，便說古代沒有伯奇、孝己之類孝子。

　　再者,《神仙傳》還記載有召喚神仙驅逐鬼魅方法,又記載有使人看到鬼怪方術。凡俗人們聽說這些記載後都說是虛假文字;或者說天下斷無鬼神;或者說即使有鬼神也不能隨意驅逐召喚;或者說能看到鬼怪的人,是男人者稱為「覡」是女人者稱為「巫」,他們都是天生本能,並非後學所得。

　　《漢書》、《史記》均記述了有一齊國人少翁,漢武帝封其為文成將軍。武帝寵幸的李夫人死後,少翁能使武帝重新見到如同在世活人一般的李夫人,又能使武帝見到灶神。這均為史書典籍裡的明確記載呵!

　　方術既能使鬼神顯身現形,又能使本來不能見到鬼魂的人看到鬼魂,照此推理而言,其他法術又有何不能做到呢?鬼神無數次降臨人間,顯現多種光怪陸離的變異,又有經傳典籍所載種種鬼神證據,而世俗凡人仍不相信天下有神仙鬼怪,何況仙人幽居高遠,清高脫俗,羽化飛升而去,不再返於人世之間,若非真正得道的人,又怎能看見聽到他們呢?而儒家墨家們知道神鬼不可作為規範,所以他們始終不明說神鬼存在。於是世俗凡人不信有鬼神,不是亦有道理嗎?

　　只有辨識真相的人,才能考核和熟習各種方術,獲得方術效驗,確信方術存在,但只能獨自領悟知曉,卻不能強迫他人呵!故此,不見神鬼,不見仙人,就不能說世間沒有仙人呵!

　　人,不論賢愚,都知道自己身有魂魄,魂魄部分離去則使人生病,完全離去則死亡。所以,當魂魄部分離去,就有術士捕捉遊魂的法術「拘錄法」;完全離去,就有《儀禮》的招回亡靈的「招魂術」。這本是萬物中最貼近於人的,但因魂魄一直與人相依,從生到死,終身一世,沒有誰自己聽到或見到自己魂魄的。不過,豈能僅因未聽未見到自己魂魄,就說沒有魂魄存在嗎?

至於那輔氏之地結草報恩的鬼魂；成湯、伊尹鬼魂對齊國入侵的發怒；申生鬼魂與狐突面會交談；杜伯幽靈向周宣王追殺復仇；公子彭生將冤魂寄附黑豬；趙王如意把冤魂托生青狗；灌夫亡魂仍守著害死他的仇人田蚡；子義亡魂用木杖打死枉殺他的燕簡公；天帝主刑之神蓐收曾降臨莘地；漢中之神樂侯曾止息民家；三國素姜闡述預言吉凶得失一類的讖緯；魏晉孝孫著述鬼怪神仙小說一類的文章；神君在上林苑與漢武帝言談；羅陽神到東吳國上任作官等鬼怪神仙的事跡，都記載於竹帛典籍，且昭然明白，不可勝數。然而，蒙昧世人仍說無神無鬼，何況那長生不老之事之理，世人則更少聽到了呵！

若希望世人都相信這些事理，那真是像要蚊子、牛虻背負起山岡和井底之蛙談論大海一樣難呵！世俗凡人從未見過蛟龍、麒麟、鶖鳥、鳳凰，便說天下斷無這些靈物，以為是古人虛假地編造天降祥瑞以應人君之德，是想使人君自強不息，希望能得到這些珍異靈物，更想使人們相信世間有神仙呵！

世俗凡人以劉向煉金失敗為由，便說他喜歡探索隱秘，施行怪譎，喜歡虛幻縹緲，傳述虛無，他撰寫的《神仙傳》便是虛妄不實之作。這實在可悲呵！但這正是以分寸微細瑕疵而摒棄盈尺夜光璧玉；以螞蟻鼻子般極小缺口而拋棄無價淳鈞寶劍。哪有楚人卞和的遠見卓識？哪有春秋時善於鑒賞寶劍的風胡那樣鑒賞真功？因此善於鑒賞璧玉的陶朱公范蠡抑鬱不樂，善於鑒賞寶劍的薛燭浩然嘆息！

至於那煉金術本是記在《神仙集》的，淮南王劉安將其抄錄並著成《鴻寶枕中書》。此書雖有洋洋表象文字，但卻將重要關鍵內容隱匿不載，必須口授訣竅，面對文章親自指點解釋，然後方能煉製成功。其煉金所用藥物，書中又多改去它的本來名字，決不可按書中所述藥物應用。

劉向的父親劉德是因牽涉淮南王劉安謀反案入獄後，在獄中得到《鴻寶枕中書》的，並不是由老師口傳親授。劉向本人又不懂道家方術，而是偶然地不全面地見到此書的，便以為其煉金要術意旨均已盡在書中紙上，於是僅按此書煉金而必失敗。至於劉向所撰的《神仙傳》，原係從秦國大夫阮倉所述古代神仙的書中摘錄而成的；阮倉書中所載或許有他親眼見到的，然後再記述下來，這應當不是胡亂妄為的虛假謊言吧。

那狂放男人和乳臭幼童的歌謠，尚且是聖人所選擇的；那割草打柴平民的言論，有的也是不可遺棄不聽的。這就如同採集蔓青和諸葛菜時應挖取根莖部一樣，看問題不能只看支流，不顧本源。豈能因千百次思慮中的一次失誤，就說經典是不實用的；豈能因太陽月亮曾有蝕缺之故，就說日月並不是異常光明的。

外國製作的水精碗（玻璃碗），實際上是匯合五百種灰末精心製作的；現今交州、廣州許多人也得到製作方法而可煉鑄製作水精。

如若將此話告訴世俗凡人，他們也會絕不相信，仍說水精本是自然物質，就和玉石之類物質一樣決非人工製造。何況世間幸有自然形成的黃金，世俗凡人又怎能相信有人工製作黃金之理呢？愚笨的人不相信黃丹（即鉛丹）及胡粉（即鉛粉）可經鉛熔化法製得，還不相信騾子和駏驢是由驢與馬交配後所生育。他們總是說世間萬物各有所種，不會轉化；更何況他們難以知曉明瞭的事物呢？真是少見則多怪，此本是世間常理呵！的確，這話是多麼令人信服呀，此類事理雖然好似明朗的天，但是世人卻這般見識狹窄，如處在倒覆的釜甑之下，又怎能去識辨那高妙的至理名言呢？

卷三　對俗

原　文

或人難曰：人中之有老、彭，猶木中之有松柏，稟之自然，何可學得乎？

抱朴子曰：夫陶冶造化，莫靈於人。故達其淺者，則能役用萬物，得其深者，則能長生久視。知上藥之延年，故服其藥以求仙。知龜鶴之遐壽，故效其道引以增年。且夫松柏枝葉，與眾木則別；龜鶴體貌，與眾蟲則殊。至於彭、老猶是人耳，非異類而壽獨長者，由於得道，非自然也。眾木不能法松柏，諸蟲不能學龜鶴，是以短折耳。人有明哲，能修彭、老之道，則可與之同功矣。若謂世無仙人乎，然前哲所記，近將千人，皆有姓字，及有施為本末，非虛言也。若謂彼皆特稟異氣，然其相傳皆有師奉服食，非生知也。若道術不可學得，則變易形貌，吞刀吐火，坐在立亡，興雲起霧，召致蟲蛇，合聚魚鱉，三十六石立化為水，消玉為飴，漬金為漿，入淵不沾，蹈刃不傷，幻化之事，九百有餘，按而行之，無不皆效，何為獨不肯信仙之可得乎！仙道遲成，多所禁忌。自無超世之志，強力之才，不能守之。其或頗好心疑，中道而廢，便謂仙道長生，果不可得耳。《仙經》曰：服丹守一，與天相畢；還精胎息[1]，延壽無極。此皆至道要言也。民間君子，猶內不負心，外不愧影，上不欺天，下不食言，豈況古之真人，寧當虛造空文，以必不可得之事，誑誤將來，何所索乎！苟無其命，終不肯信，亦安可強令信哉！

或難曰：龜鶴長壽，蓋世間之空言耳，誰與二物終始相隨而得知之也？

抱朴子曰：苟得其要，則八極之外，如在指掌，百代之

第四章　葛洪《抱朴子·內篇》內含丹道養生（內附注釋、譯文）

遠，有若同時，不必在乎庭宇之左右，俟乎瞻視之所及，然後知之也。《玉策記》曰：千歲之龜，五色具焉，其額上兩骨起似角，解人之言，浮於蓮葉之上，或在叢蓍之下，其上時有白雲蟠蛇。千歲之鶴，隨時而鳴，能登於木，其未千載者，終不集於樹上也，色純白而腦盡成丹。如此則見，便可知也。然物之老者多智，率皆深藏邃處，故人少有見之耳。按《玉策記》及《昌宇經》，不但此二物之壽也。云千歲松樹，四邊披越，上杪不長，望而視之，有如偃蓋，其中有物，或如青牛，或如青羊，或如青犬，或如青人，皆壽萬歲。

又云：蛇有無窮之壽，獼猴壽八百變為猨，猨壽五百變為玃[2]，玃壽千歲。蟾蜍壽三千歲，騏驎壽二千歲。騰黃之馬，吉光之獸，皆壽三千歲。千歲之鳥，萬歲之禽，皆人面而鳥身，壽亦如其名。虎及鹿兔，皆壽千歲，壽滿五百歲者，其毛色白。然壽五百歲者，則能變化。狐狸豺狼，皆壽八百歲。滿五百歲，則善變為人形。鼠壽三百歲，滿百歲則色白，善憑人而卜，名曰「仲」，能知一年中吉凶及千里外事。

如此比例，不可具載，但博識者觸物能名，洽聞者理無所惑耳。何必常與龜鶴周旋，乃可知乎？苟不識物，則圓中草木，田池禽獸，猶多不知，況乎巨異者哉？《史記·龜策傳》云：江淮間居人為兒時，以龜枝床，至後老死，家人移床，而龜故生。此亦不減五六十歲也。不飲不食，如此之久而不死，其與凡物不同亦遠矣，亦復何疑於千歲哉？仙經象龜之息，豈不有以乎？

故太丘長穎川陳仲弓，篤論士也，撰《異聞記》云：其郡人張廣定者，遭亂常避地，有一女年四歲，不能步涉，又不可擔負，計棄之固當餓死，不欲令其骸骨之露，村口有古大冢，上巔先有穿穴，乃以器盛縋之，下此女於冢中，以數月許干飯

及水漿與之而捨去。候世平定，其間三年，廣定乃得還鄉里，欲收冢中所棄女骨，更殯埋之。廣定往視，女故坐冢中，見其父母猶識之，甚喜。而父母猶初恐其鬼也。父下入就之，乃知其不死。問之從何得食，女言糧初盡時甚飢，見冢角有一物，伸頸吞氣，試效之，轉不復飢。日月為之，以至於今。父母去時所留衣被，自在冢中，不行往來，衣服不敗，故不寒凍。廣定乃索女所言物，乃是一大龜耳。女出食穀，初小腹痛嘔逆，久許乃習。

此又足以知龜有不死之法，及為道者效之，可與龜同年之驗也。史遷與仲弓，皆非妄說者也。天下之蟲鳥多矣，而古人獨舉斯二物者，明其有異於眾故也，睹一隅則可以悟之矣。

或難曰：龜能土蟄，鶴能天飛，使人為須臾之蟄，有頃刻之飛，猶尚不能，其壽安可學乎？

抱朴子答曰：蟲之能蟄者多矣，鳥之能飛者饒矣，而獨舉龜鶴有長生之壽者，其所不死者，不由蟄與飛也。是以真人但令學其道引以延年，法其食氣以絕穀，不學其土蟄與天飛也。夫得道者，上能竦身於雲霄，下能潛泳於川海。是以蕭史偕翔鳳以凌虛，琴高乘朱鯉於深淵，斯其驗也。何但須臾之蟄，頃刻之飛而已乎！龍蛇蛟螭，狙猿鼉蠶，皆能竟冬不食。不食之時，乃肥於食時也。莫得其法。且夫一致之善者，物多勝於人，不獨龜鶴也。

故太昊師蜘蛛而結網，金天據九鳳[3]以正時，帝軒俟鳳鳴以調律，唐堯觀蓂莢以知月。歸終[4]知往，乾鵲知來，魚伯[5]識水旱之氣，蜉蝣曉潛泉之地，白狼知殷家之興，鷿鵜[6]見周家之盛，龜鶴偏解導養，不足怪也。且仙經長生之道，有數百事，但有遲速煩要耳，不必皆法龜鶴也。上士用思遐邈，自然玄暢，難以愚俗之近情，而推神仙之遠旨。

或曰：我等不知今人長生之理，古人何獨知之？

抱朴子答曰：此蓋愚暗之局談，非達者之用懷也。夫占天文之玄道，步七政之盈縮，論凌犯於既往，審崇替於將來，仰望雲物之徵祥，俯定卦兆之休咎，運三棋以定行軍之興亡，推九符而得禍福之分野。乘除一算，以究鬼神之情狀；錯綜六情，而處無端之善否。其根元可考也，形理可求也，而庸才延器，猶不能開學之奧治，至於樸素，徒銳思於糟粕，不能窮測其精微也。

夫鑿枘之粗伎，而輪扁有不傳之妙；掇蜩之薄術，而佝僂有入神之巧。在乎其人，由於至精也。況於神仙之道，旨意深遠，求其根莖，良未易也。松、喬 [7] 之徒，雖得其效，未必測其所以然也，況凡人哉！其事可學，故古人記而垂之，以傳識者耳。若心解意得，則可信而修之，其猜疑在胸，皆自其命，不當詰古人何以獨曉此，而我何以獨不知之意耶？吾今知仙之可得也，吾能休糧不食也，吾保流珠 [8] 之可飛也，黃白之可求也。若責吾求其本理，則亦實復不知矣。

世人若以思所能得謂之有，所不能及則謂之無，則天下之事亦鮮矣。故老子有言，以狸頭之治鼠漏 [9]，以啄木之護齲齒，此亦可以類求者也。若蟹之化漆，麻之壞酒，此不可以理推者也。萬殊紛然，何可以意極哉？設令抱危篤之疾，須良藥之救，而不肯即服，須知神農、岐伯所以用此草治此病本意之所由，未免於愚也。

或曰：生死有命，修短素定，非彼藥物，所能損益。夫指既斬而連之，不可續也；血既灑而吞之，無所益也。豈況服彼異類之松柏，以延短促之年命，甚不然也。

抱朴子曰：若夫此論，必須同類，乃能為益，然則既斬之指，己灑之血，本自一體，非為殊族，何以既斬之而不可續，

已灑之而不中服乎？餘數見人以蛇銜膏[10]連已斷之指，桑豆[11]易雞鴨之足，異物之益，不可誣也。

若子言不恃他物，則宜搗肉治骨，以為金瘡之藥；煎皮熬發，以治禿鬢之疾耶？夫水土不與百卉同體，而百卉仰之以植焉；五穀非生人之類，而生人須以為命焉。脂非火種，水非魚屬，然脂竭則火滅，水竭則魚死，伐木而寄生枯[12]，芟草而菟絲[13]萎，川蟹不歸而蛣[14]敗，桑樹見斷而蠹[15]殄，觸類而長之，斯可悟矣。金玉在九竅，則死人為之不朽。鹽鹵沾於肌髓，則脯臘為之不爛，況於以宜身益命之物，納之於己，何怪其令人長生乎？

或難曰：神仙方書，似是而非，將必好事者妄所造作，未必出黃、老之手，經松、喬之目也。

抱朴子曰：若如雅論，宜不驗也。今試其小者，莫不效焉。餘數見人以方諸[16]求水於夕月，陽燧[17]引火於朝日，隱形以淪於無象，易貌以成於異物，結巾投地而兔走，針綴丹帶而蛇行，瓜果結實於須臾，龍魚誕生灂於盤盂，皆如說焉。按《漢書》欒太初見武帝，試令鬥棋，棋自相觸。而《後漢書》又載魏尚能坐在立亡，張楷能興雲起霧，皆良史所記，信而有徵。而此術事，皆在神仙之部，其非妄作可知矣。小既有驗，則長生之道，何獨不然乎？

或曰：審其鬼神可以學，政[18]翻然凌霄，背俗棄世，烝嘗[19]之禮，莫之修奉，先鬼有知，其不餓乎！

抱朴子曰：蓋聞身體不傷，謂之終孝，況得仙道，長生久視，天地相畢，過於受全歸完，不亦遠乎？果能登虛躡景，雲輧[20]霓蓋，餐朝霞之沆瀣[21]，吸玄黃[22]之醇精，飲則玉醴金漿，食則翠芝朱英，居則瑤堂瑰室，行則逍遙太清[23]。先鬼有知，將蒙我榮，或可以翼亮五帝，或可以監御百靈，位可

以不求而自致，膳可以咀茹華瓊，勢可以總攝羅豐[24]，威可以叱咤梁成，誠如其道，罔識其妙，亦無餓之者。

得道之高，莫過伯陽。伯陽有子名宗，仕魏為將軍，有功封於段干[25]。然則今之學仙者，自可皆有子弟，以承祭祀，祭祀之事，何緣便絕？

或曰：得道之士，呼吸之術既備，服食之要又該，掩耳而聞千里，閉目而見將來，或委華馴而鸞蛟龍，或棄神州而宅蓬、瀛，或遲回於流俗，逍遙於人間，不便絕跡以造玄虛，其所尚則同，其逝止或異，何也？

抱朴子答曰：聞之先師云：仙人或升天，或住地，要於俱長生，去留各從其所好耳。又服還丹金液[26]之法，若且欲留在世間者，但服半劑而錄其半。若後求升天，便盡服之。不死之事已定，無復奄忽之慮。正復且遊地上，或入名山，亦何所復憂乎？

彭祖言：天上多尊官大神，新仙者位卑，所奉事者非一，但更勞苦，故不足役役於登天，而止人間八百餘年也。又云：古之得仙者，或身生羽翼，變化飛行，失人之本，更受異形，有似雀之為蛤，雉之為蜃，非人道也。人道當食甘旨，服輕暖，通陰陽[27]，處官秩，耳目聰明，骨節堅強，顏色悅澤，老而不衰，延年久視，出處任意，寒溫風濕不能傷，鬼神眾精不能犯，五兵百毒不能中，憂喜毀譽不為累，乃為貴耳。若委棄妻子，獨處山澤，邈然斷絕人理，塊然與木石為鄰，不足多也。昔安期先生、龍眉寧公、修羊公、陰長生[28]，皆服金液半劑者也。其止世間，或近千年，然後去耳。篤而論之，求長生者，正惜今日之所欲耳，本不汲汲於升虛，以飛騰為勝於地上也。若幸可止家而不死者，亦何必求於速登天乎？若得仙無復往理者，復一事耳。彭祖之言，為附人情者也。

或問曰：為道者當先立功德，審然否？

抱朴子答曰：有之。按《玉鈐經中篇》云：立功為上，除過次之。為道者以救人危使免禍，護人疾病，令不枉死，為上功也。欲求仙者，要當以忠孝和順仁信為本。若德行不修，而但務方術，皆不得長生也。行惡事大者，司命奪紀，小過奪算〔29〕，隨所犯輕重，故所奪有多少也。

凡人之受命得壽，自有本數。數本多者，則紀算難盡而遲死；若所稟本少，而所犯者多，則紀算速盡而早死。又云：人欲地仙，當立三百善；欲天仙，立千二百善。若有千一百九十九善，而忽復中行一惡，則盡失前善，乃當復更起善數耳。

故善不在大，惡不在小也。雖不作惡事，而口及所行之事，及責求布施之報〔30〕，便復失此一事之善，但不盡失耳。又云：積善事未滿，雖服仙藥，亦無益也。若不服仙藥，並行好事，雖未便得仙，亦可無卒死之禍矣。吾更疑彭祖之輩，善功未足，故不能升天耳。

注釋

〔1〕胎息：指道教徒修煉的一種方術，可經煉養行氣、服氣、存思、煉氣等法達到。

〔2〕玃：大猴。

〔3〕鳸（ㄏㄨ）：鳥名，即鴗，又寫作「扈」。

〔4〕歸終：傳說的一種神獸。

〔5〕魚伯：即「青蚨」、「蚨蟬」等。

〔6〕鸑鷟（一ㄝˋ ㄓㄨˊ）：鳳凰之類瑞鳥。《國語·周語上》：「周之興也，鸑鷟鳴於岐山。」

〔7〕松，赤松子：喬，王子喬。均為傳說中的古代神仙。

〔8〕流珠：內丹術術語，指靈汞。即大腦調節功能。《性

命圭旨》：「……曰流珠，曰姹女，皆指靈汞而言。」

〔9〕鼠漏：即鼠瘻，淋巴腺結核之類疾病。

〔10〕蛇銜膏：指蛇銜草，一種草藥名。

〔11〕桑豆：指桑蠹蟲。

〔12〕寄生：又叫「蔦」，一種寄生植物。

〔13〕菟絲：又叫「女蘿」，一種寄生植物。

〔14〕蛣（ㄐㄧㄝˊ）：即寄居蟹，又稱王巢蟲吉。

〔15〕蠹：即蛀蝕器物的蟲子。

〔16〕方諸：即大蛤，一種蚌類動物。

〔17〕陽燧：凹面銅鏡。

〔18〕政：通「正」，只不過。

〔19〕烝嘗：冬祭曰「烝」，秋祭曰「嘗」。「烝嘗」泛指祭祀。《詩經・小雅・楚茨》：「絜爾牛羊，以往烝嘗」。

〔20〕輦（ㄌㄧㄢˇ）：車。

〔21〕沆瀣（ㄏㄤˋ ㄒㄧㄝˋ）：《楚辭・遠遊》：「餐六氣而飲沆瀣兮」。王逸注引《陵陽子》：「冬飲沆瀣者，北方夜半氣也。」這裡的「沆瀣」泛指氣息。

〔22〕玄黃：《易經・坤卦》：「天玄而地黃。」故以「玄黃」代指天地。

〔23〕太清：指道教所向往的最高神仙世界之一。《抱朴子・雜應》：「太清之中，其氣甚剛。」

〔24〕羅豐：指道教所認為的鬼王都城所在地。在北方癸地，有山高二千六百里，周回三萬里。下有洞天，周回一萬五千里。山上洞中各有穴宮，為六天鬼神的宮室。宋代以後的道士把它附會到四川豐都。方象瑛《使蜀日記》：「豐都縣城倚平都山，道書七十二福地之一……」。

〔25〕段干：古地名。

〔26〕還丹：道家煉丹時以九轉丹再煉即化為「還丹」；金液：黃金溶液。

〔27〕陰陽：這裡指男女交媾之道。

〔28〕「安期先生」等：均為古代仙人名。

〔29〕一算：三天。尚有一百天之說。《酉陽雜俎‧諾皋記》：「大者奪紀，紀三百日；小者奪算，算一百日。」

〔30〕責求布施：以財物施捨於人。《國語‧周語上》：「享祀時至，而布施優裕也。」這裡泛指做好事。

譯文

有人詰難說：人中有老子、彭祖，猶如樹木中有松柏，他們秉承天地厚愛，又何須再人為地去學習而得到長壽呢？

抱朴子答道：大自然創造化育的萬物之中，最機靈者莫過於人。所以，凡達低境界道術的人則能役使萬事萬物，得高深道術的人則能長生不死。

他們知道最好的藥物能延年益壽，所以服用此類藥物以求登入仙境；他們也知靈龜、仙鶴遐齡高壽，所以仿效它們「導引」以求延壽增年。同時，松柏的枝葉與其他各種樹木有著差別，龜鶴的形體與其他鳥獸也迥然不同。至於老子、彭祖仍是個人，並不是壽高命長的異類，而是由於他們懂得道術方才獲長壽的，更不是命中注定。而眾多樹木沒能效法松柏，各類禽獸沒能學習龜鶴，從而短命夭折。

然而人卻有聰明睿智，只要能修得彭祖、老子道術，則可與他們一樣獲得成功。如若世間沒有仙人，但前代哲人所記載的仙人就將近一千個，都有姓氏名號，都有施行方術的起始本末，都並非假言虛語呵！

如若說他們都秉持特奇靈氣，但傳說他們都有老師供奉和

服食仙藥，且不是生而知之。倘若道術不可學習得到，那改形變貌、吞刀吐火、坐在立亡、興雲起霧、召喚蛇蟲、聚集魚鱉，以及將三十六種石頭化為水，將玉石銷溶為糖飴，使金屬潰熔成液漿，潛入深淵而不沾濕，踏蹴刀刃卻不受傷等奇變幻化的事共達九百多種，一一依法施行，無不有效；為何唯獨不肯相信神仙是追求學得呢！

求仙學道，修成遲緩，所要求的禁忌也很多。自然那些沒有超越世人志向、沒有堅強毅力與才能的人，就不能堅守信念持之以恒的。從而，就有人容易產生懷疑，半途而廢，便說求仙學道，長生不死，實是不可學得。《仙經》說：服用丹藥，守持專一，可和上天相老相終；補償精蘊，煉養胎息，可延壽命無際無邊。這些都是學以致道的首要格言呵！

民間有德行的人，猶能做到對內不負良心，對外不愧形體，對上不欺老天，對下不食諾言，何況古時得道高人，他們豈能憑空捏造假話虛文，以不可能辦到的事來誆騙貽誤後來者呢？那又是追求什麼呢！如若沒有這種命運，始終不肯相信，又何必勉強他人相信呵！

還有人詰難說：烏龜仙鶴長壽，都是世人的空話吧！誰能與此二物從始至終在一起確認它們長壽呢？

抱朴子說：倘若得到其中旨要，那麼，在八方外極遠之處，也如同在自己指頭手掌之中；在一百代前遙遠之事，也好像在自己同一時代之內；不必在於庭院屋宇左右，不等到達眼力觀瞻之處，然後才能知道。《玉策記》說：活了一千年的烏龜，各種顏色具備，它額頭上的雙骨突起而似獸角，它懂得人的語言，飄浮於蓮葉之上，或伏隱於蓍草之中，上空時時有著朵朵白雲盤旋飄浮。活了一千年的仙鶴，隨著時令而鳴唱，並能隨時攀登樹木；而未活千年的則始終不能聚集於樹上。長壽

的白鶴周身顏色純白，只頭腦完全丹紅，如此就一看可知呵！但年老的富於理智，它們一般都在深邃之處隱藏，所以人們少於見到它們。

按照《玉策記》及《昌宇經》所載，不但龜鶴二物長壽，尚說有千年松樹，它向四邊散開擴展，而在上面不長樹枝，遠遠望去，好似偃伏的車蓋，在這當中有不少動物，有的如像青牛，有的如像青羊，有的如像青狗，有的如像青人，均壽萬年。又說：蛇有無窮壽命，獼猴壽滿八百歲的變為猿猴，猿猴活五百歲的變為玃，玃可活一千歲。蟾蜍壽命可達三千歲，騏驎壽命可達二千歲。名為「騰黃」的神馬和名為「吉光」的神獸，壽命均可達到三千歲。千歲鳥，萬歲禽，都是人面鳥身，其壽命正如它們的名字一樣長壽。老虎、鹿、兔，它們的壽命都可活到一千歲；它們活滿五百歲後皮毛則為白色。熊壽命達五百歲的就能變化；狐狸、豺狼壽命均能達八百歲，當它們活滿五百歲後就能善變為人形；老鼠壽命能達三百歲，活滿一百歲就變成白色，還善於依順人意而稱作為「仲」的預卜，以測知一年中的吉凶和千里外的事情。

諸如此類的實例，不可一一具體記載。但只能依靠博聞強識的人，接觸到事物就能指出名姓，廣收泛覽的人依據事理而不被迷惑罷了。何必常以龜鶴來反覆舉例，才能知曉呢？如若不識萬物，果園菜圃的草木，田野河池的禽獸，很多都不能辨知，更何況那眾多的有著很大差異的事物呢？《史記‧龜策記》說：長江淮河之間的居民，有的從孩提時起就用烏龜來支撐床榻，直至後來衰老死亡；家裡人移開該床榻時發現，烏龜卻竟然仍活著。按此計算，此龜也不少於五六十歲了，如此不吃不喝，如此久而不死，則可見它與一般動物差異之大呵！這還有什麼可懷疑它壽能千歲呢？像《仙經》所說的仿效烏龜呼吸，

豈不是很有道理嗎？

　　東漢時的太丘長穎川陳仲弓，是一個評論確切的有名士子，他撰寫的《異聞記》說：同郡人有一名叫張廣定的，遭遇動亂而避難離家，但他有一四歲的小女兒，不能長途跋涉，又不能背負著或擔挑著她一起去逃難。他想到將她拋棄必然會餓死，又不忍心讓她尸骸暴露。村口恰有一大古墓，其頂上有一掘穿的洞穴，於是，張廣定就用一容器裝著小女兒把她放下置於墓中，並給了數月乾糧和飲水，才與她不得不捨而去。待動亂平定後，其間已過三年，張廣定方能回轉故鄉。他回鄉後去古墓，本想收拾女兒尸骨重新殯葬。誰想他去一看，小女兒仍舊安然坐在墓中。小女兒看到她的父母，還能認識並甚為高興。而父母開初還恐怕她是鬼魅。

　　後來張廣定下到墓中就近仔細觀察，才相信她確實沒有死。問她從哪裡得到飲食而活，女兒說當糧食剛吃完時很是飢餓，後見墓穴角落有一動物，伸長著頸脖吞咽空氣，便試著仿效它而不再感到飢餓。就這樣成日整月地吞咽空氣，一直到了今天。父母逃難離去時留下的衣服被褥仍在墓中，由於未行走往來，衣服也就沒有破蔽，所以不感到寒冷。張廣定便四下尋找女兒所說的動物，找到一看卻是一隻大烏龜。女兒出墓穴歸家食用穀糧，起初覺得小腹疼痛，並有嘔吐，經很久適應方才習慣。此事，又足以說明烏龜有長生不死的法術，追求道術的人仿效它，可以獲得與烏龜同樣延年長壽的效驗。

　　太史公司馬遷和陳仲弓，都不是不實無知的人，所說絕非妄言妄語。天下蟲魚鳥獸很多很多，但古人卻只舉龜鶴兩種動物，其原因就是知道它們與眾不同；這樣僅舉龜鶴，就如同看見一個角落則可悟知其他角落一樣，推知其他動物也可長壽。

　　又有人詰難道：烏龜能在土中蟄伏，白鶴能在天上飛翔，

但對於人哪怕僅有片刻蟄伏或瞬間飛翔，都是不可能的，那人們的長壽又怎能學得到呢？

抱朴子答道：獸蟲中能蟄伏的多著呢，禽鳥中能飛翔的也多著呢！而我們卻唯獨僅舉龜鶴有延年長生的壽命，就是因為它們之所以長生不死，並不在於它們能蟄伏和飛翔。因此，得道者只讓人學習他們的導引來益壽延年，效法它們吞食空氣以斷絕穀物食糧，而不是要去學習它們土中蟄伏和天上飛翔。學得道術的人，向上能飛身於雲霄，向下能潛泳於江海。所以，秦人蕭史偕弄玉馭著翱翔的鳳凰凌越虛空，趙人琴高辭人世乘著紅色的鯉魚遨遊深淵，這就是得道者的最好證驗呵！何止片刻蟄伏，頃刻飛翔而已！那蒼龍、老蛇、蛟龍、螭龍，以及猿猴、刺蝟、鱷魚、螺螄，都能在整個冬天裡不食不飲，而且尚在不進食的時候比進食時還長得更肥壯。但對於人來說；誰也未能學到上述方法；且有一技之長的動物確有勝過於人之處，並不僅只是烏龜與白鶴呵！

所以，伏羲氏太昊以蜘蛛為師結繩而作網罟；古帝王少皞據九鳸而校正春夏秋冬不同季節；軒轅黃帝造笙時等候鳳凰的鳴唱而諧調音律；古帝唐堯觀察隨月生死的蓂莢而知曉月曆。歸終知道離去；喜鵲知道歸來；魚伯能辨識預知水旱氣息；蚯蜓能知曉勘測地下泉水地方；白狼能知道殷商王朝興旺；鷩鷟能預見周代王室盛隆，等等。因而唯有龜鶴深解導引養生之術，便不足為奇了。

同時，《仙經》記載長生不死的道術，計有數百種之多，並僅僅只有遲緩、迅速、繁複、簡要的不同而已，不必都去效法烏龜與白鶴。上乘的道士用心高遠宏大，自然幽玄暢達，那當然難以用愚笨世俗的淺近情志，去推測神仙的宏遠意旨。

有人說：我們現在都不知道今天人們長生不死的道理，為

何唯獨古人反而知曉呢？

抱朴子答道：這也許是愚昧不明的人拘泥局狹之談，而不是通達者所具有的明智胸懷。占卜天象那般玄妙的道理，推算日月星辰的長短，論評往日沖犯的微兆，審測將來興亡的跡象，仰望雲氣的吉祥兆頭，俯視卦象的吉凶禍福，運籌三棋以定奪軍成敗，推演九宮而得出分野禍福。乘除法一運算，則可深究鬼魅神仙的情況；分析綜合「喜怒哀樂愛惡」六情，便能處理無緒事端的善後。這一切的根本起始是可稽考的，外形道理也是可以探求的。然而，平庸的才能，淺近的本領，那就不能開啟學業的奧妙和掌握治學的方法，以達返璞歸真；而只能在糟粕中銳意所求，不能透徹地探測學問的精深微妙。

哪怕是鑿出孔洞，放入榫頭這一類粗拙的技藝，古代擅長斫輪的名匠扁，都有著不可言傳的妙計；捕捉蜩蟬這一類淺薄的小術，傴僂老人也有著出神入化的巧法。由此可見，學得道術的深淺完全取決於學習的人，完全在於他們是否達到高度的精通。何況是學成神仙的道術，其旨趣深邃而邈遠，欲尋求到根本，那實在不是易事呵！

赤松子、王子喬的門徒，雖然得到仙道的效用，但他們並不一定測度到之所以會有此效的原因，更何況那些平凡世人呢！仙道是可學成的，所以古人前賢將其記載並流傳下來，以傳授給所有的有識者。如若心領神會，深得意旨，那就可相信並可修煉。但猜疑在胸的人，都本源於命運，他們不應當詰責古人憑什麼獨自懂得仙道，而應問問我自己為何不能懂得仙道旨意呢？

我現今已知曉仙道是可求得的，我能停止進食，我能確保靈汞在體內飛升，我也認定黃金白銀是可煉製求得的；但若要詰責我並說出根本道理，那我也實在不太明白知曉呢！世俗凡

人倘若認為，只有自己思索所能得到的道理才能算是有，所不能思索到的則算是無，那麼天下的事理也就太少太少了呵！所以，老子有句名言：如果用狸貓頭治療鼠瘻，以啄木鳥保護齲齒，這些還可算是依據事類來推求的；那螃蟹能腐化生漆、麻類能敗壞酒漿等，則不可能用事理來推求了。

世上萬物雜亂紛繁，哪能用主觀意志去推測至極呢？假設令一患有危重疾病的人，本應急需良藥去搶救，但不肯及時服藥，卻一定要去弄明白當年神農、伊尹之所以要用此草藥治療此病的本來意圖的來由，那就未免太愚蠢了呵！

有人還說：人的生死有一定命運，壽命的長短本來也早定好，決非某些藥物能決定年壽減增的。這好比手指既已斬斷，想接上也不可能再續上了；鮮血既已拋灑，再吞咽也沒有什麼補益了。更何況服食的都是那些與人相異的松柏，以期延長短促的生命，這太不符合情理了！

抱朴子說：若照此論，必須要以同類的事物，才能帶來益處。既是這樣，那已經斬斷的手指，已經拋灑的鮮血，本屬來自同一軀體，並非不同種類，為什麼斬斷後的手指就不可接續，拋灑的鮮血就不宜服用呢？我曾多次親眼看到過：人們用蛇銜草來治療連接已斷離的手指，用桑蟲治療雞鴨腳上的瘡傷。從此可證，不同物類能夠互相補益，這絕不是憑空捏造出來的。

倘若按照您的說法，不能依恃其他物類，那只宜將肉搗碎、將骨煉冶後以作為治療金瘡的藥物；將皮膚煎煮、將頭髮熬製以治療禿頭的疾病嗎？那水和土並不與百花同屬一類物體，但百花卻仰賴水土而培植；五穀食糧與我們活人也不同屬一類，但我們活人都必須賴於五穀而維持生命；油脂並不屬於火一類，水也不屬於魚一類，然而，當油脂乾竭則火會熄滅，

第四章 葛洪《抱朴子‧內篇》內含丹道養生（內附注釋、譯文）

水若乾竭則游魚死去。砍伐樹木，寄生就會乾枯；割斷青草，菟絲也會頹萎。小蟹不回來，璅蛣就會毀敗；桑樹被砍斷，蛀蟲也會滅絕。凡此種種，觸類旁通，便可領悟其道理了吧！

　　黃金玉石如果放入人的九竅，那麼人死屍體就因此而不會腐朽；鹽巴鹹滷如果浸入漬透骨肉，那麼脯臘乾肉就為此而不會潰爛。何況是適宜養生、增益壽命的藥物，並被自己接納，又何必怪疑它們令人長生不老呢？

　　有人還責難道：神仙方術書籍，似是而非，一定是愛多事的人胡編亂造的，不一定出自「黃老學說」的始祖黃帝和老子的手筆，最多只是經過赤松子、王子喬的一閱吧！

　　抱朴子答道：倘若真像您的高論所說，那這些書應該毫無效驗。今暫且試驗它的一些小方術，結果無不奏效呵！我曾多次看見：人們用「方諸」在月夜裡求取出水；用「陽燧」在朝陽下聚光引火；隱匿身體使自己沉潛為無形，並改變容貌而成為其他物類；將佩巾打結後擲於地上而化成兔子奔走；用針線連綴紅帶子而變成老蛇爬行；瓜菜水果在頃刻之間結果；蛟龍游魚在盤盆之中游動，等等。上述事實均如書中所述一樣呵！

　　按照《漢書》所載，樂太最初謁見漢武帝時，武帝曾試著令他使兩顆棋子相鬥，結果兩棋就相互撞擊。而且，《後漢書》又記載了魏尚能坐時存形而立時無影；張楷能興雲起霧，等等。這些更是著名優秀史官所記述的事，既可靠也有證據，而且這類方術事例都是收錄在神仙分部裡的，它們絕不是胡編亂造的，也是明曉無疑的。小方術既可驗證，那長生不死道術，為什麼唯獨不可驗證呢？

　　還有人說：我現知神仙是可學成了，只不過都翻飛凌越霄漢，背俗棄世而去，那祭祀禮儀就沒有誰來修習尊奉了，於是，死去的祖先鬼魂知曉，豈不飢餓嗎？

抱朴子說：我聽說，身體不受損傷就稱為最好的孝道。更何況得到神仙道術，長生不老，與天地相始相畢，超過那從上天接受並終結的普通人的完整一生，不是很遙遠的事吧？如果我能夠身登虛空，腳踏日光，以雲彩作車，以霓虹為蓋，咀嚼朝霞氣息，吮吸天地精華；飲用的是玉石溶液與黃金瓊漿，食用的是綠透靈芝與紅艷鮮花；居住的是瑰奇的瑤台華堂，行走的是逍遙的太清境界。祖先的鬼魂地下知曉，必將為我感到萬分榮耀。有的得道後還可以輔佐光大三皇五帝，有的可以監臨駕馭各種神靈。講地位，可以不去追求而自會得到；談吃喝，可以盡情品嘗華貴宴席；論權勢，可以全權統管鬼王都城；說威風，可以任意呼喝鬼聖梁成。如果真正達到仙道，儘管難於盡識其中奧妙，但也不會讓祖先挨餓。

　　得道者的境界之高，沒有誰高於老聃；老聃有個兒子名叫宗，出仕魏國當上將軍，又因有功而冊封他在段干。既然是這樣，今學仙道的人，自然都可有子弟來繼承祭祀；那祭祀的事務，怎麼又會斷絕呢？

　　有人說：學得仙道的士人，呼吸吐納的法術既已學習完備，服食丹藥的要訣又已掌握齊全，捂著耳朵能聽到千里之外，閉上眼睛可預見未見一切；有的拋棄華美高車駟馬，去駕馭蛟龍以作輿鑾；有的別離富饒神州大地，去居住蓬萊、瀛洲仙山。但也有的是暫且徘徊於世俗，逍遙在凡間，不馬上斷絕足跡而登臨玄遠虛空。他們崇尚的目標都相同，但他們為什麼有的離開人寰，有的又留在世間呢？

　　抱朴子回答說道：我聽老師說過：仙人中雖然有的飛升天庭，有的留居大地，但他們仍有主要共同點，即都是長生不死；而對離去或留止人間就任隨他們各自的喜好了。再者，關於服用「還丹金液」的方法，如若想暫且留居人間，就只服用

它的一半劑量，留下另一半量；如若以後想求升天，就將原留下來的另一半劑量完全服下。長生不死的事業已經奠定，不會再有什麼迅速死亡的憂慮，正好暫且在人間大地遊歷，或者潛入名山大川，又有何憂慮呢？

彭祖說：天上有很多很多的尊貴官員和神仙，而新得道的仙人們地位卑下，要供奉服役的事何止一項二項，更是勞碌辛苦，所以不值得忙忙碌碌地去升登天界，從而留居人間八百多年。他又說：古代學得仙道的人，有的身上長出羽毛翅膀，變化飛行，失去人的本質。有的變化得更為不同人形，有如雀子變為大蛤，野雞變為蛤蜊，完全不是人的正道。人的正道應當是飲用甘漿美食，穿戴輕衣暖裘，男女正常交媾，身處官爵祿位；耳聰目明，骨骼健壯，容顏悅澤，老而不衰，益壽延年；無論出仕為官或退隱歸林，均任隨自己意願；不管寒冷、溫暖、燥風或潮濕諸氣均不會傷害他；無論什麼鬼怪、神靈或種種妖精也都不能侵犯他；不管哪種兵器或各種毒藥均不會危害他；無論多少憂愁、喜悅、詆毀或稱譽也都不會累贅他。這才是真正可貴呵！

倘若遺棄妻兒子女，獨自幽居深山湖畔，遠遠地與人間事理隔絕，孤獨地和草木頑石相鄰，這樣也不值得稱道呵！昔日的安期先生、龍眉寧公、修羊公、陰長生等仙人，都是服用黃金溶液只一半劑量的人，他們都留居人間，有的將近一千年，然後方離世而去。確切地說：凡求長生不死的人，正是珍惜今日現實慾望罷了，他們本來也不會急急忙忙地追求早日飛升虛空，也不會認為飛騰天庭強於在人間大地呵！倘若有幸可留居家中又長生不死的話，那又何必急切地追求飛升虛空呢？至於如若得到仙道後，卻沒法留住人間條件的，那又是另回事了。彭祖上述所說的一切，都是為了迎合人們情理之言呵！

有人還問道：追求仙道的人，首先應當樹立道德功業，不知道對不對？

抱朴子答道：有此說法。按照《玉鈐經·中篇》所說，建隆立德業功勛最好，免除曾犯過錯的就要次一等了。學習修煉道術的人，應將救人於危難，使人避免災禍，保護人們免遭疾病折磨，使人們不冤枉白死，當作為最上功德。

凡想追求仙道的人，首先要應以忠、孝、和、順、仁、信作為根本。倘若品德行為不加以認真修養，而只是努力學習方術，那也都不能長生不老。凡幹邪惡壞事幹得大的，司命神會扣奪他「一紀」三百天壽命；幹得小的，會扣奪「一算」三天壽命，隨著所犯過錯輕重，所扣去的壽命也就各有多少。

凡間的人，所接受的命運及得享的壽延，本來就注定了一定的數量。數量本來就多的，「紀」、「算」就不易扣盡而晚死；如若所稟受數量本來就少的，而所犯過錯又多，「紀」、「算」就很快扣盡而早死。又說：人若想修成地仙，那就應當做好三百件好事；若想修成天仙，就應當做好一千二百件好事。如果已做有一千一百九十九件好事，卻突然在其間幹了一件壞事，那麼就會完全喪失以前所做的好事，又應當重新開始並積累所做好事的數量。因此，做好事不在其大，做壞事不在其小。雖然不做壞事，但是若親口談及所做的好事，以及索求所做好事要給予回報的話，那麼就喪失了做這次好事的善果；不過，幸而還不會完全喪失以前所做的好事。

又說：積累善事若不滿一定數量，儘管服用的是成仙靈藥，結果也沒有益處。如若不服成仙靈藥，只是注重於不斷地做好事，雖然不會獲得成仙飛升的結果，但也不會招致暴死之禍。我因而不禁便懷疑到彭祖這些人，他們就是由於應做的好事善果還沒做圓滿，所以不能飛升天庭了吧？

卷四　金丹

原　文

抱朴子曰：余考覽養性之書，鳩集久視之方，曾所披涉篇
卷，已千計矣，莫不皆以還丹金液為大要者焉。然則此二事，
蓋仙道之極也。服此而不仙，則古來無仙矣。往者上國喪亂，
莫不奔播四出。余周旋徐、豫、荊、襄、江、廣數州之間，閱
見流移俗道士數百人矣。或有素聞其名，乃在雲日之表者，然
率相似如一。其所知見，深淺有無，不足以相傾也。雖各有數
十卷書，亦未能悉解之也，為寫蓄之耳。時有知行氣及斷穀服
諸草木藥法，所有方書，略為同文，無一人不有《道機經》，
唯以此為至秘，乃云是尹喜所撰。余告之曰：此是魏世軍督王
圖所撰耳，非古人也。圖了不知大藥，正欲以行氣入室求仙，
作此《道機》，謂道畢於此，此復是誤人之甚者也。

余問諸道士以神丹金液之事，及《三皇內文》召天神地祇
之法，了無一人知之者。其誇誕自譽及欺人，云己久壽。及言
曾與仙人共遊者將太半矣，足以與盡微者甚鮮矣。或有頗聞金
丹，而不謂今世復有得之者，皆言唯上古已度仙人，乃當曉
之。或有得方外說，不得其真經。或得雜碎丹方，便謂丹法盡
於此也。

昔左元放於天柱山中精思，而神人授之金丹仙經。會漢末
亂，不遑合作，而避地來渡江東，志欲投名山以修斯道。余從
祖仙公，又從元放受之。凡受《太清丹經》三卷及《九鼎丹經》
一卷、《金液丹經》一卷。余師鄭君者，則余從祖仙公之弟子
也，又於從祖受之，而家貧無用買藥。

余親事之，灑掃積久，乃於馬跡山中立壇盟受之，並諸口
訣訣之不書者。江東先無此書，書出於左元放，元放以授余從

祖，從祖以授鄭君，鄭君以授余，故他道士了無知者也。然余受之已二十餘年矣，資無擔石，無以為之，但有長嘆耳。有積金盈柜，聚錢如山者，復不知有此不死之法。就令聞之，亦萬無一信，如何？

夫飲玉飴則知漿荇之薄味，睹崑崙則覺丘垤（ㄉㄧㄝˊ）之至卑。既覽金丹之道，則使人不欲復視小小方書。然大藥難卒得辦，當須且將御小者以自支持耳。然服他藥萬斛，為能有小益，而終不能使人遂長生也。故老子之訣言云：子不得還丹金液，虛自苦耳。

夫五穀猶能活人，人得之則生，絕之則死，又況於上品之神藥，其益人豈不萬倍於五穀耶？夫金丹之為物，燒之愈久，變化愈妙。黃金入火，百煉不消，埋之，畢天不朽。服此二物，煉人身體，故能令人不老不死。此蓋假求於外物以自堅固，有如脂之養火而不可滅，銅青塗腳，入水不腐，此是借銅之勁以捍其肉也。金丹入身中，沾洽榮衛，非但銅青之外傅矣。世間多不信至道者，則悠悠者皆是耳。然萬一時偶有好事者，而復不見此法，不值明師，無由聞天下之有斯妙事也。余今略抄金丹之都較，以示後之同志好之者。

其勤求之，求之不可守淺近之方，而謂之足以度世也。遂不遇之者，直當息意於無窮之冀耳。想見其說，必自知出潢污而浮滄海，背螢燭而向日月，聞雷霆而覺布鼓之陋，見巨鯨而知寸介之細也。如其嘍嘍，無所先入，欲以弊藥必規升騰者，何異策蹇驢而追迅風，棹藍舟而濟大川乎？又諸小餌丹方甚多，然作之有淺深，故力勢不同，雖有優劣，轉不相及，猶一酘（ㄉㄡˋ）之酒，不可以方九醞之醇耳。然小丹之下者，猶自遠勝草木之上者也。凡草木燒之即燼，而丹砂^{〔1〕}燒之成水銀^{〔2〕}，積變又還成丹砂^{〔3〕}，其去凡草木亦遠矣。故能令人長生，

世人少所識，多所怪，或不知水銀出於丹砂，告之終不肯信，云丹砂本赤物，從何得成此白物？又云丹砂是石耳，今燒諸石皆成灰，而丹砂何獨得爾？此近易之事，猶不可喻，其聞仙道，大而笑之，不亦宜乎？

上古真人憫念將來之可教者，為作方法，委曲欲使其脫死亡之禍耳，可謂至言矣。然而俗人終不肯信，謂為虛文。若是虛文者，安得九轉九變，日數所成，皆如方耶？真人所以知此者，誠不可以庸近思求也。

余少好方術，負步請問，不憚險遠，每有異聞，則以為喜。雖見毀笑，不以為戚。焉知來者之不如今？是以著此以示識者。豈苟尚奇怪，而崇飾空言，欲令書行於世，信結流俗哉？盛陽不能榮枯朽，上智不能移下愚，書為曉者傳，事為識者貴。農夫得彤弓以驅鳥，南夷得袞衣以負薪，夫不知者，何可強哉？世人飽食終日，復未必勤儒墨之業，治進德之務，但共逍遙遨遊，以盡年月。其所營也，非榮則利。或飛蒼走黃於中原，或留連杯觴以羹沸，或以美女荒沉絲竹，或耽淪綺紈，或控弦以弊筋骨，或博奕以棄功夫。聞至道之言而如醉，睹道論而晝睡。有身不修，動之死地，不肯求問養生之法，自欲割削之。煎熬之，憔悴之，漉汔之。而有道者自寶秘其所知，無求於人，亦安肯強行語之乎？

世人之常言，咸以長生若可得者，古人之富貴者，己當得之，而無得之者，是無此道也。而不知古之富貴者，亦如今之富貴者耳。俱不信不求之，而皆以目前之所欲者為急，亦安能得之耶？假令不能決意，信命之可延，仙之可得，亦何惜於試之？試之小效，但使得二三百歲，不猶愈於凡人之少夭乎？天下之事萬端，而道術尤難明於他事者也。何可以中才之心，而

斷世間必無長生之道哉！若正以世人皆不信之，便謂為無，則世人之智者，又何太多乎？

今若有識道意而猶修求之者，詎必便是至愚，而皆不及世人耶？又或慮於求長生，倘其不得，恐人笑之，以為暗惑。若心所斷，萬有一失，而天下果自有此不死之道者，不亦當復為得之者所笑乎？日月所不能周照，人心安足孤信哉？

抱朴子曰：按《黃帝九鼎神丹經》曰：黃帝服之，遂以升仙。又云：雖呼吸道引，及服草木之藥，可得延年，不免於死也；服神丹令人壽無窮已，與天地相畢，乘雲駕龍，上下太清。黃帝以傳玄子[4]，戒之曰：此道至重，必以授賢，苟非其人，雖積玉如山，勿以此道告之也。

受之者以金人金魚投於東流水中以為約，喢血為盟，無神仙之骨，亦不可得見此道也。合丹當於名山之中，無人之地，結伴不過三人，先齋百日，沐浴五香，致加精潔，勿近穢污及與俗人往來，又不令不信道者知之，謗毀神藥，藥不成矣。成則可以舉家皆仙，不但一身耳。世人不合神丹，反信草木之藥。草木之藥，埋之即腐，煮之即爛，燒之即焦，不能自生，何能生人乎？

九丹者，長生之要，非凡人所當見聞也，萬兆蠢蠢，唯知貪富貴而已，豈非行尸者乎？合時又當祭，祭自有圖法一卷也。

第一之丹名曰「丹華」當先作玄黃，用雄黃水、礬石水、戎鹽、滷鹽、礬石、牡蠣、赤石脂、滑石、胡粉各數十斤，以為六一泥[5]，火之三十六日成。服之七日仙。又以玄膏丸[6]此丹，置猛火上，須臾成黃金。又以二百四十銖[7]合水銀百斤火之，亦成黃金。金成者藥成也。金不成，更封藥而火之，日數如前，無不成也。

第二之丹名曰「神丹」，亦曰「神符」。服之百日仙也。行

度水火，以此丹塗足下，步行水上。服之三刀圭〔8〕，三尸〔9〕九蟲皆即消壞，百病皆癒也。

第三之丹名曰「仙丹」。服一刀圭，百日仙也。以與六畜吞之，亦終不死。又能辟五兵。服百日，仙人玉女，山川鬼神，皆來侍之，見如人形。

第四之丹名曰「還丹」。服一刀圭，百日仙也。朱鳥鳳凰，翔覆其上，玉女至傍。以一刀圭合水銀一斤火之，立成黃金。以此丹塗錢物用之，即日皆還。以此丹書凡人目上，百鬼走避。

第五之丹名「餌丹」。服之三十日，仙也。鬼神來侍，玉女至前。

第六之丹名「煉丹」。服之十日，仙也。又以汞合火之，亦成黃金。

第七之丹名「柔丹」。服一刀圭，百日仙也。以缺盆汁和服之，九十老翁，亦能有子，與金公〔10〕合火之，即成黃金。

第八之丹名「伏丹」。服之，即日仙也。以此丹如棗核許持之，百鬼避之。以丹書門戶上，萬邪眾精不敢前，又辟盜賊虎狼也。

第九之丹名「寒丹」。服一刀圭，百日仙也。仙童仙女來侍，飛行輕舉，不用羽翼。

凡此九丹，但得一丹便仙，不在悉作之。作之在人所好者耳。凡服九丹，欲升天則去，欲且止人間亦任意，皆能出入無間，不可得之害矣。

抱朴子曰：復有太清神丹，其法出於元君。元君者，老子之師也。《太清觀天經》有九篇：云其上三篇，不可教授；其中三篇，世無足傳，常沉之三泉〔11〕之下；下三篇者，正是丹經上中下，凡三卷也。元君者，大神仙之人也，能調和陰陽，役使鬼神風雨，驂駕九龍十二白虎，天下眾仙皆隸焉，猶自言

亦本學道服丹之所致也，非自然也。況凡人乎？其經曰：上士得道，升為天官；中士得道，棲集崑崙；下士得道，長生世間。愚民不信，謂為虛言，從朝至暮，但作求死之事，了不求生，而天豈能強生之乎？

凡人唯知美食好衣，聲色富貴而已，恣心盡欲，奄忽終歿之徒，慎無以神丹告之，令其笑道謗真。傳丹經不得其人，身必不吉。若有篤信者，可將合藥成以分之，莫輕以其方傳之也。知此道者，何用王侯？為神丹既成，不但長生，又可以作黃金。金成，取百斤先設大祭。祭自有別法一卷，不與九鼎祭同也。祭當別稱金，各檢署之。

禮天二十斤，日月五斤，北斗八斤，太乙八斤，井五斤，灶五斤，河伯十二斤，社五斤，門、戶、閭鬼神、清君各五斤，凡八十八斤。餘一十二斤，以好韋囊盛之，良日於都市中市盛之時，默聲放棄之於多人處，徑去無復顧。凡用百斤外，乃得自恣用之耳。不先以金祀神，必被殃咎。又曰：長生之道，不在祭祀事鬼神也，不在道引與屈伸也，升仙之要，在神丹也。知之不易，為之實難也。子能作之，可長存也。近代漢末新野陰君，合此太清丹得仙。其人本儒生，有才思，善著詩及丹經贊並序，述初學道隨師本末，列己所知識之得仙者四十餘人，甚分明也。作此太清丹，小為難合於九鼎，然是白日升天之上法也。合之當先作華池〔12〕、赤鹽〔13〕、艮雲〔14〕、玄白飛符，三五神水，乃可起火耳。

一轉〔15〕之丹，服之三年得仙。二轉之丹，服之二年得仙。三轉之丹，服之一年得仙。四轉之丹，服之半年得仙。五轉之丹，服之百日得仙。六轉之丹，服之四十日得仙。七轉之丹，服之三十日得仙。八轉之丹，服之十日得仙。九轉之丹，服之三日得仙。

若取九轉之丹，內神鼎中，夏至之後，爆之鼎熱，內朱兒[16]一斤於蓋下。伏伺之，候日精照之。須臾翕然俱起，煌煌輝輝，神光五色，即化為還丹。取而服之一刀圭，即白日升天。又九轉之丹者，封塗之於土釜中，糠火，先文後武，其一轉至九轉，遲速各有日數多少，以此知之耳。其轉數少，其藥力不足，故服之用日多，得仙遲也。其轉數多，藥力盛，故服之用日少，而得仙速也。

又有九光丹，與九轉異法，大都相似耳。作之法，當以諸藥合火之，以轉五石。五石者，丹砂、雄黃、白礬、曾青、慈石[17]，也。一石輒五轉而各成五色，五石而二十五色，色各一兩而異器盛之。欲起死人，未滿三日者，取青丹一刀圭和水，以浴死人，又以一刀圭發其口內之，死人立生也。

欲致行廚[18]，取黑丹和水，以塗左手，其所求如口所道皆自至，可致天下萬物也。欲隱形及先知未然方來之事，及住年不老，服黃丹一刀圭，即便長生不老矣。及坐見千里之外，吉凶皆知，如在目前也。人生宿命，盛衰壽夭，富貴貧賤，皆知之也。其法俱在《太清經》中卷耳。

抱朴子曰：其次有《五靈丹經》一卷，有五法也。用丹砂、雄黃、雌黃、石硫黃、曾青、礬石、慈石、戎鹽、太乙餘糧[19]，亦用六一泥，及神室祭醮[20]合之，三十六日成。又用五帝符，以五色書之，亦令人不死，但不及太清及九鼎丹藥耳。

又有「岷山丹法」：道士張蓋蹹精思於岷山石室中，得此方也。其法鼓冶黃銅，以作方諸，以承取月中水，以水銀覆之，致日精火其中，長服之不死。又取此丹置雄黃銅燧中，覆以汞，曝之，二十日發而治之，以井華水[21]服如小豆，百日，盲目皆能視之，百病自癒，髮白還黑，齒落更生。

又，「務成子丹法」：用巴沙汞[22]置八寸銅盤中，以土爐

盛炭，倚三隅塹以枝盤，以硫黃水灌之，常令如泥，百日服之，不死。

又，「羨門子丹法」：以酒和丹一斤，用酒三升和，曝之四十日，服之一日，則三蟲百病立下；服之三年，仙道乃成，必有玉女二人來侍之，可役使致行廚，此丹可以厭百鬼，及四方死人殃注害人宅，及起土功妨人者，懸以向之，則無患矣。

又有「立成丹」：亦有九首，似九鼎而不及也。其要一本更云：取雌黃、雄黃燒下其中銅，鑄以為器，覆之三歲淳苦酒〔23〕上，百日，此器皆生赤乳，長數分，或有五色琅玕〔24〕，取理而服之，亦令人長生。又可以和菟絲，菟絲是初生之根，其形似菟，掘取克其血，以和此丹，服之立變化，任意所作也。又和以朱草，一服之，能乘虛而行云。朱草狀似小棗，栽長三四尺，枝葉皆赤，莖如珊瑚，喜生名山岩石之下，刻之汁流如血，以玉及八石〔25〕、金銀投其中，立便可丸如泥，久則成水，以金投之，名為「金漿」，以玉投之，名為「玉醴」，服之皆長生。

又有「取伏丹法」云：天下諸水，有名「丹」者，有南陽之丹水之屬也，其中皆有丹魚。當先夏至十日夜伺之，丹魚必浮於水側，赤光上照，赫然如火也。網而取之，可得之。得之雖多，勿盡取也。割其血塗足下，則可步行水上，長居淵中矣。

又，「赤松子丹法」：取千歲蔂〔26〕汁及礬桃汁淹丹，著不津器〔27〕中，練蜜蓋其口，埋之入地三尺，百日，絞檸木赤實，取汁和而服之，令人面目鬢髮皆赤，長生也。昔中黃仙人有赤須子者，豈非服此乎？

又，「石先生丹法」：取烏轂之未生毛羽者〔28〕，以真丹和牛肉以吞之，至長，其毛羽皆赤，乃煞之，陰乾百日，並毛羽搗服一刀圭，百日，得壽五百歲。

又，「康風子丹法」：用羊鳥、鶴卵、雀血，合少室天雄汁和丹，內鵠卵中，漆之，內雲母水中，百日化為赤水。服一合，輒益壽百歲，服一升，千歲也。

又，「崔文子丹法」：納丹鷰腹中蒸之，服，令人延年，長服不死。

又，「劉元丹法」：以丹砂內玄水液〔28〕中百日，紫色，握之不污手，又和以雲母水，內管中漆之，投井中，百日化為赤水。服一合，得百歲，久服長生也。

又，「樂子長丹法」：以曾青、鉛丹合汞及丹砂，著銅筒中，乾瓦〔30〕白滑石封之，於白砂中蒸之八十日，服如小豆，三年仙矣。

又，「李文丹法」：以白素裹丹，以竹汁煮之，名「紅泉」，乃浮湯上蒸之，合以玄水。服之一合，一年仙矣。

又，「尹子丹法」：以雲母水和丹，密封，致金華池中，一年出，服一刀圭，盡一斤，得五百歲。

又，「太乙招魂魄丹法」：所用五石，及封之以六一泥，皆似九丹也，長於起卒死三日以還者，折齒內一丸，與硫黃丸，俱以水送之，令入喉，即活，皆言見使者持節召之。

又，「采女丹法」：以兔血和丹與蜜蒸之百日，服之如梧桐子大者一丸，日三，至百日，有神女二人來侍之，可役使。

又，「稷丘子丹法」：以清酒、麻油、百華醴、龍膏和，封以六一泥，以糠火熅之十日，成。服如小豆一丸，盡劑，得壽五百歲。

又，「墨子丹法」：用汞及五石液於銅器中，火熬之，以鐵匕撓之，十日，還為丹。服之一刀圭，萬病去身，長服不死。

又，「張子和丹法」：用鉛、汞、曾青水合封之，蒸之於赤黍米中，八十日成，以棗膏和丸之，服如大豆，百日，壽五百

歲。

又，「綺里丹法」：先飛[31]取五石玉塵，合以丹砂汞，內大銅器中煮之，百日，五色，服之不死。以鉛百斤，以藥百刀圭，合火之成白銀，以雄黃水和而火之，百日成黃金。金或太剛者，以豬膏煮之，或太柔者，以白梅煮之。

又，「玉柱丹法」：以華池和丹，以曾青、硫黃末覆之薦之，內筒中沙中，蒸之五十日，服之百日，玉女、六甲、六丁[32]神女來侍之，可役使，知天下之事也。

又，「肘後丹法」：以金華和丹，乾瓦封之，蒸八十日，取如小豆置盤中，向日和之，其光上與日連，服如小豆，長生矣。以投丹陽銅中，火之成金。

又，「李公丹法」：用真丹及五石之水各一升，和令如泥，釜中火之，三十六日出，和以石硫黃液，服之十年，與天地相畢。

又，「劉生丹法」：用白菊花汁、地楮汁、樗汁和丹蒸之，三十日，研合服之，一年，得五百歲，老翁服更少，不可識，少年服亦不老。

又，「王君丹法」：巴沙及汞內雞子中，漆合之，令雞伏之三枚，以王相[33]日服之，住年不老，小兒不可服，不復長矣。與新生雞犬服之，皆不復大，鳥獸亦皆如此驗。

又，「陳生丹法」：用白蜜和丹，內銅器中封之，沉之井中，一期，服之經年，不飢，冬一斤，壽百歲。

又，「韓終丹法」：漆、蜜和丹煎之，服可延年久視，立日中無影。過此以往，尚數十法，不可具論。

抱朴子曰：金液，太乙所服而仙者也，不減九丹矣。合之用古秤黃金一斤，並用玄明龍膏[34]、太乙旬首中石[35]、冰石[36]、紫遊女[37]、玄水液、金化石[38]、丹砂，封之成水。其經

云：金液入口，則其身皆金色。老子受之於元君。

元君曰：此道至重，百世一出，藏之石室，合之，皆齋戒百日，不得與俗人相往來。於名山之側，東流水上，別立精舍，百日成。服一兩，便仙。若未欲去世，且作地水仙之士者，但齋戒百日矣。若求升天，皆先斷穀一年，乃服之也。若服半兩，則長生不死，萬害百毒，不能傷之。可以畜妻子，居官秩，任意所欲，無所禁也。若復欲升天者，乃可齋戒，更服一兩，便飛仙矣。

「以金液為威喜〔39〕、巨勝〔40〕之法」：取金液及水銀一味合煮之，三十日，出，以黃土甌盛，以六一泥封，置猛火炊之，六十時，皆化為丹，服如小豆大，便仙；以此丹一刀圭粉水銀一斤，即成銀。又取此丹一斤置火上扇之，化為赤金而流，名曰「丹金」。以塗刀劍，辟兵萬里。以此丹金為盤碗，飲食其中，令人長生。以承日月得液，如方諸之得水也，飲之不死。以金液和黃土，內六一泥甌中，猛火炊之，盡成黃金，中用也，復以火炊之，皆化為丹，服之如小豆，可以入名山大川為地仙。以此丹一刀圭粉水銀，立成銀，以銀一兩和鉛一斤，皆成銀。

《金液經》云：投金人八兩於東流水中，飲血為誓，乃告口訣，不如本法，盜其方而作之，終不成也。凡人有至信者，可以藥與之，不可輕傳其書，必兩受其殃，天神鑒人甚近，人不知耳。

抱朴子曰：九丹誠為仙藥之上法，然合作之，所用雜藥甚多。若四方清通者，市之可具。若九域分隔，則物不可得也。又當起火晝夜數十日，伺候火力，不可令失其適，勤苦至難，故不及合金液之易也。合金液唯金為難得耳。古秤金一斤於今為二斤，率不過直三十許萬，其所用雜藥差易具。又不起火，

但以置華池中，日數足便成矣，都合可用四十萬而得一劑，可足八人仙也。然其稍少合者，其氣力不足以相化成，如釀數升米酒，必無成也。

抱朴子曰：其次有「餌黃金法」，雖不及金液，亦遠不比他藥也。或以豕負革肪[41]及酒煉之，或以樗皮治之，或以荊酒、磁石消之，或有可引為巾，或立令成水服之。或有禁忌，不及金液也。或以雄黃、雌黃合餌之，可引之張之如皮，皆地仙法耳。銀及蚌中大珠，皆可化為水服之，然須長服不可缺，故皆不及金液也。

抱朴子曰：合此金液九丹，既當用錢，又宜入名山，絕人事，故能為之者少，且亦千萬人中，時當有一人得其經者。故凡作道書者，略無說金丹者也。

第一禁，勿令俗人之不信道者，謗訕評毀之，必不成也。

鄭君言所以爾者，合此大藥皆當祭，祭則太乙、元君、老君、玄女皆來鑒省。作藥者若不絕跡幽僻之地，令俗間愚人得經過聞見之，則諸神便責作藥者之不遵承經戒，致令惡人有謗毀之言，則不復佑助人，而邪氣得進，藥不成也。必入名山之中，齋戒百日，不食五辛生魚，不與俗人相見，爾乃可作大藥。作藥須成乃解齋，不但初作時齋也。

鄭君云：左君告之，言諸小小山，皆不可於其中作金液神丹也。凡小山皆無正神為主，多是木石之精、千歲老物、血食之鬼。此輩皆邪氣，不念為人作福，但能作禍，善試道士。道士須當以術辟身，及將從弟子，然或能壞人藥也。

今之醫家，每合好藥好膏，皆不欲令雞、犬、小兒、婦人見之。若被諸物犯之，用便無驗。又染彩者惡惡目者見之，皆失美色。況神仙大藥乎？是以古之道士，合作神藥，必入名山，不止凡山之中，正為此也。

又按仙經，可以精思合作仙藥者，有華山、泰山、霍山、恒山、嵩山、少室山、長山、太白山、終南山、女幾山、地肺山、王屋山、抱犢山、安丘山、潛山、青城山、峨眉山、緌山、云台山、羅浮山、陽駕山、黃金山、鱉祖山、大小天台山、四望山、蓋竹山、括蒼山，此皆是正神在其山中，其中或有地仙之人。上皆生芝草，可以避大兵大難，不但於中以合藥也。若有道者登之，則此山神必助之為福，藥必成。

若不得登此諸山者，海中大島嶼，亦可合藥。若會稽之東翁州、亶州、紵嶼，及徐州之莘莒洲、泰光州、郁洲，皆其次也。今中國名山不可得至，江東名山之可得住者，有霍山，在晉安；長山、太白，在東陽；四望山、大小天台山、蓋竹山、括蒼山，並在會稽。

抱朴子曰：予忝[42]大臣之子孫，雖才不足以經國理物，然疇類之好，進趨之業，而所知不能遠余者，多揮翮雲漢，耀景辰霄者矣。余所以絕慶吊於鄉黨，棄當世之榮華者，必欲遠登名山，成所著子書[43]，次則合神藥，規長生故也。

俗人莫不怪予之委桑梓，背清塗，而躬耕林藪，手足胼胝，謂予有狂惑之疾也。然道與世事不並興，若不廢人間之務，何得修如此之志乎？見之誠了，執之必定者，亦何憚於毀譽，豈移於勸沮哉？聊書其心，示將來之同志尚者云。後有斷金之徒[44]，所捐棄者，亦與余之不異也。

「小神丹方」：用真丹三斤，白蜜六斤攪合，日暴煎之，令可丸，旦服如麻子許十丸，未一年，發白者黑，齒落者生，身體潤澤，長服之，老翁成少年，長生不死也。

「小丹法」：丹一斤，搗篩，下淳苦酒三升，漆二升，凡三物合，令相得，微火上煎令可丸，服如麻子三丸，日再服，三十日，腹中百病愈，三尸去；服之百日，肌骨堅強；千日，

司命削去死籍，與天地相畢，日月相望，改形易容，變化無常，日中無影，乃別有光也。

「小餌黃金法」：煉金內清酒中，約二百過出入即沸矣，握之出指間令如泥，若不沸，及握之不出指間，即削之，內清酒中無數也。成，服之如彈丸一枚。亦可一丸分為小丸，服之三十日，無寒溫，神人玉女侍之，銀亦可餌之，與金同法。服此二物，能居名山石室中者，一年即輕舉矣。止人間，服亦地仙，勿妄傳也。

「兩儀子餌黃金法」：豬負革肪三斤，淳苦酒一升，取黃金五兩，置器中，煎之土爐，以金置脂中，百入百出，苦酒亦爾。食一斤，壽藪天地；食半斤，壽二千歲；五兩，壽千二百歲。無多少，便可餌之。當以王相日作，服之神良。勿傳非人，傳示非人，令藥不成不神，欲食去尸藥，當服丹砂也。

注釋

〔1〕丹砂：指硫化汞。

〔2〕丹砂燒之成水銀：即游離出汞。

〔3〕積變又還原成丹砂：再用水銀和硫磺化合便化合成硫化汞，放在閉器中調節溫度。便可昇華為呈赤紅色的晶體硫化汞。

〔4〕玄子：傳說中的神仙，又名「元君」。

〔5〕六一泥：六合一為七。這種泥由戒鹽、滷鹽、礬石、牡蠣、赤石脂、滑石、胡粉七種原料製成。其他丹書所載「六泥一」配方各有不同。《本草綱目》卷七稱「蚯蚓泥」為「六一泥」。

〔6〕玄膏丸：當依《雲笈七籤》作「玄黃膏」。丸：作動詞，搏成藥丸。

第四章 葛洪《抱朴子‧內篇》內含丹道養生（內附注釋、譯文）

119

〔7〕銖：古代衡制重量單位，漢代以一百黍的重量為一銖。《漢書‧歷律志》「二十四銖為兩，十六兩為斤。

〔8〕刀圭：古代量取藥物的用具。《名醫別錄》：「凡散有云『刀圭』者，十分方寸匕之一，準如梧桐子大也」

〔9〕三尸：道教認為人身內有三種作祟的神，分別居於上、中、下三丹田內，稱上尸、中尸、下尸，故名「三尸」。學仙的人必須除去「三尸神」才能成仙。

〔10〕金公：即鉛。《本草綱目》卷八：「神仙家拆其字為「金公」。

〔11〕三泉：指最深層的地下泉水。

〔12〕華池：指溶解硝石等藥物的醋液。

〔13〕赤鹽：指紅色的戎鹽。

〔14〕艮雲：疑為「艮雪」，指升汞。

〔15〕轉：指循環變化。煉丹時，由丹砂燒成水銀，又將水銀煉成丹砂，叫「一轉」。燒煉時間愈久，轉數愈多，功效愈大。

〔16〕朱兒：即丹砂。《云笈七籤》卷六十八：「絳陵朱兒七兩」，注：「口訣是丹砂。」

〔17〕慈石：即磁石。《本草綱目》卷十：「伏丹砂，養汞，去銅暈。」

〔18〕行廚：是道教法術之一。施法時，只要說出想要的食物，其物便會由仙女送到跟前。

〔19〕太乙餘糧：即一種石質藥物，亦名禹餘糧、禹糧石。《本草綱目》卷十：「久服耐寒暑，不飢，輕身，飛行千里，神仙。」

〔20〕神室祭醮：「神室」指供神祇的或齋戒的場所。「醮」（ㄐㄧㄠˋ），本來指祭祀，後來也指道士設壇祈禱。

〔21〕井華水：指清晨第一汲井水。《本草綱目》卷五：「井水新汲，療病利人，平旦第一汲為井華水。」又云：「新汲井華水，……煉丹煮茗，性味同於雪水也。」

〔22〕巴沙汞：指巴蜀出產的丹砂。《本草綱目》卷九引陶弘景：「出武陵、西川諸蠻夷中，皆通巴地，故謂之「巴砂」，」

〔23〕淳苦酒：指三年以上的醋。《黃帝九鼎神丹經訣》卷十七：「醋過百日謂之淳醯；三年以上謂之苦酒。」

〔24〕琅玕（ㄌㄤˊ ㄍㄢ）：指次於玉的美石。

〔25〕八石：指丹砂、雄黃、雌黃、石留黃、曾青、礬石、戎鹽、磁石。

〔26〕千歲蔂：即葛藟，一種植物藥。

〔27〕不津器：不詳，疑為砂陶器皿。

〔28〕鷇（ㄎㄡˋ）：指還不能飛而待哺的雛鳥。

〔29〕玄水液：指磁石水。《黃帝九鼎丹經訣》卷十二：磁石水，「一名玄水液」。

〔30〕乾瓦：乾，乾燥。瓦，瓦粉，即鉛粉，亦名胡粉、官粉、粉錫、鉛華、鉛霜。《本草綱目》卷八：「伏尸毒螫，殺三蟲。」

〔31〕飛：即水飛法，一種制藥方法，即先研細藥物為粉，再置水中研取精粉。

〔32〕六甲、六丁：道教神名。其名稱來自干支。六甲為甲子、甲戌、甲申、甲午、甲辰、甲寅，屬陽，為男神；六丁是丁卯、丁巳、丁未、丁酉、丁亥、丁丑，屬陰，為女神。道教稱「六甲六丁」都屬真武大帝的部下，能行風雷，制鬼神，道士齋醮作法時，常用符籙召請他們。

〔33〕王相：古術數家以「王」（旺）、「相」（強壯）、「胎」（孕育）、「沒」（沒落）、「死」（死亡）、「囚」（禁錮）、「廢」（廢

棄）、「休」（退棄）八字與五行、四時八卦等遞相搭配，以表示事物的消長更迭。王相，則表示物得其時。

〔34〕玄明龍膏：即水銀。

〔35〕太乙旬首中石：即雄黃。

〔36〕冰石：即寒水石。

〔37〕紫遊女：即赤色戎鹽。

〔38〕金化石：即消石。

〔39〕威喜：即木芝別名。

〔40〕巨勝：即胡麻別名。

〔41〕負革肪：豬頸下脂膏一名負革肪。見《重修政和經史證類備用本草》卷第十八。

〔42〕忝（ㄊㄧㄢˇ）：辱沒。謙詞。

〔43〕子書：古書分「經」（儒家經典）、「史」（歷史書籍）、「子」（諸子百家）、「集」（文學藝術）四部。這裡的「子書」當指《抱朴子》一書。

〔44〕斷金：心心相印，堅忍不拔。《易經·繫辭上》：「二人同心，其利斷金。」

譯文

抱朴子說：我考證廣覽養生的書籍，多方收集長壽的方術，曾經有所翻閱、涉獵、通讀的篇章卷目已數以千計，這些著作沒有不將服食還丹和金液作為最主要養生之道的。既是如此，那服食還丹和金液這兩種方法，就可說是仙術的最好方法了，服食它們不能成仙，那自古以來就沒有神仙了。過去，在西晉喪亡動亂時，沒有誰不四處奔逃流亡。我曾輾轉流徙在徐、豫、荊、襄、江、廣等州的各地之間，曾結識觀察流落於各地的道士多達數百人。在這些人中，有的早就久聞大名，其

大名恰似在雲彩紅日之上那般聲名顯赫，然而互相如同一個人一樣。他們的所見所聞，所知所識，各有深有淺，不足以相互超越。他們各自擁有幾十卷道書，但都不能悉心研讀並完全理解，只是為了抄錄蓄藏罷了。那時已有人懂得運行真氣，斷絕穀糧，服食草木藥物，所有的方書，大多是相同的內容。他們沒有一人不擁有《道機經》，並將它作為最高深秘妙的典籍，還說是周代尹喜所撰寫的。

我告訴他們說：這書是三國曹魏時代軍督王圖撰寫的，並不是古人尹喜所撰。王圖一點也不知曉還丹金液之藥物，只想由行氣升堂入室求索仙道，獲取道教真髓，他所寫的這本《道機經》，還自稱所有仙道在此書俱已說盡，這是一本十分誤人的書。我向那些尋求仙道的道士問及神丹金液之類事理，以及《三皇內文》召喚天仙地神之類方法，他們都全然不知，沒有一個人懂得。可是，他們卻大肆胡誇，自吹自擂，自欺欺人，甚至說自己養生有術，已很長壽了。他們當中，與我談及自己曾與仙人共遊者將近有一大半之多，但足以和我曲盡道術微妙者卻很少很少。其中有的人雖對金丹頗有所聞，但誰也不相信今天還有能製作能得到金丹的，都說只有上古時已經超度的仙人，他們才應當知曉金丹之類神藥。有的雖然多少得到神仙的學說，但誰也沒有得到真正的經典。有的得到一些雜亂零碎的金丹方劑，便自以為是所有的煉丹方法都在於此了。

昔年，左慈（字元放）在安徽天柱山中學道，曾對仙術精深專一地思考，因此，神仙就將金丹仙經傳授於他；而此時正值漢末動亂，他沒有閒暇認真調合製作，又逃出本地渡到江東，其志向仍是投身名山去修煉這種仙道。我父親的堂伯葛仙公葛玄，曾以左慈為師，並從老師處接受了這種道術。他一共繼承了《太清丹經》三卷、《九鼎丹經》一卷及《金液丹經》

一卷。而我的老師鄭隱（字思遠），又是我從祖葛仙公的弟子，還在從祖處繼承了《太清丹經》等仙經道術，但因家境貧寒沒有錢財買藥而無用。

我曾親自侍奉過他，做些灑水掃地的事，而且這樣過了很久日子，後來才在馬跡山中築立壇台，盟誓後接受了那些金丹仙經道術，以及一些不能記錄的口頭秘訣。江東以前沒有這些書，此書出自於左元放；左又將它傳授給了我的從祖葛仙公；從祖再傳授給我師鄭先生；先生才將它傳授給我。所以其他求道的人就完全不知此書此事了。但是，我雖承受他們已經二十多年多了，若論資產家財，沒有擔石之糧的價值，從而無力來製作實踐，只能徒自長嘆罷了。那些積蓄金銀滿櫃、聚財如山的富人們，卻不知曉有此長生不死的仙道法術。即令他們聞知此法，恐怕一萬人中還沒有一人相信，這又有什麼辦法呢？

是呵，只有飲用瓊玉飴蜜的才知道米漿荇菜的滋味淡薄；看到巍巍崑崙才覺察小土丘的極其卑下；閱讀翻覽了金丹仙經道術，才令人不再看讀那小術碎方的書籍。然而，金丹金液之類仙藥是難以於倉卒之間備辦齊全的，應當先暫且備齊一些小的藥物，得以自我支持實踐。

但服食其他藥物一萬斛，只能有極小的補益，因此就始終不能使人得遂長生不老的願望了。所以，老子有一口訣說：您不能得到還丹金液，就會徒然自尋苦勞。

五穀食糧尚還能使人存活，人得到它後就能活著，斷絕它後就會死去，又何況還丹金液之類上品神仙靈藥，它們使人所得益處，豈不比五穀食糧強上一萬倍嗎？黃金、丹砂作為兩種物質，燒得越久，變化就越妙。黃金投入火中，千百次熔煉也不銷溶；將它埋在地下，哪怕直到老天完結也不腐朽。服食此兩種物質，就能使人身體得到鍛鍊，所以能令人不衰老也不死

亡。這大概是借助於外物之力來促使自我堅固，好比那油脂養育著火而不會熄滅；用銅青塗抹了腳，再浸入水中就不會腐爛，這是借助於銅的堅勁功力來護衛人的肉體呵！那黃金丹砂之類仙藥進入我們人體之中，就會潤澤肌體的榮氣和衛氣，即增強肌體營養機能和人體捍衛保護功能，這完全不同於銅青僅僅敷抹人體外表的作用呵！

人世凡間，很多人不相信高妙的道術，真是比比皆是。但是，在萬分之一的機遇中，也偶然有一心追求仙道的人，他們卻又找不到正確有效方法，也找不到高明的老師指教，更沒有聽說過天下竟有如此精妙絕倫的神藥仙術。我現在且微略抄錄金丹的大致總況，以此示與後來的志同道合及愛好道術的人。凡勤求此道者，在追求仙道過程中，不能拘泥於淺薄近易的方術，並認為它們足以安度人世。

凡僅僅使用小方術又始終沒有機緣遇仙者，那他們只能息止欲求高妙仙道的無窮冀望了。若想知悉真正的仙道學說事理，必須自己意識到：應當跨越跳出低注積水淺處，勇敢地撲到蒼茫大海中去浮游；背棄螢火一般微弱燭光，去面對太陽月亮的燦爛光輝；只有聽到雷霆滾動才會覺得布面鼓聲的鄙陋；只有看見龐然大鯨才會知道尺寸小魚的纖細。

至於那些紛亂繁雜的世俗凡人，又不得其門而入，卻欲用有所弊病的藥後，自信地模仿飛升騰空的仙人，這何異於鞭策著跛腳驢去追趕迅疾輕風？何異於划著木蘭小舟去橫渡浩浩大河？同時，各種小餌丹方很多，其製作水平有深有淺，所以功力勢頭仍不相同。不過，儘管它們各有優劣，但其結果依然不及金丹大方。這正好比第二次釀造出來的酒漿，不論如何也比不上多次反覆釀造的純酒香醇。然而，我們也應該看到，即使是下等的小小丹藥，仍然能遠遠勝過草木中的上等藥物。凡是

草木，燃燒後即化為灰燼，而丹砂燃燒後卻變成水銀，積聚變化又化合成為丹砂。從此可見，它與平凡的草木相差多麼遙遠啊！所以金丹能夠令人長生不老，神仙獨自洞徹此種道理，這也可見神仙與世俗凡人有著多麼渺茫無限的差距呵！

而世俗凡人卻少見多怪，有的不知道水銀出自於丹砂，告訴他們後仍然始終不肯相信，還說丹砂原本是紅色的物質，怎會變化得到白色的液體物質呢？還說丹砂是石質的，而現在燒煉各種石質類的物質，結果都變成了灰燼，那丹砂為什麼能獨自變化成為液體呢？像這樣原本是淺近易懂的事情，尚且不能曉喻明瞭，那麼，倘若當他們聽到神仙學說道術，必然認為這是誇大且進而譏笑，這豈不是很自然的事嗎？

上古時期得道的人，憐憫顧念後世可以教誨的人們，為他們想方設法，詳盡曲折地想使他們脫離死亡的禍患，這可算是最妙絕倫的教喻了。可是世俗凡人卻始終不肯相信，還說純係虛假空文。如若是虛假空文，怎麼可能那樣多次轉化又多次變易，而且依照計日數天地達到成功並均符合方劑要求呢？得道高人之所以知曉這些事理的妙悟，實在不能僅憑平庸而淺近的思考去追求呵！

我少年時愛好仙道方術，曾身背行裝，徒步跋涉，虛心拜謁求教，不畏艱難險阻。如若每當獲有奇見異聞，就非常高興地作為喜事。我雖然常被人詆毀譏笑，但從不為此感到喪氣憂戚。怎麼見得後來者不如現今的人呢？於是，我特地著述本書來展示給所有識道者閱讀觀看，豈是在隨便崇尚倡行稀奇古怪的學說，或是在崇奉播散無中生有的空話？若要使自己的著作世代流傳，難道是用所謂的信用來結納網羅世俗之流嗎？要知道，陽氣盛極的夏季不能使枯木朽株重新榮茂；上等高能的智慧不能使下等無知愚笨改變。

著作，為知音者流傳；事業，為相通者看重。否則，豈不是農夫得到珍貴的彤弓，卻用來驅逐雀鳥；南蠻得到華美的袞衣，卻穿來背負柴薪。對於那些愚昧無知的人，何必勉強他們都來知曉呢？世俗凡人飽食終日，又未必會勤修苦學那儒學及墨學，研製如何加強品德修養事務；而只是共同逍遙遊樂，無所用心，混完歲月。他們所致力營造的，如果不是名譽地位，那一定是金錢利祿。他們當中，有的在射獵原野裡讓蒼鷹騰飛，黃犬奔走；有的在沸騰羹湯前對酒杯留連，難捨難分；有的戀美色在絲竹細樂中荒廢；有的貪遊樂在紈綺子弟中沉淪；有的拉開那強弓硬弩，以至傷筋害骨；有的沉溺於博戲棋弈，從而放棄事業。

像這一班人呵，當他們聽到至高妙極道術的宣講，必然會酒醉般地昏昏然；當他們看到深奧玄秘道術的理論，必然會白日裡大打瞌睡。那擁有自身者卻不去修煉，就在必死的境地裡使身體勞頓，不肯去追求去詢問養生方術，自己卻想去割裂削弱它，煎煮燒熬它，並使它憔悴，使它枯竭；而掌握養生之道者卻自我珍視，秘藏養生知識，對世人無所企求，又怎肯強制他人行為並告知他人呢？

世俗凡人時常都說不相信神仙的話，他們都以為若能長生不老，那麼古代的富貴者就應當早已求得長生；而實際上並沒有學習得到者，那就說明沒有什麼仙道方術存在了。但說這些的人尚不明白：古代富貴者不過就像今天的富貴者而已，他們既不相信仙道方術，也不去苦苦追求仙道方術，而且都以眼前欲得的東西看作當務之急，於是誰又肯去企求索得仙道方術呢？假如還不能下定決心，堅信壽命確可延長，仙道方術確可求得，又何必吝惜餘力而不去試試呢？暫且先試一試仙道獲得的小效應，哪怕只能延長二三百歲，這不是比世俗凡人年紀小

小的就夭折要強得多嗎？天下的事千頭萬緒，而仙道方術更比其他事情難於明瞭，怎能以中才之心去斷言人世間一定沒有長生不老的道術呢？

如若只因世俗凡人不相信，便說仙道是沒有的，那麼世人中聰明人豈不是太多了嗎？現今如果有明辨仙道意義又還能修煉追求的人，難道就一定是最愚蠢的人，甚至連世間的一般人都不及嗎？還有人擔心顧慮，追求長生不老倘若不能求得，恐怕世人譏笑自己，認為自己是愚昧昏惑者。如若自己心裡的決斷萬一有所失誤，而天下的確本來有此不死之道，不也應當被得道者所譏笑嗎？要知道，日月都有不能普照的地方，人心又哪能單獨憑信呢？

抱朴子說：按照《黃帝九鼎神丹經》的說法，由於黃帝服用了九鼎神丹，所以才得以飛升成仙。又說：雖然呼吸導引及服用草木之類藥物也可得到延年效果，但卻不能免於死亡；而服食神丹就能使人壽命無窮無盡，並可與天地相終相結，可乘御流雲，駕馭蛟龍，任意飛升或降落於茫茫太空。黃帝將《九鼎神丹經》傳授給玄子並告誡他說：這種道術極其重要，必須傳授給賢德的人；如若不是這樣的人，哪怕他家財積玉如山那般富有，也不得將道術告訴於他。

接受道術的人，要拿金人、金魚投入向東流去的河水以結誓約，用牲畜的血塗抹嘴唇以表誠信。倘若被授者沒有神仙的風骨，也就看不到此種道術。製作調合丹藥應當在名山之中的無人地方，若結朋伴友也不得超過三人。製作前要齋戒一百天，用各種香料洗頭洗澡，必須做到潔淨，絕不能接近污穢和與世俗凡人往來；還不能讓不相信道術的人知道，如若他們誹謗詆毀仙藥，仙藥的製作就不會成功了。仙藥一旦成功，就可全家都變成仙人，不止一個人而已。世俗凡人不製作調合神仙

丹藥，反而聽信草木之類藥物。草木之類藥物，埋葬地下會馬上腐敗，將它煎煮會立即潰爛，把它焚燒會即成焦炭，它們連自身都不能存在，又怎能使別人存活長生呢？

九丹，是長生不老的要藥，它不是世俗凡人所應當看見和聽見的。億萬世人，紛繁雜亂，他們只知貪富裕圖顯貴而已，難道不是一些會行走的僵屍嗎？製作調合丹藥時還應當祭祀，有關祭祀法，有其圖像及說明一卷。

第一種丹藥名叫「丹華」。應當先製作「玄黃」，即水銀與鉛精的混合液，由水銀九斤、鉛一斤煉成，如黃金，故名「玄黃」，再用雄黃水、礬石水、戎鹽、滷鹽、礬石、牡蠣、赤石脂、滑石、胡粉各幾十斤，將它們製作成「六一泥」，封固「玄黃」，再用火燒煉三十六天則製成。服食「丹華」七天後即成仙。又用「玄黃膏」，可將「丹華」製成丸子，放置在猛火上燒煉，頃刻即製成黃金。又用二百四十銖「丹華」與水銀一百斤調合，再用火燒煉亦成黃金。一旦黃金製成，丹藥也就製成了。若黃金沒煉製成功，可再次用「六一泥」封藥後煉製，煉製天數如前面所述，那就沒有不成功的了。

第二種丹藥名叫「神丹」，又名叫「神符」。服食它一百天後即成仙。行走時能安然無恙地出入於水火之中；用這種丹藥塗抹於腳底，能步行於水面之上；服食這種丹藥三刀圭，「三尸神」和種種害蟲均能馬上消融壞死，各種疾病亦均能治癒。

第三種丹藥名叫「仙丹」。服食一刀圭，一百天後成仙。將這種丹藥給牛、馬、羊、豬、雞、犬等六畜吞服，六畜也會始終不死。它還能避免各種兵刃利器的傷害。服食一百天後，仙人神女、山川鬼神都會來侍奉，還可見如人的形貌。

第四種丹藥名叫「還丹」。服食一刀圭，百日後即成仙。朱鳥、鳳凰之類神鳥在他的上空飛翔覆蓋，神女也來到他的身

旁侍奉。用一刀圭「還丹」滲合水銀一斤，以火燒烤，立刻變成黃金。用這種丹藥塗抹在錢財物品上後，再用於市上去交換，這些錢物當天又能返還原主。用這種丹藥書寫在世俗凡人眼睛上，各種鬼怪一見便會紛紛逃避。

第五種丹藥名叫「餌丹」。服食三十天後即成仙。鬼怪神仙均會來侍奉，神女也會來到面前。

第六種丹藥名叫「煉丹」。服食十天後即成仙。又用汞摻合燒烤，也能成為黃金。

第七種丹藥名叫「柔丹」。服食一刀圭，一百天後即成仙。用覆盆子的液汁融合後服食，九十歲的老人，也能生育孩子。如果與鉛摻合，用火燒烤，立即變成黃金。

第八種丹藥名叫「伏丹」。服食後當天即能成仙。將此丹藥製作成棗核一樣大小並拿在手上，各種鬼怪都要遠遠回避。用這種丹藥書寫在門戶上，萬般邪毒及各種精怪也不敢上前冒犯，還能讓盜賊虎狼悄悄避開。

第九種丹藥名叫「寒丹」。服食一刀圭，一百天後成仙。仙童神女都來侍奉，飛翔著行走，輕悠地升舉，也不用羽毛翅膀。

這九種丹藥，只要得到其中之一種就能成仙，不必都去一一製作。至於製作哪一種丹藥，在於人們的喜好而已。凡是服食以上九種丹藥，想升天的就能飛升而去，願停留在人間的也任憑意願，無論在何處，都能任意出入，不受限制，不受傷害。

抱朴子說：還有一種丹藥名為「太清神丹」，它的製作方法出自於元君所傳。元君是老子的老師。《太清觀天經》共有九篇：據說它前面有三篇，不能傳授給世俗凡人；中間三篇，世間也不足以流傳，永久地沉匿在最深層的地下泉水底下；後

面三篇，正是《丹經》的上、中、下卷，一共只有三卷。元君，是一位得到法力無比的大神仙之道的人，他能促使陰陽協調，能差遣鬼神風雨，還能駕馭九條蒼龍和十二隻白虎，普天之下的仙人均隸屬於他。他還說：自己原本也是學習道術、服食仙丹才達到而今境界的，絕不是天然成仙的。元君尚且如此修煉，更何況平庸世人呢？這本《丹經》說：上等士人學得道術，就飛升成為天上仙官；中等士人學得道術，就棲身聚集崑崙山麓；下等士人學得道術，就長期生活在人世間。愚笨的世俗凡人不相信，說這是虛假謊言，從早到晚，只追求做些速死的事情，全然不去追求長生，那麼上天豈能強迫他長生呢？

世俗凡人是一些只知道甘美食物、華美衣服、聲色犬馬、榮華富貴的無所作為之輩而已，他們是放縱心意，享盡慾望，而後突然死亡之徒。對於這一些人，決不能將神仙丹藥的事告訴他們，讓他們反而譏笑誹謗仙道真人。如若傳授《丹經》給那不適當的人，自身必然也不吉利。如若有確實可靠相信的人，可將調製合成的仙藥分點給他，仍不能輕易地把藥方傳授給他。知曉仙道方術的人，何須還去追求王侯將相？將仙丹製作成功以後，不但長生不老，而且還可製黃金。將黃金煉成後，要先取一百斤黃金來備辦對天地的祭祀；有關祭祀法，另外有方法一卷，與前述的九鼎神丹祭祀法不盡相同。祭祀時，應當另外稱出黃金，各自封制題籤。

祭祀時，祭天用黃金二十斤，祭日月用五斤，祭北斗用八斤，祭太乙用八斤，祭井用五斤，祭灶用五斤，祭河伯用十二斤，祭土地神用五斤，祭門、戶、裡巷的鬼神和清君各用五斤，一共八十八斤。剩下的十二斤，要用好的皮製口袋盛著，等待到吉日良辰在都市中市場熱鬧的時候，悄悄地沉默著將皮袋放置人多的地方，然後徑自而去，不可回頭看顧。一共使用

一百斤黃金後，才能由自己恣意使用。如若不預先用一百斤黃金祭祀天地鬼神，就必然會遭受災禍。又說：長生不老的道術，不在於祭祀和侍奉鬼神，也不在於導引和屈伸活動，而飛升成仙的要點在於仙丹。因為知曉懂得仙丹的道理不容易，而且製作起來又實在困難的緣故。倘若您能製作仙丹，那您就能長壽生存了。近代漢末新野的陰君長生，就是製作這種「太清丹」而得仙道的。陰長生本來是一個儒生，有才氣，有思想，善於作詩著文，在《丹經贊》及其序言裡，記述了他初學道術、追隨老師等事情的本末，羅列了他所認識知道的得到仙術者四十多人，並寫得非常清楚分明。

製作這種「太清丹」，比製作「九鼎神丹」困難，然而這是白日飛升成仙的最好方法。但在製作前，應當先製作煉丹配料如華池、赤鹽、艮云，以及玄白飛符、三五神水等，然後才可點火煉丹。

經過煉丹，一次轉化的丹藥，服食三年後能成仙；經過兩次轉化的丹藥，服食兩年後能成仙；經過三次轉化的丹藥，服食一年後能成仙；經過四次轉化的丹藥，服食半年後能成仙；經過五次轉化的丹藥，服食一百天後能成仙；經過六次轉化的丹藥，服食四十天後能成仙；經過七次轉化的丹藥，服食三十天後能成仙；經過八次轉化的丹藥，服食十天後能成仙；經過九次轉化的丹藥，服食三天後能成仙。

如若取得九次轉化的丹藥，放在丹鼎內，到夏至之後，曝曬丹鼎至發熱，再放入丹砂一斤於鼎蓋下。然後恭敬地伺候著，等待著太陽的精華來照耀。一會兒，聚集起來，融化為一，升騰起伏，燦爛輝煌，透出了五色神奇的光芒，於是即刻轉化為「還丹」。取出服食一刀圭，當即就白日飛升天境成仙。另外，將九次轉化的丹藥，密封於土製的鍋釜中，再點燃以糠

皮為燃料的火，先文火後武火地燒煉。丹藥從一轉丹到九轉丹，效驗遲速反映在各自服藥成仙的天數多少，從以上所述就知道明白這個道理了。即轉化次數少的，它們的藥力不足，所以服食丹藥的天數就多，得到仙道就遲緩；轉化次數多的，藥力強盛，所以服食丹藥的天數就少，從而得到仙道就迅速。

還有一種「九光丹」，製法與「九轉神丹」不相同，但大體上仍然相似。

它的製作法是：應當先將各種藥物摻合後用火烘烤，再用它們來與五種石藥變轉化合。五種石藥是丹砂、雄黃、白礜、曾青、磁石；每一種石藥經過五種轉化就各自形成五種顏色，五種石藥就一共有二十五種顏色。各色的藥物用一兩，並以不同的器皿盛著。

欲使死人復活，指死後沒滿三天的死者，就取青色丹藥一刀圭，與水摻合後用來給死者洗浴；再用一刀圭撥開死者的嘴灌下，死者便可立即復生。

欲使「行廚」法術，就取黑色丹藥與水摻合後用來塗抹左手，於是，此人所想求得的食物，就如他口頭所說的那樣都自行送到，並且可使天下所有的萬物均能到來。

欲使形體隱匿或預測未來世事或長生不老不死，就取黃色丹藥一刀圭服食，服藥者便能長生不老不死了，而且坐在家中則能看見千里之外的事情，能知曉吉凶禍福，且如同在他的眼前一般。人生命運，榮盛衰敗，長壽夭折，富貴貧賤，都能知曉。所有法術均記載在《太清經》中卷裡。

抱朴子說：其次還有《五靈丹經》一卷，其中有五種法術。有用丹砂、雄黃、石硫黃、曾青、礜石、磁石、戎鹽、太乙餘糧，還用六一泥，到神室裡祭祀祈禱後再配合製作，三十天後便成功。還有一種用五帝符圖，以五種顏色書寫，也能令

人長生不死，但不及太清九光丹和九鼎丹藥的效用。

又有「岷山丹法」：這是得道的士人張蓋蹋，在岷山石室裡精心修煉才得到的丹方。其方法是：冶煉黃銅作成承露的器皿，用它來承接月亮下面的露水，再用水銀傾倒在上面，再以太陽的精華在其間烘烤。長年服食能長生不死。另外，取此丹藥放置在有雄黃的取火銅鏡中，再用水銀覆蓋，在太陽光下曝曬，二十天後打開並研製。

用「井華水」吞服如小豆粒大，服用一百天後，盲人均能重新復明視物，各種疾病可自然而癒，白髮轉變為黑髮，脫落牙齒也能重新生長。

又有「務成子丹法」：將巴沙汞放置在八寸的銅盤中，以土爐子盛著炭，再倚靠三邊溝壑來支撐銅盤；再用硫黃水澆灌它，並經常令它如同稀泥一般。服食一百天後，能長生不死。

又有「羨門子丹法」：用酒調和丹藥一斤，用酒三斤配和，曝晒四十天。服食一日後，人體內的寄生蟲立即被打下，各種疾病也完全治癒。服食三年，求仙道術成功，必定有兩名仙女來侍奉，並可使喚她們來做，「行廚」，此種丹藥可以鎮除各種鬼怪，以及四方使人暴死、打擊和傷害人們的凶宅。另外，在施工時妨害人的工地上，將此丹藥懸掛起來並朝向它們，於是就無禍患了。

又有「立成丹」：也有九篇，效驗與九鼎神丹相似但又不及它。其中主要的一篇還說：取雌黃、雄黃燒煉後流下的銅液，鑄造成為一種器皿，再覆蓋在已存放三年的陳醋上，一百天後，這器皿上均生滿了紅色的乳花，其長度有好幾分。有的長有五彩的琅玕，將它取下研製後服食，也能使人長生不老。還可以與菟絲調和，菟絲是一種初生的根，它的形狀好似兔子；將它挖取後，刻削它便流出血一樣的液汁，取汁調和這種

丹藥，服食後立即產生變化，可任意做自己想做的事。還可以
與朱草調和，一次服食，就能乘風凌虛而在雲間行走。

朱草的形狀似小棗，僅長三四尺，枝葉均為紅色，莖幹如
同珊瑚，喜歡生於名山的岩石之下。刻削後流出似血的液汁，
將玉石及八種石料、金、銀投入其中，立即成泥一樣，便可製
成丸藥；若時間一久就變成為水液，再用黃金放在水液中就製
成「金漿」，用玉石放在水液中就製成「玉醴」，服食後均能長
生不老。

又有「取伏丹法」：據說天下的各種河流，有命名為「丹」
的，如南陽「丹水」之類，其中均有一種紅色的魚。應當在夏
至前十天的夜裡守候著它們，紅色的魚就一定會浮現於水邊，
紅光映照在水上，鮮耀如同火焰，撒網捕取就可獲得。捕撈所
得雖然可能很多，但不可完全捕盡。再將它們身體剖開，取出
血液，塗抹腳底，就可在水面上自如步行，並可以長久地潛居
在深水之中。

又有「赤松子丹法」：收集並取千歲蓂藤的汁液和蟠桃的
汁液醃製丹藥，再放入「不津器」中，用石蜜封嚴器皿的口蓋
後，埋入地下三尺，一百天後，絞取檸木的紅色果實，取汁調
和丹藥而服食，能令人顏面、眼睛、鬢髮均變為紅色，並長生
不老。昔年，中黃國位名叫赤鬚子的仙人，恐怕就是服用了此
丹的緣故吧？

又有「石先生丹法」：將尚未長羽毛不能飛而待哺的烏鴉
雛鳥，用上等真丹摻和牛肉讓它吞食，等到長大後，它的羽毛
變成紅色，然後殺了它陰乾一百天，再連羽毛一起搗碎，取粉
末服食一刀圭，服食一百天可得到五百歲壽誕。

又有「康風子丹法」：用陽鳥、仙鶴蛋、雀子血調合生長
於少室山的天雄藥汁，再揉合成丹丸，並放入天鵝蛋中，再用

生漆嚴封後放入雲母水中，一百天後化為紅色水液。服食一合就能增長壽命一百歲，服食一升則增長一千歲。

又有「崔文子丹法」將丹藥放野鴨的肚子中蒸食，服食後令人延年益壽，長久服食則長生不死。

又有「劉元丹法」：將丹砂放入「玄水液」中，一百天後變為紫色，用手握它不污染手，再與雲母水摻和，放入竹管中並用漆封塗嚴密後，再投入水井中，一百天後化成紅色水液。服食一合，得到一百歲壽命，長久服食則長生不老。

又有「樂子長丹法」：用曾青、鉛丹配合水銀、丹砂，放入銅筒中，再用乾鉛粉和白滑石嚴封，再放進白砂中蒸，八十天後，服食如同小豆大小的丸粒，三年後就能成仙。

又有「李文丹法」：用白色生絹包裹丹藥，再用竹子液汁煎煮，叫做「紅泉」，再置於沸水上蒸，再用「玄水」摻合。服食一合，一年後即可成仙。

又有「尹子丹法」：用雲母水摻和丹藥，密封後放入溶有黃金的醋液中，一年後取出。服食一刀圭，服完一斤後得五百歲壽延。

又有「太乙招魂魄丹法」：所用的五種石料藥物和密封用的六一泥，都和九轉神丹相似。本品的長處是對已猝死三天以內的人有復蘇還生的特效，其用法是：將死者門齒折斷後，於口內放入本品一丸，並配合硫黃丸一起用水送服，讓藥物進入喉嚨後死者即復活，並都說看見仙界使者手持符節來召喚他。

又有「采女丹法」：用兔血摻和丹藥與蜜，蒸一百天。服食如同梧桐子大小丹丸一粒，一日三次，到一百天後有神女二人來侍奉，可供差用。

又有「稷丘子丹法」：將清酒、麻油、百花醴、龍膏和合，用六一泥嚴封，再以糠火燒烤，十天後製成。服食如同小豆大

小一丸，服完劑量後，可得五百歲壽誕。

又有「墨子丹法」：將水銀和五種石藥的浸液放於銅器中，用火煎熬，再用鐵匙子攪動，十天後，回復為丹丸。服食一刀圭，各種疾病均離開身體，長期服則長生不死。

又有「張子和丹法」：將鉛、汞、曾青水摻合，嚴密封後在紅色黍米中蒸製，八十天後製成，再用棗子膏混合製丸，服食如大豆粒大小，一百天後，得到五百歲壽誕。

又有「綺里丹法」：先採用水飛法製取五種石藥的精粉，再用丹砂調合並放入大銅器中煎煮，一百天後，出現多種色彩，服食後長生不死。用一百斤鉛，一百刀圭丹藥，混合後用火燒煉成白銀，再用雄黃水調和後又燒煉，一百天後變成黃金。黃金如若太剛勁了，就用豬脂煮製；如若太柔軟了，就用白梅煮製。

又有「玉柱丹法」：用溶解了硝石等的醋液來調和丹藥，再用曾青、硫黃粉末覆蓋，鋪墊，放入筒中於沙裡蒸五十日。服食一百天後，玉女、六甲神、六丁神、神女都來侍奉，可供役使，而且可知天下事情。

又有「肘後丹法」：用溶有黃金的醋液調和丹藥，再用乾的鉛粉密封，蒸製八十天，取出如小豆粒大小的丸藥，放入盤中，對著太陽調和，它的光芒射上去，與日光相連接。服食如小豆大丸藥，就能長生不老了。用丹藥投入丹陽產的銅器中，以火燒煉後即成黃金。

又有「李公丹法」：將真丹和五種石藥的水液各一升，混合後使它們如同稀泥，再放入鍋釜中燒煉，三十六天後取出，再用石硫黃溶液調和。服食十年後，壽命可與天地相始相終。

又有「劉生丹法」：用白菊花液汁、紫草液汁和楮實液汁以及樗樹汁與丹藥調和後，再蒸製三十天後，研製調合供服

用，一年後可獲五百歲壽誕。如果是老翁服用則更年輕而不敢相認，年輕人服用後則不會衰老。

又有「王君丹法」：將巴蜀出產的丹砂和汞放入雞蛋中，用生漆黏合封嚴，再讓母雞孵著這種雞蛋三枚，在物得其時的「王相」好日子裡服食，就能使人青春永駐，長生不老。但小兒不可服用，否則，服後就不會再生長發育了。倘若給剛出生的雞、狗服食，那它們均不再長大，鳥獸服用也均有如此相同的效驗。

又有「陳生丹法」：將白蜜與丹藥調和，放在銅質器皿內嚴封，再把它沉入井中，待一周年後供服食，服滿一年，就不感到飢餓；服完一斤，可獲壽命一百歲。

又有「韓終丹法」：用生漆、蜜與丹藥調合並煎製，服食後可以延年益壽，立於太陽光下無形無影。除此之外，還有幾十種丹法，不在此一一具體論及。

抱朴子說：「金液」，是太乙神所服食而登升仙界的藥物，其效能不亞於九轉神丹。

製作調合的方法是：用古秤秤出黃金一斤，並用水銀、雄黃、寒水石、赤色戎鹽、玄水液、消石、丹砂摻合，密封後化成水。其經文說：金液入口服後，服食者周身上下就變為金色。老子李耳從其師元君先生處獲得此法。

元君說：這種道術至為重要，一百代方出現一次，應當藏在石頭密室之中，在煉製調和的過程，都必須齋戒一百天，不得與世俗凡人相交往來；應於名山旁邊，東向水流河上，特別建立修道精舍，待一百天煉成後，服食一兩便能成仙。倘若不想離去人間，暫且作地仙人士，只需齋戒百日即可。倘若想飛升天境，那就先斷絕穀糧飲食一年，再服食金液。若服食半兩，就長生不死，各種毒害均不能損傷，並可以養畜妻子兒

女，身居要職，為所欲為，沒有什麼禁忌。若又想飛升天境，仍可在齋戒後服食金液一兩，便能飛升成仙去了。

至於用金液配製威喜巨勝的方法，那是：取金液和水銀各一味，混合後煮製，三十天後取出，用黃土盆裝盛，再用六一泥嚴封，放置在猛火中燒煉，六十個時辰後，全部都化為丹藥。服食如小豆粒大，便可成仙。用此丹藥一刀圭粉劑，加上水銀一斤，即能成為白銀。還可取此丹藥一斤放置火上，再用扇子扇風燒煉，即能化為赤色金子流出來，稱之為「丹金」。用此丹金塗抹刀劍，能使敵兵退避萬里。

用此丹金製作盤子和碗，將飲食盛放後供食用，能使食者長生不老；用此盤子和碗承接日月的聖露，如同「方諸取露於月」所獲神水一樣，飲用此聖露能長生不死。用金液與黃土調和，放在以六一泥製成的盆盂內，再用猛火燒煉，即完全變成很有用處的黃金；再用火燒製，則完全化成為丹藥，服食如小豆大小丹丸，就可進入名山大川，成為地仙。用這種丹藥一刀圭粉劑塗上水銀，立即就可變成白銀，或者用銀一兩摻和鉛一斤，結果均能成為白銀。

《金液經》說：將黃金八兩投到往東流的水裡，飲下鮮血並立下誓言後，才能將口訣秘術告訴學習煉丹者。倘若不嚴格按照這種方法，而只是盜用方劑來妄自配合製作，終是不會成功的。對凡人中有最好信用的人，可以將丹藥給於他，但絕不輕易地將方書原本傳述給他，否則，必定會使雙方均要蒙受禍殃。天神鑒察人們是很緊很近的，只是人們不知覺罷了。

抱朴子說：九丹製作法確實是仙藥中的最高最妙的方法，然而調合製作九丹所需用的原料雜藥甚多。倘若是處於四方交通暢達的地方，通過市場交換可購買齊備；倘若是處於九州交通阻隔的地方，那各類原料藥物就難以求得。同時，還必須在

點火起爐後堅持晝夜守護幾十天，仔細伺候著火力大小，不可讓它失去適宜的溫度，真是極其勞苦，甚為困難，所以不像溶製調合金液那麼容易；溶製調合金液僅是黃金難得而已。按照古秤古制與今制折算，古秤黃金一斤等於今制兩斤，其價值大約不超過三十來萬，它所需用的雜碎藥物也較易具備；同時又不需點火起爐，只要將黃金等物置於華池中，天數足夠就成功了，所需總數大約要用四十萬而可得一劑，這足以可使八個人成仙。然而，一般道士中較少有溶製調合金液的，因為他們的功力不足以將金液化合製成；若認為溶製調合金液就如同釀造製作幾升米酒那般容易，那就必定不能成功。

抱朴子說：其次尚有「餌黃金法」，它雖然不及金液，但也不同於其他藥物。有的用豬脖子肥肉和酒煉製黃金；有的用樗皮泡治黃金；有的用荊酒（即牡荊、蔓荊、紫荊等類植物泡製的酒）、磁石銷溶黃金。還有的可將黃金展引得薄如巾帛一般；有的立刻讓黃金變成水液服食。但也有人有著種種禁忌，總不及金液好。再還有人用雄黃、雌黃摻合著黃金服食，可將黃金展引擴張如同皮革一樣。這些均是追求成為地仙的方法。此外，白銀和蚌中的大珍珠，都可以化成水服食，但需要長期服用，不可斷缺，所以也不及金液。

抱朴子說：製作調合此金液和九鼎神丹，既應當花用錢財，也應當深藏名山，斷絕人事，所以能這樣修煉的人是很少的。而且，在千萬人中，也只偶爾碰上一人得到真經，所以著作道書的人，幾乎沒有論及金丹者。煉金丹的第一禁忌是，不要讓不相信道的世俗凡人誹謗、譏諷、品評、詆毀道術，否則，必定不會成功。

我的先師鄭君說過之所以如此的原因：製作調合這種大藥都應當祭祀，祭祀的時候太乙、元君、老君、玄女都要來監督

鑒察。製藥者若不與世俗斷絕而到幽靜僻遠的地方，一旦讓世俗閒散的愚笨人得以經過而聽見看到，那麼諸位神仙就要責備製藥者不遵循經典戒律，致使惡人有誹謗詆毀的言論，就不會再保佑幫助，從而邪氣得以乘虛而入，於是仙藥就不會製作成功。因此，一定要進入名山之中，再齋戒一百天，不吃蔥、薤、韭、蒜、興蕖等「五辛」和活魚之類，切不可與世俗凡人相見，這樣才能從事製作金丹大藥。製作大藥的過程中都要齋戒，且必須在制藥成功後才能解除齋戒，絕不只是在開始制藥時才齋戒一下。

鄭老師還說，他的老師左慈曾告訴過他，說在那些小小的山裡，均不能在其中製作金液和九鼎神丹。因為凡是小山都無正神為主，而多是樹木、山石的精怪，以及千年的老妖、吸血的鬼怪，這些均只有妖邪之氣，不想為人造福，而只能帶來災禍。那些精怪鬼魅還喜歡考察試驗學道煉丹的人，學道之士必須用道術防護自己身體以及隨從弟子之人等。然而有的道術卻會破壞人們的仙藥。

現今的醫藥家，每當製作配合好藥膏，都不想讓雞、狗、小孩、婦女看見，因被各種外物沖犯，使用時便沒有效驗。另外，染彩色絲織物品的人，都忌諱面目凶惡的人看見，否則均會喪失美好的顏色，何況是神仙大藥呢？所以，古代學道煉丹之士，製作配合仙丹神藥，一定要深入名山之中，不留止於平凡的山裡，就正是為了這些原因。

按照仙經，可以依憑來精誠思索和配合製作仙藥的山有：華山、泰山、霍山、恒山、嵩山、少室山、長山、太白山、終南山、女兒山、地肺山、王屋山、抱犢山、安丘山、潛山、青城山、峨眉山、綏山、雲台山、羅浮山、陽駕山、黃金山、鱉祖山、大小天台山、四望山、蓋竹山、括蒼山，這些均是正神

居住的山，山中不時還有修得地仙的人。這些山中都生長著靈芝草，可以躲避大戰亂和大災難，不只是在山中配合製作仙藥而已。如若有道術的人攀登這些山，哪此山的山神必定要幫助他，為他造福，仙藥也必能製作成功。

倘若不登臨這些山的人，那到海中大島嶼去也可配合製作仙藥。如像會稽郡的東翁洲、亶洲、紵嶼，以及徐州的莘苢洲、泰光州、郁洲，均是那次一等的。現在，中原的名山不能登臨，但江東的名山仍是可以居住的，有霍山，在晉安；長山、太白山，在東陽；四望山、大小天台山、蓋竹山、括蒼山等，俱在會稽郡。

抱朴子說：我辱沒了大臣子孫名譽。雖才能不足以經略國政，董理萬事，但同類的好友所追求的功業及所知曉的事理，都遠遠不及於我的人，卻也有很多是在天河裡展翅高翔，在雲天中閃耀光芒的了。我之所以斷絕在鄉里與賀喜弔喪的人事交往，拋棄當世的富貴榮華，而一定要遠遠地去登臨名山，是為了完成所著的子書《抱朴子》，以及想配合製作成仙神藥，以長生不死作為自己的追求目標。

世俗中人莫不責怪我離開故鄉，背棄高遠的仕途，而去到山林水澤親自農耕，手腳都磨滿了繭子。世俗中人都說我生有瘋狂迷惑的疾病。但是，仙道與世俗的事業是不會共興共榮的，倘若不廢棄人間俗務，何能修煉出像這樣的志向呢？如果預見前景確實明瞭，把握未來必定實現，又何懼世俗之人的詆毀或美譽，又豈能因為世俗之人的勉勵或阻止而改變態度呢？我不過是直抒胸臆，以示將來志同道合的崇道者。如若後世有與我心心相印，堅忍不拔的人，他所拋棄的，也一定會和我所捐棄的一切是沒有差異的。

「小神丹方」：用上等真優丹藥三斤，加入白蜜六斤攪合，

用太陽曝曬煎煮，再令它可製成丸。早上服食如麻的種子般大十粒，不到一年，白髮者變黑，落齒者重生，身體潤澤；長久地服食它，能使老翁變得年輕，長生不死。

「小丹法」：用丹藥一斤，搗碎過篩，將細粉滲入三升陳年醋液中，再加入二斤生漆，一共三種原料藥物配合，讓它們互相適應而相生相得，再在微火上煎製並使它摶可成丸。服食如麻的種子般大三粒，每天服兩次，三十天後，腹中各種疾病痊癒，三尸蟲除去；服食一百天後，肌肉骨骼強壯；一千天後，司命神取消其死籍，壽命與天地相終結，與日月相常望，改變容貌，變化無常，在日光下無影無形，但另有光彩。

「小餌黃金法」：將熔煉黃金放入清酒中，約二百次出入即沸騰了，用手緊握，讓它從手指縫間擠出，且如同稀泥；如若不沸騰，就手握時不能從手指縫間擠出，即須重新融煉，放入清酒中，如此往復，不計其數。製成後，服食如彈丸般大一粒，也可將一丸分為更小丸粒，服食三十天，就沒有寒冷溫暖的感覺，並有神人玉女來侍奉。白銀也可服食，和服食黃金方法相同。服食這兩種藥物，對能居住在名山石室之中的人，只要一年就能輕身飛入天境。對留止人間的，服食後也能成為地仙。但這種方法不得輕易傳授出去。

「兩儀子餌黃金法」：用豬脖頸下的脂膏三斤，陳年老醋一升，再取黃金五兩放入器皿中，在土爐子上煎煮，再取出黃金放入脂膏旁，如此放入取出各一百次。放入陳醋也像這樣。製成後，服食黃金一斤，壽命可與天地相始終；服食半斤，壽命達二千歲；服食五兩，壽命達一千二百歲。無論多少，都可以服食。但應當在王相的吉日裡製作，服食後精神良好。只是這種方法不能傳授給不恰當的人，如若傳示給不恰當者，就會使仙藥不成功，無神效。如果想服食驅除三尸蟲的藥物，就應當服食丹砂。

卷五　至理

原　文

抱朴子曰：微妙難識，疑惑者眾。吾聰明豈能過人哉？適偶有所偏解，猶鶴知夜半，燕知戊巳，而未必達於他事也。亦有以校驗，知長生之可得，仙人之無種耳。夫道之妙者，不可盡書，而其近者，又不足説。昔庚桑胼胝，文子胝顏，勤苦彌久，乃受大訣，諒有以也。

夫圓首含氣，孰不樂生而畏死哉？然榮華勢利誘其意，素顏玉膚惑其目，清商流徵亂其耳，愛惡利害攪其神，功名聲譽束其體，此皆不召而自來，不學而已成。自非受命應仙，窮理獨見，識變通於常事之外，運清鑒於玄漠之域，寤身名之親疏，悼過隙之電速者，豈能棄交修睰，仰遺嗜好，割目下之近欲，修難成之遠功哉？

夫有因無而生焉，形須神而立焉[1]。有者，無之宮也；形者，神之宅也。故譬之於堤，堤壞則水不留矣。方之於燭，燭糜則火不居矣。身勞則神散，氣竭則命終。根竭枝繁，則青青去木矣。氣疲欲勝，則精靈離身矣。夫逝者無反期，既朽無生理，達道之士，良所悲矣！輕璧重陰，豈不有以哉？

故山林養性之家，遺俗得意之徒，比崇高於贅疣，方萬物乎蟬翼，豈苟為大言，而強薄世事哉！誠其所見者了，故棄之如忘耳。是以遐棲幽遁，韜鱗掩藻，遏欲視之目，遣損明之色，杜思者之耳，遠亂聽之聲，滌除玄覽[2]，守雌抱一[3]，專氣致柔[4]，鎮以恬素，遣歡戚之邪情，外得失之榮辱，割厚生之臘毒[5]，謐多言於樞機[6]，反聽而後所聞徹，內視而後見無眹[7]，養靈根於冥鈞[8]，除誘慕於接物，削斥淺務，御以愉慎[9]，為乎無為，以全天理爾。

乃哎〔10〕吸寶華〔11〕，浴神太清，外除五曜〔12〕，內守九精〔13〕。堅玉鑰於命門〔14〕，結北極於黃庭〔15〕。引三景於明堂〔16〕，飛元始〔17〕以煉形。採靈液於金梁〔18〕，長驅白而留青。凝澄泉於丹田〔19〕，引沉珠於五城〔20〕。瑤鼎俯爨〔21〕，藻禽〔22〕仰鳴。瑰華擢穎〔23〕，天鹿〔24〕吐瓊。懷重規於絳宮〔25〕，潛九光於洞冥〔26〕。雲蒼郁而連天〔27〕，長谷湛而交經〔28〕。履躡乾兌〔29〕，召呼六丁。坐臥紫房〔30〕，咀吸金英〔31〕。曄曄秋芝，朱華翠莖。皛皛珍膏，溶溢霄零。治飢止渴，百痾不萌。逍遙戊巳〔32〕，燕和飲平。拘魂制魄，骨填體輕。故能策風雲以騰虛，並混輿而永生也。

然梁塵之盈尺，非可求之漏刻；山霤洞徹〔33〕，非可致之於造次也。患於聞之者不信，信之者不為，為之者不終耳。夫得之者甚希而隱，不成者至多而顯。世人不能知其隱者，而但見其顯者，故謂天下果無仙道也。

抱朴子曰：防堅則水無漉棄之費，脂多則火無寢曜之患，龍泉以不割常利，斤斧以日用速弊，隱雪以違暖經夏，藏冰以居深過暑，單帛以幔鏡不灼，凡卉以偏覆越冬。

泥壤易消者也，而陶之為瓦，則與二儀齊其久焉；柞櫟速朽者也，而燔之為炭，則可億載而不敗焉。轅豚以優畜晚卒，良馬以陟峻早斃，寒蟲以適己倍壽，南林以處溫長茂。接煞氣則雕瘁於凝霜，值陽和則郁藹而條秀，物類一也，而榮枯異功，豈有秋收之常限，冬藏之定例哉？

而人之受命，死生之期，未若草木之於寒天也，而延養之理，補救之方，非徒溫暖之為淺益也，久視之效，何為不然？而世人守近習隘，仙道為虛誕，謂黃、老為妄言，不亦惜哉？

夫愚夫乃不肯信湯藥針艾，況深於此者乎！皆曰：俞跗、扁鵲、和、緩、倉公之流〔34〕。必能治病，何不勿死？又曰：

富貴之家，豈乏醫術？而更不壽，是命有自然也。乃責如此之人，令信神仙，是使牛緣木，馬逐鳥也。

抱朴子曰：召魂小丹，三使之丸，及五英八石〔35〕。小小之藥，或立消堅冰，或入水自浮，能斷絕鬼神，禳卻虎豹，破積聚於臟腑，追二堅於膏肓〔36〕，起猝死於委尸，返驚魂於既逝，夫此皆凡藥也，猶能令已死者復生，則彼上藥也，何為不能令生者不死乎？

越人救虢太子於既殞，胡醫活絕氣之蘇武，淳於能解顱以理腦，元化能刳腹以浣胃，文摯愆期以瘳危困，仲景穿胸以納赤餅。此醫家之薄技，猶能若是，豈況神仙之道，何所不為？

夫人所以死者，諸欲所損也，老也，百病所害也，毒惡所中也，邪氣所傷也，風冷所犯也。今道引行氣，還精補腦，食飲有度，興居有節，將服藥物，神思守一，柱天禁戒，帶佩符印，傷生之徒，一切遠之，如此則通，可以免此六害〔37〕。

今醫家通明腎氣之丸，內補五絡之散〔38〕，骨填苟杞之煎，黃蓍建中之湯，將服之者，皆致肥丁。漆葉青蘘〔39〕。凡弊之草，樊阿服之〔40〕，得壽二百歲，而耳目聰明，猶能持針以治病，此近代之實事，良史所注者也。

又云：有吳普〔41〕者，從華佗受五禽之戲，以代導引，猶得百餘歲。此皆藥術之至淺，尚能如此，況於用其妙者耶？

今語俗人云，理中、四順，可以救霍亂；款冬、紫菀，可以治咳逆；萑蘆、貫眾之煞九蟲；當歸、芍藥之止絞痛；秦膠、獨活之除八風；菖蒲、乾薑之止痹濕；菟絲、蓯蓉之補虛乏；甘遂、葶藶之逐痰癖；瓜蔞、黃連之癒消渴〔42〕；薺苨、甘草之解百毒；蘆如、益熱之護眾創；麻黃、大青之主傷寒。俗人猶謂不然也，寧煞生清福，分著問祟〔43〕，不肯信良醫之攻病，反用巫史之紛若〔44〕，況乎告之以金丹可以度世，芝英

可以延年哉！

昔留侯張良，吐出奇策，一代無有，智慮所及，非淺近人也，而猶謂不死可得者也，其聰明智用，非皆不逮世人，而曰：「吾將棄人間之事，以從赤松遊耳」。遂修道引，絕穀一年，規輕舉之道，坐呂后逼蹙，從求安太子之計。良不得已，為畫致四皓[45]之策。果如其言，呂后德之，而逼令強食之，故令其道不成耳。

按孔安國《秘記》云：良得黃石公不死之法，不但兵法而已。又云：良本師四皓。用里先生、綺里季之徒，皆仙人也。良悉從受其神方，雖為呂后所強飲食，尋復修行仙道，密自度世，但世人不知，故云其死耳。如孔安國之言，則良為得仙也。

又，漢丞相張蒼，偶得小術，吮婦人乳汁，得一百八十歲，此蓋道之薄者，而蒼為之，猶得中壽[46]之三倍，況於備術，行諸秘妙，何為不得長生乎？此事見於《漢書》，非空言也。

抱朴子曰：服藥雖為長生之本，若能兼行氣者，其益甚速。若不能得藥，但行氣而盡其理者，亦得數百歲。然又宜知房中之術[47]，所以爾者，不知陰陽之術，屢為勞損，則行氣難得力也。夫人在氣中，氣在人中，自天地至於萬物，無不須氣以生者也。善行氣者，內以養身，外以卻惡，然百姓日用而不知焉。

吳越有禁咒之法[48]，甚有明驗，多氣耳。知之者可以入大疫之中，與病人同床而已不染。又以群從行數十人，皆使無所畏，此是氣可以禳天災也。

或有邪魅山精，侵犯人家，以瓦石擲人，以火燒人屋舍；或形見往來，或但聞其聲音言語，而善禁者以氣禁之，皆即絕，此是氣可以禁鬼神也。入山林多溪毒蝮蛇之地，凡人暫經

過，無不中傷，而善禁者以氣禁之，能辟方數十里上、伴侶皆使無為害者；又能禁虎豹及蛇蜂，皆悉令伏不能起。以氣禁金瘡，血即登止；又能續骨連筋。以氣禁白刃，則可蹈之不傷，刺之不入。若人為蛇虺所中，以氣禁之則立癒。

近世左慈、趙明等[49]，以氣禁水，水為之逆流一二丈。又於茅屋上燃火，煮食食之，而茅屋不焦。又以大釘釘柱，入七八寸，以氣吹之，釘即湧射而出。又以氣禁沸湯，以百許錢投中，令一人手探撈取錢，而手不灼爛。又禁水著中庭露之，大寒不冰。又能禁一里中炊者盡不得蒸熟。又禁犬，令不得吠。

昔吳遣賀將軍討山賊，賊中有善禁者，每當交戰，官軍刀劍皆不得拔，弓弩射矢皆還向，輒致不利。賀將軍長智有才思，乃曰：「吾聞金有刃可禁，蟲有毒者可禁，其無刃之物，無毒之蟲，則不可禁，彼能禁吾兵者，必不能禁無刃物矣。」乃多作勁木白棒，選異力精卒五千人為先登，盡捉棓[50]彼山賊。賊持其善禁者，了不能備，於是官軍以白棒擊之，大破彼賊。禁者果不復行，所打殺者，乃有萬計。

夫氣出於形，用之其效至此，何疑不可絕穀治病，延年養性乎？仲長公理者[51]，才達之士也。著《昌言》，亦論「行氣可以不飢不病」，云：「吾始者未之信也，至於為之者，盡乃然矣。養性之方，若此至約，而吾未之能也，豈不以心馳以世務，思銳於人事哉！他人之不能者，又必與吾同此疾也。昔有名師，知不死之道者，燕君使人學之，不捷而師死。燕君怒其使者，將加誅焉。諫者曰：『夫所憂者，莫過乎死，所重者，莫急乎生。彼自喪其生，亦安能令吾君不死也？』君乃不誅。其諫辭則此為良說矣。使彼有不死之方，若吾所聞行氣之法，則彼說師之死者，未必不知道也，真不能棄世事而為之，故雖知之而無益耳，非無不死之法者也」。又云：「河南密縣有卜成

者〔52〕，學道經久，乃與家人辭去，其始步稍高，遂入雲中不復見。此所謂舉形輕飛，白日升天，仙之上者也。」

　　陳元方、韓元長〔53〕，皆潁川〔54〕之高士也，與密相近。二君所以信天下之有仙者，蓋各以其父祖及見卜成者成仙升天故耳，此則又有仙之一證也。

注釋

〔1〕有因無而生，形須神而立：「有」、「無」是老子提出的一對概念，《老子》：「有之以為利，無之以為用。」「形」、「神」是莊子的常用的概念，這裡「形」指形體，「神」指靈魂。

〔2〕滌除玄覽：《老子》第十章：「滌除玄覽，能無疵乎！」玄覽：深邃地觀察。

〔3〕守雌抱一：守雌指柔道自守，不與人爭。雌，指雌伏，喻退讓。「抱一」，道家認為道生於一，所以稱精思固守為「抱一」，《老子》二十八章：「知其雄，守其雌，為天下溪。」二十二章：「曲則全，枉則正，窪則盈。敝則新，少則得，夫則惑，是以聖人抱一，為天下式。」

〔4〕專氣致柔：《老子》第三十六章：「柔弱勝剛強。」老子認為柔弱的事物比剛強更具有生命力。

〔5〕厚生之臘毒：疑當作「厚味之臘毒。」《國語・周語下》：「厚味實臘毒。」厚味，喻重祿，臘，亟也。臘毒，極毒。

〔6〕樞機：樞，門樞；機，門閫。前者主開，後者主閉。兩者連言，比喻事物的關鍵。

〔7〕無朕：《莊子・應帝王》：「體盡無窮，而遊無朕。」無朕，無蹤跡可尋。這裡指潛心學道。

〔8〕靈根：內丹術語，所指不一，或指舌根，或指肚臍等。這裡指「元神」，即經過修煉後的精神活動。《黃庭外景

經・下》：「通利天道藏靈根。」冥鈞：深遠空闊的造化。

〔9〕慔（ㄇㄨˋ）：通「漠」，寂靜，恬淡。

〔10〕哎（ㄈㄨˇ）：咀嚼。

〔11〕寶華：指自然之氣。《黃庭內景經》：「灌溉五華植靈根」。務成子注：「五華者，五方之英華，即氣也。」華，指氣，寶，為修飾語。

〔12〕五曜：指金、木、水、火、土五星。

〔13〕九精：指人體眼、耳、口、鼻等九竅。

〔14〕堅玉鑰於命門：玉鑰。鑰匙的美稱。《黃庭內景經・黃庭》：「七蕤玉鑰閉兩扉」。道教內丹術術語，指七竅的孔道。命門，內丹術術語，指脾，或指鼻，這裡指臍下丹田穴。《黃庭內景經・命門・脾部》：「方圓一寸命門中」。務成子注：「即黃庭之中，丹田之所也，」《道樞・七神》：「命門者，諸神精之所舍，元氣之繫也。」

〔15〕結北極於黃庭：北極，內丹術術語，或指丹田穴，這裡指心思。黃庭，內丹術術語，指脾，或指腦中，心中，脾中，或指目。這裡指上丹田，即人兩眉間卻入三寸處，古人認為上丹田為藏神之府。《黃庭外景經》：「上有黃庭下關元」。梁丘子注：「黃庭者，在頭上，明堂、洞房、丹田，此三處是也。」

〔16〕三景於明堂：三景，指日、月、星三光《黃庭內景經》：「四氣所合列宿兮」。梁丘子注：「列留，三景也，謂……兼思日、月、斗星，兮明煥照」。明堂，內丹術術語，或謂喉、肺、脾，其說不一，這裡指兩眉間深入一寸處。

〔17〕元始：疑即「元息」，亦即「胎息」，指練氣功高度入靜時的呼吸。

〔18〕採靈液於金梁：靈液，內丹術術語，指口中津液。

《太上養生胎息氣經・上清氣秘法》：「服食明石，飲以靈液」。原注：「靈液者，唇裡津」。金梁，內丹術術語，指牙齒，《五臟六腑圖・心臟修養法》：「常以四月五月弦朔清旦，面南端坐，叩金梁丸」。

〔19〕凝澄泉於丹田：澄泉，比喻人的精蘊。《管子・內業》：「精存自生，其外安樂，內藏以為泉原。……泉之不竭，九竅遂通」。丹田，內丹術術語，分上、中、下丹田；上丹田在頭部，中丹田在胸部，下丹田在臍部。其中，以下丹田備受重視。

〔20〕引沉珠於五城：沉珠，內丹術術語，又稱元珠、火珠、靈珠、寶珠、懸珠等，即內丹家所追求的內丹。五城，臍下丹田異名。

〔21〕瑤鼎俯爨：瑤鼎，當為「汞鼎」，即指上丹田。《金丹四百字・序》：「行真水於鉛爐，運真火於汞鼎」。爨（ㄘㄨㄢˋ），燒火煮飯。《孟子・滕文公上》：「許子以釜甑爨，以鐵耕乎？」

〔22〕藻禽：原指鳳凰，這裡當指脾臟。《黃庭遁甲緣身經》：「脾主意，其神如鳳。」

〔23〕瑰華擢穎：瑰麗的花朵抽出骨朵。這裡比喻所煉的內丹初成。

〔24〕天鹿：當指腎臟。《黃庭遁甲緣身經》：「腎者，陰之精。……其神如白鹿兩頭」。

〔25〕懷重規於絳宮：重規，重大的規範。晉成公綏《天地賦》：「星辰煥列，日月重規」。絳宮，內丹術語，這裡指心。《黃庭內景經》：「重堂煥煥明八威」。務成子注：「絳宮，心也。」

〔26〕潛九光於洞冥：九光，絢爛的光芒。《開元占經》卷

五引《尚書緯‧考靈曜》：「日照四極九光」。洞冥，幽深之處，這裡指洞房，即上丹田。《黃庭外景經》梁丘子注：「兩眉間卻入……二寸為洞房」。

〔27〕雲：指內丹術之人呼吸的氣息。徐徐送出氣息叫「雲行」。《道樞‧金丹泥金篇》：「徐出其息：使之綿綿，其名曰：「雲行」。

〔28〕長谷：內丹術術語，所指不一，這裡指鼻腔。《黃庭內景經》：「長谷玄鄉繞郊邑」。務成子注「長谷，鼻也」。

〔29〕乾兌：八卦中的兩個卦名，所象徵物甚多，這裡似乎是雙關語。一重意思是以。「乾」指天，「兌」指澤，「履躡乾兌」指跋涉高天大澤；另一重意思是「乾」指首，《易傳‧說卦》：「乾為首」。「兌」指腎，而內丹家稱腎間氣為「兌虎」，「履躡乾兌」指將意念引過頭頂腎間。

〔30〕紫房：又稱「玉房」，上丹田的異名。《黃庭內景經》：「共入太室璇璣門」。務成子注：「玉房一名紫房，一名絳宮」。《雲笈七籤》：「精念玉房，內視中丹田，內氣至於下丹田」。

〔31〕金英：當即「金華」。義指內丹家修煉成功的境界。

〔32〕戊巳：內丹術術語，或指脾，或指丹田，這裡指內丹真趣。《悟道錄》：「戊巳即意中真信也」。

〔33〕山霤（ㄌ一ㄡˋ）：屋檐下接水的山形器物。

〔34〕俞跗、扁鵲、和、緩、倉公：古代良醫名。俞跗，傳說中黃帝的良醫，見《史記‧扁鵲列傳》；扁鵲，戰國時名醫，見《史記》本傳；醫和、醫緩，春秋時醫生，見《左傳》；倉公，漢代良醫，《史記》有傳。

〔35〕招魂小丹、三使之丸：當為藥效較小的丹藥和丸藥之類；五英八石：疑為五類靈芝及八種石藥（如戎鹽等），這

裡泛指各類植物藥和石類藥。

〔36〕二豎：指病魔。《左傳‧成公十五年》載：晉侯到秦國求醫，秦君派醫緩治療。醫緩還未到，晉侯夢見疾病化為兩個小人。一個說：醫緩是個良醫，其怕被傷害則逃走了；一個說：其居住在肓之下，膏至上，看他醫緩如之奈何醫緩來後，果然認為無藥可治。膏肓：見卷二《論仙篇》注釋〔68〕。

〔37〕六害：指上文所說的欲損、衰老、病害、中毒、邪氣、風冷等六種危害。

〔38〕五絡：絡，指經絡，即指人體氣血運行經過聯絡的通路。中醫學有十二經脈、十五別絡等名稱。《黃帝內經‧靈樞》：「夫十二經脈者，內屬於五臟，外絡於肢節」。五絡，或指內屬五臟的經絡。

〔39〕漆葉：漆樹之葉，可入藥。見《本草綱目》卷三十五。青蓁：當依《後漢書‧華佗傳》作青粘，又名地節、黃芝，主理五臟，益精氣。

〔40〕樊阿：人名，東漢華佗的學生。《後漢書‧華佗傳》：「彭城樊阿，少師事陀。陀授以漆葉青粘散方，云：服之去三蟲，利五臟，輕身益氣，便人頭不白。阿從其言，年五百餘歲。」

〔41〕吳普：人名，東漢華佗的學生。從華佗學習中國最早的成套健身體操之一「五禽戲」，模仿虎、鹿、熊、猿、鳥五種動物的動作進行健身運動。

〔42〕消渴：今稱糖尿病。

〔43〕分蓍問祟：蓍：一種多年生草本植物，古人常用於占卜。分蓍，占卜的代用語。祟，鬼神帶給人得災禍。

〔44〕紛若：形容盛多的樣子。《易經‧巽卦》：「巽在床下，用史巫紛若」。

〔45〕四皓：皓，白，這裡指白髮。四皓，漢代商山四個鬚眉皆白的隱居老人，名叫東圓公、綺里季，夏黃公、甪（ㄌㄨˋ）里先生。漢高祖召，不應。後高祖欲廢太子，呂後求助於張良。張良用計，使「四皓」輔佐太子，高祖因此不廢太子。史稱之「商山四皓。」

〔46〕中壽：指六十歲。《呂氏春秋‧安死》：「人之壽，久不過百，中壽不過六十。」

〔47〕房中之術：簡稱「房中術」，又稱「陰陽之術」、「男女合氣術」等，古代道教關於男女交媾以養身的方術。其根據為：人不能不交陰陽，否則可致疾病；但若縱情恣慾，沒有節制，也會致命。所以要從房事中節欲寶精，房事禁忌，性交衛生與合理方法，並講究房事與氣功的結合等。

〔48〕禁咒之法：禁咒指氣禁和咒語，氣禁是一種氣功巫術，咒語是一種用以祈福和詛咒驅逐鬼魔的語句。咒語的格式一般是先念諸神尊號及姓名，然後再陳述請求，最後加上「急急如律令」之類等語。氣禁需念咒，咒語要運氣，兩者有所聯系。

〔49〕趙明：東漢術士。《後漢書‧方術傳陳登傳》作「趙炳」。云：「趙炳，字公阿，東陽人，能為越方。……禁枯樹，樹即生荑」等。

〔50〕棓（ㄅㄤˋ）：同棒、棍子。《明史‧孫傳庭傳》：「手白棓遮擊，中者首兜鍪俱碎」。這裡作動詞，指打擊。

〔51〕仲長公理：仲長統，字公理，東漢人。著有《昌言》三十四篇，已佚。

〔52〕卜成：當依孫星衍校作「上成」。《後漢書‧方術傳‧上成公傳》：「上成公者，密縣人也」。這與正文「河南密縣有卜成者」同。其所載履雲升天事 也與本文相同，故應為「上

成」,「卜成」誤。

〔53〕陳元方、韓元長:《博物志‧方士》:「穎川陳元方、韓元長,時之通才者。所以並信有仙者,其父時所傳聞:河南密縣有上成公。其人出行,不知所至,復來還,語其家云:『我得仙』。因與家人辭訣而去。其步漸高,良久,乃沒而不見。至今密縣傳其仙去。二君以信有仙,蓋由此也。」陳元方,名紀,東漢人,韓元長,名融,東漢人。二人皆博學多識,才能出眾。

〔54〕穎川,郡名,今河南省禹縣。

譯文

抱朴子說:幽策玄妙的仙道深不可測,難以認識,所以對仙道疑惑的人就很多。我的聰明才智哪能超過世人呢?只不過偶爾有一些片面理解,正好比仙鶴知道半夜鳴唱、燕子知道戊巳這天不銜泥築巢一樣,卻未必通達其他事理了。又有驗證,學習知曉長生不死是可能的,而且仙人並沒有仙種。說到那仙道的幽微玄妙,的確不可能完全用筆墨書出寫盡,而那些淺顯近薄的道理,也不值得詳細闡述。昔日,老子的弟子庚桑楚手足都磨滿了老繭,老子另一弟子文子顏面也呈現出黝黑,經過很久很久的辛勤勞苦,才接受到高妙的口訣,的確是有所原由的呵!

凡是長著圓形腦袋,吞吐元氣的人,誰不喜歡生而畏懼死呢?然而,榮華富貴、權勢利益誘惑他們意志;白皙容貌、玉潔肌膚迷住他們眼睛;清麗商調、流暢微音侵擾他們耳朵;喜愛憎惡、利益危害攪亂他們精神;功勳業績、名聲榮譽約束他們身體;等等,這些都是不須招致就會自己追求,無需學習就會養成這種追名逐利的本能。如果不是接受天命,修煉仙道,

第四章 葛洪《抱朴子‧內篇》內含丹道養生(內附注釋、譯文)

155

窮究事理，獨有見地，在平凡的事物外，明白變通的規律，在玄渺的區域裡，運用鑒賞的能力，體悟自身和虛名的孰親孰疏，哀悼流逝的時間猶如閃電般迅速的人，豈能放棄平時交往，修養遠大目標，壓制遺棄愛好，割捨眼下近前的慾望，修煉難以成功的勛業呢？

「有」，是靠「無」而「生存」，「形」是賴「神」而成立，「有」是「無」的宮舍，「形」是「神」的住宅。所以，如以堤岸為例，一當堤岸崩壞，水就不會留住了；以蠟燭為例，一當蠟燭燃盡，火就不會存在了。身體疲勞，神志就會飛散；元氣衰竭，生命就會終結；根氏枯萎，但枝幹還繁茂的話，那青綠就會辭別樹木；元氣喪盡，但慾望還旺盛的話，那精靈就會離開身體。凡是逝去的再也不會返回，既已枯朽的再也不會復生，通達明白道術的人，的確為此感到十分悲哀！他們輕視璧玉，看重光陰，豈不是有此原因嗎？

所以身居山林修養真性的大師，放棄俗務得到真旨的徒眾，將高貴比作多餘的疣瘤；把萬物看成秋蟬的翅膀。這哪裡是信口胡言，強討貶薄世間事務呢？的確是他們觀察入微而再清楚不過的了，所以，他們才拋棄了富貴榮華，猶如忘卻一切那樣坦然。於是，他們棲身高遠，隱遁幽深，深藏龍鱗，掩蓋文藻；遏止欲求妄視的目力，遺棄損傷視力的顏色；杜塞思尋妄聽的耳力，遠離擾亂聽力的聲音。洗滌排除玄遠的瀏覽，以雌自守而不與人爭，固持精思而抱守一道，專一元氣而達到柔弱。以恬靜清素來鎮住一切慾念，排遣那歡愉悲戚的邪僻情懷，將那得失榮辱完全置於身外，割捨濃美厚味的毒害，緘默多嘴多舌的樞紐。做到返回來聽聞後，對所聽到的才理會透徹；往內部察視後，對所見到的才無跡可尋。在深遠空闊的造化中培養元神；在各式各樣的接人待物裡除去誘惑。要削減排

斥淺薄事務，用恬愉淡泊駕馭一切，真正做到清心寡慾，內視反聽，在無為的境界中任意馳騁，如此以保全天然理性。

至於咀嚼吮吸寶貴的自然之氣，須在高妙的太清境界裡沐浴情懷。在身外珍惜「五星」的精蘊；在身內，守持「九竅」的精華。關閉穴竅，將意念堅守於「命門」；把持心思，讓思想集中在「黃庭」。引導日月星「三景」到明堂穴，練氣功高度入靜地去修煉形體；集津液，端然正坐地去不斷叩齒。如此堅持下去，就會驅走白髮而黑髮永駐。凝結人的精蘊（澄泉）於丹田，引導內丹（沉珠）到臍下。……瓊瑤般的「汞鼎」（上丹心）向下燃起，美艷無比的「鳳凰」（脾臟）向上鳴呼；瑰麗的內丹之花抽出骨朵，神奇的「天鹿」（腎臟）吐出瓊玉。懷著重大的規範到赤紅「絳宮」（心房）裡，潛藏著絢麗的光芒到幽暗「洞房」（上丹心）中。……氣息茫茫，連接天宇，鼻腔深深，交錯徐行。將意念引過頭頂腎間，召喚來六甲六丁神靈。坐臥在「紫房」穴裡，咀嚼著「金英」成果。內丹似秋日的靈芝燁燁生輝，朱紅花朵，翠綠莖幹；元氣像皎潔珍奇的脂膏，晶瑩充溢，凌霄而降。

這能治療飢餓，中止口渴，可使百病再不萌生，內丹真趣，格外逍遙，飽享中和，暢飲太平，抱持三魂，控制六魄，骨骼充實，肉體輕盈。所以，才能鞭策風雲，飛騰虛空，和那莽莽混沌的天地一起永生。

然而，那樑柱上的塵土已積滿一尺，並不能在頃刻之間有所求得；那山形承接屋檐水的器物已經穿洞，並不能在極短時內達到目的。更令人擔心的是，那些聽說的人不相信，而相信的人又不施行，即使施行的人又不善始善終呵！是呵，求得仙道的人既很少又隱秘，而求不成仙道的人卻很多且顯明；世俗凡人不能知曉隱秘難識者，而只看見明顯易識者，所以就說天

下本來就沒有什麼仙道。

抱朴子說：堤防堅固就不會造成水滲漏的浪費；油脂充裕就不會帶來火熄滅的隱憂。龍泉寶劍因為不常切割而常鋒利；開山板斧由於經常砍用而很快鈍拙。隱藏深處的積雪因為背對溫暖而能經歷夏天；儲藏深處的冰凌由於埋處深邃而能度過酷暑。單幅絹帛因為纏繞銅鏡而燃燒不著；平凡花卉由於偏斜覆蓋而越過隆冬。

那泥土本是極易消解的，但燒煉成為陶器後，就與天地齊享久長；那柞栩本是很快腐朽的，但灼燒成為木炭後，就可億年不易破敗。轅下小豬因為良好餵養而很晚才死；優良駿馬由於不停登涉而過早死亡。耐寒蟲豸因為適應自己的生存而加倍長壽；南方林木由於身處溫濕的環境而長時繁茂。碰到肅殺的寒氣，就會在凝結的冰霜中凋零；遇見陽春的和暖，就會抽枝茂葉，郁郁蔥蔥。世界同有萬物百類但其繁茂與枯朽的功效各不相同，豈有秋季收割的常規、冬日收藏的定例呢？

人們秉受的生命，死生的週期，不像草木在寒冷冬季死亡那樣明顯，而且延壽怡養的道理，補體救命的方術，也不像溫暖春天對於草木一般的收益淺近；但長生久視的功效，為何不是如此呢？然而世俗凡人保守著眼前，習慣於狹隘，總認為求仙道術是虛幻荒誕的，還認為黃帝、老子的學說是狂辭妄言，這不是很為可惜嗎？

愚笨的人尚不相信湯藥針艾，何況比這更深奧的道理呢？他們還說：俞跗、扁鵲、醫和、醫緩、倉公這些人，假如真能治病，為何不能都免於死亡呢？又說：富貴人家，豈缺乏醫術，但他們比常人還不長壽，這說明命運有其自然規律呵！倘若我們要去強求這些人，令他們相信神仙，這就好像要使老牛攀援樹木、老馬追趕飛鳥那樣了。

抱朴子說：招魂小丹、三使之丸及五英八石之類小小藥物，有的能使堅冰立刻消融，有的投入水中能自身飄浮，有的能絕斷鬼神干擾，除去虎豹侵襲，破除臟腑積聚食物，在膏肓裡追逐排遣病魔，使猝然死亡的委棄屍體立起，讓已經逝去的離魂驚魂重返。這些都是平凡小藥，它們既然能使已死去的人重新復生，那麼，那些上等好藥為何不能使活著的人長生不死呢？

秦越人（扁鵲）曾救活已殞滅狀態下的虢太子；胡地醫師曾使已經斷氣的蘇武復活；淳於（倉公）能剖開頭顱去清理大腦；元化（華佗）能剖開腹腔去洗滌腸胃；文摯故意誤約才治癒齊王怪症；張仲景穿透胸膛去放置紅色藥餅。這些醫家的細薄技巧，尚且能夠如此起死回生，更何況追求成仙的道術，又有何所不能做到的呢？

人，為什麼會死亡呢，是因為各種各樣慾望造成的衰損，衰老；各種各樣疾病的侵害；毒藥所中傷；邪氣所干傷；風冷所襲犯。倘若導引肢體，運行氣息，收回精蘊，彌補大腦，飲食有法度，起居有節制，合理服用藥物，神思守住一點，依天理，守禁忌，隨身佩帶符節玉璽，遠離傷生害理小人，如此便可通達，並可以免除上述六種危及性命之害。

當今，醫師們應用的通明腎氣丸、內補五絡散、骨填枸杞汁、黃蓍建中湯，都是服用後令人肥健強壯的。漆葉、青蘘本是平凡草木，但華佗弟子樊阿得服此方，得延壽命二百歲，而且耳聰目明，還能拿起銀針來為人治病。這是近代的史事，而且是直書青史的史官所著述及注釋的。

史書又說：三國時有個名叫吳普的人，他跟隨華佗學習健身操「五禽戲」，並以此來代替導引，還活到一百多歲的長壽。這些均是醫藥道術中最為淺顯的事例，其結果尚能如此，更何

況採用更為高妙的仙術呢？

假如現在對世俗人講：理中、四順，可以救治霍亂；款冬、紫菀，可以治療咳嗽；萑蘆、貫眾、能夠殺死九蟲；當歸、芍藥，能夠止解絞痛；秦椒、獨活，可以消除八風；菖蒲、乾薑，司以終止痹濕；菟絲子、肉蓯蓉，能夠滋補體虛乏力；甘遂、葶藶，能夠驅逐痰飲癖症；瓜蔞、黃連，可以治癒消渴；薺苨、甘草，可以解除各種毒物；蘆如、益熱，能夠護養各種創傷；麻黃、大青，能夠主治傷寒；等等。

但世俗凡人還說不是如此，他們寧願殺死活物去求神祈福，用著草占卦來詢問鬼神，卻不肯相信良醫能夠戰勝疾病，反而聘用信任眾多巫師。何況告訴他們金丹可以超度世人，靈芝可以延年益壽呢！

昔年，留候張良獻出不少奇妙良策，一代人中獨一無偶，誰也沒有像他一樣。他的深謀遠慮所達到的程度，並非見識淺近的人所可能及，尚且認為長生不死是可得到的；他的聰明睿智水準，並非趕不上世間的俗人，卻說：「我將要放棄人間的一切事務，跟著赤松子雲遊而去！」於是，他就修煉導引，斷絕食糧一年，學習輕身飛舉方術。後因被呂后一再催逼，追著他求教太子平安良策，張良實在不得已，才為呂后策劃了招致商山四皓輔助太子的計謀。結果正如張良所策劃的那樣，太子沒被漢高祖廢去。呂后為此十分感激張良，又逼使他勉強進食，所以才使張良仙道沒有成功。

按照孔安國《秘記》所說：張良原來的有黃石公長生不死法術，不僅只有兵法而已。又說：張良本來就拜「商山四皓」為師，用里先生和綺里季均是神仙。張良追隨四位老師並承受了他們的仙方，他雖被呂后強進飲食，但他仍然又重修仙道，並自行秘密度過餘生，只是世人不知其故，所以才說他死了。

如若真像孔安國所說，那麼張良也得道成仙了。

還有，漢朝丞相張蒼，曾偶然得到小道術，吮吸婦女奶汁，得到一百八十歲的長壽。這不過是道術中很微薄的小術，但經張蒼認真實踐施行，結果就獲得「中壽」的三倍壽命，何況完備的仙道法術呢，施行又有諸多奧妙玄秘的手段，為何不能長生不老呢？這些事都見於《漢書》，絕不是空言謊語呵！

抱朴子說：服食藥物雖然是長生不老的根本，但若能兼而運行真氣的話，那麼其所獲得的效益就更迅速。倘若不能獲得藥物，只是運行真氣且盡到其原理者，也能獲得幾百歲的壽誕。然而，還應該懂得房中術。為什麼呢？因為倘若不懂得陰陽交媾的方術，就會常常受勞遭損，那麼運行真氣就難以獲得理想效力。

凡是人，都總是生活在氣中；而氣息，又在人的身體內。從天地之至萬物，沒有不需要氣以生存的。善於運行真氣者，在身內，可以休養身體，在身外，可以除卻邪惡。然而，老百姓雖每天都在運用氣，卻不明瞭這一點。

吳、越一帶流傳有禁咒的法術，很有明顯效驗，這是因為真氣充溢的緣故。凡懂得運行真氣這個道理的人，可以深入病疫大流行的環境中，即使與病人同床而眠，自身也不會被感染。又可以與眾人同行，哪怕多至幾十人，運氣後均使他們無所畏懼，這說明氣可以禳除天災。

有時，有一些邪惡鬼魅，山野精怪去侵犯人，如用瓦塊石頭之類投擲擊人，用火焚燒人居住的房屋宿舍；有時它們顯形行來往去，有時它們卻只有聲音言語，而善於禁氣的人就可用氣來制服它們，結果都能隨禁氣而立即絕跡而去，這說明氣可以禁制鬼神。進入山林，多是山溪瘴毒及蝮蛇出沒之地，若人們偶爾經過，沒有不被其毒害所傷的，而善於禁氣者用氣後就

可以制止它們，能使它避到數十里外的地方去，同時隨行伴侶也都不會受到它們的損害。用禁咒還能制服虎豹、老蛇和毒蜂，使它們均伏地而不能起立。用氣還可治刀槍創傷，可使鮮血即止，又能續筋接骨。用氣還可禁制利刃，可使踩在利刃上腳也不受傷，刺殺不入。倘若有人為蛇蟲咬傷，用氣則可立即治癒。

近代有左慈、趙明等人用氣來禁水，水在氣的作用下可逆向流去一兩丈。又在茅草屋上燃火燒煮食物吃，結果茅屋竟然一點也沒被燒焦。還用大釘子釘木柱深達七八寸後，用氣吹那釘子時，那釘子竟然自動彈射而出。還用氣來禁制沸騰的水，將一百來個銅錢投入沸水中後，令一人伸手入水撈取銅錢，結果那人的手竟然一點也沒燙傷。還用氣來禁水，將水放在庭院中暴露放置，哪怕在嚴寒的天氣下也不結冰。又能夠禁一里地內燒飯的人，使那飯怎麼也煮燒不熟。又能夠禁狗，使那狗怎麼也叫不出聲。

昔年，三國時東吳國王派遣一位名叫賀齊將軍討伐山野叛賊，叛賊中有一善於禁咒的人，在每次交鋒作戰的時候，竟使官軍的刀劍均無法撥出，弓弩射出的箭反而返回射向自己，以致敗陣失利。賀將軍長於智謀而有才思，他說：「我聽說凡是金屬有刀刃的可以氣禁，蟲豸有毒的也可氣禁，而無刀刃的兵器及無毒的蟲豸則不能禁。那些叛逆山賊雖能將我有刀刃的兵器禁住，但一定不能禁沒有刀刃的兵器。」

於是，便大量製作了堅硬的無金屬刀刃的純木棍棒，選擇力氣異常出眾的精壯兵卒五千人先行登山，殺入賊巢去捉拿並棒擊那些山賊。叛賊仗恃他們有善禁咒者而毫無防備，於是官軍用純木棍棒擊殺，結果大破賊兵，那善禁者法術果然不能再施行奏效，官軍打殺的山賊竟然數以萬計。

氣出自於人的形體，使用後的效驗達到這樣好的程度，怎麼能懷疑不可斷絕食穀以治療疾病，延年益壽和修身養性呢？東漢的仲長統（字公理）是一位通達有才的士人，他曾著有《昌言》一書，也論及「運行真氣可以不飢不病」。

他說：「我最初也不相信禁咒，直到施行禁咒的人表演完盡後，才贊服了。修身養性的方術，像這樣做則極其簡約可行，但我還是沒有做到，豈不是因為我的心思仍馳騁於世務，思慮仍在人世間磨損的緣故？其他的人之所以不能學成仙道，必定是和我一樣，犯了同一種毛病吧。昔日，有一位賢明的法師，知曉不死道術。燕君派人去向他學習道術，結果在學習者還沒趕到的時候，那法師便身死了。燕君對這個使者大為惱怒，打算將使者誅殺。這時有一進諫的人說道：『凡是人所憂慮的，沒有什麼過之於死亡；所看重的，沒有什麼比生存更為急切的。而那法師自己喪失了生命，又怎能保證讓我的國君又長生不死呢？』國君這才沒有誅殺使者。那進諫者的言辭真是很得當的說法了。假若那法師果有長生不死法術，就像我聽說的運行真氣的方法，那他的死未必是不懂得養生之道，只是不能拋棄世間俗事去修煉，所以雖知道術但無收益罷了，而絕不是沒有長生不死的方術呵！」

又說：「河南密縣有一個名叫上成的人，學習道術已經很久很久了，便與家裡的人辭別而去。他開始步履稍高，後便逐漸步入雲彩中而不再復見。這就是所說的升舉形體，輕身飛騰，白日升天，仙道中最上等的高妙者了」。

陳元方、韓元長，都是穎川的高遠通才士人，他們與密縣又很近，他們之所以相信天下有仙人，或許是因為他們各自的父輩祖上，以及見到上成的人親眼見他白日飛升的緣故吧。這又是有神仙存在的一個證據。

原　文

抱朴子曰：余聞歸同契合者，則不言而信著；途殊別務者，雖忠告而見疑。夫尋常咫尺之近理，人間取捨之細事，沉浮過於金羽，皂白分於粉墨，而抱惑之士，猶多不辨焉，豈況說之以世道之外，示之以至微之旨，大而笑之，其來久矣，豈獨今哉？

夫明之所及，雖玄陰幽夜之地，毫釐芒發之物，不以為難見。苟所不逮者，雖日月麗天之炤（业么）灼，嵩、岱干雲之峻峭，猶不能察焉。

黃、老玄聖，深識獨見，開秘文於名山，受仙經於神人，蹶埃塵以遣累，凌大遐以高躋。金石不能與齊堅，龜鶴不足與之等壽，念有志於將來，憫信者之無文，垂以方法，炳然著明，小修則小得，大為則大驗。然而淺見之徒，區區所守，甘於荼蓼而不識飴蜜，酣於醨（ㄌ一ˊ）酪而不賞醇醪。

知好生而不知有養生之道，知畏死而不信有不死之法，知飲食過度之畜疾病，而不能節肥甘於其口也。知極情恣欲之致枯損，而不知割懷於所欲也。余雖言神仙之可得，安能令其信乎？

或人難曰：子體無參午達理，奇毛通骨，年非安期、彭祖多歷之壽，目不接見神仙，耳不獨聞異說，何以知長生之可獲，養性之有徵哉？若覺玄妙於心得，運逸鑒於獨見，所未敢許也。夫衣無蔽膚之具，資無謀夕之儲，而高談陶朱之術，自同猗頓之策，取譏論者，其理必也。抱痼疾而言精和、鵲之技，屢奔北而稱究孫、吳之算。人不信者，以無效也。

余答曰：夫寸鮹泛跡濫水之中，則謂天下無四海之廣也。

芒蝎宛轉果核之內，則謂八極之界盡於茲也。雖告之以無涯之浩汗，語之以宇宙之恢弘，以為空言，必不肯信也。若令吾眼有方瞳，耳長出頂，亦將控飛龍而駕慶雲，凌流電而造倒景〔1〕，子又將安得而詰我。設令見我，又將呼為天神地氏異類之人，豈謂我為學之所致哉？姑聊以先覺挽引同志，豈強令吾子之徒皆信之哉？

若令家戶有仙人，矚目比肩，吾子雖蔽，亦將不疑。但彼人之道成，則蹈青霄而遊紫極，自非通靈，莫之見聞，吾子必為無耳。世人信其臆斷，仗其短見，自謂所度，事無差錯，習乎所致，怪乎所希，提耳指掌，終於不悟，其來尚矣，豈獨今哉？

或曰：屢承嘉談，足以不疑於有仙矣，但更自嫌於不能為耳。敢問更有要道，可得單行者否？

抱朴子曰：凡學道當階淺以涉深，由易以及難，志誠堅果，無所不濟，疑則無功，非一事也。夫根荄不洞地，而求柯條幹去，淵源不泓窈，而求湯流萬里者，未之有也。是故非積善陰德，不足以感神明；非誠心款契，不足以結師友；非功勞不足以論大試；又未遇明師而求要道，未可得也。

九丹金液，最是仙主。然事大費重，不可卒辦也。寶精愛氣，最其急也，並將服小藥以延年命，學近術以辟邪惡，乃可漸階精微矣。

或曰：方術繁多，誠難精備，除置金丹，其餘可修，何者為善？

抱朴子曰：若未得其至要之大者，則其小者不可不廣知也，蓋藉眾術之共成長生也。大而諭之，猶世主之治國焉。文、武、禮、律，無一不可也。小而諭之，猶工匠之為車焉，輮、輞、軸、轄，莫或應虧也。

　　所為術者，內修形神，使延年癒疾，外攘邪惡，使禍害不干，比之琴瑟，不可以子弦求五音也；方之甲冑，不可以一札待鋒刃也。何者？五音合用不可闕，而鋒刃所集不可少也。凡養生者，欲令多聞而體要，博見而善擇，偏修一事，不足必賴也。又患好事之徒，各仗其所長，知玄、素之術者，則曰：唯房中之術，可以度世矣；明吐納之道者，則曰：唯行氣可以延年矣；知屈伸之法者，則曰：唯導引可以難老矣；知草木之方者，則曰：唯藥餌可以無窮矣；學道之不成就，由乎偏枯之若此也。

　　淺見之家，偶知一事，便言已足，而不識真者，雖得善方，猶更求無已，以消工棄日，而所施用，意無一定，此皆兩有所失者也。或本性戇鈍，所知殊尚淺近，便強入名山，履冒毒螫，屢被中傷，恥復求還。或為虎狼所食，或為魍魎所殺，或餓而無絕穀之方，寒而無自溫之法，死於崖谷，不亦愚哉？

　　夫務學不如擇師，師所聞素狹，又不盡情以教之，因告云：為道不在多也。夫為道不在多，自為已有金丹至要，可不用余耳。然此事知之者甚希，寧可虛待不必之大事，而不修交益之小術乎？譬猶作家，云不事用他物者，蓋謂有金銀珠寶，在乎掌握懷抱之中，足以供累世之費者耳。苟其無此，何可不廣播百穀，多儲果疏乎？

　　是以斷穀辟兵，厭劾鬼魅，禁禦百毒，治救眾疾，入山則使猛獸不犯，涉水則令蛟龍不害，經瘟疫則不畏，遇急難則隱形，此皆小事，而不可不知，況過此者，何可不聞乎？

　　或曰：敢問欲修長生之道，何所禁忌？

　　抱朴子曰：禁忌之至急，在不傷不損而已。按《易內戒》及《赤松子經》及《河圖記命符》皆云：天地有司過之神，隨人所犯輕重，以奪其算，算減則人貧耗疾病，屢逢憂患，算盡

則人死。諸應奪算者有數百事，不可具論。

又言：身中有三尸。三尸之為物，雖無形而實魂靈鬼神之屬也。欲使人早死，此尸當得做鬼，自放縱遊行，享人祭酹。是以每到庚申之日，輒上天白司命，道人所為過失。又月晦之夜，灶神亦上天白人罪狀。大者奪紀。紀者，三百日也。小者奪算。算者，三日也。

吾亦未能審此事之有無也。然天道邈遠，鬼神難明。趙簡子、秦穆公皆親受金策於上帝，有土地之明徵。山川草木，井灶污池，猶皆有精氣；人身之中，亦有魂魄；況天地為物之至大者，於理當有精神，有精神則宜賞善而罰惡，但其體大而網疏，不必機發而響應耳。

然覽諸道戒，無不云欲求長生者，必欲積善立功，慈心於物，恕己及人，仁逮昆蟲，樂人之吉，憫人之苦，賙人之急，救人之窮，手不傷生，口不勸禍，見人之得如己之得，見人之失如己之失，不自貴，不自譽，不忌妒勝己，不佞諂陰賊，如此乃為有德，受福於天，所作必成，求仙可冀也。

若乃憎善好殺，口是心非，背向異辭，反戾直正，虐害其下，欺罔其上，叛其所事，受恩不感，弄法受賂，縱曲枉直，廢公為私，刑加無辜，破人之家，收入之寶，害人之身，取人之位，侵克賢者，誅戮降伏，謗訕仙聖，傷殘道士，彈射飛鳥，刳胎破卵，春夏燎獵，罵詈神靈，教人為惡，蔽人之善，危人自安，佻人自功，壞人佳事，奪人所愛，離人骨肉，辱人求勝，取人長錢，還人短陌，決放水火，以術害人，近脅尪弱，以惡易好，強取強求，擄掠致富，不公不平，淫佚傾邪，凌孤暴寡，拾遺取施，欺紿（ㄉㄞˋ）誑詐，好說人私，持人短長，牽天援地，詛咒求直，假借不還，換貸不償，求欲無己，憎拒忠信，不順上命，不敬所師，笑人作善，敗人苗稼，損人

物器，以窮人用，以不清潔飲飼他人，輕秤小斗，狹幅短度，以偽雜真，採取奸利，誘人取物，越井跨灶，晦歌朔哭。凡有一事，輒是一罪，隨事輕重，司命奪其算、紀，算盡則死。但有惡心而惡跡者奪算，若惡事而損於人者奪紀，若算、紀未盡而自死者，皆殃及子孫也。諸橫奪人財物者，或計其妻子家口以當填之，以致死喪，但不即至耳。

其惡行若不足以煞其家人者，久久終遭水火劫盜，及遺失器物，或遇縣官疾病，自營醫藥，烹牲祭祀所用之費，要當令足以盡其所取之直也。故道家言枉煞人者，是以兵刃而更相殺。其取非義之財，不避怨恨，譬如以漏脯救飢，鴆酒解渴，非不暫飽而死亦及之矣。其有曾行諸惡事，後自改悔者，若曾枉煞人，則當思救濟應死之人以解之。若妄取人財物，則當思施與貧困以解之。若以罪加人，則當思薦達賢人以解之。皆一倍於所為，則可便受吉利，轉禍為福之道也。能盡不犯之，則必延年益壽，學道速成也。夫天高而聽卑，物無不鑒，行善不怠，必得吉報。

羊公積德布施，詣乎皓首，乃受天墜之金。蔡順至孝，感神應之。郭巨煞子為親，而獲軼卷[2]之重賜。然善事難為，惡事易作，而愚人復以項托、伯牛輩，謂天地之不能辨臧否，而不知彼有外名者，未必有內行，有陽譽者，不能解陰罪。若以蕎麥之生死，而疑陰陽之大氣，亦不足以致遠也。蓋上士所以密勿而僅免，凡庸所以不得其欲矣。

或曰：道德未成，又未得絕跡名山，而世不同古，盜賊甚多，將何以卻朝夕之患，防無妄之災乎？

抱朴子曰：常以執日，取六癸上土，以和百葉薰草，以泥門戶，方一尺，則盜賊不來；亦可取市南門土，及歲破土，月建土，合和為人，以著朱鳥地，亦壓盜也。有急則入生地而

止，無患也。天下有生地，一州有生地，一郡有生地，一縣有生地，一鄉有生地，一裡有生地，一宅有生地，一房有生地。

或曰：一房有生地，不亦逼乎？

抱朴子曰：經云：大急之極，隱於車軾。如此，一車之中，亦有生地，況一房乎？

或曰：竊聞求生之道，當知二山。不審此山，為何所在？願垂告悟，以祛其惑。

抱朴子曰：有之。非華、霍也，非嵩、岱也。夫太元之山〔3〕，難知易求，不天不地，不沉不浮，絕險綿邈，崔嵬崎嶇，和氣氤氳，神意並遊，玉井〔4〕泓邃，灌溉匪休，百二十官〔5〕，曹府相由，離、坎列位，玄芝萬株，絳樹特生，其寶皆殊，金玉嵯峨，醴泉出隅，還年之士，挹其清流，子能修之，喬、松可儔，此一山也。長谷〔6〕之山，杳杳巍巍，玄氣飄飄，玉液〔7〕霏霏，金池紫房〔8〕，在乎其隈，愚人妄往，至皆死歸，有道之士，登之不衰，采服黃精〔9〕，以致天飛，此二山也。皆古賢之所秘，子精思之。

或曰：願聞真人守身煉形之術。

抱朴子曰：深哉問也！夫「始青之下月與日，兩半同升合成一。出彼玉池入金室，大如彈丸黃如橘，中有嘉味甘如蜜，子能得之謹勿失。既往不追身將滅，純白之氣至微密，升於幽關三曲折，中丹煌煌獨無匹，立之命門形不卒，淵乎妙矣難致詰」。此先師之口訣，知之者不畏萬鬼五兵也。

或曰：聞房中之事，能盡其道者，可單行致神仙，並可以移災解罪，轉禍為福，居官高遷，商賈倍利，信乎？

抱朴子曰：此皆巫書妖妄過差之言，由於好事增加潤色，至令失實。或亦奸偽造作虛妄，以欺誑世人，隱藏端緒，以求奉事，招集弟子，以規世利耳。

夫陰陽之術，高可以治小疾，次可以免虛耗而已。其理自有極，安能致神仙而卻禍致福乎？人不可以陰陽不交，坐致疾患，若欲縱情恣慾，不能節宣，則伐年命。善其術者，則能卻走馬以補腦，還陰丹以朱腸，采玉液於金池，引三五於華梁，令人老有美色，終其所稟之天年。而俗人聞黃帝以千二百女升天，便謂黃帝單以此事致長生，而不知黃帝於荊山之下，鼎湖之上，飛九丹成，乃乘龍登天也。黃帝自可有千二百女耳，而非單行之所由也。

凡服藥千種、三牲之養，而不知房中之術，亦無所益也。是以古人恐人輕恣情性，故美為之說，亦不可盡信也。玄、素諭之水火，水火煞人，而又生人，在於能用與不能耳。大都知其要法，御女多多益善；如不知其道而用之，一兩人足以速死耳。彭祖之法，最其要者，其他經多煩勞難行，而其為益不必如其書。人少有能為之者，口訣亦有數千言耳。不知之者，雖服百藥，猶不能得長生也。

注釋

〔1〕倒景：係道教指天上最高之處。《漢書・效祀志》：「登遐倒景」。注：「如淳曰：在日月之上，反從下照，故其倒。」

〔2〕鞅卷：係帝王頒賜功臣，授以世代享受物權的信物。

〔3〕太元之山：內丹術術語，即指人的頭顱。

〔4〕玉井：古內丹家稱口中津液為「玉液」、「玉漿」等，故這裡的「玉井」當指口。

〔5〕百二十官：即指人體百節仙官。

〔6〕長谷：指鼻子，暗喻男陰。

〔7〕玉液：指精液。

〔8〕金池、紫房：均指女陰，似為房中術隱語。

〔9〕黃精：內丹術術語。指元氣或丹田之精。

譯文

　　抱朴子說：我聽說凡目標一致、志同道合的人，就是不明言，信義也是非常顯著的；而道路不同、追求各異的人，雖然忠心稟告，也會受到懷疑。那尋常淺近得近在咫尺之間的道理，人世間何從取捨的小事，沉浮分明得超過黃金和羽毛，黑白分明得有如白粉和黑墨，但抱著疑惑的士人們，尚且已有很多無能分辨，何況對他解說的世道之外的理論，對他們出示極其細微的宗旨呢！那種認為這是誇大失實的，並採取譏諷嘲笑態度的，由來已久，哪裡只有今天才這樣呢？

　　心明眼亮的人所到之處，雖是玄遠幽深，陰暗如夜的地方，對於一毫一釐如同麥芒髮絲那般細小事物，也是不難見到的。而那些看不見又不明白的人，雖是日月天空的瑰麗輝煌，嵩山岱岳的峻峭挺拔，但他也不能查看明白。

　　黃帝、老子都是玄遠的聖哲，他們卓識深遠獨到，在名山裡開發出神秘文章，接受了仙人傳給的成仙經典，急行離去塵途，排遣放棄拖累，凌步幽遠，跨越太空，飛升高天。金屬和石頭不能與他們比堅硬，神龜與仙鶴不足與他們比長壽。他們念及有志於仙道會尋索而來，憐憫信道的人沒有文字可依，所以才流傳下方法，是那般燦爛，那般鮮明。

　　依法小修小煉就有小的收穫，大修大養就有大的效驗。但是，那些見識短淺的人，卻持守狹促少小，以苦而辣的野菜茶蔘為甘甜，而不知道品味蜜糖；醉倒在那薄酒醋漿之中，而不能夠鑒賞醇醪。

　　他們雖知愛惜生命，但不懂得養生之道；雖知畏懼死亡，

但不相信有長生不死之法；明明知道飲食過度會加快造成疾病，但不能在口中節制肥美甘食；明明知道淫慾過度會招致諸虛百損，但不能對所慾望的加以割捨。我雖然說神仙可以求得修成，可是又怎能使他們相信呢？

有人責難地說道：您的身體沒有什麼特殊錯雜縱橫的體紋，旁達的肌理，奇異的毛髮，通徹的骨相，年歲又不像安期生、彭祖經歷多年的長壽，眼不能看到神仙，耳不能獨自聽到奇聞異說，憑什麼知道長生不死是可以獲得的，養性修道成仙是有證據的呢？

倘若您真從心底悟覺玄妙道理，獨自發現高逸見解，我可不敢贊許。因為您衣著沒有遮蔽肌膚的服裝，資財也無第二天謀生的蓄積，但您卻高談陶朱公的方術，自己還認為與狩頓的策謀相同，從而招致譏諷，受到論評，那是必然的了。這好比身體已患積久難治之症，卻自誇精通醫和、扁鵲醫術；本是屢屢敗北的敗軍之將，卻自稱深究孫武、吳起謀算。我們不相信，是因為沒有見到實效呵！

我回答道：是呵，井中小蟲在腳窩遺留的水中游泛著，就會認為天下沒有四海寬廣；麥芒般蝎蟲在水果核裡屈伸著，就會認為八方界限盡在於此則止了。雖然將無邊無涯的浩瀚告訴於它們，把恢宏廣渺的宇宙述描於它們，它們都以為全是空話，必定不肯相信。倘若讓我的眼睛也有方形瞳仁，耳朵也長出頭頂，也能控制騰飛的蛟龍，駕馭五色的祥雲，凌越飛馳閃電，登臨最高境界，那麼，您又將憑什麼來責難於我呢？假設見到我，又將認為我是天神地祇般的非凡人物了，豈能說我是透過學習修煉而得呢？我姑且聊為憑著自己的先知先覺，提攜志同道合的人，哪裡是勉強你們或者是命令你們成為我的徒弟，都相信仙道呢？

倘若令每家每戶都有神仙，眼睛連著眼睛，肩膀挨著肩膀，這樣，我的世人們雖然再如何無知，也必將不會再產生懷疑。但是，凡是一旦修煉成仙的人，就會高蹈青色雲霄而漫遊紫微星座，倘若不是溝通神靈，那誰也不會聽見看見，世人們也必定認為沒有此事了。

世人們相信的是自己主觀臆斷，憑仗自己短淺的識見，認為凡是自己經歷的事就不會有差錯，習慣於自己所知的事理，奇怪於自己不知的希罕事物，即使用手提著他們耳朵講解，用手指著他們手掌指點，他們仍是始終不覺不悟，此類人從來就是有的，哪裡只是今天才有呢？

有人說：多次承蒙聽您美談賜教，足以令我不再懷疑神仙成道了，但只覺得自嫌無能修煉。請問是否還有簡要的途徑，可否得到單一求仙捷徑嗎？

抱朴子說：凡學道修仙的人，都應當由淺入深，循序漸進，由易到難。凡意志堅定，虔誠果敢者，就無所不能達到；而疑惑遲慮，就沒有成功希望。這個道理並非只適用於此一件事。若根氏不穿入大地，卻又要求枝幹直入雲霄，淵源不深邃洪大，卻又要求急流穿越萬里，那都是不可能的。所以若不是積累善事，暗中施德於人，就不足以感動神靈；若不誠心誠意，懇摯親切，就不足以結交師友；若沒有功勞實績，就不足以委任大用；若未遇上賢明老師，卻又想求得重要道術，那也是不可能的。

九轉神丹、黃金溶液，是最重要的成仙途徑。但是，此事重大，費用昂貴，不能在倉猝之間便籌備辦齊。因此，珍視精蘊，愛惜元氣，是最為急切的途徑，同時服用一些藥物以求延年益壽，又學習一些淺近法術驅邪避惡，這樣才能漸漸地深入到精深微妙的道術中去。

有人說：求仙方術繁多，確實難以精通完備，除置辦煉製金丹之外，其他道術方法都是可以學習修煉的，那麼又以哪一種為最好呢？

抱朴子說：倘若還沒有得到最重要的大道術，那麼小道術便不可不廣為知曉學習了。因為需要借助於各種方術來共同促成長生不死。若就大的方面來比喻，就猶如一國君主治理軍國大政，文、武、禮儀、律令，缺一不可；若就小的方面來比喻，就猶如一個工匠在製造車輛，轅、輞、車軸、轄釘，也是無一應缺的。

所修煉的方術，在身體內，煉其形體精神，使之卻病延年；在身體外，攘除邪惡，使一切禍害不得侵犯。若比喻為琴瑟，不可能用單獨一弦追求奏鳴五音；若比喻成甲冑，不可能以單獨一甲承受猛利刀鋒。為什麼呢？因為五音必須聯合運用，不可缺少；刀鋒所砍的鎧甲，也不可缺少。凡是養生的人，都想多有知聞，體會要旨，增廣博識，善於抉擇，但只是單獨修煉一事，那是不足以完全依賴的。然而，仍又擔心多事的人，各人仗恃自己有一所長之處，懂得玄女、素女道術的，就說只有房中術，才可能憑此安度人世；明白吐故納新道術的，就說只有運行真氣，才可以憑此延緩衰老；精通草木方劑的，就說只有服食藥物，才可能憑此長命無窮。學習仙道不成功的，就是由於這樣固執偏狹之故。

識見淺短的人，偶然懂得一件事情，就認為自己已經足夠；而不識真道的人，雖然學得了好的方法，還追求不已，從而耗費工夫，拋棄時日，但所用的方法、主意又不一定。這些都是走極端的人，結果兩皆有失。有的人本性愚鈍，所懂得的也很淺薄，就勉強地進入名山，去踐踏和冒犯毒蟲，結果屢屢受到傷害，又恥於回返。於是有的被虎狼所吃，有的被鬼魅殺

害，有的飢餓卻又無斷穀方術，寒冷又無自求溫暖方法而死於深山峽谷，這豈不是很愚笨嗎？

致力於學習仙道的人，不如選擇老師。但有些老師所知道也很狹窄，還不盡心盡力教導學生。因而告訴學生說：「學習道術不在於學得多。」而學習道術不必在多者，是指自己認為已擁有最重要的金丹術後，可以不用其他方法了的。但是，懂得此事的人很少，怎能白白等待不可能必得的大事，而不去修煉能帶益處的小道術呢？

譬如治理家庭，若說不必從事其他事務，是因為擁有金銀珠寶，而且已掌握在自己手中和擁在自己懷抱裡，並足以提供幾代人的消費了。倘若沒這些金銀珠寶，怎麼能不廣種百穀，多多儲備果類及菜蔬呢？所以要斷絕穀物，躲避兵災，抵制鬼魅，防禦百毒，治病救人。進入深山，能使猛獸不侵犯；渡過江河，能使蛟龍不傷害；經歷瘟疫，就無所畏懼；遇到急難，就隱形藏體。此類都是小事，但不可不知道，何況勝過這些小事的大道術，怎能不去學習呢？

有人還說：請問欲修煉長生不死之道，有何禁忌呢？

抱朴子回答說：對於禁忌，最關緊要的，就在於不傷害和不破損而已。按照《易內戒》、《赤松子經》及《河圖記命符》，都說天地有掌管記錄過錯的神仙，他們根據人們所犯錯誤過失的輕重，來處罰奪去人的「算」，「算」減少了人就貧困染病，就屢屢碰到種種憂患；「算」盡了人就死了。各種應當處罰奪去「算」的理由有數百種之多，不能一一論述。又說：人的身體中有「三尸」。這「三尸」作為一種事物，雖無形體，但其實為魂靈鬼神之類。這些魂靈鬼神希望人們早死，「三尸」才能成為鬼怪，於是可自己放縱遊蕩，享受人們的祭品。所以在每到庚申這天，它們就上天報告司命神，訴說人們所犯的過

失。又在月晦夜裡，灶神也要上天稟告人的罪狀。所犯過錯大的，被奪去一「紀」，一「紀」就是三百天；小的過錯，被奪去一「算」，一「算」就是三天。

我也不能審知上述的事到底是有或無。然而，天道是邈遠的，鬼神也是難測的。昔年趙簡子、秦穆公都親受上帝賜予的黃金簡策，作為擁有土地的明確證據。山川草木，並灶污池，尚且均有精靈異氣，人們身上，也有魂魄；何況萬物中最大的天地，按理也應當會有精靈神怪。有精靈神怪，就應獎賞善良而懲罰邪惡。但是，天地形體龐大而法網疏漏，不必如同觸動機關那般發射，而像回音那樣共鳴而已。

然而，瀏覽各類道術的戒律，沒有不是這樣說的：想要求得長生不死的人，必須積善隨緣，建功立德，慈心待物，推己及人，愛及昆蟲，以他人吉祥為樂，以他人苦痛為憂，賑濟他人急難，解救他人窮厄，手不傷害生靈，嘴不勸勉禍事，見他人成功如同自己成功，見他人失敗如同自己失敗，不以自己為尊貴，不以自己吹自己，不忌妒勝己強人，不討好陰險賊子，這樣的人才算有德行的人，才會受領上天的賜福，所做的事必定成功，求仙成道才有希望。

倘若憎惡善良，好殺生靈，口是心非，當面是人，背後是鬼，反對正直的人，虐待殘害比自己地位低下者，欺哄蒙騙比自己地位高貴的人，背叛職守，知恩不報，玩弄法律，收受賄賂，放縱理曲之輩，冤枉理直的人，廢除公事，一心為私，將刑律強加無辜者，使他人家庭遭破裂，收受別人珠寶，傷害他人身體，奪取別人地位，侵犯克制賢能，誅殺投誠降者，誹謗仙人聖哲，傷害道士，彈射飛鳥，剖取畜生胎兒，擊破禽鳥蛋卵，在春天或夏天焚燒原野、打獵，咒罵神靈，教人作惡，隱蔽他人優點善行，危害他人而求自安，竊取他人成績作為自己

功勞，破壞別人好事，奪取別人愛物，間離別人骨肉，侮辱別人而壓倒制勝，借取別人大量錢財而歸還短少數量，決水放火，想方設法害人，脅迫瘦小虛弱，以壞換好，強取強奪，擄掠他人以達自己富足，不講公平合理，驕奢淫逸邪辟，凌犯施暴孤寡，拾取他人遺失財物，收取他人給予施捨，欺騙誑詐，喜好說人私事，死抓他人短處，扯天指地，以橫蠻詛咒求得道正理直，借物不歸還，借貸不償債，求取私慾沒有止休，憎惡拒絕忠義信禮，不依順上者命令，不尊敬師老長輩，譏笑他人善做好事，損壞他人禾苗莊稼，破壞他人器物，造成他人窮盡，拿不清潔的食物給他人吃喝，賣東西用輕秤衡，小斗量，窄幅面，短尺寸，以假亂真，牟取暴利，騙人錢財，凌越井欄，跨過灶頭，農曆每月最後一天引吭高歌，月初一號淘大哭……上述這些事中，有一件就是一罪，並隨事情性質輕重，司命神將奪削他們之「算」、「紀」，「算」盡就會死去無疑。但是，若是只有邪惡念頭而無邪惡行為者，就奪去其「算」；若是既有邪惡行事又損害他人者，就奪去其「紀」；若是被罰的還未受盡而自早死者，就會禍害殃及其兒孫。

所有那些橫蠻豪奪他人財物者，老天有時還要算計他的妻室兒女，或者其他家人來補足其應受的禍殃而直至死亡，只是死期不會立即到來而已。倘若他的邪惡行為，還不足以禍及到家中人致死的，在長久時間後總會遭到水火之災，或者遭到強賊劫盜，或者遺失錢財器物，或者碰到縣官惹上官司，或遇到疾病，自己去準備醫藥，烹殺牲畜祭祀所耗盜用，總要使他足以賠償其所獲取的錢財為止。

故此，道家人常說：凡無理枉殺人的，終會被兵刃反過來而將他自己殺死。那些凡獲取不義之財，不避忌他人怨恨者，就好比用腐臭乾肉充飢，以有毒酒漿解渴，並非暫時不飽，死

亡亦將隨之而來呵！倘若那些曾經幹過種種邪惡壞事，而後自行悔改的，倘若那些曾經無理冤枉殺人的，就應當想方設法去救濟應死的人以解脫自己；倘若無理妄取他人財物的，就應當想方設法去施捨給貧困的人以解脫自己；倘若以罪強加於人的，就應當想方設法去推薦賢達的人以解脫自己。而且都必須加倍補償於自己的所作所為，方有可能承受吉祥福佑，這才是轉禍為福的方法。

倘若您能完全不觸犯上述一切罪孽，那就必定延年益壽，學得道術，迅速成功。老天雖然高高在上，但他聽聞所有低卑，凡是人世間的一切事物，他是無不明白鑒察的；凡是喜行善事而永不懈怠者，終究必定會得到好報的。

例如晉代羊祜公積德施恩不懈，直到白髮皓首，而且受到上天墜下黃金的獎賞。東漢蔡順最守孝道，感動神靈而相救應。孝子郭巨準備為父母活埋兒子，因而在掘地時獲得軼卷賞賜。然而，好事難做，壞事易行，從而世上愚夫俗人們，又以早夭的項托、伯牛這類人事，來說明天地不能明辨褒貶，但不知那些徒有外表名聲之流，未必就有好的內在德行；那些表面讚譽之輩，不能解脫其陰私的罪孽禍惡。

倘若以薺麥冬生夏枯的反常生死，來懷疑天地陰陽大氣的客觀規律，那也不足以用到遠大宏偉的事業上呵！這大概正是上等士人們之所以勤勉努力而免於禍災，凡人庸夫之所以不能事事如願的緣故吧！

有人又說：仙道德行修煉不成，又不能深居名山絕跡人世，而且現在世道又不同於古代，強盜賊寇很多，那又將如何來躲避免卻旦夕禍患，預防消除必然到來災禍呢？

抱朴子說：按照古術數家所定應在「執日」這天，取來「六癸」亦稱「甲寅」這天的土，與柏葉、薰草摻和後，用以抹塗

門戶，方圓一尺，就使盜賊不敢到來；也可取來市南門的土，以及「歲破」這天所取的土和「月建」那天所取的土，混合後製作成人形，再將這泥人放在南方之地，也就能鎮制盜賊。倘若有急難發生，就可進入能安全地保護生命的地方，這樣便沒有禍患了。天下有保全生命的地方，一州有保全生命的地方，一郡有保全生命的地方，一縣有保全生命的地方，一鄉有保全生命的地方，一里有保全生命的地方，一個住宅也有保全生命的地方，一間房屋也都有保全生命的地方。

有人會問：每一個房間都有保全生命的地方，不是太密集了嗎？

抱朴子答道：仙經說：在最為緊急的時候，還可隱藏於車軾後面。依照此說，一個車子之中，也有保全生命的地方，何況是一個房子呢？

有人又問：我私下還聽說：追求成仙長生不死的道術，應當知曉懂得兩座名山，但不知這山所在何處？望您賜教，以解除我的愚昧惑慮。

抱朴子說：有您說的這種山，但並非是華山、霍山，也不是嵩山、岱山。那是太元山，它雖然難以知曉，但卻容易尋求，它不頂天不垂地，不下沉也不上浮，絕險奇幽，高峻崎嶇，中和元氣，彌漫充盈，精神意願，共同悠遊，玉砌井口，又大又深，灌溉清液，無止無休。又有一百二十個仙官，官署一一相連，上丹田和下丹田各自排列，內中尚有黑色靈芝一萬株，鮮紅奇樹獨生特立。這些寶物奇異無比，金石碧玉高聳，純醴甘泉湧出，返老還童士人，酌飲清激流水。您若修煉，王子喬、赤松子般長壽亦可達到並相同儔。此為第一座山。另外一座山是長谷山，迷茫崔嵬，雲氣縹渺，玉液紛飛；那金色水池，紫色房宇，均在它的旁邊。而愚昧的人卻胡行亂闖，結果

都是死亡而歸；但懂仙道的士人卻常登此山，結果都不老不衰，因為他們善於採食「黃精」，以致達到飛升天庭成仙目的。此為第二座山。這些均是古聖賢哲所秘而不宣的訣竅，您應當精思細索。

又有人說：我很願意聽到得道人士持守自身，修煉形體的方術。

抱朴子說：您提出的這個問題很深入呵！口訣是：願始青天之下，有月亮和太陽，兩半共同升起，二者合體為一，從那玉池運出，然後再入金房，如同大小彈丸，金黃有如橘子，中有美妙滋味，甜如蜜糖一般；您若能夠得到，千萬勿要失去，一失就追不回，自身也將滅亡；純白顏色精氣，最是精微細密，升在丹田幽關，幽關不少曲折，煉成中丹境界，燦爛輝煌無比，定立生命門戶，形體就不滅亡，個中深邃高妙，實難尋根究底。此是我的先師傳授口訣，知曉這個中道理者，就不再畏懼萬種鬼怪，千般兵器了。

又有人問：我還聽說，能夠完全盡懂房中術者，可以單項行使此術而達神仙境界，並可轉移禍災，解除罪孽，扭轉禍殃，變為福佑，當官者步步高升，經商者加倍贏利。請問，這話可信嗎？

抱朴子答道：此類言辭，都是那些巫書中裝神弄鬼的胡說八道！再由一些好事者添油加醋地潤色一番，從而以至失去真實。有的也可能是奸詐之徒胡編偽造虛妄假說，用以欺騙世人，藏頭去尾，以尋求追隨盲從的人，再招集弟子，以坑蒙世人的錢財利益罷了。

至於陰陽交接的方術，高等者可以治療小病，次等者只可免於體虛耗損而已。房中術的效能本是有其極限的，怎麼可能帶來求得神仙且可避禍獲福的效果呢？人不能不進行陰陽相

交，否則，也會因陰陽不交而致疾病禍患。但是，倘若想放縱性慾，恣意取樂，不能有所節制，有所宣通，就必然會造成損減性命。擅長房中術的人，就能節制洩精，補益腦髓，追回精蘊，以使腸臟血液充盈，到金池中採回玉液，赴丹田穴引來神、氣、意，從而可使人雖衰老，但有美好顏色，並保持他所稟持的天年直至善終。

而世俗凡人卻聽說，黃帝憑借與一千二百名女子行房中術而飛升天庭，於是就認為黃帝僅單靠此術而致獲長生不老。他們卻不知黃帝曾在荊山下和鼎湖上，飛煉九丹獲得成功後，方能乘著蛟龍升登天庭的。黃帝自然可擁有一千二百個女子，但決非單靠施行房中術而所得飛升。

誠然，凡是服藥千種，有著牛羊豬肉供養，但不懂房中術的人，也不會有所增益的。因此，古人恐怕人們輕薄地放縱情慾，所以便將這種法術的效果說得很美，那也是不可完全相信的。對於玄女和素女的方術，如若用水火來比喻，那水火既可使人死亡，也可令人生存，其關鍵在於能否正確運用而已。大體說來，人們都知道只要能掌握主要方法，男女交合則越多越好；如若不懂得此種道術而胡亂施用，那只要與一兩人交合就足以招致加速死亡。

彭祖的方法，是最為首要的，其他經典大多紛繁而難以施行，但它們帶來的益處，不一定必如其書所寫那樣完美。人們很少有能具體施行房中術者，其口訣也有好幾千字。但不知曉這些的人，雖然服用上百種藥物，仍是不能求得長生不死的。

卷七 塞難

原　文

或曰：皇穹至神，賦命宜均，何為使喬、松凡人受不死之壽，而周、孔大聖無久視之祚哉？

抱朴子曰：命之脩短，實由所值，受氣結胎，各有星宿。天道無為，任物自然，無親無疏，無彼無此也。命屬生星，則其人必好仙道。好仙道者，求之亦必得也。命屬死星，則其人亦不信仙道。不信仙道，則亦不自修其事也。

所樂善否，判於所稟，移易予奪，非天所能。譬猶金石之消於爐冶，瓦器之甄於陶灶，雖由之以成形，而銅鐵之利鈍，瓮罍之邪正，適遇所遭，非復爐灶之事也。

或人難曰：良工所作，皆由其手，天之神明，何所不為？而云人生各有所值。非彼昊蒼所能匠成，愚甚惑焉，未之敢許也。

抱朴子答曰：渾茫剖判，清濁以陳，或升而動，或降而靜，彼天地猶不知所以然也。萬物感氣，並亦自然，與彼天地，各為一物，但成有先後，體有巨細耳。有天地之大，故覺萬物之小。有萬物之小，故覺天地之大。且夫腹背雖包圍五臟，而五臟非腹背之所作也；肌膚雖纏裹血氣，而血氣非肌膚之所造也。

天地雖含囊萬物，而萬物非天地之所為也。譬猶草木之因山林以萌秀，而山林非有事焉；魚鱉之托水澤以產育，而水澤非有為焉。俗人見天地之大也，以萬物之小也，因曰天地為萬物之父母，萬物為天地之子孫。夫虱生於我，豈我之所作？故虱非我不生，而我非虱之父母，虱非我之子孫。蟣蝨之育於醢

（ㄒㄧ）醋，芝檽（ㄋㄡˋ）之產於木石，蚳屈[1]之滋於污淤，翠蘿之秀於松枝，非彼四物所創匠也，萬物盈乎天地之間，豈有異乎斯哉？

天有日月寒暑，人有瞻視呼吸，況近況遠，以此推彼，人不能自知其體老少痛癢之何故，則彼天亦不能自知其體盈縮災祥之所以；人不能使耳目常聰明，榮衛不輟閡，則天亦不能使日月不薄蝕，四時不失序。由茲論之，夭壽之事，果不在天地，仙與不仙，決在所值也。

夫生我者，父也；娠我者，母也，猶不能令我形器必中適，姿容必妖麗，性理必平和，智慧必高遠，多致我氣力，延我年命；而或矬陋尪弱，或且黑且醜，或聾盲頑嚚[2]，或枝離劬蹇[3]，所得非所欲也，所欲非所得也，況乎天地遼闊者哉！父母猶復其遠者也。我自有身，不能使之永壯而不老，常健而不疾，喜怒不失宜，謀慮無悔吝。故授氣流形者，父母也，受而有之者，我身也，其餘則莫有親密乎此者也，莫有制御乎此者也。二者已不能有損益於我矣，天地亦安得與知之乎？

必若人物皆天地所作，則宜皆好而無惡，悉成而無敗，眾生無不遂之類，而項、楊[4]無春雕之悲矣！子以天不能使孔、孟有度世之祚，益知所稟之有自然，非天地所剖分也，聖之為德，德之至也。天若能以至德與之，而使之所知不全，功業不建，位不霸王，壽不盈百，此非天有為之驗也。聖人之死，非天所殺，則聖人之生，非天所挺也。

賢不必壽，愚不必夭，善無近福，惡無近禍，生無定年，死無常分，盛德哲人，秀而不實；竇公庸夫，年幾二百。伯牛廢疾，子夏喪明，盜蹠窮凶而白首，莊蹻極惡而黃髮，天之無為，於此明矣。

或曰：仲尼稱自古皆有死，老子曰神仙之可學。夫聖人之

言，信而有徵，道家所説，誕而難用。

抱朴子曰：仲尼，儒者之聖也；老子，得道之聖也。儒教近而易見，故宗之者眾焉。道意遠而難識，故達之者寡焉。道者，萬殊之源也；儒者，大淳之流也。三皇以往，道治也；帝王以來，儒教也。談者咸知高世之淳樸，而薄季俗之澆散，何獨重仲尼而輕老氏乎？

是玩華藻於木末，而不識所生之有本也。何異乎貴明珠而賤淵潭，愛和璧而惡荊山，不知淵潭者，明珠之所自出，荊山者，和璧之所由生也。且夫養性者，道之餘也；禮樂者，儒之末也。所以貴儒者，以其移風易俗，不唯揖讓與盤旋也；所以尊道者，以其不言而化行，匪獨養生之一事也。若儒道果有先後，則仲尼未可專信，而老氏未可孤用。

仲尼既敬問伯陽，願比老、彭。又自以知魚鳥而不識龍，喻老氏於龍。蓋其心服之辭，非空言也。與顏回所言，瞻之在前，忽然在後，鑽之彌堅，仰之彌高，無以異也。

或曰：仲尼親見老氏而不從學道，何也？

抱朴子曰：以此觀之，益明所稟有自然之命，所尚有不易之性也。仲尼知老氏玄妙貴異，而不能挹酌清虛，本源大宗，出乎無形之外，入乎至道之內，其所咨受，止於民間之事而已，安能請求仙法耶？忖其用心汲汲，專於教化，不存乎方術也。

仲尼雖聖於世事，而非能沉靜玄默，自守無為者也。故老子戒之曰：良賈深藏若虛，君子盛德若愚，去子之驕氣與多欲，態色與淫志，是無益於子之身。

此足以知仲尼不免於俗情，非學仙之人也。夫棲棲遑遑，務在匡時，仰悲鳳鳴，俯嘆匏瓜，沽之恐不售，慷慨思執鞭，亦何肯捨經世之功業，而修養生之迂闊哉？

或曰：儒、道之業，孰為難易？

　　抱朴子答曰：儒者，易中之難也。道者，難中之易也。夫棄交遊，委妻子，謝榮名，損利祿，割粲爛於其目，抑鏗鏘於其耳，恬愉靜退，獨善守己，謗來不戚，譽至不喜，睹貴不欲，居賤不恥，此道家之難也。出無慶弔之望，入無瞻視之責，不勞神於七經[5]，不運思於律曆，意不為推步之苦，心不為藝文之役，眾煩既損，和氣自益，無為無慮，不怵不惕，此道家之易也，所謂難中之易矣。

　　夫儒者所修，皆憲章成事，出處有則，語默隨時，師則循比屋而可求，書則因解注以釋疑，此儒者之易也。鉤深致遠，錯綜《典》、《墳》，該《河》、《洛》之籍籍，博百氏之云云，德行積於衡巷[6]，忠貞盡於事君，仰馳神於垂象，俯運思於風雲，一事不知，則所為不通；片言不正，則褒貶不分，舉趾為世人之所則，動唇為天下之所傳，此儒家之難也，所謂易中之難矣。

　　篤論二者，儒業多難，道家約易，吾以患其難矣，將捨而從其易焉。世之譏吾者，則比肩皆是也。可與得意者，則未見其人也。若同志之人，必存乎將來，則吾亦未謂之為希矣。

　　或曰：余閱見知名之高人，洽聞之碩儒，果以窮理盡性，研核有無者多矣，未有言年之可延，仙之可得者也。先生明不能併日月，思不能出萬夫，而據長生之道，未之敢信也。

　　抱朴子曰：吾庸夫近才，見淺聞寡，豈敢自許以拔群獨識，皆勝世人乎？顧曾以顯而求諸乎隱，以易而得之乎難，校其小驗，則知其大效，睹其已然，則明其未試耳。且夫世之不信天地之有仙者，又未肯規也。率有經俗之才，當途之伎，涉覽篇籍助教之書，以料人理之近易，辨凡猥之所惑，則謂眾之所疑，我能獨斷之；機兆之未朕，我能先覺之。是我與萬物之

情，無不盡矣；幽翳冥昧，無不得也。

我謂無仙，仙必無矣。自來如此其堅固也。吾每見俗儒磈磈，守株之不信至事者，皆病於頗有聰明，而偏枯拘繫，以小黠自累，不肯為純，在乎極暗，而了不別菽麥者也。夫以管窺之狹見，而孤塞其聰明之所不及，是何異以一尋之綆，汲百仞之深，不覺所用之短，而云井之無水也。

俗有聞猛風烈火之聲，而謂天之冬雷；見游雲西行，而謂月之東馳。人或告之，而終不悟信，此信己之多者也。夫聽聲者，莫不信我之耳焉；視形者，莫不信我之目焉。而或者所聞見，言是而非，然則我之耳目，果不足信也，況乎心之所度，無形無聲，其難察尤甚於視聽，而以己心之所得，必固世間至遠之事，謂神仙為虛言，不亦蔽哉！

抱朴子曰：妍媸[7]有定矣，而憎愛異情，故兩目不相為視焉；雅、鄭有素矣，而好惡不同，故兩耳不相為聽焉；真偽有質矣，而趨舍舛忤，故兩心不相為謀焉。以醜為美者有矣，以濁為清者有矣，以失為得者有矣。

此三者乖殊，炳然可知，如此其易也，而彼此終不可得而一焉，又況乎神仙之事，事之妙者，而欲令人皆信之，未有可得之理也。

凡人悉使之知，又何貴乎達者哉？若待俗人之息妄言，則俟河之清，未為久也。吾所以不能默者，冀夫可上可下者，可引致耳。其不移者，古人已末如之何矣。

抱朴子曰：至理之未易明，神仙之不見信，其來久矣，豈獨今哉？太上自然知之，其次告而後悟，若夫聞而大笑者，則悠悠皆是矣。

吾之論此也，將有多敗之悔，失言之咎乎！夫物莫之與，

則傷之者至焉。蓋盛陽不能榮枯朽之木，神明不能變沉溺之性，子貢不能悅錄馬之野人〔8〕，古公不能釋欲地之戎狄〔9〕，實理有所不通，善言有所不行。章甫不售於蠻越〔10〕，赤舄不用於跣夷〔11〕，何可強哉？夫見玉而指之曰石，非玉之不真也，待和氏而後識焉；見龍而命之曰蛇，非龍之不神也，須蔡墨而後辨焉〔12〕。

所以貴道者，以其加之不可益，而損之不可減也。所以貴德者，以其聞毀而不慘，見譽而不悅也。彼誠以天下之必無仙，而我獨以實有而與之諍。諍之彌久，而彼執之彌固，是虛長此紛紜，而無救於不解，果當從連環之義乎？

注釋

〔1〕蛣屈：本指木中蠹蟲。這裡當指子孑，蚊子的幼蟲。

〔2〕頑囂（ㄣˊ）：囂指愚蠢，頑囂指愚昧而頑固。

〔3〕枝離劬蹇：枝離又作「支離」，指形體不全；劬蹇指佝僂跛行。《莊子·人間世》：「夫支離其形者，猶足以養其身，終其天年。」

〔4〕項、楊：指項托和楊烏。項托為孔子師，十歲早夭。楊烏為早夭之人。《抱朴子外篇·自序》：「楊烏有夙折之哀。」

〔5〕七經：指儒家的經典：《詩經》、《易經》、《儀禮》、《左傳》、《公羊傳》及《論語》。

〔6〕衡巷：指平民居住的里巷，這裡泛指民間。

〔7〕妍媸：指美醜。

〔8〕子貢不能悅錄馬之野人：子貢不能夠取悅扣馬的村民。《呂氏春秋·必己》：「孔丘行道而息，馬逸，食人之稼。野人取其馬。子貢請往說之，野人不聽。有鄙人始事孔丘者請往說之。其野人大悅，解馬而與之。」

〔9〕古公不能釋欲地之戎狄：古公，指周先祖古公亶父。古公亶父不能解勸想要地盤的西方戎狄民族。《孟子‧梁惠王下》：「昔者，太王（古公）居邠，狄人侵之。去之，岐山之下居焉。」

〔10〕章甫不售於蠻越：章甫帽不能在蠻越一帶賣出。章甫：指古代的一種禮帽。《莊子‧逍遙遊》：「宋人資章甫適諸越，越人斷髮文身，無所用之」。

〔11〕赤舃（ㄒㄧˋ）不用於跣足：鞋子不被赤腳的東夷民族所用。赤舃，本為君王的鞋子，這裡泛指好鞋。

〔12〕須蔡墨而後辨：蔡墨，春秋時人，善於辨識龍。《左傳‧昭公二十九年》：「龍見於絳郊。魏獻子問於蔡墨，……對曰：……古者畜龍，故國有豢龍氏」。

譯文

有人說：皇天最為神明，賦予人們的生命應是平均的，為何讓那王子喬、赤松子之類平凡的人能稟受不死長壽，而周公、孔子等大聖人卻無長生久視的福氣呢？

抱朴子說：壽命的長與短，其實都是由他們自身的逢遇所至所定的；當稟受生氣，結為胚胎時，就各自有星宿。上天之道是無所強求，一任事物自然發生發展的，沒有什麼親近或疏遠之分，也沒有什麼彼此之別。壽命屬於長生的星宿，那此人就必定愛好神仙道術。愛好神仙道術者，追求仙道也必定能修得。壽命屬於死亡的星宿，那此人也就不會相信神仙道術，不相信神仙道術，也應不會自去修煉仙道了。

至於人所喜愛的好與不好，區別在其所稟受持領的天性，禍福的轉移、變易，給予或棄奪，並不是上天所能決定的。這好比金屬石頭銷溶於冶煉的爐中，瓦製器皿成器於煉製的陶

灶，它們雖皆因有火才能成形，但銅鐵器物的鋒利與否，缸碗的正圓歪邪，都是由於所逢遭遇的好壞決定的，並非是由於煉製爐灶的原因。

有人非難說：良工巧匠所製作的器物，均是經過他們的雙手而成。上天有神明，有何所不能做到的事呢？您卻說人的生命各自有所逢遇，不是上天所能製作而成的。對此，愚笨的我感到甚為困惑，也不敢苟同您這看法。

抱朴子答道：天地之初，渾沌茫茫，剖而為二，清氣濁氣相互陳列，有的上升運動，有的下降安靜，那天地對此也不知道為什麼會如此。萬物所感受的元氣也是很自然的，與天地一樣各自作為一種事物而存在，只是成形有先有後，形體有大有小不同而已。由於有天地的巨大，所以才覺得萬物渺小；也由於有萬物的渺小，所以才覺得天地巨大。而且，人的腹腔和背部雖然包圍了五臟六腑。

但五臟六腑卻不是由腹腔和背部所製作的；肌膚雖然纏繞包裹著血氣，但血氣也不是肌膚所創造的。

天地雖囊括了萬物，但萬物卻不是天地所製作的。譬如草木是因有山林而萌發繁茂，但山林並沒有什麼作為；魚鱉是因有水澤依托而產出繁育，但水澤卻沒什麼努力。世俗人看見天地的巨大，萬物的渺小，因而就說天地是萬物的父母，萬物是天地的子孫。那虱子生在我的身上，豈能說虱子是我所創造的？虱子可能沒有我就不能生長，但我絕不是虱子的父母，虱子也並非是我的子孫。蠛蠓產育於醋酸裡，芝檽生長於山石木頭之間，孑孒滋生於污泥濁水中，翠蘿秀茂於松枝之上，但它們都不是這四種事物所創造的。萬物在天地之間充盈生長，難道與此理有什麼不同嗎？

上天有太陽、月亮、嚴寒與酷暑，人們有瞻望、平視、呼

出與吸進。以淺近道理比喻宏遠道理，以這種道理推導那種結論，人們自己尚不能知曉自己身體衰老、幼小及痛癢的緣故，那上天也不能知曉自己為何盈滿、虧損、禍災及吉祥的道理；人們不能使自己的耳朵和眼睛經常保持敏銳清亮，榮氣和衛氣也不會被阻斷，那上天也不能使日月不相互掩食，四季不偶爾失卻有序。

由此而論，長壽與夭折的事，結果實不在於天地；成仙與不成仙，也確實取決於人們所逢遇的星宿。

生我的是父親，懷我的是母親，他們尚不能使我身體形態必定適中，姿容顏色必定妖艷，性格必定平和，智慧必定高遠，多給我力氣，延長我壽命；從而有的矮小瘦弱，有的又黑又醜，有的又聾又瞎而愚昧頑固，有的形體不全而佝僂跛行。所得到的並不是所希望的，所希望並不是所得到的，何況天地是那麼遼闊呵！以父母的比方還是遠的，以我們自己身體來看，我們自己尚且不能使自身永遠壯實而不衰老，經常健康而不生病，喜怒不失宜當，謀略不會後悔。所以傳授生氣並形成形體的是父母，領受這一切而擁有它們的是我們自己的身體，其餘的就沒有比這更親近密切的了；可是，沒有誰能很好控制駕馭自己身體。父母已經不再能對我們有所損益了，那天地又何能知曉我們自己的命運呢？

倘若人都是天地所製作的，那人人都應是美好的而沒有邪惡的，都應成功而無失敗，各類眾多生命也都應沒有不遂心的事發生，項托和楊烏也就不會短命，像草木也不會有在春日凋零的悲劇了！您認為上天不能使孔子和孟子有長享人世的福分，更應知道人所稟持是有自然規律的，並不是天地所分解決定的。聖明作為道德，是道德的最高境界，上天如若能夠拿最好的品德給他們，卻又使他們了解得不全面，功業不能建立，

地位不能做霸王，壽命不能超過一百歲，這並非是上天有所作為的驗證吧！聖人的死亡，不是上天所殺；那聖人的生存，也不是上天所關照的。

聖賢不必長壽，愚者也不必夭折；善行沒有眼前的福佑，惡德也沒有眼前的禍災；生存沒有一定年壽，死亡也沒有一定常規。有盛大德行的哲人，卻像是只開花而不結實；但像竇公那般凡夫俗子，年壽卻幾達二百。伯牛患上了痼疾，子夏喪失了視力；而盜蹠極為凶險卻活到白頭，莊蹻極其邪惡也長壽而終。上天的無所施為，由此也可看明白了。

有人說：孔子曾說過自古以來人皆有死；老子講過神仙是可以學成的。可見聖賢的言論，是真實而有證據的；但道家的說教就顯得既荒誕又難於應用。

抱朴子說：孔子，是儒家的聖人；老子，則是得道的聖人。儒家的說教淺近而易於看清，所以學習的人就多；道家的意旨宏遠難以辨識，所以通達的人就少。道家，是萬象成類的源頭；儒家，是淳厚時代的支流。三皇五帝以前，是以道家學說來治世的；自有帝王以來，才以儒家學說來教化。凡論談世事的人都知道遠古時代的敦厚淳樸，而看不起末世風俗的浮淺離散。那又為何唯獨看重孔子而輕視老子呢？

這真是賞玩大樹末梢枝尖的華美，而不知曉樹梢枝葉還賴於它所生的根本。這與那些看重明珠而輕視深淵，酷愛和氏璧玉而厭惡荊山的人又有何區別呢？他們不知道深淵就是明珠生長的環境，荊山就是和氏玉璞出產的地方。況且養性修身，還僅是道家的小技，禮樂制度，也只是儒家的末節。人們之所以看重儒家，是因為它能改變風俗，不僅是打躬作揖，回轉周旋；人們之所以尊重道家，是因為它能不再多說而在實幹，默默地同化與施行，不只是修身養性這一件事。如若儒道兩家真

有先進或後進的區分的話，那孔子未必可一味相信，老子也未必可單獨任用。

孔子既然尊敬問詢老子，願意將自己與老子、彭祖相比，自己又說知道魚和鳥，但不能辨識龍，將老子比喻為龍，這正是他心裡佩服老子的言辭，而不是虛情假意的敷衍。這正與顏回佩服孔子所說，老師之道，看似在前，又忽在後，越鑽研它越覺深奧，越抬頭看它越覺更高，並沒有什麼差別呵！

有人說：昔年孔子親自見過老子，但沒有跟從他學習道術，這是什麼原因呢？

抱朴子說：以這一點來看，更加看清明了人們所稟持自然的命運，所崇尚所反映出的不可改易的天性。孔子知道老子玄虛微妙，高貴奇特，但不能吸取他的清靜無為，以大道為本源，以超脫到無形物體之外，以深入到最高道術之內；而他所咨詢所接受的，只不過是民間的小事而已，又怎能請到求得神仙法術呢？想來他那急急忙忙的良苦用心，只能專用於教育感化民眾，而不能用於方技法術了。

孔子雖在民間世務上是一聖人，但卻不能靜謐玄思，沉默幽冥，無所施為，自我持守。所以老子曾告誡他說：精明商賈深藏不露，貌似虛空，謙虛君子德行盛隆，大智若愚，您應當去卻除盡高傲驕氣與眾多慾念，自滿情態與過分志向，因為這些對您身體都是沒有益處的。

從此可足以知道孔子不能免除世俗情態，並不是學仙成道的人。而是成天碌碌忙忙，力爭匡正時事，對上為鳳凰鳴叫而悲哀；對下為瓠瓜無用而感嘆，想賣又怕賣不出去，無限感慨地想去駕馭車馬，但又怎肯捨棄經時營世的功業，而去修身養性，祈求長生之道的迂遠空闊呢？

有人又說：儒道兩家的事業，哪家困難哪家容易呢？

抱朴子回答道：儒家，看似容易卻很困難；道家，則看似困難卻很容易。拋棄交往，委離妻兒，謝絕榮耀功名，損減利益官祿。眼睛要能割捨輝煌燦爛色彩；耳朵要能抑制鏗鏘有力聲響。安於恬靜淡泊，善於獨自恃守；若謗毀橫來而不致悲戚，榮譽頓至而不會狂喜；目睹顯貴不生慾念，身居低賤不以為恥，這一切都是道家的困難之處。而另一方面是，家門外沒有什麼慶賀哀弔的期望，家門內沒有什麼贍養探視的責任。不必在儒家「七經」中使神思辛勞，不須在樂律曆法上讓思慮不寧；意念不涉及推測天文曆法的艱苦，心思不牽掛文章經典的使役；眾多煩務既已損減，中和元氣自然增益，無所施為，無所憂慮，不必驚恐，不必戒備，這一切又都是道家的容易之處。這也正是所謂的「難中有易」呵！

而儒家所修所煉的，皆係遵章循法陳規舊習的事情，出仕隱退均有法則，言語沉默須隨時宜；要尋師長，只要依循一間間屋子走去就可尋到，要讀詩書，只要遵照一個個解注讀去就可釋疑，這一切又是儒家的容易之處。要鉤取深奧道理，促使遠方事理來到近前，靈活引證《三墳》、《五典》，完全精通《河圖》、《洛書》紛繁典籍，博採眾多百家學說。德行，在平民居住裡巷有口皆碑；忠貞，在侍奉國君朝堂盡情展現。抬頭仰望就會神思飛馳在天空萬象中，俯身環視就會思維運轉在人間風雲裡。而一件事不明瞭，那也會所幹的事都不通順；一句話不精當，那也會褒貶的話都不分明。舉手投足，都成為世人法則；開口動唇，便將為天下流傳，這一切又是儒家的困難之處。這也正是所謂的「易中有難」呵！

若實實在在地對儒道二家加以評論，儒家功業繁多而艱難，道家思想簡約而容易。我由於害怕儒家的艱難，所以將捨棄儒家而追隨容易的道家。現世上譏諷我的人，比比皆是；而

第四章 葛洪《抱朴子‧內篇》內含丹道養生（內附注釋、譯文）

可理解我的人，卻還沒有見到。倘若有志同道合的人，哪怕是存在於將來，那我也不會認為是稀少的呵！

又有人說：我見過知名的高士，博聞的大儒，以及足以窮盡事理物性、研究考核有無的人實在夠多的了，但都沒有談到壽命可以延長，求仙可以成功的。先生，您的光明不能與日月相匹，思慮也不能超過一萬人，而您卻大講長生不死之道。對此我確實不敢相信您呢！

抱朴子說：我是一個凡夫俗子，才疏學淺，見識淺薄，孤陋寡聞，怎敢自吹出類拔萃，見解獨到，各個方面都超過了世人呢？只不過我曾從顯露事物追求到隱秘事理，從容易現象獲得了困難結論。在小試驗中驗證過，才知道它大有效用，看清了已發生的問題，就推知了還沒試驗過的情況罷了。而世上不相信天地間有神仙的人，又不肯去探求。一般說來，人們凡有了經紀俗務的才能，獨當一面的技能，旁及觀覽了古籍和幫助教化的書，以此來判斷人間淺近和容易事理，辨析凡俗世人的疑惑，就以為眾人所疑惑的，他自己都能獨自論斷，徵兆還沒有顯現的，他自己也能預先發現。

這說明自己對於萬事萬物的情理，沒有不窮盡的了，幽深昏暗的道理，沒有不了解的了，自認為沒有神仙，神仙就一定沒有了。他們從來就是這樣自信頑固。

我每每發現俗氣的儒生，忙忙碌碌，拒不相信神仙學說，都犯有共同的毛病：略有聰明，但偏頗拘束，並以小聰明而自我拖累，不肯去探索自身就處在極其昏暗無知境地，乃至全然不能區分大豆與小麥。憑著以小管窺探事物的狹隘見解，而獨自堵塞住自己聰明才智尚未達到的境界。這與用七尺的汲繩去提取一百仞的深井，不察覺自己的繩子太短，反而說井中無水者有什麼區別呢？

世俗人中有聽到狂風烈火的聲音，就說上天冬季也會打雷；看見遊動彩雲向西浮行，就說月亮在向東飛馳。人們有時告訴他們真相，他們卻始終不覺悟也不相信。這種人，太過分相信他自己了呵！

凡是聽到聲音的人，沒有不相信自己耳朵的；看見形體的人，沒有不相信自己眼睛的。但是，有時所聞所見也會似是而非的，既然如此，那就連自己的耳朵眼睛，也的確還不能完全相信。何況心思的運行軌跡既沒有形體，又沒有聲音，它難於明察，比視、聽還要更厲害；這樣，用自己心中所感受到的，去判定世間很深遠的事理，就認為神仙是假話，難道不是很不全面的嗎？

抱朴子說：美與醜有一定區別，但因人的愛憎就會有感情差異，所以，兩個人的眼睛感受也會出現不同；雅樂、鄭樂有不同的性質，但喜好厭惡的標準有別，所以，兩個人的耳朵聽覺也會出現不同；真實、虛假是不同的品質，但吸取和捨棄也可因道德不同而各不一致，所以，兩個人的心也不會心心相映。將醜陋的看為美麗的人是有的，將混濁的當成清澈的人也是有的，將失誤的視作成功的人也是有的。這三者的區別截然不同，昭然可辨。

然而，像這般簡單的差異，彼此之間尚且始終沒可能得到統一，又何況神仙的事情乃是事物中最為奇妙的，要想讓人人都相信，按道理講確是沒有可能的。

倘若要讓所有凡人都知道這一切的話，那麼通達之士又有何可貴之處呢？倘若要等到所有俗人都平息那一切狂妄言論的話，就是等到黃河都變清澈了也不算長久。我之所以不能沉默的原因，是希望對那些拉一拉可上來，推一推可下去的人加以引導；至於那些不可變易改移的人，古人早已拿他們已沒辦法

第四章　葛洪《抱朴子·內篇》內含丹道養生（內附注釋、譯文）

了呵！

抱朴子又說：最好的道理不容易明瞭，神仙的學說不被人們相信，這由來已久，哪裡只是今天呢？最上等的人自然知曉它；對稍次一等的人，告訴他們後可醒悟；對那一聽道理就哈哈大笑的人，就比比皆是了。

我談到此，大概將會引起很多失敗的後悔，會招致一些失言的錯誤吧！是呵，凡是事物沒有被人贊同的話，就必然會有中傷的人到來。那盛明的陽氣不能使枯朽的樹木再度繁茂起來，神奇的明智不能改變墮落的天性，子貢不能取悅於扣下馬匹的鄉民，古公不能說服那欲奪地盤的戎狄民族；實在的道理有說不通的地方，美好的言論有行不通的時候。

莊重的章甫冠不能在披頭散髮的越地出售，高貴的鞋子不能被赤著腳板的東夷民族穿用，這怎麼能夠強求呢？看到玉卻指著它說是石頭，這並非玉不是真的，只有等到和氏來後才會辨識；看到龍卻命名它說是老蛇，這並非龍不神奇，只有等到蔡墨來後才會區分。

之所以道是可貴的，是因為得道者被表揚不會使他有所增益，受詆毀不會使他有所減損；之所以德也是可貴的，是因為有德者聽到詆毀不會悲哀，見到榮譽不會喜悅。別人真從心底認為天下必定沒有神仙存在，但唯獨我卻認為神仙確實有而與他爭辯，爭辯得越久，而別人堅持得越固執，於是便白白地助長了矛盾與分歧，但對於他的不了解也沒有什麼補救，如此看來，我是否真的應當遵從昔年齊王後以砸破玉石連環的辦法，來解決那些難以辯解的意見呢？

卷八　釋滯

原　文

或問曰：人道多端，求仙至難，非有廢也，則事不兼濟。藝文之業，憂樂之務，君臣之道，胡可替乎？

抱朴子答曰：要道不煩，為所鮮耳。但患志之不立，信之不篤，何憂於人理之廢乎？長才者兼而修之，何難之有？內室養生之道，外則和光於世，治身而身長修，治國而國太平。以《六經》訓俗士，以方術授知音，欲少留則且止而佐時，欲升騰則凌霄而輕舉者，上士也。自恃才力，不能並成，則棄置人間，專修道德者，亦其次也。

昔黃帝荷四海之任，不妨鼎湖之舉；彭祖為大夫八百年，然後西適流沙。伯陽為柱史，寧封為陶正，方回為閭士，呂望為太師，仇生仕於殷，馬丹官於晉，范公霸越而泛海，琴高執笏於宋康，常生降志於執鞭，莊公[1]藏器於小吏……。古人多得道而匡世，修之於朝隱，蓋有餘力故也。何必修於山林，盡廢生民之事，然後乃成乎？

亦有心安靜默，性惡喧嘩，以縱逸為歡，以榮任為戚者。帶索襤褸，茹草操耜，玩其三樂，守常待終，不營苟生，不憚速死，辭千金之聘，忽卿相之貴者。無所修為，猶常如此，況又加之以知神仙之道，其亦必不肯投身於世矣，各從其志，不可一概而言也。

抱朴子曰：世之謂一言之善，貴於千金，然蓋亦軍國之得失，行己之臧否耳。至於告人以長生之訣，授之以不死之方，非特若彼常人之善言也，則奚徒千金而已乎？設使有困病垂死，而有能救之得癒者，莫不謂之為宏恩重施矣。今若按仙經，飛九丹，水金玉，則天下皆可令不死，其惠非但活一人之

功也。黃、老之德，固無量矣，而莫之克識，謂為荒誕之言，可嘆者也。

抱朴子曰：欲求神仙，唯當得其至要。至要者，在於寶精、行氣，服一大藥便足，亦不用多也。然此三事，復有淺深，不值明師，不經勤苦，亦不可倉卒而盡知也。

雖云行氣，而行氣有數法焉；雖曰房中，而房中之術，近有百餘事焉；雖言服藥，而服藥之方，略有千條焉。初以授人，皆從淺始，有志不怠，勤勞可知，方乃告其要耳。故行氣或可以治百病，或可以入瘟疫，或可以禁蛇虎，或可以止瘡血，或可以居水中，或可以行水上，或可以辟飢渴，或可以延年命。其大要者，胎息[2]而已。

得胎息者，能不以鼻口噓吸，如在胞胎之中，則道成矣。初學行氣，鼻中引氣而閉之，陰以心數至一百二十，乃以口微吐之，及引之，皆不欲令己耳聞其氣出入之聲，常令入多出少，以鴻毛著鼻口之上，吐氣而鴻毛不動為候也。漸習轉增其心數，久久可以至千。至千則老者更少，日還一日矣。

夫行氣當以生氣之時，勿以死氣之時也。故曰仙人服六氣[3]，此之謂也。

一日一夜有十二時，其從半夜以至日中六時為生氣；從日中至夜半六時為死氣。死氣之時，行氣無益也。善用氣者，噓水，水為之逆流數步；噓火，火為之滅；噓虎狼，虎狼伏而不得動起；噓蛇虺，蛇虺蟠而不能去。若他人為兵刃所傷，噓之血即止；聞有毒蟲所中，雖不見其人，遙為噓祝我之手；男噓我左，女噓我右，而彼人雖在百里之外，即時皆愈矣。又中惡急疾，但吞三九之氣[4]，亦登時差也。但人性多躁，少能安靜以修其道耳。

又行氣大要，不欲多食，及食生菜肥鮮之物，令人氣強難

閉。又禁恚怒，多恚怒則氣亂，既不得溢，或令人發咳，故鮮有能為者也。予從祖仙公，每大醉，及夏天盛熱，輒入深淵之底，一日許乃出者，正以能閉氣胎息故耳。

房中之法十餘家，或以補救傷損，或以攻治眾病，或以採陰益陽，或以增年延壽，其大要在於還精補腦之一事耳。此法乃真人口口相傳，本不書也。雖服名藥，而復不知此要，亦不得長生也。人復不可都絕陰陽，陰陽不交，則坐致壅閼之病，故幽閉怨曠，多病而不壽也。任情肆意，又損年命。唯有得其節宣之和，可以不損。

若不得口訣之術，萬無一人為之而不以此自傷煞者也。玄、素、子都、容成公、彭祖之屬[5]，蓋載其粗事，終不以至要者著於紙上者也。志求不死者，宜勤行求之。

余承師鄭君之言，故記以示將來之信道者，非臆斷之談也。余實復未盡其訣矣。一塗之道士，或欲專守交接之術，以規神仙，而不作金丹之大藥，此愚之甚矣。

抱朴子曰：道書之出於黃、老者，蓋少許耳，率多後世之好事者，各以所知見而滋長，遂令篇卷至於山積。古人質樸，又多無才，其所論物理，既不周悉，其所證按，又不著明，皆闕所要而難解，解之又不深遠，不足以演暢微言，開示憒悽[6]，勸進有志，教戒始學，令知玄妙之途徑，禍福之源流也。徒誦之萬遍，殊無可得也。雖欲博涉，然宜詳擇其善者，而後留意，至於不要之道書，不足尋繹也。

末學者或不別作者之淺深，其於名為道家之言，便寫取累箱盈筐，盡心思索其中。是探燕巢而求鳳卵，搜井底而捕鱔魚，雖加至勤，非其所有也，不得必可施用，無故消棄日月，空有疲困之勞，於無錙銖之益也。進失當世之務，退無長生之效，則莫不指點之，曰：彼修道如此之勤，而不得度世，是天

下果無不死之法也；而不知彼之求仙，猶臨河羨魚，而無網罟，非河中之無魚也。

又五千文雖出老子，然皆泛論較略耳。其中了不肯首尾全舉其事，有可承按者也。但暗誦此經，而不得要道，直為徒勞耳，又況不及者乎？至於文子、莊子、關令、尹喜之徒[7]，其屬文筆，雖祖述黃、老，憲章玄虛，但演其大旨，永無至言。

或復齊死生，謂無異以存活為徭役，以殂歿為休息，其去神仙，已千億里矣，豈足耽玩哉？其寓言譬喻，猶有可採、以供給碎用，充御卒乏，至使末世利口之奸佞。無行之弊子，得以老、莊為窟藪[8]，不亦惜乎？

或曰：聖明御世，唯賢是寶，而學仙之士，不肯進宦，人皆修道，誰復佐政事哉？

抱朴子曰：背聖主而山棲者，巢、許所以稱高也；遭有道而遁世者，莊伯所以為貴也；軒轅之臨天下，可謂至理也，而廣成不與焉；唐堯之有四海，可謂太平也，而偓佺不佐焉；而德化不以之損也，才子不以之乏也。天乙革命，而務光負石以投河；姬武翦商，而夷、齊不食於西山；齊桓之興，而少稷高枕於陋巷；魏文之隆，而干木散髮於西河。四老鳳戢於商洛，而不妨大漢之多士也；周黨鱗躊於林藪，而無損光武之刑厝也。

夫寵貴不能動其心，極富不能移其好，濯纓滄浪，不降不辱，以芳林為台榭，峻岫為大廈，翠蘭為綑床，綠葉為帷幕，被褐代袞衣，薇藿當嘉膳，非躬耕不以充飢，非妻織不以蔽身，千載之中，時或有之，況又加之以委六親於邦族，捐室家而不顧，背榮華而棄跡，絕可欲於胸心，凌嵩峻以獨往，侶影響[9]於名山，內視於無形之域，反聽乎至寂之中，八極之內，將遽幾人？而吾子乃恐君之無臣，不亦多憂乎？

或曰：學仙之士，獨潔其身而忘大倫之亂，背世主而有不

臣之慢，余恐長生無成功，而罪罟將見及也。

抱朴子答曰：夫北人、石戶、善卷、子州[10]，皆大才也，而沉遁放逸，養其浩然，升降不為之虧，大化不為之缺也[11]。況學仙之士，未必有經國之才，立朝之用，得之不加塵露之益，棄之不覺毫釐之損者乎？方今九有[12]同宅，而幽荒來仕，元凱委積，無所用之。士有待次之滯，官無暫曠之職，勤久者有遲敘之嘆，勳高者有循資之屈；濟濟之盛，莫此之美，一介之徒，非所乏也。

昔子晉捨視膳之役，棄儲二之重，而靈王不責之以不孝；尹生委衿帶之職，違式遏[13]之任，而有周不罪之以不忠。何者？彼誠亮其非輕世薄主，直以所好者異，匹夫之志，有不可移故也。夫有道之主，含垢善恕，知人心之不可同，出處之各有性，不逼不禁，以崇光大，上無嫌恨之偏心，下有得意之至歡，故能暉聲並揚於罔極，貪夫聞風而忸怩也。

吾聞景風起則裘爐息，世道夷則奇士退，今喪亂既平，休牛放馬，烽燧滅影，干戈載戢，繁弱既韜，盧、鵲將烹，子房出玄帷而反閭巷，信、越釋甲冑而修魚釣，況乎學仙之士，萬未有一，國家吝此以何為哉？然其事在於少思寡慾，其業在於全身久壽，非競爭之醜，無傷欲之負，亦何罪乎？且華、霍之極大，滄海之滉瀁[14]其高不俟翔埃之來，其深不仰行潦之注，撮壤土不足以減其峻，挹勺水不足以削其廣，一世不過有數仙人，何能有損人物之靫掌乎？

或曰：果其仙道可求得者，五經何以不載，周、孔何以不言，聖人何以不度世，上智何以不長存？若周、孔不知，則不可為聖。若知而不學，則是無仙道也。

抱朴子答曰：「人生星宿，各有所值，既詳之於別篇矣。子可謂戴盆以仰望，不睹七曜之炳粲；暫引領於大川，不知重

淵之奇怪也。夫五經所不載者無限矣，周、孔所不言者不少矣。特為吾子略說其萬一焉。雖大笑不可止，局情難卒開，且令子聞其較略焉。夫天地，為物之大者也。」

九聖共成《易經》[15]，足以彌綸陰陽，不可復加也。今問善《易》者，周天之度數，四海之廣狹，宇宙之相去，凡為幾裡[16]？上何所極，下何所據，及其轉動，誰所推引，日月遲疾，九道所乘[17]，昏明脩短，七星迭正[18]，五緯盈縮[19]，冠珥薄蝕，四七凌犯[20]。慧孛所出，氣矢之異，景老之祥，辰極不動，鎮星獨東，羲和外景而熱，望舒內鑒而寒[21]。天漢仰見，為潤下之性；濤潮往來，有大小之變；五音六屬，占喜怒之情；雲動氣起，含吉凶之候。攙、槍、尤、矢，旬始絳澤[22]，四鎮五殘，天狗歸邪[23]，或以示成，或以正敗。明《易》之生，不能論此也。

以次問《春秋》四部，《詩》、《書》、三《禮》之家，皆復無以對矣。皆曰：悉正經所不載，唯有巫咸、甘公、石申、《海中》、《郤萌》、《七曜》[24]記之悉矣。余將問之曰：六家之書，是為經典之教乎？彼將曰：非也。余又將問曰：甘、石之徒，是為聖人乎？彼亦曰：非也。然則人生而戴天，詣老履地，而求之於五經之上則無之，索之於周、孔之書則不得，今寧可盡以為虛妄乎？天地至大，舉目所見，猶不能了，況於玄之又玄，妙之極妙者乎？

復問俗人曰：夫乘雲繭產之國，肝心不朽之民，巢居穴處，獨目三首，馬間狗蹄，脩臂交股，黃池無男，穿胸旁口，廩居起石而泛土船，沙壹觸木而生群龍，女媧地出，杜宇天墮，髲飛犬言，山徒社移，三軍之眾，一朝盡化，君子為鶴，小人成沙，女丑倚枯，貳負抱桎，寄居之蟲，委甲步肉，二首之蛇，弦之為弓，不灰之木，不熱之火，昌蜀之禽，無目之

獸，無身之頭，無首之體，精衛填海，交讓遞生，火浣之布，切玉之刀，炎昧吐烈，磨泥漉水，枯灌化形，山蘷前跟，石脩九首，畢方人面，少千之劾伯率，聖卿之役肅霜，西羌以虎景興，鮮卑以乘鷩強[25]，林邑以神錄王，庸、蜀以流尸帝，鹽神嬰來而蟲飛，縱目世變於荊岫，五丁引蛇以傾峻，肉甚振翅於三海[26]。金簡玉字，發於禹井之側。《正機》、《平衡》，割乎文石之中。

凡此奇事，蓋以千計，五經所不載，周、孔所不說，可皆復云無是物乎？至於南人能入柱以出耳，御寇停肘水而控弦，伯昏躡億仞而企踵，呂梁能行歌以憑淵，宋公克象葉以亂真，公輸飛木鳥之翩翾，離朱睹毫芒於百步、賁、獲效膂力於萬鈞，越人揣針以蘇死，豎亥超跡於累千，郢人奮斧於鼻堊，促都袒身於寒天，此皆周、孔所不能為也，復可以為無有乎？

若聖人誠有所不能，則無怪於不得仙，不得仙亦無妨於為聖人，為聖人偶所不閒，何足以為攻難之主哉？聖人或可同去留，任自然，有身而不私，有生而不營，存亡任天，長短委命，故不學仙，亦何怪也？

注釋

〔1〕莊公：疑指莊周。

〔2〕胎息：是古代道士行氣方法。練功進入高深境界則呼吸異常微弱，生命僅靠丹田內的微弱呼吸維持，有如胎兒在母體呼吸一般，故稱「胎息」。

〔3〕六氣：指天地四時之氣。《莊子‧逍遙遊》：「若夫乘天地之正，而御六氣之辨。」

〔4〕三九之氣：當即「九三」，指腎間動氣。張伯端《西江月》：「二八誰家姹女，九三何處郎君」。《脈望》卷一：「換

骨煉形，使九三之陽長」。而腎間動氣為元氣之先，來自先天。

〔5〕玄女等：均是傳說中的房中術研究專家，據傳有《玄女經》、《素女經》、《子都經》、《容成經》、《彭祖經》各一卷。

〔6〕憤悱（ㄈㄟ∨）：心中冥思憋懣而難以表達。《論語‧述而》：「不憤不啟，不悱不發」。

〔7〕文子：老子的學生，曾著《文子》九篇。關令尹喜：關令，官名，管理關卡。傳說老子過函谷關，被關令名叫尹喜的強索所著書兩篇。尹喜自己也寫書一卷，名《關尹子》。

〔8〕窟藪（ㄙㄡ）：隱藏匿遁的山洞水澤。這裡指隱身之所。

〔9〕影響：這裡指自己的影子和回聲。

〔10〕北人、石戶、善卷、子州：古代高士。《莊子‧讓王》：「舜以天下讓北人無擇、石戶之農、善卷、子州支伯，皆不受。」

〔11〕升降：指盛衰。《尚書‧畢命》：「道有升降，政由俗革」。大化：指自然變化。《荀子‧天論》：「四時代御。陰陽變化」。

〔12〕九有：九州，指全國。

〔13〕式遏：《詩經‧大雅‧民勞》「式遏寇虐」。本指使惡人不得作惡，後來引申為做官建功。

〔14〕滉漾：深廣的樣子。

〔15〕九聖共成《易經》：傳統認為《易經》經伏羲、文王、孔丘修成。這裡可能再加上神農、黃帝、堯、舜、禹、湯六人，共「九聖」修成。

〔16〕凡為幾里：慎懋官《抱朴子》校本、《寶顏堂秘笈》本《抱朴子》作「凡幾萬里」。

〔17〕九道：月所行之道。《漢書‧天文志》：「月有九行者，黑道二，出黃道北；赤道二，出黃道南；白道二，出黃道

西；青道二，出黃道東」。王先謙補注：「月行青朱白黑道，各兼黃道而言。故又謂之九道」。

〔18〕七星：星宿名，屬南方朱雀宮。《史記・天官書》：「南宮朱鳥有七星」。《呂氏春秋・十二紀》：「季春之月，昏，七星中；孟冬之月，旦，七星中」。高誘注：「七星，南方宿，是月昏旦時皆於南方」。

〔19〕五緯盈縮：「五緯」指金木水火土五顆行星。《周易參同契》：「五緯錯順」。《漢書・天文志》：「凡五星早出為贏，晚出為縮」。贏通盈。

〔20〕四七：指二十八宿。古代天文學家將黃道的恒星分為二十八個星座，稱為二十八宿。

〔21〕景老：星名。《史記・天官書》：「景星者。德星也」。辰極：即北極星。《爾雅・釋天》：「北極謂之北辰」。羲和：日御，指日。望舒：古神話中月亮的御者，這裡代指月亮。

〔22〕攙、槍、尤、矢、旬始、絳繹：皆星名。《史記・天官書》：「歲星之精，生天攙天槍；又蚩尤之旗，類彗而後曲；枉矢，類大流星；旬始，出北斗旁，狀如雄雞」。絳繹：絳，赤紅色；繹，格繹。星名，其狀如火。

〔23〕四鎮：星名。《史記・天官書》：「四鎮星，所出四隅，去地可四丈；五殘星，狀如辰星，去地可六丈；天狗，狀如大流星，星尾有光類狗；如星非星，如云非云，名曰歸邪」。

〔24〕巫咸、甘公、石申：都是古代星占者。巫咸為殷代人，甘公、石申為春秋人。《史記・天官書》：「殷商，巫咸」，「在齊，甘公」，「魏，石申」《海中》、《郗萌》、《七曜》：均為占星書名。《漢書・天文志》引有甘氏、申氏《星經》；《漢書・藝文志》天文著錄《海中》等多卷；郗萌為後漢天文學家，主宣夜說，見《晉書・天文志》。

〔25〕鮮卑以乘鱉強：《後漢書‧東夷傳》：「夫余國，西與鮮卑接，北有弱水，地方兩千里。本歲地也。……」並載有一東明者「長而善射，王忌其猛，復欲殺之。東明奔走，南至掩淲水，以弓擊水，魚鱉皆聚浮水上，東明乘之得度，因至夫余而王之焉」。這裡所說的「鮮卑」，大概為「夫余」之誤。

〔26〕肉甚振翅於三海：肉甚，宋浙本《抱朴子》作「內甚」。《博物志外國》：「羽民國民，有翼，飛不遠。」故疑「內甚振翅於三海」係指「羽民國」之人。

譯文

有人問道：為人之道，可有多方面的選擇。而求仙成道卻非常困難，若不是有所放棄，那就不能都做得好。文章經典的研習，憂愁歡樂的事務，君王與臣子間的道義，怎麼可能替代呢？

抱朴子回答說：主要的道術並不繁瑣複雜，所要操作的事也很少。但只擔心的是志向不能確立，信心還不深厚，何必去憂患於廢棄人的義務呢？能力強的人既修人道，又習仙道，兼修並煉，並沒有什麼難處？對自己，珍惜養生之道；在外面，內蘊而不自顯於世。修身養性，就使自身得到涵養；治理國政，就使國家太太平平。用『六經』來教育凡俗世人，用道術來傳授給知音。若想要稍微滯留人世之間，就停留下來輔佐時政；若想要飛升天庭，就踏著雲霄輕身而去，這就是上等的得道之士。自己仗恃才華能力而不能全面成功者，便決意拋棄仙道而停留人間，去專門做道德修養單修儒學的人，這是次一等的。

昔年，黃帝肩負著天下重任，卻並沒妨礙他在鼎湖得道飛升；彭祖當了大夫，八百歲還西行到流沙國。老子李伯陽作過

周朝柱下史；寧封子任過黃帝時掌握制造陶器的官吏陶正；方回作過堯時掌管鄉裡的小官閭士；姜太公呂望在周時曾官居太師；仇生在殷湯時出任五行之官木正；馬丹在晉文侯時官至大夫；陶朱公范蠡輔助越國稱霸後乘舟泛海而去；琴高在宋康公時執笏為官；陰長生降格去為老師馬鳴生當奴樸執掌馬鞭；莊周先生深藏才華而嘗為蒙漆園吏……古代的人很多既學得道術又匡正世事，在朝廷中修身隱居，這大概是因有剩餘才力的緣故吧。何須非要在山林裡去修煉，完全廢棄人生的責任之後才能成功呢？

也有不少人內心恬靜安詳，生性厭惡喧囂熱鬧，將逍遙愉逸作為快樂，把恩榮委任當作悲哀。他們用繩索作衣帶，衣衫襤褸，吃野草，握鋤鍬，玩賞人生三種樂趣，保持清貧一世，等待人生終結，不經營苟且生存，不害怕早到死亡，謝絕千金重聘，忽視卿相高位，無所修煉，無所施為，凡人尚且常常如此，何況又加上明白了神仙道術，那他們一定不肯在人世間使自身受到勞役了。人生各有所術，各有所志，不可一概而論。

抱朴子又說：世人常說，一句話的可貴，比千金還珍奇。然而，這話大概也不過是指軍國大事的成敗、自身立命的得失罷了。至於將長生的訣竅告訴別人，將不死的方術傳授他人，有僅像世俗凡人說的那些好話，又豈止價值千金而已呢？假若有人因困頓病痛得將要死去，而又有能救活並使他痊癒的人，沒有誰不說這是宏大的恩德、厚重的施與呵！今若能按照神仙經典，飛煉九轉神丹，將黃金玉石煉成水，那就能使天下的人都免於死亡，這種恩惠就不止是使某一個人存活的功德了。黃帝、老子的恩德確實無法估量，然而對此沒有誰能真正辨識，還認為這是荒誕的言論，這實實令人可嘆呵！

抱朴子說：想追求神仙之道，應當真正學到它的最主要旨

趣。這旨趣就在於寶藏精蘊，行氣和服食仙丹大藥便足夠了，也不用更多的要求。但這三件事又有了解掌握深淺的差別，若沒有得到好的老師指導，不經過辛勤艱苦修煉，也不可能在倉猝之間便能盡皆知曉。

即以行氣來說，便有好幾種行氣方法；若談房中之術，那房中術就有一百多種；再說服食藥物，它的服食方法粗略統計也有上千來條。若起初以這些方術來傳授他人，都可從淺顯的來開始傳授，這人若有志向，從他勤勞努力就可顯現，那方可告訴其要旨。

至於行氣，有的可以用來治療百病，有的可以用來防禦瘟疫，有的可以用來禁制毒蛇猛虎，有的可以用來止住瘡口流血，有的可以用來深居水中，有的可以用來行走水上，有的可以用來避免飢渴，有的可以用來益壽延年。那其中最主要的，乃是「胎息」而已。

學得胎息的人，能夠不用鼻子和嘴來噓氣吸氣，如同在胞胎之中呼吸，胎息術就算學成了。開初學習行氣時，以鼻腔吸引元氣，然後再閉氣，並暗地裡用心數到一百二十下後，才用嘴微微吐氣。在吐氣和吸氣時，都不能讓自己的耳朵聽到吐氣和吸氣出入的聲音，並應經常進氣多而出氣少，可用鴻雁的羽毛放在鼻腔嘴唇上，再觀察吐氣時羽毛不動作為標準，逐漸練習，閉氣用心數的數也應逐漸增加，時間長可以增加到一千下，到了一千次的時候，就能使老人返回少年，一天比一天年輕。行氣時，還應當在「生氣」的時候，而不能在「死氣」的時候。所以說仙人服食六氣，說的就是這個意思。

一天一夜有十二個時辰，從半夜到正午的六個時辰叫做「生氣」，從正午到半夜的六個時辰名叫「死氣」。在死氣的時候，行氣是沒有益處的。善於行氣的人，用氣噓水，水可因此

而倒流幾步；噓火，火可因此而熄滅；噓虎狼，虎狼會匍匐而不能行動躍起；噓毒蛇，毒蛇會盤曲而不能逃去。

倘若有人被兵器所刺傷，噓氣後流血則可立即中止；聽說有人被毒蟲咬傷，雖然沒有見到這個受傷的人，遠遠地噓氣並禁咒自己的手，若受傷者是男性就噓自己的左手，女性就噓自己的右手，這樣，那受傷害的人雖在百里之外，頓時也可痊癒。若有患屬害急症的，只要吞食腎間動氣，也立即痊癒。但是，現在很多人性情浮躁，很少有人能安靜地修煉這種道術罷了。

再就是，運行元氣最主要的，是不應當吃得太多，和吃生蔬菜和肥厚新鮮的食物。因為這些食物可使元氣強烈而難以閉守。還應禁忌發怒，怒氣若多，元氣就會紊亂，既不能使元氣泄溢，有時還會使人咳嗽，所以很少有人能修煉成功。我的先祖葛仙公，每當大醉和夏天甚熱時，就潛入深淵底部，一天多方才出來；這正是因為他能閉塞元氣，進行胎息的緣故。

房中術有十多個專類，有的用來補救損傷，有的用來治療百病，有的用來採集陰精，有的用來增益陽氣，有的用來增年延壽，它的關鍵在於歸還精蘊、補養腦髓這一件事而已。這種道術乃是得道的真人用口耳相傳授，本不應該寫出來。雖然服食著名藥物，卻不懂得其要點，那也不能長生不老。人們不能完全斷絕陰陽交接，陰陽不交接，就會引起閉塞不通的毛病。所以，男女不接觸，妻子無丈夫，丈夫無妻子，都會造成多病而不長壽。但若放縱情慾，又會減損壽命。只有得到節制宣導的中和方式，才可能不損傷身體。

如若沒有獲得口頭妙傳的方術，那施行的人中不傷害自身者，一萬個人裡也不會有一個。玄女、素女、子都、容成公、彭祖之類，大致都在他們的著作裡粗略地記載了房中術，但他

們始終不會將其最重要的內容寫在書上。立志於追求長生不死法術的人，應當勤奮不懈地施行追求。

我秉承師尊鄭君先生的教誨，所以記下這些，用來出示給以後的信道者閱讀，絕不是主觀的胡言亂語。但我實在還沒有學好，沒有透徹理解這些口訣，只是學習一種道術的求道者。如若只想持守男女交媾的法術去追求神仙之道，而不去製作金丹之類大藥，那實在是太愚笨呵！

抱朴子說：道教的書籍出自於黃帝、老子的，大概只是極少數而已，一般的多為後世的好事之徒，各自用其所了解的、所聽見的東西來滋生編造並依附偽托於黃帝、老子名下，以至於形成此類書籍多到堆積如山。

古人質樸，大多沒有文章才華，他們所談論的事物情理，既不周詳完備，有所證據，又不顯著明確，都缺乏要旨而難以索解；就是索解也不深入，不能夠充分宣播暢達其微言大義，以啟發人們心中冥思懣懑、想說又難以說出的話，鼓勵激發有志的人，教育勸誡初學者，使他們了解知曉玄妙的途徑，禍福的源流。因此，就是背誦它一萬遍，那絕對也是毫無收穫的。有人雖是想廣博涉獵，但仍應該周詳地選擇其中好的，然後加以專心深入學習；至於有些不重要的道教書籍，就不值得去尋覓探索研究了。

有的膚淺學道者，不能區別作者所著的深淺，對那些只要是名為道家的言辭，便不加區分地抄錄並收藏得滿箱滿筐，一心一意地在書中思索。這好比是在那燕子巢穴裡去尋求鳳凰蛋，搜求井底去捕撈鯉魚一樣，雖然倍加勤奮，但所得非所求，所求又非所用，結果是無緣無故地消磨浪費了歲月，白白地疲乏困頓辛勞，沒有一絲一毫效益。

往前看，沒有經營世事的能力；往後看，又沒有長生不死

的成效。這樣就沒有誰不指指點點地說道：他修煉道術如此勤奮，結果還是不能超世脫塵，這說明天下果然沒有什麼長生不死的仙法。然而，說者卻不知那人所謂的求仙，猶如俯著身子看著河水，只是羨慕游魚，卻沒有漁網，並不是河裡沒有魚兒一樣。

還有那雖出自於老子《道德經》的五千言，但都是些泛泛的議論和較為簡約的方略而已，其中完全不肯自始至終地和盤托出事理，提出可供遵循的做法。若只是暗暗背誦死讀此類經書，卻不得主要道術，結果也是徒勞無益罷了，又何況那些不及老子的書呢？至於文子、莊子、關令尹喜之流，他們的文筆雖然遵循黃帝、老子筆法，取法玄妙虛無，但只是演示其主要意旨，完全沒有至理名言。

還有一些書將死亡和生存等同為一，聲稱生存與服勞役沒有什麼差別，而將死亡看成休息，它們與神仙之術相距已有千萬裡，哪裡值得去深入玩賞呢？至於它的那些寓言比喻，還有可供借鑒之處，以備零碎之用，充當倉猝間的缺乏，至使世道衰落的時候，讓那些伶牙俐齒的小人，沒有品行的壞蛋，得以借老子、莊子為掩飾，豈不可惜嗎？

有人說：聖明的君主治理國家，只珍視賢才為寶，但學習仙道的士人，都不肯進身做官，若人人均去修煉道術，那又有誰來輔佐國政呢？

抱朴子說：背棄聖明君主而到山林隱居的人，是巢父、許由都稱道的；適逢清明盛世但卻躲避遁世的人，是莊伯所看重的；軒轅黃帝君臨天下的時候，可說是天下大治，但廣成子卻不參與治理政事；唐堯擁有四海的時候，也可謂天下太平，但偓佺卻不輔佐而避世修道。這時德澤教化不因此而遭到減損；有才華的賢人不因此而造成匱乏。殷成湯推翻夏代，但務光卻

背著石頭自沉於黃河；周武王翦滅商朝，但伯夷、叔齊卻絕食在西山；齊桓公興盛稱霸，但小臣稷高臥於窮街陋巷而拒不相見；魏文侯國運興隆，但段干木卻散髮雲遊於西溝而不肯為相。商山四皓像鳳凰一般隱匿在商山洛水，也不會妨礙大漢朝的士人眾多；逸民周常似麒麟一般傲世獨立於山林水澤，也無損害於漢光武帝的刑律法制。

那寵幸顯貴不能打動他們的心，極其富有也不能改變他們的愛好，在滄浪之水中洗滌帽纓，不降低他們身份，不辱沒他們大志；以蕩林野草為歌台舞榭，崇山峻嶺為高樓大廈，青翠蘭草為褥墊床鋪，碧綠樹葉作天然帷幕，披著褐衣代替華貴龍袍，野菜豆葉當成美味佳餚；若不是親自耕作的就不用來填充飢腸，如不是妻子織的布便不用來遮蔽身體的人，在千年之中，不時則有一些的。

何況又加上在家族中拋棄親人，有損於家庭而不顧及，背棄榮華富貴如同丟棄自己腳印，在心胸內斷絕各種私慾，登上高峰而獨來獨往，在名山中以自己的身影和回聲為伴侶者。對內看到沒有形跡的領域；反轉來聽見最寂靜的境界。這種人在宇宙之中，又有幾個人呢？而您竟然恐怕君主會沒有大臣，不是太多慮了嗎？

有人說：學習神仙的士人，只顧獨善其身。自身高潔而忘卻了根本倫常已被擾亂，背叛國君而有了不稱臣下的輕慢，我擔心長生不死還沒有學習成功，而罪網便即將來到。

抱朴子回答說：北人、石戶、善卷、子州等古代高士，都是才能很高的人。他們卻沉匿隱遁，隨心所欲，修養自己的浩然之氣，世道衰盛不因此而虧損，自然變化不因此而缺失。何況學習仙道的士人，未必都具有經營管理國政的才華，身居朝貴的價值。得到他們，不會增加灰塵露珠那樣小的益處；放棄

他們，也不會覺得有一絲一毫的損失呢？當今，九州如同一家，緜遠八芒的人都來爭相為官，英才堆積，無處使用。士人有排隊等候為官的阻滯，官吏卻沒有暫時空缺的職位；勞勤的人有進職太慢的感嘆，功高的人有論資排輩的委屈；人才濟濟的盛況，沒有哪個時代能與此刻相媲美，一兩個匹夫不出仕為官，決不會造成什麼人才缺乏。

昔年，周靈王太子子晉捨棄侍養君父的職事，丟掉法定繼承人的重任，但周靈王卻不責怪他不孝；關令尹喜追隨老子離開鎮守險要關卡的要職，違背做官建功的委任，但周王也不責怪他不忠。為什麼呢？

因為他們誠實正直，並不是看不起國君，只是所愛好所追求的不同，普通人的志向，也不可改變的緣故。凡有道有識的君主，能忍受侮辱，善於寬恕，他們懂得人心不可強求一致，出仕和退隱各有天性，所以不逼迫不禁止，以便將各自的才智發揚光大，使在上者沒有猜忌的偏心，在下者隨心所欲地歡樂，所以能將光明和聲譽宣揚到無邊遙遠之處，使那些貪婪的小人聽到高尚風範而無比羞慚。

我聽說南風起時，皮袍就可收藏而火爐熄滅，世道太平時，出獻奇策的士人就應退隱。而今動亂既已平息，馬放南山，烽火無影，刀槍已入庫，良弓也收藏，獵犬將烹殺，張良已走出帷幄而返歸平民里巷，韓信、彭越也脫下鎧甲而去修治釣魚器具，何況學習仙道的人，一萬人中沒有一個，國家又吝惜這些人幹什麼呢？而且他們的事業在於減少思慮，清心寡慾；他們的目標在於保全身體，增年益壽，沒有爭名奪利的醜行，也沒有傷風敗俗的錯失，又有什麼罪過呢？而且，像華山、霍山那麼極其高大，茫茫滄海那般極其深廣，山之高不必等候飛灰的到來，海之深不必仰仗雨水的傾注，抓一撮土不足

以減損山的高度，把一勺水不足以削弱海的寬廣，一代人中不過只有仙人幾個，哪裡能減損繁多的人才呢？

有人說：如果神仙道術可以求得，那「五經」為什麼不記載呢？周公、孔子為什麼沒有談到呢？聖人為何不能超度塵世？最聰明的人為何不能長生不死？如若連周公、孔子都不知曉，那他們也不能算是聖人；如若他們知曉仙道卻不去學習修煉，那就說明這世間上根本沒有什麼神仙之道吧？

抱朴子回答說：「人的星宿，均各有所逢所遇，其道理已在其他篇章論述過了。您可以算是頭頂著盆子去仰望天空，看不見日月五星的輝煌；片刻間伸長了脖子去望大河，不懂得幽深淵潭的奇特。「五經」所沒有記載的還有很多很多，周公、孔子沒有論及的道理也很不少。這裡我僅僅為您略略說一下那萬分之一的情況吧。雖然您會認為是誇大其辭而大笑不已，但我局促情緒而難以在片刻間開懷暢談，姑且讓您聽一聽大致概況吧。」

天地，是萬事萬物中最偉大的，伏羲、文王、孔丘、神農、黃帝、堯、舜、禹、湯等九位聖哲共同撰寫了《易經》，可說足以涵蓋陰陽之道，無以復加了！但是，倘若問詢那擅長《易經》的人：周天的度數是多少？四海的寬窄又如何？宇宙相距共有多少裡？天空的極限又在何處？大地的依托是哪裡？天地的運轉又是誰在拉引推動？太陽月亮運行的遲緩疾速？月亮運行的九種軌道？黃昏黎明的孰長孰短？南方朱雀宮七星的更替邪正？金、木、水、火、土五星的早出晚現？太陽的冠氣珥氣與日月的虧毀薄蝕？二十八宿的凌犯和彗星孛星的出現？似箭之氣的變異和景星老人星的吉祥？北極星如何不運動？土星為何獨在東方？太陽外表光芒為何火熱而熾烈？月亮內向為何光柔而寒冷？銀河上仰是上天潮濕的微兆？潮水來往有大小

變化的規律？五音六律能占卜喜怒的情感？風起雲湧可含吉凶的徵兆？彗星、蚩尤之旗星、枉矢星、旬始星、絳繹星、四鎮星、五殘星、天狗星、歸邪星等有的可表示成功，有的可暗示失敗等等問題，即使明了《易經》的書生，卻不能評論上述這些天象。

再以上述問題依次請教研究周《春秋》、燕《春秋》、宋《春秋》、齊《春秋》、《詩經》、《尚書》，以及「三禮」的學者們，都一樣無可對答。他們都會理直氣壯地說：這些問題都是正規經典不予記載的，只有巫咸、甘公、石申等星占者，以及《海中》、《郄萌》、《七曜》等占星書才記述詳盡。我問他們：甘公、石申等六種人和書可算是經典的教化嗎？他們必將回答說：不是的。我又將問問他們：甘公、石申之流可算聖人嗎？他們也將回答說：不是。既然如此，人們出生後便頂戴著天，到老後還腳踏著地，這些知識到「五經」中去尋找不到，到周公、孔子的書中也檢索不得。

那麼，這難道可以完全認為是虛無的嗎？天地是最大的，舉目望去，所看見的尚且不能了然，何況那些玄而又玄，妙中最妙的道理呢？

抱朴子又追問俗人說：那乘駕彩雲，從吐絲作繭而生育的國家，心臟不敗肝臟不朽的百姓，有的在巢穴居住，有的只有一隻眼睛，有的卻長有三個腦袋；有的人之身軀卻長著鳥的腳爪，有的人之身體又生出狗的蹄子；有的臂膀很長，有的腳股交叉；黃池一帶沒有男人，女子入浴後即懷孕；有的胸前有孔可以貫穿，有的嘴長在臉的旁邊；南蠻廩君能使石頭變輕而飛起，使土船變輕而浮行；哀牢夷沙壹在水中捕魚時，觸摸沉木懷孕而生下一群小龍；女媧從地下生出，杜宇從天空墮下；甑瓦飛走，狗能說話；高山會遷徙，神社能轉移；眾多的三軍在

一個早晨就完全變化，君子變成仙鶴，小人變成沙粒；女丑倚靠著被太陽曬死，貳負在疏屬山被桎梏；還有那寄居的蟲豸能夠委棄甲殼，肉身出走；有兩個頭的蛇，能夠蛻變為蛇弓；有不能燒成灰的樹木；有不會發出熱的火焰以及可使蜀地昌盛的蜀王杜宇變成杜鵑鳥；沒有眼睛的野獸；沒有身體的頭顱，沒有頭顱的身體；精衛鳥誓填滄海，交讓樹交互生長；能在火中浣洗的布料，能切割玉石的刀劍，能吞下和吐出烈火；磨製泥塊過濾清水，灌溉枯木改變菱形；山夔的腳跟向前，石脩長出九個腦袋，畢方鳥長著人的臉面；少千能威鎮伯率之鬼，聖卿能役使肅霜之神；西羌因有老虎影像蔽火不死而興盛，鮮卑因有大鱉乘騎得渡而強大，林邑國范文因有神符破石嶂而稱王，庸蜀國用鱉令流亡的尸體為相並禪而稱帝，鹽神化蟲用青縷纏繞而俱生；蜀王杜宇長著豎目，被荊人鱉令受禪為帝；五個大力士引蛇出洞而使山崩倒；羽民國人振動翅膀而飛越三海；金簡策、玉文字，在禹井邊被發現；《正機》、《平衡》等仙書，於剖開的文石中取出。

　　……凡此種種奇聞怪事，大約數以千計，五經都沒有記載，周公、孔子也沒有說過，那就可以說都沒有這些事物嗎？至於南人能走入柱子內並可將耳朵露出來；列子能將一杯水放在肘上而射箭；伯昏登高山履危石還能踮著腳尖；有人能在呂梁面對深淵急浪而高歌暢游；宋人有能雕刻象牙成葉片而足以亂真；公輸般能製作木鳥而翱翔天空；離朱能看清毛髮麥芒大小物體於百步之外；孟賁、烏獲能憑萬鈞臂力而獻技自如；越人扁鵲懷揣銀針砭石就能起死回生；豎亥健步如飛能日行千里；匠石能奮起斧頭砍掉郢人鼻尖的小小堊土；王仲都能在寒冬裡赤身裸體。……這些都是周公、孔子所不能做到的，難道對此就可認為這些事情都是沒有的嗎？如若意識到聖人的確有

不能做到的，就不要奇怪他學不到神仙；就是不能當神仙，也無妨礙於他們成為聖人。

身為聖人，偶有所不能做到的事，哪裡能將此作為攻擊發難的理由呢？

有的聖人，可以將離地為神仙和留世做聖人等同看待，全憑自然，擁有著自身卻不存有私心，擁有著生命卻不經營私利，生生死死全由著上天決定，壽命長短全都交給了命運，所以他們不學習仙道，又有什麼可奇怪的呢？

卷九 道 意

原 文

抱朴子曰：道者，涵乾括坤，其本無名。論其無，則影響尤為有焉；論其有，則萬物尚為無焉。隸首不能計其多少[1]，離朱不能察其彷彿。吳札、晉野竭聰[2]，不能尋其音聲乎窈冥之內；猾猱狖豬疾走[3]，不能跡其兆朕乎宇宙之外。以言乎邇，則周流秋毫而有餘焉；以言乎遠，則彌綸太虛而不足焉。

為聲之聲，為響之響，為形之形，為影之影。方者得之而靜，圓者得之而動，降者得之而俯，升者得之以仰。強名為『道』，已失其真，況復乃千割百判，億分萬析，使其姓號至於無垠，去道遼遼，不亦遠哉！

俗人不能識其太初之本，而修其流淫之末。人能淡默恬愉，不染不移，養其心以無欲，頤其神以粹素，掃滌誘慕，收之以正，除難求之思，遣害真之累，薄喜怒之邪，滅愛惡之端，則不請福而福來，不禳禍而禍去矣。何者？命在其中，不繫於外，道存乎此，無俟於彼也。

患乎凡夫不能守真，無杜遏之檢括[4]，愛嗜好之搖奪，馳

騁流遁，有迷無反，情感物而外起，智接物而旁溢，誘於可欲，而天理滅矣，惑乎見聞，而純一遷矣。心受制於奢玩，情濁亂於波蕩[5]，於是有傾越之災，有不振之禍，而徒烹宰肥腯，沃酹醪醴，撞金伐革，謳歌踴躍，拜伏稽顙[6]，守請虛坐[7]。求乞福願，冀其必得，至死不悟，不亦哀哉！

若乃精靈困於煩擾，榮衛消於役用。煎熬形氣，刻削天和。勞逸過度，而碎首以請命；變起膏肓，而祭禱以求痊；當風臥濕，而謝罪於靈祇；飲食失節，而委禍於鬼魅。蕞爾之體[8]，自胎茲患，天地神明，曷能濟焉？其烹牲馨群，何以補焉？夫福非足恭所請也，禍非禋祀所禳也。若命可以重禱延，疾可以豐祀除，則富姓可以必長生，而貴人可以無疾病也。

夫神不歆非族，鬼不享淫祀；皂隸之巷，不能紆金根之軒；布衣之門，不能動六轡之駕。同為人類，而尊卑兩絕，況於天神，緬邈清高，其倫異矣，貴亦極矣。蓋非臭鼠之酒餚，庸民之曲躬，所能感降，亦已明矣。

夫不忠不孝，罪之大惡，積千金之賂，太牢之饌，求令名於明主，釋愆責於邦家，以人釋人，猶不可得，況年壽難獲於令名，篤疾難除於愆責，鬼神異倫，正直是與，冀其曲祐，未之有也。

夫慚德之主，忍詬之臣，猶能賞善不須貸財，罰惡不任私情，必將修繩履墨，不偏不黨，豈況鬼神，過此之遠，不可以巧言動，不可以飾賂求，斷可識矣。

楚之靈王，躬自為巫，靡愛斯牲，而不能卻吳師之討也。漢之廣陵，敬奉李須，傾竭府庫，而不能救叛逆之誅也；孝武尤信鬼神，咸秩無文，而不能免五柞之殂；孫主貴待華向，封以王爵，而不能延命盡之期。非犧牲之不博碩，非玉帛之不豐醴，信之非不款，敬之非不重，有丘山之損，無毫釐之益，豈

非失之於近，而營之於遠乎？

第五公誅除妖道[9]，而既壽且貴；宋廬江罷絕山祭，而福祿永終；文翁破水靈之廟，而身吉民安；魏武禁淫祀之俗，而洪慶來假。前事不忘，將來之鑒也。明德惟馨[10]，無憂者壽，嗇寶不夭，多慘用老，自然之理，外物何為！

若養之失和，伐之不解，百痾緣隙而結，榮衛竭而不悟，太牢三牲，曷能濟焉？

俗所謂道率皆妖偽，轉相誑惑，久而彌甚，既不能修療病之術，又不能返其大迷，不務藥石之救，惟專祝祭之謬，祈禱無已，問卜不倦，巫祝小人，妄說禍祟，疾病危急，唯所不聞，聞輒修為，損費不訾[11]，富室竭其財儲，貧人假舉信息，田宅割裂以訖盡，篋柜倒裝而無餘。或偶有自差，便謂受神之賜；如其死亡，便謂鬼不見赦。幸而誤活，財產窮馨，遂復飢寒凍餓而死，或起為劫剽，或穿窬斯濫[12]，喪身於鋒鏑之端，自陷於醜惡之刑，皆此之由也。

或什物盡於祭祀之費耗，穀[13]帛淪於貪濁之師巫，既沒之日，無復凶器之直，衣衾之周，使尸朽蟲流，良可悼也！愚民之蔽，乃至於此哉！淫祀妖邪，禮律所禁。然而凡夫終不可悟。唯宜王者更峻其法制，犯無輕重，致之大辟，購募巫祝不肯止者，刑之無赦，肆之市路，不過少時，必當絕息，所以令百姓杜凍飢之源，塞盜賊之萌，非小惠也。

曩者有張角、柳根、王歆、李申之徒，或稱千歲，假托小術，坐在立亡，變形易貌，誑眩黎庶，糾合群愚，進不以延年益壽為務，退不以消災治病為業，遂以招集奸黨，稱合逆亂，不純[14]自伏其辜，或致殘滅良人，或欺誘百姓，以規財利，錦帛山積，富逾王公，縱肆奢淫，侈服玉食[15]，妓妾盈室，管弦成列，刺客死士，為其致用，威傾邦君，勢凌有司，亡命

逋逃，因為窟藪。皆由官不糾治，以臻斯患，原其所由，可為嘆息！

吾徒匹夫，雖見此理，不在其位，末如之何！臨民官長，疑其有神，慮恐禁之，或致禍祟，假令頗有其懷，而見之不了，又非在職之要務，殿最[16]之急事，而復是其愚妻頑子之所篤信，左右小人，並云不可，阻之者眾，本無至心而諫，怖者異口同聲，於是疑惑，竟於莫敢，令人扼腕發憤者也。

余親見所識者數人，了不奉神明，一生不祈祭，身享遐年，名位巍巍，子孫蕃昌，且富且貴也。唯余亦無事於斯，唯四時祀先人而已。曾所遊歷水陸萬里，道側房廟，固以百許，而往返徑遊，一無所過，而車馬無顛覆之變，涉水無風波之異，屢值疫癘，當得藥物之力，頻冒矢石，幸無傷刺之患，益知鬼神之無能為也。

又諸妖道百餘種，皆煞生血食，獨有李家道無為為小差。然雖不屠宰，每供福食，無有限劑，市買所具，務於豐泰，精鮮之物，不得不買，或數十人廚，費亦多矣，復未純為清省也，亦皆宜在禁絕之列。

或問：李氏之道起於何時？

余答曰：吳大帝[17]時，蜀中有李阿者，穴居不食，傳世見之，號為「八百歲公」。人往往問事，阿無所言，但占阿顏色：若顏色欣然，則事皆吉；若顏容慘戚，則事皆凶；若阿含笑者，則有大慶；若微嘆者，即有深憂。如此之候，未曾一失也。後一旦忽去，不知所在。後有一人姓李名寬，到吳而蜀語，能祝水治病頗癒，於是遠近翕然，謂寬為李阿，因共呼之為「李八百」，而實非也。

自公卿以下，莫不雲集其門，後轉驕貴，不復得常見，賓客但拜其外門而退，其怪異如此。於是避役之吏民，依寬為弟

子者恒近千人，而升堂入室高業先進者，不過得祝水及三部符、導引、日月行氣[18]而已，了無治身之要，服食神藥，延年駐命、不死之法也。吞氣斷穀，可得百日以還，亦不堪久，此是其術至淺可知也。

余親識多有及見寬者，皆云寬衰老羸悴，起止咳噫，瞑目耳聾，齒墮髮白，漸又昏耗，或忘其子孫，與凡人無異也。然民復謂寬故作無異以欺人，豈其然乎？吳曾有大疫，死者過半。寬所奉道室，名之為「廬」，寬亦得溫病，托言入廬齋戒，遂死於廬中。而事寬者猶復謂之化形尸解之仙，非為真死也。夫神仙之法，所以與俗人不同者，正以不老不死為貴耳。今寬老則老矣，死則死矣，此其不得道，居然可知矣，又何疑乎？若謂於仙法應尸解者，何不且止人間一二百歲，住年不老，然後去乎？天下非無仙道也，寬但非其人耳。

余所以委曲論之者，寬弟子轉相教授，布滿江表，動有千許，不覺寬法之薄，不足遵承而守之，冀得度世，故欲令人覺此而悟其滯迷耳。

天下有似是而非者，實為無限，將復略說故事，以示後人之不解者。昔汝南有人於田中設繩胃[19]以捕獐而得者，其主未覺，有行人見之，因竊取獐而去，猶念取之不事。其上有鮑魚者，乃以一頭置胃中而去。本主來，於胃中得鮑魚，怪之，以為神，不敢持歸。於是村里聞之，因共為起屋立廟，號為『鮑君』，後轉多奉之者，丹楹藻梲，鐘鼓不絕。病或有偶癒者，則謂有神，行道經過，莫不致祀焉。積七八年，鮑魚主後行過廟下，問其故，人具為之說。其鮑魚主乃曰：此是我鮑魚耳，何神之有？於是乃息。

又，南頓人張助者，耕白田[20]，有一李栽，應杜耕次。助惜之，欲持歸，乃掘取之，未得即去，以濕土封其根，以置

空桑中，遂忘取之。助後作遠職不在。後其里中人，見桑中忽生李，謂之神。有病目痛者，蔭息於此桑下，因祝之，言：李君能令我目癒者，謝以一豚。其目偶癒，便殺豚祭之。傳者過差，便言此樹能令盲者得見。遠近翕然，同來請福，常車馬填溢，酒肉滂淪，如此數年。

張助罷職來還，見之，乃曰：此是我昔所置李栽耳，何有神乎？乃斫去，便止也。

又，汝南彭氏墓近大道，墓口有一石人，田家老母到市買數片餅以歸。天熱，過蔭彭氏墓口樹下，以所買之餅暫著石人頭上，忽然便去，而忘取之。行路人見石人頭上有餅，怪而問之。或人云：此石人有神，能治病，癒者以餅來謝之。如此轉以相語，云頭痛者摩石人頭，腹痛者摩石人腹，亦還以自摩，無不癒者。遂千里來就石人治病，初但雞啄，後用牛羊，為立帷帳，管弦不絕，如此數年。忽日前忘餅母聞之，乃為人說，始無復往者。

又，洛西有古大墓，穿壞多水，墓中多石灰。石灰汁主治瘡。夏月，行人有病瘡者煩熱，見此墓中水清好，因自洗浴，瘡偶便癒。於是諸病者聞之，悉往自洗，轉有飲之以治腹內疾者。近墓居人，便於墓所立廟舍而賣此水。

而往買者又常祭廟中，酒肉不絕。而來買者轉多，此水盡。於是賣水者常夜竊他水以益之。其遠道人不能往者，皆因行便或持器遺信買之[21]。於是賣水者大富。人或言無神，官申禁止，遂填塞之，乃絕。

又，興古太守馬氏在官，有親故人投之求恤焉。馬乃令此人出外住，詐云是神人道士，治病無不手下立癒。又令辯士遊行，為之虛聲，云能令盲者登視，躄者即行。於是四方雲集，趨之如市，而錢帛固已山積矣。又敕諸求治病者，雖不便癒，

當告人言癒也，如此則必癒；若告人未癒者，則後終不癒也，道法正爾，不可不信。於是後人問前來者，前來輒告之云已癒，無敢言未癒也。旬日之間，乃至巨富焉。凡人多以小黠而大愚，聞延年長生之法，皆為虛誕，而喜信妖邪鬼怪，令人鼓舞祈祀。所謂神者，皆馬氏誑人之類也。聊計其數事，以為未覺者之戒焉。

或問曰：世有了無知道術方伎，而平安壽考者[22]，何也？

抱朴子曰：諸如此者，或有陰德善行，以致福祐；或受命本長，故令難老遲死；或亦幸而偶爾不逢災傷。譬猶田獵所經，而有遺禽脫獸；大火既過，時余不燼草木也。要於防身卻害，當修守形之防禁，佩天文之符劍耳。祭禱之事無益也，當恃我之不可侵也，無恃鬼神之不侵我也。然思玄執一，含景環身[23]，可以辟邪惡，度不祥，而不能延壽命，消體疾也。任自然無方術者，未必不有終其天年者也，然不可以值暴鬼之橫枉，大疫之流行，則無以卻之矣。夫儲甲胄，蓄簑笠者，蓋以為兵、為雨也，若幸無攻戰，時不沉陰，則有與無正同耳。若矢石霧合，飛鋒煙交，則知裸體者之困矣。洪雨河傾，素雪彌天，則覺露立者之劇矣。不可以蕎麥之細碎，疑陰陽之大氣，以誤晚學之散人[24]，謂方術之無益也。

注釋

〔1〕隸首不能計其多少：隸首，傳說黃帝時人。始作算數者。見《後漢書》劉昭補《律曆志》並注。

〔2〕吳札、晉野竭聰：吳札指吳國季札，晉野指晉國師曠（字子野），都是春秋時長於鑒別音樂的人。見《左傳·襄公十八年及二十九年》。

〔3〕猵猱狉（ㄓㄡˋ ㄒㄧˋ ㄅㄨˋ）豶疾走：都是野獸名。這

裡指其善跑。孫星衍平津館校刊《抱朴子內篇》本校云：「猢猻狖豬」四字據刻本如此，疑傳寫誤也，藏本「狖豬」作「涉昔」。王明疑「猢」係「多」字之偽。《廣雅·釋詁》：「踰，大也」。猻，本作「豨」，《廣雅·釋獸》：「豨，豕也」。

〔4〕杜遏：杜塞遏止。檢括：遵守法度。

〔5〕情濁亂於波蕩：情，宋浙本《抱朴子》作「神」。波蕩，奔走競爭。《晉書·劉弦傳》：「頃者多難，淳樸彌凋，臣輒以征士劉朝補零陵太守，庶以懲波蕩之弊，養退讓之操。」

〔6〕稽顙：以頭觸地的叩頭。

〔7〕守請：當依宋浙本《抱朴子》作「守靖」。靖，恭敬的樣子。

〔8〕蕞爾：小的樣子。

〔9〕第五公誅除妖道：第五是姓，名倫。《後漢書·第五論傳》載：第五論為會稽太守，會稽民眾信鬼神，大廢財物，第五倫嚴禁祭祀，百姓平安。這裡即指此事。

〔10〕明德惟馨：明澄的品德才像香氣遠揚。語見《尚書·君陳》。

〔11〕訾（ㄗ）：計量。不訾：無法計量。

〔12〕穿窬斯濫：穿，穿墙，窬，通「逾」，翻墙。穿窬，指穿壁越墙的偷盜行為。斯濫，由此放肆。

〔13〕縠（ㄈㄨˊ）：縐紗。

〔14〕不純：當依宋浙本《抱朴子》作「不※」。「不※」即「不糾」，不矯正錯誤。

〔15〕侈服玉食：當依宋浙本《抱朴子》作「侯服玉食」，《後漢書·敘傳》述《貨殖傳》云：「侯服玉食」。《抱朴子外篇·守堉篇》：「入侯服而玉食」。

〔16〕殿最：古代考核軍功或政績時，以上等為「最」，下

等為「殿」；或首名為「最」，末尾為「殿」。

〔17〕吳大帝：即指三國時的孫權。

〔18〕日月行氣：指行氣的一種。《靈劍子・服氣第三》：「存心中之氣，以意送之歸臍下氣海之中，夾之日月，左腎為日，右腎為月，此乃兩畔同升，合為一」。當為「日月行氣」的一種。

〔19〕田中設繩罥……：罥（ㄐㄩㄢˋ），捕鳥獸用的繩套。按；此文記述有錯誤。《風俗通・怪神篇》載此事云：「汝南鮦陽有於田得麞者，其主未往取也。商車十餘乘，經澤中行，望見麞著繩，因持去，念其不事，持一鮑魚置其處。有頃，其主往，不見所得麞，反見鮑魚，澤中非人道路，怪其如是，大以為神。」

〔20〕耕白田：《太平御覽》九百六十八引作「耕於白田」。校補云：白田，乾旱的田，沒有蓄水的田。

〔21〕皆因行便或持器遺信買之：行便：宋浙本《抱朴子》作「行使」。遺，當為「遣」字之誤。

〔22〕壽考：長壽。《詩經・大雅・棫樸》：「周王壽考」。

〔23〕含景環身：含涵日光，讓它環繞自身，為道家法術之一。

〔24〕散人：閒散不為世用的人。《莊子・人間世》：「幾死之散人，又惡知散術」？

抱朴子說：「道」，包涵天地乾坤，世界本原，它本來是沒有名字的，微妙玄虛。說到它無，那麼即使是影子、回聲都猶如有，即無而實有；說到它有，那麼即使是萬物也有它們虛無的一面，即有而若無。黃帝時始作算數的隸首不能算出「道」

的數量；察針末於百步之外的離朱也不能看清「道」的輪廓；吳國的季札和晉國的獅子野竭盡其耳力也不能在幽深綿邈當中尋找到「道」的聲音；善於奔跑的野獸飛快地奔走也不能在時間空間外追蹤到「道」的跡象；「道」的特徵是無名，無數，無形，無音，無邊，而又無而實有，有而若無，無所不存，無所不能。若要從近處來談論「道」，那就在秋天野獸的細毛間周轉游動而有餘地；若要從遠處來談論「道」，那深玄的太空囊括也還嫌不足以充填。

成為有的聲音，成為發響的聲響，成為有形的形體，成為成影的影像。方正的得以靜謐，圓轉的得以運動，下降的得以俯瞰，上升的得以仰瞻。現勉強地叫它做「道」，已喪失了它的真實，何況還千次割剖百次撕裂，億回分解萬回離析呢，所以使得它的名號達到無邊無際之處，這離開「道」的本旨已遙遙無際，豈不太遠了嗎？

世俗凡人不能辨識「道」的原始本源，反而去修治雜亂的末小細節。人能淡泊恬愉，不受污染，不被改變，用沒有私慾來修養心靈，用純粹素靜來涵養神志，掃除滌蕩利誘虛榮，用正當心理收斂自己，棄除難以追求的心態，排遣危害真摯的拖累，削除喜歡發怒的邪念，滅消偏愛憎惡的端倪。這樣，就能不去乞請福祐而福祐自來，不去禳除災禍而災禍自去。為什麼呢？因為命運決定於內因，而不取決於外因；養身之道全在於自己，不能等靠別人。

真擔心凡庸俗夫不能保守真率，沒有杜塞遏止的約束，憑信愛好撼搖掠奪，一任情愫奔走流動，只有迷途而沒有返歸。情懷被外物打動就產生外在的舉動，智慧接觸事物就從旁邊流泄，被慾望所引誘，天然的事理就泯滅了；被見聞所迷惑，純粹的天性就改變了。

「心靈受制約於奢侈玩樂，情懷被奔波競爭所擾亂。」於是，有傾覆墜落的災禍，有不能挽救的患憂，卻徒然屠宰烹煮肥羊肥牛，濫飲甘醇美酒，撞擊編鐘，敲響鼓樂，踴躍舞蹈，跪拜叩首，恭恭敬敬，白白打坐，乞求神靈，祈禱保佑，希冀獲得福分，至死也不醒悟，這怎不可悲呢？

至於精神心靈被煩擾所困，榮氣衛氣就會被役使消磨，煎熬身形元氣，削弱天然平和，勞逸過度，卻叩破頭首去請求祈禱好的命運，蛻化變易從膏肓出現，卻祭祀祈求痊癒；當著勁風躺臥在潮濕地上，卻朝著神靈請罪；飲酒吃食失去節制，卻歸罪於鬼神妖魔。憑著渺小的身體，自己給自己帶來種種禍患，天地神靈又怎樣救護呢？那些人烹煮牲口，殺盡畜群，這又有什麼補益呢？福祐並不是靠殷殷勤勤的恭敬所能求到的，災禍也不是祭祀鬼神所能解除的。倘若生命可用重重的祭品來延長，疾病可用豐厚的犧牲來解除，那麼富裕的人家必定長生不死了，顯貴的人物也就沒有疾病了。

神不會品嘗不同族類人的祭品，鬼不享用不合禮制的祭祀；奴隸所居街巷，不能留住黃金裝飾得無比豪華的「金根車」；普普通通的布衣門前，不能有勞堂堂皇皇的六彎大駕，同屬人類，但尊卑貴賤卻截然不同，何況天神遙遠清高，他們的身份與人間大相迴異；他們已高貴到了極點呵！因此，當然不是臭老鼠一般的酒食菜餚，平凡百姓的打躬作揖所能感動他們降臨的，這也是很明瞭的事了。

不忠心君上，不孝敬父母，這是罪惡中最大的。積累起千金的財物，太牢的美味珍饈，到聖明君主面前去追求美名，向國家要求解脫罪責，向人們請求寬恕罪身，尚且不可能實現，何況長壽的獲得更難於獲得美名呢！痼疾比罪責難以消除，鬼神與人並非同類，只講正直公正，那種希望得到鬼神曲意非理

第四章　葛洪《抱朴子·內篇》內含丹道養生（內附注釋、譯文）

227

的保佑，是從來沒有的事。

那些於道德感到羞愧的君王，懷有內疚而忍侮的臣下，尚且能不憑財物而賞賜善人，不徇私情而懲罰惡行，一定要信守規矩，遵循繩墨，不偏不頗，不結黨營私，何況鬼神的規矩比人類更為高遠，不能用花言巧語來打動，不能以修容飾貌來賄賂，這是完全可以識辨的。

楚國有一楚靈王，驕逸輕下，親自充當巫師，迷愛巫祝之道，卻不能使吳國的征討軍隊退卻；漢代的廣陵王，敬重恭奉女巫李須，用盡倉庫錢財，卻不能自我解救叛逆的誅殺；漢武帝尤其信奉鬼神，祭祀遵循秩序，雖然不在禮文的也祭祀，但不能免除五柞宮的死亡；三國時孫權厚待華向，用王爵印綬封贈他，但也一樣不能延續命運完結的日期。

這些並不是祭祀的犧牲不多不大，也不是祭祀的玉石布帛不豐厚，論信仰並不是不誠摯，論恭敬也不是不鄭重，卻只有山丘一般的損失，而無一絲一毫的收益，這不是在近處有所失，卻經營得太遙遠了嗎？

漢代會稽太守第五論誅殺除掉妖道，卻既長壽又顯貴；宋均在廬江為官時罷除禁絕對山神的祭祀，卻也伴隨福祿長壽而終；蜀郡太守文翁毀壞害民水神的廟宇，也自身吉利而百姓安寧；三國曹操嚴禁非分祭祀的風俗，也是洪福喜慶來臨。從前的事不忘記，就是將來的最好借鑒。明澄的品德才像香氣遠揚，沒有憂患的人才會延年益壽；珍惜精蘊的人才不會夭折，而憂患過多的人便易衰老，這是自然法則，借助身外之物又有何幫助呢？

倘若在修養中失去中和，損毀自己，不求解脫，那麼百病就會乘虛而聚結，榮氣衛氣枯竭卻不醒悟，這樣的話，即使用太牢的牛、羊、豬三種牲畜去祭祀，那又何能有所補救呢？

世俗凡人所說的道士，大都是妖道虛假妄為，相互欺騙迷惑，時間越久，危害越大，既不修煉治病療疾的方術，又不能從大迷亂中返回，還不致力於藥物針石的救護，只是專注於祭祀的謬誤，成天祈禱不已，占卜不倦。巫師神婆小人，胡說災禍神殃。疾病危急時候，只怕沒有聽說辦法，只要聽說就去努力，損耗支付費用也無法計數；富貴人家用盡了他們儲存的財物，貧困小戶去借貸不惜加倍利息，田圃房宅割裂典賣乾淨，箱子櫃子倒空沒有餘物。有時偶爾得到病癒，便說這是接受神的恩賜；如若是死亡了，就說這是鬼不與赦免。如果有幸在謬誤中得到活命，但財產已經用得乾乾淨淨，於是只落得飢寒交迫而凍餓死去；有的還會鋌而走險，搶劫掠奪，有的穿壁逾牆，由此放肆；或是在刀鋒箭鏑下喪失生命，或者自身陷入醜惡徒刑之下，這一切都是由此而引起的啊！

有的人所有財物均在祭祀中花光用盡，絲帛棉物都在貪鄙的巫師身上消耗一光，到死的那一天時，連買棺材的錢都沒有，甚至連能夠完整裹尸的衣裳被子也沒有，只落得暴尸腐朽，蛆蟲橫流，實在值得哀悼呵！愚笨民眾的蒙昧，怎麼竟然如此呵！非分的祭祀和裝神弄鬼的惡行，是禮法刑律所禁止的。然而世俗凡人卻始終不醒悟。

只適宜君王使法制更為嚴峻，凡犯法者，無論輕重，統統處以死刑。凡非分祭祀和裝神弄鬼的，嚴刑不赦，並在鬧市大路上行刑陳尸示眾。不過極短時間，這些祭祀惡行一定會絕跡，這是為平民百姓杜絕堵塞免於挨凍受餓的源頭，杜絕堵塞盜賊產生的萌芽，絕對不是小恩小惠的事情呵！

昔日，有張角、柳根、王歆、李申之流，他們自稱活了一千歲，假借種種小道術，如以坐在立亡、改形變貌等來欺騙平民百姓，聚集糾合群氓愚民。從遠的說，不將延年益壽作為

目標；從近處看，也不將消災祛病當做事業。於是，便招集奸黨，匯合反叛，舉兵逆亂；又不糾正自己，招致罪行，以至連累坑害良民百姓。

有的還欺騙利誘百姓平民，千方百計去謀取錢財，他們的錢財玉帛堆積如山，財富超過王公貴族，恣意放縱，驕奢淫逸，穿著王侯衣服，吃著珍饈玉食，妻妾成群盈室，鼓樂排列滿座；刺客殺手，為他們網羅致用；威風凜凜，壓倒國王邦家；權高勢大，凌駕官員之上；亡命之徒，以他們作為避風港。這一切都是因為官府不嚴治理，才帶來這樣的禍患。追溯探究其原因，真正令人為之嘆息呵！

我只不過是一介普通男子，雖然看清這些道理，但不在那個位置上，又有什麼辦法，又如之奈何呢！那些治理百姓的官長們，懷疑他們真有神助，害怕禁止他們後也有可能給自己帶來禍災。還以為假若他們真有所據，而自己又看得不清，又不是處在主要職位之上，鎮守著最關鍵的急切事務，還加上他們愚笨的妻子和頑劣的孩子深為相信，以及左右的小人們，都說不能禁止，阻撓的人特多，本來自己也沒有真心勸諫，怕事的人又異口同聲，於是更加疑慮，竟然沒有人敢於出來制止，這真是令人握住手腕、發泄憤懣的事呵！

我親自看見和認識的幾個人，完全不信奉神仙，一生也不祈禱祭祀，卻自享長壽，名位尊貴，子孫繁衍昌盛，既富有又高貴。就是我自己，也在這些事上沒有行動，但只在四季祭祀祖先而已。

我曾於水陸兩路遊歷過上萬里，道路兩邊的廟宇大約有一百多座，但我往來經過遊歷，全沒有拜祭，卻沒有發生車馬傾覆的變故，渡河沒有遇到風浪的妖異。多次遇上瘟疫，還是賴於得到藥物效力的保護，頻頻冒著箭頭石塊，幸而沒有受傷

的禍患，於是更知鬼神是無能為力的。

　　還有，那些妖邪的道派有一百多種，都殺生食肉，只有李家道派無所施為，算是稍有差異。但是，雖不屠宰，卻每每供給祭祀物品，沒有限量，買來的祭品要盡力豐厚，精美新鮮的食物不得不買，以至於有數十人下廚，造成浪費也是很多，都不能算是純粹的清靜節省，也都是應當在禁止斷絕之列。

　　有人問：李家之道是在何時興起的？

　　我回答說：吳大帝孫權的時候，蜀郡有一個名叫李阿的人，住在洞穴裡不食穀物，據說世上有人看見過他，號稱「八百歲公」。人們常常問他問題，李阿並不回答言語，人們只要看他的面部表情就可占卜吉凶：如若臉色欣喜，那事就吉利；如若容顏悲戚，那事就凶險；如若李阿滿臉含笑，那就有大喜事；如若微微嘆息，那就有深深憂患。如此這般的徵兆，從來沒有一點失誤，但以後李阿突然離去，不知到什麼地方去了。後來，有一個叫李寬的，到吳郡卻說著蜀郡話，並能祝禱水治療疾病，很有療效，於是遠遠近近的人都轟動了，都信服了，並認為李寬就是李阿。因而大家都共稱他為「李八百」，但實際上並不是如此。

　　當時，從公卿以下，沒有誰不像雲彩般地聚集在他的門下。後來，他變得更是驕貴，人們不能經常見到他，賓客們只能在外門參拜後就退下來，竟是如此怪異！從此，逃避勞役的小吏百姓，投在李寬門下當學生的，一般總有近一千人，但即使升堂入室學業高深的先進者，也不過只學得祝禱水，以及「三本符」、引導之術、日月行氣而已，全然沒有修身養性的要旨，服食神仙大藥、延命益壽、長生不老的方法。吞食元氣，斷絕穀物，可以獲一百天的壽命，但也不經久，這類法術的膚淺就由此可知了。

第四章 葛洪《抱朴子‧內篇》內含丹道養生（內附注釋、譯文）

我親身結識的人中，有很多得以見過李寬的，都說李寬極其衰老瘦弱，起坐一動就咳嗽不止，眼花耳聾，齒落髮白，漸漸昏亂不明，有時還忘記自己的兒孫，與凡俗世人沒有什麼差別。但卻有人說這是李寬故意裝作與世人沒有差異來騙人，難道他真是如此嗎？吳郡曾經出現過一次大瘟疫，死亡的人過一大半。李寬所修煉的道室，名叫為「廬」。李寬也得了瘟病，他假托進入「廬」中齋戒，於是就死在「廬」中。但信奉李寬的人還說他是形體變化，尸體化解為仙人了，並不是真正的死亡。神仙的法術，之所以與俗人不同，正是以不衰老不死亡為貴而已。

今以李寬來說，論老又衰老，論死又死亡，從此可見他沒有真正得道，這是昭然可知的，又有什麼可懷疑的呢？如若說他按仙法應當是化解尸體者，為何不姑且留止人間一兩百年，留住年歲，不再衰老，然後再離去呢？天下並不是沒有神仙之道，但李寬絕不是這種人罷了。

我在這裡之所以要反反覆地深入評論他，是因為李寬的學生還在相互教授，而且遍及長江以南，動輒上千來人，他們至今都還沒有覺察李寬法術淺薄，不值得遵守承奉和依循持守，以希望得以起度出世。所以，我想讓人們了解真相，覺察李寬而從迷惘滯留中醒悟過來而已。

天下有似是而非的事情，實在是無限之多，我還將再略微說說往事，以昭示後來不解的人們。昔年，汝南郡有一個人在田野中設置繩索網套來捕捉獐子，一次捕捉到獐子後，主人還沒有發覺時，就有一路過行人看見了，他立即偷取獐子準備離去，臨行時又感到這樣取走不妥當；恰值此時，他的商車上懸掛有乾魚，於是就順手拿了一條乾魚放在繩套裡便安然而去。待到原來主人到時，從繩套中得到乾魚，就大為奇怪，便認為

這是神魚，不敢將魚拿回去。當村裡的人聽說了這事後，均紛紛稱奇，還因此而共建房屋，立為廟宇，號稱之為「鮑君」廟。後來轉相傳聞，信奉的人越來越多，廟宇越修越好，紅柱畫樑，鐘鼓不絕。

有的病人祭祀後，偶爾病癒就認為真有神助。於是路經「鮑君廟」的，沒有誰不去祭祀。如此過了七八年後，乾魚的主人經過此廟，問起它的緣由，人們便一一向他具體說明，那乾魚的主人才說：這不過是我的乾魚罷了，哪有什麼神仙呢？！從此後，這事才告平息。

還有：河南南頓有一名叫張助的人，在耕耘旱田時，他發現有一棵李子樹苗，本應耕耘除去。但他感到可惜，就想把它拿回家去，於是挖了下來，因還沒有馬上回家，就用濕土將李子樹的根都包好並放在桑林中間，誰知他又忘記取走那李子樹。後來，張助到遠方去任職，沒有回到本地來。張助的同鄉人看見桑林中突然生長出李子樹來，大為稱奇，認為有神。恰好有個眼睛生病疼痛的人，在這片桑林下休息乘涼，他便順口祝禱說：李先生，如能讓我的眼睛病痛痊癒，我一定用一頭小豬來酬謝您！誰知他的眼病又碰巧痊癒了，於是便真的殺了一頭小豬來祭祀桑林中的李樹。此後，哪知傳話的人又太過分了，說此樹能使瞎子重見光明。於是遠近的人都很信服，一起來祈禱求賜福佑，為此經常車馬填塞溢滿道路，酒肉祭禮紛紜，如此興旺了好幾年。

後來張助離職回家，看到這種情況，就說道：這是我過去放置在桑林中的李樹苗而已，哪裡有什麼神仙呢？於是才將那李子樹砍去，祭祀也才停止下來。

又有：汝南有一個彭家墓地靠近大路邊，墓頭上有一石人。村裡有個田家老婦人到街市上買了幾張餅回家，時值天

熱，她路過彭家墓地樹下乘涼，順手將買來的餅暫時放在那墓地的石人頭上，稍息後突然離去，但忘記將餅帶走。隨後，有路過墓地的人看到石人頭上有餅，便感到十分奇怪而詢問原因。誰知有人竟說：這石人是神仙，能治百病，治好的病人就拿這餅子來答謝它。

於是，這樣輾轉傳話，凡有頭痛的人就來用手摸石人的頭，肚腹痛的人就摸石人的肚腹，然後再返回來摸自己的患痛部位，沒有不疼癒見效的。這樣一來，還有千里以外的，來求石人治病；起初還只是用雞或豬來祭祀，後來便發展到用牛用羊，還為石人建立了帷帳，成天祭祀不斷，音樂管弦之聲不絕，這樣紅紅火火了好幾年。

突然有一天，那從前忘記帶走餅子的老婦人聽說此事後，就為人們解釋其故，此後人們才開始沒有再去祈禱祭祀。

還有：洛西有一座古代大墳墓，穿洞破漏後有了很多積水。又因墓中有很多石灰，石灰水主治瘡傷。夏天，路過行人中有生瘡傷的，看到這墓中的水清澈透涼，天氣又十分煩熱，他就跳進水中洗澡，誰知身上的瘡傷便因此偶然得以治癒。於是，凡是那些有病的人聽說這事後，都紛紛前來墓裡水中洗浴；更有甚者，還有人飲用此水來治療腹中疾病。家居鄰近墓地的人，便在墓邊修立廟宇房舍，並賣這種水。前往買水的人又常在廟宇中祭祀，成日酒肉不斷。從此到墓地買水的人越來越多，以至此水都用盡了。於是賣水的人常在夜間偷偷地以其他的水加進去。那些住得遠而不能去的人，便借著方便或者委托人攜帶器皿來買水。因此，賣水的人都成了非常富有的人家。直到有人說破此水並不神奇，加上官方明令禁止，於是將古墓墳穴填塞，祭祀及賣水之風才得停息。

還有：興古太守一姓馬的在任時，有一親朋好友投在他的

門下乞求救恤周濟。此馬太守就叫這人在外居住著，並編造說此人是一位神仙道士，治病時無不手到病除的。又命令一些善於辭令的士人四下遊說，為他吹噓，大造聲勢，說他能讓瞎子頓時復明，跛子即刻行走等等。於是四面八方的人像雲霧聚集一般，來到他的門下就像趕集一樣，當然錢財絲帛也就如同山一樣堆積起來了。他還要求那些求醫的人，即使病體沒有即刻痊癒，也要告訴他人說是全好了，並說只有這樣，患病者才能一定會痊癒；如若告訴別人說還沒有痊癒的話，那以後就永遠不會再愈了。他還說醫道的規律就是這樣，不可不予相信。於是後來求治的人問前面已治的人時，前者就告訴後者說已完全治好了，沒有誰敢說還沒痊癒的。這樣一來，竟在幾天之間便斂到巨大財富。

一般的人都是些小聰明而大愚蠢者，聽說長生不死法術，都認為是虛假荒誕的；但卻喜歡相信邪惡鬼怪，毫不生疑，讓人擊鼓跳神，祈禱祭祀。

上述的所謂神醫等等，都是馬氏這些騙人之類所為。姑且記載下這幾件事，以作那些還沒有醒悟的人之警戒吧！

有人問：世人也有完全不懂得什麼道術方技的，他們也是一生平安長壽的，這是什麼原因呢？

抱朴子說：像您說的這些人，或許有陰德善事，以招來福分神佑；或許從天受到的命運本來就很長，所以他們難以衰老並推遲死亡；或許是他們有幸，只是偶然沒有碰到災禍的傷害。這好似打獵所經過的地方，偶然有遺漏的禽鳥和逃脫的野獸；一場大火後，有時也會剩下沒有燃盡的草木。重要的是，要防護身體，避免傷害，應當修煉持守形體的預防措施，以及佩帶天文的神符刀劍而已。

祭祀祈禱的事是沒有益處的，應當依恃自己不可侵犯的法

術，不要依恃鬼神不來侵犯於我。但是，存思玄道，持守一點，含涵日光，讓它環繞自身，可以用來避開邪惡，安度不吉利，卻不能用來延續生命，消災除疾。任憑自然、沒有方術的人中間，未必沒有終享天年的人；然而，不可能用來抵御那些殘暴鬼怪的橫行不法和大瘟疫流行，如若這樣，就沒有辦法再消災除疾了。

凡是儲備鎧甲、蓄積蓑衣斗笠的人，大致都是用來預防兵器和暴雨的；如若有幸沒有戰爭，時節不陰沉，那麼擁有鎧甲和蓑衣斗笠與沒有這些正好相同。但若是有箭頭、石頭像雲霧一般聚合，飛速的刀鋒像風煙一樣交錯，那才知道赤身露體者的困苦；大雨傾盆，河水暴漲，白雪漫天，才發覺暴露站立者的痛苦呵！

人們不應該用並非春種秋收蕎麥這小小的例子，去懷疑陰陽大氣規律，以至於貽誤後來學習仙道的閒散之人，讓他們認為方術是沒有益處的。

卷十　明本

原　文

或問儒道之先後。

抱朴子答曰：道者，儒之本也；儒者，道之末也。先以為陰陽之術[1]，眾於忌諱，使人拘畏；而儒者博而寡要，勞而少功；墨者儉而難遵，不可遍循；法者嚴而少恩，傷破仁義。唯道家之教，使人精神專一，動合無形，包儒、墨之善，總名[2]、法之要，與時遷移，應物變化，指約而易明，事少而功多，務在全大宗之朴，守真正之源者也。

而班固以史遷先黃、老而後《六經》，謂遷為謬[3]。夫遷

之洽聞，旁綜幽隱，沙汰事物之臧否，核實古人之邪正。其評論也，實原本於自然；其褒貶也，皆準的乎至理。不虛美，不隱惡，不雷同以俚俗。劉向命世通人[4]，謂為實錄；而班固之所論，未可據也。

固誠純儒，不究道意，玩其所習，難以折中。夫所謂道，豈唯養生之事而已乎？《易》曰：立天之道，曰陰與陽；立地之道，曰柔與剛；立人之道，曰仁與義。又曰：《易》有聖人之道四焉。苟非其人，道不虛行。又於治世隆平，則謂之有道；危國亂主，則謂之無道。又坐而論道，謂之三公[5]，國之有道，貧賤者恥焉。

凡言道者，上自二儀，下逮萬物，莫不由之。但黃、老執其本，儒、墨治其末耳。今世之舉有道者，蓋博通乎古今，能仰觀俯察，歷變涉微，達興亡之運，明治亂之體，心無所惑，問無不對者，何必修長生之法，慕松、喬之武者哉[6]？而管窺諸生，臆斷瞽說，聞有居山林之間，宗伯陽之業者，則毀而笑之曰：彼小道耳，不足算也。嗟乎！

所謂抱螢燭於環堵之內者，不見天光之燦爛；侶鮦蝦於跡水之中者，不識四海之浩瀚；重江河之深，而不知吐之者崑崙也；珍黍稷之收，而不覺秀之者豐壤也。今苟知推崇儒術，而不知成之者由道。道也者，所以陶冶百氏，范鑄二儀，胞胎萬類，醞釀彝倫[7]者也。

世間淺近者眾，而深遠者少，少不勝眾，由來久矣。是以史遷雖長而不見譽，班固雖短而不見彈。然物以少者為貴，多者為賤。至於人事，豈獨不然？故藜藋彌原，而芝英不世；枳棘被野，而尋木間秀；沙礫無量，而珠璧甚鮮；鴻隼屯飛，而鸞鳳罕出；虺蜴盈藪，而虯龍希睹；班生多黨，固其宜也。

夫道者，內以治身，外以為國，能令七政遵度[8]，二氣告

第四章　葛洪《抱朴子‧內篇》內含丹道養生（內附注釋、譯文）

237

和，四時不失寒燠之節，風雨不為暴物之災，玉燭[9]表升平之徵，澄醴彰德洽之符，焚輪虹霓寢其襖，頹雲商羊[10]戢其翼。景耀高照，嘉禾畢遂。疫癘不流，禍亂不作，塹壘不設，干戈不用，不議而當，不約而信，不結而固，不謀而成，不賞而勸，不罰而肅，不求而得，不禁而止，處上而人不以為重，居前而人不以為患，號未發而風移，令未施而俗易，此蓋道之治世也。

故道之興也，則三五垂拱[11]而有餘焉；道之衰也，則叔代馳騖而不足焉。夫唯有餘，故無為而化美。夫唯不足，故刑嚴而奸繁。黎庶怨於下，皇靈怒於上。或洪波橫流，或亢陽赤地，或山谷易體，或冬雷夏雪，或流血漂，積尸築京，或坑降萬計，析骸易子，城愈高而衝愈巧，池愈深而梯愈妙，法令明而盜賊多，盟約數而叛亂甚，猶風波駭而魚鱉擾於淵，纖羅密而羽禽躁於澤，豺狼眾而走獸劇於林，爆火猛而小鮮糜於鼎也。君臣易位者有矣，父子推刃者有矣，然後忠義制名於危國，孝子收譽於敗家。疾疫起而巫醫貴矣，道德喪而儒墨重矣。由此觀之，儒道之先後，可得定矣。

或問曰：昔赤松子、王喬、琴高、老氏、彭祖、務成、郁華皆真人[12]，悉仕於世，不便遐遁，而中世以來，為道之士，莫不飄然，絕跡幽隱，何也？

抱朴子答曰：曩古純樸，巧偽未萌，其信道者，則勤而學之，其不信者，則默然而已。謗毀之言，不吐乎口，中傷之心，不存乎胸也。是以真人徐徐於民間，不促促於登遐耳。末俗偷薄，雕偽彌深，玄淡之化廢，而邪俗之黨繁，既不信道，好為訕毀，謂真正為妖訛，以神仙為誕妄，或曰「惑眾」，或曰「亂群」，是以上士恥居其中也。

昔之達人，杜漸防微，色斯而逝，夜不待旦，睹幾而作，

不俟終日。故趙害鳴犢，而仲尼旋軫，醴酒不設，而穆生星行；彼眾我寡，華元去之。況乎明哲，業尚本異，有何戀之當住其間哉！

夫淵竭池漉，則蛟龍不游；巢傾卵拾 [13]，則鳳凰不集；居言於室，而翔鷗不下；凡卉春翦，而芝莄不秀；世俗醜正，慢辱將臻，彼有道者，安得不超然振翅乎風雲之表，而翻爾藏軌於玄漠之際乎！山林之中非有道也，而為道者必入山林，誠欲遠彼腥膻，而即此清淨也。夫入九室 [14] 以精思，存真一以招神者，既不喜喧嘩而合污穢，而合金丹之大藥，煉八石之飛精者，尤忌利口之愚人，凡俗之聞見，明靈為之不降，仙藥為之不成，非小禁也，止於人中，或有淺見毀之有司，加之罪福，或有親舊之往來，牽之以慶弔，莫若幽隱一切，免於如此之臭鼠矣。

彼之邈爾獨往，得意嵩岫，豈不有以乎？或云：上士得道於三軍，中士得道於都市，下士得道於山林。此皆為仙藥已成，未欲升天，雖在三軍，而鋒刃不能傷；雖在都市，而人禍不能加；而下士未及於此，故止山林耳。不謂人之在上品者，初學道，當止於三軍、都市之中而得也，然則黃、老可以至今不去也。

或問曰：道之為源本，儒之為末流，既聞命矣，今之小異，悉何事乎？

抱朴子曰：夫升降俯仰之教，盤旋三千之儀，攻守進取之術，輕身重義之節，歡憂禮樂之事，經世濟俗之略，儒者之所務也。外物棄智，滌蕩機變，忘富逸貴，杜遏勸沮，不恤乎窮，不榮乎達，不戚乎毀，不悅乎譽，道家之業也。

儒者祭祀以祈福，而道者履正以禳邪。儒者所愛者，勢利也；道家所寶者，無欲也。

　　儒者汲汲於名利，而道家抱一以獨善。儒者所講者，相研之簿領也；道家所習者，遣情之教戒也。夫道者，其為也，擅自修以成務；其居也，善取人之所不爭；其治也，善絕禍於未起；其施也，善濟物而不德；其動也，善觀民以用心；其靜也，善居慎而無悶。

　　此所以為百家之君長，仁義之祖宗也，小異之理，其較如此，首尾汙隆，未之變也。

　　或曰：儒者，周、孔也。其籍則《六經》也。蓋治世存正之所由也，立身舉動之準繩也，其用遠而業貴，其事大而辭美，有國有家，不易之制也。為道之士，不營禮教，不顧大倫，侶狐貉於草澤之中，偶猿猱於林麓之間，魁然流擯，與木石為鄰，此亦東走之謎，忘葵之甘也。

　　抱朴子答曰：摛[15]華騁艷，質直所不尚；攻蒙救惑，疇者之所鷹，誠不欲復與子較物理之善否，校得失於機吻矣。然觀孺子之墜井，非仁者之意；視瞽人之觸柱，非兼愛之謂耶？又陳梗概，粗抗一隅。

　　夫體道以匠物，寶德以長生者，黃、老是也。黃帝能治世致太平，而又升仙，則未可謂之後於堯、舜也。老子既兼綜禮教，而又久視，則未可謂之為減周、孔也。故仲尼有「竊比」之嘆[16]，未聞有疵毀之辭，而末世庸民，不得其門，修儒墨而毀道家，何異子孫而罵詈祖考哉！是不識其所自來，亦已甚矣。

　　夫侏儒之手，不足以傾嵩、華；焦僥[17]之脛，不足以測滄海，每見凡俗守株之儒，營營所習，不博達理，告頑令嚚[18]，崇飾惡言，誣詰道家，說糟粕之滓，則若賭駿馬之過隙也；涉精神之淵，則淪溺而自失也。猶斥鷃[19]之揮短翅，以凌陽侯之波；猶蒼蠅之力駑質，以涉眩猿之峻。非其所堪，只

足速困。然而嘍嘍守於局隘，聰不經曠，明不徹離，而欲企踵以包三光，鼓腹以奮雷靈，不亦蔽乎？

蓋登璇璣之眇邈，則知井谷之至卑；睹大明之麗天，乃知鷦金〔20〕之可陋。吾非生而知之，又非少而信之。始者蒙蒙，亦如子耳，既觀奧秘之弘修，而恨離困之不早也。《五經》之事，注說炳露，初學之徒，猶可不解。豈況金簡玉札，神仙之經，至要之言，又多不書。登壇歃血，乃傳口訣，苟非其人，雖裂地連城，金璧滿堂，不妄以示之。夫指深歸遠，雖得其書而不師受，猶仰不見首，俯不知跟，豈吾子所詳悉哉？

夫得仙者，或升太清，或翔紫霄，或造玄洲〔21〕。或棲板桐〔22〕。聽鈞天之樂，享九芝之饌，出攜松、羨於倒景之表，入宴常、陽〔23〕於瑤房之中，曷為當侶狐貉而偶猿狖乎？所謂不知而作也。

夫道也者，逍遙虹霓，翱翔丹霄，鴻崖六虛〔24〕，唯意所造。魁然流擯，未為戚也。犧腯聚處，雖被藻繡，論其為樂，孰與逸麟之離群以獨往，吉光坵偶爾多福哉？

注釋

〔1〕先以為陰陽之術：先，依陳其榮《抱朴子內篇校勘記》作「夫」。陰陽之術，指陰陽家的法術。陰陽家為春秋戰國時九流之一，其學包括陰陽四時、八位、十二度、二十四時等數度之學和五德終始的五行之說。《漢書‧藝文志‧諸子略》：「牽於禁忌，泥於小數」。故本文云：「眾於忌諱，使人拘畏。」

〔2〕名：指名家。戰國時諸子百家學派之一。以辯論名實為主題，代表人物有惠施、公孫龍等。

〔3〕班固……謂遷為謬：班固《漢書‧司馬遷傳贊》：「論大道則先黃、老而後《六經》，序遊俠則退處士而進奸雄，……

此其所蔽也。」

〔4〕命世通人：命世，著稱於當世。《漢書·楚元王傳贊》：「聖人不出，其間必有命世者焉。」

〔5〕坐而論道，謂之三公：《尚書·周官》：「茲惟三公，論道經邦。」《周禮·考工記》：「坐而論道，謂之王公。」

〔6〕慕松、喬之武者哉：當依宋浙本《抱朴子》作「慕松、喬之式者哉」。

〔7〕彝倫：天地人之常道。《尚書·洪範》：「我不知其彝倫修敘。」

〔8〕七政：指日、月及金、木、水、火、土五星。

〔9〕玉燭：表升平之徵，四季和諧。春夏秋冬四季和謂之「玉燭」。見《爾雅·釋天》。

〔10〕商羊：傳說中的一種鳥，其大雨前便獨腳起舞。

〔11〕三五垂拱：「三五」：指三皇五帝。「垂拱」：垂衣拱手，形容不費力氣。

〔12〕務成、郁華：仙人名。道家有二說：《太上老君開天經》（《雲笈七籤》二）：「伏羲之時，老君下為師，號曰『無化子』，一名『郁華子』。帝堯之時，老君下為師，號曰『務成子』。此謂務成、郁華諸仙，皆老子化身，此為道家舊說。葛洪《神仙傳》辨之云：「夫有天地則有道術，道術之士，何時暫乏。是以伏羲以來，至於三代，顯名道術，世世有之，何必常是一老子也。」《抱朴子》不取舊說，以老子、務成、郁華並列，正可與其《神仙傳》相印證。

〔13〕巢傾卵拾：當依宋浙本《抱朴子》作「巢傾卵捨」。

〔14〕九室：指修道的靜室。

〔15〕摛（彳）：鋪張。

〔16〕仲尼有「竊比」之嘆：孔丘適周，問禮於老子。老

子曰：「良賈深藏若虛，君子甚德，容貌若愚，去子之驕氣與多欲。態色與淫志」云云。孔丘謂弟子曰，吾今日見老子。其猶龍耶？蓋龍吾不能知其乘風雲而上天也。見《史記・老莊申韓列傳》。此即謂仲尼有「竊比」之嘆。又《論語・述而》：「子曰：述而不作，信而好古。竊比於我老彭。」

〔17〕焦僥：《山海經・大荒南經》：「有小人名曰焦僥之國」。《列子・湯問篇》：「從中州以東四十萬裡焦僥國，人長一尺五寸。」

〔18〕告頑令嚚：「令」乃原作，但當作「舍」為是。《左傳・文公十八年》：「告之則頑，舍之則嚚」。「嚚（一ㄣˊ）：愚蠢。全句義為告知其則狂妄，不告知其又愚蠢。

〔19〕斥鷃：亦作「尺鷃」。即鷽鳩，古人心目中的弱小鳥兒。《淮南子・精神》：「鳳凰不能與之儷，而況斥鷃乎？」

〔20〕鷦金：宋浙本《抱朴子》本作「鷦鷯」。疑謂鷦明鳥羽上之金光。見王明《抱朴子內篇校釋》。

〔21〕玄洲：傳說中的十洲之一，人跡罕絕處。《海內十洲記》云：「玄洲在北海之中。上有太玄都，鐃金芝玉草。」

〔22〕板桐：崑崙山脈的三座山峰之一，神話中的山名。《楚辭・哀時命》：「望閬風之板桐。」王逸《楚辭章句》：「板桐，山名也。在閬風上。」洪興祖《楚辭補注》；「《博雅》云：崑崙墟有三山，閬風、板桐、玄圃。」

〔23〕常、陽：常，指平常生，陽，指陵陽子明，皆是修道之士。見《列仙傳》。

〔24〕鴻崖六虛：鴻崖，仙人名。《文選・蔡邕・郭在道碑文》：「將蹈洪崖之遐跡，紹巢許之絕軌」。這裡當為動詞，與「逍遙」、「翱翔」義近。六虛，上下四方。

譯文

有人問：儒家、道家誰先誰後？

抱朴子回答說：道家，是儒家的根本；儒家，是道家的枝末。說到那陰陽之道，忌諱繁多，使人拘束畏懼；但儒家博學卻要點很少，很辛勞卻功效甚微；墨家節儉但難以遵循，不能完全照辦；法家嚴屬但恩德少，傷害仁義道德。只有道家的教化，使人精神專一，行動分合沒有形跡；包含著儒家、墨家的優點，囊括了名家、法家的要旨，隨時勢的演變，伴事物的變化，要點簡約而容易明白，事務很少而功勞很多，是盡力保全本原淳樸，持守真正源頭的學說。但班固因為司馬遷將黃帝、老子學說放在前面，將儒家《六經》放在後面，就認定司馬遷是錯誤的。

司馬遷博聞強識，旁及隱微的學問，淘汰事物的善惡，核實古人的邪惡正派。司馬遷的評論，確實是以自然為本；他的褒貶，都切中最重要的道理。不吹噓優點，不隱藏邪惡，不以雷同來取合世俗。劉向是一代博學的人，都認為司馬遷的著作是實情紀錄；而班固的評論，不可作為憑據。

班固實在是一個純篤的儒生，他不能深究道家意旨。耽玩於他所熟悉的學問裡，難得很公正地看待評價問題。我所說的「道」，豈能只是養生之道的事而已呢？《易經》說：形成天地道，分為陰與陽；形成地的道，分為柔和剛；人立身的道，叫做仁和義。又說：《易經》有著聖人之道四種（即聖人創作《易》的四條方法論原則：言尚辭；動尚變；製器尚象；卜筮尚占），如果不是恰當的人，「道」不會白白顯現。還有，大治的世道興旺而太平，就稱之為「有道」；那危急國家和殘暴君主，就稱之為「無道」。還有，坐而論「道」，稱之為「三公」；國家有「道」，貧賤的人應該感到羞恥。

以上可見，凡是提到「道」的，在上，有天有地；在下，有萬事萬物，沒有不包括的。但只有黃帝、老子才真正把持著根本，而儒家、墨家都治理著枝端末節罷了。當今世上所稱讚的有道者，大都是博古通今，能夠仰觀天象而俯察地理的人，他們經歷變故，善處細微，通曉興盛或衰亡的時運，明白大治或動亂的國體，在心內沒有什麼疑惑，詢問沒有不能答對，那又何必去修煉長生不老的方法，追慕赤松子、王子喬的生活方式呢？

但是，從小小事例來窺探的儒生們卻主觀地決斷，盲目地瞎說，聽說有居住在山林之間、效法老子事業的人，就詆毀譏笑他們說：那不過是小小道術罷了，算不了什麼！

啊！正所謂在四周小土牆內守持著螢燭一般的燭光，看不到天光的燦爛；與小魚小蝦在腳跡窩積的水中為伴，不知道四海的浩瀚；正好比雖然看重江河的深邃，卻不知吐瀉它們的是高峻的崑崙；雖然珍視黍稷的收穫，卻不覺得養育它們的是豐厚的土壤；只知道推崇儒術，卻不知形成它的還是道家。「道」，是陶鑄百家，形成天地，生育萬物，醞釀規律的。

世上淺薄短見的人是很多的，但見識深遠的人卻很少；寡不敵眾，由來已久，所以司馬遷雖然正確但不受稱譽，班固雖然謬誤卻不被糾正。

然而，物以稀為貴，以多為賤；反映在人事上，豈非不是如此呢？所以，藜藋滿地，靈芝就不顯於世；荊棘蔽野，喬木只偶爾挺拔；沙粒無數，珍珠玉璧就極少；鷹雁群飛，鳳凰便極為罕見；老蛇蜥蜴遍布沼澤，虯龍就更加難得見到。因此，與班固應和的人多，的確是有道理的。

至於「道」，對內可以修養自身，對外可以治理國政；能夠使日月五星遵循法度，陰陽二氣表現中和；能夠使四季不違

背冷暖的時節，風雨不帶來殘害萬物的災難。四時和順，作為顯示升平的預兆；甘泉醴水，作為表彰德行的象徵。頹風虹霓並不為害，亂雲暴雨不會興起，商羊鳥兒也會收斂羽翼。日光高照，五穀豐登，瘟疫不流行，禍亂不發生，溝塹堡壘勿須設置，盾牌戈戟不必設用；不必爭議卻恰當，不必約定卻信守，不必結盟卻牢固，不必計謀卻成功，不必獎賞卻受鼓舞，不必處罰卻得整肅，不必追求卻能所得，不必禁令卻可行止。處於上位，人們卻不會認為權勢太重；居於前方，人們也不會認為身處憂患；號令還沒發出，風氣就變化；法律還沒施行，習俗就改變，這大概就是「道」正常運行的世道了。

所以，當「道」興起時，三皇五帝垂衣拱手還有餘力；當「道」衰亡時，末世之人成天奔波勞碌也沒有什麼效果。正因為有所餘力，所以無所作為但教化美滿；正因為還有不行，所以嚴刑峻法但邪惡繁多。黎民百姓在下邊怨恨，皇天聖靈在上邊發怒：要嘛洪水橫流，波濤洶湧；要嘛烈日高照，赤地千里；要嘛地殼震裂，山谷易變；要嘛冬日打雷，夏天降雪；要嘛鮮血成河，浮起船槳；要嘛橫屍遍野，堆積成山；要嘛坑殺降兵，數以萬計；甚至剖開屍骸當柴火，交換孩子當食物。那城牆越高，攻牆工具越巧；護城河越深，攻城雲梯越妙；法令越嚴明，但盜賊卻更多；盟約越頻繁，但叛亂卻更厲害。真猶如風波驚駭，魚鱉就在深潭中受擾；網羅細密，鳥兒就在水澤邊驚叫；豺狼眾多，野獸就在森林中急奔；炊火猛烈，小魚就在鍋鼎裡碎爛。

國君與臣下地位互變地出現了，老子與兒子同室操戈的也有了。然後，忠義在危急的國度中得到稱譽，孝子在破敗的家族裡受到表揚。瘟疫興起時，巫醫才發橫財；道德淪喪時，儒家墨家才受重視。由此來觀察考證，儒家道家的先後，就可以

得到確定了。

　　有人問：昔年，赤松子、王子喬、琴高、老聃、彭祖、務成、郁華，都是些得道的真人，又都在世上做過官，他們並沒有立即遠遠遁世。但中古以來，修煉道術的人，沒有不飄然悠得、絕跡於人世而深隱的，這是為什麼呢？

　　抱朴子回答說：上古的人非常純樸，機巧虛偽的心思還沒萌發產生，相信道術的人，勤奮地學術道術，不信道術的人，只是默不作聲而已。誹謗詆毀的言辭，說不出口；相互中傷的心術，不存於胸。所以，那時的得道真人們，便在民間從從容容地度著時日，不必急急忙忙地登天遠去。但末世風俗變得無比輕薄，偽裝虛假越來越深，玄秘淡泊的教化廢棄，而邪惡庸俗的朋黨繁多。他們既不相信道術，又喜歡相互詆毀，認為真事是妖邪謊言，認為神仙是荒誕虛妄。有的說是「惑弄百姓」，有的說是「擾亂群民」，所以，上等的士人認為與修道者居住在一起是恥辱。

　　過去那些通達的人為了防微杜漸，看見不好臉色就趕緊隱退，半夜也等不到早晨；看見預兆就趕緊行動，決不會等到一整天。所以，趙國害死竇鳴犢這個人，孔子就不再去會見趙簡子而回車歸去；楚元王不再設置酒宴，穆生就稱病離開趕緊披星戴月而行；說壞話的人多，說好話的人少，華元也趕緊逃歸。何況明智的哲人，他的事業和崇尚的志趣本來就與凡人不同，有何值得留戀而居住在那些凡人中間呢？

　　深淵乾竭，水池枯涸，蛟龍就不能游動；巢垮卵落，鳳凰就不會聚集；雖在家中謀算說得再好，但飛翔的鷗鳥仍然不會自己落下；一般花卉春日凋零，靈芝和蓂莢就不會茂盛；世俗凡人以正直為醜惡，傲慢和侮辱就會來臨。那些擁有道術的人，怎能不超然振翅翱翔於長風彩雲的上空，並翻然隱跡於玄

遠荒漠的邊遠呢？

　　山林之中並沒有什麼道術，但學習道術的人一定要進入山林裡去，的確是想遠離那腥膻腐臭的凡間，而走向清幽雅靜的淨土。那些進入密室去精養思想，保持真一以召喚神仙的人，決不喜歡與喧嘩的人世同流合污；那些煉製金丹大藥，熔出八石飛精的人，就更避忌伶牙俐齒的愚頑之徒。凡人俗人的所見所聞，造成神明聖靈不願降臨，金丹仙藥也因此煉製不成；這絕不是小的禁忌。

　　留止在人間凡世，可能還會有見識短淺的人到官府去誹謗，將罪行災禍強加在他們身上；可能還會有親朋好友的來往，並用慶賀慰問去牽制他們身心。因此，不如隱身遠離這一切，免於這些臭老鼠般的俗事纏身。

　　他們高遠地獨來獨往，在那深山野嶺裡獲得真趣，這難道不是很有道理的事嗎？有人說：上等的道士在三軍中獲得道術，中等的道士在都市裡獲得道術，下等的道士在山林中獲得道術。他們都是因為仙藥已煉成，還不想升騰雲天的人，他們雖然在軍隊中，但刀劍不能傷害；雖然在都市裡，但人禍不能侵蝕；不過下等的道士還達不到這種境界，所以他們在山林中止息罷了。但是，不是說處在上等的人，或初學道的人應當留止在軍隊，都市之中去獲得道術。這樣理解了，則黃帝、老子的學問就可至今不廢棄了呵！

　　有人問：道家是源泉，是根本，儒家是分流，是枝末。這我已聽明白並相信了，但是，道家與儒家現今的小差異，又是些什麼情況呢？

　　抱朴子說：那承上啟下、俯身仰首的教化，無窮無盡、左右周旋的禮儀，退取退守的規範，看輕自身而看重道義的氣節，按照禮樂制度而或喜或憂的規定，經營世事而賑濟世俗的

方略，都是儒生們所從事的事業。

　　而將萬物看成身外之物，拋棄智慧並排除洗滌蕩盡機心，忘卻並放棄大富大貴，杜絕勸勉，遏止沮喪，不因仕途不暢而憂戚，不因顯達而榮耀，不因詆毀而傷感，不因美譽而喜悅，這些都是道家們所追求的事業。

　　儒家是用祭祀來祈求福佑，而道家是以符合天地規律來禳除邪惡；儒家所喜愛的是權勢利益，而道家所珍視的是無私無慾；儒家在名譽利害上追求不已並斤斤計較，而道家卻抱定真一而獨自體念善行；儒家所講習的是相互切磋的典籍，而道家所誦讀的是放遣情懷的教義禁戒。

　　「道」，當它有所作為時，就善於自我修養而成就事業；當它蓄藏時，就善於取得眾人都不要而珍貴的收穫；當它治國時，就善於斷絕除去還未興起的禍患；當它施行時，就善於救濟事物而不以施德自居；當它運動時，就善於觀察百姓而運用心智；當它靜止時，就善於小心謹慎而不生煩悶。

　　這些就是道家之所以成為諸子百家的君長，仁義道德祖宗的道理。對於儒道兩家略有差異的地方，大致也就是如此；不管怎麼評頭論足，論高道下，無論如何也改變不了它們各自的地位和差異。

　　有人說：儒家的始祖，是周公、孔子；儒家的經典，是《六經》。應該算是治理世事，保存正道的必由之路，是確立人生，投足舉手的準繩；它不但用途高遠而且功業可貴，它不但事業宏大而且言辭美好，是擁有和治理國事家事不可易替的制度。而追求道旨仙術的士人，不經營禮教，不顧及倫理，在荒草沼澤之中與狐貉為伴，在深山林下與猿猴為友，孤孤單單，棄絕世間，與樹木山石為鄰居，這也是仿效別人東走西跑的糊塗舉動，忘記了家園中葵藿等蔬菜的甘甜吧！

抱朴子答道：鋪設華麗，競相美艷，是本性樸質的人們所不崇尚的；治療蒙昧，救解困惑，是古代人們所滿足的。我確確實實不想再與您計較事物道理的好歹曲直，在口舌技巧中評價得失成敗。但是，看到小孩落入井中而不救援，並不是仁慈者的意願；看到瞎子碰在柱子上，也不是博愛者的認識吧？因此，只好再陳述事物的梗概，粗略地談一點看法。

那體察規律而創造萬物，以道德為至寶而追求長生的，正是黃帝、老子這些先哲了。黃帝能夠治理世道並致天下太平，然後再升飛成仙，就不能說他不及堯舜；老子既綜合禮義教化，又長生久視，就不能認為他比不上周公、孔子。所以，孔子有「私下與老子、彭祖相比不如」的感嘆，並沒有聽到他有半點兒詆毀之辭。

然而，處在衰敗世道中的平庸之輩，找不到門徑，修習了儒家、墨家後卻妄自詆毀道家，這與當子孫的咒罵祖宗有何差別呢？就是不識知自己的來由，也夠過分了呵！

侏儒的手臂，不足以圍著嵩山華山；矮子的腳脛，不足以測量滄海。我每每見到世俗中那些守株待兔的儒生，來往周旋於熟悉的儒術，不能博識通達之理。告訴他們吧，他們會顯得更加狂妄；不告訴他們吧，他們又顯得更加愚蠢。他們崇尚經過美化裝飾的壞話，誣蔑斥責道家。

說起糟粕渣滓，就好像看到駿馬從門縫中越過那般珍貴；涉足精華神髓的深淵，就沉淪而自取消亡。這好比那鵪鶉揮動短短的翅膀，想要凌越陽侯神的滾滾波濤；又好比那蒼蠅憑著虛弱體質的力量，想要翻越使猿猴也頭暈目眩的峻嶺高山。不是他們所能勝任的，只會加速加重他們的困難。然而，囉囉嗦嗦、保守狹隘的人，論耳力趕不上師曠，論視力又不及離朱，可是，他們卻想翹起腳跟就囊括日月星辰三光，敲擊起腹肚就

像激起巨雷響聲一樣，那目光豈不是太短淺了嗎？

大致說來，登上浩渺星際的高遠之處，才知道天井、山谷是最低下的；看到日月燦爛的天穹，才懂得鷦鷯羽毛上金光是極淺陋的。

我自己並不是天生就懂得道家的，也不是從少小就相信它的，開始我也是迷迷蒙蒙，也正像您現在這樣而已。等我看到了奧妙的宏大修煉目標，才遺憾擺脫困惑沒有更早一些。

《五經》所記述的事情，注釋闡說得很顯露而明白，初學者尚且還不能完全理解，更何況那黃金簡策，玉石札片，記載的都是神仙經典中最重要的言論；還有很多沒有訴諸文字的言論或口訣，需要登上神壇，歃血為盟，才能傳授。如果不是合適的人，儘管他的權勢足以割裂地盤，吞併城市，黃金玉璧堆滿堂屋，但也不能隨便將神仙秘訣等重要言論出示傳授給他。

神仙之書意旨深遠，有的雖得書若無老師親自傳授指點，這仍猶如是抬頭看不見自己頭頂，低頭看不到自己腳跟一樣，哪裡是您所能完全了解的呢？

求得仙道的人，有的飛升太清仙境，有的翱翔在紫霄天庭，有的來到「玄洲」，有的棲身於「板桐」，欣賞著天堂的音樂，享用著各種靈芝的佳餚。外出時，攜手與赤松子、羨門子飛升到高的天際；進家時，設宴招待平常生、陵陽子明在瓊瑤仙宮之中。怎麼能說是與狐貉為伴，與猿猴為友呢？這正是所說的不懂裝懂呵！

得道的境界，在虹霓裡逍遙，在紅霞間翱翔，與仙人鴻崖漫遊四方上下，隨心所欲，無所不至。即使孤孤單單地遠離人世，也不悲戚。作犧牲的豬聚集相處，雖然披著彩繡，但評價它們的樂趣，哪裡趕得上逸放的麒麟離開眾群而獨往獨來，吉光神獸失去伴侶卻有眾多的福佑呢！

卷十一 仙藥

原 文

抱朴子曰：神農四經[1]曰：上藥令人身安命延，升為天神，邀遊上下，使役萬靈，體生毛羽，行廚立至。又曰：五芝及餌丹砂、玉札、曾青、雄黃、雌黃、雲母、太乙禹餘糧，各可單服之，皆令人飛行長生。又曰：中藥養性，下藥除病，能令毒蟲不加，猛獸不犯，惡氣不行，眾妖並辟，又《孝經援神契》曰：椒、薑御濕，菖蒲益聰，巨勝[2]延年，威喜[3]辟兵。皆上聖之至言，方術之實錄也，明文炳燃，而世人終於不信，可嘆息者也。

仙藥之上者丹砂，次則黃金，次則白銀，次則諸芝，次則五玉，次則雲母，次則明珠，次則雄黃，次則太乙禹餘糧，次則石中黃子，次則石桂，次則石英，次則石腦，次則石硫黃，次則石飴，次則曾青，次則松柏脂、茯苓、地黃、麥門冬、木巨勝、重樓、黃連、石韋、楮實、象柴，一名托盧是也。或云仙人杖，或云西王母杖，或名天精，或名卻老，或名地骨，或名枸杞也。

天門冬，或名地門冬，或名莚門冬，或名顛棘，或名淫羊食，或名管松，其生高地，根短而味甜，氣香者善。其生水側下地者，葉細似蘊而微黃，根長而味多苦，氣臭者下，亦可服食。然喜令人下氣，為益尤遲也，服之百日，皆丁壯倍駛於術及黃精也，入山便可蒸，若煮啖之，取足以可以斷穀。

若有力可餌之，亦可作散，並及絞其汁作酒，以服散尤佳。楚人呼天門冬為百部，然自有百部草，其根俱有百許，相似如一也，而其苗小異也。真百部苗似拔葜，唯中以治欬及殺虱耳，不中服食，不可誤也。如黃精一名白及，而實非中以作

糊之白及也。按本草[4]藥之與他草同名者甚多,唯精博者能分別之,不可不詳也。

黃精一名兔竹,一名救窮,一名垂珠。服其花勝其實,服其實勝其根,但花難多得。得其生花十斛,乾之才可得五六斗耳,而服之日可三合,非大有役力者不能辨也。服黃精僅十年,乃可大得其益耳。

俱以斷穀不及術,術餌令人肥健,可以負重涉險,但不及黃精甘美易食,凶年可以與老小休糧,人不能別之,謂為米脯也。

五芝者,有石芝,有木芝,有草芝,有肉芝,有菌芝,各有百許種也。

石芝者,石象芝生於海隅名山,及島嶼之涯有積石者,其狀如肉象有頭尾四足者,良似生物也,附於大石,喜在高岫險峻之地,或卻著仰綴也。赤者如珊瑚,白者如截肪,黑者如澤漆,青者如翠羽,黃者如紫金,而皆光明洞徹如堅冰也。晦夜去之三百步,便望見其光矣。大者十餘斤,小者三四斤,非久齋至精,及佩「老子入山靈寶五符」,亦不能得見此輩也。

凡見諸芝,且先以「開山卻害符」置其上,則不得復隱蔽化去矣。徐徐擇王相之日[5],設醮祭以酒脯,祈而取之,皆從日下禹步閉氣而往也。又若得石象芝,搗之三萬六千杵,服方寸匕[6],日三,盡一斤,則得千歲;十斤,則萬歲。亦可分人服也。

又玉脂芝,生於有玉之山,常居懸危之處,玉膏流出,萬年已上,則凝而成芝,有似鳥獸之形,色無常彩,率多似山玄水蒼玉也。亦鮮明如水精,得而末之,以無心草汁和之,須臾成水,服一升,得一千歲也。

七明九光芝,皆石也,生臨水之高山石崖之間,狀如盤

碗，不過徑尺以還，有莖蒂連綴之，起三四寸，有七孔者，名七明，九孔者名九光，光皆如星，百餘步內，夜皆望見其光，其光自別，可散不可合也。常以秋分伺之得之，搗服方寸匕，入口則翕然身熱，五味甘美，盡一斤則得千歲，令人身有光，所居暗地如月，可以夜視也。

石蜜芝，生少室石戶中，戶中便有深谷，不可得過，以石投谷中，半日猶聞其聲也。去戶外十餘丈有石柱，柱上有偃蓋石，高度徑可一丈許，望見蜜芝從石戶上墮入偃蓋中，良久，輒有一滴，有似雨後屋之餘漏，時時一落耳。然蜜芝墮不息，而偃蓋亦終不溢也。戶上刻石為科斗字，曰：得服石蜜芝一斗者壽萬歲。諸道士共思惟其處，不可得往，唯當以碗器著勁竹木端以承取之，然竟未有能為之者。按此石戶上刻題如此，前世必已有得之者也。

石桂芝，生名山石穴中，似桂樹而實石也。高尺許，大如徑尺，光明而味辛，有枝條，搗服之一斤得千歲也。石中黃子，所在有之，沁水山為尤多。

其在大石中，則其石常潤濕不燥，打其石有數十重，乃得之。在大石中，赤黃溶溶，如雞子之在其殼中也。即當飲之，不飲則堅凝成石，不復中服也。法正當及未堅時飲之，既凝則應末服也。破一石中，多者有一升，少者有數合，可頓服也。雖不得多，相繼服之，共計前後所服，合成三升，壽則千歲。但欲多服，唯患難得耳。

石腦芝，生滑石中，亦如石中黃子狀，但不皆存耳。打破大滑石千許，乃可得一枚。初破之，其在石中，五色光明而自動，服一升得千歲矣。

石硫黃芝，五岳皆有，而箕山為多。其方言許由就此服之而長生，故不復以富貴累意，不受堯禪也。

石硫丹者，石之赤精，蓋石硫黃之類也。皆浸溢於崖岸之間，其濡濕者可丸服，其已堅者可散服，如此有百二十，皆石芝也，事在《太乙玉策》及《昌宇〔7〕內記》，不可具稱也。

及夫木芝者，松柏脂淪入地千歲，化為茯苓，茯苓萬歲，其上生小木，狀似蓮花，名曰「木威喜芝」。夜視有光，持之甚滑，燒之不然，帶之辟兵，以帶雞而雜以他雞十二頭共籠之，去之十二步，射十二箭，他雞皆傷，帶威喜芝者終不傷也。

從生門上採之，於六甲陰乾之，百日，末服方寸匕，日三，盡一枚，則三千歲也。千歲之栝木，其下根如坐人，長七寸，刻之有血，以其血塗足下，可以步行水上不沒；以塗人鼻以入水，水為之開，可以止住淵底也；以塗身則隱形，欲見則拭之。又可以治病，病在腹內，刮服一刀圭〔8〕；其腫痛在外者，隨其所在刮一刀圭，即其腫痛所在以摩之，皆手下即癒；假令左足有疾，則刮塗人之左足也。又刮以雜巨勝為燭，夜遍照地下，有金玉寶藏，則光變青而下垂，以鍤掘之可得也。末之，服盡十斤則千歲也。

又松樹枝三千歲者，其皮中有聚酯，狀如龍形，名曰「飛節芝」。大者重十斤，末服之，盡十斤，得五百歲也。又有樊桃芝，其木如升龍，其花葉如丹羅，其實如翠鳥，高不過五尺，生於名山之陰，東流泉水之土，以立夏之候伺之，得而末服之，盡一株得五千歲也。

參成芝，赤色有光，扣之枝葉，如金石之音，折而續之，即復如故。木渠芝，寄生大木上，如蓮花，九莖一叢，其味甘而辛。建木芝實生於都廣，其皮如纓蛇，其實如鸞鳥。此三芝得服之，白日升天也。

黃盧子、尋木華、玄液華，此三芝生於泰山要鄉及奉高，有得而服之，皆令人壽千歲。黃蘗檀桓芝者，千歲黃蘗木下

根，有如三斛器，去本株一二丈，以細根相連狀如縷，得末而服之，盡一枝則成地仙不死也。此輩復百二十種，自有圖也。

草芝有獨搖芝，無風自動，其莖大如手指，赤如丹，素葉似莧，其根有大魁如斗，有細者如雞子十二枚，周繞大根之四方，如十二辰也，相去丈許，皆有細根，如白髮以相連，生高山深谷之上，其所生左右無草。得其大魁未服之，盡則得千歲，服其細者一枚百歲，可以分他人也。懷其大根即隱形，欲見則左轉而出之。

牛角芝，生虎壽山及吳坂上，狀似蔥，特生如牛角，長三四尺，青色，末服方寸匕，日三，至百日，則得千歲矣。龍仙芝，狀如升龍之相負也，以葉為鱗，其根則如蟠龍，服一枚則得千歲矣。

麻母芝，似麻而莖赤色，花紫色。紫株芝，其花黃，其葉赤，其實如李而紫色，二十四枝輒相連，而垂如貫珠也。白符芝，高四五尺，似梅，常以大雪而花，季冬而實。朱草芝，九曲，曲有三葉，葉有三實也。

五德芝，狀似樓殿，莖方，其葉五色各具而不雜，上如偃蓋，中常有甘露，紫氣起數尺矣。龍銜芝，常以仲春對生，三節十二枝，下根如坐人。凡此草芝，又有百二十種，皆陰乾服之，則令人與天地相畢，或得千歲二千歲。

肉芝者，謂萬歲蟾蜍，頭上有角，頷下有丹書八字再重，以五月五日日中時取之，陰乾百日，以其左足畫地，即為流水，帶其左手於身，辟五兵，若敵人射己者，弓弩矢皆反還自向也。千歲蝙蝠，色白如雪，集則倒懸，腦重故也。此二物得而陰乾未服之，令人壽四萬歲。

千歲靈龜，五色具焉，其雄額上兩骨起似角，以羊血浴之，乃剔取其甲，火炙搗服方寸匕，日三，盡一具，壽千歲。

行山中，見小人乘車馬，長七八寸者，肉芝也，捉取服之即仙矣。風生獸似豹，青色，大如狸，生於南海大林中，張網取之，積薪數車以燒之，薪盡而此獸在灰中不然，其毛不焦，斫刺不入，打之如皮囊，以鐵錘鍛其頭數十下乃死，死而張其口以向風，須臾便活而起走，以石上菖蒲塞其鼻即死。取其腦以和菊花服之，盡十斤，得五百歲也。

又千歲燕，其窠戶北向，其色多白而尾掘，取陰乾，末服一頭五百歲。凡此又百二十種，此皆肉芝也。

菌芝，或生深山之中，或生大木之下，或生泉之側，其狀或如宮室，或如車馬，或如龍虎，或如人形，或如飛鳥，五色無常，亦百二十種，自有圖也。皆當禹步往採取之，刻以骨刀，陰乾末服方寸匕，令人升仙，中者數千歲，下者千歲也。欲求芝草，入名山，必以三月九月，此山開出神藥之月也，勿以山佷日〔9〕，必以天輔時，三奇會尤佳。

出三奇吉門到山，須六陰之日，明堂之時，帶「靈寶符」，牽白犬，抱白雞，以白鹽一斗，及開山符檄，著大石上，執吳唐草一把以入山，山神喜，必得芝也。又採芝及服芝，欲得王相專和之日，支干上下相生為佳。此諸芝名山多有之，但凡庸道士，心不專精，行穢德薄，又不曉入山之術，雖得其圖，不知其狀，亦終不能得也。山無大小，皆有鬼神，其鬼神不以芝與人，人則雖踐之，不可見也。

又雲母有五種，而人多不能分別也，法當舉以向日，看其色，詳占視之，乃可知耳。正爾於陰地視之，不見其雜色也。五色並具而多青者名雲英，宜以春服之。五色並具而多赤者名雲珠，宜以夏服之。五色並具而多白者名雲液，宜以秋服之。五色並具而多黑者名雲母，宜以冬服之。但有青、黃二色者名雲沙，宜以季夏服之。晶晶純白名磷石，可以四時長服之也。

服五雲之法，或以桂、蔥、水玉化之以為水，或以露於鐵器中，以玄水熬之為水，或以硝石合於筒中埋之為水，或以蜜搜為酪，或以秋露漬之百日，韋囊挺以為粉，或以無顛草、樗、血合餌之，服之一年，則百病除，三年久服，老公反成童子，五年不闕，可役使鬼神，入火不燒，入水不濡，踐棘而不傷膚，與仙人相見。著火即焦，而五雲以納猛火中，經時終不然，埋之永不腐敗，故能令人長生也。

又云：服之十年，雲氣常覆其上，服其母以致其子，理自然也。又向日看之，晻晻純黑色起者，不中服，令人病淋發瘡。雖水餌之，皆當先以茅屋溜水，若東流水、露水，漬之百日，淘汰去其土石，乃可用耳。中山衛叔卿[10]服之，積久能乘雲而行，以其方封之玉匣之中，仙去之後，其子名度世，及漢使者梁伯，得而按方合服，皆得仙去。

又雄黃當得武都山所出者，純而無雜，其赤如雞冠，光明燁燁者，乃可用耳。其但純黃似雄黃色，無赤光者，不任以作仙藥，可以合理病藥耳。

餌服之法，或以蒸煮之，或以酒餌，或先以硝石化為水乃凝之，或以玄胴腸裹蒸之於赤土下，或以松脂和之，或以三物煉之，引之如布，白如冰，服之皆令人長生，百病除，三尸下，瘢痕滅，白髮黑，墮齒生，千日則玉女來侍，可得役使，以致行廚。又玉女常以黃玉為志，大如黍米，在鼻上，是真玉女也，無此志者，鬼試人耳。

玉亦仙藥，但難得耳。《玉經》曰：服金者壽如金，服玉者壽如玉也。又曰：服玄真者，其命不極。玄真者，玉之別名也。令人身飛輕舉，不斷地仙而已。然其道遲成，服一二百斤，乃可知耳。

玉可以烏米酒及地榆酒化之為水，亦可以蔥漿消之為飴，

亦可餌以為丸，亦可燒以為粉，服之一年已上，入水不沾，入火不灼，刃之不傷，百毒不犯也。不可用已成之器，傷人無益，當得璞玉，乃可用也，得於闐國白玉尤善。

其次有南陽徐善亭部界中玉及日南盧容水中玉亦佳。赤松子以玄蟲血漬玉為水而服之，故能乘煙上下也。玉屑服之與水餌之，俱令人不死。

所以為不及金者，令人數數發熱，似寒食散[11]狀也。若服玉屑者，宜十日輒一服雄黃、丹砂各一刀圭，散發洗沐寒水，迎風而行，則不發熱也。董君異[12]嘗以玉醴與盲人服之，目旬日而癒。有吳延稚者，志欲服玉，得玉經方不具，了不知其節度禁忌，乃招合得珪璋環璧[13]，及校劍所用甚多，欲餌治服之，後餘為說此不中用，乃嘆息曰「事不可不精，不但無益，乃幾作禍也。」

又，銀但不及金玉耳，可以地仙也。服之法，以麥漿化之，亦可以朱草酒餌之，亦可以龍膏煉之，然三服，輒大如彈丸者，又非清貧道士所能得也。

又，真珠徑一寸以上可服，服之可以長久，酪漿漬之皆化如水銀，亦可以浮石水蜂窠化，包彤蛇黃合之，可引長三四尺，丸服之，絕穀服之，則不死而長生也。淳漆不沾者，服之令人通神長生，餌之法，或以大無腸公子，或云大蟹，十枚投其中，或以雲母水，或以玉水合服之，九蟲悉下，惡血從鼻去，一年六甲行廚至也。

桂可以蔥涕合蒸作水，可以竹瀝合餌之，亦可以先知君腦，或云龜，和服之，七年，能步行水上，長生不死也。

巨勝一名胡麻，餌服之不老，耐風濕，補衰老也，桃膠以桑灰汁漬，服之百病癒，久服之身輕有光明，在晦夜之地如月出也，多服之則可以斷穀。

檸木實之赤者，餌之一年，老者還少，令人徹視見鬼。昔道士梁須年七十乃服之，轉更少，至年百四十歲，能夜書，行及奔馬，後入青龍山去。槐子以新瓮合泥封之，二十餘日，其表皮皆爛，乃洗之如大豆，日服之，此物主補腦，久服之，令人髮不白而長生。玄中蔓方，楚飛廉、澤瀉、地黃、黃連之屬，凡三百餘種，皆能延年，可單服也。靈飛散、未央丸、制命丸、羊血丸，皆令人駐年卻老也。

南陽酈縣山中有甘谷水，谷水所以甘者，谷上左右皆生甘菊，菊花墮其中，歷世彌久，故水味為變。其臨此谷中居民，皆不穿井，悉食甘谷水，食者無不老壽，高者百四五十歲，下者不失八九十，無夭年人，得此菊力也。

故司空^{〔14〕}王暢、太尉^{〔15〕}劉寬、太傅^{〔16〕}袁隗，皆為南陽太守，每到官，常使酈縣月送甘谷水四十斛以為飲食。此諸公多患風痺及眩冒，皆得癒，但不能大得其益，如甘谷上居民，生小便飲食此水者耳。

又菊花與薏花相似，直以甘苦別之耳，菊甘而薏苦，諺言所謂苦如薏者也。今所在有真菊，但為少耳，率多生於水側，緱氏山與酈縣最多，仙方所謂日精、更生、周盈皆一菊，而根、莖、花、實異名，其說甚美，而近來服之者略無效，正由不得真菊也。夫甘谷水得菊之氣味，亦何足言。而其上居民，皆以延年，況將復好藥，安得無益乎？

余亡祖鴻臚少卿^{〔17〕}曾為臨沅令，云此縣有廖氏家，世世壽考，或出百歲，或八九十，後徙去，子孫轉多夭折。他人居其故宅，復如舊，後累世壽考。由此乃覺是宅之所為，而不知其何故，疑其井水殊赤，乃試掘井左右，得古人埋丹砂數十斛，去井數尺，此丹砂汁因泉漸入井，是以飲其水而得壽，況乃餌煉丹砂而服之乎？

余又聞上黨有趙瞿者，病癩歷年，眾治之不癒，垂死。或云不如及活流棄之，後子孫轉相注易，其家乃賚糧，將之送置山穴中。瞿在穴中，自怨不幸，晝夜悲嘆，涕泣經月。有仙人行經過穴，見而哀之，具問訊之。瞿知其異人，乃叩頭自陳乞哀，於是仙人以一囊藥賜之，教其服法。瞿服之百許日，瘡都癒，顏色豐悅，肌膚玉澤。

仙人又過視之，瞿謝受更生活之恩，乞丐其方。仙人告之曰，此是松脂耳，此山中更多此物，汝煉之服，可以長生不死。瞿乃歸家；家人初謂之鬼也，甚驚愕。瞿遂長服松脂，身體轉輕，氣力百倍，登危越險，終日不極，年百七十歲，齒不墮，髮不白，夜臥，忽見屋間有光大如鏡者，以問左右，皆云不見，久而漸大，一室盡明如晝日。又夜見面上有彩女二人，長二三寸，面體皆具，但為小耳，遊戲其口鼻之間；如是且一年，此女漸長大，出在其側。又常聞琴瑟之音，欣然獨笑，在人間三百許年，色如小童，乃入抱犢山去，必地仙也。

于時聞瞿服松脂如此，於是競服。其多役力者，乃車運驢負，積之盈室，服之遠者，不過一月，未覺大益輒止，有志者難得如是也。

又漢成帝時，獵者於終南山中，見一人無衣服，身生黑毛，獵人見之，欲逐取之，而其人逾坑越谷，有如飛騰，不可逮及。於是乃密伺候其所在，合圍得之，定是婦人。問之，言我本是秦之宮人也，聞關東賊至，秦王出降，宮室燒燔，驚走入山，飢無所食，垂餓死，有一老翁教我食松葉松實，當時苦澀，後稍便之，遂使不飢不渴，冬不寒，夏不熱。

計此女定是秦王子嬰宮人，至成帝之世，二百許歲，乃將歸，以穀食之，初聞穀臭嘔吐，累日乃安。如是二年許，身毛乃脫落，轉老而死。向使不為人所得，便成仙人矣。

南陽文氏，説其先祖，漢末大亂，逃去山中，飢困欲死。有一人教之食朮，遂不能飢，數十年乃還鄉里，顏色更少，氣力勝故。自説在山中時，身輕欲跳，登高履險，歷日不極，行冰雪中，了不知寒。常見一高岩上，有數人對坐博戲者，有讀書者，府而視文氏，因聞其相問，言：此子中呼上否？其一人答言：未可也。朮一名山薊，一名山精。故《神藥經》曰：必欲長生，常服山精。

昔仙人八公[18]，各服一物，以得陸仙，各數百年，乃合神丹金液，而升太清耳。人若合八物，煉而服之，不得其力，是其藥力有轉相勝畏故也。韓終服菖蒲十三年，身生毛，日視書萬言，皆誦之，冬袒不寒。

又菖蒲生須得石上，一寸九節以上，紫花者尤善也。趙他子服桂二十年，足下生毛，日行五百里，力舉千斤。移門子服五味子十六年，色如玉女，入水不沾，入火不灼也。

楚文子服地黃八年，夜視有光，手止車弩也。林子明服朮十一年，耳長五寸，身輕如飛，能超逾淵谷二丈許。杜子微服天門冬，御八十妾，有子百三十人，日行三百里。任子季服茯苓十八年，仙人玉女往從之，能隱能彰，不復食穀，灸瘢皆滅，面體玉光。陵陽子仲服遠志二十年，有子三十七人，開書所視不忘，坐在立亡。

《仙經》曰：雖服草木之葉，已得數百歲，忽怠於神丹，終不能仙。以此論之，草木延年而已，非長生之藥可知也。未得作丹，且可服之，以自楮持耳。

或問：服食藥物，有前後之宜乎？

抱朴子答曰：按《中黃子服食節度》云：服治病之藥，以食前服之，養性之藥，以食後服之。

吾以咨鄭君：何以如此。鄭君言：此易知耳，欲以藥攻

病，既宜及未食，內虛，令藥力勢易行，若以食後服之，則藥但攻穀而力盡矣；若欲養性，而以食前服藥，則力未行，而被穀驅之下去不得止，無益也。

或問曰：人服藥以養性，云有所宜，有諸乎？

抱朴子答曰：「按《玉策記》及《開明經》，皆以五音六屬，如人年命之所在。子午屬庚，卯酉屬巳，寅申屬戊，丑未屬辛，辰戌屬丙，巳亥屬丁。一言得之者，宮與土也；三言得之者，徵與火也；五言得之者，羽與水也；七言得之者，商與金也；九言得之者，角與木也。若本命屬土，不宜服青色藥；屬金，不宜服赤色藥；屬木，不宜服白色藥；屬水，不宜服黃色藥；屬火，不宜服黑色藥。

以五行之義，木剋土，土剋水，水剋火，火剋金，金剋木故也。若金丹大藥，不復論宜與不宜也。

一言宮。庚子庚午，辛未辛丑，丙辰丙戌，丁亥丁巳，戊寅戊申，己卯己酉。

三言徵。甲辰甲戌，乙亥乙巳，丙寅丙申，丁酉丁卯，戊午戊子，己未己丑。

五言羽。甲寅甲申，乙卯乙酉，丙子丙午，丁未丁丑，壬辰壬戌，癸巳癸亥。

七言商。甲子甲午，乙丑乙未，庚辰庚戌，辛巳辛亥，壬申壬寅，癸卯癸酉。

九言角。戊辰戊戌，己巳己亥，庚寅庚申，辛卯辛酉，壬午壬子，癸丑癸未。

禹步法：前舉左，右過左，左就右。次舉右，左過右，右就左。次舉左，右過左，左就右。

如此三步，當滿二丈一尺，後有九跡。

「小神方」：用真丹三斤，白蜜一斤，合和日曝煎之，令可

丸，旦服如麻子十丸，末一年，髮白更黑，齒墮更生，身體潤
澤，長服之，老翁還成少年，常服長生不死也。

「小餌黃金方」：火銷金納清酒中，二百出，二百入，即沸
矣。握之出指間，令如泥，若不沸及握之不出指間，即復銷之
內酒中無數也。成服如彈丸一枚，亦可汁一丸分為小丸，服
三十日，無寒溫，神人玉女下之。又銀亦可餌，與金同法。服
此二物，可居名山石室中，一年即輕舉矣。人間服之，名地
仙，勿妄傳也。

「兩儀子餌銷黃金法」：豬負革肪三斤，醇苦酒一斗，取黃
金五兩，置器中煎之，出爐，以金置肪中，百入百出，苦酒亦
爾，餐一斤金，壽弊天地，食半斤金，壽二千歲；五兩，
千二百歲，無多少，便可餌之。當以王相之日，作之神良，勿
傳人，傳人，藥不成不神也。欲食去尸藥，當服丹砂。

「餌丹砂法」：丹砂一斤，搗篩，下醇苦酒三升，淳漆二
升，凡三物合，令相得，微火上煎之，令可丸，服如麻子三
丸，日再。四十日，腹中百病癒，三尸去；服之百日，肌骨堅
強；服之千日，司命削死籍，與天地相保，日月相望，改形易
容，變化無常，日中無影，乃別有光矣。

注釋

〔1〕神農四經：為假託神農氏所著的四部古代著作，如
《神農本草經》等。

〔2〕巨勝：胡麻的別名，《神農本草經》載：「胡麻一名巨
勝。」

〔3〕威喜：一種木芝的名稱。

〔4〕本草：當是指《神農本草經》。

〔5〕王相之日：吉利的日子。

〔6〕方寸匕：古代量藥用具，即一把每邊長為一寸的正方形平勺，抄取散藥時以堆滿不落為度。

〔7〕昌宇：人名，傳說為黃帝之臣。

〔8〕刀圭：古代量藥用具，約為十分之一方寸匕。

〔9〕山佷日：山神發怒的日子。

〔10〕衛叔卿：傳說中漢武帝時的仙人，事見《神仙傳》。

〔11〕寒食散：一名五石散，由五種石類藥物組成，相傳為漢張仲景所製，服食可長生不死。

〔12〕董君異：即董奉，字君異，侯官人，傳說中的仙人，亦是名醫，事見《神仙傳・董奉傳》。

〔13〕珪璋環璧：為古代比較常見的四種形狀的玉器。

〔14〕司空：三國時期官名，與司徒、司馬合稱為「三公」。

〔15〕太尉：東漢時期官名，與司徒、司空並稱為「三公」。

〔16〕太傅：東漢時期官名，為國君輔弼之官。

〔17〕鴻臚少卿：葛洪祖父葛系（字孝瑗），任吳國大鴻臚，即鴻臚少卿，是掌管朝廷賀吊贊導之禮的官員。

〔18〕仙人八公：王明注釋本指此八公為淮南八公：蘇飛、李尚、左吳、田由、雷被、毛被、伍被、晉昌。但此句之後所解釋的八公則為韓終、趙他子、移門子、楚文子、林子明、杜子微、任子季、陵陽子仲。

譯文

抱朴子說：《神農四經》說：上藥能使人身體安康，生命延長，升為天仙，遨遊天地間，役使各種生物，身上長出羽毛，想要什麼食物都能使它馬上來到。又說：服食五種靈芝及丹砂、玉札、曾青、雄黃、雌黃、雲母、太乙禹餘糧，這幾種可各自單獨服，且都可以使人輕身延年。又說：中藥養性，下

藥除病，能使毒蛇猛獸不能侵犯，邪惡之氣不能流行，各種妖孽都躲避。又有《孝經援神契》說：椒、薑能抵禦潮濕，菖蒲能增進智力，巨勝能延年益壽，威喜能避開兵器。這些都是聖人的至理名言，醫藥實踐的真實記錄，明文所載，但世人始終不相信，實在是令人嘆息了。

仙藥中最好的是丹砂，其次是黃金，其次是白銀，其次是各種靈芝，其次是五種玉石，其次是雲母，其次是明珍珠，其次是雄黃，其次是太乙禹餘糧，其次是石中黃子，其次是石桂，其次是石英，其次是石腦，其次是石硫黃，其次是石飴，其次是曾青，其次是松柏脂、茯苓、地黃、麥門冬、木巨勝、重樓、黃連、石韋、楮實、象柴，另一個名字叫托盧，或叫仙人杖，或叫西王母杖，或叫天精，或叫卻老，或叫地骨，或叫枸杞。天門冬，或名地門冬，或名莚門冬，或名顛棘，或名淫羊食，或名管松，以生於高地，根短而味甜，氣香者為佳。而生於水邊低凹地裡的，葉細似蘊藻而微黃，根長而味多苦，氣臭的質次，也可以服食。但常令人元氣泄降，其補益作用特別緩慢。服上述這種藥物一百天，能使人強壯，其強壯作用強於術及黃精一倍。進入深山便可蒸食，如果煮熟來吃，可代替糧食，食至足夠的數量就可以斷絕穀物糧食。

如果身強力壯者可直接服食，也可以作成粉末，或絞出汁來製作酒服，以服食粉末為最好。楚地的人稱天門冬為百部，但藥物中本來就有一種百部草，二者的子根都有一百多個，頗為相似，而其苗則稍有差異。真百部的苗像拔葜，只能用來治咳嗽殺虱蟲而已，不能用來服食，不可亂用。

再如黃精，一名白及，但實際上並不是用來製作糊的那種白及。其實本草藥物與其他植物名字相同的很多，只有博學精通的人才能區別開，不能不深入了解。黃精的一個名字叫兔

竹，一個名字叫救窮，還有一個名字叫垂珠。服食它的花比服食它的果實強，服它的果實比服食它的根強，但花難以多得，採得它的鮮花十斛，乾燥後只可得到五六斗而已，而服食它，一日可食三合，如果不是很有財力的人是不能辦得到的。只要服黃精十年，就可以得到很大的收益。

大都認為斷絕穀物糧食不如服術，服食術可令人健壯，可以擔負重物，爬涉險阻，但術不及黃精甘美而好吃，災荒之年，全家老小均可食此而不吃穀物糧食，一般人不能分別它，稱之為米脯。

五種靈芝中，有石芝、木芝、草芝、肉芝、菌芝，各有一百多種。

石芝中，石象芝生於名山中，大海邊，以及島嶼邊有積石的地方，其形狀如同動物大象，有頭有尾有四隻腳，很像活的一樣，它依附於大石上，喜歡生長在高山峻險的地方，有的卻是仰面倒附連綴在大巖石下。紅色的像珊瑚，白色的像切開的脂肪，黑色的像光亮的黑漆，青色的像翡翠的羽毛，黃色的像金子，而且都光亮明徹如同堅硬的冰塊一樣。在黑暗的夜晚裡離三百步遠就能望見它的光澤。大的重十餘斤，小的重三四斤，如果不是長時間精心至誠地齋戒，以及佩帶「老子入山靈寶」五種符，也是不能看得見這種石芝的。

凡是發現這些石芝，應先用「開山卻害符」貼在它上面，石芝就不會變化隱蔽而去。慢慢地選擇吉利的日子，擺設道場，用酒肉祭祀、祈禱之後取下，這些都必須在陽光下，邁禹步屏住呼吸前往。如果得到石像芝，用杵搗它三萬六千下，服食一寸見方的勺子一勺，每日三次，吃完一斤，則可活一千歲；吃完十斤，則可活一萬歲。也可以分給他人服食。

還有玉脂芝，生長於有玉石的山中，常長在懸崖危險之

第四章　葛洪《抱朴子・內篇》內含丹道養生（內附注釋、譯文）

267

處，玉石液汁流出後，萬年以上則凝結成玉脂芝。有的似鳥獸的形狀，色彩沒有一定，一般像山玄玉和水蒼玉一樣。也有鮮艷明亮如水晶石一樣，採得後研成粉末，用無心草汁混合，片刻間化成水，飲服一升，可活一千歲。

七明九光芝都是石質的，生長在靠水的高山石崖之間，形狀如同盤子和碗，直徑不過一尺左右，有長三四寸的莖蒂聯結著，有七個孔的叫「七明」，有九個孔的叫「九光」。它的光芒特別，可以分散而不可以合攏，常常在秋分那天可伺機看到。搗粉服食一寸見方的勺子一勺，一進入口中則全身發熱，五味甘美，服完一斤則可活一千歲，使人身體發光，所在的黑暗的地方猶如月光照耀，可以在夜裡看清東西。

石蜜芝，生長在少室山的石門內，石門內有很深的山谷，不能越過，如用石頭投進山谷中，半天才能聽到回聲。離開石門外十多丈遠處有石柱，柱上有一放倒的蓋石，高度約一丈左右，能看到蜜芝從石門上墜落到放倒的蓋石中，總是很久才有一滴，就像雨後屋上殘餘的漏水，時時落下一滴而已。

但是，蜜芝是不停地墜落，而倒下的蓋石裡的石芝卻始終不會溢出來。石門上有用蝌蚪文銘刻的字，刻的是「能夠服食石蜜芝一斗的人可活一萬歲」。

道士們都想到那裡去，但無法過去，只有將碗之類的器皿綁在堅實的竹子、木棍頂端去承接石蜜芝，竟然就沒有一個人能得到它。按照此石門上題刻這樣的文字，從前必然是已經有人得到石蜜芝。

石桂芝生長在名山石洞中，外形好像桂花樹而實際上是石頭。高一尺左右，大的直徑一尺，光亮而味道辛辣，有枝條，搗碎服食一斤可活千歲。石中黃子，處處都有，近水的山尤其多，它生長在大石中，而且這塊石頭會經常濕潤而不乾燥，敲

開這種石頭有數十層，方可得到它。只見它生在大石頭中間，紅黃相映，如同雞蛋黃在蛋清之中一樣。應立即飲服，不立即飲用就會凝固成堅硬的石頭，就不便再服用了，正確的方法是在它還沒有變硬時飲服，若已凝固則應該搗成粉末服用。

　　打破一塊石頭，中間多的有一升，少的也有數合，可以一次服完。雖一次得不到很多，但可陸續服食，加上前後所服用的共計達到三升，其壽命可達千年。本應該多多服食，只是擔心難以得到它而已。

　　石腦芝，生長在滑石中，也像石中黃子的形狀，但不是到處都有，打破大滑石一千多塊才可以得到一塊。這塊滑石剛打破時，石腦芝正在滑石中間，五彩光亮而且可以自己活動，服食一升可活一千歲。

　　石硫黃芝，五岳山中都有，但以箕山最多。那裡的人說：許由就是在此地服食石硫黃芝而長生不死的，故不再受富貴的拖累，不接受堯的禪讓。

　　石硫丹，是石頭中的紅色精髓，大概是石硫黃之類。各種石芝都是在山崖高岸之間浸潤著，那些濕潤的可以做成丸子服用，那些已變堅硬的可製成粉末服食。像這樣的有一百二十種，都是石芝，這些事記在《太乙玉策》和《昌宇內記》中，這裡就不可能一一介紹了。

　　至於木芝，是松柏脂沉入地下一千年後，變成茯苓，茯苓過一萬年後，上面生長出小樹木，形狀像蓮花，名叫「木威喜芝」。夜裡看它閃閃有光，用手握之很滑，用火燒它不燃，佩帶在身上可避免兵器的傷害，用它帶在雞的身上，再混放在其他十二隻雞中，裝入籠內，離籠十二步遠，向籠內射十二箭，其他的雞都受傷，只有帶威喜芝的雞始終不會受傷。

　　從生門採下來，在六甲的日子陰乾，一百天，碾成粉末，

服食一寸見方的勺子一勺，每日三次，服完一枚，則可活三千歲。千年的樹，它的下部根像一個坐著的人，長七寸，用刀刻它有血流出，用它的血塗在腳底，可以在水面上步行而不會沉沒；用來塗抹人的鼻子，進入水中，水為其讓路，可以在深淵底部停留居住；用它的血塗抹全身則可隱形，想要看見則必須擦拭乾淨。

還可以治病，病在腹內，刮下一刀圭服食，如果腫痛在外面的，隨在木芝上刮一刀圭，立即用它在腫痛處按摩，一般都是手到病除，假如左腳有病，就刮左腳塗抹人的左腳。

還有，刮下它的粉末與巨勝混合製成蠟燭，夜裡點燃可照遍地面，如地下有金玉寶藏的，則蠟燭的光芒變成青色且下垂，用鐵鍬挖掘可以獲得。碾成粉末，服完十斤則活千歲。

還有三千年的松樹枝，皮中有聚凝的油脂，形狀猶如龍的形狀，名叫飛節芝，大的有十斤重，搗末服食，服完十斤，可活五百歲。

還有樊桃芝，它的樹幹像飛龍，花葉像丹羅，果實像翠鳥，高不過五尺，生於名山的北面，有向東流淌的泉水的土地上，在立夏日去等候，伺機採之，得到應搗末服食，服完一棵可活五千歲。參成芝，紅色有光，敲擊它的枝葉，發出就像敲擊金石一樣的聲音，將其折斷後再續接上去，立即癒合恢復如未斷前一樣。木渠芝，寄生在大樹上，像蓮花一樣，九根莖幹成一叢，其味甘辛。建木芝，實際上是生於都廣，它的皮如彩色的帶蛇一樣，它的果實像鸞鳥。這三種木芝如果能得到並服食，大白天就能升天成仙。

黃盧子、尋木華、玄液華，這三種芝生長在泰山的要鄉及奉高，如果能得到並服食，都可令人活到千歲，黃蘗檀桓芝，是生長千年黃蘗木的根，有如三斛容器那麼大，離樹一二丈遠

處有細根相連，形狀如同細線，採得後搗成粉末服食，服完一枚就可以成為地仙而不死。這一類的芝有一百二十種，本來是有圖譜的。

草芝中有獨搖芝，無風時自己也會搖動，它的莖大小如同手指，紅得像丹砂，綠色的葉子像莧菜，它的根有大塊的如斗那麼大，有細小的如雞蛋十二個那麼小，圍繞在大根的四方，猶如十二顆星辰拱月一樣，離此一丈遠左右，都是些細小的根，如白色的頭髮一樣相互連接在一起。獨搖芝生長在高山深谷之上，它所生長的地方左右都沒有長草。得到它的大塊根，搗末服食，服完可活一千歲，服食細小的根一枚可活百歲，可以分給其他人服食。懷揣著它的大根能隱去身形，若想要現形，向左轉就能現身。

牛角芝，生長於虎壽山和吳地的山坡上，形狀似蔥，單生如牛角一樣，長三四尺，青色，搗成粉末，每次服食一寸見方的勺子一勺，每日三次，服至一百天就可活一千歲。

龍仙芝，形狀像騰飛升空的龍，它的葉子似鱗片，根似蟠龍，服完一枚可活千歲。

麻母芝，像麻而其莖為紅色，花呈紫色。紫珠芝，花黃色，葉是紅色的，果實像李子而帶紫色，二十四枝總是相連的，果實下垂如同穿在一起的珠子。白符芝，高四五尺，像梅花一樣，常在下大雪時開花，冬末結果。朱草芝，有九道彎曲，每道彎曲有三片葉子，每片葉上有三顆果實。

五德芝，形狀似樓閣殿堂，莖四方，葉各有五種顏色而不混雜，上部如同倒放的蓋子，中部常常有甘露，紫氣升起達數尺高。龍銜芝，常常在春季相對而生，有三節十二枝，下部的根像一個坐著的人一樣。像這樣的草芝又有一百二十種，都要陰乾服食，就能使人的壽命與天地相同，有的可活一二千歲。

第四章 葛洪《抱朴子‧內篇》內含丹道 養生（內附注釋、譯文）

肉芝中有一種萬年蟾蜍，頭上長有角，下巴有紅色的兩個「八」字重疊，在五月五日中午時分捉取，陰乾到一百天，用它的左腳畫地，地就成為流水，將其左爪佩帶在身上，可避開各種兵器的傷害。如果敵人用箭射您，弓箭會反過來射向敵人自己。有千年的蝙蝠，色白如雪，棲止時身體倒懸，是因為它的腦子太重的緣故。這兩種動物捉到後陰乾，搗末服食，可使人的壽命達到四萬歲。

千年靈龜，五種顏色都有，那雄龜的頭上有兩塊骨頭突起像角一樣，用羊血洗之，是為了剝取它的甲殼，用火燒烤，搗碎，每次服食一寸見方的勺子一勺，每日三次，服完一具，壽命可達千歲。

行走在山中，看見很小的人乘坐車馬，長七八寸，那也是肉芝，捉來服食就能成仙了。風生獸，樣子像豹，青色，大小如狸子，生長在南海的大樹林中，張網捕捉，堆幾車柴禾來燒它，柴燒完了，而此獸在火中仍不燃燒，它的毛也不會燒焦，斧砍刀刺不進，敲打它就像打皮囊一樣，用鐵錘猛打它的頭部幾十下才會死去，死時仍然張著嘴對著風，片刻間就能復活而爬起來跑走，用石頭上生長的菖蒲堵塞它的鼻子就會立即死亡。取出它的大腦與菊花混合服食，服完十斤，可活五百歲。

還有千年燕子，它的巢穴門向北，它的顏色多為白色，而尾巴彎曲，捉取陰乾，搗末服食一隻，可活五百歲。這些一共又有一百二十種，都是肉芝。

菌芝，有的生長在深山中，有的生長在大樹下，有的生長在泉水旁，它的形狀有的像房屋，有的像車馬，有的像龍虎，有的像人的形狀，有的像飛鳥，五顏六色沒有規律，也是一百二十種，本來是有圖譜的。都必須邁禹步前去採摘，用骨刀刻削，陰乾搗末服食一寸見方的勺子一勺，可使人成為神

仙，一般可活幾千歲，最少的也可活一千歲。若要得到芝草，必須在三月或九月進入名山，這時是山門開、出神藥的月份，不要在山神發怒的日子進山，一定要在上天輔助時，尤其是三奇會聚時最好。

從三奇吉祥的門進入山中，一定要在六陰的日子、明堂的時辰裡，佩帶靈寶符，牽著白色的狗，抱著白色的雞，用白鹽一斗，以及開山符檄，放在大石頭上，手持吳唐草一把入山，山神高興了，就一定可以得到靈芝。還有，採摘及服食靈芝，應該在王相和合的日子，天干地支上下相互促進生發的時辰最好。

上述各種靈芝名山大都生長有，但道術平庸的道士，用心不專不精，品行污穢，道德淺薄，又不知道進山的道術，雖然得到了這些靈芝的圖譜，卻不知道它的真實形狀，最終也是不能採摘到的。山不論大小，都有鬼神，如果鬼神不願將靈芝給人，人即使踩在靈芝上，也是看不見的。

另外，雲母有五種，而人們大多都不能區別，區別的方法是舉起來對著太陽觀察它的顏色，要仔細觀察才能分別出來。向著陰暗處觀察就看不見它的雜色。五色都具備而以青色為多者叫雲英，適宜在春季服食。五色都具備而以紅色多者叫雲珠，適宜於夏季服食。五色都具備而以白色為多者叫雲液，適宜於秋季服食。五色都具備而以黑色為多者叫雲母，適宜於冬季服食。只有青、黃二種顏色的叫雲沙，適宜於夏末服食。皎潔純白的叫磷石，可在四季長期服食。

服食這五種雲母的方法是用桂花、蔥、水晶石溶化為水；或收集露水於鐵器中，用玄水熬成水；或與硝石混合置於筒中埋在地下化為水；或用蜜發酵成酪；或用秋天的露水浸上一百天，再用柔軟的皮囊揉成粉末，或用無巔草、樗、血混合食

用，服食一年則百病皆除。

三年長期服食，老翁返老還童，五年不間斷地服用，可使喚鬼神，進入火裡不會燒傷，進入水中不會弄濕，腳踏荊棘而不會弄傷皮膚，還能和仙人見面。其他的東西埋在地下就會腐爛，被火燒就會變焦，而五種雲母放在猛烈的頭焰中經過一段時間始終不會燃燒，埋在地下永遠不會腐敗，所以能夠使人長生不死。

還聽說：服食雲母十年，雲霧常常籠罩在頭上，服食雲的母親（古代認為雲母是雲的根），就會招致它的孩子跟隨，這是理所當然的。此外，將雲母對著太陽觀看，昏暗純黑的，不能服食，吃了使人患淋病生瘡。雖然用水來服食，卻應先用茅屋屋檐的雨水，如果是東流水和露水，要浸漬一百天，淘汰去其中的泥土砂石才可以飲服。中山郡的衛叔卿服食雲母，時間長了就能夠乘雲而行走。他將秘方封藏在玉石匣子中，成仙離去之後，他名叫度世的兒子，及漢朝使者梁伯得到秘方，並按該方配製服用，都成仙而去。

雄黃應當得到武都山所出產的，純而沒有雜質，紅得像雞冠，光明燁燁者才可服用。若是純黃似雄黃色，而無紅光者，則不能作為仙藥使用，只能配製治病的藥物而已。服食的方法有的用蒸煮法，有的用酒送服，有的先用硝石化為水再凝聚，有的用豬大腸裏著在紅土下面蒸煮，有的用松脂調和，有的用後三種物質溶煉，拉伸如帛布，白色如冰，這樣服食都能使人長生不死，百病消除，三尸（道家認為人身中作祟的三神）被除，瘢痕消失，白髮轉黑，落齒再生，一千日後就有玉女來服侍，可以任意使喚，以至於能立即得到想要的食品。玉女常有一塊黃玉一樣的痣，像黍米一樣大，長在鼻子上，這才是真玉女，沒有這顆痣的是鬼怪為試探人而裝扮的。

玉石也是仙藥，但難以得到而已。《玉經》說：服食黃金的人壽命如同黃金，服食玉石的人壽命如同玉石。又說：服食玄真的人，生命是沒有極限的。玄真，是玉石的別名，能使人身輕飛天，不只是作地仙而已。但是，道術修成遲緩，服一二百斤才能知道效果。

玉石可以用烏米酒和地榆酒溶化成水，也可以用蔥汁消化為飴糖，也可以加糕餅作成丸子，也可以燒成粉末，服食一年以上，進入水中不濕，進入火裡不燃，刀刃不能傷害，百毒不能侵犯。不能用已加工成器皿的玉石，能傷人而無益處。當得到未經加工的璞玉才可以服用，產於闐國的白玉最好。其次有產於南陽徐善亭的玉和產於日南盧容水的玉也較好。赤松子用玄蟲的血來浸玉化成為水而服食，所以能乘著煙雲上下。玉屑服下去和用水服食，都能使人長生不死。

之所以服食玉石不及服食黃金，是因為玉石能使人屢屢發熱，像服食寒食散的症狀一樣。故服食玉屑的人，應十天就服一次雄黃、丹砂各一刀圭，披散著頭髮在冷水中洗浴後，迎風行走，就不會發熱。董奉曾經用玉製甜酒給瞎子服食，瞎的眼十天就痊癒了。

有一個叫吳延稚的人，立志要服食玉石，得到一部《玉經》方並不完整，完全不懂得劑量的控制和禁忌，就收集到珪、璋、環、璧以及飾劍所用的玉片很多，想要加工後服食，後來我告訴他說這些東西不能服食，他才嘆息說：幹任何事不能不精通，否則不但沒有收益，反而會帶來禍患。

此外，白銀雖然不及黃金玉石，但服食可以成為地仙，服食的方法是用麥漿溶化它，也可用朱草酒送服，也可用龍膏煉服，但每日應服三次，每次就是服彈丸大的銀子，這也不是清貧道士所能辦得到的。

還有，珍珠直徑一寸以上的可以服用，且可以長期食用，用牲畜的乳汁浸漬都能化成如同水銀一樣，也可以用浮石水、蜂巢溶化，用朱紅色的蛇黃來包裹混合，可以拉長到三四尺，做成丸子服食，可斷絕穀物糧食，則長生而不會死亡。淳厚不黏的生漆，服食能使人與神溝通，長生不死。服食的方法是用大無腸公子，有人稱他為「大螃蟹」十枚投入到漆中，或用雲母水汁或玉石汁水混合服食，各種蟲子都能被打下，壞血從鼻腔流去，服食一年，六甲（甲子、甲戌、甲申、甲午、甲辰、甲寅）時日就能立即得到想要得到的食物。

桂可用蔥汁混合蒸製成水，可用竹瀝混合服食，也可用先知君、有人叫做龜的腦來混合服食，七年，能在水面上行走，而且長生不死。

巨勝，又叫「胡麻」，服食它不會衰老，抗御風濕，滋補防老。桃膠用桑灰汁浸泡，服食後百病皆除，長期服食，身體輕健而且有光，在黑暗夜晚的地方，如同明月出來照耀一樣，多服則可以斷絕穀物糧食。

檸木果實中紅色的，服食一年，老人返老還童，使人能透視，看見鬼神。過去有一個叫梁須的道士，七十時才服食，變得更年輕，至年齡一百四十歲時還能夠夜間寫字，行走的速度能趕得上奔跑的馬兒，後來進入青龍山去了。槐樹的種子用新瓦壇裝，和泥來封口，二十多天以後，它們的表皮都腐爛了，於是將它洗乾淨，像大豆一樣，每天服食，這種東西主要能補腦子，長期服用使人頭髮不白而長生不死。

玄中蔓方、楚飛廉、澤瀉、地黃、黃連之類，一共有三百多種，都能延年益壽，可以單獨服用。靈飛散、未央丸、制命丸、羊血丸，都能使人年華長駐，永不衰老。

南陽酈縣山中有甘谷水，谷中的水之所以味甘甜，是因為

山谷的上游左右兩岸都生長著甘菊，菊花掉落在谷中，經歷世代久遠，故水的味道因此而變甜。臨近這個谷中的居民，都不挖井，飲用甘谷水，飲服的人沒有不是年老高壽的，年齡大的人可活到一百四五十歲，年齡小的也不少於八九十歲，沒有夭折的人，這是得助於這些菊花的效力。

所以，司空王暢，太尉劉寬，太傅袁隗，都當過南陽太守，每每到任，常要酈縣每月送來四十斛甘谷水作為飲食所用。這幾位老先生多曾患有風濕痹痛及頭暈等病，都得以痊癒，但不能像甘谷中的居民那樣大受其益，因為這裡的居民從小就飲用這種水。

還有，菊花與蒿花外觀相似，可以直接用味的甘苦來區別，菊花甘而蒿花苦，正如諺語所講的：「苦如蒿花」。現在到處都有真菊花，但只是數量較少而已，大多數生長在水邊，緱氏山和酈縣最多，仙方中所謂「日精」、「更生」、「周盈」都是指一種菊，只是根、莖、花、果實名稱不同。

那些說法是很美好的，但近來服食的人都沒有多大效果，正是由於得不到真正的菊花。甘谷水得到菊花的氣味，又有什麼值得論證的，而那谷中的居民都得到延年益壽，何況將服好的藥物，怎麼會沒有益處呢？

我亡故的祖父鴻臚少卿曾當過臨沅縣令，他說：這個縣中有一姓廖的人家，世世代代長壽，有的活一百多歲，有的八九十歲，後遷移離去，子孫變得多易夭折。其他的人居住在他的老屋中，又像從前一樣，後人幾代長壽。

由此才覺得是住宅所造成的，但不知道是什麼緣故，懷疑是所飲井水特別紅的原因，於是試著挖開井的左右，得到古人埋在地下的丹砂幾十斛，離井有好幾尺，這些丹砂的汁水順著泉水滲透帶入井中，所以飲用這種水而能得以長壽，更何況直

接服食專門煉製的丹砂呢？

　　我還聽說上黨有一個叫趙瞿的人，患癩疾好幾年了，經很多醫生治療均不能痊癒，就快要死了。有人說，不如乘他活著時將其放逐到遠方拋棄他。後來子孫們也不願意照顧他了，他的家人於是就帶著糧食，將他送到山洞中安置起來，趙瞿在山洞中自怨不幸，日夜悲嘆，哭了一個多月，有個仙人路過山洞，見到他的樣子可憐，便詳細詢問情況。趙瞿知道他是個奇異的人，便跪地叩頭，自我陳述，乞求憐憫，於是仙人拿出一袋藥物賜給趙瞿，並教他服食方法。趙瞿服藥一百餘日，癩瘡都痊癒了，顏面豐悅，肌膚潤澤。

　　仙人又經過此地看他，趙瞿感謝仙人使他再獲新生的恩德，並乞求這個方劑。仙人告訴他說：這是松脂，這座山中有很多這種藥物，您煉製後服用，可以長生不死。

　　趙瞿回到家裡，家裡人開始以為他是鬼，非常驚愕。趙瞿從此長期服食松脂，身體變得輕巧，力氣增加一百倍，攀登危處，翻越險境，成天不累，年紀一百七十歲時仍是牙齒不掉，頭髮不白。夜間躺臥時，突然看見屋裡有光，如同鏡子大，便問左右的人，他們都說看不見，時間長了逐漸變大，一屋子都充滿光明，如同白天。在夜裡看見臉上有宮女二人，長二三寸，臉面、身體都具有，只是較小而已，在他的口腔、鼻子之間遊戲，像這樣約一年時間，這兩個宮女漸漸長大，出入在他的身邊。他經常聽到琴瑟的聲音，獨自欣然微笑，活在人間三百多年，顏色像小孩一樣，後來，他進入抱犢山去了，肯定成為地仙了。

　　當時的人聽說趙瞿服食松脂的效果這樣好，於是競相服食，那些財力大的人用車運驢馱，收集了滿滿一屋。服得時間長的人也不到一個月，未感覺到有什麼大的效果就中止了，有

志成仙的人很難像這樣。

漢成帝時，有獵人在終南山中看見一個沒有穿衣服的人，身上長有黑毛，獵人看見後想追趕並捕捉他，但這人跨坑洼、越山谷，像飛一樣，獵人追捉不到。於是就秘密等候在它的住處，包圍後捕捉，竟然是個女人。

問她怎麼會這樣，她說：我本來是秦朝宮廷中的人，聽說關東反賊攻城，秦王出城投降，宮廷房屋燒毀，因害怕而逃入深山，飢餓而無食物可吃，幾乎快要餓死，有一位老公公教我吃松葉和松果，開始吃時感到十分苦澀，後來便適應了，真的使我不餓不渴，冬天不怕寒冷，夏天不怕炎熱。

算來這個女人一定是秦王子嬰宮中的人，到漢成帝時已有二百來歲了。於是將她帶回，用穀物糧食給她吃，開始聞到米糧覺得很臭，感到噁心嘔吐，幾天以後才適應了，這樣過了兩年多，身上的黑毛才脫落，變得衰老而死去，假如不是被人抓住，一定會成為仙人的。

南陽有個姓文的人，說他的祖先在漢末大亂時逃進深山中，飢餓困倦得要死。有一個人教他吃白朮，於是就不再飢餓了，幾十年後才回到故鄉，容顏變得更加年輕，氣力勝過往日。自己說在山中時，身體輕健，走路似跳躍，登高涉險，幾天都不會彼倦，走在冰雪中完全不知道寒冷。

曾看到一個高山岩上有幾個人相對而坐，玩搏擊遊戲，有的在讀書，他們俯瞰姓文的。姓文的聽到他們之間的講話，有個人說：這個男子值得招呼上來嗎？其中一個答道：還不行吧！白朮，一名叫山薊，一名叫山精，故《神藥經》載：若想長生不死，必須經常服食山精。

昔日的八位老仙翁，各自服食一種藥物而得以成為地上的仙人，各自活了幾百年，才煉成神丹金液，而升入天空。有人

混合八種藥物，煉製後而服食，得不到效力，是因為這些藥物的作用相互競爭和干擾的緣故。韓終服食菖蒲十三年，身上長出羽毛，每天看書達一萬字，都能背誦，冬天裸露身體而不覺得寒冷。

另外，菖蒲必須是生長在石頭上，一寸有九節以上，開紫花的最好。趙他子服桂二十年，腳底下長毛，每天可行走五百里，力氣能舉起一千斤。移門子服五味子十六年，顏色如同玉女，進入水裡不沾濕，進入火中不灼傷。

楚文子服地黃八年，夜裡看東西有光，能用手接住用車弩發出的箭。林子明服白朮十一年，耳朵長五寸，身體輕健，走路如飛，能跨越二丈多寬的深淵峽谷。杜子微服天門冬，能與八十位妻妾同房，有孩子一百三十人，每日行走三百里。任子季用茯苓十八年，仙人玉女跟隨他，能隱形，可現身，不再吃穀物糧食，火灸造成的瘢疤都消失了，臉面身體如白玉般光潔。陵陽子仲服遠志二十年，有孩子三十七人，打開書卷過目不忘，坐著存在，站立消亡。

《仙經》說：雖然服食草木的葉子，已能獲得幾百歲，但忽視和怠慢了服食仙丹，終於是不能成仙的。

由此看來，草木類藥物只能延年益壽而已，並不是長生不死之藥，對於不能製作仙丹的人，尚且可以服食這些丹藥，以達到生命的自我延續。

有人問：服食藥物，有前後的講究嗎？

抱朴子回答道：按《中黃子服食節度》講，服治病的藥，應在進食前服用，服補養的藥，應在進食之後服用。我就這句話的意思去詢問鄭隱先生：為什麼要這樣服法？鄭先生說：這很容易了解，既然要用藥物攻治疾病，就應在未進食時、腹內空虛時服藥，使藥力容易產生作用，如果在進食之後服藥，則

藥力只攻治食物而耗盡藥力；若是想要補養，而在進食之前服藥，則藥力還沒有發揮出來就會被穀物驅趕下去而不能停留，發揮不了效果。

有人問：人們服藥以補養，據說是有講究的，有這道理嗎？

抱朴子回答說：按照《玉策記》和《開明經》都以五音六屬來了解人的壽命有多長。子午屬庚，卯酉屬己，寅申屬戊，丑未屬辛，辰戌屬丙，巳亥屬丁。

一個字能得到的屬宮與土；三個字得到的屬徵與火；五個字得到的屬羽與水；七個字得到的屬商與金；九個字得到的屬角與木。如果本命屬於土的不宜服青色的藥物；屬於金的不宜服紅色的藥物；屬於木的不宜服白色的藥物；屬於水的不宜服黃色的藥物；屬於火的不宜服黑色的藥物。

按五行的規律，故木剋土，土剋水，水剋火，火剋金，金剋木。若是金丹大藥，就不再講究適宜與不適宜了。

一個字是宮。包括庚子庚午，辛未辛丑，丙辰丙戌，丁亥丁巳，戊寅戊申，己卯己酉。

三個字是徵。包括甲辰甲戌，乙亥乙巳，丙寅丙申，丁酉丁卯，戊午戊子，己未己丑。

五個字是羽。包括甲寅甲申，乙卯乙酉，丙子丙午，丁未丁丑，壬辰壬戌，癸巳癸亥。

七個字是商。包括甲子甲午，乙丑乙未，庚辰庚戌，辛巳辛亥，壬申壬寅，癸卯癸酉。

九個字是角。包括戊辰戊戌，己巳己亥，庚寅庚申，辛卯辛酉，壬午壬子，癸丑癸未。

禹步的方法是：向前邁出左腳，右腳跨過左腳，左腳靠向右腳。再向前邁出右腳，左腳跨過右腳，右腳靠向左腳。再向

前邁出左腳，右腳跨過左腳，左腳靠向右腳。這樣走三步，應當走滿二丈一尺，後面留下九個腳印。

「小神方」：用真丹砂三斤，白蜜一斤，混合後在太陽下曝曬，煎煮，使它可以成為丸子，每日早晨服食如芝麻大小的丸子十粒，不到一年，白髮變黑，老掉的牙齒再生，身體潤澤，長期服食，老年人變成少年，經常服食可長生不死。

「小餌黃金方」：用火熔化黃金，趁熱放入清酒中，取出後再用火熔，再放入清酒中，如此取出放入二百次，酒就沸騰了。

用手握黃金能流出手指縫，使它像稀泥一樣，如果酒不沸騰，黃金用手握之不能流出指縫，就再熔化後放入酒中無數次，製成後服食如彈丸大小的一粒，也可以將彈丸分為若干小丸。服食三十日，感覺不到寒熱，神仙玉女下凡來聽從差遣。

還有，銀子也可服食，方法與黃金相同。服食這兩種東西，可居住在名山的石室中，一年就可以身輕飛升了。在人間服食它，可以成為地仙，此法不能妄自傳出去。

「兩儀子餌銷黃金法」：豬頸上的脂肪三斤，醋一斗，取黃金五兩，放於器皿中煎，出爐後，將黃金放在脂肪中，一百次放入，一百次取出，醋也是這樣，服一斤黃金，壽命可與天地相比，服半斤黃金，壽命可達二千歲，食五兩黃金壽命一千二百歲，不論多少都可服食。

應當選擇王相吉利的日子，製作神秘精良，不要傳授別人，若傳授給其他人，藥物製不成，效果也不神了。想要服食除去三尸蟲的藥物，應當用食丹砂。

「餌丹砂法」：丹砂一斤，搗碎過篩，加入醋三升，稠厚的生漆二升，這三種藥物混合，使之相得益彰，置微火上煎，使其可以成丸，服食如芝麻大小三粒，每日三次。四十天肚子中的各種疾病皆癒，三尸蟲被除去；服食一百天，肌肉骨骼堅韌

強硬；服食一千天，司命取消他的死籍，與天地共存，日月同在，可改變形體和容貌，變化無常，在陽光下沒有影子，而另有光芒。

卷十二　辨問

原　文

或問曰：若仙必可得，聖人已修之矣，而周、孔不為之者，是無此道可知也。

抱朴子答曰：夫聖人不必仙，仙人不必聖，聖人受命，不值長生之道，但自欲除殘去賊，夷險平暴，制禮作樂，著法垂教，移不正之風，易流遁之俗，匡將危之主，扶亡征之國，刊《詩》、《書》，撰《河》、《洛》，著經誥，和《雅》、《頌》，訓童蒙，應聘諸國，突無凝煙，席不暇暖。

其事則鞅掌罔極，窮年無已，亦焉能閉聰掩明，內視反聽，呼吸道引，長齋久潔，入室煉形，登山採藥，數息思神，斷穀清腸哉？

至於仙者，唯須篤志至信，勤而不怠，能恬能靜，便可得之，不待多才也。有人俗之高真，乃為道者之重累也。

得合一大藥，知守一養神之要，則長生久視，豈若聖人所修為者云云之無限乎？且夫俗所謂聖人者，皆治世之聖人，非得道之聖人，得道之聖人，則黃、老是也。治世之聖人，則周、孔是也。黃帝先治世而後登仙，此是偶有能兼之才者也。

古之帝王，刻於泰山，可省讀者七十二家，其餘磨滅者，不可勝數，而獨記黃帝仙者，其審然可知也。

世人以人所尤長，眾所不及者，便謂之聖。故善圍棋之無比者，則謂之「棋聖」，故嚴子卿[1]、馬綏明於今有棋聖之名

焉。善史書之絕時者，則謂之「書聖」，故皇象、胡昭[2]於今有書聖之名焉。善圖畫之過人者，則謂之「畫聖」，故衛協、張墨[3]於今有畫聖之名焉。善刻削之尤巧者，則謂之「木聖」，故張衡、馬鈞[4]於今有木聖之名焉。故孟子謂伯夷，清之聖者也；柳下惠[5]，和之聖者也；伊尹[6]，任之聖者也。

吾試演而論之，則聖非一事。夫班輸、倕、狄[7]，機械之聖也；跗、扁、和、緩[8]，治疾之聖也；子韋、甘均[9]，占候之聖也；史蘇、辛廖[10]，卜筮之聖也；夏育、杜回[11]，筋力之聖也；荊軻、聶政[12]，勇敢之聖也；飛廉、夸父[13]，輕速之聖也；子野、廷州[14]，知音之聖也；孫、吳、韓、白[15]，用兵之聖也。

聖者，人事之極號也，不獨於文學而已矣。莊周云，盜有聖人之道五焉：妄意而知人之藏者，明也；先入而不疑者，勇也；後出而不懼者，義也；知可否之宜者，知也；分財均同者，仁也。不得此道而成天下大盜者，未之有也。

或曰：聖人之道，不得枝分葉散，必總而兼之，然後為聖。

余答之曰：孔之門徒，達者七十二，而各得聖人之一體，是聖事有剖判也。

又云：顏淵具體而微，是聖事有厚薄也。又《易》曰：有聖人之道四焉：以言者尚其辭，以動者尚其變，以制器者尚其像，以卜筮者尚其占。此則聖道可分之明證也。

何為善於道德以致神仙者，獨不可謂之為得道之聖？苟不有得道之聖，則周、孔不得為治世之聖乎？既非一矣，何以當責使相兼乎？

按仙經以為諸得仙者，皆其受命偶值神仙之氣，自然所稟。故胞胎之中，已含信道之性，及其有識，則心好其事，必遭明師而得其法，不然，則不信不求，求亦不得也。

《玉鈐經・主命原》曰：人之吉凶，制在結胎受氣之日，皆上得列宿之精。其值聖宿則聖，值賢宿則賢，值文宿則文，值武宿則武，值貴宿則貴，值富宿則富，值賤宿則賤，值貧宿則貧，值壽宿則壽，值仙宿則仙。

又有神仙聖人之宿，有治世聖人之宿，有兼二聖之宿，有貴而不富之宿，有富而不貴之宿，有兼富貴之宿，有先富後貧之宿，有先貴後賤之宿，有兼貧賤之宿，有富貴不終之宿，有忠孝之宿，有凶惡之宿。如此不可具載，其較略如此。

為人生本有定命，張車子[16] 之説是也。苟不受神仙之命，則必無好仙之心，未有心不好之而求其事者也，未有不求而得之者也。自古至今，有高才明達，而不信有仙者，有平平許人學而得仙者，甲雖多所鑒識而或蔽於仙，乙則多所不通而偏達其理，此豈非天命之所使然乎？。

夫道家寶秘仙術，弟子之中，尤尚簡擇，至精彌久，然後告之以要訣，況於世人，幸自不信不求，何為當強以語之邪？既不能化令信之，又將招嗤速謗。故得道之士，所以與世人異路而行，異處而止，言不欲與之交，身不欲與之雜。隔千里，猶恐不足以遠煩勞之攻；絕軌跡，猶恐不足以免毀辱之醜。貴不足以誘之，富不足以移之，何肯當自炫於俗士，言我有仙法乎？此蓋周、孔所以無緣而知仙道也。

且夫周、孔，蓋是高才大學之深遠者耳，小小之伎，猶多不閑。使之跳丸弄劍，踰鋒投狹，履絙登幢，擲盤緣案[17]，跟掛萬仞之峻悄，游泳呂梁之不測，手扛千鈞，足躡驚飆，暴虎檻豹，攬飛捷矢，凡人為之，而周、孔不能，況過於此者乎？

他人之所念慮，蚤虱之所首向，隔墻之朱紫，林下之草芥，匭匵之書籍，地中之寶藏，豐林邃藪之鳥獸，重淵洪潭之

魚鱉，令周、孔委曲其采色，分別其物名，經列其多少，審實其有無，未必能盡知，況於遠此者乎？聖人不食則飢，不飲則渴，灼之則熱，凍之則寒，撾之則痛，刃之則傷，歲久則老矣，損傷則病矣，氣絕則死矣。此是其所與凡人無異者甚多，而其所以不同者至少矣。

所以過絕人者，唯在於才長思遠，口給筆高，德全行潔，強訓博聞之事耳，亦安能無事不兼邪？既已著作典謨，安上治民，復欲使之兩知仙道，長生不死，以此責聖人，何其多乎？

吾聞至言逆俗耳，真語必違眾，儒士卒覽吾此書者，必謂吾非毀聖人。吾豈然哉？

但欲盡物理耳，理盡事窮，則似於謗訕周、孔矣。世人謂聖人從天而墜，神靈之物，無所不知，無所不能。甚於服畏其名，不敢復料之以事，謂為聖人所不能，則人無復能之者也；聖人所不知，則人無復知之者也，不可笑哉？

今具以近事校之，想可以悟也。完山之鳥，賣生送死之聲，孔子不知之，便可復謂顏回只可偏解之乎？聞太山婦人之哭，問之，乃知虎食其家三人，又不知此婦人何以不徒去之意，須答乃悟。見羅雀者純得黃口，不辨其意，問之乃覺。及欲葬母，不知父墓所在，須人語之，既定墓崩，又不知之，弟之詿之，乃汯然流涕。又疑顏淵之盜食，乃假言欲祭先人，卜掇塵之虛偽。廄焚，又不知傷人馬否。顏淵後，便謂之已死。又周流七十餘國，而不能逆知人之必不用之也，而棲棲遑遑，席不暇溫。又不知匡人當圍之，而由其途。

問老子以古禮，禮有所不解也。問郯子以鳥官，官有所不識也。行不知津，而使人問之，又不知所問之人，必譏知而不告其路，若爾可知不問也。下車逐歌鳳者，而不知彼之不住也。見南子而不知其無益也。諸若此類，不可具舉，但不知仙

法，何足怪哉？

又俗儒云：聖人所不能，則餘人皆不能。則宕人水居，梁母火化，伯子耐至熱，仲都堪酷寒，左慈兵解而不死，甘始休糧以經歲，范軹見斫而不入，鶱令流尸而更生，少千執百鬼，長房縮地脈，仲甫假形於晨鳧，張楷吹噓起雲霧，未聞周、孔能為斯事也。

俗人或曰：周、孔皆能為此，但不為耳。

吾答之曰：必不求之於明文，而指之以空言者，吾便可謂周、孔能振翮翻飛，翱翔八極，興雲致雨，移山拔井，但不為耳。一不以記籍見事為據者，復何限哉？必若所云者，吾亦可以言周、孔皆已升仙，但以此法不可以訓世，恐人皆知不死之可得，皆必悉委供養，廢進宦而登危浮深，以修斯道，是為家無復子孫，國無復臣吏，忠孝並喪，大倫必亂，故周、孔密自為之，而秘不告人，外託終亡之形，內有上仙之實。

如此，則子亦將何以難吾乎？亦又未必不然也。《靈寶經》有「正機」、「平衡」、「飛龜授袂」凡三篇，皆仙術也。吳王伐石以治宮室，而於合石之中，得紫文金簡之書，不能讀之，使使者持以問仲尼，而欺仲尼曰：吳王閒居，有赤雀銜書以置殿上，不知其義，故遠諮呈。仲尼以視之，曰：此乃靈寶之方，長生之法，禹之所服，隱在水幬，年齊天地，朝於紫庭者也。禹將仙化，封之名山石函之中，乃今赤雀銜之，殆天授也。以此論之，是夏禹不死也，而仲尼又知之，安知仲尼不皆密修其道乎？正復使聖人不為此事，未可謂無其效也。

人所好惡，個個不同，諭之以面，豈不信哉？誠合其意，雖小必為也；不合其神，雖大不學也。好苦憎甘，既皆有矣，嗜利棄義，亦無數焉。

聖人之大寶曰位，何以聚人曰財。又曰：富與貴，是人之

第四章　葛洪《抱朴子·內篇》內含丹道養生（內附注釋、譯文）

287

所欲，而昔已有禪之以帝王之位而不用，委之以四海之富而不願，蔑三九之官〔18〕，背玉帛之聘，遂山林之高潔，甘魚釣之陋業者，蓋不可勝數耳。又曰：男女飲食，人之大欲存焉。是以好色不可諫，甘旨可忘憂。

昔有絕穀棄美，不蓄妻妾，超然獨往，浩然得意，顧影含歡，漱流忘味者，又難勝記也。人情莫不愛紅顏艷姿，輕體柔身，而黃帝述篤醜之嫫母，陳侯憐可憎之敦洽。人鼻無不樂香，故流黃鬱金、芝蘭蘇合、玄膽素膠、江離揭車、春蕙秋蘭，價同瓊瑤，而海上之女、逐酷臭之夫，隨之不止。周文嗜不美之菹，不以易太牢之滋味。魏明好椎鑿之聲，不以易絲竹之和音。人各有意，安可求此以同彼乎？周、孔自偶，不信仙道，日月有所不照，聖人有所不知，豈可以聖人所不為，便云天下無仙！是責三光不照覆盆之內也。

注釋

〔1〕嚴子卿：嚴武，字子卿，三國吳人，圍棋高手。

〔2〕皇象：字休明，三國吳人；胡昭：字孔明，潁川人，皆擅長書法。

〔3〕衛協：晉代人，擅長繪畫，冠絕當代；張墨：亦是當時的名畫家，衛協的學生。

〔4〕張衡：東漢南陽人，擅長天文及機巧，製造有渾天儀、地動儀。馬鈞：三國扶風人，製造有指南車、翻車。

〔5〕柳下惠：魯大夫，名展禽，以為人隨和而著名。

〔6〕伊尹：殷代大臣，敢於承擔責任。

〔7〕班輸倕狄：指公輸班、工倕、班狄三位古代名匠。

〔8〕跗扁和緩：指俞跗、扁鵲、醫和、醫緩四位古代名匠。

〔9〕子韋、甘均：均為古代著名星占家。

〔10〕史蘇：晉代占卜官員；辛廖：晉代大夫，二人均是卜筮專家。

〔12〕夏育：周時的大力士；杜回：秦時的大力士。

〔13〕荊軻：為燕太子丹刺殺秦王；聶政：為嚴遂刺殺韓傀，二人均為戰國時的俠士。

〔13〕飛廉：商代大臣，夸父：堯時人，曾因與太陽賽跑而聞名。均為古代以行走快捷而聞名的人。

〔14〕子野：指晉代人師曠；延州：指春秋時吳國人季札，二人均是對音樂十分熟悉而且能深入理解的人。

〔15〕孫吳韓白：指孫武、吳起、韓信、白起四位古代著名的軍事家。

〔16〕張車子：傳說中的仙人，事見《搜神記》。

〔17〕跳丸弄劍，踰鋒投狹，履絚登幢，擲盤緣案：皆為古代雜技名稱。

〔18〕三九之官：指三公九卿，古代重要官員的官位。

譯文

有人問道：如果仙人一定可以煉成，那麼，聖人早已去修煉了，但周公、孔子卻不去修仙，由此可見，是沒有修煉成仙這個道理的。

抱朴子回答說：聖人不一定要成仙，仙人也不一定是聖人，聖人接受命運安排，不修煉長生之道，但自己也想除殘滅賊，化險平暴，制定禮儀，編製樂律，擬定法規，重視教育，改變不正之風，改變流行的不雅習俗，匡扶即將危亡的君主，幫助即將滅亡的國家，刊行《詩經》、《尚書》，編撰《河圖》、《洛書》，著述經典訓世的文章，作與《雅》、《頌》應和的詩，訓導蒙昧的幼童，受聘於各個國家，以至於家中的煙窗沒有凝

集的煙灰，床上的睡席沒有片刻溫暖。

他們的事務忙碌無止，一年到頭無窮無盡，又怎麼能掩耳閉眼，內視反聽，呼吸導引，長期齋戒與潔身，進行秘密修煉形體，登山採藥，暗數呼吸，時刻想著自己崇拜的神仙，停止服食穀物糧食，以清除腸胃呢？至於仙人，只要堅定意志和信念，勤奮努力，毫不懈怠，能淡然世事，安靜身心，就可以修得到的。而不一定需要有多大的才氣，有還俗的強烈願望才是修道者的繁重拖累。

得到煉製好的一種要藥，了解守一養神的要點，就可以長生不老。哪像聖人所修養和進行的事情如此無窮無盡呢？而且世俗所說的聖人都是管理世道的聖人，而不是得到仙道的聖人。得到仙道的聖人，像黃帝和老子就是的，管理世道的聖人像周公、孔子則是。黃帝先管理國家，而後登天成仙，這是少有的能夠兼有治世與修仙才干的人。

古代的帝王在泰山上刻石，可以辨認讀出的有七十二家，其餘刻石磨滅的數也數不清，但唯獨記有黃帝成仙的事，這是顯然可知的。

人們往往把某些人所特別擅長而眾人所達不到的東西稱之為「聖」。所以善於下圍棋而無以相比的人則被稱為「棋聖」，故嚴子卿、馬綏明至今仍有棋聖之美名。善於記史書法名顯一時的人就被稱為「書聖」，故皇象、胡昭至今有書聖之美名。善於畫圖畫而超過所有人的人，則被稱為「畫聖」，故衛協、張墨至今仍有畫聖之美名。善於用木頭雕刻精巧物品的人則被稱為「木聖」，故張衡、馬鈞至今仍有木聖之美名。所以，孟子稱伯夷是清廉的聖人；柳下惠是謙虛的聖人；伊尹是負責任的聖人。

我嘗試著由此推論，那聖人並不是局限在一種事業上。像

班輸、倕、墨翟是製作機械的聖人；俞跗、扁鵲、醫和、醫緩是治療疾病的聖人；子偉、甘均是觀察天像變化以測凶吉的聖人；史蘇、辛廖是占卜測凶吉的聖人；夏育、杜回是力大無比的聖人；荊軻、聶政是勇敢無畏的聖人；飛廉、夸父是行走快捷的聖人；子野、延州是熟知音樂的聖人；孫武、吳起、韓信、白起是善於用兵打仗的聖人。

聖人，是人們在事業上的最高稱號，不單是指文字上的聖人而已。莊子說：盜賊也有五種聖人的品質：憑主觀臆斷就知道別人收藏的財物，這就是聰明；率先進入偷盜的地方而不驚疑，這就是勇敢；最後撤出來而不害怕，這就是義氣；知道某一東西是否適合偷盜，這就是明智；盜得財物能公平均等分配，這就是仁義。不具備這些品質而能成為天下大盜的人，是還沒有過的。

有人說：聖人的品質和技藝不能像樹的枝葉那樣分散，必須總賢而兼有，這樣才算是聖人。

我回答說：孔子的門徒，通達的有七十二人，但他們各自只學到聖人的一個方面，這說明聖人的品質是可以解析的。又有人說：顏淵大體上具備了老師的品質而只是深度較淺微而已，這說明聖人的品質也有深厚淺薄之區分。

另外，《易經》說：有四種聖人之道，善用言辭的人崇尚它的華彩，喜歡運動的人崇尚它的變化，看重製造器具的人崇尚它的外形，相信卜筮的人崇尚它能預知凶吉。這也是聖人之道可以分解的明證。

為什麼長於道德而達到仙境的人，偏偏不能稱之為得道的聖人呢？如果沒有得道的聖人，那麼周公、孔子也不能算是治世的聖人吧？聖人既然並非只有一類，那為什麼還要苛求聖人面面俱到呢？

 第四章　葛洪《抱朴子‧內篇》內含丹道養生（內附注釋、譯文）

按照仙經認為，各種成仙的人，都是在接受生命時偶然遇到了神仙的運氣，自然能稟賦成仙。所以，他們在胚胎之中就已包含了相信道術的天性，到了他們有了認識，就自然會喜好這些事，但必須能遇到聖明的法師，才能夠學得道法。否則，就不會相信和追求，就是追求也是求不到的。

《玉鈐經‧主命原》說：人的吉凶，取決於形成胚胎、接受元氣的那一天，都是得到天上眾星的精氣。他們遇到聖人星宿則成為聖人，遇到賢才星宿則成為賢才，遇到文職星宿則成為文官，遇到武職星宿則成為武將，遇到顯貴星宿則成為貴人，遇到富有星宿則成為富人，遇到下賤星宿則成為賤人，遇到貧窮星宿則成為窮人，遇到長壽星宿則成為壽星，遇到神仙星宿則成為神仙。

還有神仙類聖人的星宿，有治世類聖人的星宿，有兼具神仙及治世兩類聖人的星宿，有顯貴而不富有的星宿，有富有而不顯貴的星宿，有兼有顯貴和富有的星宿，有先富有而後貧窮的星宿，有先顯貴而後卑賤的星宿，有兼有貧窮和下賤的星宿，有富有顯貴但不能終身的星宿，有忠孝的星宿，有凶惡的星宿，諸如此類，不可一一收載，其大略如此而已。

人的一生本來是有固定命運的，張車子所說的就是這樣的。如果沒有接受神仙的命運安排，則肯定沒有羨慕神仙的心理，沒有心裡不喜歡的東西卻還去追求的人，也沒有不追求就能獲得的東西。

從古到今，有聰明通達、才能高超而不相信有神仙的人，也有平平庸庸、卻學得仙道的人。甲雖然見多識廣，卻在神仙方面蒙昧無知，乙則諸事不通曉，卻偏偏明達神仙道理，這難道不是天生的命運所導致的嗎？

道家珍藏的寶貴秘籍和神仙道術，在眾多弟子之中亦是特

別選中那些專心致志、歷久不餒的弟子，然後才告訴他們秘訣。何況世俗中的人，他們本來就不相信不追求，為什麼要勉強告訴他們呢？既不能感化他們而使之相信，又將會招致恥笑和誹謗。所以，得到道術的人，與世俗之人不在同一條路上行走，不在同一處停留，言語上不想與世人交流，身體上不願與他人接觸。阻隔千里，還唯恐不足以遠離煩惱、辛勞的困擾；斷絕交往，還擔心不足以避免遭受詆毀侮辱的醜行。顯貴不能引誘他們，富有不能打動他們，又怎麼肯向庸俗的人炫耀，說我有成仙的法術呢？這大概是周公、孔子之所以沒有緣分知道成仙之道的原因吧。

而且周公、孔子都是才高學富、博大精深的人，小小的技藝尚且不 熟。若讓他們跳彈丸，耍長劍，越尖刀，過狹筒，走繩索，爬旗竿，擲盤子，攀案台，腳跟倒掛在萬丈懸岩上，到深急莫測的呂梁游泳，手舉千斤，腳踏狂風，徒手搏虎，驅豹入籠，手接飛箭等等，凡人都能做到的事，而周公、孔子卻不能做到，何況比這些更難的事。

別人的思念及憂慮，跳蚤虱子的頭向，隔著墻的朱紅紫色，樹林中的小草，箱櫃子裡的書籍，地下的寶藏，茂盛森林深處的鳥獸，深淵大潭內的魚鱉，如果讓周公、孔子說清楚它們的色彩，分別它們的名稱，劃分排列它們的多少，審查核實它們的有無，也未必能完全知道，何況比這些更深奧的事情？聖人不吃就會飢餓，不喝就會口渴，灼燒他們會感到熱燙，冷凍他們會感到寒冷，打他們會痛，刺他們會傷，活得年歲久了會衰老，受到損傷則會生病，呼吸停止就會死亡。這是說明聖人與凡人相同之處很多，而不同之處則太少了。

他們超過凡人之處的只是在他們的才華橫溢，思想深遠，口才敏捷，文筆高妙，道德完美，品行純潔，強於訓釋，博識

多聞等方面而已。又怎麼能面面俱到、無所不通呢？既然已經撰寫了經典及謀略著作，幫助君上治理國家、管理民眾，又想要求他們懂得神仙道術、長生不死。用這些來責備聖人豈不是要求太多了嗎？

我聽說至理名言是難以進入俗人的耳朵，真誠的話語必然會觸犯眾人。讀書的人在讀我這本書時，必定認為我誹謗詆毀聖人，我豈敢這樣呢？只不過是想說清楚事物的真理而已，事理論述透徹，就像是誹謗譏諷周公、孔子了。世人都認為聖人是從天而降的神靈，無所不知，無所不能。甚至於敬畏得不敢提起他們的名字，不敢用具體的事來衡量。認為聖人所不能做到的，則普通人也不可能做得到，聖人所不知道的，則普通人也不可能知道，這不是很可笑的嗎？

今列出近代的事情來考證，想必可以使世人領悟。完山的鳥兒有送別小鳥離家出走和哀送死鳥的叫聲，孔子不知道，就可以反過來認為顏回只可能片面理解嗎？孔子聽到泰山有個婦人在哭，問了後才知道是老虎吃了她家裡的三個人，又不知道婦人為什麼不搬遷離去的原因，必須得到婦人的回答才有領悟。孔子看見網捕雀子的人捕到的全是黃口幼鳥，不了解其中的原因，問了後才知道。等到他想安葬母親時，又不知道父親墓地在何處，需要別人告訴他。確定的墓崩塌了，又不知道這件事，等到弟子告訴他時才潸然淚下。

還有孔子懷疑顏淵偷東西吃，就假說想要祭祀祖先，以此調查顏淵抓食沾塵食物的事是否虛假。馬棚失火又不知道傷了人和馬沒有。匡人追趕孔子師生時，顏淵落在後邊，就認為他已經死去。還有，他周遊七十多個國家，卻不能預先知道別人一定不任用他，而奔波勞碌，至使家裡的席子沒有片刻的溫暖。還有，他不知道匡人會圍攻他而仍然從那條道上走。

向老子請教古代的禮儀，說明他對禮儀有所不知。向郯子詢問鳥官的事，說明他對官名也有所不識。走在路上不知道渡口在哪兒，就派人去打聽，又不知道被問的人一定會譏諷他而且不告訴他的去路，若早知道他就不會派人去打聽。孔子下車去追趕那歌唱鳳凰的人欲與之交談，卻不知道那人因不願見他而不會停下來。去見南子卻不知道這是沒有用處的。諸如此類，不能一一列舉。而孔子只是不懂得神秘之道，又有什麼可奇怪的呢？

　　還有，世俗中的讀書人說：聖人所做不到的，則一般人也都做不到。那麼宕人在水中居住，梁母在火中化升，伯子耐酷熱，仲都耐嚴寒，左慈被兵器分解卻不死，甘始停止食糧可度年，范軼被刀砍而不入，鱉令的尸體漂流後卻復生，少千能抓住各種鬼怪，費長房能縮短兩地的距離，仲甫能變成早晨的飛鳥，張楷能吹走雲霧，就是沒有聽說周公、孔子能做這些事。

　　有的俗人說：周公、孔子都能做到這些事，只是不做而已。

　　我回答說：如果完全不求證於明文記載，而只是用空話來論述事實的話，我就可以說周公、孔子能振翅翻飛，翱翔在八方極遠的天空，興雲助雨，移山拔井，只是他不做罷了。如果不以典籍裡記載的為憑據，那論述的有什麼邊際呢？若一定像隨意聽說的那樣，我也可以說周公、孔子都早已升仙了。但是，用這種方法是不可以教育人的，恐怕人們都知道長生不死是可能的，就一定都會完全拋棄親人不去供養，放棄仕途而去登高峰泛深淵，來修煉仙人之道。這就造成家中不再有子孫，國家不再有大臣官吏，忠孝之義都喪失了，人倫道德必定混亂。所以周公、孔子才自己秘密修煉，而不告訴別人，外面假托是終老而死亡的形象，內部實際上是已成上等仙人。

　　如果我這樣講，您又用什麼來反駁我呢？實際上也未必不

是這樣的。《靈寶經》中有《正機》、《平衡》、《飛龜授秩》三篇文章，都是講神仙之術。吳王採伐石頭來修建宮殿，而在一塊完整的大石中得到了一本紫色文字、黃金為簡的書籍，卻不能讀懂，就派使者拿著金書去請教孔子，使者欺騙孔子說：吳王在宮中閒居時，有一隻紅色的雀兒銜著這本書，放在宮殿上，朝中大臣都不懂得書的含義，故遠地而來求教。孔子看了書後說：這是《靈寶》仙方，長生不死之法，大禹所信服的，能使人隱居在水域，年壽與天地相等，可在仙人居所裡聚會。大禹在將要成仙升天之前，將它封藏在名山的石函中，而今紅雀將它銜來，大概是上天的授意吧！

由此看來，夏禹沒有死亡，而孔子又知道這些，怎麼能知道孔子沒有秘密修煉神仙之道呢？只能說聖人不做求仙的事，而不能說是沒有成效的。

人們所喜歡厭惡的東西各有不同，前面的比喻，難道不值得相信嗎？真正合乎意願的事，雖然渺小也一定要去做，要不合乎所想的事，雖然偉大也不會去學習。既然喜歡苦澀、厭惡甘甜的人都有，則見利忘義的人也是多得無法數得清的。

《易經》載：聖人最寶貴的東西，稱為權位，用什麼來聚集百姓呢？要用錢財。《論語》又載：財富和顯貴是人們想要得到的東西。

昔日已經有得到禪讓帝位而不接受，將四海的財富給他而不願接收的人，他們蔑視三公九卿的官位，放棄玉石絹帛的聘請，滿足於山林的高潔，甘心於釣魚的陋業，這種人不可勝數。《禮記》又載：性慾食慾是人最基本的慾望。所以，好色是不可勸諫的，美味可以忘掉憂愁。

昔日都有斷絕穀物，拋棄美色，不養妻子小妾，超然脫俗，獨自往來，心胸浩然，十分得意，與自己的影子歡聚，枕

石漱流而忘卻美味的人，又是難以數計的。人之常情沒有不喜歡紅顏艷姿、體態輕盈、身體柔軟的女人，而黃帝卻娶了相貌奇醜的嫫母，陳侯卻愛慕面目可憎的敦洽。人的鼻子沒有不喜歡香味的，故流黃香、鬱金香、芝蘭香、蘇合香、玄膽、素膠、江蘺、揭車、春天的佩蘭、秋天的蘭草，其價格與美玉相同。而有海上的女子，卻追隨極臭的男人，緊跟不離。周文王特別喜歡吃不甘美的醃菜，不用牛、羊、豬的滋味來更換。魏明喜歡敲擊鏊子的聲音，不讓管弦樂的和聲來取代。人各有志，怎麼能苛求這些人和那些人相同呢？

周公、孔子自己片面，不相信神仙之道，太陽、月亮也有照不到的地方，聖人也有不知道的東西，怎麼能因為聖人不求仙便說天下沒有神仙呢！這樣好比責怪日、月、星辰沒有照亮倒扣的盆子裡一樣。

卷十三　極言

原　文

或問曰：古之仙人者，皆由學以得之，將特稟異氣耶？

抱朴子答曰：是何言歟？彼莫不負笈隨師，積其功勤，蒙霜冒險，櫛風沐雨，而躬親灑掃，契闊勞藝，始見之以信行，終被試以危困，性篤行貞，心無怨貳，乃得升堂以入於室。或有怠厭而中止，或有怨恚而告退，或有誘於榮利，而還修流俗之事，或有敗於邪說，而失其淡泊之志，或朝為而夕欲其成，或坐修而立望其效。

若夫睹財色而心不戰，聞俗言而志不沮者，萬夫之中，有一人為多矣。故為者如牛毛，獲者如麟角也。

夫彀勁弩者，效力於發箭；涉大川者，保全於既濟；并不

第四章　葛洪《抱朴子・內篇》內含丹道養生（內附注釋、譯文）

297

達泉,則猶不掘也;一步未至,則猶不往也。修塗之累,非移晷所臻;凌霄之高,非一簣之積。然升峻者患於垂上而力不足,為道者病於方成而志不遂。千倉萬箱,非一耕所得;干天之木,非旬日所長;不測之淵,起於汀瀅;陶朱[1]之資,必積百千。若乃人退己進,陰子所以窮至道也。敬卒若始,羨門所以致云龍也。我志誠堅,彼何人哉?

抱朴子曰:俗民既不能生生,而務所以煞生。夫有盡之物,不能給無已之耗;江河之流,不能盈無底之器也。凡人利入少而費用多者,猶不供也,況無錙銖之來,而有千百之往乎?

人無少長,莫不有疾,但輕重言之耳。而受氣各有多少,多者其盡遲,少者其竭速。其知道者補而救之,必先復故,然後方求量表之益。若令服食終日,則肉飛骨騰,導引改朔,則羽翮參差,則世間無不信道之民也。患乎升勺之利未堅,而鐘石之費相尋,根底之據未極,而冰霜之毒交攻。不知過之在己,而反云道之無益,故捐丸散而罷吐納矣。故曰非長生難也,聞道難也;非聞道難也,行之難也;非行之難也,終之難也。良匠能與人規矩,不能使人必巧也。明師能授人方書,不能使人必為也。

夫修道猶如播穀也,成之猶收積也。厥田雖沃,水澤雖美,而為之失天時,耕助又不至,登稼被壟,不獲不刈,頃畝雖多,猶無獲也。凡夫之徒不知益之為益也,又不知損之為損也,夫損易知而速焉,益難知而遲焉,人尚不悟其易,安能識其難哉?夫損之者如燈火之消脂,莫之見也,而忽盡矣。益之者如苗禾之播植,莫之覺也,而忽茂矣。

故治身養性,務謹其細,不可以小益為不平而不修,不可以小損為無傷而不防。凡聚小所以就大,積一所以至億也。若

能愛之於微，成之於著，則幾乎知道矣。

或問曰：古者豈有無所施行，而偶自長生者乎？

抱朴子答曰：無也。或隨明師，積功累勤，便得賜以合成之藥。或受秘方，自行治作，事不接於世，言不累於俗，而記著者止存其姓名，而不能具知其所以得仙者，故闕如也。

昔黃帝生而能言，役使百靈，可謂天授自然之體者也，猶復不能端坐而得道。故陟王屋而受丹經，到鼎湖而飛流珠，登崆峒而問廣成，之具次而事大隗，適東岱而奉中黃，入金谷而諮涓子，論道養則資玄、素二女，精推步則訪山稽、力牧，講占候則詢風後，著體診則受雷、岐，審攻戰則納五音之策，窮神奸則記白澤之辭，相地理則書青烏之説，救傷殘則綴金冶之術。

故能畢該秘要，窮道盡真，遂升龍以高躋，與天地乎罔極也。然按神仙經，皆云黃帝及老子侍奉太乙元君以受要訣，況乎不逮彼二君者，安有自得仙度世者乎？未之聞也。

或曰：黃帝審仙者，橋山[2]之塚，又何為乎？

抱朴子答曰：按《荊山經》及《龍首記》，皆云黃帝服神丹之後，龍來迎之，群臣追慕，靡所措思，或取其几杖，立廟而祭之；或取其衣冠，葬而守之。《列仙傳》云：黃帝自擇亡日，七十日去，七十日還，葬於橋山，山陵忽崩，墓空無尸，但劍舄在焉。此諸説雖異，要於為仙也。

言黃帝仙者，見於道書及百家之説者甚多，而儒家不肯長奇怪，開異塗，務於禮教，而神仙之事，不可以訓俗，故云其死，以杜民心耳。

朱邑、欒巴、于公[3]，有功惠於民，百姓皆生為之立廟祠。又古者盛德之人，身沒之後，臣子刊其功績於不朽之器。而今世君長遷轉，吏民思戀，而樹德頌之碑者，往往有焉，此

亦黃帝有廟墓之類也，豈足以證其必死哉？

或人問曰：彭祖八百，安期三千，斯壽之過人矣，如果有不死之道，彼何不遂仙乎？豈非稟命受氣，自有脩短，而彼偶得其多，理不可延，故不免於彫隕哉？

抱朴子答曰：按《彭祖經》云，其自帝嚳佐堯，歷夏至殷為大夫，殷王遣彩女從受房中之術，行之有效，欲殺彭祖，以絕其道，彭祖覺焉而逃去。去時年七八百餘，非為死也。《黃石公記》云：彭祖去後七十餘年，門人於流沙之西見之，非死明矣。又彭祖之弟子，青衣烏公、黑穴公、秀眉公、白兔公子、離婁公、太足君、高丘子、不肯來七八人，皆歷數百歲，在殷而各仙去，況彭祖何肯死哉？又劉向所記《列仙傳》亦言彭祖是仙人也。

又安期先生者，賣藥於海邊，琅玡人傳世見之，計已千年。秦始皇請與語，三日三夜。其言高，其旨遠，博而有證，始皇異之，乃賜之金碧，可直數千萬，安期受而置之於阜鄉亭，以赤玉舄一量為報，留書曰，復數千載，求我於蓬萊山。如此，是為見始皇時已千歲矣，非為死也。又始皇剛暴而驚狠，最是天下之不應信神仙者。又不中以不然之言答對之者也。至於問安期以長生之事，安期答之允當，始皇惺悟，信世間之必有仙道，既厚惠遺，又甘心欲學不死之事，但自無明師也，而為盧敖、徐福[4]輩所欺弄，故不能得耳。

向使安期先生言無符據，三日三夜之中。足以窮屈，則始皇必將烹煮屠戮，不免鼎俎之禍，其厚惠安可得乎？

或問曰：世有服食藥物，行氣導引，不免死者，何也？

抱朴子答曰：不得金丹，但服草木之藥及修小術者，可以延年遲死耳，不得仙也。或但知服草藥，而不知還年之要術，則終無久生之理也。或不曉帶神符，行禁戒，思身神，守真

一，則止可令內疾不起，風濕不犯耳。若卒有惡鬼強邪，山精水毒害之，則便死也。

或不得入山之法，令山神為之作禍，則妖鬼試之，猛獸傷之，溪毒擊之，蛇蝮螫之，致多死事，非一條也。

或修道晚暮，而先自損傷已深，難可補復。補復之益，未得根據，而疾隨復作，所以剋伐之事，亦何緣得長生哉？或年老為道而得仙者，或年少為道而不成者，何哉？彼雖年老而受氣本多，受氣本多則傷損薄，傷損薄則易養，易養故得仙也。此雖年少而受氣本少，受氣本少則傷深，傷深則難救，難救故不成仙也。夫木槿楊柳，斷殖之更生，倒之亦生，橫之亦生。生之易者，莫過斯木也。然埋之既淺，又未得久，乍刻乍剝，或搖或拔，雖壅以膏壤，浸以春澤，猶不脫於枯瘁者，以其根荄不固，不暇吐其萌芽，津液不得遂結其生氣也。

人生之為體，易傷難養，方之二木，不及遠矣。而所以攻毀之者，過於刻剝，劇乎搖拔也。濟之者鮮，壞之者眾，死其宜也。夫吐故納新者，因氣以長氣，而氣大衰者則難長也。服食藥物者，因血以益血，而血垂竭者則難益也。夫奔馳而喘逆，或欬或滿，用力役體，汲汲缺乏者，氣損之候也。面無光色，皮膚枯臘，唇焦脈白，腠理萎瘁者，血減之證也。二證既衰於外，則靈根亦凋於中矣。如此，則不得上藥，不能救也。

凡為道而不成，營生而得死者，其人非不有氣血也。然身中之所以為氣為血者，根源已喪，但餘其枝流也。譬猶入水之爐，火滅而煙不即息；既斷之木，柯葉猶生。二者非不有煙，非不有葉，而其所以為煙為葉者，已先亡矣。世人以覺病之日，始作為疾，猶以氣絕之日，為身喪之候也。唯怨風冷與暑濕，不知風冷暑濕，不能傷壯實之人也，徒患體虛氣少者，不能堪之，故為所中耳。

何以較之，設有數人，年紀老壯既同，服食厚薄又等，俱造沙漠之地，並冒嚴寒之夜，素雪墮於上，玄冰結於下，寒風摧條而宵駭，欬唾凝澟於脣吻，則其中將有獨中冷者，而不必盡病也。非冷氣之有偏，蓋人體有不耐者耳。故俱食一物，或獨以結病者，非此物之有偏毒也。鈞器齊飲，而或醒或醉者，非酒勢之有彼此也。同冒炎暑，而或獨以暍死者，非天熱之有公私也。齊服一藥，而或昏瞑煩悶者，非毒烈之有愛憎也，是以衝風赴林，而枯柯先摧；洪濤凌崖，而拆隙首頹，烈火燎原，而燥卉前焚；龍碗墜地，而脆者獨破。由茲以觀，則人之無道，體已素病，因風寒暑濕者以發之耳。苟能令正氣不衰，形神相衛，莫能傷也。

凡為道者，常患於晚，不患於早也。恃年紀之少壯，體力之方剛者，自役過差，百病兼結，命危朝露，不得大藥，但服草木，可以差於常人，不能延其大限也。故仙經曰：養生以不傷為本。此要言也。神農曰：百病不癒，安得長生？信哉斯言也。

或問曰：所謂傷之者，豈非淫欲之間乎？

抱朴子曰：亦何獨斯哉？然長生之要，在乎還年之道。上士知之，可以延年除病；其次不以自伐者也。若年尚少壯而知還年，服陰丹以補腦，採玉液於長谷者，不服藥物，亦不失三百歲也，但不得仙耳。

不得其術者，古人方之於冰杯之盛湯，羽苞之蓄火也。且又才所不逮，而困思之，傷也；力所不勝，而強舉之，傷也；悲哀憔悴，傷也；喜樂過差，傷也；汲汲所欲，傷也；久談言笑，傷也；寢息失時，傷也；挽弓引弩，傷也；沉醉嘔吐，傷也；飽食即臥，傷也；跳走喘乏，傷也；歡呼哭泣，傷也；陰陽不交，傷也；積傷至盡則早亡，早亡非道也。

是以養生之方，唾不及遠，行不疾步，耳不極聽，目不久視，坐不至久，臥不及疲，先寒而衣，先熱而解，不欲極飢而食，食不過飽，不欲極渴而飲，飲不過多。凡食過則結積聚，飲過則成痰癖。不欲甚勞甚逸，不欲起晚，不欲汗流，不欲多睡，不欲奔車走馬，不欲極目遠望，不欲多啖生冷，不欲飲酒當風，不欲數數沐浴，不欲廣志遠願；不欲規造異巧。冬不欲極溫，夏不欲窮涼，不露臥星下，不眠中見肩，大寒大熱，大風大霧、皆不欲冒之。

五味入口，不欲偏多，故酸多傷脾，苦多傷肺，辛多傷肝，咸多則傷心，甘多則傷腎，此五行自然之理也。凡言傷者，亦不便覺也，謂久則壽損耳。

是以善攝生者，臥起有四時之早晚，興居有至和之常制，調利筋骨，有偃仰之方；杜疾閒邪，有吞吐之術；流行榮衛，有補瀉之法；節宣勞逸，有興奪之要。忍怒以全陰氣，抑喜以養陽氣。然後先將服草木以救虧缺，後服金丹以定無窮，長生之理，盡於此矣。

若有欲決意任懷，自謂達識知命，不泥異端，極情肆力，不營久生者，聞此言也，雖風之過耳，電之經目，不足諭也。雖身枯於流連之中，氣絕於紈綺之間，而甘心焉，亦安可告之以養生之事哉？不惟不納，乃謂妖訛也。而望彼信之，所謂以明鑒給矇瞽，以絲竹娛聾夫也。

第四章　葛洪《抱朴子‧內篇》內含丹道　養生（內附注釋、譯文）

注釋

〔1〕陶朱：陶朱公范蠡，古代巨富。

〔2〕橋山：地名，相傳黃帝死後，葬於橋山。

〔3〕朱邑：西漢人，官至大司農，為人淳厚，死後百姓為之建墓立祠；欒巴：蜀郡成都人，能劾鬼治病，鄉人為其立生

祠；于公：漢丞相于定國之父，執法嚴明，家鄉人為其立祠，稱「于公祠」。

〔4〕徐福：即齊人徐州市，秦始皇二十八年上書欺騙說海上有三座神山，願帶童男童女去尋求，始皇應允；三十二年，又派燕人盧生（即盧敖）尋求羨門子、高誓，皆欺騙戲弄秦始皇。

譯文

有人問道：古代的仙人是都由學習而得道的，還是特別地稟受奇異的神氣而得道的呢？

抱朴子回答道：這是什麼話呢？他們中沒有人不是身背書籍追隨師父，勤奮追求，積累功德，蒙受霜雪之凍，冒著生命危險，風吹雨淋，並且親自灑水掃地，與親人離散，艱辛勞作，才能讓可信的品行顯現出來，最終還要被危險困難所測試。只有性格堅定，行為貞誠，心中沒有抱怨，一心修煉的人才能夠升堂入室。其中有的人懈怠厭煩而中止；有的人埋怨、憤怒而退縮；有的人被榮譽利益所誘惑，而回過頭來做一些世俗的事情；有的人被邪說、流言所嚇倒，而喪失了追求淡泊的志向；有的人早上修煉，晚上就想要成功；有的人坐著修煉而站起來就希望有成效。

至於那種看見財色而不心動，聽到庸俗的言論而意志不沮喪的人一萬個人中間有一個就算是多的了。所以，修煉的人多如牛毛，而得道的只不過是鳳毛麟角。

拉硬弓的人，力量用在發箭；橫渡大河的人，到達彼岸才能保全生命；挖井挖不到泉源，則好比沒有去挖；一步沒到達，則如同沒有前往。長途的勞累，不是一二日所能導致的，高出雲霄的高山，並不是一籮筐土所能積累的。那麼，攀登山

峰的人最怕的是即將登上山頂時卻力氣不足，修煉道術的人最怕的弊病是將要成功時而意志不堅。千倉萬箱的糧食，並不是一次耕種的收穫；高聳雲天的樹木並不是十天半月所能生長的；不可測量的深淵，是由小水流積累而成的；陶朱的資產，是千百次積累而來的。

人們都退卻而自己前進，是因長生得以修成最高道術的原因。重視結束如同重視開始，使羨門子能招致雲霧蛟龍。自己的意志堅定又管其他人怎樣呢？

抱朴子說：凡俗的百姓既不能保養生命，卻又盡力傷害生命。有限的物質，不能供給無盡的消耗；江河的流水無法填滿無底的容器。凡是利益收入少而花費開銷多的人，都不能收支平衡，何況沒有絲毫收入，卻有成百上千的支出呢？

人不論是長幼，沒有人會無病，只是病有輕重而已。而稟受元氣各有多少，多的消耗至盡則遲緩，少的耗竭則快速。那些懂得道術的人進行補救，一定要先恢復原來的狀態，然後才可追求可衡量的表面收益。若讓人服食藥物十天，就能夠肉體騰飛，導氣引體一個月，就能羽翼齊備，則世上就沒有不信道術的人了。令人擔心的是一升一勺的收益還未落實，而一鍾一石的消耗便接踵而來，草木的根生長還未達到最深，而冰雪霜凍的破壞交相攻擊。不知道過錯在自己身上，卻反而說是學習道術無益，因而拋棄丸散仙丹而中止導引吐納。所以說，不是長生困難，而是領會道術困難；不是領會道術困難，而是修行道術困難；不是修行道術困難，而是自始至終困難。優秀的工匠能教給人運用規矩，卻不能讓人一定靈巧。高明的教師能傳授給人方術的書籍，卻不能使人一定施行。

修煉道術好比播種穀物，成功好比收割囤積。那田地雖然肥沃，水澤雖然豐美，但若播種失去了合適的時機，鬆耕鋤草

又不進行，豐盛的莊稼覆蓋到壟上，不割取收穫，田畝雖多，猶如沒有收穫。凡俗夫子不僅不知道有益的行為會帶來收益，還不知道損害的行為會帶來損失，損失容易知曉而且迅速，收益難以知曉而且遲緩。人們對那容易明白的尚且不領悟，又怎麼能認識難以明白的呢？損害的行為如同燈火消耗油脂，沒有誰看見而忽然燈油燃盡。有益的行為如同禾苗的播種繁殖，沒有誰發覺卻忽然長得茂盛。

故保養身體，修養性情，務必注意那些細小的變化，不能認為益處小而不足以重視，從而不修煉，不能認為損害小而不會帶來傷害，從而不提防。凡是物質都是聚小才能成大，積一才能達到成億。若能重視細小的環節，就能取得顯著的成就，就接近於懂得道術了。

有人問道：古代的人是否有不用修煉道術，而自身卻偶然得以長生不死的呢？

抱朴子答道；沒有。有些人追隨聖明的老師，勤奮努力，積累功德，才能得到賜予合成的仙藥。有的人接受秘方自己試製，他的事情不與世人接觸，言語不受世人拖累，而記錄的資料只剩下他的姓名，故不能完全知曉他得以成仙的方法，所以，缺這方面的資料。

昔日黃帝出生時就能講話，使喚各種神靈，可以說是上天授予自然之體的人，尚且不能端坐就能得到道術。所以，他登上王屋山接受丹經，來到鼎湖煉製仙丹，登上崆峒山去請教廣成子，前往具茨山侍奉大隗，到了東岳岱山侍候中黃真人，進入金谷而咨詢涓子，論述房中術求助於玄女、素女，精通推算天文曆法之學則是訪求山稽和力牧，講求觀天像變化以測凶吉術則是詢問了風後，懂得身體診治則是接受雷公、岐伯的指點，懂得戰術則是採納五音的計策，窮究神仙與鬼怪則要記錄

白澤的言辭，勘測地理則要記錄青烏的述說，救治傷殘則要著錄金冶子的技術。

故黃帝能掌握奧秘要訣，窮盡道術真諦，於是乘飛龍以升天，壽命與天地一樣沒有極限。而且按照各種神仙經典都載有黃帝和老子都供奉太乙元君來接受主要秘訣，何況那些不如這二位先生的人，又怎麼可能自然得道成仙而脫離世俗呢？這樣的人我還未聽說過。

有人說：既然黃帝確實是仙人，那麼橋山的黃帝墳墓又是怎麼來的呢？

抱朴子回答說：《荊山記》和《龍首經》都載黃帝服食神丹之後，神龍來迎接他去了，而大臣們追思不已，沒有地方排遣思念，故有的人拿他的几案手杖建立廟宇來祭祀他；有的人將他的衣帽埋葬後並守護著。

《列仙傳》載：黃帝自己選擇了死亡的日子，七十日離去，七十日又回來，死後葬於橋山，後來山上陵墓忽然崩塌，墓中沒有尸體，只有刀劍和鞋子在裡面。這裡的各種說法雖然不同，但要點都在於黃帝成了仙。

講黃帝成仙的，多見於道教典籍及百家之說中，但儒家不願意助長奇談怪論，開啟不同的門徑，只專心致力於禮教，而神仙的事情不能夠用來訓導教育世俗之人，故聲稱他死了，以杜絕老百姓成仙的妄想而已。

朱邑、欒巴、于公等人對老百姓有功德恩惠，老百姓都在他們活著時為他們立廟宇祠堂。還有，古代有大德的人，身死之後，臣民將他們的功德業績刻在不朽的器皿上。而現在的官員轉任遷走，下屬和百姓思戀他們，而為其樹立歌功頌德的紀念碑的事處處都有。這也是黃帝有廟宇墳墓之類紀念物的原因，怎麼能夠證實他們一定死亡呢？

有人問道：彭祖八百歲，安期生三千歲，他們壽命已超過普通人了，如果有不死之道，他們為什麼不成為仙人呢？難道不是稟受命運、接受元氣，自然有長有短，而他們偶然得到更多的壽命，按理不可再延長，故其生命不免要凋零隕落嗎？

抱朴子回答說：按《彭祖經》講：彭祖自從帝嚳輔佐堯帝以來，歷經夏朝至殷商一直是作大夫，殷王派遣彩女跟隨他學習房中術，殷王行之確有其效，想要殺死彭祖，以使這種道術絕傳，彭祖發覺後逃走。離去時年已七八百歲，並沒有死。《黃山公記》載：彭祖離去後七十餘年，聽說有人在流沙國的西邊看見他，彭祖沒有死是顯而易見的。還有彭祖的弟子青衣烏公、黑穴公、秀眉公、白兔公子、離婁公、太足君、高丘子、不肯來等七八個人，都活了數百歲，在殷朝時都各自成仙而去了。何況彭祖又怎麼會死呢？還有，劉向所記述的《列仙傳》也說彭祖是仙人。

另外，安期生先生這個人，在海邊賣藥，琅玡人世代相傳都說見過他，算來已有千年了。秦始皇請他來與之交談，三日三夜。他的言辭高妙，旨意深遠，廣博而有證據，始皇很驚異，於是賜給他黃金璧玉，價值數千萬。安期生接受他們後放在阜鄉亭，取赤玉鞋一雙作為回報，並留下書信說：再過數千年，到蓬萊山來尋找我。由此可知，他會見始皇時已有一千歲了，並沒有死亡。秦始皇剛愎自用，殘暴凶狠，是天下最不應該相信神仙的人。又是不能用不妥當的言語來回答的人。他詢問安期生長生不死的事，安期生回答得妥當，秦始皇醒悟，相信世間一定有神仙之道，既贈厚禮，又甘心想學不死的方術，但是自己沒有高明的老師，而被盧敖、徐福之流所欺騙戲弄，所以不能得道成仙。

假如安期生先生言辭無所根據，三日三夜之中，早已理屈

辭窮，則秦始皇必將烹煮他，屠殺他，安期生不免招來鼎煮刀劈的災禍了，那厚厚的重禮又怎麼能得到呢？

有人問道：世上有的人服食藥物，行氣導引，卻免不了要死亡，這是為什麼呢？

抱朴子回答說：得不到金丹，只服草木類藥物和修煉小道術的人，只能延長壽命推遲死亡而已，不能得道成仙。有的人只知道服食草藥而不懂得返老還童的要術，則最終是沒有長生不死的道理的。有的不知道佩帶神符，進行禁戒，思身守神，持守真一，則只可使身體內疾病不再發生，風寒濕邪不能侵犯而已。若突然有惡鬼強妖、山精水怪、毒蟲來侵害他們，那麼他們就會死亡的。

有的人得不到進山的法術而貿然進山，讓山神侵害，妖鬼試探，猛獸傷害，溪中毒氣攻擊，毒蟲蝮蛇叮咬，導致人死亡的事很多，並不只是一件。

有的人到了晚年才開始修煉道術，而先前已受到了很深的損傷，難以補救恢復。或補救恢復的好處還未得到落實，而疾病隨即復發，所以，遇上這些傷害身體的事情，又有什麼機會能得以長生不老呢？

有的人年紀老邁才開始修道而能得道成仙，有的人年紀輕輕，就已修道卻不能成功，這是為什麼呢？那些年老的人，雖然年紀老邁，但接受的元氣本來就多，接受的元氣多則受到的傷害就淺，傷害淺則容易修養，容易修養就能得道成仙。

這些年輕人雖然年紀輕輕，而接受的元氣本來就少，接受的元氣少則受到傷害就深，傷害深則難以補救，難以補救就不能得道成仙。木槿和楊柳，折斷後播種繁殖，能很快再生長，倒著插也能生長，橫著種也能生長。

生長容易的，沒有能超過這些樹木的了。如果埋種得既

淺，時間又短，卻又時而在樹上雕刻，時而剝皮，時而搖動，時而拔起，雖然用肥沃的土壤來培養它，拿春天的雨水來滋潤它，也還是擺脫不了枯死的命運。因為它的根鬚還沒有生長牢固，沒有時間吐出萌芽，水及營養物質來不及吸收而不能增強它的生命元氣。

人的生命作為一種實體，容易受到傷害而難以保養，與前述種樹木相比差得很遠，而攻擊毀壞他的各種因素超過了雕刻剝皮，比搖動拔起更厲害，補益他們的少，損傷他們的多，故死亡是理所當然的。吐出廢氣、吸進新鮮空氣的人用空氣來助長元氣，而元氣大傷則難以活動長久。

服食藥物的人，用氣血來補養血液，而血液將要枯竭時則血就難以補充了。奔跑就氣喘吁吁，或者咳嗽，或煩悶，幫體力勞動用力就氣急氣短乏力，這些就是元氣耗損的症狀。臉面上沒有光澤顏色，皮膚乾枯蠟黃，唇燥口裂，脈搏無力，皮膚肌肉的紋理萎縮憔悴，這就是血液減少的症狀。這兩種症狀既然在外表已表現衰竭，則生命的根本也凋謝之中。如果是這樣，那麼得不到好的藥物就不能得救了。

凡修煉道術而不成功，謀求長生卻得到死亡的人，他們並非沒有元氣血液，而是身體內產生元氣和血液的根源已經喪失了，只剩下分枝旁流。猶如燃燒的炭火放入水中，火焰熄滅了而煙不會馬上消失；已經斷了的樹木，枝幹上的葉猶如生鮮。上述兩件事情並不是沒有餘煙，也不是沒有葉子，而是那種產生餘煙、維持鮮葉的因素已事先滅亡了。

世人認為發覺疾病的那一天才算有病，好比把斷氣的那天當成死亡的徵兆一樣。只埋怨風冷濕熱，卻不知風冷濕熱不能傷害身體壯實的人，只擔心身體虛弱、元氣缺少的人不能經受，所以，易被它們傷害而已。

怎麼樣來比較呢？假如有數人，年紀大小相同，服裝厚薄、飲食多少又相等，都到沙漠中去，一起度過嚴寒的夜晚，白雪從天上飄落，厚厚的冰在地上凝結，寒風吹斷枝條而令人夜間驚駭，咳出的口水凍結在嘴唇邊上，則其中將會有獨自被凍壞的人，而不一定所有的人都生病。這並不是冷氣有所偏向，只是生病的人體質較差，不能忍耐抵抗罷了。

都吃同一種食物，有的人卻偏偏因此而生病，這並不是這種食物有偏向某人的毒性。用同樣大小的容器一齊飲酒，而有的人清醒，有的人醉倒，這並不是酒的濃度有彼此不同。同樣冒著炎熱酷暑，而有的人卻獨自中暑死亡，這並不是天氣炎熱有公私之分。一起服用同一種藥物，而有的人昏迷煩悶，這並不是藥物的毒性及烈性有愛憎之分。

所以，狂風衝擊樹林，枯朽的樹枝先斷；洶湧的波濤衝擊崖岸，有裂縫的地方先塌；烈火在原野上燃燒，乾燥的草卉最先燒著；各種碗墜落在地上，脆弱的獨自破裂。由此可見，人們沒有修煉道術，身體已經有了病，只是因為風寒暑濕的侵犯所誘發而已。假如能讓人正氣不衰竭，形體和精神相互守衛，外邪就不能傷害了。

凡是修煉道術的人，常常擔心太晚，而不擔心過早。自恃年紀輕，身體力氣正當剛強的人，自己勞役過度，百病交加，生命就像早晨的露珠一樣危險。得不到金丹大藥，只服草木類藥物，可以略勝於常人，但不能延長他的生命的最大極限。故仙經說：養生要以不傷害身體作為根本。這是重要的格言。神農說：各種疾病不痊癒，怎麼能夠得以長生不死呢？這話說得的確可信。

有人問道：所謂傷害身體的東西，難道不就是男女之間的淫慾嗎？

抱朴子說：又哪裡只是淫慾一種原因呢？然而長生不死的關鍵在於返老還童的道術。高明的道士知道這一點就可以延年益壽、消除疾病，其次，可以不會用淫慾來傷害身體。如果年輕而且懂得返老還童的道術，服食陰丹以補益大腦和在長長山谷中採集玉的漿液，不服食藥物也不會少於三百歲，但不能得道成仙而已。

不懂得道術的人，古人比喻為用冰作的杯子盛裝開水，用羽毛做的包裹來盛裝炭火。而且還有，才能所不及卻苦苦思求，就會受到傷害；力氣不大而強行舉重，就會受到傷害；悲傷哀痛過度，會受到傷害；歡喜快樂過度，會受到傷害；急切地追求私慾，會受到傷害；長久地高談說笑，會受到傷害；不按時休息睡覺，會受到傷害；拉強弓硬弩，會受到傷害；過分醉酒嘔吐，會受到傷害；吃飽了飯就睡，會受到傷害；跳躍跑步，喘息乏力，會受到傷害；歡呼哭泣，會受到傷害；男女不交媾，會受到傷害。被以上各種傷害因素都傷害過了的人則會過早死亡，過早死亡是不合乎規律的。

所以，養生的方法是：唾沫不吐遠處，行走不快步，耳朵不聽得太累，眼睛不看東西太久，坐著時間不要太長，睡著不要睡得疲軟，在寒冷來到之前就穿起衣服，在發熱之前就解開衣服，不要等到餓極了才吃飯，吃也不要吃得太飽，不要等到渴極了才飲水，飲水也不宜過多。凡吃得太過則會造成食積，喝得太多則會產生痰癖之症。不要過分勞作或過分安逸，不要太晚起床，不要汗流太多，不要睡得太過，不要長時間駕車騎馬，不要極目遠望，不要多吃生冷食物，不要當風飲酒，不要頻繁洗澡，不要志向過廣、願望過多，不要製造奇異和精巧的事和物。冬天不要太溫暖，夏天不要太涼快，不要在星空下露宿，不要在睡眠時露出肩頭，大寒大熱、大風大霧都不要遭

受。五味進口，不要偏嗜，因為酸味食多傷脾，苦味食多傷肺，辛味食多傷肝，咸味食多傷心，甜味食多傷腎，這是五行的自然規律。

凡是上述所講的傷害因素，也不是馬上就會發現，時間久了就會損害壽命的。

所以，善於養生的人，睡覺起床依四季不同而各有早晚，起居有最和諧的常規；調利筋骨，有俯體仰身的方法；杜絕疾病，隔離邪氣，有吞氣吐氣的道術；運行榮、衛二氣，有補和瀉的方法；節制宣泄、勞作逸樂，有允許和禁止的要訣。忍住怒氣以保全陰氣，抑制喜樂以培養陽氣。然後，先服食草木藥物來補救虧損缺乏，再服金丹要藥來固定無窮的生命。

長生不死的道理，至此已講完了。如果有人想決意放任思想，自認為通知識、達天命，不拘泥於異端之說，放縱情懷，竭盡全力，不經意長生的人，聽到這些話，雖然有「狂風吹過耳朵，閃電掠過眼睛」之說，也不足以比喻他們的態度。這種人雖然身體在流連忘返的玩樂中枯萎，元氣在紈綺子弟的生活裡斷絕，卻心甘情願，又怎麼可以告訴他們養生的事呢？不但是不採納，還說是妖言訛詐。

那麼，希望他們相信，正所謂拿明鏡給瞎子使用，拿管弦音樂聾子欣賞一樣了。

卷十四　勤求

原　文

抱朴子曰：天地之大德曰生，生，好物者也。是以道家之所至秘而重者，莫過乎長生之方也。故血盟乃傳，傳非其人，戒在天罰。先師不敢以輕行授人，須人求之至勤者，猶當揀選

至精者乃教之，況乎不好不求，求之不篤者，安可炫其沽以告之哉？其受命不應仙者，雖日見仙人成群在世，猶必謂彼自異種人，天下別有此物，或呼為鬼魅之變化，或云偶值於自然，豈有肯謂修為之所得哉？苟心所不信，雖令赤松、王喬言提其耳，亦當同以為妖訛。

然時頗有識信者，復患於不能勤求明師。夫曉至要得真道者，誠自甚稀，非倉卒可值也。然知之者，但當少耳，亦未嘗絕於世也。由求之者不廣不篤，有仙命者，要自當與之相值也。然求而不得者有矣。未有不求而得者也。世間自有奸偽圖錢之子，而竊道士之號者，不可勝數也。然此等復不謂挺無所知也，皆復粗開頭角，或妄沽名，加之以伏邪飾偽，而好事之徒，不識其真偽者，徒多之進問，自取誑惑，而拘制之，不令得行，廣尋奇士異人，而告之曰，道盡於此矣，以誤於有志者之不少，可嘆可恚也。

或聞有曉涓五雲 [1]，飛八石 [2]，轉九丹 [3]，治黃白，水瓊瑤，化朱碧，凝霜雪於神爐，採靈芝於嵩岳者，則多而毀之曰：此法獨有赤松、王喬知之，今世之人而云知之者，皆虛妄耳。則淺見之家，不覺此言有詐偽而作，便息遠求之意。悲夫，可為慨嘆者也！

凌曷飆飛，暫少忽老，迅速之甚，諭之無物，百年之壽，三萬餘日耳。幼弱則未有所知，衰邁則歡樂並廢，童蒙昏耄，除數十年，而險隘憂病，相尋代有，居世之年，略消其半，計定得百年者，喜笑平和，則不過五六十年，咄嗟滅盡，哀憂昏耄，六七千日耳，顧眄已盡矣，況於全百年者，萬未有一乎？諦而念之，亦無以笑彼夏蟲朝菌也。蓋不知道者之所至悲矣。

里語有之：人在世間，日失一日，如牽牛羊以詣屠所，每進一步，而去死轉近。此譬雖醜，而實理也。達人所以不愁死

者，非不欲求，亦固不知所以免死之術，而空自焦愁，無益於事。故云樂天知命，故不憂耳，非不欲久生也。姬公請代武王，仲尼曳杖悲懷，是知聖人亦不樂速死矣。

俗人見莊周有大夢之喻，因復競共張齊死生之論。蓋詭道強達，陽作違抑之言，皆仲尼所為破律應煞者也。今察諸有此談者，被疾病則遽針灸，冒危險則甚畏死。然末俗通弊，不崇禎倍，背典浩而治子書，若不吐反理之巧辨者，則謂之樸野，非老莊之學。故無骨殖而取偶俗之徒，遂流漂於不然之說，而不能自返也。

老子以長生久視視為業，而莊周貴於搖尾塗中，不為被網之龜，被繡之牛，餓而求粟於河侯，以此知其不能齊死生也。晚學不能考校虛實，偏據一句，不亦謬乎？

且夫深入九泉之下，長夜岡極，始為螻蟻之糧，終與塵壤合體，令人怛然心熱，不覺咄嗟。若心有求生之志，何可不棄置不急之事，以修玄妙之業哉？其不信則已矣。其信之者，復患於俗情之不蕩盡，而不能專以養生為意。而營世務之餘暇而為之，所以或有為之者，恒病晚而多不成也。凡人之所汲汲者，勢利嗜欲也。苟我身之不全，雖高官重權，金玉成山，妍艷萬計，非我有也。是以上士先營長生之事，長生定可以任意。若未升玄去世，可且地仙人間。若彭祖老子，止人中數百歲，不失人理之歡，然後徐徐登遐，亦盛事也。然決須好師，師不足奉，亦無由成也。

昔漢太后從夏侯勝受《尚書》，賜勝黃金百斤，他物不可勝數。及勝死，又賜勝家錢二百萬，為勝素服一百日。成帝在東宮時，從張禹受《論語》。及即尊位，賜禹爵關內侯，食邑千戶，拜光祿大夫，賜黃金百斤。又遷承相，進爵安昌侯。年老乞骸骨，賜安車駟馬，黃金百斤，錢數萬。及禹疾，天子自

臨省之，親拜禹床下。

章帝在東宮時，從桓榮以受《孝經》。及帝即位，以榮為太常上卿。天子幸榮第，令榮東面坐，設幾杖。會百官及榮門生生徒數百人，帝親自持業講說。賜榮爵關內侯，食邑五千戶。及榮病，天子幸其家，入巷下車，抱卷而趨，如弟子之禮。及榮薨，天子為榮素服。

凡此諸君，非能攻城野戰，折衝拓境，懸旌效節，祈連方，轉元功，騁銳絕域也。徒以一經之業，宣傳章句，而見尊重，巍巍如此，此但能説死人之餘言耳。帝王之貴，猶自卑降以敬事之。世間或有欲試修長生之道者，而不肯謙下於堪師者，直爾就迚，從求至要，寧可得乎？

夫學者之恭遜驅走，何益於師之分寸乎？然不爾，則是彼心不盡；彼心不盡，則令人告之不力；告之不力，則秘訣何可悉得邪？不得已當以浮淺示之，豈足以成不死之功哉？亦有人皮膚好喜，而信道之誠，不根心神，有所索欲，陽為曲恭，累日之間，怠慢已出。

若值明智之師，且欲詳觀來者變態，試以淹久，故不告之，則測其志。則若此之人，情為行露，亦終不得而教之，教之亦不得盡言吐實，言不了則為之無益也。

陳安世者[4]，年十三歲，蓋灌叔本之客子耳，先得仙道。叔本年七十皓首；朝夕拜安世曰：道尊德貴，先得道者則為師矣，吾不敢倦執弟子之禮也。由是安世告之要方，遂復仙去矣。夫人生先受精神於天地，後稟氣血於父母，然不得明師，告之以度世之道，則無由免死，鑿石有餘焰，年命已調頹矣。由此論之，明師之恩，誠為過於天地，重於父母多矣，可不崇之乎？可不求之乎？

抱朴子曰：古人質正，貴行賤言，故為政者不尚文辨，修

道者不崇辭說。風俗哀薄，外飾彌繁，方策既山積於儒門，而內書亦犙掌於術家。初學之徒，即未便可授以大要。又亦人情以本末殷富者為快。故後之知道者，干吉、容嵩、桂帛[5]諸家，各著千所篇，然率多教誡之言，不肯善為人開顯大向之指歸也。

其至真之訣，或但口傳，或不過尋尺之素，在領帶之中，非隨師經久，累勤歷試者，不能得也。雜猥弟子，皆各隨其用心之疏密，履苦之久遠，察其聰明之所逮，及志力之所能辨，各有所授，千百歲中，時有盡其囊枕之中，肘腋之下，秘要之旨耳。或但將之合藥，藥成分之，足以使之不死而已，而終年不以其方文傳之。

故世間道士，知金丹之事者，萬無一也。而管見之屬，謂仙法當具在於紛若之書，及於祭祀拜伏之間而已矣。夫長生製在大藥耳，非祠醮之所得也。

昔秦漢二代，大興祈禱，所祭太乙五神、陳寶八神之屬，動用牛羊穀帛，錢費億萬，了無所益。況於匹夫，德之不備，體之不養，而欲以三牲酒餚，祝願鬼神，以索延年，惑亦甚矣。或頗有好事者，誠欲為道，而不能勤求明師，合作異藥，而但晝夜誦講不要之書，數千百卷，詣老無益，便謂天下果無仙法。或舉門扣頭，以向空坐，烹宰犧牲，燒香請福，而病者不癒，死喪相襲，破產竭財，一無奇異，終不悔悟，自謂未篤。若以此之勤，求知方之師，以此之費，給買藥之直者，亦必得神仙長生度世也。

何異詣老空耕石田，而望千倉之收，用力雖盡，不得其所也。所謂適楚而道燕，馬雖良而不到，非行之不疾，然失其道也。或有性信而喜信人，其聰明不足以校練真偽，揣測深淺；所博涉素狹，不能賞物，後世頑淺，趣得一人，自譽之子，云

我有秘書，便守事之。而庸人小兒，多有外託有道之名，名過其實，由於誇誕，內抱貪濁，唯利是圖，有所清為，輒強暗鳴，俯仰抑揚。

若所知寶秘乃深而不可得之狀。其有所請，從其所求，俯仰含笑，或許以頃後，故使不覺者，欲罷而不能，自謂事之未勤，而禮弊之尚輕也。於是篤信之心，尤加恭肅，賂以殊玩，為之執奴僕之役，不辭負重涉遠，不避經險履危，欲以積勞自效，服苦求哀，庶有異聞。

而虛引歲月，空委二親之供養，捐妻子而不恤，戴霜蹈冰，連年隨之，而妨資棄力，卒無所成。彼初誠欺之，未或慚之，懵然體中，實自空馨短乏，無能法以相教，將何法以成人乎？

余目見此輩不少，可以有十餘人。或自號高名，久居於世，世或謂之已三四百歲，但易名字，詐稱聖人，托於人間，而多有承事之者，余但不喜書其人之姓名耳。頗遊俗間，凡夫不識妍蚩，為共吹揚，增長妖妄，為彼巧偽之人，虛生華譽，歙習遂廣，莫能甄別。故或令高人偶不留意澄察，而擔任兩耳者，誤於學者，常由此輩，莫不使人嘆息也。每見此曹，欺誕天下，以親勢利者，遲速皆受殃罰，天網雖疏，終不漏也。但誤有志者可念耳。世人多逐空聲，鮮能校實。

聞甲乙多弟子，至以百許，必當有異，便載馳競逐，赴為相聚守之徒，妨工夫以崇重彼愚陋之人也。而不復尋精，彼得門人之力。或以致富，辨逐之雖久，猶無成人之道，愚夫故不知此人不足可事，何能都不與悟，自可悲哉！

夫搜尋仞之壟，求干天之木，漉牛跡之中，索吞舟之鱗，用日雖久，安能得乎？

嗟乎！將來之學者，雖當以求師為務，亦不可以不詳擇為

急也。陋狹之夫，引淺德薄，功微緣少，不足成人之道，亦無功課以塞人重恩也。深思其趣，勿令徒勞也。

抱朴子曰：諸虛名之道士，既善為誑詐，以欺學者，又多護短匿愚，恥於不知，陽若以博涉已足，終不肯行求請問於勝己者，蠢爾守窮，面墙而立；又不但拱默而已，乃復憎忌於實有道者而謗毀之，恐彼聲名之過己也。此等豈有意於長生之法哉？為欲以合致弟子，圖其財力，以快其情欲而已耳。而不知天高聽卑，其後必受斯殃也。

夫貧者不可妄云我富也，賤者不可虛云我貴也，況道德之事實無，而空養門生弟子乎？凡俗之人，猶不宜懷妒善之心，況於道士，尤應以忠信快意為生者也，云何當以此之徹然函胸臆間乎？

人自不能聞見神明，而神明之聞見己之甚易也。此何異乎在紗幌之外，不能察軒房之內，而肆其倨慢，謂人之不見己。此亦如竊鐘椎物，堅然有聲，惡他人聞之，因自掩其耳者之類也。而聾瞽之存乎精神者，唯欲專擅華名，獨聚徒眾，外求聲價，內規財力，患疾勝己，乃劇於俗人之爭權勢也。遂以唇吻為刃鋒，以毀譽為朋黨，口親心疏，貌合行離，陽敦同志之言，陰挾蜂蠆之毒，此乃天人所共惡，招禍之符檄[6]也。

夫讀五經，猶宜不恥下問，以進德修業，日有緝熙。至於射御之粗伎，書數之淺功，農桑之露事，規矩之小術，尚須師援以盡其理，況營長生之法。欲以延年度世，斯與救恤死事無異也。何可務惜請受之名，而永守無知之因，至老不改，臨死不悔，此亦天民之篤暗者也。令人代之慚怍，為之者獨不顧形影也。為儒生尚當兀然守樸，外托質素，知而如否，有而如無，令庸兒不得盡其稱，稱而不問不對，對必辭讓而後言。

何其道士之人，強以不知為知，以無有為有，虛自炫耀，

以圖奸利者乎？迷而不知返者，愈以遂往，若有以行此者，想不恥改也。吾非苟為此言，誠有為而興，所謂疾之而不能默然也。徒愍念愚人，不忍見嬰兒之投井耳。若覽之而悟者，亦仙藥之一草也，吾何為哉！不御苦口，其危至矣，不俟脈診而可知者也。

抱朴子曰：設有死罪，而人能救之者，必不為之吝勞辱而憚卑辭也，必獲生生之功也。今雜猥道士之輩，不得金丹大法，必不得長生可知也。雖治病有起死之效，絕穀則積年不飢，役使鬼神，坐在立亡，瞻視千里，知人盛衰，發沈崇於幽翳，知禍福於未萌，猶無益於年命也，尚羞引請求，恥事先達，是惜一日之屈，而甘罔極之痛，是不見事類者也。

古人有言曰，生之於我，利亦大焉。論其貴賤，雖爵為帝王，不足以此法比焉。論其輕重，雖富有天下，不足以此術易焉。故有死王樂為生鼠之喻也。夫治國而國平，治身而身生，非自至也，皆有以致之也。

惜短乏之虛名，恥師授之暫勞，雖曰不愚，吾不信也。今使人免必死而就戮刑者，猶欣然喜於去重而即輕，脫炙爛而保視息，甘其苦痛，過於更生矣。

人但莫知當死之日，故不暫憂耳。若誠知之，而刖剨[7]之事，可得延期者，必將為之。況但躬親灑掃，執巾竭力於勝己者，可以見教之不死之道，亦何足為苦，而蔽者憚焉。

假令有人，恥迅走而待野火之燒熱，羞逃風而致沈弱於重淵者，世必呼之為不曉事也，而咸知笑其不避災危，而莫怪其不畏實禍，何哉？

抱朴子曰：昔者之著道書多矣，莫不務廣浮巧之言，以崇玄虛之旨，未有究論長生之階徑，箴砭為道之病痛，如吾之勤勤者也。實欲令迷者知反，失之東隅，收之桑榆[8]，墜井引

綆，愈於遂沒。但惜美疢而距惡石者，不可如何耳。

人誰無過，過而能改，日月之蝕，睎顏氏之子也。又欲使將來之好生道者，審於所托，故竭其忠告之良謀，而不飾淫麗之言，言發則指切，筆下則辭痛，惜在於長生而折抑邪耳，何所索哉？

抱朴子曰：深念學道藝養生者，隨師不得其人，竟無所成，而使後之有志者，見彼之不得長生，因云天下之果無仙法也。凡自度生，必不能苦身約己以修玄妙者，亦徒進失干祿之業，退無難老之功，內誤其身，外沮將來也。仙之可學致，如黍稷之可播種得，甚炳然耳。然未有不耕而獲嘉禾，未有不勞而獲長生度世也。

注釋

〔1〕五雲：五色的雲母。

〔2〕飛八石：飛煉丹砂、雄黃等八種礦物類藥物。

〔3〕轉九丹：九轉還丹，指升煉丹藥時須經過多次升煉始成。

〔4〕陳安世：相傳為仙人，原為灌叔本雇佣的童僕，因先得道，灌叔本仍拜他為師，事見《神仙傳》。

〔5〕干吉：當為于吉，東漢人；容嵩：即宮崇，從于吉為師，桂帛：即帛和，三國人，從董奉學道，皆著有許多重要道教著作。

〔6〕符：古代朝廷用以傳達命令的憑證；檄：古代官方用於聲討的文書。

〔7〕刖劓：古代砍掉腳的刑叫「刖」，割去鼻子的刑叫「劓」。

〔8〕東隅：日出處；桑榆：日落處，比喻初雖有失，而終

有所得（成功）。

抱朴子說：天地最大的恩德是使萬物生長，生存是人們所喜好的事。所以，道家所最秘密、最重視的沒有什麼超過長生不死的方術。歃血誓盟才可傳授，如果傳授給不該傳授的人，戒律規定上天將給予懲罰。故先前的道師們不敢輕易傳授給他人，必須是勤奮努力的追求者，而且還要挑選最精幹的人才傳授，何況那些不喜歡不追求，追求又不誠心的人，怎麼可以告訴那些愛賣弄自己的人呢？那種命中注定不應成仙的人，雖然每天都看見成群的仙人在人間，而一定會說他們是另一種人，天下的確有這種人類，有的人稱他們是鬼怪的變化，有的人說是偶然碰到的自然仙道，哪裡肯相信是修煉所得到的呢？如果心中不相信，就是讓赤松、王喬扯起耳朵講給他們聽，也會被他們視如妖言訛語。

當然，有時也頗有些對此有認識，肯相信的人，但又失誤於不能勤求到高明的老師。至於懂得要旨，悟得真道的人的確很少，並不是片刻間就可以碰到的。然而懂得道術的人，只是很少而已，卻從未在世間上斷絕過。由於追求道術的人不廣泛不真誠，因而有成仙命運的人，就應努力使自己與真正的道師相逢遇。世上自然有些奸詐虛偽、貪圖錢財的人，盜用道士的大名，多得數不清。

然而此等人還不能說是全無所知，都只是初出茅廬，或妄狂而沽名釣譽，再加上用能降伏妖邪來裝扮自己，而喜歡惹事的傢伙，不能辨認其中的真假，白白地反覆請教詢問。自己說出一些假話來迷惑門徒，而且還拘束制約他們，不讓他們離去，廣泛地尋訪奇人異士。還告訴他們說：道術全部都在這兒

了。以此耽誤了不少的有志之士，真是值得嘆息，值得憤慨的呀！

有的門徒聽說溶化五種雲母，飛取八種藥石，煉成九轉還丹，冶煉黃金白銀，將瓊瑤溶化為玉漿，將朱砂碧玉化成粉末，在神爐裡凝結霜雪，到嵩山裡採集靈芝的方法，則老師卻多詆毀道：這些方法只有赤松、王喬知道，當今世上說懂得的人都是虛假狂妄之徒而已。而見識短淺的人不覺得這話是欺詐虛偽地編造的，這樣就平息了他們追求長生的遠大志向和意志。可悲，這真是可感慨嘆息的事！

塵世的光陰好似大風飛逝，短暫的少年時代忽然變成老年，速度之快是無法比喻的，一百年的壽命，也不過三萬餘天而已。幼小時什麼都不知道，衰老年邁時歡樂的事情都已離去，童年的蒙昧和老年的昏庸就除掉了幾十年，而命運的坎坷驚險，憂患疾病又相繼而來，時時存在，呆在世上的年月大致消磨了一半，算來就是活到一百歲的人，歡樂平安也不過五六十年，嘆息之間就已到了盡頭，悲哀憂愁昏庸六七千天而已，轉眼間就已經過去了，何況能滿活一百歲的人，一萬人中還沒有一個呢？仔細地想來，人類也沒有理由嘲笑夏天的蟲子不知道春秋，朝生暮死的菌子不知道月初月末，這大概是不懂得道術的人最可悲之處。

俗話說：人在世上，過一天少一天，就如牽牛到屠宰場一樣，每前進一步，就離死亡更近一些。這個比喻雖然不雅，卻是實在的道理。明智的人之所以不為死亡發愁，並不是不想追求長生，本來就不知道可以免死的法術，空自焦慮憂愁又無益於延長壽命，有道是安於天命而自樂，故不憂愁，並不是不想長生不死。周公旦想代周武王去死，孔子拖著拐杖心存悲哀，由此可知，聖人也不願意那麼快就死去。

世俗人看《莊子》有人生如同大夢一場的比喻，因而就爭相提倡生死相同的論調。大概這些詭辯強詞奪理假裝著說些違心話的，都是孔子所說的那種破壞戒律，應該處死的人。觀察那些有這種奇談怪論的人，就會發現他們得了病就馬上針灸，遭遇危險就非常怕死。

但凡夫俗子共同的毛病是不崇尚真實，背誦經典文誥而研究諸子的著作，如果不是口吐顛倒黑白的道理，善於巧辯的人，就被認為是下賤粗野的人，不屬於老子、莊子的學問。所以，沒有骨氣而討好迎合俗人之流，慢慢地就會在不正確的學說裡隨波逐流，而不能自拔。

老子以達到生命長久為事業，而莊子著重於像搖著尾巴在泥中自由生活的烏龜一樣，不願當網中的烏龜和披著文錦即將被殺的牛，挨餓時到監河侯處借糧，從這裡就可知道他們不能把生與死相等同。後來的學生不能考察核實真假，片面地只依據一二句話，豈不是很荒謬的嗎？

而那死人深深地埋在九泉之下，長夜漫漫，無邊無際，開始成為螻蟻的糧食，最終也將與塵土合為一體，令人憂心忡忡，心中發熱，不自覺地發出嘆息聲。若一定有追求長生的志向，怎麼可以不放棄不急切的事情，而去修煉幽深奧妙的功業呢？那不相信的人就罷了，那相信的人又令人擔心他們的世俗之情未被蕩滌殆盡，從而不能專心以養生為志向，只是在經營世俗事務的餘暇中偶爾修煉之。所以，有時有追求仙道的人常怨恨太晚而多不成功。凡是人們所急切追求的，一般是權勢利益及嗜好慾望。如果自己的身體也不能保全，雖然是高官大權，金玉成山，美女萬計也不是我所擁有的。所以，高明的道士先追求長生不死的事業，長生不死確定後才可以隨意所為。如果還沒有升上青天離開人世，也可以暫且在人間當地仙。像

彭祖、老子，在人間數百年，並不失人情倫理的歡樂，然後才緩緩登天，這也是美好的事情啊！但是，一定要有好的老師，若老師不值得供奉，也無法成功。

昔日，漢太后跟夏候勝學習《尚書》，賞賜給夏候勝黃金一百斤，其他的物品多得數不清。等到夏候勝死了時，又賞賜他家錢二百萬，還為他穿白色喪服一百天。漢成帝在東宮當太子時，跟張禹學習《論語》，等到他即位當皇帝時，就封賜張禹關內侯的爵位，食邑一千戶，並授予光祿大夫，賞賜黃金一百斤。後來又提拔為丞相，進而又授予安昌侯爵位。到張禹年老乞求退隱時，又賞賜由四匹馬拉的舒適車子一輛，黃金一百斤，錢數萬。等到張禹得了病，皇上親自光臨探望，親自在張禹床下行拜禮。

漢明帝在東宮當太子時，跟桓榮學習《孝經》。等到他當皇帝後封桓榮為太常上卿，皇上親臨他的府第，讓桓榮朝東而坐，設置几案儀仗，召集百官及桓榮的門徒學生好幾百人，皇帝親自主持演講，還賜桓榮關內侯的爵位，食邑五千戶。等到桓榮生病時，皇帝親自到他家，進入小巷下輦車，抱衣捲袖而小跑，好像學生一樣拜禮。到桓榮死時，皇帝為他穿上了白色喪服。

以上這幾位先生，並不能攻克城池，鏖戰荒野，挫敗敵人的衝鋒，拓展國家疆域，指揮進軍，獻上符節，或者祈求連帥、方伯，遷調官職立大功，作為縱馬奔馳的先鋒，直到最邊遠的地域。僅以一部經典的傳授，章節句子的宣講，而被尊重得如此高大，這些人只能說死人留下來的言論罷了。帝王這般尊貴，尚且卑身曲尊去尊敬、奉待他們。而世上也有想嘗試修煉長生之道術的人，都不肯對值得崇拜的老師謙虛卑躬，只是急促地催迫，想求得最重要的知識，這難道可以得到嗎？

學習的人對老師尊敬謙遜以及被老師指使而為老師奔走，對老師有一分一寸的好處嗎？但如果不是這樣，則是表示他們不夠盡心，他們不盡心則使老師傳授時不盡力，老師傳授不盡力，秘訣又怎麼可以都獲得呢？老師迫不得已只用浮淺的知識傳授他，怎麼能達到成就長生不死的功德呢？有些人表面上很喜好道術，而信道的誠心不是發自內心深處的，只是想滿足個人的私慾。表面上裝出十分恭敬的樣子，幾天時間，怠慢的性情就表露出來。

如果碰到明智的老師，將會詳細觀察學者變化的神志，用較長的時間來試探他，故意不傳授道術給他，以試探他的志向。如果是這樣的人，他那虛假的品行就會暴露，也終於得不到真術的傳授。就是傳授也不會吐盡真學的，講的不明瞭就是修煉也是沒有益處的。

陳安世這個人，年齡十三歲時，只不過是灌叔本雇來的小童僕而已，但他先獲得了仙道，灌叔本年已七十歲而且白了頭，卻早、晚都拜謁陳安世。並說：道術、品德才是最尊貴的，先得道的人就作為老師了。我也不敢怠慢向您行學生的禮儀。因此，陳安世告訴了他重要的秘方，於是他也成仙而去了。

但凡人類的出生先從天地接受精神思想，後從父母稟受元氣血液。但若得不到高明的老師，傳授可以安度人世的道術，就無法免除死亡，鑿石有暫時的火焰，人的壽命已到凋零頹喪的時候了。

由此而論，高明老師的恩德的確超過天地，比父母重要得多了，能夠不崇敬他們嗎？能夠不追求他們嗎？

抱朴子說：古代的人品質純正，看重行為而輕視言辭，故執政的人不崇尚文章辯白，修道的人不崇尚言辭論說。這一風俗後來淡薄漸衰，外表修飾越來越頻繁，經典書籍已像山一樣

堆積在儒生的門下，神仙家言的書籍又忙碌於術士的家中。初學的人就不能被傳授重要的理論。又加上人之常情把殷實富裕當做快樂。所以，後來懂得道術的人像于吉、容嵩、帛和等大師，各人都著述一千餘篇，然而大多是教訓告誡的內容，不肯好好地為人們公開顯示大道方向的意旨。

至於那些真實的要訣，有的只是口耳相傳，有的寫在不過八尺的白素，藏在衣袖之中，若不是跟隨老師很久，勞累勤奮，歷經考察的人是不能得到的。對於那些雜濫低級的弟子，都根據他們各自用心的多少，經歷勞苦的長短，觀察他們聰明所達到的境界，以及他們意志能力所能得到的而各自有不同傳授。千百年來，時常有老師始終將秘訣要旨藏在袋子或枕頭之中，袖口裡或腋窩下。有的只是按秘訣來煉製藥物，藥煉成後分給弟子服用，足以使他們不死而已，而一年到頭都不會將這些秘方文字傳給他們。

所以，世上的道士懂得煉製金丹的一萬個人中沒有一個。而見識短淺的人，總認為神仙法術應當都記載在繁多的書中和在祭祀的跪拜之中而已。長生不死的關鍵在於仙丹要藥而已，並不是在祭祀打醮中能得到的。

昔日秦漢兩個朝代大肆興起祈禱，所祭祀的是太乙五神、陳寶八神之類，動用牛、羊、穀物、絲帛，金錢花費了億萬，完全沒有收益。何況那些普通人，他們不具備道德不修養身體，而想用牛、羊、豬和美酒佳餚來祝願鬼神，以乞求延年益壽，真是太糊塗了。

而有些很喜好道術的人，的確也想修成道術，卻不能勤求高明的老師，製作效果神奇的藥物，而只是晝夜誦讀一些不重要的書，多達數百上千卷，到老也毫無益處，便認為天下果然是沒有神仙法術。

有的全家叩頭，以向天空跪拜，屠宰烹煮牲口，燒香以敬神求福。但是，生病的沒有痊癒，死亡又交相襲來，耗盡財力以至破產，沒有任何奇跡發生，卻始終不悔悟，自以為還不夠真誠。如果用這樣的勤奮去追求懂得道術的老師，用這樣的費用去供給購買藥物的花銷，也一定能獲得神仙道術、長生不死、安度人世了。

這與到老還白白地耕種石頭田地，還巴望有千倉穀物的收穫有什麼區別呢？雖然已使盡全力，也不能得到所想要的東西。正所謂到楚國去卻走上了去燕國的路，馬匹雖然很好卻不能到達，這並不是馬兒走得不快，而是走錯了路。有的人有求道的天性和信心，但卻喜歡迷信於別人，他們的智慧不足以用來考察檢驗真假，推測深淺，所博覽涉獵的平常就很狹窄，不能評價事物。後半生固執而又膚淺，急忙尋得一個自我吹噓的先生，說我有記載秘術的書籍，就奉守著他學習。而這些無用的人，有很多在外假托擁有道術的名聲，實際上是名過其實。由於誇耀欺騙，內心心懷著貪婪污濁、唯利是圖，故有人請求他幹什麼事時，就故意咋咋呼呼，搖頭晃腦，就像他所知道的寶貴秘術的深奧是一般人不能懂得似的。當人們對他有所請求時，便聽從他們所求的事，點頭哈腰，面帶笑容，有的答應不久以後就能做得到。

所以，使那些沒有覺悟的人欲罷不能，自認為侍奉得還不夠努力，送去的禮物錢幣還太少。於是，更加堅信自己所信奉的，更加恭敬嚴肅，送去珍貴奇異的玩物飾品，為老師幹些奴僕之類的事，不怕背負重物長途跋涉，不怕經歷艱難險阻，想以此積累功勞，自我奉獻，服役辛苦，請求急切，都是希望能得到老師特殊奇異法術的傳授。

然而，他們是虛度歲月，放棄了對父母的供養，拋棄了妻

子兒女而不去撫育，頭頂寒霜，腳踏堅冰，年年追隨，而耗費資產，浪費氣力，到頭來一無所成。那些假得道的老師開始的確是欺騙，到後來有的也自感慚愧，心中懵懵懂懂，確實自己對道術的掌握空虛短缺，沒有法術來傳授，又有什麼辦法使人成功呢？

我親眼看見這類的人不少，大約有十幾個人。有的自稱有很高的名聲，在世上已活了很久，或說自己已經三四百歲了，且改變自己的名字，假稱自己是聖人托世，因而有很多人去奉承侍候他們，我只是不願寫出這種人的姓名罷了。他們在世間遊歷，凡夫俗子不能識別美醜好壞，卻為他們吹噓宣揚，助長他們的邪氣狂妄，為那些狡猾虛偽的人空添了美譽，依附的人就越來越多，沒有誰能夠分別出他的真假。所以，有時也使高明的人士也偶然不留意明察，而只是專用兩隻耳朵聽的人，耽誤求學的人通常就是這些人了，不能不使人嘆息啊！每每見到這類欺騙迷惑天下人，以追逐權勢利益的人，就會想到他們遲早都會受到懲罰和遭殃的，天網恢恢，疏而不漏啊！只是耽誤了有志求學的人實在是可惜了。世上的人大多追逐空名，很少能有校正核實的。

聽說某某弟子很多，多達一百餘人，想必一定有奇妙之處，於是就駕著車馬爭相追隨，趕來成為聚集奉守的門徒，浪費時間去崇拜尊重那些愚蠢醜陋的人，卻不再去尋求更精深的學問。而那些人得到門徒的幫助，有的因此而致富。而那些門徒追隨他們已經很久了，還沒有得到成功的道術，愚蠢的人卻還不知道他們追隨的人不值得侍奉，怎麼能都不覺悟呢？他們自己太可悲了！搜索幾尺高的田埂，尋找衝天的大樹，漉乾牛腳印中的積水，尋求吞舟的大魚，花費的時間雖然長久，又怎麼能得到呢？

哎！以後學道的人雖然應當把尋求老師當做任務，但也不能不把仔細選擇當做當務之急！醜陋狹隘的匹夫，行為淺賤，道德單薄，功勞細微，緣分很少，不足以幫助別人得道，也沒有功德賦稅去報償別人的大恩，深深思索其中的意趣，不要讓自己徒勞無益。

抱朴子說：那些徒有虛名的道士，既善於編造假話來欺騙學習的人，又經常庇護短處，隱藏愚笨，以不知為羞恥，表面上假裝廣博涉獵的東西已經充足了，始終不肯去尋求請教比自己強的人，愚蠢地守著無知，面牆而立；又不肯是拱手緘默而已，於是就憎恨嫉妒那些真正懂得道術的，而且誹謗詆毀他們，擔心他們的名聲超過自己。這些人怎麼會對長生不死的法術有意呢？

不過是以此來招致聚集弟子，貪圖他們的錢財和勞力，以滿足自己的情慾快樂而已。但他們不知道，天雖然高，也能聽到人間卑劣的事，以後他們一定會遭殃受禍的。

貧窮的人不能妄自吹噓自己富有，低賤的人不能空說自己顯貴，何況您的道術品德之類實在沒有，卻白白地讓門生弟子供養呢？一般的人尚且不應該胸懷妒忌好人之心，何況是道士，更應以忠誠信義、舒暢的心態來修煉長生之道。為何要讓這種卑劣的心情盤旋在胸懷中呢？

人自然不能聽到和看見神仙，而神仙聽到和看見人卻是很容易。這與在紗幕之外，不能看清房間的裡面，從而驕傲自大放肆，還以為別人看不見自己又有什麼區別。

這也像偷竊鐘撞上東西，發出了鏗鏘的聲音，怕別人聽到，因而摀著自己的耳朵這類的事一樣。而精神上摀住自己的耳朵，蒙上自己的眼睛，使自己成為聾子、瞎子的人，只想占盡好的名聲，獨自聚集門徒，對外追求名聲聲價，對內致力於

財務利益，擔心嫉妒超過自己的人，比世人爭奪權勢更屬害。於是，就用嘴唇為刀鋒，與詆毀別人聲譽結成好友，口中親密，心中疏遠，外表和諧，行為背離，表面上說些敦厚的志同道合的言辭，背後卻懷著毒蜂蛇蝎的狠毒，這種人是上天和人們所共同厭惡的，是招致災禍的目標。

誦讀五經，都應不恥下問，從而完善道德，修習學業，每天都有進步。至於射箭騎馬的粗笨技藝，書寫算數的淺顯功夫，農耕桑蠶的簡易作業，木匠規矩的小小技術，都需要老師的傳授才能窮盡其中的道理，何況修煉長生不死的法術。想要以此延年益壽、安度人生，這與拯救死者沒有區別，怎麼能愛惜面子，不請求傳授，而永久地固守無知的困惑，到老不改正，臨死不悔悟呢？這也是天下百姓中愚昧至極的人。令人為他感到慚愧不安，這樣的人偏偏不顧及自己的形態身影。作為儒生，應當依然堅守質樸，外表應質樸，懂得的而像不懂，擁有的卻像沒有，使那些庸俗的人不能隨便稱呼他，稱呼後如果不問就不要回答，回答時一定要言辭謙讓後才發言。

為什麼那些修道的人要勉強地不懂裝懂，把沒有當有，自己炫耀，來圖謀不義之利呢？而那些迷途不知返的人愈陷愈深，如果有已經這樣做的人，想必不會以改正為羞恥吧！我並不是隨便編造這些話，的確是有這些事，正所謂厭惡就不能保持沉默。我只是憐憫愚蠢的人，就像不忍心看見嬰兒掉進水井一樣而已。如果有看了這番話而醒悟的人，這也算是仙藥中的一棵小草，不然，我又為什麼要這樣做呢？那種人如果不受制於苦口婆心，那麼危險就會到來，不必等到診脈就可以知道他的病情了。

抱朴子說：假如有人被判為死罪，而別人又能夠救他的話，一定不會為營救他而吝嗇勞苦和屈辱，顧忌卑下的言辭，

一定會努力獲得使活人再生的功勳。而今那些旁雜低俗的道士之流，沒有掌握金丹大法，也一定不會長生不死，這顯然是可知的。雖然治療疾病有起死回生的效果，斷絕穀物則可長年不餓。役使鬼神，坐著存在，站立消失，遠眺千里之外，預知人的興盛衰敗，在幽暗隱翳中發現沉匿的災殃，能預知即將發生禍福，這些對壽命都沒有什麼益處的，尚且還羞於去請教求學，恥於侍奉先得道的人，這是捨不得受一天的委屈，而甘願忍受無邊的痛苦，是分不清事情類別的人。

古人有句諺語說：生命對我來說，是最大的利益。說到高貴與低賤，雖然爵位高至當帝王，也不足以與長生法術相比；說到重要與否，雖然富足天下，也不足以與不老法術交換。故有『將死的帝王甘願當活著的老鼠』的比喻。至於治理國家而國家就平安，修身養性則自身就長生，這並不是自然達成的，都是有方法所導致的。

有人珍惜短淺匱乏的虛名，把尋求老師傳授的短暫辛勞看成屈辱，雖然有人說他們不愚蠢，但我是不會相信的。假如讓人免去必死之刑而接受其他懲罰，那麼他必然會高興地放棄重刑而接受輕罰。逃脫火烤肉爛的死刑而保住能看見會呼吸的生命，甘願忍受痛苦，勝於再次出生。

人只是不知道應當死亡的日子，故沒有暫時的憂慮罷了。如果的確知道了死期，那麼砍腳割鼻之類的刑罰只要可以延續死期，也一定會接受的。

何況是需要親自灑水掃地，奉執毛巾，全力服待比自己強的人，就可以向他求授長生不死的道術，又哪裡算得上是痛苦呢！但看問題片面的人卻害怕這些。

假如有人把迅速跑開看成恥辱而等待野火燒灼；把望風而逃當作羞恥而招致沉溺於深淵，世人一定稱他不懂事理，而且

都會嘲笑他們不避開災禍危險，沒有人會怪罪他們不怕失敗和禍害，這是為什麼呢？

抱朴子說：過去寫道術書籍的人很多，沒有不是追求廣大浮巧的言論，以崇尚玄妙虛假的宗旨，沒有人深入研究論述長生不死的階梯路徑，針砭醫治追求道術的痛苦，像我這樣勤勤懇懇的了。

實在是想讓迷道的人知道返回，此時失敗了，另一個時候得到補償，等人掉進井裡再放下井繩，總比等他沉沒要好。只可惜美化熱病而拒絕針石治療的人，是不可救藥了。

哪個人沒有過錯，犯了錯誤就能改正，過錯像日食、月食一樣不可避免，但仍寄希望於他們像顏回一樣德高好學。又想讓將來喜好長生之道的人明察所寄託的內容，所以竭盡那些忠告和良策，而不用過分艷麗的言辭，話一講出來就應貼切、中肯，筆墨寫下則應切中要害。

可惜的是追求長生之道而又被邪僻所壓抑挫折而已，除此又有什麼追求呢？

抱朴子說：我擔憂學習道術養生的人，追隨老師卻找不到合適的人，最終一事無成，反而使後來的有志者看見他們得不到長生，便認為天下原本就沒有仙術。凡是自己想要安度人世的人，如果一定不能苦練自身，約束自己去修養玄妙的道術，就會成為求進士而失去了獲得奉祿的事業；求退隱又沒有難以衰老的功夫，對內耽誤了自身，對外妨礙了將來。仙道是可以學到的，就像黍、稻可以靠播種而收穫一樣，這是很顯然的。但是，沒有不耕種而收穫的莊稼，沒有不勤奮修煉而獲得長生不老的度世法術的。

卷十五　雜應

原　文

或曰：敢問斷穀人可以長生乎？凡有幾法，何者最善與？

抱朴子答曰：斷穀人止可息餉糧之費，不能獨令人長生也。問諸曾斷穀積久者云，差少病痛，勝於食穀時。其服朮及餌黃精，又禹餘糧丸，日再服，三日，令人多氣力，堪負擔遠行，身輕不極。其服諸石藥，一服守中[1]十年五年者及吞氣服符飲神水輩，但為不飢耳，體力不任勞也。

道書雖言：欲得長生，腸中當清；欲得不死，腸中無滓。又云：食草者善走而愚，食肉者多力而悍，食穀者智而不壽，食氣者神明不死。此乃行氣者一家之偏説耳，不可便孤用也。若欲服金丹大藥，先不食百許日為快。若不能者，正爾服之，但得仙小遲耳，無大碍也。若遭世荒，隱竄山林，知此法者，則可以不餓死。其不然也，則無急斷，急既無可大益。

又止人中斷肉，聞肥鮮之氣，皆不能不有欲於中。若未便絕俗委家，岩棲岫處者，固不成遂休五味，無致自苦，不如莫斷穀而節量飢飽。近有一百許法，或服守中石藥數十丸，便辟四五十日不飢，練松柏及朮，亦可以守中，但不及大藥，久不過十年以還。或辟一百二百日，或須日日服之，乃不飢者。或先作美食極飽，乃服藥以養所食之物，令不消化，可辟三年。欲還食穀，當以葵子豬膏下之，則所作美食皆下，不壞如故也。

洛陽有道士董威輦[2]，常止白社中，了不食，陳子敘共守事之，從學道積久，乃得其方，云以甘草、防風、莧實之屬十許種搗為散，先服方寸匕，乃吞石子大如雀卵十二枚，足辟百日，輒更服散，氣力顏色如故也。

欲還食穀者，當服葵子湯下石子，乃可食耳。又赤龍血青龍膏作之，用丹砂曾青水，以石內其中，復須臾，石柔而可食也。若不即取，便消爛盡也。食此石以口取飽，令人丁壯。又有引石散，以方寸匕投一斗白石子中，以水合煮之，亦立熟如芋子，可食以當穀也。張太元舉家及弟子數十人，隱居林慮山中，以此法食石十餘年，皆肥健。

但為須得白石，不如赤龍血青龍膏，取得石便可用，又當煮之，有薪火之煩耳。或用符，或用水，或符水兼用。或用乾棗，日九枚，酒一二升者。或食十二時氣，從夜半始，從九九至八八七七六六五五〔3〕而止。

或春向東食歲星青氣，使入肝；夏服熒惑赤氣，使入心；四季之月食鎮星黃氣，使入脾；秋食太白白氣，使入肺，冬服辰星黑氣，使入腎。又中岳道士郗元節食六戊之精，亦大有效。假令甲子之旬，有戊辰之精，則竟其旬十日，常向辰地而吞氣，到後甲復向其旬之戊也。

「甘始法」：召六甲六丁〔4〕玉女，各有名字，因以祝水而飲之，亦可令牛馬皆不飢也。或思脾中神名，名黃裳子，但合口食內氣，此皆有真效。余數見斷穀人三年二年者多，皆身輕色好，堪風寒暑濕，大都無肥者耳。雖未見數十歲不食者，然人絕穀不過十許日皆死，而此等已記載而自若，亦何疑於不可大久乎？若令諸絕穀者轉羸，極常慮之，恐不可久耳。而問諸為之者，無不初時少氣力，而後稍丁健，月勝一月，歲勝一歲，正爾，可久無嫌也。

夫長生得道者，莫不皆由服藥吞氣，而達之者而不妄也。夫服藥斷穀者，略無不先極也。但用符水及單服氣者，皆作四十日中疲瘦，過此乃健耳。鄭君〔5〕云：本性飲酒不多，昔在銅山中，絕穀二年許，飲酒數斗不醉。以此推之，是為不食更

令人耐毒，耐毒則是難病之候也。

余因此問山中那得酒？鄭君言：先釀好雲液勿壓漉，因以桂、附子、甘草五六種末合丸之，曝乾，以一丸如雞子許，投一斗水中，立成美酒。

又有黃帝雲液泉法：以蘗米及七八種藥合之，取一升，輒內一升水投中，如千歲苦酒之內水也。無知盡時，而味常好不變，飲之大益人。又符水斷穀，雖先令人羸，然宜兼知者，倘卒遇荒年，不及合作藥物，則符水為上矣。有馮生者，但單吞氣，斷穀已三年，觀其步陟登山，擔一斛[6]許重，終日不倦。又時時引弓，而略不言語，言語又不肯大聲。問之云：斷穀亡精費氣，最大忌也。

余亦屢見淺薄道士輩，為欲虛曜奇怪，招不食之名，而實不知其道，但虛為不啖羹飯耳。至於飲酒，日中斗餘，脯、臘、飴、鋪、棗、栗、雞子之屬，不絕其口。或大食肉而咽其汁，吐其滓，終日經口者數十斤，此直是更作美食矣。凡酒客但飲酒食脯而不食穀，皆自堪半歲一歲而不蹙頓矣，未名絕穀耳。

吳有道士石春，每行氣為人治病，輒不食，以須病者之癒，或百日，或一月乃食。吳景帝[7]聞之曰，此但不久，必當飢死也。乃召取鏁閉，令人備守之。春但求三二升水，如此一年餘，春顏色更鮮悅，氣力如故。景帝問之，可復堪幾時？春言無限，可數十年，但恐老死耳，不憂飢也。乃罷遣之。按如春言，是為斷穀不能延年可知也。今時亦有得春之法者。

或問不寒之道。

抱朴子曰：或以立冬之日，服六丙六丁之符，或閉口行五火之氣千二百遍，則十二月中不寒也。或服太陽酒，或服紫石英、朱漆散，或服雄丸一，後服雌丸二，亦可堪一日一夕不寒

也。雌丸用雌黃、曾青、礬石、磁石也。雄丸用雄黃、丹砂、石膽也。然此無益於延年之事也。

或問不熱之道。

抱朴子曰：或以立夏日，服六壬六癸之符，或行六癸之氣，或服玄冰之丸，或服飛霜之散。然此用蕭丘上木皮，及五月五日中時北行黑蛇血，故少有得合之者也。唯幼伯子王仲都，此二人衣以重裘，曝之於夏日之中，周以十爐之火，口不稱熱，身不流汗，蓋用此方者也。

或問避五兵之道。

抱朴子答曰：吾聞吳大皇帝〔9〕曾從介先生受要道云，但知書北斗字及日月字，便不畏白刃。帝以試左右數十人，常為先登鋒陷陣，皆終身不傷也。

鄭君云；但誦五兵名亦有驗。刀名大房，虛星主之；弓名曲張，氐星主之；矢名彷徨，熒惑星主之；劍名失傷，角星主之；弩名遠望，張星主之；戟名大將，參星主之也。臨戰時，常細祝之。

或以五月五日作赤靈符，著心前。或丙午日日中時，作燕君龍虎三囊符。歲符歲易之，月符月易之，日符日易之。或佩西王母兵信之符，或佩熒惑朱雀之符，或佩南極鑠金之符，或戴卻刃之符，祝融之符。或傅玉札散，或浴禁蔥湯，或取牡荊以作六陰神將符，符指敵人。

或以月蝕時刻，三〔9〕歲蟾蜍喉下有八字者血，以書所持之刀劍。或帶武威符熒火丸。或交鋒刃之際，乘魁履罡，呼四方之長，亦有明效。今世之人，亦有得禁辟五兵之道，往往有之。

或問隱淪之道。

抱朴子曰：神道有五，坐在立亡其數焉。然無益於年命之

事，但在人間無故而為此，則致詭怪之聲，不足妄行也。可以備兵亂危急，不得已而用之，可以免難也。

鄭君云。服大隱符十日，欲隱則左轉，欲見則右回也。或以玉台丸塗人身中；或以蛇足散，或懷離母之草〔10〕，或折青龍之草，以伏六丁之下；或入竹田之中，而執天樞之壤；或造河龍石室，而隱雲蓋之陰；或伏清冷之淵，以過幽闕之徑；或乘天一馬以遊紫房；或登天一之明堂；或入玉女之金匱；或背輔向官，立三蓋之下；或投巾解履、膽煎及兒衣符，子居蒙人。青液桂梗，六甲父母，僻側之膠，駮馬泥丸，木鬼之子，金商之艾，或可為小兒，或可為老翁，或可為鳥，或可為獸，或可為草，或可為木，或可為六畜，或依木成木，或依石成石，依水成水，依火成火，此所謂移形易貌，不能都隱者也。

或問：魏武帝曾收左元放而桎梏之，而得自然解脫，以何法乎？

抱朴子曰：吾不能正知左君所施用之事。然歷覽諸方書，有月三服薏苡子，和用三五陰丹，或以偶牙陽胞，或以七月七日東行跳脫蟲，或以五月五日石上龍子單衣，或以夏至日霹靂楔，或以天文二十一字符，或以自解去父血，或以玉子餘糧，或合山君目，河伯餘量，浮雲滓以塗之，皆自解。然左君之變化無方，未必由此也。自用六甲變化，其真形不可得執也。

或問曰：為道者可以不病乎？

抱朴子曰：養生之盡理者，既將服神藥，又行氣不懈，朝夕導引，以宣動榮衛，使無輟閡，加之以房中之術，節量飲食，不犯風濕，不患所不能，如此可以不病。但患居人間者，志不得專，所修無恒，又苦懈怠不勤，故不得不有疹疾耳。若徒有信道之心，而無益己之業，年命在孤虛之下，體有損傷之危，則三尸因其衰月危日，入絕命病鄉之時，招呼邪氣，妄延

鬼魅，來作殃害。其六厄並會，三刑同方者，其災必大。其尚盛者，則生諸疾病，先有疹患者，則令發動。

是故古之初為道者，莫不兼修醫術，以救近禍焉。凡庸道士，不識此理，恃其所聞者，大至不關治病之方。又不能絕穀幽居，專行內事，以卻病痛，病痛及己，無以攻療，乃更不如凡人之專湯藥者。所謂進不得邯鄲之步，退又失壽陵之義者也。

余見戴霸、華他[11]所集《金匱綠囊》、《崔中書黃素方》及《百家雜方》五百許卷。甘胡、呂傅、周始、甘唐通、阮南河[12]等，各撰集《暴卒備急方》，或一百十，或九十四，或八十五，或四十六，世人皆為精悉，不可加也。余究而觀之，殊多不備，諸急病甚尚未盡，又渾漫雜錯，無其條貫，有所尋按，不即可得。而治卒暴之候，皆用貴藥，動數十種，自非富室而居京都者，不能素儲，不可卒辦也。

又多令人以針治病，其灸法又不明處所分寸，而但說身中孔穴榮輸之名。自非舊醫備覽《明堂流注偃側圖》者，安能曉之哉？

余所撰百卷，名曰《玉函方》，皆分別病名，以類相續，不相雜錯，其《救卒》叁卷，皆單行徑易，約而易驗，篱陌之間，預眄皆藥，眾急之病，無不畢備，家有此方，可不用醫。醫多承襲世業，有名無實，但養虛聲，以圖財利。寒白退士，所不得使，使之者乃多誤人，未若自閒其要，勝於所迎無知之醫。醫又不可卒得，得又不肯即為人使，使腠理之微疾，成膏肓之深禍。乃至不救。且暴急之病，而遠行借問，率多枉死矣。

或問：將來吉凶，安危去就，知之可全身，為有道乎？

抱朴子曰：仰觀天文，俯察地理，占風氣，布籌算，推三棋[13]，步九宮[14]，檢八卦，考飛伏之所集，診沃訛於物類，占休咎於龜莢，皆下術常伎，疲勞而難恃。若乃不出帷幕而見

天下，乃為入神矣。

或以三皇天文，召司命司危五岳之君，阡陌亭長六丁之靈，皆使人見之，而對問以諸事，則吉凶昭然，若存諸掌，無遠近幽深，咸可先知也。或召六陰玉女，其法六十日而成，成則長可役使。或祭致八史。八史者，八卦之精也，亦足以預識未形矣。或服葛花及秋芒、麻勃刀圭方寸匕，忽然如欲臥，而聞人語之以所不決之事，吉凶立定也。或用明鏡九寸以上自照，有所思存，七日七夕則見神仙，或男或女，或老或少，一示之後，心中自知千里之外，方來之事也。

明鏡或用一，或用二，謂之日月鏡。或用四，謂之四規鏡。四規者，照之時，前後左右各施一也。用四規所見來神甚多：或縱目，或乘龍駕虎，冠服彩色，不與世同，皆有經圖。欲修其道，當先暗誦所當致見諸神姓名位號，識其衣冠。不爾，則卒至而忘其神，或能驚懼，則害人也。

為之，率欲得靜漠幽閒林麓之中，外形不經目，外聲不入耳，其道必成也。三童九女節壽君，九首蛇軀百二十宮，雖來勿得熟視也。或有問之者，或有訶怒之者，亦勿答也。或有侍從韋曄，力士甲卒，乘龍駕虎，簫鼓嘈嘈，勿舉目與言也。但諦念老君真形，老君真形見，則起再拜也。

老君真形者，思之，姓李名聃，字伯陽，身長九尺，黃色，鳥喙，隆鼻，秀眉長五寸，耳長七寸，額有三理上下徹，足有八卦，以神龜為床，金樓玉堂，白銀為階，五色雲為衣，重疊之冠，鋒鋌之劍，從黃童百二十人，左有十二青龍，右有二十六白虎，前有二十四朱雀，後有七十二玄武，前道十二窮奇，後從三十六辟邪，雷電在上，晃晃昱昱，此事出於仙經中也。見老君則年命延長，心如日月，無事不知也。

或問堅齒之道。

抱朴子曰：能養以華池，浸以醴液，清晨建齒三百過者，永不搖動。其次則含地黃煎，或含玄膽湯，及蛇脂丸、礜石丸、九棘散。則已動者更牢，有蟲者即癒。又服靈飛散者，則可令既脫者更生也。

或問聰耳之道。

抱朴子曰：能龍導虎引，熊經龜咽，燕飛蛇屈鳥伸，天俛地抑，令赤黃之景，不去洞房，猿據兔驚，千二百至，則聰不損也。其既聾者，以玄龜薰之，或以棘頭、羊糞、桂毛、雀桂成裹塞之；或以狼毒、冶葛，或以附子、蔥涕、合內耳中，或以蒸鯉魚腦灌之，皆癒也。

或問明目之道。

抱朴子曰：能引三焦之升景，召大火於南離，洗之以明石，熨之以陽光，及燒丙丁洞視符，以酒和洗之，古人曾以夜書也。或以苦酒煮蕪菁子令熟，暴乾，末服方寸匕，日三，盡一斗，能夜視有所見矣。或以犬膽煎青羊、班鳩、石決明、充蔚百華散，或以雞舌香、黃連、乳汁煎注之。諸有百疾之在目者皆癒，而更加精明倍常也。

或問登峻涉險，遠行不極之道。

抱朴子曰：惟服食大藥，則身輕力勁，勞而不疲矣。若初入山林，體未全實者，宜以雲珠粉、百華醴、玄子湯洗腳，及虎膽丸、朱明酒、天雄鶴脂丸、飛廉煎、秋芒、車前、澤瀉散，用之旬日，不但涉遠不極，乃更令人行疾，可三倍於常也。若能乘蹻者，可以周流天下，不拘山河。

凡乘蹻[15]道有三法；一曰龍蹻，二曰虎蹻，三曰鹿盧蹻。或服符精思，若欲行千里，則以一時思鋪之。若晝夜十二時思之，則可以一日一夕行萬二千里，亦不能過此，過此當更思之，如前法。或用棗心木為飛車，以牛革結環劍以引其機，或

存念作五蛇六龍三牛交罡而乘之，上升四十里，名為太清。太清之中，其氣甚罡，能勝人也。師言鳶飛轉高，則但直舒兩翅，了不復扇搖之而自進者，漸乘罡氣故也。龍初升階雲，其上行至四十里，則自行矣。此言出於仙人，而留傳於世俗耳，實非凡人所知也。

又乘蹻須長齋，絕葷菜，斷血食，一年之後，乃可乘此三蹻耳。雖復服符，思五龍蹻行最遠，其餘者不過千里也。其高下去留，皆自有法，勿得任意耳。若不奉其禁，則不可妄乘蹻，有傾墜之禍也。

或曰：《老子篇中記》及《龜文經》，皆言藥兵之後，金木之年，必有大疫，萬人餘一，敢問辟之道。

抱朴子曰：仙人入瘟疫秘禁法，思其身為五玉。五玉者，隨四時之色：春色青，夏赤，四季月黃，秋白，冬黑。又思冠金巾，思心如炎火，大如斗，則無所畏也。

又一法：思其髮散以被身，一髮端，輒有一大星綴之。又思作七星北斗，以魁覆其頭，以罡指前。又思五臟之氣，從兩目出，周身如雲霧，肝青氣，肺白氣，脾黃氣，腎黑氣，心赤氣；五色紛錯，則可與疫病者同床也。或禹步呼直日玉女，或閉氣思力士，操千斤金錘，百二十人以自衛。或用射鬼丸、赤車使者丸、冠軍丸、徐長卿散、玉函精粉、青牛道士薰身丸、崔文黃散、草玉酒、黃庭丸、皇符、老子領中符，赤鬚子桃花符，皆有良效者也。

注釋

〔1〕守中：內丹術語，指意守丹田。

〔2〕董威輦：即董京，字威輦，晉武帝時人，在洛陽白社中，常吞一石子，經日不進食，事見《晉書・董京傳》。

〔3〕九九至五五：代表夜半後五個時辰的生氣之時，即丑、寅、卯、辰、巳時。

〔4〕六甲六丁：皆道教神名。其取名自干支，分別為丁卯、丁巳、丁未、丁酉、丁亥、丁丑；甲子、甲戌、甲申、甲午、甲辰、甲寅。

〔5〕鄭君：指葛洪的老師鄭隱。

〔6〕斛：古代計量單位，相當於七升，一百斗。

〔7〕吳景帝：孫休謚號，見《吳志・孫休傳》。

〔8〕吳大皇帝：孫權謚號。

〔9〕三歲：其他校本三下有「千」字。

〔10〕離母草：藥名，即天麻。

〔11〕戴霸：為古代名醫。時代不詳；華他：即華佗，東漢名醫。

〔12〕甘胡、呂傅、周始、甘唐通、阮南河（亦有謂阮河南）：皆為古代名醫。

〔13〕推三棋：古代占卜的一種方法。

〔14〕步九宮：八卦加中央，合為九宮，亦是占卜的一種方法。

〔15〕乘蹻：指能舉足高飛，為道教的輕身飛行術。

 譯文

有人問：冒昧地問問絕穀斷糧的人可以長生不死嗎？共有幾種辟穀斷糧的方法，哪一種最好呢？

抱朴子回答道：絕穀斷糧的人，只能夠節省菜餚糧食的耗費，不能單獨據此使人長生不老。據諸位曾絕穀斷糧時間很長的人說，這樣可減少疾病，比吃穀物時強一些。他們中服食白朮、黃精和禹餘糧丸，每天服二次，這三種藥物都能使人氣力

增加，能負擔重物步行到很遠的地方，身體輕便而不會疲乏。他們中服食各種石類藥物，一次服用就能守住丹田十年、五年，至於吞吐運氣，服符圖、飲神水之類，只是為了不飢餓而已，體力不堪勞累。

道家的書籍雖然講過：想要得到長生，腸胃中應當清潔；想要得到不死，腸胃中應當沒有滓。又講：吃草的善於奔跑，但愚蠢，吃肉的力氣大而強悍，吃穀物的聰明但不長壽，食氣的神智聰明而不會死。這只是吐納元氣之人一家的片面之詞而已，不能孤立地去使用。

如果想要服食金丹要藥，先不吃東西一百來天為好。若不能停食，就這樣服藥，只是得到仙道稍微遲緩而已，沒有大的妨礙。如果遇到世間災荒，隱居逃匿到山林中，只要懂得這些法術，就可以不會餓死。要不然的話，則沒有應急決斷的方法，到急難時就沒有有效地幫助了。

還有，讓人們終止吃肉，如果聞到肉那肥鮮的香氣都不可能不在心中產生食慾。如果不能與世俗隔絕，委棄家庭，到山岩洞中棲居的人，本來就不可能成功地中斷各種美味，沒有必要自尋痛苦，不如不要斷穀絕糧，只是適量節食為好。近來有一百來種絕穀斷糧的方法，有的服食靜守丹田的石藥幾十粒，就能避食四五十天不會飢餓，煉服松柏及白朮，也可以靜守丹田，但效果不如金丹大藥，持久不超過十年以內。有的避食一二百天，有的則必須天天服食，才不會飢餓。有的是先做好吃的東西飽食一頓，再服食藥物以助養所吃的東西，使它們不消化，可避穀絕糧三年。如果又想吃穀糧，應當用葵子和豬油來瀉下，則所吃的美味食物都會瀉下，這樣對人體沒有損壞，就像沒有辟穀前一樣。

洛陽有一個道士叫董威輦，經常停留在一個叫白社的地

方，完全不進食，陳子敘供養侍奉著他，跟他學習道術很久，才學得他的秘方，說是用甘草、防風、莧實之類十幾種藥物搗碎為粉末，先服食一寸見方的勺子一勺，再吞服大小如雀蛋一樣的石子十二枚，足以辟穀絕糧一百天，就再服食藥散，氣力、臉色像往常一樣。

若想要再吃穀糧的話，應當服食葵子湯來瀉下石頭，才可以進食。還有，是赤龍血青龍膏來製作，用丹砂曾青的水，將石頭放入水中，再過一會兒，石頭柔軟就可以食用了。如果不立即取出來，石頭就會消融至盡，吃這種石頭是以口感吃個飽，能使人強壯。還有引石散，以用方寸大小的勺子盛一勺投放到一斗的白石子中，用水合煮，就會馬上煮熟如芋頭，可當穀糧服食。張太元全家及弟子幾十人，隱居在林慮山中，用這種方法服食石頭十幾年，都很肥壯健康。

但製作時必須用白石，這不像赤龍血青龍膏那樣找到石頭就可以製用，又還需要煮，有燒柴火的麻煩。有的用符，有的用水，有的符水都用，有的用乾棗，每月九枚，酒一二升。有的服食十二時真氣，從半夜子時開始，歷經九九丑時，八八寅時，七七卯時，六六辰時，五五巳時才停止。

有的春日向東方服食歲星的青色氣，讓它進入肝臟；夏日服食熒惑星的紅色氣，讓它進入心臟；春夏秋冬各季中的最後一個月服食鎮星的黃色氣，讓它進入脾臟；秋日服食太白星的白色氣，讓他進入肺臟；冬日服食辰星的黑色氣，讓它進入腎臟。還有，中岳嵩山的道士郗元節服食六戊的精華，也大有效果。假如在甲子這十天中，有戊辰的精華，那麼在這十天裡自始至終要經常向著東方吸氣，到後一甲即甲戌到癸未的十天裡有戊寅的精華再向寅地吸氣。

還有「甘始法」：招來六甲神、六丁神和神女，他們各自

有名字，於是用祈禱過的水飲服，也可使牛、馬都不飢餓。有人冥思著脾臟的神名，叫黃裳子，只要閉上嘴，服食內氣，這些都是有真實效果的。我多次看見斷穀已有三二年的人很多，他們都是身體輕盈，顏色紅潤，經得起風寒暑濕，大多沒有肥胖的人。雖然沒有看見過幾十年不進食的人，但一般人斷絕穀物不超過十來日都會死亡。而這些人已經過了幾年都泰然自若，又怎麼能懷疑他們不能活得更久呢？假若使斷絕穀物的人變得羸弱疲乏，但太過虛弱常使人憂慮，擔心他們不會活得太久了。而訪問那些絕穀的人，他們沒有一個不是開始時氣短乏力，以後才漸漸健壯，一個月勝過一個月，一年強過一年，正是這樣，可以長久生存才是沒有問題的。

凡那長生不死得到道術的人，沒有不是由服食藥物、吞納真氣而獲得的，這是真實的。服食藥物而斷絕穀物的人，基本上沒有不是先疲乏至極的。只服用符水及單服元氣者，都有四十天的疲倦瘦弱期，過了這段時間才能健壯起來。

鄭隱先生說：我本來飲酒不多，但過去在銅山中，斷絕穀物兩年多，飲酒數斗也不會醉。由此推論，說明不食穀物更能讓人耐受毒素，能耐受毒素則是難以生病的徵兆。我因而問他山中那裡能得到酒？

鄭先生說：先釀好雲液酒不要壓榨過濾，再用桂、附子、甘草五六種藥物粉末混合製成丸粒，曬乾，用一粒如雞蛋那麼大，投入一斗水中，立即就製成了美酒。

還有，黃帝雲液泉法：用酒麴、米和七八種藥物混合，制取一升酒，就取一升水加入其中，就像千年苦酒中加入水一樣，不知道這酒何時完了，而酒的味道一直美好不改變，飲服對人體大有益處。還有飲用符水來斷絕穀糧的，雖然先使人羸弱，這些都應讓人們知曉，倘若促間遇到災荒年，來不及煉製

藥物，那麼符水就是最好的了。有一位馮先生，只單獨服食元氣，斷絕穀物已有三年了，看見他徒步登山，挑一斛多重的擔子，成天都不疲倦。還不時地拉弓，而只是不講話，講話又不肯大聲。問他為什麼，他說：斷絕穀物，消耗精神，耗費力氣，說話是最大的忌諱。

我也經常看見淺薄的道士們，為了想虛假地炫耀自己的奇異，招來可不進食的虛名，但實際上是不懂得這種道術的，只是假裝不吃湯菜和飯而已。至於喝酒，一天之內喝一斗多酒，乾肉臘肉、飴糖糕點、棗子、栗子、雞蛋之類，吃個不停。有的大嚼肉食，咽下汁水而吐出肉渣，一天經嘴中嚼過的肉就有幾十斤，這些只是變著方法來吃美食。凡是酒徒，只是喝酒吃乾肉，而不食穀物，都能經得起一年半載而不至於憂愁，但不能稱之為「絕穀」而已。

吳國有個道士叫石春，每當行氣為人治病時，總是不進食，而等生病的人痊癒，有時一百天，有時一個月才進食。吳景帝聽到這事後說：這是因為時間不久，如果時間長些，必定會餓死。於是就將他找來鎖閉住他，還派人守衛，石春只要了二三升水，就這樣過了一年多時間，石春的顏色更鮮艷和悅，力氣也和原來一樣。景帝問他：還可忍耐多久？石春答道：沒有時限，可以幾十年，只是恐怕會衰老而死罷了，不怕飢餓。景帝這才罷休放了他。按照石春所講，說明斷絕穀糧，不能延年益壽是顯而易見的，現在也有學到石春法術的人。

有人問到使人不會寒冷的法術。

抱朴子說：有的人在立冬那天，服六丙六丁的符水，有的人閉著嘴運行五火的元氣一千二百遍，這樣十二個月中就不會覺得寒冷了。有的服太陽酒，有的服紫石英、朱漆散，有的先服雄丸一粒，然後再服雌丸二粒，也可以經受一天一夜而不寒

冷。雌黃丸用雌黃、曾青、礜石、磁石製成；雄丸用雄黃、丹砂、石膽製成，但這些對延年益壽沒有什麼益處。

有人打聽不怕熱的法術。

抱朴子說：有人在立夏那天服食六壬六癸的符水，有的運行六癸的元氣，有的服食玄冰丸，有的服飛霜散。但這些要用蕭丘上的樹皮，五月五日中午向北行走的黑蛇的血，所以，很少有人能得以製合成功的。只有幼佰子、王仲都這二人穿著幾層厚的裘衣，在夏天烈日下暴曬，四周環繞放置十爐烈火，仍是口中不說熱，身上不流汗，大概他們就是用過這些方的人。

有人問到避開各種兵器的方法。

抱朴子回答道：我聽說吳國皇帝孫權曾從介像先生學過這種方法要旨云云，只要知道書寫北斗星、太陽、月亮的名字，便不怕刀劍，皇帝用這種方法試驗過身邊幾十個人，他們經常衝鋒陷陣，都終生不會受傷。

鄭隱先生說：只要誦讀各種兵器的名字也有效果。刀的名字叫「大房」，虛星掌管它；弓的名字叫「曲張」，氐星掌管它；箭的名字叫「彷徨」，熒惑星掌管它；劍的名字叫「失傷」，角星掌管它；弩的名字叫「遠望」，張星掌管它；戟的名字叫「大將」，參星掌管它。面臨戰鬥時，經常細聲祝禱。

有的人在五月五日製作「赤靈符」，放在心臟前面。有的在丙午日那天中午，製作「燕君龍虎三囊符」。年符每年換一次，月符每月換一次，日符每日換一次。有的佩帶「西王母兵信符」，有的佩帶「熒惑、朱雀符」，有的佩帶「南極、鑠金符」，有的戴「卻刃符」、「祝融符」。有的敷上「玉札散」，有的洗浴「禁蔥湯」，有的用牡荊來作「六陰神將符」，用此符來指向敵人。

有的在月蝕時，用活了三千年、喉下有八字的蟾蜍的血來

書寫所持的刀劍。有的佩帶「武威符」、「熒火丸」。有的在刀鋒相見的拼搏時，用「乘魁履罡」術呼喚四方的神靈，也有明顯的效果。當今世上的人，也有獲得禁咒避開各種兵器的方法，而且到處都有。

有人問到隱匿淪藏的方法。

抱朴子說：神仙道術有五種，而坐著存在，站立起來就隱身消失就是這些道術之一。但它對長壽延年沒有什麼益處，如果在人世間無緣無故地施行這種法術，則會招致各種稀奇古怪的說法，不值得妄自施行。只可以防備兵荒馬亂年月遭遇危險，迫不得已時使用它，可以免予災難。

鄭先生說：服食大隱符十天，想要隱身則向左轉，想要顯形則向右回轉。有的用玉飴丸塗在人的身體上；有的用蛇足散，有的懷揣離母草，有的折取青龍草，來埋伏在六丁神的方位；有的進入竹田中，採執天樞星的土壤；有的則到河龍的住室中，而隱藏在雲蓋住的地方；有的埋伏在清冷的深淵，通過幽深宮闕的小徑；有的乘坐天一神馬，遊歷紫金宮；有的登上天一的明堂上；有的進入玉女的金匣子中；有的背對著輔星，面向著官星，立在三蓋的下面；有的投弄佩巾，解開鞋子，使用膽汁湯和小孩衣符，子居蒙人，青液桂梗（疑指牡桂），六甲父母（疑指烏龜），僻側之膠（桃膠），駛馬泥丸（疑指馬腦髓），木鬼之子（槐樹子），金商之芝（楸木耳）等，則有的可變成小孩，有的可變成老頭，有的可變成飛鳥，有的可變成野獸，有的可變成草，有的可變成樹木，有的可變成六畜，有的靠著樹木就變成樹木，有的靠著石頭就變成石頭，站在水中就變成水，站在火旁就變成了火，這就是所謂的改變形狀和面貌，不能完全都隱遁的人。

有人問道：魏武帝曾捉住過左元放，並用手銬腳鐐鎖住

他，他卻能自然地解脫，用的是什麼法術呢？

抱朴子說：我不能確切地知道左先生所施用的是什麼法術。但經過閱讀各種道術方書，有每月服食三次薏苡仁，同時使用「三五陰丹」，有的用相對的牙齒、男性的胎胞，有的用七月七日向東爬行的跳脫蟲，有的用五月五日石頭上的蛇蛻，有的用夏至日那天的霹靂楔，有的用「天文二十一字」符，有的用「自解去父血」，有的用「玉子餘糧」或「合山君目」、「河伯餘糧」、「浮雲滓」來塗擦，都能自然解脫。但左先生的變化無常，不一定是用這些方法。如果他自己使用「六甲變化」的方法，則他的真實形體是不可能被抓住的。

有人問：修煉道術的人可以不生病嗎？

抱朴子說：養生而能完全掌握方法的人，既服食仙藥，又運行元氣不止，早晚導引以疏通流暢榮衛之氣，使它們沒有停止和阻隔，再加上使用房中術，節制飲食，不冒犯風濕，不必擔心有不能做到的，像這樣就可以不生病。只是擔心居住在人間的凡人，志向不能專一，所修煉的沒有恒心，又苦於懈怠而不勤奮，所以不可能沒有疾病。如果空有相信道術的心意，而沒有對自己有益的法術，年壽命運與日辰不相符，身體就有損傷的危險。那麼，三尸神就會乘他衰弱的月份，危機的日子進入，生命欲絕、疾病纏身的時刻，招來邪氣，胡亂延請鬼怪來製造禍害。那各種災禍、刑罰同時襲來的人，其災難就一定大。身體還強健的人，則只是生各種疾病，而先前已有疾病的人，就會發作大病。

所以，古代開始學習道術的人，沒有不兼修醫術的，以此來解救近期的病禍。平庸的道士不知道這個道理。又自恃所聽說的事，大都與治病方法不相關。又不能避開世俗而隱居，專心地修煉內功來防止病痛，等到病痛纏身，沒有方法來治療，

反而不如凡人中專用湯藥的人。正所謂古人學步，向前走學不到邯鄲的步態，向後退又喪失了故鄉的姿勢。

我看見戴霸、華佗所輯集的《金匱綠囊》、《崔中書黃素方》以及《百家雜方》五百多卷。甘胡、呂傅、周始、甘唐通、阮河南等人各自撰集的《暴卒備急方》，有的一百一十卷，有的九十四卷，有的八十五卷，有的四十六卷，世人都認為此書很精闢全面，其內容不可能有所增加。我深入地研究過它們，覺得有很多不完善的地方，各種急病收載不全面，又混亂、錯雜，沒有條理，也不連貫，一旦有所尋索，不能立刻求得。而治療急暴的病症都用的是貴重藥物，動輒幾十種，如果不是富有之家，而且居住在京城裡的人，就不可能平常就儲備有，不可能在倉促間辦到的。

還有，很多教人用針灸治病，而那灸法又不標明所灸處的分寸，只是說出人身上經穴的名字。如果不是像老醫生那樣能全面閱覽《明堂流注偃側圖》的人，又怎麼能知曉呢？我所撰寫的一百卷、名叫《玉函方》的書，將疾病名目分開設立，按類屬相互連接，相互不錯雜，其中有《救卒》三卷，都能單獨施行，簡易有效。在篱笆邊、田間小路上，隨意看去都是藥材，各種急病沒有不齊備的，家中有這種方書，可以不用醫生。醫生很多是繼承家業的，有名無實，只注重虛假的名聲，以牟取財務利益。

貧寒隱居之人，不會行醫，而行醫的則多耽誤病人，所以不如自己熟悉其中要旨，比所請來的無知醫生要強。而且醫生又不能很快找到，找到又不肯馬上為人行醫，使皮膚間的小疾，拖延成內臟的大病，以至無法救治。何況突患的急病，而到遠處求醫，一般多數人是會枉死了。

有人問：將來的吉凶安危，何去何從，知道就可以保全自

身，這有什麼道術嗎？

抱朴子說：向上觀察天像，向下觀察地理，占卜風氣，施行籌算，用三棋推理，用九宮測算，用八卦檢索，考察飛禽伏獸所聚集的地方，判斷出妖孽、謠言是屬於哪一類，用龜甲、蓍草來占卜吉凶，這些都是下等常用技術，這些方法用起來疲乏勞苦而難以依恃。如果不走出帷幕就能洞察天下，才算是出神入化。

有的用三皇天文招來司命、司危、五岳的神仙、田界亭長、六丁等精靈，都能使人看見他們，而問他們各種事情，這樣吉凶福禍都會清楚明白，好像存儲於手掌之上，無論遠近幽深的事，都可預先知曉。

有的人召來六陰神女，這種方法要六十日才能成功，成功後就可以長期使喚神女。有的人祭祀招來八史，八史是八卦的精華，也足以用來預測還沒有形成的事物。有的服食葛花、秋芒、麻勃，服一寸見方的勺子十分之一勺至一勺，服後恍惚似要臥倒，而聽到有人聲說出不能決斷的事，吉凶就能馬上決定。

有的人用九寸以上的明鏡自己照自己，並有所存思，七日七夜就可看見神仙，有男有女，有老有少，一旦顯現，心中自然就知道千里之外和將來出現的事。

明鏡有用一面，有用二面，叫『日月鏡』，有的用四面，叫『四規鏡』。所謂『四規』就是照鏡時前後左右各放一面鏡子。用四規鏡所能照見的神怪很多：有瞖眼睛的，有乘龍駕虎的，他們的帽子衣服色彩與世人不同，在仙經圖譜裡都有。若想要修行這種道術，應當先默默誦讀所應招來見面的眾神仙的姓名、位號，認識他們的衣帽。不然的話，當他們突然來到時而忘記了這些神，有的可能會受到驚嚇，這就傷害人了。

施行時一般應在幽靜、淡泊、閒散的山林中，外在的形體

不進入眼底，外面的聲音不進入耳朵，那麼道術就會一定成功的。三童九女、節壽君、九首蛇的身、一百二十仙官，雖然招來也不要熟悉和看清。有的神責問，有的神怒叱著，也不必回答他們。有的有華麗眾多的隨從，大力士和披著盔甲的兵，乘坐飛龍，駕馭猛虎，簫鼓聲嘈雜，不要抬起眼睛看他們，也不要與他們說話。只是認真地思念著太上老君的真形，太上老君的真形顯現，就起身拜兩次。

太上老君的真形應常思念，他姓李名叫聃，字伯陽，身長九尺，黃色，尖嘴似鳥嘴，鼻子高高隆起，清秀的眉毛長五寸，耳朵長七寸，額頭上有三條紋理上下相通，腳上有八卦圖，用神龜來作床，住的是金樓玉堂，白銀作階梯，五色雲彩作衣裳，戴著重疊的帽子，佩著鋒利矛形寶劍，跟著黃衣童子一百二十人，左邊有十二條青龍，右邊有二十六隻白虎，前面有二十四隻朱雀，後有七十二隻玄武，前面有十二隻窮奇開路，後面有三十六隻辟邪隨後，雷電在上面，明亮閃現，這些記載出自仙經中。能看見太上老君，則壽命就能延長，心就像太陽月亮一樣，沒有什麼事不知道。

有人打聽使牙齒堅牢的方法。

抱朴子說：牙齒能夠在口中滋養，用甘甜的唾液來滋潤它，清晨叩齒三百多下，就永遠不會搖動。其次就是口含地黃煎液，或者含玄膽湯以及蛇脂丸、礜石丸、九棘散，就能使已活動的牙齒更堅牢，有蟲的也能馬上痊癒。另外，服食「聖飛散」的人還可以使已經脫落的牙齒再生。

有人打聽耳朵聽力增強的方法。

抱朴子說：如果能做龍導、虎引、熊經、龜咽、燕飛、蛇屈、鳥伸、天俯、地仰，使赤黃的景像不離開明堂以下丹田以上的洞房，做猿據、兔驚，達一千二百次，就會使聽力不受

損。那已經聾的人用玄龜來薰蒸，或用棘頭、羊糞、桂毛、雀桂做成小囊塞耳；或用狼毒、野葛，或者用附子、蔥汁，調合後放入耳朵中，或者用蒸熱鯉魚腦汁灌進去，都能治癒耳聾。

有人打聽使眼睛明亮的方法。

抱朴子說：如果能吸引三焦之氣到上丹田，招來熒惑星到象徵南方的心臟，用明石來洗眼，用陽光來熨烤，以及焚燒「丙丁洞視符」，用酒混合洗眼，古人曾憑此法在夜間寫字。有人用醋煮蕪菁子至熟，曬乾，搗末服食一寸見方的勺子一勺，每日三次，服完一斗就能在夜裡看清所看到的東西。有的用狗膽汁煎青羊、斑鳩、石決明、芫蔚、百花散，有的用雞舌香、黃連、乳汁煎汁注入眼睛，就是有各種疾病在眼睛中都能痊癒，而且更加明亮，勝於平常一倍。

有人打聽攀登高山，涉獵險境，遠行而不疲倦的方法。

抱朴子說：只有服食金丹要藥則身體輕盈，力量強勁，辛勞而不疲倦。如果是初次進入山林，身體還沒有完全壯實的人，應該用雲珠粉、白花醴、玄子湯洗腳，以及使用虎膽丸、朱明酒、天雄鶴脂丸、飛廉煎、秋芒、車前、澤瀉散，使用十天，不僅遠行不疲倦，而且還使人走得快，可以比平常快三倍。如果能舉足高飛的話，就可以周遊天下，不受山河所拘束。

舉足飛行的方法有三種：一種叫「龍蹻」，第二種叫「虎蹻」，第三種叫「鹿盧蹻」。有的服食仙符，集中精神存思，若想要行走一千里，就用一個時辰來存思。如果畫夜十二個時辰存思，則可以在一日一夜行走一萬二千里，一般不能超過這個標準了，超過這一標準就應該再存思，方法如同前面的一樣。有的用棗心木做成飛車，用牛皮結成環劍來牽引那機關，有的存思做成五條蛇、六條龍、三頭牛與罡星相交結而乘坐，向上升高四十里，名叫太清。太清中的氣體剛勁，能勝過人。

老師說過：鳶鳥飛得較高時，就只要直接舒展雙翅，完全不再扇動搖擺而能自己前進，是因為借助所駕馭的剛勁氣體的緣故了。龍開始升到雲中，當它上升到四十里，就可以自己飛行了。這話是出自於仙人所講，而只是留傳在人世間而已，的確不是凡人所能知道的。

還有，乘蹻的人必須長期齋戒，斷絕葷菜，不吃有血的動物做的食物，一年以後才可以乘這三種蹻。雖然再服食符圖，存思五龍蹻飛行得最遠，其餘的不超過一千里。那飛行中升高、下降、離去、停留，都各自有具體的方法，不能隨便操作。如果不奉行那些禁忌，就不能妄自乘蹻，不然的話，有傾倒墜落的災禍。

有人說：《老子篇中記》和《龜文經》都是講大亂兵災之後，戰亂年月，一定有大瘟疫流行，一萬人才能幸存一個，冒昧地問一下躲避的方法？

抱朴子說：仙人進入瘟疫區的秘法是冥思自己的身體變成五玉，五玉就是順應四季的顏色，春天青色，夏天紅色，四季月黃色，秋季白色，冬季黑色。還可以存思自己頭帶金巾，存思自己的心如同炎熱的火焰，大小如同斗一樣，就無所畏懼了。

還有一種方法是存思自己的頭髮披散覆蓋在身體上，在每一頭髮尖端都有一顆大星星結綴著。還可以存思成北斗星，用魁星覆蓋著頭部，用罡星指向前方。還可以存思五臟的元氣從兩只眼睛中溢出，全身如同雲霧環繞，肝氣青色、肺氣白色、脾氣黃色、腎氣黑色，心氣赤色，五彩繽紛，可以與傳染病人同床而臥了。有的邁禹步呼喚值日的玉女，有的閉氣存思大力士，手持一千斤重的金槌，用一百二十人來自我保衛。有的用「射鬼丸」、「赤車使者丸」、「冠軍丸（熒火丸）」、「徐長卿散」、「玉函精粉」、「青牛道士薰身丸」、「崔文黃散」、「草玉酒」、

「黃庭丸」、「皇符」、「老子領中符」、「赤鬚子桃花符」等，都是有良好效果的。

卷十六　黃白

原　文

抱朴子曰：《神仙經・黃白之方》二十五卷，千有餘首。黃者，金也。白者，銀也。古人秘重其道，不欲指斥，故隱之云爾。或題篇云「庚辛[1]」，庚辛亦金也。然率多深微難知，其可解分明者少許爾。世人多疑此事為虛誕，與不信神仙者正同也。

余昔從鄭公受九丹及《金銀液經》，因復求受《黃白中經》五卷。鄭君言：曾與左君於廬江銅山中試作，皆成也。然而齋潔禁忌之勤苦，與金丹神仙藥無異也。俗人多譏余好攻異端，謂予為趣欲強通天下之不可通者。余亦何為然哉！余若欲以此輩事，騁辭章於來世，則余所著《外篇》及雜文二百餘卷，足以寄意於後代，不復須此。且此《內篇》，皆直語耳，無藻飾也。余又知論此曹事，世人莫不呼為迂闊不急，未若論俗間切近之理，可以合眾心也。然余所以不能已於斯事，知其不入世人之聽，而猶論著之者，誠見其效驗，又所承授之師非妄言者。而余貧苦無財力，又遭多難之運，有不已之無賴，兼以道路梗死。藥物不可得，竟不遑合作之。

余今告人言：我曉作金銀，而躬自飢寒，何異自不能行；而賣治躄之藥，求人信之，誠不可得。然理有不如意，亦不可以一概斷也。所以勤勤綴之於翰墨者，欲令將來好奇賞真之士，見余書而具論道之意耳。夫變化之術，何所不為？蓋人身本見，而有隱之之法。鬼神本隱，而有見之之方。能為之者往

往多焉。水火在天，而取之以諸燧。鉛性白也，而赤之以為丹。丹性赤也，而白之而為鉛。雲雨霜雪，皆天地之氣也，而以藥作之，與真無異也。至於飛走之屬，蠕動之類，稟形造化，既有定矣。及其倏忽而易舊體，改更而為異物者，千端萬品，不可勝論。

人之為物，貴性最靈，而男女易形，為鶴為石，為虎為猿，為沙為黿，又不少焉。至於高山為淵，深谷為陵，此亦大物之變化。變化者，乃天地之自然，何為嫌金銀之不可以異物作乎？譬諸陽燧所得之火，方諸所得之水，與常水火豈有別哉！蛇之成龍，茅糝為膏，亦與自生者無異也。然其根源之所緣由，皆自然之感致，非窮理盡性者，不能知其指歸，非原始見終者，不能得其情狀也。狹觀近識，桎梏巢穴，揣淵妙於不測，推神化於虛誕，以周、孔不說，墳籍不載，一切謂為不然，不亦陋哉？

又，俗人以劉向作金不成，便云天下果無此道，是見田家或遭水旱不收，便謂五穀不可播殖得也。成都內史吳大文，博達多知，亦自說昔事道士李根[2]。見根煎鉛錫，以少許藥如大豆者投鼎中，以鐵匙攪之，冷即成銀。大文得其秘方，但欲自作，百日齋便為之，而留連在官，竟不能得，恒嘆息言人間不足處也。

又，桓君山言：漢黃門郎[3]程偉，好黃白術，娶妻得知方家女。偉常從駕出而無時衣，甚憂。妻曰：請致兩端縑。縑即無故而至前。偉按《枕中鴻寶》，作金不成。妻乃往視偉，偉方扇炭燒筒，筒中有水銀。妻曰：吾欲試相視一事。乃出其囊中藥，少少投之，食頃發之，已成銀。偉大驚曰：道近在汝處，而不早告我，何也？妻曰：得之須有命者。於是偉日夜說誘之，賣田宅以供美食衣服，猶不肯告偉。偉乃與伴謀撾笞伏

之。妻輒知之，告偉言：道必當傳其人，得其人，道路相遇輒教之；如非其人，口是而心非者，雖寸斷肢解，而道猶不出也。偉逼之不止，妻乃發狂，裸而走，以泥自塗，遂卒。

近者前廬江太守華令思，高才達學，洽聞之士也，而事之不經者，多所不信。後有道士說黃白之方，乃試令作之，云以鐵器銷鉛，以散藥投中，即成銀。又銷此銀，以他藥投之，乃作黃金。又從此道士學徹視之方，行之未百日，夜臥即便見天文及四鄰了了，不覺復有屋舍籬障。又妾名瑤華者，已死。乃見形，與之言語如平生。又祭廟，聞廟神答其拜，床似動有聲。令思乃嘆曰：世間乃定無所不有，五經雖不載，不可便以意斷也。然不聞方伎者，卒聞此，亦焉能不驚怪邪？

又黃白術亦如合神丹，皆須齋潔百日已上。又當得閒解方書，意合者乃可為之，非濁穢之人，及不聰明人，希涉術數者所辨作也。其中或有須口訣者，皆宜師授。又宜入於深山之中，清潔之地，不欲令凡俗愚人知之。而劉向止宮中作之，使宮人供給其事，必非齋潔者，又不能斷絕人事，使不來往也，如此，安可得成哉？

桓譚[4]，《新論》曰：史子心見署為丞相史，官架屋，發吏卒及官奴婢以給之，作金不成。丞相自以力不足，又白傅太后。太后不復利於金也，聞金成可以作延年藥，又甘心焉，乃除之為郎，舍之北宮中，使者待遇。寧有作此神方可於宮中，而令凡人雜錯共為之者哉？俗間染繪練，尚不欲使雜人見之，見之即壞，況黃白之變化乎！凡事無巨細，皆宜得要。若不得其法，妄作酒、醬、醋、羹、臛猶不成，況大事乎？

余曾咨於鄭君曰：老君云：不貴難得之貨。而至治之世，皆投金於山，捐玉於谷，不審古人何用金銀為貴而遺其方也？鄭君答余曰：老君所云，謂夫披沙剖石，傾山漉淵，不遠萬

里，不慮壓溺，以求珍玩，以妨民時，不知止足，以飾無用。及欲為道，志求長生者，復兼商賈，不敦信讓，浮深越險，干沒逐利，不吝軀命，不修寡欲者耳。至於真人作金，自欲餌服之致神仙，不以致富也。故經曰：金可作也，世可度也，銀亦可餌服，但不及金耳。

余難曰：何不餌世間金銀而化作之？作之則非真，非真則詐偽也。鄭君答余曰：世間金銀皆善，然道士率皆貧。故諺云：無有肥仙人富道士也。師徒或十或五人，亦安得金銀以供之乎？又不能遠行採取，故宜作也。又化作之金，乃是諸藥之精，勝於自然者也。

仙經云：丹精生金。此是以丹作金之說也。故山中有丹砂，其下多有金。且夫作金成則為真物，中表如一，百煉不減。故其方曰：可以為釘。明其堅勁也。此則得夫自然之道也。故其能之，何謂詐乎？詐者謂以曾青塗鐵，鐵赤色如銅；以雞子白化銀，銀黃如金，而皆外變而內不化也。夫芝菌者，自然而生，而仙經有以五石五木種芝，芝生，取而服之，亦與自然芝無異，俱令人長生，此亦作金之類也。雉化為蜃，雀化為蛤，與自然者正同。

故仙經曰：流珠九轉，父不語子，化為黃白，自然相使。又曰：朱砂為金，服之升仙者，上士也；茹芝導引，咽氣長生者，中士也；餐食草木，千歲以還者，下士也。又曰：金銀可自作，自然之性也，長生，可學得者也。

《玉牒記》云：天下悠悠，皆可長生也，患於猶豫，故不成耳。凝水銀為金，可中釘也。《桐柱經》曰：丹沙可為金，河車可作銀。立則可成，成則為真。子得其道，可以仙身。黃山子曰：天地有金，我能作之，二黃一赤，立成不疑。《龜甲文》曰：我命在我不在天，還丹成金億萬年。

古人豈欺我哉？但患知此道者多貧，而藥或至賤而生遠方，非亂世所得也。若戎鹽、滷鹹皆賤物，清平時了不值錢，今時不限價值而買之無也。羌里石膽〔5〕，千萬求一斤，亦不可得。徒知其方，而與不知者正同，可為長嘆者也。有其法者，則或飢寒無以合之，而富貴者復不知其法也。就令知之，亦無一信者。假令頗信之，亦已自多金銀，豈肯費見財以市其藥物，恐有棄繫逐飛之悔，故莫肯為也。又計買藥之價，以成所得之物，尤有大利，而更當齋戒辛苦，故莫克為也。且夫不得明師口訣，誠不可輕作也。

夫醫家之藥，淺露之甚，而其常用效方，便復秘之。故方有用後宮遊女、僻側之膠、封君泥丸、木鬼子、金商芝、飛君根、伏龍肝、白馬汗、浮雲滓、龍子丹衣、夜光骨、百花醴、冬鄒齋之屬，皆近物耳，而不得口訣，猶不可知，況於黃白之術乎？今能為之者，非徒以其價貴而秘之矣，此道一成，則可以長生。長生之道，道之至也，故古人重之也。

凡方書所名藥物，又或與常藥物同而實非者。如「河上姹女」〔6〕，非婦人也；「陵陽子明」〔7〕，非男子也；「禹餘糧」非米也；「堯漿」，非水也。而俗人見方用龍膽〔8〕、虎掌〔9〕、雞頭〔10〕、鴨蹠〔11〕、馬蹄〔12〕、犬血、鼠尾、牛膝，皆謂之血氣之物也；見用缺盆、覆盆、釜鬲〔13〕大戟、鬼箭、天鉤，則謂之鐵瓦之器也；見用胡王使者、倚姑、新婦、野丈人、守田公、戴文浴、徐長卿，則謂人之姓名也。

近易之草，或有不知，玄秘之方，熟能悉解？劉向作金不成，無可怪之也。及得其要，則復不煩聖賢大才而後作也，凡人可為耳。劉向豈頑人哉？直坐不得口訣耳。

今將載其約而效之者，以貽將來之同志焉。當先取武都雄黃，丹色如雞冠，而光明無夾石者，多少任意，不可令減五斤

也。搗之如粉，以牛膽和之，煮之令燥。以赤土釜容一斗者，先以戎鹽、石膽末薦釜中，令厚三分，乃內雄黃末，令厚五分，復加戎鹽於上。如此，相似至盡。又加碎炭火如棗核者，令厚二寸。以蚓蟧土及戎鹽為泥，泥釜外，以一釜覆之，皆泥令厚三寸，勿泄。陰乾一月，乃以馬糞火熅之，三日三夜，寒，發出，鼓下其銅，銅流如冶銅鐵也。乃令鑄此銅以為筒，筒成以盛丹砂水。又以馬屎火熅之，三十日發爐，鼓之得其金，即以為筒，又以盛丹砂水。又以馬通火熅三十日，發取搗治之，取其二分，生丹砂一分，並汞。汞者，水銀也，立凝成黃金矣。光明美色，可中釘也。

【作丹砂水法】

治丹砂一斤，內生竹筒中，加石膽消石各二兩，覆薦上下，閉塞筒口，以漆骨丸封之，須乾，以內醇苦酒中，埋之地中，深三尺，三十日成水，色赤味苦也。

【金樓先生所從青林子受作黃金法】

光鍛錫，方廣六寸，厚一寸二分，以赤鹽和灰汁，令如泥，以塗錫上，令通厚一分，累置於赤土釜中。率錫十斤，用赤鹽四斤，合封固其際，以馬通火熅之，三十日，發火視之，錫中悉如灰狀，中有累累如豆者，即黃金也。合治內土甌中，以炭鼓之，十煉之並成也。率十斤錫，得金二十兩。唯長沙、桂陽、豫章、南海土釜可用耳。彼鄉土之人，作土釜以飲食，自多也。

【治作赤鹽法】

用寒鹽一斤，又作寒水石一斤，又作寒羽涅一斤，又作白礬一斤，合內鐵器中，以炭火火之，皆消而色赤，乃出之可用也。

【角里先生從稷丘子所授化黃金法】

先以礬石水二分，內鐵器中，加炭火令沸。乃內汞，多少自在，攪令相得，六七沸，注地上成白銀。乃取丹砂水、曾青水各一分，雄黃水二分，於鬲中加微火上令沸，數攪之，令相得，復加炭火上令沸，以此白銀內其中，多少自在，可六七沸，注地上凝，則成上色紫磨金也。

【治作雄黃水法】

治雄黃內生竹筒中一斤，輒加消石二兩，覆薦上下，封以漆骨丸，內醇大醋中，埋之深三尺，二十日即化為水也。作曾青水方，及礬石水同法，但各異筒中耳。

【小兒作黃金法】

作大鐵筒成，中一尺二寸，高一尺二寸。作小鐵筒成，中六寸，瑩磨之。赤石脂一斤，消石一斤，雲母一斤，代赭一斤，流黃半斤，空青四兩，凝水石一斤，皆合搗細篩，以醯和，塗之小筒中，厚二分。汞一斤，丹砂半斤，良非半斤。取良非法：用鉛十斤內鐵釜中，居爐上露灼之，鉛銷，內汞三兩，早出者以鐵匙抄取之，名曰「良非」也。攪令相得，以汞不見為候，置小筒中，雲母覆其上，鐵蓋鎮之。取大筒居爐上，銷鉛注大筒中，沒小筒中，去上半寸，取消鉛為候，猛火炊之，三日三夜成，名曰「紫粉」。取鉛十斤於鐵器中銷之，二十日上下，更內銅器中，須鉛銷，內紫粉七方寸匕，攪之，即成黃金也。欲作白銀者，取汞置鐵器中，內紫粉三寸已上，火令相得，注水中，即成銀也。

【務成子法】

作鐵筒長九寸，徑五寸，搗雄黃三斤，蚓螻壤等分，作合以為泥，塗裏使徑三寸，匱口四寸，加丹砂水二合，覆馬通火上，令極乾，內銅筒中，寒以銅合蓋堅，以黃沙築上，覆以蚓

壞重泥上，無令泄，置爐炭中，令有三寸炭，筒口赤，可，寒發之。雄黃皆入著銅筒，復出入如前法。三斤雄黃精，皆下入著筒中，下提取與黃沙等分，合作一以為爐，爐大小自在也。欲用之，置爐於炭火中，爐赤，內水銀，銀動則內鉛其中，黃從旁起交中央，注之於地，即成金。凡作一千五百斤，爐力即盡矣。此金取牡荊、赤黍酒漬之，百日，即柔可和也。如小豆，服一丸，日三服，盡一斤，三蟲伏尸，百病皆去，盲者視，聾者聞，老者即還年如三十時，入火不灼，百邪眾毒、冷風暑濕，不能侵入；盡三斤，則步行水上，山川百神，皆來侍衛，壽與天地相畢。

以抒血朱草煮一丸，以拭目眥，即見鬼及地中物，能夜書；以白羊血塗一丸，投水中，魚龍立出，可以取也；以青羊血、丹雞血塗一丸，懸都門上，一里不疫；以塗牛羊六畜額上，皆不疫病，虎豹不犯也；以虎膽蛇肪塗一丸，從月建上以擲敵人之軍，軍即便無故自亂，相傷殺而走矣；以牛血塗一丸以投井中，井中即沸，以投流水，流水則逆流百步；以白犬血塗一丸，投社廟舍中，其鬼神即見，可以役使；以兔血塗一丸，置六陰之地，行廚玉女立至，可供六七十人也；以鯉魚膽塗一丸，持入水，水為之開一丈，可得氣息水中以行，冒雨衣不沾也；以紫莧煮一丸，含咽其汁，可百日不飢；以慈石煮一丸，內髻中，以擊賊，白刃流矢不中之，有射之者，矢皆自向也；以六丁六壬上土併一丸，以蔽人中，則隱形；含一丸，北向以噴火，火則滅；以庚辛日申酉時，向西地以一丸擲樹，樹木即日便枯；又以一丸，禹步擲虎狼蛇蝮，皆即死；研一丸以書石即入石，書金即入金，書木入木，所書皆徹其肌理，削治不可去也。猝死未經宿，以月建上水下一丸，令入咽喉，並含水噴死人面，即活。以狐血、鶴血塗一丸，內爪中，以指萬

物，隨口變化，即山行木徙，人皆見之，然而實不動也。

凡作黃白，皆立太乙、玄女、老子坐醮祭，如作九丹法，常燒五香，香不絕。又金成，先以三斤投深水中，一斤投市中，然後方得恣其意用之耳。

注釋

〔1〕庚辛：按天干與五行相配，則庚辛屬金，故古人有用庚辛代表黃金。

〔2〕李根：傳說中的神仙。

〔3〕黃門郎：官名。又稱「黃門侍郎」，秦、漢設置，專掌侍從皇帝、傳達詔命等之類事情。

〔4〕桓譚：漢沛國相人。字君山，官至議郎。所著《新論》二十九卷，後佚失。

〔5〕羌里：地名，當是指古代盛產道地藥材的西羌；石膽：指礦物藥石膽。

〔6〕河上姹女：汞的別名。

〔7〕陵陽子明：水銀的別名。《石藥爾雅》云：「水銀一名子明，一名陽明子。」

〔8〕龍膽：中藥名。為龍膽科植物龍膽的根及根莖。

〔9〕虎掌：中藥名，即天南星，又稱虎掌南星。為天南星科植物的塊莖。

〔10〕雞頭：中藥名，一名芡，生水中，為睡蓮科植物。

〔11〕、〔12〕：皆中草藥藥名。

〔13〕鬲（ㄌㄧˋ）：古代的一種炊具。

〔14〕角（ㄌㄨˋ），又寫作「（甪）」，角里先生，漢商山四皓之一。

抱朴子說:《神仙經·黃白之方》共二十五卷,一千多首方子。「黃」指的是金子,「白」指的是銀子。古代的人秘藏並重視這種「隱指」的方法,不想指明,故隱去真名而已。有的題寫篇名稱「庚辛」,庚辛也是指金。然而大多數深奧微妙,難以懂得,那可以了解清楚的人只有很少。世上的人很多懷疑這事是虛假荒誕的,與不相信神仙的人正好相同。

我過去跟隨鄭隱先生接受了九轉仙丹和《金銀液經》,又要求傳授《黃白中經》五卷。鄭先生說:他曾與左元放先生在廬江銅山中試製,都成功了。然而齋戒潔身禁忌的辛勤勞苦和煉製金丹神仙大藥沒有區別。世間的人很多都譏諷我喜歡致力研究異端邪說,認為我熱衷於努力解釋那些天下不能解釋的東西。我又何苦這樣呢?

我如果想學這些人的行為,對後世人炫耀辭章,那麼我所撰寫的《抱朴子外篇》及雜文二百餘卷,足以用來寄托寓意予後代,不再需要寫這本書了。而且這本《抱朴子內篇》都用的是直率的言語而已,沒有華藻的修飾。我又知道論述這些雜事,世人沒有誰不認為是不切實際的、不重要的事,不如論述世俗間貼切近人的道理,可以迎合眾人的心意。但我之所以不能中止這事,知道這些雖然不入世人之耳,卻仍然論述著作的原因,是因為我確實看見了它的效用,而且所承接傳授的老師並不是胡說的人。我貧苦而沒有財力,又遭遇多災多難的命運,有不止的煩擾,再加上道路曲折,藥物又不能求得,竟然沒有閒暇去調合製作。

我現在告訴別人說:我知道製作金銀的方法,而自身卻飢寒交迫,這與自己不能行走,卻賣著治療跛腳的藥有什麼區

第四章 葛洪《抱朴子·內篇》內含丹道養生(內附注釋、譯文)

別，要求別人相信，的確是不可能的。但是，既然事理有不盡如人意處，也不能就一概而論。所以，勤勤懇懇地用筆墨記述下來，想讓將來喜歡奇術，欣賞真道的人士，看見我的書就有論述掌握道術的意向而已。至於那變化的道術，又有什麼不能做到呢？大至有如：人的身形本來是顯現的，但卻有隱匿的方法。鬼神本來是隱形的，但卻有能看見它的方法。能做到這一點的人往往很多。水火是天生的，但卻能用方諸、陽燧取得。鉛的本性是白色的，但卻能使它變成赤丹，丹的本性是紅色的，但卻能使它變成白色的鉛。雲、雨、霜、雪都是天地之間的氣息，而用藥來製作，都與真的沒有區別。至於飛禽走獸之屬，蠕動爬行之類，其形狀都是稟受自然造化，已經有一定的了。至於他們突然間改變舊的形體，更改為其他的物體類，千般萬種不能說盡。

人作為生物中的一種，最寶貴的是靈性最高，但是，男女是可以改變形體的，可變為仙鶴和變為石頭，可以變為老虎也可以變為猿猴，可變為沙土，也可變為龜鱉，這樣的還有不少呢。至於高山變為深淵，深谷變為丘陵，這些是大事物的變化。變化是天地之間自然的規律，為何懷疑金銀不可以用其他的物質來製作呢？

比喻用陽燧所取得的火，用方諸所取得的水，與常規的水火怎麼會有區別呢？

蛇變成龍，茅糝和為膏，也與自然生成的沒有什麼區別。但它們根源的緣由都是自然規律所導致，如果不是窮盡理性的人，是不可能懂得其中的意指的，如果不是溯源追終的人，就不可能知道它們的性情狀態。觀點狹窄，見識淺薄，受小家庭所拘束的人，對揣摩精深奧妙，認為是不可測度，對推算神秘變化，認為是虛假荒誕，以周公、孔子沒有說過，三墳典籍沒

有記載過為由，認為這一切都是不真實的，這豈不是太鄙陋了嗎？

還有，世上的人以劉向煉製黃金沒有成功為例，便說天下果真沒有這種方法，這好比看見農家田遭受水災旱災而沒有收成，就認為五穀不能播種繁殖而得到一樣。成都內史吳大文，博聞通達，見識多廣，他自己也曾說過道士李根的往事。他看見李根煎煮鉛錫，用少許像大豆樣的藥物投入到鼎中，用鐵匙攪拌，冷了後就凝成銀子。大文得到了這個秘方，只想自己煉製，經過一百天的齋戒後便煉製，因留連官場，最終沒有煉成，他一直嘆息說人間不值得居住。

還有，桓君山說過：漢代黃門郎程偉，喜好煉製黃金白銀的法術，娶了一個妻子，得到了一位熟知黃白方術的閨秀。程偉經常跟隨皇帝，出行而沒有時裝，很擔憂。妻子說：讓我請來兩匹縑帛。縑帛就無緣無故地來到面前。

程偉按《枕中鴻寶》煉製金子不成功。妻子前去看他，程偉正在扇炭火燒筒子，筒子中有水銀，妻子說：我想試試「相視」這種方術。於是就掏出口袋裡的藥，少少投入一點，吃完飯打開一看，已經變成了銀子。程偉大吃一驚說：道術近在您處，卻不早點告訴我，為什麼呢？妻子說：得到這種道術必須是有一定命運的人。於是，程偉日夜勸說和引誘她說出來，賣掉田地和房屋以供給她美好的食物和衣服，但她還是不肯告訴程偉。程偉就與伙伴密謀準備痛打她，以使她屈服，妻子已預先知道，並告訴程偉說：道術一定要傳授給適當的人，如果找到合適的人，即使在半路上相遇也可傳授給他，如果不是合適的人，或口是心非的人，雖然自己被一寸寸地肢解，但道術仍然不能說出來。程偉仍然不斷地逼迫她，妻子終於發瘋了，裸體逃跑，用泥塗抹在身上，最終死去。

最近，前任廬江太守華令思，是個才華高超，學識通達，博聞強記的人士，但是任何事情他要沒有經過，多不相信。後來有個道士給他說起煉製黃金白銀的方子，於是就試著讓他煉製，說是用鐵器銷溶鉛，用藥物粉末投入其中，就成為銀子。再熔化這些銀子，用其他的藥物投進去，就製作成了黃金。

還有，他又跟這個道士學習透視的方法，進行不到一百天，夜裡躺臥就能把天上的星像及四周的鄰居看見得清清楚楚，沒有感覺到還有房屋籬笆墙的屏障。

還有一個名叫瑤華的小妾已經死去，仍然能看見她的形體，同她交談如同生前一樣。

還有他祭宗廟，聽到廟神回應他的祭拜，那供台似乎搖動而發出聲響。華令思於是嘆息道：世間真是無奇不有，《五經》雖然不記載，不能就憑主觀意志來判斷。然而，沒有聽到方術的人，突然聽到這些，又怎麼能不驚奇呢？

還有，煉製黃金白銀的方術也同合製神仙丹藥一樣，都必須齋戒潔身一百天以上，還應熟練地理解方術之書，意趣相投的人才可煉製，而不是污穢惡濁的人，以及不聰明的人，或者很少涉足道術的人所能操辦製作的。其中有的需要口訣，都應由老師傳授。

還有應該進入深山裡找清潔的地方，不應讓凡夫俗子和愚昧無知的人知道。而劉向只在宮中製作，讓宮中的人供給所需要的東西，那一定不是齋戒潔身的人，又不能斷絕人情瑣事，使他們不來往，這樣怎麼能獲得成功呢？

桓譚的《新論》說：史子心被命任為丞相史，由官方架設房屋，派官吏、士兵及官家奴婢供給所需，但煉製黃金卻沒有成功。丞相自己認為力量不夠，又稟告了傅太后，太后並不貪圖黃金的利益，聽說黃金煉成可以用來製作延年益壽的藥物，

才甘心於此事，於是就授予他作為郎官，讓他居住在北宮裡，有可供使喚的人侍奉他。難道有寧願在宮中製作這種仙方，而又讓錯雜的凡人共同製作嗎？世間上給白色的絲織品染色，尚且不想讓旁雜人員看見，若看見了就會染壞，何況黃金白銀的變化呢？凡是事情無論大小，都應得到要旨。若是不得其法，胡亂製作，就是酒、醬、醋、羹、臛都製不成功，何況大事情呢？

我曾向鄭隱先生詢問道：太上老君說：不要把難以獲得的財物看得很重。而太平的世道，將黃金藏入深山，把美玉藏進幽谷，不知古人為什麼認為金銀貴重而遺失它的配方呢？

鄭先生回答我說：太上老君所說，是指那種分開沙土，剖開石頭，推倒山巒，淘淨深淵，不怕萬里之遠，不擔心山壓水溺，去追求珍寶玩物，從而妨礙百姓的時間，又不知滿足中止，去修飾無用的東西。以及想修煉道術立志追求長生不死的人卻又兼營商業，成為不敦厚誠信謙讓，浮游深水，攀越險阻，竭盡全力地追求利益，不惜自己的身軀性命，不修養、不寡欲的人罷了。至於真人煉製金子，是自己想服食它成為神仙，不是以此來致富的。所以，仙經說：金子可以煉製，人世也可以超度，銀子也可以服食，只是沒有黃金好而已。

我責難道：為什麼不服食世間現成的金銀而要熔煉製作的呢？煉製的就不是真的，不是真的就欺詐虛假。

鄭先生回答我說：世間的金銀都很好，但道士一般都很貧窮，所以有諺語說：沒有肥胖的仙人和富有的道士。師父和徒弟一起，有的十人、有的五人，又怎麼能得到那麼多金銀來供他們服食呢？又不能出遠門採取，所以煉製是最合適的了。還有熔化煉製的黃金，乃是各種藥物的精華，比自然形成的要好。

仙經說：丹砂的精華產生黃金。這是用丹砂煉製黃金的說

法。所以，山中有丹砂，那麼下面往往有金子。而且用此製作
黃金成功則成為真的金子，內外如一，百煉而不會減損。所以
仙方說：可以製作成釘。說明它的堅硬強勁。這就是得到天然
的道術了。所以，那種能煉製出來的黃金，怎麼能說是欺詐
呢？欺詐的是指用曾青塗搭鐵器，鐵變成赤色像銅一樣；用雞
蛋白塗染銀子，銀子變黃如同黃金，這都是外部變化而內部不
變。菌芝一類是自然生成的，但仙經有用五種石料和五種樹木
種植靈芝，靈芝生成後取來服食，也與天然靈芝沒有區別，都
能使人長生不死，這也是煉製黃金之類一樣。野雞化為大蚌，
烏雀化為蛤，與天然的也都完全相同。所以，仙經說：流珠
（丹砂）九次熔煉的方法，父子之間不傳，煉製成黃金白銀，
與自然形成的金銀相主輔。又說：朱砂煉製的黃金，服食後升
天成仙的是上等的道士；服食靈芝進行導引、吞咽元氣而長生
不死的，是中等的道士；服食草木類的藥物，活得一千歲以內
的，是下等的道士。又說：黃金白銀可以自己煉製，這是自然
的性質，長生之道是可以學習而得到的。

　　《玉牒記》說：天下的悠悠萬物，都可以長生不死，只怕
是猶豫不決，所以，修煉不成。凝結水銀製成黃金，可以製成
釘。

　　《銅柱經》說：丹砂可以煉成黃金，河車可以製作白銀，
即刻煉製就可成功，煉成之物則是真的，您若得到這個道術，
可以使自己成為仙人。黃山子說：天地之間有黃金，我能煉
製，兩黃加一赤，立刻就能成功，不必懷疑。

　　《龜甲文》說：我的命取決於我而不靠天，九轉還丹煉成
黃金就可以活億萬年。古人難道會欺騙我們嗎？

　　只是擔心懂得這種道術的人大都貧窮，而藥物或許是不值
錢，但出產在遠方，不是動亂之世所能得到的。像戎鹽、鹵鹼

都是便宜的物質，清靜太平時代完全不值錢，但現在不限價地提高，也買不到。羌里石膽，用千萬的錢去求購一斤也不能得到。白白地知道這個方，而找不到藥，與不知道這個方的人完全一樣，這是可以為之長長嘆息的！有這種法術的人，卻因飢寒交迫而無原料煉製，而富貴的人又不知道這種法術。就是讓他們知道也沒有一個相信的。假如有比較相信的，又因自己擁有很多黃金白銀，哪裡肯費棄現成的財物去購買那藥物，擔心像放了已擒獲繫牢的鳥兒卻去追逐天上飛的鳥一樣會後悔，所以，不肯這樣做。還有的人計算買藥的價錢和煉成所得的金銀相比，有較大利益，但還必須齋戒，很辛苦，所以，不去進行了。而且若得不到明智老師的親口相傳，確實不可以輕易製作。

醫生的藥物，淺顯而公開得太厲害，而道家常用有效的藥方，則秘而又密。所以，方劑有用「後宮遊女」、「僻側之膠」、「封君泥丸」、「木鬼子」、「金商芝」、「飛君根」、「伏龍肝」、「白馬汗」、「浮雲滓」、「龍子丹衣」、「夜光骨」、「百花醴」、「冬鄰齏」之類，都是些身邊的藥物而已，但如果得不到口訣，就不能知曉，何況對於煉製黃金白銀的法術呢？

現在能煉製的人並不是因為它們的價值高而秘而不宣，而是因為這種道術一旦成功，就可以長生不死了。長生不死的道術，是道術中的最高境界，所以，古人很重視它。但凡方書中所記載的藥物名稱，有的與日常生活中的名稱相同而實不是同物，如『河上姹女』並不是指婦女，『陵陽子明』並不是指男人，『禹餘糧』並不是指稻米，『堯漿』並不是指水漿。而世俗中人看見方中用龍膽、虎掌、雞頭、鴨蹠、馬蹄、犬血、鼠尾、牛膝等都認為是有血氣的生物；看見用缺盆、覆盆、釜鼎、大戟、鬼箭、天鉤，則認為是鐵器、瓦器之類；看見用胡王使者、倚姑、新婦、野丈人、守田公、戴文浴、徐長卿，則

認為是人的姓名。這些都是身邊容易辨認的藥草，尚都有些不知道的，那麼玄妙隱秘的方術，又怎麼能全部了解呢？

劉向煉製黃金不成功，是沒有什麼值得奇怪的。等到學得要旨，就不必先麻煩聖賢天才之人而後再煉製了，一般的人都可以製作了。劉向難道是愚頑的人嗎？只是沒有學得口訣而已。

現準備記載那些簡約而有效的方法，以贈送將來的志同道合的人。應當先取武都雄黃，紅色像雞冠一樣，光亮而沒有夾石的，多少隨意，但不能少於五斤。搗碎如粉，用牛膽混合，煮至乾燥，再用赤土製作的、能容納一斗的釜鍋，先用戎鹽、石膽末，鋪置釜中，使其厚達三分，再放入雄黃末，使厚達五分，再加戎鹽在上面。像這樣層層加上去，直至加完。再加些如棗核大的碎炭火，使厚達二寸。用蚯蚓泥土和戎鹽製成泥，塗糊在釜的外面，再用一個釜鍋覆蓋在上面，都用泥封，使厚達三寸，不要泄漏。

陰乾一個月，才用馬糞火烘烤三日三夜，冷卻後，取出，敲下煉成的銅，那銅的流狀如同熔化的銅鐵一樣。於是將這些銅鑄為筒。筒製成後用來盛放丹砂水。同樣用馬糞火烘烤三十天，開爐取出，敲擊得到那金，立即鑄成筒，用筒盛丹砂水。還用馬糞火烘烤三十天，開爐取出，搗碎熔煉。取其二份，生丹砂一份，摻合汞，汞就是水銀，立即凝結成了黃金。這黃金，光彩明亮，色澤美麗，可以用來製作釘子。

【製作丹砂水的方法】

細研丹砂一斤，放入新鮮竹筒子裡，加入石膽、消石各二兩，覆蓋上下，堵塞筒口，用漆骨丸封住，待乾燥後放入醇醋裡，埋在地下，深三尺，三十天後化成水，色紅而味苦。

【金樓先生跟隨青林子學習的製作黃金的方法】

先煅製錫，方形，寬六寸，厚一寸二分，用赤鹽混合灰

汁，使成稀泥狀，用來塗錫上，使其全體厚度達一分，堆積著放在赤土鍋中。一般十斤錫，用赤鹽四斤，用鹽泥牢固地封住鍋邊，用馬糞火烘烤，三十天後，移開火察看，錫裡完全如同灰的樣子，中間有顆顆像豆一樣的東西，那就是黃金了。混合後放入土盆中，用炭火鼓風煉製，十次煉製都能成功。一般用十斤錫，可得黃金二十兩。只有長沙、桂陽、豫章、南海的土鍋才能使用。那些地方的老百姓製作土鍋來煮食物，自然很多。

【製作赤鹽的方法】

用寒鹽一斤，又研制寒水石一斤，研製寒羽涅一斤，再研製白礬一斤，混合放入鐵器中，用炭火燒煉，都消熔而顏色變紅，才取出來，可供使用。

【角里先生跟隨稷丘子所教授熔化黃金的方法】

先用礬石水二份，放入鐵器中，用炭火燒使其沸騰，再放入汞，多少任意，攪拌使它們相混合，六七次沸騰後傾倒在地上即凝成白銀。再取丹砂水、曾青水各一份，雄黃水二份，放入鍋中，用小火煮沸，多次攪拌，使它們相混合，再置炭火上煮沸，用煉成的白銀放在中間，多少任意，六七次沸騰後傾倒在地上凝固，則成為上等的真金了。

【製作雄黃水的方法】

研製雄黃放入新鮮竹筒中，一斤（雄黃）就加入消石二兩覆蓋在筒的上下，用漆骨丸封住，放入醇醋中，埋在地下深三尺，二十天後即化為水。製作曾青水的方法及礬石水的方法相同，只是各自放入不同的筒中而已。

【小孩製作黃金的方法】

製作一個大鐵筒，直徑一尺二寸，高一尺二寸。製作一個小鐵筒，直徑六寸，細磨明亮。用赤石脂一斤，消石一斤，雲母一斤，代赭石一斤，硫黃一斤，空青四兩，凝水石一斤，都

混合搗細過篩，用醋調和，塗在小筒中，厚度達二分。再取汞一斤，丹砂半斤，良非半斤。製作良非的方法是用鉛十斤，放入鐵鍋中，放在爐子上敞開燒烤，鉛熔化後加汞三兩，最早出來的用鐵匙舀取，此即是叫「良非」。攪拌讓它們混合，以看不見汞為標準，放置小筒中，用雲母覆蓋在上面，用鐵蓋壓住。取大筒置爐上，熔解鉛注入大筒中，直至淹沒小筒，離頂上半寸，以鉛銷熔作為標準，用大火煅煉三天三夜，便煉成了『紫粉』。再取鉛十斤，置鐵器內銷熔，二十天左右，又移放入銅器中，待鉛熔化後，加入紫粉，一寸見方的勺子一勺，攪拌後就變成了黃金。想要製作白銀的，取汞放入鐵器中，加紫粉，一寸見方的勺子一勺以上，火煮使其相混合，倒入水中就成了白銀。

【務成子的方法】

製作鐵筒，長九寸，直徑五寸，搗雄黃三斤，蚯蚓泥土相等的分量，混合為泥，塗抹筒內使中空直徑為三寸，筒口為四寸，加入丹砂水二合，放在馬糞火上烤，讓它乾透，放入銅筒中，用銅蓋塞緊，用黃沙填在上面，再厚蓋上蚯蚓泥，不要讓上面泄漏，放在火爐炭上，使炭火厚三寸，待筒口燒紅後，可冷卻後打開，雄黃都進入並附著在銅筒上，再重新取出和放入像前面的方法一樣。

三斤雄黃精都下來附著在筒中，取下來，提取與黃沙等量的，混合製作為爐子，爐子的大小隨意。想要使用時，將爐子放在火炭中，燒至爐子變紅，放入水銀，水銀動蕩則加入鉛，當黃色從旁邊出現並在中央交匯時，將其傾倒在地上，就形成了黃金。製作一千五百斤後，爐子的藥力就用完了。

這種黃金用牡荊、紅黍酒浸泡一百天，就變得柔軟可以製作了。如小豆大小，每次服一丸，每日服三次，服完一斤，各

種寄生蟲都死去，各種疾病都被除去，盲眼能看見，聾耳能聽見，老年人返回到年紀如同三十歲時一樣。進入火中不會被燒傷，各種妖邪、毒物、寒冷、狂風、暑熱、濕氣都不能侵犯。服完三斤，就可以在水面上行走，山川各種神仙都來服侍和保衛，壽命與天地相齊。用檷血朱草煮一丸，用來擦拭眼角，就能看見鬼怪和地下的物質，能在黑夜裡看書；用白羊血塗抹一丸，投入到水中，魚龍馬上就會出來，可以捕取；用青羊血、紅雞血塗抹一丸，懸掛在城門上，一里之內不會出現瘟疫；用它來塗牛羊六畜的額頭上，這些牲畜都不會生病，虎豹也不敢來侵犯它們；用老虎膽汁和蛇的脂肪塗抹一丸，在月建之時，用它投向敵人的軍隊，敵軍馬上就會無緣無故地自我混亂，自相殘殺而逃走；用牛血塗抹一丸，投入井中，井中的水立即沸騰，若投入流水中，流水則倒流一百步；用白色狗的血塗抹一丸，投入到廟宇房屋中，就可以馬上看見那裡的鬼神，還可以使喚它們；用兔血塗抹一丸，放在六陰的地方，所要的食物和仙女會馬上來到，可供奉六七十個人食用；用鯉魚膽塗抹一丸，拿著進入水中，水就為之避開一丈，可以在水中呼吸，並在水中行走，淋雨衣服也不會沾濕；用紫莧煮一丸，含著咽下汁水，可以一百天不餓；用磁石煮一丸，放在髮髻中，與賊人打仗，刀刃和流箭都不能擊中，如有人射他，箭會向自己的方向射去；用六丁六壬方位的泥土混合一丸，用來隱蔽在人們中間就可隱去身形，口含一丸，向北面吹火，火則熄滅；在庚辛日申酉時，向西方用一丸投擲樹木，樹木當天就會枯萎；又用一丸邁禹步投向虎狼蝮蛇，它們都會立即死之；研細一丸用來在石頭上書寫就立即進入石頭中，在金上書寫就進入到金中，在樹木上書寫就能進入樹木中，所書寫的都滲透到內部的紋理中，削也削不去。

如果突然死亡未超過一夜的，用月建方向的水送服一丸，讓它進入死者咽喉，並含水噴死者的臉上，立即就能活過來。用狐血、鶴血塗抹一丸，放入指甲中，用來指萬物，萬物會隨著口令而變化，即山能行走，樹木遷徙，別人都能看見，而實際上卻沒有移動。

凡是煉製黃金白銀，都要設立太乙、玄女、老子的神座祭祀，如同製作九轉仙丹的方法一樣，還要經常燒五香；香火不斷。還有，當黃金煉成後，先要用三斤投入到深水中，一斤投到市場上，然後才可以隨意使用。

卷十七 登涉

原 文

或問登山之道。抱朴子曰：凡為道合藥，及避亂隱居者，莫不入山。然不知入山法者，多遇禍害。故諺有之曰：太華之下，白骨狼藉。皆謂偏知一事，不能博備，雖有求生之志，而反強死也。山無大小，皆有神靈，山大則神大，山小即神小也。入山而無術，必有患害。或被疾病及傷刺，及驚怖不安；或見光影，或聞異聲；或令大木不風而自摧折，岩石無故而自墮落，打擊煞人；或令人迷惑狂走，墮落坑谷；或令人遭虎狼毒蟲犯人，不可輕入山也。

當以三月九月，此是山開月〔1〕，又當擇其月中吉日佳時，若事久不得徐徐須此月者，但可選日時耳。凡人入山，皆當先齋戒七日，不經污穢，帶「升山符」出門，作「周身三五法」。又五岳有受殃之歲，如九州之地，更有衰盛，受飛符煞氣，則其地君長不可作也。按《周公城名錄》，天下分野，災之所及，可避不可禳，居宅亦然，山岳皆爾也。又大忌不可以甲乙寅卯

之歲，正月二月入東嶽；不可以丙丁巳午之歲，四月五月入南嶽；不以庚辛申酉之歲，七月八月入西嶽；不以戊巳之歲，四季之月入中嶽；不以壬癸亥子之歲，十月十一月入北嶽。不須入太華、霍山、恒山、太山、嵩高山，乃忌此歲，其嶽之方面，皆同禁也。

又萬物之老者，其精悉能假託人形，以炫惑人目而常試人，唯不能於鏡中易其真形耳。是以古之入山道士，皆以明鏡徑九寸已上，懸於背後，則老魅不敢近人。或有來試人者，則當顧視鏡中，其是仙人及山中好神者，顧鏡中故如人形。若是鳥獸邪魅，則其形貌皆見鏡中矣。又老魅若來，其去必卻行，行可轉鏡對之，其後而視之，若是老魅者，必無踵也，其有踵者，則山神也。

昔張蓋蹋及偶高成二人，並精思於蜀雲台山石室中，忽有一人著黃練單衣葛巾，往到其前曰：勞乎道士，乃辛苦幽隱！於是二人顧視鏡中，乃是鹿也。因問之曰：汝是山中老鹿，何敢詐為人形。言未絕，而來人即成鹿而走去。林慮山下有一亭，其中有鬼，每有宿者，或死或病，常夜有數十人，衣色或黃或白或黑，或男或女。後郅伯夷[2]者過之宿，明燈燭而坐誦經，夜半有十餘人來，與伯夷對坐，自共樗蒲博戲[3]，伯夷密以鏡照之，乃是群犬也。伯夷乃執燭起，佯誤以燭爇熱其衣，乃作燋毛氣。伯夷懷小刀，因捉一人而刺之，初作人叫，死而成犬，餘犬悉走，於是遂絕，乃鏡之力也。

上士入山，持《三皇內文》及《五嶽真形圖》，所在召山神，及按鬼錄，召州社及山卿宅尉問之，則木石之怪，山川之精，不敢來試人。其次即立七十二精鎮符，以制百邪之章，及朱宮印包元十二印，封所住之四方，亦百邪不敢近之也。其次執八威之節，佩老子玉策，則山神可使，豈敢為害乎？

余聞鄭君之言如此，實復不能具知其事也。余師常告門人曰：夫人求道，如憂家之貧，如愁位之卑者，豈有不得邪？但患志之不篤，務近忘遠，聞之則悅，倔倔前席，未久，則忽然若遺，毫釐之益未固，而丘山之損不已，亦安得窮至言之微妙，成罔極之峻崇乎？

抱朴子曰：入山之大忌，正月午，二月亥，三月申，四月戌，五月未，六月卯，七月甲子，八月申子，九月寅，十月辰未，十一月己丑，十二月寅。入山良日：甲子、甲寅、乙亥、乙巳、乙卯、丙戌、丙午，丙辰，巳上日大吉。抱朴子曰：按《九天秘記》及《太乙遁甲》云：入山大月忌：三日、十一日、十五日、十八日、二十四日、二十六日、三十日；小月忌：一日、五日、十三日、十六日、二十六日、二十八日。以此日入山，必為山神所試。又所求不得，所作不成。不但道士，凡人以此日入山，皆凶害，與虎狼毒蟲相遇也。

抱朴子曰：天地之情狀，陰陽之吉凶，茫茫乎其亦難詳也，吾亦不必謂之有，又亦不敢保其無也。然黃帝、太公皆所信仗，近代達者嚴君平、司馬遷皆所據用，而經傳有治曆明時剛柔之日。古言曰：吉日惟戊。有自來矣。王者立太史之官，封拜置立，有事宗廟，郊祀天地，皆擇良辰；而近才庸夫，自許脫俗，舉動所為，恥揀善日，不亦戇遇哉？每伺今入山，不得其良時日交，下有其驗，不可輕入也。按《玉鈐經》云：欲入名山，不可不知遁甲之秘術，而不為人委曲說其事也。

而《靈寶經》云，入山當以保日及義日，若專日者大吉，以制日伐日必死，又不一一道之也。余少有入山之志，由此乃行學遁甲書，乃有六十餘卷，事不可卒精，故鈔集其要，以為《囊中立成》，然不中以筆傳。今論其較略，想好事者欲入山行，當訪索知之者，亦終不乏於世也。

《遁甲中經》曰：欲求道，以天內日天內時，劾鬼魅，施符書；以天禽日天禽時入名山，欲令百邪虎狼毒蟲盜賊，不敢近人者。出天藏，入地戶。凡六癸為天藏，六己為地戶也。

又曰：避亂世，絕跡於名山，令無憂患者，以上元丁卯日，名曰陰德之時，一名天心，可以隱淪，所謂白日陸沈，日月無光，人鬼不能見也。

又曰：求仙道入名山者，以六癸之日六癸之時，一名天公日，必得度世也。又曰：往山林中，當以左手取青龍上草，折半置逢星下，歷明堂入太陰中，禹步而行，三咒曰：諾皋，太陰將軍，獨開曾孫王甲，勿開外人；使人見甲者，以為束薪；不見甲者，以為非人。則折所持之草置地上，左手取土以傅鼻人中，右手持草自蔽，左手著前，禹步而行，到六癸下，閉氣而住，人鬼不能見也。凡六甲為青龍，六乙為逢星，六丙為明堂，六丁為陰中也。比成「既濟」卦〔4〕，初一初二跡不任九跡數，然相因仍一步七尺又云：一尺〔5〕合二丈一尺，顧視九跡。又，禹步法：正立，右足在前，左足在後，次復前左足，次前右足〔6〕，以左足從右足併，是一步也。次復前右足，次前左足，以右足從左足併，是二步也。次復前右足〔7〕，以左足從右足併，是三步也。如此，禹步之道畢矣。凡作天下百術，皆宜知禹步，不獨此事也。

抱朴子曰：《靈寶經》曰：所謂寶日者，謂支干上生下之日也，若用甲午乙巳之日是也。甲者，木也。午者，火也。乙亦木也，巳亦火也，火生於木故也。又謂義日者，支干下生上之日也，若壬申癸酉之日是也。壬者，水也。申者，金也。癸者，水也。酉者，金也，水生於金故也。所謂制日者，支干上克下之日也。若戊子己亥之日是也。戊者，土也。子者，水也。己亦土也，亥亦水也，五行之義，土剋水也。所謂伐日

者，支干下剋上之日，若甲申乙酉之日是也。甲者，木也。申者，金也。乙亦木也，酉亦金也，金剋木故也。他皆仿此，引而長之，皆知之也。

抱朴子曰：入名山，以甲子開除日，以五色繒各五寸，懸大石上，所求必得。又曰：入山宜知六甲秘祝。祝曰：臨兵鬥者，皆陣列前行。凡九字，常當密祝之，無所不辟。要道不煩，此之謂也。

抱朴子曰：山中山精之形，如小兒而獨足，走向後，喜來犯人。人入山，若夜聞人音聲大語，其名曰「蚑〔8〕」，知而呼之，即不敢犯人也。一名「熱內」，亦可兼呼之。又有山精，如鼓赤色，亦一足，其名曰「暉」。又或如人，長九尺，衣裘戴笠，名曰「金累」。或如龍而五色赤角，名曰「飛飛」，見之皆以名呼之，即不敢為害也。

抱朴子曰：山中有大樹，有能語者，非樹能語也，其精名曰「雲陽」，呼之則吉。山中夜見火光者，皆久枯木所作，勿怪也。山中夜見胡人者，銅鐵之精。

見秦者，百歲木之精。勿怪之，並不能為害。山水之間見吏人者，名曰「四徼」，呼之名即吉。山中見大蛇著冠幘者，名曰「升卿」，呼之即吉。山中見吏，若但聞聲不見形，呼人不止，以白石擲之則息矣；一法以葦為矛以刺之即吉。山中見鬼來喚人，求食不止者，以白茅投之即死也。山中鬼常迷惑使失道徑者，以葦杖投之即死也。

山中寅日，有自稱「虞吏」者，虎也。稱「當路君」者，狼也。稱「令長」者，老狸也。卯日稱「丈人」者，兔也。稱「東王父」者，麋也。稱「西王母」者，鹿也。辰日稱「雨師」者，龍也。稱「河伯」者，魚也。稱「無腸公子」者，蟹也。巳日稱「寡人」者，社中蛇也。稱「時君」者，龜也。午日稱

「三公」者，馬也。稱「仙人」者，老樹也。未日稱「主人」者，羊也。稱「吏」者，獐也。申日稱「人君」者，猴也。稱「九卿」者，猿也。酉日稱「將軍」者，老雞也。稱「捕賊」者，雉也。戌日稱人姓字者，犬也。稱「成陽公」者，狐也。亥日稱「神君」者，豬也。稱「婦人」者，金玉也。子日稱「社君」者，鼠也。稱「神人」者，伏翼也。丑日稱「書生」者，牛也。但知其物名，則不能為害也。

或問隱居山澤辟蛇蝮之道。

抱朴子曰：昔圓丘多大蛇，又生好藥，黃帝將登焉，廣成子[9]教之佩雄黃，而眾蛇皆去。今帶武都雄黃，色如雞冠者五兩以上，以入山林草木，則不畏蛇。蛇若中人，以少許雄黃末內瘡中，亦登時愈也。蛇種雖多，唯有蝮蛇及青金蛇中人為至急，不治之，一日則煞人。人不曉治之方術者，而為此二蛇所中，即以刀割所傷瘡肉以投地，其肉沸如火炙，須臾焦盡，而人得活。此蛇七八月毒盛之時，不得嚙人，而其毒不泄，乃以牙嚙大竹及小木，皆即燋枯。今為道士人入山，徒知大方，而不曉辟之之道，亦非小事也。未入山，當預止於家，先學作禁法，思日月及朱雀、玄武、青龍、白虎[10]，以衛其身，乃行到山林草木中，左取三口氣閉之，以吹山草中，意思令此氣赤色如雲霧，彌漫數十里中。若有從人，無多少皆令羅列，以氣吹之，雖踐蛇，蛇不敢動，亦略不逢見蛇也。若或見蛇，因向日左取三氣閉之，以舌柱天，以手捻都關，又閉天門，塞地戶，因以物抑蛇頭而手縈之，畫地作獄以盛之，亦可捉弄也。雖繞頭頸，不敢嚙人也。自不解禁，吐氣以吹之，亦終不得復出獄去也。若他人為蛇所中，左取三口氣以吹之，即愈不復痛。若相去十數里者，亦可遙為作氣，呼彼姓字，男祝我左手，女祝我右手，彼亦愈也。

介先生法：到山中住，思作五色蛇各一頭，乃閉氣以青竹及小木板屈刺之，左徊禹步，思作蜈蚣數千枚，以衣其身，乃去，終亦不逢蛇也。或以乾薑、附子帶之肘後，或燒牛羊鹿角薰身，或帶王方平〔11〕雄黃丸，或以豬耳中垢及麝香丸著足爪甲中，皆有效也。又麝及野豬皆啖蛇，故以厭之也。又，雲日鳥及鸚龜，亦皆啖蛇。故南人入山，皆帶鸚龜之尾、雲日之喙以辟蛇。蛇中人，刮此二物以塗其瘡，亦登時癒也。雲日，鴆鳥之別名也。又南人入山，皆以竹管盛活蜈蚣，蜈蚣知有蛇之地，便動作於管中，如此則詳視草中，必見蛇也。大蛇丈餘，身出一圍〔12〕者，蜈蚣見之，而能以氣禁之，蛇即死矣。蛇見蜈蚣在涯岸間，大蛇走入川谷深水底逃，其蜈蚣但浮水上禁，人見有物正青，大如綖者，直下入水至蛇處，須臾蛇浮出而死。故南人因此末蜈蚣治蛇瘡，皆登癒也。

或問曰：江南山谷之間，多諸毒惡，辟之有道乎？

抱朴子答曰：中州高原，土氣清和，上國名山，了無此輩。今吳、楚之野，暑濕鬱蒸，雖衡、霍正岳，猶多毒蠚也。又有短狐，一名「蜮」，一名「射工」，一名「射影」，其實水蟲也，狀如鳴蜩，狀似三合杯，有翼能飛，無目而利耳，口中有橫物角弩，如聞人聲，緣口中物如角弩，以氣為矢，則因水而射人，中人身者即發瘡，中影者亦病，而不即發瘡，不曉治之者煞人。其病似大傷寒，不十日皆死。

又有沙虱，水陸皆有，其新雨後及晨暮前，跋涉必著人，唯烈日草燥時，差稀耳。其大如毛髮之端，初著人，便入其皮裡，其所在如芒刺之狀，小犯大痛，可以針挑取之，正赤如丹，著爪上行動也。若不挑之，蟲鑽至骨，便周行走入身，其與射工相似，皆煞人。

人行有此蟲之地，每還所住，輒當以火炙燎令遍身，則此

蟲墮地也。若帶八物麝香丸、及度世丸，及護命丸、及玉壺丸、犀角丸、及七星丸、及薺苨，皆辟沙虱、短狐也。若卒不能得此諸藥者，但可帶好生麝香亦佳。以雄黃、大蒜等分合搗，帶一丸如雞子大者亦善。若已為所中者，可以此藥塗瘡亦癒。哎咀[13]赤莧汁，飲之塗之亦癒。五茄根及懸鉤草、菖藤，此三物皆可各單行，可以搗服其汁一二升。又，射工蟲冬天蟄於山谷間，大雪時索之，此蟲所在，其雪不積留，氣起如灼蒸，當掘之，不過入地一尺則得也，陰乾末帶之，夏天自辟射工也。若道士知一禁方，及洞百禁，常存禁及守真一者，則百毒不敢近之，不假用諸藥也。

或問：道士山居，棲岩庇岫，不必有縕縕之溫，直使我不畏風濕，敢問其術也？

抱朴子曰：金餅散、三陽液、昌辛丸、堇草耐冬煎、獨搖膏、茵芋玄華散、秋地黃血丸，皆不過五十日服之而止，可以十年不畏風濕。若服金丹大藥，雖未升虛輕舉，然體不受疾，雖當風臥濕。不能傷也。服此七藥，皆謂始學道者耳。姚先生但服三陽液，便袒臥冰上，了不寒振。此皆介先生及梁有道臥石上，及秋冬當風寒，已試有驗，秘法也。

或問涉江渡海辟蛟龍之道。

抱朴子曰：道士不得已而當遊涉大川者，皆先當於水次，破雞子一枚，以少許粉雜香末，合攪器水中，以自洗濯，則不畏風波蛟龍也。又佩「東海小童符」及「制水符」、「蓬萊札」，皆卻水中之百害也。又有「六甲三金符」、「五木禁」。又法：臨川先祝曰：卷蓬卷蓬，河伯導前辟蛟龍，萬災消滅天清明。又《金簡記》云：以五月丙午日日中，搗五石，下其銅。五石者，雄黃、丹砂、雌黃、礬石、曾青也。皆粉之，以金華池浴之，內六一神爐中鼓下之，以桂木燒為之，銅成以剛炭煉之，

令童男童女進火，取牡銅以為雄劍，取牝銅以為雌劍，各長五寸五分，取土之數，以厭水精也。帶之以水行，則蛟龍巨魚水神不敢近人也。

欲知銅之牝牡，當令童男童女俱以水灌銅，灌銅當以在火中向赤時也，則銅自分為兩段，有凸起者牡銅也，有凹陷者牝銅也，各刻名識之。欲入水，以雄者帶左，以雌者帶右。但乘船不身涉水者，其陽日帶雄，陰日帶雌。又天文大字，有北帝書，寫帛而帶之，亦辟風波蛟龍水蟲也。

或問曰：辟山川廟堂百鬼之法。

抱朴子曰：道士常帶「天水符」及「上皇竹使符」、「老子左契」，及守真一思三部將軍者，鬼不敢近人也。其次則論百鬼錄，知天下鬼之名字，及《白澤圖》、《九鼎記》，則眾鬼自卻。其次服鶉子赤石丸、及曾青夜光散、及蔥實烏眼丸、及吞白石英祗母散，皆令人見鬼，即鬼畏之矣。

抱朴子曰：有「老君黃庭中胎四十九真秘符」，入山林，以甲寅日丹書白素，夜置案中，向北斗祭之，以酒脯各少少，自說姓名，再拜受取，內衣領中，辟山川百鬼萬精虎狼蟲毒也。何必道士，亂世避難入山林，亦宜知此法也。

【入山符】

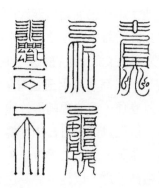

抱朴子曰：上五符，皆老君入山符也，以丹書桃板上，大書其文字，令彌漫板上，以著門戶上，及四方四隅，及所道側要處，去所住處，五十步內，劈山精鬼魅。內戶樑柱，皆可施安。凡人居山林及暫入山，皆可用，即眾物不敢害也。三符以相連著一板上。

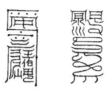

抱朴子曰：此符亦是老君入山符，戶內樑柱皆可施。凡人居山林及暫入山，皆宜用之也。

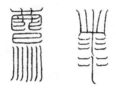

抱朴子曰：此是仙人陳安世所授「入山辟虎狼符」，以丹書絹二符，各異之。常帶著所住之處，各四枚。移涉當拔收之以去，大神秘也。開山符以千歲蓂名山之門，開寶書古文金玉，皆見秘之。右一法以如此，大同小異。

抱朴子曰：此符是老君所戴，百鬼及蛇蝮虎狼神印也。以棗心木方二寸刻之，再拜而帶之，甚有神效。仙人陳安世符矣。

【入山佩帶符】

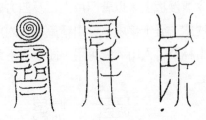

此三符，兼同著牛馬屋左右前後及豬欄上，辟虎狼也。

或問曰：昔聞談昌或步行水上，或久居水中，以何法乎？

抱朴子曰：以蔥涕和桂，服如梧桐子大七丸，日三服，至三年，則能行水上也。鄭君言但習閉氣至千息，久久則能居水中一日許。得真通天犀角三寸以上，刻以為魚，而銜之以入水，水常為人開，方三尺，可得氣息水中。又通天犀角有一赤理如線，有自本徹末。以角盛米置群雞中，雞欲啄之，未至數寸，即驚卻退。故南人或名通天犀為「駭雞犀」。以此犀角著穀積上，百鳥不敢集。

大霧重露之夜，以置中庭，終不沾濡也。此犀獸在深山中，晦冥之夕，其光正赫然如炬火也。以其角為叉導，毒藥為湯，以此叉導攪之，皆生白沫湧起，則了無復毒勢也。以攪無毒物，則無沫起也，故以是知之者也。若行異域有蠱毒之鄉，每於他家飲食，則常先以犀攪之也。

人有為毒箭所中欲死，以此犀叉刺瘡中，其瘡即沫出而愈也。通天犀所以能煞毒者，其為獸專食百草之有毒者，及眾木有刺棘者，不妄食柔滑之草木也。歲一解角於山中石間。人或得之，則須刻木色理形狀，令如其角以代之。犀不能覺，後年輒更解角著其處也。他犀亦辟惡解毒耳，然不能如通天者之妙也。

或食「六戊符」千日，或以赤班蜘蛛及七重水馬，以合馮夷水仙丸服之，則亦可以居水中。只以塗蹠下，則可以步行水上也。頭垢猶足以使金鐵浮水，況妙於茲乎？

　　或問：為道者多在山林，山林多虎狼之害也，何以辟之？

　　抱朴子曰：古之人入山者，皆佩黃神越章[14]之印，其廣四寸，其字一百二十，以封泥著所住之四方各百步，則虎狼不敢近其內也。行見新虎跡，以印順印之，虎即去；以印逆印之，虎即還，帶此印以行山林，亦不畏虎狼也。不但只辟虎狼，若有山川社廟血食惡神能作福禍者，以印封泥，斷其道路，則不復能神矣。

　　昔石頭水有大黿，常在一深潭中，人因名此潭為「黿潭」。此物能作鬼魅，行病於人。吳有道士戴昞者，偶視之，以越章封泥作數百封，乘舟以此封泥遍擲潭中，良久，有大黿徑長丈餘，浮出不敢動，乃格煞之。而病者並癒也。又有小黿出，羅列死於渚上甚多。

　　山中卒遇虎，便作三五禁，虎亦即卻去。三五禁法，當須口傳，筆不能委曲矣。一法，直思吾身為朱鳥，令長三丈，而立來虎頭上，因即閉氣，虎即去。若暮宿山中者，密取頭上釵，閉氣以刺白虎上，則亦無所畏。

　　又法：以左手持刀閉氣，畫地作方，祝曰：恒山之陰，太山之陽，盜賊不起，虎狼不行，城郭不完，閉以金關。因以刀橫旬日中白虎上，亦無所畏也。或用大禁，吞三百六十氣，左取右以叱虎，虎亦不敢起。以此法入山，亦不畏虎。或用七星虎步，及「玉神符」、「八威五勝符」、「李耳太平符」、中黃華蓋印文，及石流黃散，燒牛羊角，或立「西岳公禁山符」，皆有驗也。闕此四符也。

　　此符是老君入山符，下說如文。又可戶內樑柱皆施之。凡人居山林及暫入，皆可用之。

注釋

〔1〕山開月：道教認為可以入山而不會觸怒山神的月份。

〔2〕郅伯夷：東漢人，為長沙太守郅君章之孫。《風俗通義·怪神篇》亦載有此事。

〔3〕樗蒲博戲：古代的一種博戲（遊戲）。

〔4〕既濟卦據《易》載：☵為坎，☵為水；為離，為火。兩卦排比一起，象徵水火相濟，各得其宜，故稱「既濟」卦。

〔5〕尺：當為「共」字。

〔6〕次復前左足，次前右足：據孫星衍校為：「次復前左足，次前右足」。

〔7〕次復前右足：據孫星衍校為：「次復前左足，次前右足」。

〔8〕蚑：（ㄑㄧˊ），本指喜蜘，這裡指鬼名。

〔9〕廣成子：傳說中的仙人，曾為老子的老師。

〔10〕朱雀、玄武、青龍、白虎：為傳說中的四種神獸，古稱「四靈」。

〔11〕王方平：即王遠，字方平，東漢人，相傳他發明一

種雄黃丸，辟蛇有效。

〔12〕圍：計量圓形物體的單位，五寸為一圍，一說一抱為一圍。此處當指後者。

〔13〕咬咀：古代的一種藥物粉碎方法，即用嘴將藥材咬碎。

〔14〕黃神越章：方術家所用一種符章，認為能避虎狼，亦能殺鬼。《善齋吉金錄》收載有「黃神越章」之印圖數枚。

有人問登山之道。抱朴子說：凡是做道士煉製丹藥以及躲避戰亂而隱居的人，沒有不進入深山的。然而不懂得入山之法的人，大多會遭遇到禍害。故此有諺語說：太華之下，白骨狼藉。都是因為片面地認為入山就是簡單的登山，而沒有充分的準備，雖有乞求長生的意念，卻反而被害。山不論大小，都有神靈，山大則神大，山小即神小。不懂得登山之道的人，必然有遇害之患。有的遭受疾病，受到刺傷和驚恐不安；有的會看見奇怪的光影，有的會聽到奇異的聲音；有的大樹沒有被大風吹刮而自己折斷，岩石卻無故自己墜落，使人們受到打擊和驚嚇；有的使人迷惑奔跑而墜落坑谷；有的使人受到虎狼毒蟲的傷害等等，由此可見，是不能輕易入山的。

入山應該在三月、九月，這兩個月是山開月，在這兩個月入山的又應該選擇其中的吉日佳時。如果有事不能慢慢地等到這二個月，就只能選吉日佳時而已。凡是進入深山的人，都應該在入山前先齋戒潔身七日，不做污穢之事，整潔身心，佩帶「開山符」出門，作「周身三五法」。還有五嶽都有不吉利而遭受禍狭的年份，就像九州的大地，衰盛交替輪廻，遭受飛符煞氣，則此地的君主長官就不能當。按《周公城名錄》所載，天

下分野，災難所達之處，只能躲避而不能禳除，住宅也是如此，山岳也是這樣。大禁忌是不能在甲乙寅卯之年的正月二月進入東嶽；不能在丙丁巳午年的四月五月進入南嶽；不能在庚辛申酉年的七月八月進入西嶽；不能在戊己年的四季中各季最後一個月進中嶽；不能在壬癸亥子年十月十一月進入北嶽。不只是進入太華山、霍山、恒山、嵩山才禁忌這些年月，凡那山岳同一方向的都有相同的禁忌年月。

　　萬物中年代久遠的，它們的精靈都能假托成人的形體來迷惑人的眼睛而常常考驗人，只是不能照於鏡中，否則容易顯出真形來。所以，古代進入深山的道士，都用直徑九寸以上的明鏡懸掛在背後，則老妖魅精之類就不敢接近人了。如果有鬼妖來考驗人，就向後反看鏡子裡，若是仙人和山中的好神仙，反看鏡中仍是像人的形狀。若是鳥獸邪惡的鬼魅，則它們原來的形貌都會顯現在鏡子裡。還有，老妖魅鬼若來了，它們離去時一定是倒著行走，它行走時可倒轉鏡子對著它照，再從後面來看它，若是老妖魅鬼，就一定沒有腳後跟，那有腳後跟的，則是山神。

　　過去，張蓋蹋和偶高成二人都在蜀郡雲台山石室中精修苦練，突然有一個人穿著黃色的精布單衣，頭戴葛巾，來到他們倆跟前說：辛苦了道士們，如此艱辛苦煉幽居隱名！於是二人反視鏡中，發現竟然是隻鹿。故而問道：您是山中的老鹿，怎麼敢假扮人形？話還沒有說完，來的人就變成鹿逃走了。

　　林慮山下有一個亭子，亭中有鬼，凡有在此住宿的人，或者死亡，或者生病，經常在夜裡有幾十個人來此，穿著黃色、白色或黑色的衣服，有男有女。後來郅伯夷經過並住宿在那裡，點亮著燭燈，坐著朗讀經書，半夜裡有十幾個人前來與伯夷對坐，他們一起玩樗蒲博戲，伯夷偷偷地用鏡子來照他們，

發現竟是一群狗。伯夷就端著燭燈站起來，假裝失手用燭燈燒他們的衣服，發出毛髮燒焦的氣味。伯夷懷揣著小刀，順勢抓住其中一個就刺過去，開始時還發出人叫聲，死了後就變成了一隻狗，其餘的狗都逃跑了，從此此處鬼怪再也沒有出現，這就是鏡子的作用。

道術高超的道士進入深山，手持《三皇內文》和《五嶽真形圖》，隨處可召喚山神，按照鬼怪的名錄招來州郡的社神及山神、宅神詢問，這樣，樹木石頭的妖怪，山川的精怪都不敢來考驗人。道術稍次的道士就書寫舉起七十二種精怪的鎮壓符，用來鎮住各種妖魔鬼怪的顯現，還用朱紅的官印、包元十二印，封蓋住所居住地的四方，各種妖魔鬼怪也不敢近前。道術再次的道士，就手持「八威之節」，佩帶「老子玉策」，則山神就可聽從使喚，妖魔鬼怪哪裡還敢為害呢？

我聽鄭先生所講的就是如此，實在是再也不能完全知道這些事了。我的老師常常告誡弟子說：人們追求道術，就像擔心家中貧窮，擔憂地位低下的人那樣，又怎麼會得不到呢？但如果志向不堅定，追求近利，忘卻遠大目標，聽見道術就很高興，跪地向前，洗耳恭聽，但過不了多久，就忽視得像遺忘了一樣，這樣，絲毫的收益得不到鞏固，而山丘般的損傷卻是無休止的，又怎麼能夠悟得到最高道術的細微精妙，成就奧妙無窮的崇高事業呢？

抱朴子說：進入深山的最大忌諱是正月的午日，二月的亥日，三月的申日，四月的戌日，五月的未日，六月的卯日，七月的子日，八月的巳日，九月的寅日，十月的未日，十一月的辰日，十二月的酉日。進山的吉利日子是：甲子、甲寅、乙亥、乙巳、乙卯、丙戌、丙午、丙辰，以上幾天是大吉日子。

抱朴子說：按照《九天秘記》和《太乙循甲》所說：「進

山大月份的忌日是三日，十一日、十五日、十八日、二十四日、二十六日、三十日；小月份的忌日是一日、五日、十三日、十六日、二十六日、二十八日。」在這些忌日進山必定會被山神所捉弄，還會使所要求的東西得不到，所要做的事情不成功。不光是道士，普通凡人在這天進山都會遭遇到凶險禍害，或與虎狼毒蟲相遇。

抱朴子說：天地的情態及形狀，陰陽的吉利凶險，是茫茫然而難以詳知的，我也不必說它們一定有，也不敢保證它們一定無。但是，黃帝、姜太公都相信並依賴它們，近代名人嚴君平、司馬遷都依據沿用，而經傳中有「治曆明時」、「剛日」、「柔日」之說。有句古話說：「吉日惟戊」。這說明選擇吉日良辰，古已有之。帝王設立太史這個官，封禪、拜祖、置祭、立祠等，祭祀宗廟，在郊外祭祀天地，都選擇吉日良辰。而才華淺薄的凡夫俗子，自詡為超世脫俗，一舉一動，所作所為，都認為選擇吉日是恥辱，難道不是很愚笨的嗎？每當準備試探著進山，又求不到吉日良辰，且又出現不祥的兆頭，則不可輕易進山。按《玉鈐經》的說法，想要進入名山，不能不懂得奇門遁甲的秘術，但沒有對人詳盡說明這些事。

而《靈寶經》說：進入深山應當在「保日」和「義日」（保為甲午乙巳，義為壬申癸酉，制為戊子己亥，伐為甲申乙酉），如果是「專日」則最吉利，在「制日」、「伐日」進山必然會死亡，但又沒有一一地說清楚。我從小就有進山的願望，因此，就去學習奇門遁甲的書，曾有這方面的書六十多卷。但這種法術是不可能在倉促間就精通的，所以，就抄寫收集其中的要點，編撰為《囊中立成》一書，然而，法術的要旨是不宜用筆墨來傳世的。今論述它的大概，想到喜好法術的人想要進入深山中行遊，當然要訪求懂得奇門遁甲術的人，然而這些法

術在世上最終是不會少的。

《遁甲中經》說：想要追求道術，應該在天內日的天內時，驅除鬼怪，施行符書；在天禽日的天禽時進入名山，若要想讓各種妖邪、虎狼毒蟲、盜賊不敢接近人的，要在「天藏」之時出來，在「地戶」之時進入。凡是六癸之時為「天藏」，六己之時為「地戶」。

又說：躲避動亂世道，隱居於名山，使自己成為沒有憂患的人，應該在上元的丁卯那天，名叫「陰德」的時辰，又叫「天心」時辰可以入隱，是所謂白天陸地沉淪，太陽月光失去光明，人和鬼都不能看見。

又說：追求神仙道術進入名山的人，應在六癸那天的六癸時辰，這天又叫「天公日」，一定能得以超度世俗。

又說：到山林中去，應當用左手拿著「青龍」方向的草，折一半放置在「逢星」下，經過「明堂」，進入「太陰」中，用禹步行走，念三遍咒語道：諾皋（太陰神的名字），太陰將軍，唯獨為曾孫壬甲開山門，不要對外人開放；讓那看見壬甲的人認為是柴禾一捆；看不見壬甲的人，以為沒有人。然後將所持折斷的草放在地上，左手取土來敷在鼻下的人中穴上，右手拿草來掩蔽自己，左手放在前面，邁禹步前行，到六癸下，屏住呼吸停下，人和鬼都看不見。所謂六甲就是「青龍」，六乙就是「逢星」，六丙就是「明堂」，六丁就是「陰中」。排列成既濟卦，初一初二兩爻的行跡不足九道足跡的數目，但相互因襲仍是一步七尺，一共是二丈一尺，回視有九個足跡。

還有，禹步法：立正，邁出右腳在前，左腳在後，然後向前邁出左腳，又邁出右腳，將左腳向右腳並齊，這是第一步。然後向前邁出右腳，再邁出左腳在前，將右腳向左腳並齊，這是第二步。然後，再向前邁出左腳，接著又邁出右腳在前，再

將左腳邁前與右腳並齊，這是第三步。像這樣禹步的道術就算完結。凡是施行天下各種道術的，都應懂得禹步，不單單是奇門遁甲之術。

抱朴子說：《靈寶經》載：所謂「保日」，是干支上位產生下位的日子，比如甲午、乙巳日就是「保日」，因為甲屬木，午屬火，乙也是屬木，巳也是屬火，而火是由木產生的。所謂「義日」是干支下位產生上位的日子，如壬申、癸酉日就是「義日」，因為壬屬水，申屬金，癸屬水，酉屬金，而水是由金產生的。所謂「制日」就是干支上位剋下位的日子，如戊子、己亥日就是「制日」，戊屬土，子屬水，己也屬土，亥也是屬水，五行的說法是土剋水。所謂「伐日」就是干支下位剋上位的日子，如甲申、乙酉日就是「伐日」，甲屬木，申屬金，乙也是屬木，酉也是屬金，而金剋木。其餘的都可仿照這些引申推論，就可以知道了。

抱朴子說：進入名山，應當選在一個甲子的十二天中的開日和除日，用五種顏色的絲織品各五寸，懸掛在大石頭上，就能使所求的東西一定能得到。又說：進山應該知道六甲秘咒，咒語道：「臨兵鬥者，皆陣列前行」共九個字，應經常秘密念誦，無論什麼災禍都可以避開的。重要的道術不繁雜，說的就是這種咒語。

抱朴子說：深山裡山精的形狀，像小孩一樣而只有一隻腳，走路如向後退，喜歡來侵犯人。人進山後，如果聽到人的聲音便大聲說活的山精，它的名字叫「蚑」，知道了這個名字後就呼喚它，它就不敢再來侵犯人了。另一個名字叫「熱內」，也可同時呼這個名字。還有一種山精，像鼓一樣是紅色的，也是一隻腳，它的名字叫「暉」。還有的像人，長九尺，穿著裘皮服，戴著笠帽，名字叫「金累」。有的像龍，五彩的身子，

紅色的角，名叫「飛龍」，看見它們都要呼喚它們的名字，它們就不敢來害人了。

抱朴子說：山中有大樹，有的能說話，並不是樹本身能說話，而是樹的精靈，名叫「雲陽」，呼喚它的名字就吉利。在山中夜裡看見的「火光」，那都是長久乾枯的樹木所發出的，不要覺得奇怪。在山中夜裡看見的胡人，都是銅鐵的精靈。

看見秦朝的人，是百年樹木的精靈。這些都不要覺得奇怪，並不能帶來危害。山水之間看見的小官吏，名叫「四徼」，呼喚它的名字就吉利。在山中看見戴著冠和頭巾的大蛇，名叫「升卿」，呼叫它的名字就吉利。在山中看見官吏，但若聽到聲音就看不見形體，並不停地呼喚人，用白色石頭投擲就能平息；另一種方法是用葦作成矛刺它就會吉利。在山中看見鬼來叫人，不斷地索求食物，用白茅向它投擲，它立即死去。山中的鬼經常迷惑人使他們迷失道路，用蘆葦做的手杖投擲它們即會死亡。

山中在寅日，若有自稱「虞吏」的，則是老虎。自稱是「當路君」的是狼。自稱是「令長」的則是老狸。在卯日，自稱「丈人」的則是兔子。自稱「東王父」的是麋。自稱「西王母」的是鹿。在辰日自稱「雨師」的是龍。自稱「河伯」的是魚。自稱「無腸公子」的是蟹。在巳日，自稱「寡人」的是社廟中的蛇。自稱「時君」的是烏龜。在午日自稱「三公」的是馬。自稱「仙人」的是老樹。在未日自稱「主人」的是羊。自稱「吏」的是獐。在申日自稱「人君」的是猴。自稱「九卿」的是猿。在酉日自稱「將軍」的是老雞，自稱「捕賊」的是野雞。在戌日自稱「人姓名字號」的是狗。自稱「成陽公」的是狐。在亥日，自稱「神君」的是豬。自稱「婦人」的是金玉。在子日自稱「社君」的是老鼠。自稱「神人」的是蝙蝠。在丑日自稱「書

生」的是牛。只要知道物體的名字，就不會被危害了。

有人問隱居在深山裡湖澤邊躲避蝮蛇之類毒蛇的方法。

抱朴子說：過去，圓丘山上有很多大蛇，且又生長著許多好的藥草，黃帝準備登這座山，廣成子教他佩帶雄黃，結果各種蛇都逃走。現在佩帶武都雄黃，顏色像雞冠一樣的五兩以上，這樣進入山中樹林草叢中則不怕蛇。如果蛇咬傷了人，就用小量的雄黃粉末放入在傷口上，很快就痊癒。蛇的種類雖多，但只有蝮蛇及青金蛇咬傷人最為危急，如不及時救治，一天就會死。如果不知道治療蛇傷的方法，而又被這種蛇咬傷，應立即用刀割下傷口部位的肉投擲在地上，那肉會冒煙像火燒一樣，一會兒燒焦化盡，而人才能得以生存。這些蛇七八月份毒液飽滿時，若不能咬人，其毒液不能排泄出來，就會用牙齒咬大竹子及小樹木，這些竹木馬上就會焦枯。

假如身為道士進山，只知道進山的大道理和方法，而不知道回避毒蛇的方法，這也不算是小事，沒有進山之前，應當預先在家中停留，先學習「作禁」的方法，想著太陽、月亮和天空中的四象：朱雀、玄武、青龍、白虎，以保護自己的身體，這才進到山林草木之中，向左吸三口氣閉住，吹到山林中的草叢裡，意念中想讓這些氣成為紅色的，如同雲霧一樣，彌漫幾十里內。如果有隨從人員，無論多少都讓他們排列起來，用氣吹，雖然腳踩到蛇，蛇也不敢動彈，也幾乎是碰不到蛇的。若是看到蛇，就向太陽左邊吸三口氣閉住，用舌頭頂住上面，用手捏住鼻子，閉緊嘴，收緊肛門，然後用東西壓住蛇頭，用手繞著蛇在地上畫出牢圈囚禁它，也可以在此捉弄它。就是將蛇繞在頭頸上，它也不敢咬人。若一直不念解禁咒，且吐氣來吹蛇，則蛇始終不能再出這個牢圈。

如果有其他人被蛇所咬傷，向左吸取三口氣吹他，馬上就

會痊癒且不再疼痛。如果受傷的人相隔十幾里遠，也可以用吐氣治療法，並呼喚他的姓名。如果受傷是男的則咒祝自己的左手，是女的咒祝自己的右手，他們也會痊癒的。

有一種「介先生法」，是到山中居住，先意念作出五種顏色的蛇各一條，然後閉氣用青竹及小樹枝猛刺它們，並向左邊行禹步徘徊。又意想作蜈蚣九千條，用衣服穿在它們的身上，再出發上山，終生都不會遇到蛇。或者用乾薑、附子佩戴在胳膊肘後，或者燒牛、羊、鹿角薰，有的佩帶王方平雄黃丸，或者用豬耳朵中的耳垢和麝香丸放在腳趾甲裡，都是有效的避蛇方法。還有，麝及野豬都吃蛇，故可以用來壓制蛇。又有雲日鳥和蠑龜也都吃蛇。所以，南方人進山時都佩帶蠑龜的尾巴、雲日鳥的嘴來避蛇。蛇咬傷人，可以刮到這兩種東西來塗擦傷口，能立即痊癒。雲日，鳩鳥的別名。

還有，南方人進山，都用竹筒裝著活蜈蚣，蜈蚣知道有蛇的地方，如果蜈蚣在筒中翻動，則應詳細觀察周圍草中，必定能看見蛇。若蛇大一丈多長，身體超出一圍的，蜈蚣看見了，就能閉氣來禁咒它，蛇就會馬上死亡。蛇看見蜈蚣在河岸邊，蛇就會逃入河谷深水底部，蜈蚣只是浮在水面上禁咒，人們看見有一個純青色的東西如縋一樣大，直到水底至蛇處，一會兒，蛇便浮出水面而死。故南方人用蜈蚣粉來治蛇咬傷，都能馬上痊癒。

有人問道：江南的一些山谷中有很多毒蟲惡氣，躲避它們有什麼方法？

抱朴子回答道：中原的一些高山，地氣清純和順，發達國家著名的高山，根本沒有這些東西。現在吳地、楚地的郊野暑熱潮濕，鬱鬱蒸騰，雖然衡山、霍山等是正宗山岳，但仍有特別多的毒蟲。

還有一種短狐，一名「蜮」，一名「射工」，一名「射影」，其實是一種水蟲。形狀像叫蟬，大小如同能盛裝三合的杯子，有翅膀能飛，沒有眼睛，但聽力很敏銳，嘴裡有橫放的物體像是角弩，如聽到人的聲音就會用嘴裡像角弩的東西，用氣作箭，趁著水勢來射人，身體被射中的人就會生瘡，射中影子的人也會生病，而不馬上生瘡，不懂得治療方法的人會被害死。這種病就像是重傷寒病，不到十天病者都會死。

還有一種沙蝨，水中陸地皆有，如果在剛剛下雨後和早晨、黃昏之前，跋山涉水就一定會附著在人身上，只有在烈日草乾燥時，才會稀少些。它的大小如同毛髮尖一樣，剛沾上人體就會鑽到人的皮膚裡，它附著的地方像芒刺的樣子，輕輕碰著就非常疼痛，可以用針挑出來，這種蟲的顏色純紅像丹砂，放在指甲上會行走，如果不挑出來，蟲子鑽到骨頭裡，就會在體內周遊全身，這種蟲子與射工相似，都能殺死人。

人們行走在有這種蟲子的地方，每當回到住所，就應立即用火烤燎全身，則這種蟲子就會掉落到地上。如果帶八物麝香丸、度世丸、護命丸、玉壺丸、犀角丸、七星丸、薺苨，都能避開沙蝨、短狐。如果倉促間不能找到這些藥丸，只要佩帶質量好的生麝香也很好。以用這些藥塗傷口亦可痊癒。搗碎紅莧菜取汁，飲用和塗擦傷口都能痊癒。五加根、懸鉤草、菖藤這三種藥物都可以單獨運用，可以搗服其汁一二升。射工蟲冬天會在山谷裡冬眠，下大雪時尋找，此蟲所在的地方雪不會積留，有熱氣冒起如同灼燒蒸煮一樣，在此處挖掘，不超過一尺就可以找到，將其陰乾搗末帶上，夏天能避開射工蟲。如果道士知道「一禁方」、「洞百禁」、「常存禁」及守真一，則各種毒蟲都不敢近身，就不必借用各種藥物了。

有人問道：道士在山上居住，常在山崖間棲居，在山洞裡

藏身，沒有墊褥的溫暖，卻能使自己不怕風寒潮濕，冒昧地問您這是什麼方法呢？

抱朴子說：金餅散、三陽液、昌辛丸、葷草耐冬煎、獨搖膏、茵芋玄華散、秋地黃血丸，服食都不用超過五十天而停藥，可十年不怕風濕。若服食金丹大藥，雖沒有輕身升天，但身體不會受疾病侵襲，雖然當風臥濕也不會受到傷害。服食這七種藥物，都是對於開始學道的人而已。姚先生只服三陽液，便能裸臥在冰面上，完全不會因寒冷而戰慄。這些都是經過介先生和梁有道躺臥在石頭上以及秋冬抵禦風寒的試驗確有效果的，是一種秘術。

有人打聽過渡江海避開蛟龍的方法。

抱朴子說：道士迫不得已而要游涉大江大河，都先應該在水邊，敲破一個雞蛋，用少量粉混雜香木粉末，置攪拌器皿中加水攪拌，用來給自己洗澡，則不怕風浪蛟龍。還有佩戴「東海小童符」、「制水符」、「蓬萊札」，都能除去水中的各種禍害。還有「六甲三金符」、「五木禁」也可以。再一種方法是快到江河邊時先念咒語道：卷蓬卷蓬，河伯導前辟蛟龍，萬災消滅天清明。

《金簡記》講：在五月丙午日中午，搗碎五種石料，煉下其中的銅。這五種石料是雄黃、丹砂、雌黃、礜石、曾青，都搗成粉末，在金華池中洗過，在六一神爐中鼓風燒煉，銅煉成後，在用剛炭燒煉，讓童男、童女來加火，用公的銅來製作雄劍，用母的銅來製作雌劍，各長五寸五分，採用合乎於土的數目，以壓制水中的精怪，佩戴它在水中行走，則蛟龍、巨龜水神都不敢接近人身。

想要知道銅的公母，就讓童男童女都用水澆灌銅，澆銅時應於銅在火中燒的近紅時，則銅就自然的分為兩段，有凸起的

一段是公銅，有凹陷的一段是母銅，各自刻上字來區別。

想要入水時將雄劍帶在左邊，將雌劍帶在右邊。但若是乘船而身體不接觸水時，就在陽日佩帶雄劍，陰日佩帶雌劍。還有，好像天像的大字，有北帝書寫的，抄寫在帛上佩帶，也可以避開風浪、蛟龍、水蟲的危害。

有人向我問躲避山川中廟堂裡各種鬼怪的方法。

抱朴子說：道士們經常佩帶「天水符」、「上皇竹使符」、「老子左契」、「守真一思三部將軍」，鬼不敢近人。其次則要研究各種鬼的名錄，知道天下各鬼的名字，以及攜帶《白澤圖》、《九鼎記》，則眾鬼自行躲避。再次就是要服鶉子赤石丸、曾青夜光散、蔥實烏眼丸，以及吞服白石英袛母散，都可使人能看見鬼，則鬼就會害怕。

抱朴子說：有老君黃庭中胎四十九真秘符，進入山林，在甲寅日用丹砂寫在白色素絹上，夜晚放在案桌上，向北斗星祭祀，用酒和肉擺一點在案上，說出自己的姓名，再跪拜接受素絹，放入衣領，可避開山川中各種鬼怪虎狼毒蟲的侵害。何止是道士一定要知道，亂世避難進入山林的普通人也應該知道這種法術。

【入山符】

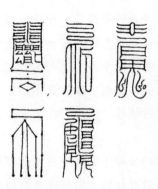

抱朴子說：上面五種符都是太上老君入山符。用丹砂書寫
在桃樹板上，都寫上這些文字，令布滿板上，用來挂在門窗上
以及四面方向的四個角、住所路邊的重要處，離住處五十步以
內，能避開山精鬼怪。大門內、樑柱上都可以張貼安放。凡是
人們在山林中居住以及暫時進入山中的，都可使用，各種怪物
都不敢危害。也可以將三種入山符相連接著放在一塊木板上。

抱朴子說：此符也是太上老君入山符，大門內、樑柱上都
可以張貼安放。凡是人們居住在山林中以及暫時進入山中的，
都應使用它。

 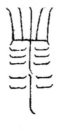

抱朴子說：這是仙人陳安世所傳授的「入山辟虎狼符」，
用丹砂書寫這二符在絹布上，各自不同。經常帶在所居住的地
方，各四張。如搬遷應當拔取收好再離去，這是很神秘的。
「開山符」用千年古藤繫於名山之門上，開寶書三卷，閱古文，
尋金玉都應保密。以上一法也是這樣，大同小異而已。

抱朴子說：此符是太上老君所戴，是各種鬼怪及蝮蛇、虎狼的神印。用棗樹心木二寸見方刻製，先拜一拜再佩帶，有很神奇的效果。仙人陳安世用過這符的。

【入山佩戴符】

此三符一同貼置在牛棚、馬棚左右前後及豬欄上，可避開虎狼。

有人問道：過去聽說談昌有時在水面上步行，有時長期居住在水中，用的是什麼方法呢？

抱朴子說：用蔥汁調和桂末，服食如梧桐子大的丸子七粒，每日服三次，連服三年，則能在水上行走。鄭先生說：只要練習閉住呼吸到能暗數一千次，就能在水中居住長達一天左右。若能得到真的通天犀角三寸以上，將其雕刻為魚狀，含著進入水中，水就會為人讓開，方圓三尺，在水中能得到空氣，可呼吸。通天犀角有一條紅色的紋理像線一樣，從頭到腳，用這種犀角裝米放在雞群中，雞想要啄米，離米還有幾寸遠時即受驚而退卻。所以，南方人有的叫通天犀為「駭雞犀」。用這種犀角放在穀堆上，各種鳥兒都不敢飛來。

霧大露重的夜晚將其放在庭院中間，始終不會沾濕的。這種犀牛在深山中在晦暗黃昏的夜晚，它的光芒強烈如同火炬一樣。用它的角做成叉匙，用毒藥作湯，用這種叉匙攪拌，即會產生白沫湧起來，則這湯完全不再有毒了。用它攪拌無毒的物質，就沒有泡沫產生。故可以用此來知道物質是否有毒。如果

走到異地有蟲毒的地方，每次在他人家裡吃飯，則應先用犀叉攪拌食物。若有人被毒箭所射中快要死了，用這種犀叉刺入傷口中，則傷口就會有泡沫流出而痊癒。通天犀之所以能解毒，是因為這種獸專吃百草中有毒的草，以及各種樹木中有刺棘的，不隨便吃柔軟光滑的草木。每年一次脫角在山中石頭裡，若有人發現並取走它，則應刻製一個色彩紋理形狀都像犀角一樣的木製角，放在原來的地方代替拿走的犀角，使犀牛不能發覺它脫的角被人取走，以後它每年就會在此處來脫角。其他的犀角也能避開惡氣解除毒性，但不如通天犀角那樣神妙。

有的人服食「六戊符」一千天，有的用赤斑蜘蛛和七種水馬來調合馮夷水仙丸服食，則也可在水中居住，只用這些塗在腳底，則可以步行在水面上。頭垢都能足以使金鐵浮於水上，何況有比其更好的東西呢？

有人問：修道的人大多在山林中，山林裡有很多虎狼的危害，怎樣來躲避呢？

抱朴子說：古代進入深山的人都佩帶「黃神越章印」，印寬四寸，上面有字一百二十個，用所印的泥放在住所的四面各一百步遠的地方，則虎狼都不敢進這個範圍內。行路時見到新的虎腳印，用此印順著虎腳印蓋印，老虎就會離去；用這個印反著腳印蓋印，則老虎就會還回，帶著此印在山林中行走，不怕虎狼。不但只是能避開虎狼，若是山川社廟中有吃血肉的野獸，能帶來災禍的惡神，用此印印泥，封斷道路，則它們就不能再作禍了。

過去有一個叫「石頭」的地方，在一個水潭中有一個大黿，經常在這個深潭中游弋，人們因而叫此潭為「黿潭」。這個東西能變作鬼魅，使人生病。吳郡有個道士叫戴昞，偶然看見了它，用「越章」蓋泥幾百枚，乘船到此潭中，用此蓋印的

泥投擲到潭中各處，很久之後，有大黿直徑長達一丈多，浮出水面不敢動彈，於是把它打死，因此物而病的人也同時痊癒了。又有許多小黿浮出來，排列著死在沙洲上很多。在山中突然遭遇老虎，便念「三五禁咒」，老虎也會立即退去。三五禁法，必須用口來傳授，筆墨是不能寫清楚的。

一種方法是直接冥想自己的身體變為朱雀，有三丈長，站立在老虎的頭上，隨即閉住呼吸，老虎馬上就會離去。若夜晚在山中住宿，就暗暗取下頭上的釵子，屏住呼吸用釵子刺在白虎上，就會什麼都不怕了。

又一種方法是用左手持刀屏住呼吸，在地上畫一塊方形，念咒道：恒山之陰，泰山之陽，盜賊不起，虎狼不行，城廓不完，閉以金關。並用刀橫放在十日中的白虎位上，也可什麼都不怕了。有的用「大禁咒」，吸三百六十口氣，從左邊吸氣，朝右邊呵叱老虎，老虎也不敢起身。用這種法術進山，也不怕老虎。有的用「七星虎步」、「玉神符」、「八威五勝符」、「李耳太平符」、「中黃華蓋印文」以及石流黃散、燒牛羊角，或者立置「西岳公禁山符」，都有效驗。但沒有這四種符圖。

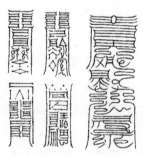

這些符是太上老君入山符，下面的說明如上文，還可以在門內樑柱上都張貼安放，凡是居住在山林中及暫時進入山林的人都可應用。

卷十八　地真

原　文

抱朴子曰：余聞之師云：人能知一[1]，萬事畢。知一者，無一之不知也。不知一者，無一之能知也。道起於一，其貴無偶，各居一處，以像天地人，故曰「三一」也。天得一以清，地得一以寧，人得一以生，神得一以靈。金沈羽浮，山峙川流，視之不見，聽之不聞，存之則在，忽之則亡，向之則吉，背之則凶，保之則遐祚罔極，先之則命彫氣窮。老君曰：忽兮恍兮，其中有像；恍兮忽兮，其中有物。一之謂也。故仙經曰：子欲長生，守一當明；思一至飢，一與之糧。思一至渴，一與之漿。一有姓字服色，男長九分，女長六分，或在臍下二寸四分下丹田中，或在心下降宮金闕中丹田也、或在人兩眉間，卻行一寸為明堂，二寸為洞房，三寸為上丹田也。此乃是道家所重，世世歃血口傳其姓名耳。一能成陰生陽，推步寒暑。春得一以發，夏得一以長，秋得一以收，冬得一以藏。其大不可以六合階，其小不可以毫芒比也。

昔黃帝東到青丘，過風山，見紫府先生，受《三皇內文》，以劾召萬神，南到圓隴陰建木，觀百靈之所登，採若干之華。飲丹巒之水；西見中黃子，受《九加之方》，過崆峒，從廣成子受《自然之經》；北到洪隄，上具茨，見大隗君、黃蓋童子，受《神芝圖》，還陟王屋，得《神丹金決記》。到峨眉山，見天真皇人於玉堂，請問真一之道。皇人曰：子既君四海，欲復求長生，不亦貪乎？其相覆不可具說，粗舉一隅耳。夫長生仙方，則唯有金丹；守形卻惡，則獨有真一。故古人尤重也。仙經曰：九轉丹，金液經，守一訣，皆在崑崙五城之內，藏以玉函，刻以金札，封以紫泥，印以中章焉。

吾聞之於先師曰：一在北極大淵[2]之中，前有明堂[3]後有絳宮[4]；魏魏華蓋[5]，金樓[6]穹隆；左罡右魁[7]，激波揚空；玄芝被崖，朱草蒙瓏，白玉嵯峨，日月垂光；歷火過水，經玄涉黃；城闕交錯，帷帳琳琅；龍虎列衛，神人在旁；不施不與，一安其所；不遲不疾，一安其室；能暇能豫，一乃不去；守一存真，乃能通神，少欲約食，一乃留息；白刃臨頸，思一得生；知一不難，難在於終；守之不失，可以無窮；陸辟惡獸，水卻蛟龍；不畏魍魎，挾毒之蟲；鬼不敢近，刃不敢中。此真一之大略也。

抱朴子曰：吾聞之於師云，道術諸經，所思存念作，可以卻惡防身者，乃有數千法。如含影藏形，及守形無生，九變十二化二十四生等，思見身中諸神，而內視令見之法，不可勝計，亦各有效也。然或乃思作數千物以自衛，率多煩難，足以大勞人意。若知守一之道，則一切除棄此輩，故曰能知一則萬事畢者也。

受真一口訣，皆有明文、歃白牲之血，以王相之日受之，以白絹白銀為約，克金契而分之，輕說妄傳，其神不行也。人能守一，一亦守人。所以白刃無所措其銳，百害無所容其凶，居敗能成，在危獨安也。若在鬼廟之中，山林之下，大疫之地，塚墓之間，虎狼之藪，蛇蝮之處，守一不怠，眾惡遠迸。若忽偶忘守一，而為百鬼所害。或臥而魘者，即出中庭視輔星，握固守一，鬼即去矣。若夫陰雨者，但止室中，向北思見輔星而已。若為兵寇所圍，無復生地，急入六甲陰中，伏而守一，則五兵不能犯之也。

能守一者，行萬里，入軍旅，涉大川，不須卜日擇時；起工移徙，入新屋舍，皆不復按堪與星曆，而不避太歲、太陰將軍、月建煞耗之神，年命之忌，終不復值殃咎也。先賢歷試有

驗之道也。

抱朴子曰：玄一之道，亦要法也。無所不辟，與真一同功。吾《內篇》第一名之為《暢玄》者，正以此也。守玄一復易於守真一。真一有姓字、長短、服色；此玄一旦自見之。初求之於日中，所謂「知白守黑，欲死不得」者也。然先當百日潔齋，乃可候求得之耳，亦不過三四日得之，得之守之，則不復去矣。守玄一，並思其身，分為三人。三人已見，又轉益之，可至數十人，皆如己身。隱之顯之，皆自有口訣，此所謂分形之道。

左君及薊子訓、葛仙公[8]所以能一日至數十處，及有客座上，有一主人與客語，門中又有一主人迎客，而水側又有一主人投釣。賓不能別何者為真主人也。師言：守一兼修明鏡，其鏡道成，則能分形為數十人，衣服面貌，皆如一也。

抱朴子曰：師言：欲長生，當勤服大藥，欲得通神，當金水分形，形分則自見其身中之三魂七魄，而天靈地底，皆可接見，山川之神，皆可使役也。

抱朴子曰：生可惜也，死可畏也。然長生養性辟死者，亦未有不始於勤，而終成於久視也。道成之後，略無所為也。未成之間，無不為也。采掘草木之藥，劬勞山澤之中；煎餌治作，皆用筋力，登危涉險，夙夜不怠。非有至志，不能久也。及欲金丹成而升天，然其大藥物，皆用錢直，不可卒辦。當復由於耕、牧、商、販以索資，累年積勤，然後可合。及於合作之日，當復齋潔清淨，斷絕人事。有諸不易，而當復加之以思神守一，卻惡衛身，常如人君之治國，戎將之待敵，乃可為得長生之功也。

以聰明大智，任經世濟俗之器，而修此事，乃可必得耳。淺近庸人，雖有志好，不能克終矣。故一人之身，一國之像

也。胸腹之位，猶宮室也。四肢之列，猶郊境也。骨節之分，猶百官也。神猶君也，血猶臣也，氣猶民也。故知治身，則能治國也。夫愛其民所以安其國，養其氣所以全其身。民散則國亡，氣竭即身死，死者不可生也，亡者不可存也。是以至人消未起之患，治未病之疾，醫之於無事之前，不追之於既逝之後。民難養而易危也，氣難清而易濁也。故審威德所以保社稷、割嗜欲所以固血氣。然後真一存焉，三七〔9〕守焉，百害卻焉，年命延矣。

抱朴子曰：師言：服金丹大藥，雖未去世，百邪不近也。若但服草木及小小餌八石，適可令疾除命益耳，不足以禳外來之禍也。或為鬼所冒犯，或為大山神之所輕凌，或為精魅所侵犯，唯有守真一，可以一切不畏此輩也。次則有帶神符。若了不知此二事以求長生，危矣哉！四門而閉其三，盜猶得入，況盡開拓邪？

注釋

〔1〕一：為道教教義的重要概念，它源於先秦道家。指天地萬物形成、運動的規律，可認為是「道」的代名詞。此處所述的「一」當是指道教的「知一論」。

〔2〕北極、大淵：均為內丹術術語，指丹田。

〔3〕明堂：內丹術語，指兩眉間卻入一寸處。

〔4〕絳宮：內丹術語，指心臟。

〔5〕華蓋：內丹術語，指肺。

〔6〕金樓：內丹術語，指喉嚨。

〔7〕左罡右魁：當指左腎、右腎。

〔8〕左君：指左慈。字元放，東漢廬江人，曾為葛玄老師；薊子訓：東漢人，有神異之道；葛玄：葛洪叔祖，鄭隱的

老師，人稱「葛仙公」。

〔9〕三七：指三魂七魄。

抱朴子說：我聽到老師說過：人們如果懂得「一」，萬事就會懂得。知道「一」的人，就沒有一種事物不知道。不知道「一」的人，就沒有一種事物能知道的。道教起源於「一」，它的寶貴是沒有第二種事物可比的，各自居住一處，就形成了天、地、人的形象，故稱為「三一」。

上天得到「一」就清正廉明，大地得到「一」就平穩安寧，人得到「一」就能生存，神得到「一」就靈驗。金屬下沉，羽毛上浮，山岳聳立，江河流淌，這些自然存在的規律往往是視而不見，聽而不聞，但依存它的就生存，忽略它的就滅亡，順應它就吉祥，違背它就凶險。保持著它就有長久的福氣，無邊無際，拋棄它就會生命凋謝，元氣窮盡。

太上老君說：惚惚恍恍，其中卻有形象，恍恍惚惚，其中卻有實物。說的就是「一」。故《仙經》講：您若要長生，就應當掌握守一；存思守一至最飢餓時，「一」就會給您糧食；存思守一至最口渴時，「一」會給您水液。「一」是有姓名、字號、服飾、顏色的，男的長九分，女的長六分。或在肚臍下二寸四分的下丹田穴中，或在心臟下絳宮、金闕的中丹田穴中，或在人的兩眉之間，退行一寸為明堂穴，二寸為洞房穴，三寸為上丹田穴。這些都是修道的人所重視的，世世代代歃血為盟後，才能口耳相傳它們的姓名。「一」能生成陰陽，推動寒暑變化。春季得到「一」，萬物才得以萌發，夏季得到「一」，萬物才得以生長，秋季得到「一」，萬物才得以收穫，冬季得到「一」萬物才得以收藏。「一」大不可以用上下四方來限制，

「一」小不可以用毫毛麥芒來比較。

昔日黃帝往東到了青丘，經過風山謁見了紫府先生，接受了《三皇內文》，用它來斥退和召喚各種神仙；往南到了圓隴，登上陰建樹，觀察各種精靈所攀登之處，採集若干的花，飲用丹巒的清水；往西謁見了中黃子，求受了《九加之方》，經過崆峒山，從廣成子那裡接受了《自然經》；往北到了洪堤，登上了具茨山，拜見了大隗君的黃蓋童子，求受了《神芝圖》，返回時登上了王屋山，得到了《神丹金訣記》，到了峨眉山，在玉堂上謁見天真皇人，詢問守真一的方法。

皇人說：先生已是四海的君主，還想再求長生不死，豈不是太貪心了嗎？君主與長生是相互矛盾的，不能一一說清，只能粗略地舉出一句罷了，長生不死的仙方就只有服食金丹；持守形體，除去邪惡，則只有守真一了，所以，古人特別重視守真一。《仙經》說：九轉丹、金液經、守真一的秘訣都在崑崙山五城之中，用玉匣子裝著，用鏤製金片札包著，用紫色的泥封口，用中章來蓋印。

我從先師那裡聽說「一」就在北極、太淵的中間，前有明堂，後有絳宮，巍巍的華蓋肺，金樓穹隆的喉，左邊有左腎罡星，右邊有右腎魁星，激流的波濤飛騰半空，黑色的靈芝蓋住崖岸，紅色的草蔥蔥瓏瓏，白玉般的牙齒高高聳立，日月般的雙目炯炯有光。經歷過水火，跋涉過人身的天地，城墻宮闕交錯，重重惟帳琳琅滿目，龍虎排列守衛，神仙端立在旁邊。不施不與，「一」就安在其住所；不慢不快，「一」就安在其居室；能空閒舒適，「一」就不會離去；存守真一，才能與神仙溝通；寡慾節食，「一」才會留住歇息。利刀架在脖子上時，思「一」就能得以生存，要懂得「一」並不難，難在有始有終；守住「一」不要失去，生命就可以無窮無盡，在陸地上能讓惡獸躲

避，在水裡能使蛟龍退卻，不怕妖怪和有毒的蛇蟲，鬼也不敢接近，利刃也不敢傷害，這就是「一」的大概情況。

抱朴子說：我聽到老師說：介紹道術的各種經書所介紹的冥思、存想、念咒、作法，能夠用來避開邪惡防衛身體的方法，竟有數千種。如隱身術、匿形術、守形術、九種變形術、十二種幻化術、二十四種再生術等。冥思能看見身上的各種神，而向體內感視可以看見內臟的方法，多得數不清，它們各自也都是有效的。然而，若冥思幾千種東西來自衛，一般有較多麻煩和難度，足以使人感到很疲勞。但如果懂得守真一的方法，則可將這一類的法術拼棄。所以說能懂得「一」，則萬事可以通曉。

傳授真一的口訣都有明文記載，用白色牲口的血盟誓，在王相吉日接受，用白色絹帛、白銀來約定，刻寫黃金契約來剖分，若輕易說出，胡亂傳授，則它的神效就不靈了。人如果能持守真一，「一」也就可以守衛著人。這就是利刀無法施展它的銳利，各種危害無法表露其凶險，處於失敗卻能成功，身在危險之處都能獨自安全的原因。如果在鬼廟裡面，山林之中，瘟疫流行的地方，墳墓之間，虎狼聚集的地方，蝮蛇出沒之處，持守真一不懈怠，則各種邪怪惡獸遠遠逃開。如果偶爾忽略，忘記了守「一」，則會被各種鬼獸所危害。有的睡覺時被鬼迷住，就走出房間到庭院中觀看輔星，雙手緊握，固守真一，鬼就會馬上離開。若是天陰下雨，則應留在房內，向北方冥思，用意念看見輔星就行了。如果被亂兵賊寇所包圍，沒有逃生的地方，趕快進入六甲陰地之中，趴在地上持守真一，則各種兵器不能傷害了。能持守真一的人，行走萬里，進入軍隊，橫渡江河，都不必通過占卜來選擇吉日良辰。建築搬遷動工，進入新居，都不必依照相地看風水及占卜星曆的法術，不

必避開太歲、太陰將軍，月建煞耗神等，以及出生年月、命運的忌諱，都不會碰到災禍。這些是先前聖賢們已經試驗過，是確有效驗的道術。

抱朴子說：玄一的法術也是重要的法術，它沒有什麼邪惡不能避開，與真一的功用相同。我寫的《抱朴子內篇》，第一篇名叫《暢玄》，正是因為這個緣故。守玄一比守真一容易些。真一有姓名字號長短服飾顏色，而這玄一只是自己看見自己。開始在太陽當中時修煉，正所謂是「明知白日卻守玄一，就是想死都是不能的。」然而，先要潔身齋戒一百天才可等候修求得到玄一，也不過三四天就能得到，得到後守住它就不會再離去。守玄一時要一併冥思它的身體，並意念將其身體分為三個人，三個人都已出現了，再進一步增強它們，可分成幾十個人，這些人都像自己的身體，它們隱藏或顯現都有各自的口訣，這就是所謂的分形之道。

左慈先生和薊子訓、葛仙公之所以能一天同時到幾十個地方，達到有客人在座上有一個主人同他談話，門口又有一個主人在迎接客人，而水邊又有一個主人在垂釣，就連賓客也不能分別出哪一個是真正的主人。老師講守一兼修明鏡術，當那明鏡道術學成，就能夠分解形體達幾十個人，衣著服飾和面貌都像是一個人。

抱朴子說：老師講若想要長生，應當勤於服食仙丹妙藥，想要溝通神靈，應當用金水分形。形體分離則可自己看見身體中的三魂七魄，天地神靈，都可以接見，山河的神靈都可以役使。

抱朴子說：生命是值得珍惜的，死是可怕的。然而修煉長生養性之法而避開死亡的人，沒有不是從辛勤勞苦開始的，而終於成為長生不死的人。修道成功後，基本上沒有什麼可做的

事了，而未學成之前，就沒有不去努力做的了。採挖草木類的藥物，在深山水澤裡勞累，煎煮搗碎製作都要花費大的力氣，攀登危峰，跋涉險灘，從早到晚不懈怠，如果沒有堅定的意志，是不能持久的。到想要煉成金丹升天時，那些重要的藥物都要用錢購買，不可能在倉促間辦齊。應當再從種地、放牧、經商、販賣中籌集資金，長年勤於積累，等到有足夠的資金後才可以備藥、煉製。到了混合煉製藥物的那天，應當齋戒潔身、清慾淨性，與其它的人和事隔絕。

若有各種不容易辦得到的事則應當再用冥思神靈、持守真一的法術來除惡防身。要常常像國君治理國家，武將面臨敵人一樣，才可以得到長生不死的功效。

由聰明智慧，經營世道，救濟世俗的人才來修煉這種事，則一定能成功的。淺薄庸俗的人，雖有這方面的志向和愛好，也不會有成功的結果。一個人的身體就像一個國家一樣，胸腹的位置，好比宮庭房屋，四肢的排列就像四郊的邊境，骨頭和關節就像是文武百官，神志就像國君，血液就像大臣，元氣就像百姓。所以，懂得修養身體，就能治理好國家。熱愛自己的臣民就能安定自己的國家，修養自己的元氣就能保全自己的身體。百姓離散則國家滅亡，元氣枯竭則身體死亡，死去的人不可能再生，滅亡的國家不可能再存在。所以，明智的人能消除未起的禍患，防治沒有成為大病的小疾，醫治在沒有發作之前，而不是在死亡之後補救。百姓難以安養而容易導致危險，元氣難以清新而容易污濁。所以，注重威信德行能保全社稷，割斷嗜好和慾望能加固血氣。這樣做了之後真一才會保存，三魂七魄才能守住，各種危害才能避開，壽命就可延長了。

抱朴子說：老師講：服食金丹大藥，雖然沒有離開世俗而升仙，但各種邪惡卻不敢近身。若只是服食草木及少少的服食

八種藥石，只可使疾病得除，壽命延長而已，不足以禳除外來的災禍。故有時被鬼怪所冒犯，有時被大山神所輕視凌辱，有時被妖精所侵犯，只有持守真一，才能夠不畏懼所有的災禍。其次則是佩帶神符。如果完全不懂得這二件事而追求長生不死，就太危險了。四扇門關了三扇，盜賊都能進入，何況在所有的門都開著的情況下呢？

卷十九　遐覽

原　文

或曰：鄙人面牆，拘繫儒教，獨知有五經、三史、百氏之言，及浮華之詩賦，無益之短文，盡思守此，既有年矣。既生值多難之運，亂靡有定，干戈戚揚，藝文不貴，徒消工夫，苦意極思，攻微索隱，竟不能祿在其中，免此壟畝；又有損於精思，無益於年命，二毛告暮，素志衰頹，正欲反迷，以尋生道，倉卒罔極，無所趨向，若涉大川，不知攸濟。先生既窮觀墳典，又兼綜奇秘，不審道書凡有幾卷，願告篇目。

抱朴子曰：余亦與子同斯疾者也。昔有幸遇明師鄭君，但恨弟子不慧，不足以鑽至堅、極彌高耳。於時雖充門人之灑掃，既才識短淺，又年尚少壯，意思不專，俗情未盡，不能大有所得，以為巨恨耳。鄭君時年出八十，先髮鬢斑白，數年間又黑，顏色豐悅，能引強弩射百步，步行日數百里，飲酒二斗不醉。每上山，體力輕便，登危越險，年少追之，多所不及。飲食與凡人不異，不見其絕穀。

余問先隨之弟子黃章，言鄭言：嘗從豫章還，於掘溝浦中，連值大風。又聞前多劫賊，同侶攀留鄭君，以須後伴，人人皆以糧少，鄭君推米以恤諸人，己不復食，五十日亦不飢。

又不見其所施為，不知以何事也。火下細書，過少年人。性解音律，善鼓琴。閒坐，侍坐數人，口答咨問，言不輟響，而耳並料聽左右操弦者，教遣長短，無毫釐差過也。

余晚充鄭君門人，清見方書。告余曰：要道不過尺素上，足以度世，不用多也。然博涉之後，遠勝於不見矣。既悟人意，又可得淺近之術，以防初學未成者諸患也。乃先以道家訓教戒書不要者近百卷，稍稍示余。余亦多所先見，先見者頗以其中疑事咨問之。

鄭君言：君有甄事之才，可教也。然君所知者，雖多未精，又意在於外學，不能專一，未中以經深涉遠耳，今自當以佳書相示也。又許漸得短書縑素所寫者。積年之中，合集所見，當出二百許卷，終不可得。他弟子皆親僕使之役，採薪耕田，唯余尫羸[1]，不堪他勞，然無以自效，常親掃除，拂拭床几，磨墨執燭，及與鄭君繕寫故書而已。見待余同於先進者，語余曰：雜道書卷卷有佳事，但當校其精粗，而擇所施行，不事盡諳誦，以妨日月而勞意思耳，若金丹一成，則此輩一切不用也。亦或當有所教授，宜得本末，先從淺始，以勸進學者，無所希，準階由也。鄭君亦不肯先令人寫其書，皆當決其意，雖久借之，然莫有敢盜寫一字者也。

鄭君本大儒士也，晚而好道，由以《禮記》、《尚書》教授不絕。其體望高亮，風格方整，接見之者皆肅然。每有咨問，常待其溫顏，不敢輕銳也。書在余處者，久之一月，足以大有所寫，以不敢竊寫者，政以鄭君聰敏，邂逅知之，失其意則更以小喪大也。然於求受之初，復所不敢，為斟酌時有所請耳。是以徒知飲河，而不得滿腹。然弟子五十餘人，唯余見受金丹之經及《三皇內文》、《枕中五行記》，其餘人乃有不得一觀此書之首題者矣。他書雖不具得，皆疏其名，今將為子說之，後

生好書者，可以廣索也。

　　道經有《三皇內文》天地人三卷、《元文》上中下三卷、《混成經》二卷、《玄錄》二卷、《九生經》、《二十四生經》、《九仙經》、《靈卜仙經》、《十二化經》、《九變經》、《老君玉歷真經》、《墨子枕中五行記》五卷、《溫寶經》、《息民經》、《自然經》、《陰陽經》、《養生書》一百五卷、《太平經》五十卷、《九敬經》、《甲乙經》一百七十卷、《青龍經》、《中黃經》、《太清經》、《通明經》、《按摩經》、《道引經》十卷、《元陽子經》、《玄女經》、《素女經》、《彭祖經》、《陳赦經》、《子都經》、《張虛經》、《天門子經》、《容成經》、《入山經》、《內寶經》、《四規經》、《明鏡經》、《日月臨鏡經》、《五言經》、《柱中經》、《靈寶皇子心經》、《龍蹻經》、《正機經》、《平衡經》、《飛龜振經》、《鹿盧蹻經》、《蹈形記》、《守形圖》、《坐亡圖》、《觀臥引圖》、《含景圖》、《觀天圖》、《木芝圖》、《菌芝圖》、《肉芝圖》、《石芝圖》、《大魄雜芝圖》、《五岳經》五卷、《隱守記》、《東井圖》、《虛元經》、《牽牛中經》、《王彌記》、《臘成記》、《六安記》、《鶴鳴記》，《平都記》、《定心記》、《龜文經》、《山陽記》、《玉策記》、《八史圖》、《入室經》、《左右契》、《玉歷經》、《升天儀》、《九奇經》、《更生經》、《四衿經》十卷、《食日月精經》、《食六氣經》、《丹一經》、《胎息經》、《行氣治病經》、《勝中經》十卷、《百守攝提經》、《丹壺經》、《岷山經》、《魏伯陽內經》、《日月廚食經》、《步三罡六紀經》、《入軍經》、《六陰玉女經》、《四君要用經》、《金雁經》、《三十六水經》、《白虎七變經》、《道家地行仙經》、《黃白要經》、《八公黃白經》、《天師神器經》、《枕中黃白經》五卷、《白子變化經》、《移災經》、《厭禍經》、《中黃經》、《文人經》、《涓子天地人經》、《崔文子肘後經》、《神光占方來經》、《水仙經》、《尸解經》、《中遁

經》、《李君包天經》、《包元經》、《黃庭經》、《淵體經》、《太素經》、《華蓋經》、《行廚經》、《微言》三卷、《內視經》、《文始先生經》、《歷藏延年經》、《南闕記》、《協龍子記》七卷、《九宮》五卷、《三五中經》、《宣常經》、《節解經》、《鄒陽子經》、《玄洞經》十卷、《玄示經》十卷、《箕山經》十卷、《鹿台經》、《小僮經》、《河洛內記》七卷、《舉形道成經》五卷、《道機經》五卷、《見鬼記》、《無極經》、《宮氏經》、《真人玉胎經》、《道根經》、《候命圖》、《反胎胞經》、《枕中清記》、《幻化經》、《詢化經》、《金華山經》、《鳳網經》、《召命經》、《保神記》、《鬼谷經》、《凌霄子安神記》、《去丘子黃山公記》、《王子五行要真經》、《小餌經》、《鴻寶經》、《鄒生延命經》、《安魂記》、《皇道經》、《九陰經》、《雜集書錄》、《銀函玉匱記》、《金板經》、《黃老仙錄》、《原都經》、《玄元經》、《日精經》、《渾成經》、《三尸集》、《呼身神治百病經》、《收山鬼老魅治邪精經》三卷、《入五毒中記》、《休糧經》三卷、《採神藥治作秘法》三卷、《登名山渡江海敕地神法》三卷、《趙太白囊中要》五卷、《入溫氣疫病大禁》七卷、《收治百鬼召五岳丞太山主者記》三卷、《興利宮宅官舍法》五卷、《斷虎狼禁山林記》、《召百里蟲蛇記》、《萬畢高丘先生法》三卷、《王喬養性治身經》三卷、《服食禁忌經》、《立功益算經》、《道士奪算律》三卷、《移門子記》、《鬼兵法》、《立亡術》、《練形記》五卷、《郄公道要》、《角里先生長生集》、《少君道意》十卷、《樊英石壁文》三卷、《思靈經》、三卷、《龍首經》、《荊山記》、《孔安仙淵赤斧子大覽》七卷、《董君地仙卻老要記》、《李先生口訣肘後》二卷，凡有不言卷數者，皆一卷也。

　　其次有諸符，則有《自來符》、《金光符》、《太玄符》三卷、《通天符》、《五精符》、《石室符》、《玉策符》、《枕中符》、《小

童符》、《九靈符》、《六君符》、《玄都符》、《黃帝符》、《少千三十六將軍符》、《延命神符》、《天水神符》、《四十九真符》、《天水符》、《青龍符》、《白虎符》、《朱雀符》、《玄武符》、《朱胎符》、《七機符》、《九天發兵符》、《九天符》、《老經符》、《七符》、《大捍厄符》、《玄子符》、《武孝經燕君龍虎三囊辟兵符》、《包元符》、《沈羲符》、《禹蹻符》、《消災符》、《八卦符》、《監乾符》、《雷電符》、《萬畢符》、《八威五勝符》、《威喜符》、《巨勝符》、《采女符》、《玄精符》、《玉歷符》、《北台符》、《陰陽大鎮符》、《枕中符》、《治百病符》十卷、《厭怪符》十卷、《壺公符》二十卷、《九台符》九卷、《六甲通靈符》十卷、《六陰行廚龍胎石室三金五木防終符》合五百卷、《軍火召治符》、《玉斧符》十卷，此皆大符也。其餘小小，不可具記。

抱朴子曰：鄭君言：符出於老君，皆天文也。老君能通於神明，符皆神明所授。今人用之少驗者，由於出來歷久，傳寫之多誤故也。又信心不篤，施用之亦不行。又譬之於書字，則符誤者，不但無益，將能有害也。書字人知之，猶尚寫之多誤。故諺曰：書三寫，「魚」成「魯」，「虛」成「虎」，此之謂也。「七」與「士」，但以倨勾長短之間為異耳。然今符上字不可讀，誤不可覺，故莫知其不定也。世間又有受體使術，用符獨效者，亦如人有使麝香便能芳者，自然不可得傳也。

雖爾，必得不誤之符，正心用之。但當不及真體使之者速效耳，皆自有益也。凡為道士求長生，志在藥中耳，符劍可以卻鬼辟邪而已。諸大符乃云行用之可以得仙者，亦不可專據也。昔吳世有介像者，能讀符文，知誤之與否。有人試取治百病雜符及諸厭劾符，去其籤題以示像，皆一一據名之。其有誤者，便為人定之。自是以來，莫有能知者也。

或問：仙藥之大者，莫先於金丹，既聞命矣，敢問符書之

屬，不審最神乎？

抱朴子曰：余聞鄭君言：道書之重者，莫過於《三皇內文》、《五岳真形圖》也。古者仙官至人，尊秘此道，非有仙名者，不可授也。受之四十年一傳，傳之歃血而盟，委質為約。諸名山五岳，皆有此書，但藏之於石室幽隱之地。應得道者，入山精誠思之，則山神自開山，令人見之。如帛仲理[2]者，於山中得之，自立壇委絹，常畫一本而去也。有此書，常置清潔之處。每有所為，必先白之，如奉君父。其經曰：家有《三皇文》，辟邪惡鬼、瘟疫氣、橫殃飛禍。若有困病垂死，其信道心至者，以此書與持之，必不死也。其乳婦難艱絕氣者持之，兒即生矣。

道士欲求長生，持此書入山，辟虎狼山精，五毒百邪，皆不敢近人。可以涉江海，卻蛟龍，止風波。得其法，可以變化。起工不問地擇日，家無殃咎。若欲立新宅及冢墓，即寫《地皇文》數十通，以布著地，明日視之，有黃色所著者，便於其上起工，家必富昌。又因他人葬時，寫《人皇文》，並書己姓名著紙裡，竊內人冢中，勿令人知之，令人無飛禍盜賊也。有謀議己者，必反自中傷。又此文先潔齋百日，乃可以召天神司命，及太歲日遊五嶽四瀆[3]，社廟之神，皆見形如人，可問以吉凶安危，及病者之禍祟所由也。又有十八字以著衣中，遠涉江海，終無風波之慮也。

又家有《五嶽真形圖》，能辟兵凶逆，人欲害之者，皆還反受其殃。道士時有得之者，若不能行仁義慈心，而不精不正，即禍至滅家，不可輕也。

其變化之術，大者唯有《墨子五行記》，本有五卷。昔劉君安[4]未仙去時，抄取其要，以為一卷。其法用藥用符，乃能令人飛行上下，隱淪無方：含笑即為婦人，蹙面即為老翁，踞

地即為小兒。執杖即成林木，種物即生瓜果，可食，畫地為河，撮壤成山，坐致行廚，興雲起火，無所不作也。其次有《玉女隱微》一卷，亦化形為飛禽走獸，及金木玉石，興雲致雨方百里，雪亦如之，渡大水不用舟梁，分形為千人，因風高飛，出入無間，能吐氣七色，坐見八極，及地下之物，放光萬丈，冥室自明，亦大術也。然當步諸星數十，曲折難識，少能譜之。其《淮南鴻寶萬畢》，皆無及此書者也。

又有《白虎七變法》，取三月三日所殺白虎頭皮，生駝血、虎血、紫綬、履組、流萍，以三月三日合種之。初生草似胡麻，有實，即取此實種之，一生輒一異。凡七種之，則用其實合之，亦可以移形易貌，飛沉在意，與《墨子》及《玉女隱微》略同，過此不足論也。

《遐覽》者，欲令好道者知異書之名目也。鄭君不徒明五經，知仙道而已，兼綜九宮三棋，推步天文，河洛讖記，莫不精研。太安元年，知季世之亂，江南將鼎沸，乃負笈持仙藥之撲，將入室弟子，東投霍山，莫知所在。

注釋

〔1〕尪羸：音（ㄨㄤ ㄌㄟˊ），瘦弱的意思。

〔2〕帛仲理：即帛和。字仲理。

〔3〕五嶽：指泰山、嵩山、華山、衡山、恒山；四瀆：指長江、黃河、淮河、濟水。

〔4〕劉君安：即劉根，字君安，棄世學道，後成仙。

譯文

有人說：我面壁苦讀，拘泥於儒家學說，只知道有五經三史和諸子百家之說，以及浮華的詩賦，無益的短文，費盡心思

研讀這些，已有些年了。而此生卻偏偏碰上多難的命運，動亂不止，干戈不斷，文章藝術不被看重，白白地浪費了功夫，苦苦思索，研微探隱，竟然不能從中獲得俸祿而免於耕田種地。還有損於精神，無益於壽命，頭上已出現白髮，預示暮年的到來，平常意志衰頹，正想迷途知返，以尋求長生之路，時間倉促，前途渺茫，不知所向，像橫渡大河一樣，不知從哪兒渡過。先生既已遍讀了三墳五典，又兼通奇妙的秘術，不知學習道術的書籍有多少卷，希望您能告訴我它們的名稱。

抱朴子說：我也曾與您有過同樣的毛病。過去我幸遇高明的老師鄭隱先生，只是恨學生我不聰明，不能鑽研到最深的奧秘，達到最高境界罷了。當時雖然能算是門徒，作點灑水掃地的工作，但才知短淺，年紀又輕，思想和意志不專一，世俗的情慾未斷盡，沒能取得很大的收穫，是我最大的遺憾。鄭隱先生當時年過八十，開始鬢髮斑白，幾年後白髮又變為黑，顏色豐澤悅目，能拉開硬弓，箭射百步，每日可步行數百里，飲酒二斗仍不醉。每當上山時，身體輕便，攀登危峰，跋涉險灘，年輕人追趕他，大多是趕不上的。飲食與普通人相同，沒有看見他斷絕穀物糧食。

我問先追隨老師的弟子黃章，他說：鄭先生講過他曾從豫章郡回來，在掘溝浦裡，接連碰到大風。又傳說前面有很多搶劫盜賊，同伴們挽留鄭先生等待後邊的同路人，當時人人都認為乾糧太少，鄭先生將米推讓出來以救濟各位同伴，自己不再吃乾糧，五十天也不飢餓。

又看不見他所施行的是什麼法術，不知道他用的是什麼方法。在燈下寫小字，眼力超過年輕人。他生性懂得音律，善於擊鼓彈琴，平時閒坐，陪著閒坐的有好幾個人，回答詢問，言語不停，而他的耳朵卻同時聽著旁邊彈琴的人，指教他的音律

的長短，沒有絲毫的差錯。

我很晚才充當鄭先生的門人，請求見識道書，他告訴我說：主要的道旨在不超過一尺長的素帛上，就足以用來超度世俗，而不必用更多的道書。當然，博賢涉獵之後，遠遠勝過沒有看見書的人。既可領悟人的意旨，又可獲得淺近的道術，以防止初學而不能得道者的各種疾病。於是，先將道術的訓導、教授、戒律等不重要的書籍近百卷漸漸地拿出來給我看。很多書我先前也讀過，就拿先前讀過的書中的疑問向他咨詢。

鄭先生說：您有辨別事物的才能，可以傳授。但是，您所知道的雖然多，卻不夠精通，還有您的意旨在於表面的學問，不能專一，沒有經歷深遠、涉獵深奧的學問，現在，我應當給最好的書給您看了。又過了一段時間，才漸漸得到短書策及縑帛所抄寫的書，幾年內，將看到的書集中起來，當超過二百餘卷，卻始終不能得到。其他的弟子都是些親近的僕役之人，打柴種田，只有我瘦弱，受不住其他的勞作，故沒有什麼用來奉獻，就經常親自掃地除塵，擦拭床頭几案，磨墨執燭，並為鄭先生修補抄寫舊書而已。

但先生待我如同先進的弟子，對我說：旁雜的道書卷卷都有好內容，只是應當考校其中精華和糟粕，從而有所選擇地施行，不必完全熟諳背誦，以免消費了時光而又勞神費思。如果金丹一旦煉成，這類書籍則統統沒有用了。如果要教授別人，應當懂得本末之分，先從淺近的開始，以鼓勵求學的人，不要希冀一步登天，而要沿著階梯走上來。鄭先生也不肯讓人抄寫他的書，能否摘錄取決於他的意願，雖然借閱了很久，卻沒有誰敢偷偷地抄寫一個字。

鄭先生本來是個大儒生，到了晚年才愛好道術，但仍然不停地教授《禮記》、《尚書》。他體格高大，眼睛明亮，作風和

人格公正廉潔，接觸和看見他的人都肅然起敬。每當有人咨詢，通常都顯出溫和的臉色，不敢輕視刻薄。在我那兒的書，時間長的達一月之久，有足夠的時間來抄寫，之所以不敢偷偷抄寫，正是因為鄭先生聰明敏銳，一旦偶然發現違背了他的意願，則更會因小而失大。然而，在追求傳授的開始再不敢抄寫，只是斟酌道義時有所請教罷了。所以，只知道飲河裡的水，但不敢喝滿肚子。雖然有弟子五十多人，只有我看見和得到金丹的經書和《三皇內文》、《枕中五行記》，其餘的人還沒有看一眼這些書的書名標題的。其他的書雖然沒有全部都獲得，但卻記下了它們的名字，現在我將要為您談談，以後喜歡道教典籍的人，可以廣泛地探索。

道家經典有《三皇內文》天地人三卷、《元文》上中下三卷、《混成經》二卷、《玄錄》二卷、《九生經》、《二十四生經》、《九仙經》、《靈卜仙經》、《十二化經》、《九變經》、《老君玉歷真經》、《墨子枕中五行記》五卷、《溫寶經》、《息民經》、《自然經》、《陰陽經》、《養生書》一百零五卷、《太平經》五十卷、《九敬經》、《甲乙經》一百七十卷、《青龍經》、《中黃經》、《太清經》、《通明經》、《按摩經》、《道引經》十卷、《元陽子經》、《玄女經》、《素女經》、《彭祖經》、《陳赦經》、《子都經》、《張虛經》、《天門子經》、《容成經》、《入山經》、《內寶經》、《四規經》、《明鏡經》、《日月臨鏡經》、《五言經》、《柱中經》、《靈寶皇子心經》、《龍蹻經》、《正機經》、《平衡經》、《飛龜振經》、《鹿盧蹻經》、《蹈形記》、《守形圖》、《坐亡圖》、《觀臥引圖》、《含景圖》、《觀天圖》、《木芝圖》、《菌芝圖》、《肉芝圖》、《石芝圖》、《大魄雜芝圖》、《五岳經》五卷、《隱守記》、《東井圖》、《虛元經》、《牽牛中經》、《王彌記》、《臘成記》、《六安記》、《鶴鳴記》、《平都記》、《定心記》、《龜文經》、《山陽記》、

《玉策記》、《八史圖》、《入室經》、《左右契》、《玉歷經》、《升天儀》、《九奇經》、《更生經》、《四衿經》十卷、《食日月精經》、《食六氣經》、《丹一經》、《胎息經》、《行氣治病經》、《勝中經》十卷、《百守攝提經》、《丹壺經》、《岷山經》、《魏伯陽內經》、《日月廚食經》、《步三罡六紀經》、《入軍經》、《六陰玉女經》、《四君要用經》、《金雁經》、《三十六水經》、《白虎七變經》、《道家地行仙經》、《黃白要經》、《八公黃白經》、《天師神器經》、《枕中黃白經》五卷、《白子變化經》、《移災經》、《厭禍經》、《中黃經》、《文人經》、《涓子天地人經》、《崔文子肘後經》、《神光占方來經》、《水仙經》、《尸解經》、《中遁經》、《李君包天經》、《包元經》、《黃庭經》、《淵體經》、《太素經》、《華蓋經》、《行廚經》、《微言》三卷、《內視經》、《文始先生經》、《歷藏延年經》、《南闕記》、《協龍子記》七卷、《九宮》五卷、《三五中經》、《宣常經》、《節解經》、《鄒陽子經》、《玄洞經》十卷、《玄示經》十卷、《箕山經》十卷、《鹿台經》、《小僮經》、《河洛內記》七卷、《舉形道成經》五卷、《道機經》五卷、《見鬼記》、《無極經》、《宮氏經》、《真人玉胎經》、《道根經》、《候命圖》、《反胎胞經》、《枕中清記》、《幻化經》、《詢化經》、《金華山經》、《鳳網經》、《召命經》、《保神記》、《鬼谷經》、《凌霄子安神記》、《去丘子黃山公記》、《王子五行要真經》、《小餌經》、《鴻寶經》、《鄒生延命經》、《安魂記》、《皇道經》、《九陰經》、《雜集書錄》、《銀函玉匱記》、《金板經》、《黃老仙錄》、《原都經》、《玄元經》、《日精經》、《渾成經》、《三尸集》、《呼身神治百病經》、《收山鬼老魅治邪精經》三卷、《入五毒中記》、《休糧經》三卷、《採神藥治作秘法》三卷、《登名山渡江海敕地神法》三卷、《趙太白囊中要》五卷、《入溫氣疫病大禁》七卷、《收治百鬼召五岳丞太山主者記》三卷、《興

利宮宅官舍法》五卷、《斷虎狼禁山林記》、《召百里蟲蛇記》、《萬畢高丘先生法》三卷、《王喬養性治身經》三卷、《服食禁忌經》、《立功益算經》、《道士奪算律》三卷、《移門子記》、《鬼兵法》、《立亡術》、《練形記》五卷、《郤公道要》、《角里先生長生集》、《少君道意》十卷、《樊英石壁文》三卷、《思靈經》三卷、《龍首經》、《荊山記》、《孔安仙淵赤斧子大覽》七卷、《董君地仙卻老要記》、《李先生口訣肘後》二卷。以上凡是沒有講明卷數的都是一卷。

其次有各種符圖，主要有《自來符》、《金光符》、《太玄符》三卷、《通天符》、《五精符》、《石室符》、《玉策符》、《枕中符》、《小童符》、《九靈符》、《六君符》、《玄都符》、《黃帝符》、《少千三十六將軍符》、《延命神符》、《天水神符》、《四十九真符》、《天水符》、《青龍符》、《白虎符》、《朱雀符》、《玄武符》、《朱胎符》、《七機符》、《九天發兵符》、《九天符》、《老經符》、《七符》、《大捍厄符》、《玄子符》、《武孝經燕君龍虎三囊辟兵符》、《包元符》、《沈羲符》、《禹蹻符》、《消災符》、《八卦符》、《監乾符》、《雷電符》、《萬畢符》、《八威五勝符》、《威喜符》、《巨勝符》、《采女符》、《玄精符》、《玉歷符》、《北台符》、《陰陽大鎮符》、《枕中符》、《治百病符》十卷、《厭怪符》十卷、《壺公符》二十卷、《九台符》九卷、《六甲通靈符》十卷、《六陰行廚龍胎石室三金五木防終符》共計五百卷、《軍火召治符》、《玉斧符》十卷，這些都是屬於大符，其餘的小符就不可能一一詳細記載了。

抱朴子說：鄭先生講：出自太上老君的符，都是天上的文字。太上老君能與神靈相溝通，所以，這些符都是神明所授予的。現在的人使用這些符效果不佳，是由於這些符傳出來時間較久，流傳抄寫時多有錯誤的原因。另外，使用的人信心不夠

誠篤，所以，使用起來也就沒有效果。

又比如抄寫文字，抄寫錯誤的符不但沒有益處，還能產生危害。抄寫人們知道的字尚且有很多錯誤。故有諺語說：書經過三次抄寫，「魚」字就變成了「魯」字，「虛」字變成了「虎」字。說的就是這個意思。「七」字與「士」字只是依據倨勾的長短來區分而已。

然而，現在符上的字是讀不懂的，就是抄錯了也不能發覺，故沒有人知道這些符是不合規定，也無法修正。世間又有天生就在使用法術、運用符籙方面有獨特效果的人，這也像人身上有使用麝香就能發出芳香一樣，這是自然的，不能傳授。雖然如此，也應得到沒有錯誤的符圖，並且應虔誠地使用它們，只是趕不上原來真體使用的效果神速而已，但自然都有收益的。凡是道士追求長生不死，應該志在金丹大藥，符和劍之類只能祛鬼避邪而已。有人說施用各種大符，可以得道成仙，這也是不能偏信的。過去吳國有一個叫介像的人，能讀懂符文，知道有沒有錯誤。有人為試探他，取來治療各種疾病的雜符和各種祛鬼的符，去掉它們的題簽給介像看，他都能一一說出名字。那些有錯誤的符，就為他們訂正，從此之後，再沒有人能懂得符文了。

有人問：仙藥中最重要的莫過於金丹，這我已聽說並明白了，再冒昧地問問：符書之類是否也有最神的呢？

抱朴子說：我聽鄭先生講，道教書籍中最重要的莫過於《三皇內文》、《五嶽真形圖》。古代的仙官至人也尊重和秘藏這些道書，如果沒有成仙天分的人，是不可傳授的。接受後四十年傳一次，傳授時要歃血為盟，用生命來保證。各種名山和五嶽都有這種書，只是藏在石室及隱秘的地方，應該得到道術的人，進山精誠地冥思它，則山神自開山門，讓人看見它。

例如，一個叫帛仲理的人，在山中得到道書，就自己設祭壇，放置絹帛，描畫了一本後離去。

有了此書，應當放置在清潔的地方，每當要幹什麼時，必須先要告訴它，要像侍奉國君和父親一樣。那經文說：家有《三皇內文》，能避開邪惡鬼怪、瘟疫和飛來的災禍。如果有人因病痛將要死亡，若他相信道術，誠心誠意，將這本書讓他拿著，則一定不會死亡。孕婦難產快要斷氣的人拿著這本書，則嬰兒能立即順利出生。

道士想要追求長生不死，拿著這書進入深山，能避開虎狼山精的危害，各種毒蟲及妖邪都不敢接近。可以橫渡江海，而能避開蛟龍平息風浪。得到這種法術，可以改變起土動工的日期，不需要論及地勢風水，選擇日期，家室也不會遭殃。如果想要修建新宅及墳墓，就抄寫《地皇文》數十張，拿來鋪在地上，第二天來看，有黃色顯出的地方，就在上面起土動工，其家庭必然會富裕昌盛。

還有，在其他人下葬時，抄寫《人皇文》，並寫上自己的姓名在紙裡，偷偷地放入那墳墓中，不要讓其他人知道，可使自己沒有飛來橫禍，不會遇上盜賊。若有人圖謀害您，則必定會反傷自己。

還有，抄寫此文前應潔身齋戒一百天，才可以召喚天神司命。太歲日遊覽五嶽四瀆，廟宇裡的神靈都可以讓您看見像人一樣的形體。可以向神詢問自己的吉凶安危，以及問生病者的災禍由來。還有用十八個字放在穿著的衣服內，遠渡江海，始終沒有風浪的憂慮。

家中有《五嶽真形圖》也能避開兵器、凶惡逆賊，有人想要害您，卻會自己反而受禍害。道士有時得到它，若不能夠施行仁義慈心，不誠心，不正直，就會招至災禍，甚至會全家毀

滅，不可忽視。

那些變化的法術，主要的只有《墨子五行記》，本來有五卷，昔日劉君安還沒有成仙離去時，抄錄過其中的要點，合為一卷。那方法是既用藥物又用符圖，就能使人上下飛行，隱藏身形不知去向。含笑時就變成婦女，皺眉時就變為老頭，蹲在地上就變成小孩，拿著拐杖就變成樹木，種下植物就能生長出瓜果，可供食用，畫地就能成為河流，撮一撮土就能變成山，坐著不動，所想要的食物就會自己來到，興起雲霧，燃起烈火，沒有什麼做不到的事。

其次還有《玉女隱微》一卷，也可以變化形體，成為飛禽走獸、金木玉石，在方圓百里之內可興起雲霧，招來大雨，也能招致下雪。橫渡江河不用舟船和橋樑，也能分形變成一千個人，迎風高飛，進出沒有縫隙的地方，能吐出七色的氣體，坐著可看見八方極遠的地方及地底下的東西，還能放出萬丈光芒，使暗室裡自己明亮，這些也是重要的道術。但是在施行法術時，應當步踏各種星斗數十遍，曲折而難以記憶，很少有人能熟悉。那《淮南鴻寶萬畢》等書，都不能與這書相比。

還有《白虎七變法》，取三月三日那天所殺死白虎的頭皮、活駱駝的血、老虎血、紫綬、履組、流萍，在三月三日那天混合種在地下，初生的草好似胡麻，有實，馬上取這果實播種，生長一次就有一種差異，一共栽種七次，將這七次所得的果實混合在一起，就可以改形變貌，隨意飛降。效果與《墨子五行記》和《玉女隱微》大致相同，除此之外，就不值得提及了。

《遐覽》這篇文章是想讓喜愛道術的人知道罕見的道書的書名。鄭先生不光深通五經，懂得道術而已，而且兼通九宮、三棋，推測天像，河圖洛書，讖緯符記，沒有什麼不精通深研的。晉惠帝太安元年，他預知李晨將要造成動亂，江南將如鼎

鑊般沸騰，就背著書籍、拿著仙藥的原料，帶著入室弟子們，向東投往霍山，沒有人知道他到哪兒去了。

卷二十　祛惑

原　文

抱朴子曰：凡探明珠，不於合浦之淵，不得驪龍之夜光也。採美玉，不於荊山之岫，不得連城之尺璧也。承師問道，不得其人，委去則遲遲冀於有獲，守之則終已竟無所成，虛費事妨功，後雖痛悔，亦不及已。世間淺近之事，猶不可坐知，況神仙之事乎？雖聖雖明，莫由自曉，非可以歷思得也，非可以觸類求也。誠須所師，必深必博，猶涉滄海而挹水，造長洲而伐木，獨以力劣為患，豈以物少為憂哉？夫虎豹之所餘，乃狸鼠之所爭也。陶朱之所棄，乃原顏[1]之所無也。

所從學者，不得遠識淵潭之門，而值孤陋寡聞之人，彼所知素狹，源短流促，倒裝與人，則靳靳不舍，分損以授，則淺薄無奇能，其所寶宿已不精，若復料其粗者以教人，亦安能有所成乎？譬如假穀於夷、齊[2]之門，告寒於黔婁[3]之家，所得者不過橡栗縕褐，必無太牢之善、錦衣狐裘矣。

或有守事庸師，終不覺悟。或有幸值知者，不能勤求，此失之於不覺，不可追者也。知人之淺深，實復未易。古人之難，誠有以也。白石似玉，奸佞似賢。賢者愈自隱蔽，有而如無，奸人愈自炫沽，虛而類實，非至明者，何以分之？彼之守求庸師而不去者，非知其無知而故不止也，誠以為足事故也。見達人而不能奉之者，非知其實深而不能請之也，誠以為無異也。

夫能知要道者，無欲於物也，不徇世譽也，亦何肯自標顯

第四章　葛洪《抱朴子‧內篇》內含丹道養生（內附注釋、譯文）

429

於流俗哉？而淺薄之徒，率多誇誕自稱說，以厲色希聲飾其虛妄，足以眩惑晚學，而敢為大言。乃云：已登名山，見仙人。倉卒聞之，不能清澄檢校之者，鮮覺其偽也。

余昔數見雜散道士輩，走貴人之門，專令從者作為空名，云其已四五百歲矣。人適問之年紀，佯不聞也，含笑俯仰，云八九十。須臾自言，我曾在華陰山斷穀五十年，復於嵩山少室四十年，復在泰山六十年，復與某人在箕山五十年，為同人遍說所歷，正爾，欲令人計合之，已數百歲人也。於是彼好之家，莫不煙起霧合，輻輳其門矣。

又術士或有偶受體自然，見鬼神，頗能內占，知人將來及已過之事，而實不能有禍福之損益也。譬如蓍龜〔4〕耳。凡人見其小驗，便呼為神人，謂之必無所不知。不爾者，或長於符水禁祝之法，治邪有效，而未必曉於不死之道也。或修行雜術，能見鬼怪，無益於年命。問之以金丹之道，則率皆不知也。

因此細驗之，多行欺誑世人，以收財利，無所不為矣。此等與彼穿窬之盜，異途而同歸者也。夫託之於空言，不如著之於行事之有徵也，將為晚覺後學，說其比故，可徵之偽物焉。

昔有古強者，服草木之方，又頗行容成、玄素之法，年八十許，尚聰明不大羸老，時人便謂之為仙人，或謂之千載翁者。揚州稽使君〔5〕，聞而試迎之於宜都。既至，而咽鳴掣縮，似若所知實遠，而未皆吐盡者。於是好事者，因以聽聲而響集，望形而影附，云萃霧合，竟稱嘆之，饋餉相屬，常餘金錢。雖欒、李〔6〕，之見重於往漢，不足加也。

常服天門冬不廢，則知其體中未嘗有金丹大藥也。而強曾略涉書記，頗識古事。自言已四千歲，敢為虛言，言之不怍。云已見堯、舜、禹、湯，說之皆了了如實也：世云堯眉八采，不然也，直兩眉頭甚豎，似八字耳。堯為人長大美髭髯，飲酒

一日中二斛餘，世人因加之云千鍾，實不能也，我自數見其大醉也。雖是聖人，然年老治事，轉不及少壯時。及見去四凶，舉元凱，賴用舜耳。舜是孤煢小家兒耳，然有異才，隱耕歷山，漁於雷澤，陶於海濱，時人未有能賞其奇者。

我見之所在以德化民，其目又有重瞳子，知其大貴之相，常勸勉慰勞之：善崇高尚，莫憂不富貴，火德已終，黃精將起，誕承歷數，非子而誰！然其父至頑，其弟殊惡，恒以殺舜為事。

吾常諫諭曰：此兒當興卿門宗，四海將受其賜，不但卿家，不可取次也。俄而受禪，嘗憶吾言之有徵也。又云：孔子母年十六七時，吾相之當生貴子，及生仲尼，真異人也，長九尺六寸，其顙似堯，其項似皋陶，其肩似子產，自腰以下不及禹三寸。雖然，貧苦孤微，然為兒童便好俎豆之事。吾知之必當成就。及其長大，高談驚人，遠近從之受學者，著錄數千人。我喜聽其語，數往從之，但恨我不學，不能與之覆疏耳。

常勸我讀《易》，云：此良書也，丘竊好之，韋編三絕，鐵撾三折，今乃大悟。魯哀公十四年，西守獲麟，麟死。孔子以問吾，吾語之，言此非善祥也。九子乃愴然而泣。後得噩夢，乃欲得見悟。時四月中盛熱，不能住，尋聞之病七日而沒，於今彷彿記其顏色也。

又云：秦始皇將我到彭城，引出周時鼎。吾告秦始皇，言此鼎是神物也。有德則自出，無道則論亡。君但修己，此必自來，不可以力致也。始皇當時大有怪吾之色，而牽之果不得出也。乃謝吾曰：君固是遠見理人也。

又說：漢高祖、項羽皆分明，如此事類，不可具記。時人各共識之，以為嬉笑。然凡人聞之，皆信其言。又強轉惛耄，廢忘事幾。稽使君曾以一玉卮與強，後忽語稽曰：昔安期先生

以此物相遺。

強後病於壽春黃整家而死。整疑其化去。一年許，試鑿其棺視之，其尸宛在矣。此皆有名無實，使世間不信天下有仙，皆坐此輩以偽亂真也。

成都太守吳文，説五原有蔡誕者，好道而不得佳師要事，廢棄家業，但晝夜誦詠《黃庭》、《太清中經》、《觀天節詳》之屬，諸家不急之書，口不輟誦，謂之道盡於此。然竟不知所施用者，徒美其浮華之説而愚人。又教之但讀千遍，自得其意，為此積久，家中患苦之，坐消衣食，而不能有異，已亦慚忿，無以自解，於是棄家，言仙道成矣。

因走之異界深山中，又不曉採掘諸草木藥可以辟穀者，但行賣薪以易衣食，如是三年，飢凍辛苦，人或識之，而詭不知也。久不堪而還家，黑瘦而骨立，不似人。其家問之：從何處來，竟不得仙邪？

因欺家云：吾未能升天，但為地仙也。又初成位卑，應給諸仙先達者，當以漸遷耳。向者為老君牧數頭龍，一班龍五色最好，是老君常所乘者，令吾守視之，不勤，但與後進諸仙共博戲，忽失此龍，龍遂不知所在。為此罪見責，送吾付崑崙山下，芸鋤草三四頃，並皆生細石中，多荒穢，治之勤苦不可論，法當十年乃得原。會偓佺子、王喬[7]諸仙來按行，吾守請之，並為吾作力，且自放歸，當更自修理求去，於是遂老死矣！

初誕還云，從崑崙來，諸親故競共問之：崑崙何似？答云：天不問其高幾里，要於仰視之，去天不過十數丈也。上有木禾，高四丈九尺，其穗盈車，有珠玉樹、沙棠、琅玕、碧槐之樹，玉李、玉瓜、玉桃，其實形如世間桃李，但為光明洞徹而堅，須以玉井水洗之，便軟而可食。每風起，珠玉之樹，枝

條花葉，互相叩擊，自成五音，清哀動心。吾見謫失志，聞此莫不愴然含悲。又見崑崙山上，一面輒有四百四十門，門廣四里，內有五城十二樓，樓下有青龍白虎，蜿蛇長百餘里，其口中牙皆如三百斛船，大蜂一丈，其毒煞像。又有神獸，名獅子辟邪、天鹿焦羊、銅頭鐵額、長牙鑿齒之屬，三十六種，盡知其名，則天下惡鬼惡獸，不敢犯人也。

其神則有無頭子、倒景君、翕鹿公、中黃先生、與六門大夫。張陽字子淵，浹備玉闕，自不帶《老君竹使符左右契》者，不得入也。五河皆出山隅，弱水繞之，鴻毛不浮，飛鳥不過，唯仙人乃得越之。其上神鳥神馬，幽昌、鸑明鳥、騰黃、吉光之輩，皆能人語而不死，真濟濟快仙府也，恨吾不得善周旋其上耳。於時聞誕此言了了，多信之者。

又河東蒲坂有項曼都者，與一子入山學仙，十年而歸家，家人問其故。曼都曰：在山中三年精思，有仙人來迎我，共乘龍而升天。良久，低頭視地，窈窈冥冥，上未有所至，而去地已絕遠。龍行甚疾，頭昂尾低，令人在其脊上，危怖嶮巇。及到天上，先過紫府，金牀玉几，晃晃昱昱，真貴處也。仙人但以流霞一杯與我，飲之輒不飢渴。忽然思家，到天帝前，謁拜失儀，見斥來還，令當更自修積，乃可得更復矣。昔淮南王劉安升天見上帝，而箕坐大言，自稱寡人，遂見謫守天廁三年，吾何人哉！

河東因號曼都為斥仙人。世多此輩，種類非一，不可不詳也。此妄語乃爾，而人猶有不覺其虛者，況其微茫欺誑，頗因事類之像似者而加益之，非至明者，倉猝安能辨哉？

乃復有假託作前世有名之道士者，如白和者，傳言已八千七百歲，時出俗間，忽然自去，不知其在。其洛中有道士，已博涉眾事，洽練術數者，以諸疑難咨問和，和皆尋聲為

論釋，皆無疑礙，故為遠識。人但不知其年壽，信能近千年不啻耳。後忽去，不知所在。有一人於河北自稱為白和，於是遠近競往奉事之，大得致遺至富。而白和子弟，聞和再出，大喜，故往見之，乃定非也。此人因亡走矣。

五經四部，並已陳之芻狗，既往之糟粕。所謂「跡」者，足之自出而非足也。「書」者聖人之所作而非聖也，而儒者萬里負笈以尋其師，況長生之道，真人所重，可不勤求足問者哉？然不可不精簡其真偽也！

余恐古強、蔡誕、項曼都、白和之不絕於世間，好事者省余此書，可以少加沙汰其善否矣。又仙經云：「仙人目瞳皆方。洛中見之白仲理者，為余說其瞳正方，如此果真是異人也。」

注釋

〔1〕原：原憲；顏：顏回。皆是孔子的弟子而且家裡都十分貧窮。

〔2〕夷：伯夷；齊；叔齊。都是殷代孤竹君的孩子，周武王滅殷，二人恥於吃周供給的食粟，餓死在首陽山。

〔3〕黔婁：戰國時齊國隱士，家裡十分貧窮，死時衣不蔽體。

〔4〕蓍：蓍草；龜：龜甲。都是古人用來占卜的工具。

〔5〕楊州：孫星衍校為「廣州」；嵇：當為嵇含，曾任廣州刺史，《抱朴子外篇》有載；使君：官名，即刺史。

〔6〕欒：欒大；李：李少君。都是漢武帝時的方士。

〔7〕偓佺子：為堯帝時的採藥者，好食松實，形體生毛，兩目正方；王喬：為周靈王太子，又稱王子喬。皆為傳說中的道教仙人。

譯文

抱朴子說：凡探求明珠，如果不到合浦的深淵，就得不到黑龍領下的明珠；採鑿美玉如果不到荊山的山穴中，就得不到價值連城的一尺玉璧。奉請老師，詢問道術，如果得不到合適的人，離去又猶豫不決地希望有所收穫，堅守則擔心到頭來一無所成，白白地浪費精力，耽誤功夫，以後雖然痛惜悔恨也來不及了。世間上淺薄浮近的事情都不能坐著了解到，何況是神仙道術的事呢？雖然是聖明的，也不能由自己知曉，並不是可以經過思考得到的，也不能觸類旁通。的確需要有老師，而且老師的學問一定要深奧、廣博，猶如到江海去取水，到長洲來砍樹，只擔心力氣太小，怎麼能擔憂水和樹不夠呢？虎豹吃剩的東西，乃是狸、鼠所搶奪的食物。陶朱公丟棄的東西，乃是厚蔿、顏回所沒有的。

求學的人投不到遠見卓識、淵博的老師門下，而碰上孤陋寡聞的人，他們的知識面窄小，知識的來源短促，傾倒全部知識授人，又吝惜而捨不得，分開傳授，又淺薄沒有奇特才能。他們所收藏的道籍和秘書本來就不精，如果拿出那些粗劣的東西來教人，又怎麼能使人有所成就呢？猶如到伯夷、叔齊的家裡去借糧，去黔婁的家裡訴說寒冷，所得到的不過是粗糙的食物和粗賤的衣服，必定沒有牛、羊、豬的珍善和錦緞衣服及裘皮大衣。

有的人奉守平庸的老師，卻始終沒有覺悟。有的人有幸遇到懂得道術的人卻沒有努力追求，這些在不知不覺中的失誤，是不可追回的。要知道人的深淺實在很不容易。古人也覺得很難，的確是這樣的。白色的石頭像玉石，奸邪的人好似賢人。而賢人自己更是隱藏不露，有賢人在好像沒有一樣，奸人自己更是愛賣弄自己，虛假的好似真實的一樣，如果不是很明智的

人，怎麼來區分呢？

那些奉守追求平庸老師而不離去的人，並不是知道老師無知而故意追求不止，實在是認為他們足以侍奉。遇見通達的人而沒有信奉的人，並不是知道這人的知識深厚而不去請求，實在是認為他們沒有奇異之處。

能懂得重要道術的人，對外物沒有慾望，不追求世上的名譽，又怎麼肯在世俗上自我標榜顯示呢？但淺薄的人，大多誇耀而自我吹噓，用嚴厲的臉色，微弱的聲音來掩飾自己的空虛和狂妄，足以迷惑晚輩和學生，而且敢說大話。說什麼已登過名山，拜見過仙人。乍一聽來，如果不是頭腦清晰、明辨是非的人，很少能發覺他的虛偽。

我過去多次遇見旁雜散漫的道士，來到貴人的門下，專門讓哪些順從追隨他的人編造虛名，說這個道士已有四五百歲了。遇到有人問他的年齡，假裝沒聽見，含笑著點頭，說八九十歲了。一會兒又自言自語說：我曾在華陰山斷絕穀物糧食五十年，又在嵩山少室呆了四十年，再到泰山住了六十年，後來又與某人在箕山過了五十年。將這些所謂的經歷到處講給周圍的人聽，正是這樣想讓別人來計算他已經有幾百歲了。於是，那些喜好和相信的人沒有不像煙升起，像霧聚合，像車輻聚於車轂一樣地聚集到他的門下。

還有些方術之士，偶爾其有天然的稟賦，能看見鬼神，能在心裡占卜，知道人的將來及已經過去的事情，卻實在不能對人的災禍和福壽有什麼損減或增益。猶如用著草和龜甲占卜而已，一般人看見他們法術有小小的靈驗，就認為他是神仙，認為他一定是無所不知的。其實不然，有的長於符水禁咒的法術，對付邪惡有一定效用，卻未必知道不死的道術。有的修煉旁門雜術，能看見鬼怪，卻不能增加年齡壽命。若問他們金丹

的道術，則大多都不知道。

由此詳細地查驗他們，大多是幹些欺騙世人，以收取財利的勾當，他們沒有什麼事不敢做的。這些人與那些穿牆破壁的盜賊，方法不同而目標卻是一致的。與其借助於空語，還不如注重做些實事有利。所以，我特地為較晚覺悟和後來的學生說說這些事，可以用來驗證虛偽的事物。

過去有一個叫古強的人，服食草木的藥方，又能施行容成公、玄女、素女的法術，年約八十來歲，還耳聰目明不太顯衰老，當時的人便稱他為仙人，有的稱他為「千載翁」。廣州刺使嵇含聽說了，就試著把他接到了宜都。到了那裡，鳴鳴咽咽，縮手縮腳，似乎懂得的實在是深遠，還沒有都說出來的樣子。於是，那些喜好相信這些事的人，聽到他的聲音而向聲響處聚集，望見他的身影而向影子處歸附，像雲霧一樣匯聚，爭相稱譽讚嘆，饋贈的東西相繼不斷，經常有剩餘的金錢。雖然欒大、李少君被漢武帝看重，也不足以超過他。

他經常服食天門冬而未中斷過，這就可以知道他的體內從沒有過金丹要藥。但古強曾經大概地讀過古代書籍及史記，知道不少古代的事情。自稱已經有四千歲了，敢於編造假話，大言不慚。還說已見過堯、舜、禹、湯等歷代帝王，說起來都清清楚楚如同真事一樣：世人都說堯的眉毛有八種色彩，其實不然，只是兩邊眉頭豎起來好像八字而已。

堯身材高大，鬚髯秀美，喝酒一天能喝二斛多，世人因此而增加他的酒量，說是一千鍾，實際上是不可能的，我多次親自看見他喝得大醉。雖然是聖，但年紀老了，治理事務反而趕不上年輕力壯時。到他流放四大凶族，推舉賢才時，那都是依賴舜而已。舜是個孤獨平常的小家子弟而已，但有奇特的才能。在歷山隱居耕種，在雷澤打魚，在海邊上製作陶器，當時

沒有人能夠欣賞他的奇能。

我看見他隨處都用德行來教化百姓，眼睛裡又有雙重瞳仁，就知道他有大顯大貴的相貌，經常鼓勵慰問他：要善於尊崇高尚，不要擔心不富貴，火德已經終結，土德的黃色精華將興起，繼承朝代的更換，不靠您又靠誰呢？但是，他的父親非常頑固，他的弟弟特別惡劣，一直把殺害舜作為目標。我常勸阻道：這個孩子必定會為您光宗耀祖，四海之內都將受到他的恩賜，不只是您一家，不可隨便亂來。不久，他就接受了禪讓。現在經常回憶我當時講的話是有證據的。

又說：孔子的母親年齡十六七歲時，我為她看相說：您必定會生下顯貴的孩子。等到生下孔子時，真是個奇特的人，身長九尺六寸，他的額頭像堯，頸像皋陶，肩像子產，從腰部以下與大禹相差三寸。雖然貧窮孤獨幼弱，但在兒童時就愛好祭器俎豆的遊戲。我知道他一定會有成就。等到他長大後，談吐高雅，令人驚奇，遠近跟他學習的人有記錄的就有幾千人。我喜歡聽他講話，多次去跟隨，只是恨我不學無術，不能再與他一起討論罷了。

他經常勸我讀《易經》，說：這是本好書，孔丘我私下很喜歡它，串編策冊的皮帶斷過三次，鐵槌子折了三回，到現在才真正領悟它。魯哀公十四年，有人在西部獵到一隻麒麟，麒麟死了，孔子拿這事問我，我告訴他：這不是好兆頭啊。孔子就淒慘地哭泣了。後來做了個靈夢，夢見他想見到我。當時是四月中旬特別熱，我不能去看他，不久聽說他病了七天後死去了，到今天還彷彿記得他的顏面聲音。

又說：秦始皇將我帶到彭城，要牽引出沉沒在泗水中的周代鼎，我告訴秦始皇說：這個鼎是個神奇的東西，你有德行的話它就會自己出來，沒有道德的話它就會沉淪甚至消亡。你只

管修養自己的品德，它一定自己出來，不是能用力拉出來的。秦始皇當時很有怪罪我的神情，硬是派人牽引，果然拖不出來。才向我道歉說：先生的確是個遠見卓識的人。

古強又說起漢高祖劉邦和項羽的事，都很分明。像這樣的事情無法一一記述，當時的明白人都能辨識，當成玩笑，但凡夫俗子聽到後，都相信他的話。還有古強變得衰老昏蒙遺忘事情時，嵇刺史曾經送一只玉杯給他，後來他卻突然對嵇刺史說：過去安期生將這個玉杯贈送給我。

古強後來在壽春黃整家生病而死，黃整懷疑他已羽化成仙，大約一年以後，試著鑿開他的棺材來看，他的尸體依然存在。這些都是些有名無實的人，使世上的人不相信天下有神仙，都是因為這幫人以假亂真造成的。

成都太守吳文說：五原有一個叫蔡誕的人，喜好道術卻得不到好的老師和重要的道術，廢棄家業，只管白天黑夜地誦讀《黃庭經》、《太清中經》、《觀天節詳》之類，各種學派都認為不重要的書，嘴上不停地背誦，認為道術全都在這裡面，竟然不知道所修煉的只是空有美麗的浮華之辭愚弄人的東西。書上又教他只要讀一千遍就能自然獲得道旨，這樣長期下去，把家裡害苦了，坐著消耗衣服食物，卻沒有什麼奇特的收益，自己也感到慚愧和不滿，沒有什麼辦法來自我解脫，於是就拋棄家庭，自稱仙道已經煉成了。

因而逃到其他地方的深山裡，又不知道採挖各種草木類藥物可以斷糧絕穀，只有靠賣柴來換取衣服食物，就這樣過了三年，飢寒交迫，辛酸苦楚。有人認識他，而他卻裝做不認識別人。時間久了，實在不能忍受，只好又回到家裡，又瘦又黑，皮包骨似的，不像人形。家裡的人問他：從那裡來的，為什麼不成仙呢？

他就欺騙家人說：我沒能升天，只是成為地仙了。還有，初當地仙，地位卑賤，還要供奉各路先已成仙的仙人，只能慢慢地升遷。從前，我為太上老君牧放幾條龍，其中一條五色花斑龍最好，是太上老君經常乘坐的，讓我看守著它，我不努力，只知道與那些後進的仙人們一起博戲，恍惚中丟失了這條龍，不知道這龍跑到哪裡去了。因為此事而被責罰，送我到崑崙山下鋤三四傾地的草，這些草都生在細石子縫裡，很荒蕪骯髒，鋤草的辛苦且不說，而且按法律應當十年後才能得到原諒。恰逢偓佺子、王子喬等各位仙人來巡視，我纏著請求，他們都為我努力，才把我放回來，若求仙還要重新去自己修煉追求，到那時我都要老死了。

蔡誕開始回來時說自己從崑崙山來，各位親朋好友競相詢問：崑崙是什麼樣的？

他回答說：天的高度不知有多少里，崑崙山呢，最高處要仰著看它，離天不過十幾丈。上面有禾苗樹，高四丈九尺，它的果穗可以裝滿一車，還有珠樹、玉樹、沙棠、琅玕、碧樹、槐樹等，有玉李、玉瓜、玉桃，它們的形狀像世間的桃李一樣，只是更為光亮透徹而且堅硬，必須用玉井的水來沖洗，才會變軟而可以食用。每當起風時，珠樹、玉樹的枝條花葉相互扣擊，自然形成了各種音階，清亮哀婉，感動人心。我被貶失意，每當聽到這些聲音，沒有不凄然悲哀的。又看見崑崙山上的一面就有四百四十個門，門寬四里，裡面有五座城池，十二座樓，樓下有青龍白虎，蝹蛇長達百餘里，它口中的牙齒都像能裝三斛的大船一樣，還有一丈多長的大黃蜂，它的毒素可以殺死大象。還有些神獸，名叫獅子、辟邪、天鹿、焦羊、銅頭、鐵額、長牙、鑿齒之類，有三十六種，如果都知道它們的名字，則天下的惡鬼凶獸都不敢來侵犯您了。

那些神仙則有無頭子、倒景君、翕鹿公、中黃先生與六門大夫。張陽，字子淵，熟悉神仙的宮闕，若自己不帶《老君竹使符左右契》的話，也不能進去。五條河都從山坳流出，弱水纏繞，鴻毛都浮不起來，飛鳥飛不過去，只有仙人才能越過去。那上面的神鳥、神馬，像幽昌、鶬鵬、騰黃、吉光之類，都能講人話，而且不會死亡，真是美好快樂的神仙府第，遺憾的是我不能很好地在那上面周遊罷了。當時聽到蔡誕的這些話說得清清楚楚，很多人都相信。

河東郡蒲坂有個叫項曼都的人，和一個孩子進山學習仙道，十年後才回家，家裡人問他的緣故，曼都說：在山中苦苦思索了三年，有個仙人來迎接我，一起乘龍飛上天，很久，低頭看地下，渺渺茫茫，上邊沒有可看到的邊際，下面離地已經很遠了。龍飛行得很快，昂著頭低垂著尾巴，使人在龍的背上感到危險恐怖。等到了天上，先經過紫府，裡面有金床玉桌，光芒燦爛，真是高貴的地方。仙人只拿了一杯流霞液給我，喝了就不會飢餓口渴。突然想家，到天帝面前拜見時失掉了禮儀，所以被斥退回來，被命令重新修煉積功，才能重新再回到原來的位置。過去淮南王劉安升天見到上帝，卻盤坐著講大話，自稱「寡人」，於是被貶去守護天上的廁所三年，我又算是什麼人呢？

河東郡因而稱曼都是被貶斥的仙人。世上有很多這樣的人，種類並不一樣，故不能不詳細地分別。這些不過是虛妄的話而已，但人們中總有些人不覺得它是虛假的，更何況那些形跡渺茫、欺詐狂妄的人，很想透過與這些事情相像的事來增加收益。因此，若不是很明智的人，倉促之間又怎麼能明辨呢？

還有些假托為前代有名氣道士的人，像帛和，傳說他已八千七百歲了，有時在俗間出現，突然又自行離去，不知道他

到哪裡去了。洛中有個道士，已經博覽廣涉各種事情，接觸修煉好幾種道術，用各種疑難問題詢問帛和，帛和都能應聲解答，都沒有疑問和阻礙，所以，是遠見卓識了。人們都不知道他的年齡壽命，相信他已將近一千歲了。後來突然離去，不知道他在哪裡。

有一個人在河北自稱是帛和，於是，遠近的人爭相前往供奉他，得到很多的饋贈而使其富裕起來。而帛和的子弟們聽說帛和又出現了，非常高興，故前往拜見，才發現不是帛和，這個人因而逃走了。

五經及四部之類的書籍，都已陳舊得像祭祀用草扎的狗，完全是過時的糟粕。所謂「跡」，是由腳形成的，但不是腳，「書」是聖人所寫出來的但不是聖人。而儒生們不遠萬里背負書籍去尋求老師，何況長生的道術，是真人所看重的，怎麼能不辛勤追求、反覆詢問呢？但不能不仔細地辨析其中的真偽！

我擔心古強、蔡誕、項曼都、帛和之流不斷在世間出現，喜好道術的人了解我這本書後，可以稍微地淘汰其中善與不善。仙經說：「仙人的瞳仁都是方形的。洛中有一個看見帛和的人對我說他的瞳仁正是方形的。如此說來，他真是個奇異的仙人了。」

⁂ 第五章 ⁂
葛洪《肘後方》道醫與中醫藥養生（內附注釋、譯文）

原著　晉·葛洪

郝近大　胡小峰　譯

關於《肘後備急方》的主要版本流傳情況

　　《肘後備急方》又名《葛仙翁肘後備急方》或《肘後救卒方》，簡稱《肘後方》，為晉代葛洪所撰。葛洪是一位道家、博物學家兼醫藥學家，他所寫的醫藥學方面的著作有兩種，即《玉函方》與《肘後方》。《玉函方》是將晉代以前的各種醫方著作加以匯編而成的百卷大型著作。而《肘後方》則是選取《玉函方》中簡易有效的藥方，為倉促治療急病所需的袖珍著作。據陶弘景序云，原書共 86 篇（「舊方部八十六首」，「首」字的含義即相當於「篇」），全書三卷。

　　到南北朝的梁代（公元 500 年）時期，醫藥學家陶弘景對《肘後方》進行了第一次修補。《肘後方》當時確實具有較大的影響，但亦仍存在某些明顯的不足，主要表現在各種疾病的分類上。陶氏針對這種情況，將原書的內容加以合併，即 86 篇合為 79 篇，在此基礎上又增補 22 篇。即如陶序所云：「或因葛一事，增構成篇；或補葛所遺，準文更撰。」全書仍分為三卷，即「上卷三十五首治內病，中卷三十五首治外病，下卷

三十一首治為物所苦病」。南宋陳振孫《直齋書錄解題》載：「《肘後救卒方》，卒皆易得之藥，凡八十六首，陶（弘景）並七首，加二十二首，共為一百一首。」因全書增補後共分 101 篇（首），所以又名為《補闕肘後百一方》。

在南北朝末至隋唐時期，《肘後方》的流傳仍很廣泛。從現存的目錄學資料來看，此一時期所流傳的版本至少有 8 種之多。如《七錄》所載的二卷本和九卷本，《外台秘要》所引的三卷本和十六卷本，《舊唐志》所載的四卷本，《隋志》的六卷本，《日本國見在書目》的十卷本等。就這些流傳版本的內容而言，已與葛洪及陶弘景增補的原書有了明顯的變化。表現在全書不同的篇節中，進行了很多的增刪、調整和修改，在文字方面也往往有很大的出入，在條目的排列上也進行了不少變動與調整。

據葛洪自序可以看出，原書為求簡便，所有引文均未記出處，即「無黃帝、倉公、和、鵲、腧跗之目」。而現存版本中可見到如：扁鵲、《魏大夫傳》、《張仲景諸藥方》、華佗、《小品方》、趙泉、胡洽等人名和書名。此外，還引進了很多是陶弘景以後或同時期的著作，如：《劉涓子鬼遺方》、《徐王方》、《姚氏方》、《集驗方》、《崔氏方》、《近效方》、《傳信方》等。很顯然，這些引文的內容均是在這一時期版本中新增加進去的，而並非葛氏或陶氏書的原貌。

至金朝皇統四年（公元 1144 年），出現了楊用道刊本。楊氏用遼天祚乾統年間北方刊刻的《肘後方》作為底本，加以整理，並加進了唐慎微《證類本草》中的方子，列於同篇之末，冠以「附方」二字，每方之前均標明出處。全書名曰《附廣肘後方》，書分八卷。這是今日現存《肘後方》各種版本的祖本。也即是說，目前所能見到的各版本《肘後方》均是在楊用道刊

本的基礎上整理翻刻而來的。

自楊用道本刊行以來，開始衍化出元、明、清以後的各種刊本，目前國內現存最早的刊本為明嘉靖三十年辛亥（1551年）北城呂氏襄陽刻本。即《四庫全書總目》所載：「《肘後備急方》八卷，明嘉靖襄陽知府呂容所刊」。目前在國內最常見到的版本，可算是 1956 年人民衛生出版社的影印本及 1955 年商務印書館的排印本。前者所據的底本為明萬曆二年（1574年）李梴刊本；而後者是以原書各種版本互校後的排印本。

楊氏刊本固有其保存古籍使《肘後方》能得以流傳的功績一面，但也確實存在著不少誤刻、舛錯、脫漏及斷句欠妥等明顯的錯誤，致使造成句法不通、文意難懂之處。正如日本宇野致遠於延享三年（1746 年）為沼晉刊《肘後方》序所云：「默奈去世千有餘年，漫滅傳訛，魯魚豕亥，殆不可讀焉。」

《肘後方》除以上主要版本外，還有《道藏》本系統及朝鮮傳本。但其祖本也是楊用道刊本。據新版《全國中醫圖書聯合目錄》記載，現存的《肘後方》版本有 28 種之多。

本書此次所作的整理研究，是以人民衛生出版社 1956 年影印本作為底本，以 1955 年商務本作為主校本，並以現存的《外台秘要》、《證類本草》、《本草綱目》等作為參校資料加以完成的。現存的明嘉靖刊本，雖係更早的版本，但其為殘本，只存六卷。故明萬曆刊本即為現存最早的完整刊本。因此，選其作為整理底本則較為可靠。因商務本已進行過互校，依照校本可剔除明顯誤刻、脫漏所形成的訛誤。在整理過程中，對凡能讀得通順又符合文理、醫理者，一般不做改動。而對實難讀通或前後文矛盾的地方，則參照相關的資料加以徑改。

郝近大

1997 年 1 月

刻葛仙翁《肘後備急方》序

原　文

　　嘗觀范文正曰：不為良相，則願為良醫。而陸宣公之在忠州，亦唯手校方書。每嘆其濟人之心先後一揆，古人之志何如其深且遠也。予少不習醫，而濟人一念則耿耿於中。每見海內方書則購而藏之，方之效者則珍而錄之，以為庶可濟人之急。然以不及見古人奇方為恨，尤愧不能為良醫，雖藏之多而無所抉擇也。今年之夏，偶以巡行至均遊武當，因閱《道藏》得《肘後備急方》八卷，乃葛稚川所輯，而陶隱居增補之者，其方多今所未見，觀二君之所自為序，積以年歲，僅成此編，一方一論，皆已試而後錄之，尤簡易可以應卒。其用心亦勤，其選之亦精矣。

　　矧二君皆有道之士，非世良醫可比。得其方書而用之中病，固不必為醫可以知藥。不必擇方可以知醫。

　　其曰：苟能起信，可免夭橫。信其不我欺也。因刻而布之，以快予濟人之心云。

　　　　　　萬曆二年甲戌[1]秋仲巡按湖廣監察御史劍江李枟書

注釋

〔1〕公元 1574 年。

譯文

　　曾經看到范文正說：如果不能做好的宰相，那麼就願做一名好的醫生。陸宣公在忠州，也只是校對方書。常常贊嘆他們救人之心前後如出一轍，志向深遠。我雖不學習醫術，但濟世救人的心願卻耿耿於懷。見到國內方書就購買收藏，見到有效

的藥方就抄錄下來，認為這樣也許能濟人之急。但以看不到古人奇方為遺憾，尤其慚愧的是不能做好醫生，雖然收藏了許多方書卻無法鑒別其優劣。今年夏季，偶然巡行到均遊武當，閱覽《道藏》時獲得《肘後備急方》八卷，該書乃葛稚川輯著，陶隱居增補，所載之方多為今所未見。從葛、陶二君自序來看，該書成編頗費時日，一方一論都先試而後錄之，特別簡易，可用於急診救治。其用心勤勉，其選方也精。更何況二君皆為大學問家，不是當今普通的好醫生所能相比。

得到他們的方書而用於治病，不用當醫生就可以知藥，不用挑選方劑就可以知道醫治方法。其自序中說：如能信而用之，必可免除意外的早死。我相信這不是騙人的話。因而刊刻傳播此書，以快慰我濟世救人的心情。

萬曆二年甲戌秋仲巡按湖廣監察御史劍江李栻書

葛仙翁《肘後備急方》序一

原　文

醫有方古也。古以來著方書者無慮數十百家，其方殆未可以數計。篇帙[1]浩瀚，苟無良醫師安所適從？況窮鄉遠地，有病無醫，有方無藥，其不罹夭[2]折者幾希。

丹陽葛稚川夷考古今醫家之説，驗其方簡要易得，針灸分寸易曉，必可以救人於死者為《肘後備急方》，使有病者得之，雖無韓伯休[3]家自有藥，雖無封君達[4]人可為醫，其以備急固宜。華陽陶弘景曰：葛之此制，利世實多，但行之既久，不無謬誤。乃著《百一方》疏於《備急》之後，訛者正之，缺者補之，附以炮製、服食諸法，纖悉備具。仍區別內、外、他犯為三條，可不費討尋，開卷見病，其以備急益宜。葛、陶二

君，世共知為有道之士，於學無所不貫，於術無所不通。然猶積年僅成此編，蓋一方一論已試而後錄之，非徒採其簡易而已。人能家置一帙，遇病得方，方必已病。如歷卞和〔5〕之肆，舉皆美玉；入伯樂〔6〕之廄，無非駿足，可以易而忽之邪？

葛自序云：人能起信，可免夭橫。意可見矣。自天地大變，此方湮沒幾絕，間一存者，以自寶，是豈製方本意。連帥烏侯夙多疹疾，宦學之餘，留心於醫藥。前按察河南北道，得此方於平鄉郭氏，郭之婦翁得諸汴之掖庭〔7〕。

變亂之際，與身存亡，未嘗輕以示人，迄今而出焉，天也。侯命工刻之，以趣其成，唯恐病者見方之晚也。雖然方之顯晦而人之生死休戚繫焉，出自有時而隱痛惻怛。如是其急者，不忍人之心也；有不忍人之心，斯有不忍人之政矣。則侯之仁斯民也，豈直一方書而已乎！方之出，乃吾仁心之發現者也。因以序見命，特書其始末，以告夫未知者。

至元丙子〔8〕季秋稷亭段成巳題

注釋

〔1〕帙，量詞，線裝書一套為一帙。

〔2〕夭，未成年而死。

〔3〕即韓康，漢代著名藥學家。

〔4〕三國時神醫。

〔5〕古代高明的玉匠。

〔6〕古代相馬專家。

〔7〕掖庭，指皇宮中的旁舍，宮嬪所居的地方。

〔8〕公元 1336 年。

譯文

　　醫學中方劑的歷史十分久遠。自古以來著方書的人不下百家，其方劑數量也無法數清楚。篇帙浩瀚，如果沒有好醫生就會無所適從。何況窮鄉僻壤，有病無醫，有方無藥，很少有不遭受夭折的人。丹陽葛稚川遍考古今醫家的論說，驗證其簡要易得的方劑和簡便易知的針灸分寸，選其可以起死回生的內容編纂為《肘後備急方》。

　　如果有病的人得到此書，雖無韓伯休而家中自會有藥，雖無封君達人人卻可以為醫，這是很好的備急之書。華陽陶弘景說：葛氏此書大大便利了世人，但因刊行較久，流傳過程中難免會出現許多錯誤。於是編著《百一方》置於《備急》之後，作為注解，錯誤的加以更正，缺漏的予以增補，附以炮炙、服食諸種方法，詳細記載。仍按內因、外因、他犯分為三條，可以開卷見病，不用費力查尋，更適合用以備急。

　　葛、陶二君是世所共知的大學問家，於學術方面無不知曉貫通。費時多年編成此書，是由於一方一論均需驗證後收錄，而不是僅收集簡易的藥方。如果人們家中備有此書，遇病即可查得藥方，而該方必能治癒疾病。如同在卞和的商店裡拿出來的都是精美玉石，到伯樂的馬棚裡看到的都是駿馬，怎能因其簡易而輕視呢？葛氏自序中說：如能信而用之，必可免除意外的早死。其著書的用意明顯可見。由於時代巨變，這本方書幾乎埋沒失傳，偶爾有一保存者，也是當做珍寶一樣秘藏起來，這哪裡是編書的本意。連帥烏侯長期患有多種疾病，工作學習之餘常留心於醫藥。前些時候巡察河南北部地區，從平鄉郭氏手中得此方書，郭氏親屬是從開封皇宮深處得到的此書。

　　兵荒馬亂之際，書不離身，不曾隨便拿給人看，至今而出實屬天意。侯命工匠翻刻此書，並催促盡快完成，唯恐病人不

第五章　葛洪《肘後方》道醫與中醫藥養生（內附注釋、譯文）

449

能早見此書。因為方書的顯現與埋沒與人的生死休戚相關，儘管書已刻成，仍為沒能早些刊行而隱痛悲傷。有這樣仁愛之心才能有仁愛之政。侯對民眾的仁愛，又豈止是一本方書所能體現的呢！方書的刊出是仁愛之心的具體表現。因奉命作序，特書其始末，以告訴那些不知內情的人。

至元丙子季秋稷亭段成巳題

葛仙翁《肘後備急方》序二
亦名《肘後卒救方》，陶隱居又名《百一方》

原 文

抱朴子丹陽葛稚川曰：余既窮覽墳索，以著述餘暇，兼綜術數，省仲景、元化、劉戴、秘要、金匱、綠秩、黃素方，近將千卷。患其混雜煩重，有求難得，故周流華夏九州之中，收拾奇異，捃拾遺逸，選而集之，使種類殊分，緩急易簡，凡為百卷，名曰《玉函》。然非有力，不能盡寫。又見周、甘、唐、阮諸家各作備急，既不能窮諸病狀，兼多珍貴之藥，豈貧家野居所能立辦？

又使人用針，自非究習醫方，素識明堂流注者，則身中榮衛尚不知其所在，安能用針以治之哉！是使鳧雁摯擊，牛羊搏噬，無以異也。雖有其方，猶不免殘害之疾。

余今採其要約，以為《肘後救卒》三卷，率多易得之藥。其不獲已，須買之者，亦皆賤價草石，所在皆有。兼之以灸，灸但言其分寸，不名孔穴，凡人覽之，可了其所用。或不出乎垣籬之內，顧眄可具。苟能信之，庶免橫禍焉。世俗苦於貴遠賤近，是古非今，恐見此方無黃帝、倉公、和、鵲、踰跗之目，不能採用，安可強乎！

抱朴子丹陽葛稚川說：我閱覽了大量古代文獻，利用著書立說的空餘時間，又研究了天文、曆法、占卜、陰陽五行等術數內容，以及仲景、元化、劉戴、秘要、金匱、綠秩、黃素方等近千卷醫方書。感覺方書過於混亂繁雜，一旦需求而難以查得，所以於國內廣泛收集各種珍本遺書，精選匯集，分門別類，緩急易簡，共為百卷，名為《玉函》。但不是很有功力的人是無法編纂周全的。又看到周、甘、唐、阮諸家分別所作的備急方書，既不能囊括各種病症，又用許多珍貴名藥，哪是貧窮之家及偏僻山村所能馬上辦到？

同時還教人用針，如不是研究過醫學並熟知明堂流注的人，身中的營衛尚不知在哪兒，又怎能用針治病呢！這樣做與讓野鴨大雁凶狠擊鬥、讓牛羊撲殺撕咬沒什麼不同。雖然有這樣的備急方，仍不免使病情更為加重。

我現在採用其中簡要內容，編為《肘後救卒》三卷，大部分都是容易得到的藥。必須購買的藥，也都是些便宜的草木土石，到處都有。兼用灸法，灸法只說明分寸，不稱穴位名，任何人看了都可掌握其用法。也許不出院墻即可把病治癒。如能相信此書，可避免疾病橫禍。世人經常貴遠賤近，是古非今，恐怕見此方書無黃帝、倉公、醫和、扁鵲、踰跗的名字，而不加以採用，又怎麼可以勉強呢！

華陽陶隱居《補闕肘後百一方》序

原　文

太歲庚辰隱居曰：余宅身幽嶺，迄將十載，雖每植德施功，多止一時之設。可以傳方遠裔者，莫過於撰述。見葛氏

《肘後救卒》，殊足申一隅之思。夫人生所為大患，莫急於疾，疾而不治，猶救火而不以水也。今鑾掖左右，藥師易尋，郊郭之外，已似難值，況窮村迴野，遙山絕浦，其間枉夭，安可勝言。方術之書，卷軸徒煩，拯濟殊寡，欲就披覽，迷惑多端。抱朴此制，實為深益。

然尚闕漏未盡，輒更採集補闕，凡一百一首，以朱書甄別，為《肘後百一方》。於雜病單治，略為周遍矣。昔應璩為百一詩以箴規心行，今余撰此蓋欲衛輔我躬。且《佛經》云：人用四大[1]成身，一大輒有一百一病。是故深宜自想。上自通人，下達眾庶，莫不各加繕寫，而究括之。

余又別撰《效驗方》五卷，具論諸病證候，因藥變通，而並是大治，非窮居所資，若華軒鼎室，亦宜修省耳。葛序云：可以施於貧家野居，然亦不止如是。

今晉紳君子，若常處閒佚，乃可披檢方書，或從祿外邑將命遐徵，或宿直禁闈晨宵隔絕，或急速戎陣城柵嚴阻，忽遇疾倉卒，唯拱手相看，曷若探之囊笥則可庸豎成醫？故備論證候，使曉然不滯，一披條領，無使過差也。尋葛氏舊方，至今已二百許年，播於海內，因而濟者，其效實多。

余今重以該要，庶亦傳之千祀，豈止於空衛我躬乎！舊方都有八十六首，檢其四蛇兩犬，不假殊題；喉舌之間，亦非異處；入冢御氣[2]，不足專名；雜治一條，猶是諸病部類。強致殊分，復成先例。今乃配合為七十九首，於本文究具都無忖減，復添二十二首，或因葛一事增構成篇，或補葛所遺準文更撰，具如後錄。詳悉自究，先次比諸病，又不從類，遂具復勞在傷寒前，霍亂置耳目後。

陰易之事，乃出雜治中，兼題與篇名不盡相符，卒急之時難於尋檢，今亦改其銓次，庶歷然易曉。其解散、腳弱、虛

勞、渴痢、發背、嘔血，多是貴勝之疾。其傷寒中風，診候最難分別，皆應取之於脈，豈凡庸能究？今所載諸方，皆灼然可用，但依法施治，無使違逆。其癰疽、金瘡，形變甚眾，自非具方，未易根盡。其婦女之病、小兒之病，並難治之，方法不少，亦載其綱要云。

凡此諸方，皆是撮其樞要，或名醫垂記，或累世傳良，或博聞有驗，或自用得力，故復各題秘要之説，以避文繁。又用藥有舊法，亦不復假事事詮詔，今通立定格，共為成準。

凡服藥不言先食者，皆在食前。應食後者，自各言之。凡服湯云三服、再服者，要視病源準候，或疏或數，足令勢力相及。毒利藥，皆須空腹。補瀉其間，自可進粥。凡散日三者，當取旦、中、暮進之。四、五服，則一日之中量時而分均也。凡下丸散，不云酒水飲者，本方如此，而別説用酒水飲，則足可通用三物服也。凡云分等，即皆是丸散，隨病輕重所須，多少無定。銖兩三種五種，皆分均之分兩。凡云丸散之若干分兩者，是品諸藥宜多宜少之分兩，非必止於若干分兩。假令日服三方寸匕，須差止，是三、五兩藥耳。凡云末之，是搗篩如法；㕮咀^{〔3〕}者，皆細切之。凡云湯煮取三升，分三服，皆絞去滓而後酌量也。字，方中用鳥獸屎作矢字，尿作溺字，牡鼠亦作雄字，乾作干字。凡云錢匕者，以大錢上全抄之；若云半錢，則是一錢抄取一邊爾，並用五銖錢也。方寸匕，即用方一寸抄之可也。刀圭準如兩大豆。炮^{〔4〕}熬炙洗治^{〔5〕}諸藥，凡用半夏，皆湯洗五、六度，去滑。附子、烏頭，炮，去皮，有生用者，隨方言之。礬石，熬，令汁盡。椒皆出汗。麥門冬皆去心，丸散用膠皆炙。巴豆皆去心、皮，熬；有生用者，隨而言之。杏仁去尖、皮，熬；生用者言之。葶藶皆熬。皂莢去皮、子，藜蘆、枳殼、甘草皆炙，大棗、支子擘^{〔6〕}破。巴豆、桃、

杏仁之類，皆別研，搗如膏，乃和之。諸角皆屑之，麻黃皆去篩。凡湯中用芒硝、阿膠、飴糖，皆絞去滓，內湯中，更微煮令消。紅雪、朴硝等，皆狀此而入藥也。用麻黃即去節，先煮三、五沸，掠去沫後，乃入餘藥。

凡如上諸法，皆已具載在余所撰《本草》上卷中。今之人有此《肘後百一》者，未必得見《本草》。是以復疏方中所用者載之。此事若非留心藥術不可盡知，則安得使之不僻繆也。案病雖千種，大略只有三條而已。一則府藏經絡因邪生疾，二則四支九竅內外交媾，三則假為他物橫來傷害。此三條者，今各以類而分別之，貴圖倉卒之時，披尋簡易故也。今以內疾為上卷，外發為中卷，他犯為下卷，具列之云。

上卷三十五首治內病。

中卷三十五首治外發病。

下卷三十一首治為物所苦病。

注釋

〔1〕即地、水、風、火。

〔2〕一種氣功方法。

〔3〕原始的炮製方法，古代用嘴將藥物嚼碎，稱之㕮咀，後世改為刀切。

〔4〕置藥物於火上，煙起為度。

〔5〕修治，除去雜質。

〔6〕剖開。

譯文

太歲庚辰隱居說：我在深山居住，已近十年，雖然經常廣施功德，多為一時之舉措。可以廣傳四方後代的只有撰述。見

葛氏《肘後救卒》，完全可表達我的想法。人生最大的憂慮是身體患病，患病而不治，就像救火而不用水。如今在地處鬧市還能找到藥師，而城外郊野就很難找到，更何況在窮鄉僻壤，遙遠山水之地，因患病而早逝的人，難以數清。醫藥方書，卷帙繁多，一旦搶救危重病證，想要查覽方書，則迷茫難以適從。葛洪編纂此書，實在是有很大益處。但尚有缺漏未盡之處，於是我進一步採集補缺，共一百零一首，用紅筆書寫以便與原書區別，名為《肘後百一方》。

在單方治療雜病方面比較周全。過去應璩作一百零一首詩，用來規勸人們的思想行為。如今我撰此書，是要護衛我們的身體。《佛經》說：人用四大構成身體，每一大有一百零一病。所以每個人都應深思。上自有學識的人，下至民眾百姓，無不各自加以抄寫，研究完善。

我又另外撰寫《效驗方》五卷，全面論述各種疾病證候，以及相應加減用藥，均是重要的治療方法，不僅為貧困家庭所依賴，那些富裕人家也應研究了解。葛洪序中說：可以用於山村野居貧困之家，但也不僅僅如此。現在的官紳貴族，如果經常有空閒，尚可以查閱方書；但有時在外地做官，奉命遠征，有時在禁宮內當差，宵禁阻隔，有時緊急對陣交兵，路障圍城，在這些情況下突然患病，倉促之間束手無措，哪裡比得上有方書在手，從箱袋中拿出就可變凡人為醫生？所以應全面地論述證候，使之明瞭通暢，條目清晰，不會出現錯誤。

葛氏舊書，至今已二百餘年，傳播於海內，因此書而獲救的人，收效甚多。我今重新概括提要，也許能傳之千年，豈止僅僅保護我的身體！舊方共有八十六首，查閱原書，四蛇兩犬，不用不同的標題；喉舌之間，也沒分別異處；入家禳氣，不足以專列一條；雜治一類，可分別歸類於各種病症，勉強分

類，復失體例。現今組合為七十九首，於原文絲毫無減，又增添二十二首，有的根據葛氏部分內容增構成篇，有的補充葛氏所遺重新撰寫，如後所錄。

經詳細研究，先排列諸病次序，有的分類混亂，列勞復在傷寒前，霍亂在耳目後。陰易出雜病中，目錄與篇名不盡相符，急卒之時難於尋找檢索，今改變排列次序，使之井然易曉。其解散、腳弱、虛勞、渴痢、發背、嘔血等，多是富貴人易得的疾病。傷寒和中風，診候最難分別，都應取之於脈，哪裡是普通人所能搞清楚的？今所載各方劑，都是療效確切可用之方，但要依法施治，不可違反。其癰疽、金瘡，變證甚多，如不是所列方劑，實難根除病證。婦人、小兒病證，均難治療，方法不少，也只載其綱要。

凡書中諸方，都是記載關鍵要領，有的是名醫記錄，有的是世代相傳良方，有的是聽說許多人驗證過，有的是自身使用獲效，所以又各題秘要之說，以避免文字繁冗。又用藥有傳統法則，也不再事事加以解釋說明，現在統一制定通用的標準。

凡服藥，不說明先食者，都在食前服；應食後服者，各自加以說明。

凡服湯藥，說三服、再服者，要根據病源證候，間隔或長或短，令藥力相連接。毒藥利藥，皆須空腹服。補藥瀉藥，可以吃粥。

凡服散劑，日三者，取早、中、晚服藥。四、五服，則一日之中量時間而分均勻。凡下丸劑散劑，不說明用酒、水、飲者，本方如此，是可通用三物服藥；另有分別說明用酒、水、飲服藥。

凡說等分，都是丸劑散劑，隨病情輕重，所需多少，無固定銖兩，都是均分的分兩。凡說丸劑散劑若干分兩者，是指該

方諸藥宜多宜少之比例，不是必須限定若干分兩。假如日服三方寸匕，須病愈為止，約三五兩藥。

凡說末之，是按傳統方法搗、篩。哎咀者，皆細細切之。

凡說湯劑，煮取三升，分三服，都是絞去藥渣之後稱量的。

方中用字，鳥獸屎作「矢」字，尿作「溺」字，牡鼠也作「雄」字，乾作「干」字。

凡說錢匕者，用大錢抄滿；如果說半錢，則是用一錢抄取半邊，均用漢代五銖錢。方寸匕，是用一寸見方抄滿。刀圭，以兩大豆的量為準。

炮、熬、炙、洗、治諸藥，凡用半夏，皆用溫水洗五六遍，去滑為度。附子、烏頭，炮，去皮；有生用者，根據方中的說明。礜石熬，令汁盡。椒皆使之出汗。麥門冬皆去心。丸劑散劑用膠皆炙。巴豆皆去心皮，熬；有生用者，在方中注明。杏仁去皮尖，熬；生用者注明。葶藶皆熬，皂莢去皮子。藜蘆、枳殼、甘草皆炙。大棗、梔子擘破。巴豆、桃仁、杏仁之類，皆分別研，搗如膏，然後和合其他藥物。各種角類藥物皆為碎末，麻黃皆去節。

凡湯劑中用芒硝、阿膠、飴糖，皆絞去渣，納湯劑中，再微煮令消融。紅雪、朴硝等，都照此法入藥。用麻黃時去節，先煮三五沸，掠去浮沫後，再入其他藥。

凡以上諸法，都已記載在我所撰的《本草》上卷中。現在有此《肘後百一》的人，未必能夠看到《本草》，所以又疏解方中所用者加以記載。此事若不是留心藥學知識不能全面了解，又怎能使之不生僻不出錯呢？

按，疾病雖有多種，大方面只有三條：一則臟腑經絡因邪盛而生病；二則四肢九竅內外邪交感而生病；三則由於他物突來傷害身體而生病。此三條，今各按類分別排列，貴在希望倉

卒之時容易檢索查找。現在以內疾為上卷，外發為中卷，他犯
為下卷，羅列分述。

上卷三十五首治內病。

中卷三十五首治外發病。

下卷三十一首治為物所苦病。

鹿鳴出續古序

原　文

觀夫古方藥品分兩、灸穴分寸不類者，蓋古今人體大小或
異，藏府血脈亦有差焉。請以意酌量。藥品分兩，古序已明，
取所服多少配之，或一分為兩，或二銖[1]為兩，以盞當升可
也。如中卷末紫丸方，代赭、赤石脂各一兩，巴豆四十，杏仁
五十枚，小兒服一麻子，百日者一小豆且多矣。若兩用二銖四
累[2]，巴豆四，杏仁五枚，可療十數小兒，此其類也。灸之分
寸，取其人左右中指中節可也。其使有毒狼虎性藥，乃急救性
命者也。或遇發毒，急掘地作小坑，以水令滿，熟攪稍澄，飲
水自解，名為地漿。特加是説於品題之後爾。

注釋

〔1〕古代重量單位，唐代以前一兩等於二十四銖，十六兩
為一斤。

〔2〕古代重量單位，以十黍的重量為一累，十累為一銖。
唐代以後多不用銖，而改用兩、錢、分、厘制，一錢約相當於
二銖四累。

譯文

觀古代方書的藥品分兩及灸穴分寸與今不同，大概是古今人體大小及臟腑血脈均有差異。需酌情考慮這一問題。藥品分兩，古書序言中已經說明，根據服藥多少相應轉換，有的一分為一兩，有的二銖為一兩，或用一盞當作一升。如中卷末紫丸方，代赭石、赤石脂各一兩，巴豆四十枚、杏仁五十枚，小兒服一麻子大，百日小兒服一小豆大就夠多的了。如果將二銖四累作為一兩二銖四累，那麼巴豆只用四枚，杏仁只用五枚，就可以治療十幾個小兒，可見古今分兩之不同。至於灸法的分寸，取患者左右中指節為一寸即可。有時使用性如虎狼的有毒藥物，也是為了急救性命。如毒物發作，可立即就地挖一個小土坑，用水灌滿，攪混濁後稍至澄清，飲此水毒物自然可解，此水名為地漿。所以在評述之後特增加此說明。

《附廣肘後方》序

原　文

昔伊尹著湯液之論，周公設醫師之屬，皆所以拯救民疾，俾得以全生而盡年也。然則古之賢臣愛其君以及其民者，蓋非特生者遂之而已。人有疾病，坐視其危苦而無以救療之，亦其心有所不忍也。仰惟國家受天成命，統一四海，主上以仁覆天下，輕稅損役，約法省刑，蠲積負，柔遠服，專務以德養民，故人臣奉承於下，亦莫不以體國愛民為心。唯政府內外宗公協同輔翼，以共固天保無疆之業，其心則又甚焉於斯時也。

蓋民罹兵火，獲見太平，邊境寧而盜賊息矣，則人無死於鋒鏑之慮；刑罰清而狴犴空矣，則人無死於桎梏之憂；年穀豐而蓄積富矣，則人無死於溝壑之患。其所可虞者，獨民之有疾

病夭傷而已。思亦有以救之，其不在於方書矣乎！然方之行於世者多矣，大編廣集，奇藥群品，自名醫貴冑，或不能以兼通而卒具，況可以施於民庶哉？

於是行省乃得乾統間⁽¹⁾所刊《肘後方》善本，即葛洪所謂皆單行徑易約而已驗，篱陌之間顧眄皆藥，家有此方可不用醫者也。其書經陶隱居增修而益完矣。既又得唐慎微《證類本草》，其所附方皆洽見精取，切於救治，而卷帙尤為繁重，且方隨藥著，檢用卒難，乃復摘錄其方，分以類例，而附於《肘後》隨證之下，目之曰《附廣肘後方》，下監俾更加仇次，且為之序，而刊行之。

方雖簡要而該病則眾，藥多易求而論效則遠，將使家自能醫，人無夭橫，以溥濟斯民於仁壽之域，以上廣國家博施愛物之德，其為利豈小補哉！

皇統四年⁽²⁾十月戊子儒林郎汴京國子監博士楊用道謹序

注釋

〔1〕公元 1101～1110 年。
〔2〕公元 1144 年。

譯文

古代伊尹創立湯液的理論，周公訂立醫師制度，都是為了拯救民眾疾苦，使他們能夠健康長壽而盡天年。然而，古代賢臣愛護君主及百姓的方法不只是簡單生存而已。人有疾病，坐視其危困痛苦而無法救治，也是其心所不能容忍的。只有仰承稟受天意而建立的國家，四海統一，皇帝以仁政施於天下，減輕稅負勞役，減少刑罰，除去重壓，懷柔四方，專門以德養民，所以臣民響應於下，無不以體察國情愛護民眾為己任。政

府內外要員協同輔佐，共同鞏固長久大業，其用心又更甚於當時。民眾遭受兵災戰亂後，實現和平，邊境平安而盜賊消失，則人無死於刀箭利刃的顧慮；刑罰減輕而牢獄空，則人無被戴上腳鐐手銬的憂愁；五穀豐收而儲蓄富有，則人無因凍餓死於路邊的擔心。唯一可憂慮的是百姓有疾病傷亡的痛苦。想來也有解救的辦法，那不就是方書嗎！然而，方書刊行於世的有很多，廣集巨編，奇異藥品，世傳名醫有時都不能全部通曉，更何況用來施治於平民百姓？

留意於此則獲得乾統年間刊行的《肘後方》善本，即葛洪所說簡單易行而已經驗證，牆邊地頭所見皆可作藥，家有此方書可不用求醫的重要著作。該書經陶隱居增補修訂而更加完善。在此基礎上又得到唐慎微的《證類本草》，其所附方劑都很精簡恰當，適合於急證治療，但卷帙過於繁多，而且方劑是隨藥物編排的，倉卒之間難以找尋利用。於是又摘錄其方，分類排列，附於《肘後》各證之下，題名為《附廣肘後方》，加以校對，並為之作序，然後刊行。

方劑雖簡要而包括的疾病很多，藥物雖易求而療效長遠，可使家家自能醫病，人人都不至於夭亡。用以普濟大眾都能達到長壽的境界，用以廣泛實現國家愛護每一位黎民百姓的品德，由此而帶來的好處豈能說很小！

皇統四年十月戊子儒林郎汴京國子監博士楊用道謹序

第五章 葛洪《肘後方》道醫與中醫藥養生（內附注釋、譯文）

救卒中惡死方第一

原　文

救卒死或先病痛，或常居寢臥，奄忽而絕，皆是中死[1]救之方：

一方：取蔥黃心刺其鼻，男左女右，入七八寸，若使目中血出，佳。扁鵲[2]法同。是後吹耳朵中，葛當言此云吹鼻，故別為一法。

又方：令二人以衣壅口，吹其兩耳，極則易。又可以筒吹之，並捧其肩上，側身遠之，莫臨死人上。

又方：以蔥葉刺耳，耳中、鼻中血出者莫怪。無血難治，有血是候。時當捧兩手忽放之，須臾死人自當舉手撈人，言痛乃止：男刺左鼻，女刺右鼻中，令入七八寸餘，大效。亦治自縊死，與此扁鵲方同。

又方：以綿漬好酒中須臾，置死人鼻中，手按令汁入鼻中，並持其手足，莫令驚。

又方：視其上唇裡弦弦者，有白如黍米大，以針決去之。

又方：以小便灌其面，數回即能語。此扁鵲方法。

又方：取皂莢如大豆，吹其兩鼻中，嚏則氣通矣。

又方：灸其唇下宛宛中承漿穴十壯[3]，大效矣。

又方：割雄雞頸取血以塗其面，乾復塗，並以灰營死人一周。

又方：以管吹下部，令數人手吹之，氣通則活。

又方：破白犬以搨心上，無白犬，白雞亦佳。

又方：取雄鴨，就死人口上斷其頭，以熱血瀝口中，並以竹筒吹其下部，極則易人，氣通下即活。

又方：取牛馬糞尚濕者，絞取汁，灌其口中，令入喉。若口已禁者，以物強發之；若不可強者，乃扣齒下；若無新者，以人溺解乾者，絞取汁。此扁鵲云。

又方：以繩圍其死人肘腕，男左女右，畢伸繩從背上大槌度以下，又從此灸橫行各半繩，此法三灸各三，即起。

又方：令爪其病人人中取醒。不者，捲其手，灸下文頭，隨年[4]。

又方：灸鼻人中三壯也。

又方：灸兩足大指爪甲聚毛中七壯，此華佗法。一云三七壯。

又方：灸臍中[5]百壯也。

扁鵲法又云：斷豚尾，取血飲之，並縛豚以枕之，死人須臾活。

又云：半夏末如大豆，吹鼻中。

又方：搗女青屑，重一錢匕[6]開口內喉中，以水苦酒，立活。

按，此前救卒死四方並後尸厥[7]事，並是魏大夫傳中正一真人所說，扁鵲受長桑公子法。尋此傳出世：在葛後二十許年，無容知見，當是斯法久已在世。故或言楚王，或言趙王，兼立語次第亦參差故也。

又張仲景諸要方：搗薤汁，以灌鼻中。

又方：割丹雄雞冠血，管吹內鼻中。

又方：以雞冠及血塗面上，灰圍四邊，立起。

又方：豬脂如雞子大，苦酒一升，煮沸，以灌喉中。

又方：大豆二七枚，以雞子白並酒和，盡以吞之。

救卒死而壯熱者，礬石半斤，水一斗半；煮消以漬腳，令沒踝。

救卒死而目閉者，騎牛臨面，搗薤汁灌之耳中，吹皂莢鼻中，立效。

救卒死而張目及舌者，灸手足兩爪後十四壯了，飲以五毒諸膏散，有巴豆者。

救卒死而四支不收矢便者，馬矢一升，水三斗煮取二斗，以洗之。又取牛洞一升，溫酒灌口中。洞者，稀糞也。灸心下一寸、臍上三寸、臍下四寸，各一百壯，差。

若救小兒卒死而吐利不知是何病者，馬矢一丸，絞取汁，以吞之。無濕者，水煮取汁。

又有備急三物丸散及裴公膏，並在後備急藥條中。救卒死尤良，亦可臨時合用之。凡卒死、中惡及尸厥，皆天地及人身自然陰陽之氣忽有乖離否隔，上下不通，偏竭所致，故雖涉死境，猶可治而生，緣氣未都竭也。當爾之時，兼有鬼神於其間，故亦可以符術而獲濟者。

【附方】

扁鵲云：中惡與卒死鬼擊[8]亦相類，已死者為治，皆參用此方。

搗菖蒲生根，絞汁灌之，立差。尸厥之病，卒死脈猶動，聽其耳中如微語聲，股間暖是也。亦此方治之。

孫真人治卒死方：以皂角末吹鼻中。

注釋

〔1〕即中惡，古病名，以突然昏厥如死而氣不絕為主證。

〔2〕秦越人。戰國時期名醫。

〔3〕艾炷灸的計量單位。每灸一個艾炷，稱為一壯。

〔4〕即隨年灸，壯數與患者年歲相同。

〔5〕即神闕穴。

〔6〕量器，用漢代五銖錢抄取藥末，以不散落為度，叫一錢匕。

〔7〕古病名，以突然昏倒、不省人事、狀如昏死為主症。

〔8〕古病名，指一些原因不明的危急重證。以突然發病為特點。

救卒死尸厥方第二

原　文

尸厥之病，卒死而脈猶動，聽其耳中循循如嘯聲而股間暖是也。耳中雖然嘯聲而脈動者，故當以尸厥。

救之方：以管吹其左耳中極三度，復吹右耳三度，活。

又方：搗干菖蒲，以一棗核大著其舌下。

又方：灸鼻人中七壯，又灸陰囊下去下部一寸百壯。若婦人，灸兩乳中間。又云：爪刺人中良久，又針人中至齒，立起。

此亦全是《魏大夫傳》中扁鵲法，即趙太子之患。又張仲景云：尸一厥，脈動而無氣，氣閉不通，故靜然而死也。

以菖蒲屑內鼻兩孔中，吹之，令人以桂屑著舌下。又云扁鵲法，治楚王效。

又方：剔左角髮方二寸，燒末，以酒灌令入喉，立起也。

又方：以繩圍其臂腕，男左女右，繩從大椎上度下行脊上，灸繩頭五十壯，活。此是扁鵲秘法。

又方：熨其兩脅下，取灶中墨如彈丸，漿水和飲之，須臾三四以管吹耳中，令三四人更手吹之。又小管吹鼻孔，梁上塵如豆，著中吹之令入，差。

又方：白馬尾二七莖，白馬前腳目〔1〕二枚，合燒之，以苦酒丸如小豆，開口吞二丸，須臾服一丸。

又方：針百會，當鼻中入髮際五寸，針入三分。補之針足大指甲下肉側去甲三分；又針足中指甲上各三分，大指之內去端韭葉；又針手少陰銳骨之端，各一分。

又方：灸膻中穴二十八壯。

注釋

〔1〕藥名，《本草綱目》解釋：夜眼在足膝上，馬有此能夜行，故名。

救卒客忤死方第三

原　文

客忤者中惡之類也。多於道門門外得之，令人心腹絞痛脹滿，氣衝心胸，不即治亦殺人。救之方：灸鼻人中三十壯，令切鼻柱下也。以水漬粳米，取汁一二升，飲之。口已禁者，以物強發之。

又方：擣墨，水和服一錢匕。

又方：以銅器若瓦器貯熱湯，器著腹上，轉冷者撤去衣，器親肉，大冷者易以熱湯，取癒則止。

又方：以三重衣著腹上，銅器著衣上，稍稍少許茅於器中燒之，茅盡益之，勿頓多也，取癒乃止。

又方：以繩橫度其人口，以度其臍，去四面各一處灸各三壯，令四火俱起，差。

又方：橫度口中，折之，令上頭著心下，灸下頭五壯。

又方：真丹方寸匕[1]，蜜三合，和服。口噤者，折齒下之。

扁鵲治忤，有救卒符並服鹽湯法，恐非庸世所能，故不載。而此病即今人所謂中惡者，與卒死、鬼擊亦相類，為治參

取而用之已死者。

搗生菖蒲根，絞取汁，含之，立差。

卒忤停尸不能言者，桔梗燒二枚，末之，服。

又方：末細辛、桂分等，內口中。

又方：雞冠血和真朱，丸如小豆，內口中與三四枚，差。若卒口噤不開者，末生附子，置管中吹內舌下，即差矣。

又方：人血和真朱，如梧桐子大二丸，折齒納喉中，令下。

華佗卒中惡短氣欲死，灸足兩拇指上甲後聚毛中各十四壯，即癒。未差，又灸十四壯。前救卒死方三七壯，已有其法。

又張仲景諸要方：麻黃四兩，杏仁七十枚，甘草一兩，以水八升煮取三升，分令咽之，通治諸感忤[2]。

又方：韭根一把，烏梅二十個，茱萸半斤，以水一斗煮之，以病人櫛內中三沸，櫛浮者生，沉者死。煮得三升，與飲之。

又方：桂一兩，生薑三兩，梔子十四枚，豉五合，搗，以酒三升，攪，微煮之，味出去滓，頓服，取差。

飛尸走馬湯：巴豆二枚，杏仁二枚，合，綿纏椎令碎，著熱湯二合中，指捻令汁出，便與飲之，炊間頓下飲，差。小量之，通治諸飛尸鬼擊。

又有諸丸散，並在備急藥中。客者客也，忤者犯也，謂客氣犯人也。此蓋惡氣，治之多癒。雖是氣來鬼鬼毒厲之氣，忽逢觸之其衰歇，故不能如自然惡氣治之。入身而侵克臟府經絡，差後猶宜更為治，以消其餘勢。不爾，亟終為患，令有時輒發。

【附方】

《外台秘要》治卒客忤停尸不能言，細辛、桂心等分，內口中。

又方：燒桔梗二兩，末，米飲服，仍吞麝香如大豆許，佳。

《廣利方》治卒中客忤垂死，麝香一錢，重研，和醋二合服之，即差。

注釋

〔1〕古時容量單位，為一寸見方的平勺一勺。

〔2〕即客忤。

治卒得鬼擊方第四

原　文

鬼擊之病，得之無漸，卒著如人刀刺狀，胃脅腹內絞急切痛，不可抑按，或即吐血，或鼻中出血，或下血，一名鬼排。治之方：

灸鼻下人中一壯，立癒。不差，可加數壯。

又方：升麻、獨活、牡桂分〔1〕等，末，酒服方寸匕，立癒。

又方：灸臍下一寸三壯。

又方：灸臍上一寸七壯，及兩踵白肉際，取差。

又方：熟艾如鴨子大三枚，水五升煮取二升，頓服之。

又方：鹽一升，水二升，和攪飲之，並以冷水噀之，勿令即得吐，須臾吐，即差。

又方：以粉一撮，著水中攪，飲之。

又方：以醇酒吹內兩鼻中。

又方：斷白犬一頭，取熱犬血一升，飲之。

又方：割雞冠血以瀝口中，令一咽，仍破此雞，以搵心下，冷乃棄之於道邊。得烏雞彌佳妙。

又方：牛子矢一升，酒三升，煮服之。大牛亦可用之。

又方：刀鞘三寸，燒末，水飲之。

又方：燒鼠矢，末，服如黍米，不能飲之，以少水和，內口中。

又有諸丸散，並在備急藥條中，今巫實見人忽有被鬼神所擺拂者，或犯其行伍，或遇相觸突，或身神散弱，或忿負所貽，輕者因而獲免，重者多見死亡，猶如燕簡輩事，非為虛也。必應死，亦不可，要自不得不救爾。

【附方】

《古今錄驗》療妖魅貓鬼病人不肯言鬼方：鹿角屑，搗散，以水服方寸匕，即言實也。

注釋

〔1〕即肉桂，為樟科植物肉桂 Cinnamomumcas-siaPresl 的乾皮及枝皮。

治卒魘寐不寤方第五

原　文

臥忽不寤，勿以火照，火照之殺人。但痛嚙其踵及足拇趾甲際，而多唾其面，即活。又治之方：

末皂角，管吹兩鼻中，即起。三四日猶可吹。又以毛刺鼻孔中，男左女右，輾轉進之。

又方：以蘆管吹兩耳，並取病人髮二七莖，作繩納鼻孔中。割雄雞冠取血，以管吹入咽喉中，大效。

又方：末灶下黃土，管吹入鼻中。末雄黃並桂，吹鼻中，並佳。

又方：取井底泥塗目畢，令人垂頭於井中，呼其姓名，即

便起也。

又方：取韭搗，以汁吹鼻孔。冬月可掘取根取汁，灌於口中。

又方：以鹽湯飲之，多少約在意。

又方：以其人置地，利刀畫地，從肩起，男左女右，令周面以刀鋒刺病人鼻，令入一分，急持勿動，其人當鬼神語求哀，乃問阿誰？何故來？當自乞去，乃以指滅向所畫地，當肩頭數寸，令得去，不可不具詰問之也。

又方：以瓦甌[1]覆病人面上，使人疾打破甌則寤。

又方：以牛蹄或馬蹄，臨魘人上，亦可治猝死，青牛尤佳。

又方：搗雄黃，細篩，管吹納兩鼻中，桂亦佳。

又方：菖蒲末吹兩鼻中，又末內舌下。

又方：以甌帶左索縛其肘後，男左女右，用餘稍急絞之，又以麻縛腳，乃詰問其故，約敕解之。令一人坐頭守，一人於戶內呼病人姓名，坐人應曰：諾在。便蘇。

卒魘不覺，灸足下大指聚毛中二十一壯。

人喜魘及噩夢者，取火死灰著履中合枕。

又方：帶雄黃，男左女右。

又方：灸兩足大趾上聚毛中，灸二十壯。

又方：用真麝香一子於頭邊。

又方：以虎頭枕尤佳。

辟魘寐方：取雄黃如棗核，繫左腋下，令人終身不魘寐。

又方：真赤團方一赤，以枕之。

又方：作犀角枕佳。以青木香內枕中，並帶。

又方：𧄍，治卒魘寐久，書此符於紙，燒令黑，以少水和之，內死人口中。懸鑒死者耳前，打之，喚死者名，不過半日即活。

魘臥寐不寤者，皆魂魄外遊，為邪所執錄，欲還未得所。忌火照，火照遂不復入。而有燈光中魘者，是本由明出，但不反身中故耳。

【附方】

《千金方》治鬼魘不悟，皂莢末刀圭，起死人。

治卒中五尸方第六

原　文

五尸者，飛尸、遁尸、風尸、沉尸、尸注也。今所載方兼治之。其狀腹痛脹急，不得氣息，上沖心胸，旁攻兩脅，或磊塊湧起，或攣引腰脊。兼治之方：

灸乳後三寸十四壯，男左女右。不止，更加壯數，差。

又方：灸心下三寸，六十壯。

又方：灸乳下一寸，隨病左右，多其壯數，即差。

又方：以四指尖其痛處，下灸指下際數壯，令人痛，上爪其鼻人中，又爪其心下一寸，多其壯，取差。

又方：破雞子白，頓吞之。口閉者，內喉中搖頓令下，立差。

又方：破雞子白，頓吞七枚，不可，再服。

又方：理當陸根，熬，以囊貯，更番熨之，冷復易。雖有五尸之名，其例皆相似而有小異者。飛尸者，遊走皮膚，洞穿藏府，每發則痛，變作無常也。遁尸者。附骨入肉，攻鑿血脈，每發不可得近見尸喪，聞哀哭便作也。風尸者，淫躍四肢，不知痛之所在，每發昏恍，得風雪便作也。沉尸者，纏結臟府，沖心脅，每發絞切，遇寒冷便作也。尸注者，舉身沉重，精神錯雜，常覺昏廢，每節氣改變輒致大惡，此一條別有

治後熨也。凡五尸，即身中尸鬼接引也，共為病害。經術甚有消滅之方，而非世徒能用，今復撰其經要，以救其斃方：

雄黃一兩，大蒜一兩，令相和似彈丸許，內二合熱酒中，服之，須臾差。未差，更作，已有疹者，常畜此藥也。

又方：乾薑、桂分等，末之，鹽三指撮，熬令青，末，合水服之，即差。

又方：搗蒺藜子，蜜丸，服如胡豆二丸，日三。

又方：粳米二升，水六升煮一沸，服之。

又方：豬肪八合，銅器煎小沸，投苦酒八合，相和，頓服，即差。

又方：掘地作小坎，水滿中，熟攪，取汁服之。

又方：取屋上四角茅內銅器中，以三赤布覆腹，著器布上，燒茅令熱，隨痛追逐，蹠下癢即差。若瓦屋，削取四角柱燒之，亦得極大神良者也。

又方：桂一兩，薑一兩，巴豆三枚，合搗末，苦酒和如泥，以傅尸處，燥即差。

又方：烏臼根銼二升，煮令濃，去滓，煎汁，凡五升則入水一兩，服五合至一升，良。

又方：忍冬莖、葉，銼數斛，煮令濃，取汁煎之，服如雞子一枚，日二三服，佳也。

又方：燒亂髮、熬杏仁等分，搗膏，和丸之，酒服桐子大三丸，日五六服。

又方：龍骨三分，藜蘆二分，巴豆一分，搗，和井花水，服如麻子大，如法丸。

又方：漆葉，暴乾，搗末，酒服之。

又方：鼉肝一具，熟煮，切食之，令盡。亦用蒜虀。

又方：斷鱉頭燒末，水服，可分為三度，當如肉者，不

盡，後發更作。

又方：雄黃一分，梔子十五枚，芍藥一兩，水三升煮取一升半，分再服。

又方：梔子二七枚，燒末服。

又方：乾薑、附子各一兩，桂二分，巴豆三十枚，去心，並生用，搗篩，蜜和搗萬杵，服二丸如小豆大，此藥無所不治。

又飛尸入腹刺痛死方：凡犀角、射罔、五注丸，並是好藥，別在大方中。治卒有物在皮中如蝦蟆，宿昔下入腹中，如杯不動搖，掣痛不可堪，過數日即煞人方：

巴豆十四枚，龍膽一兩，半夏、土瓜子各一兩，桂一斤半，合搗碎，以兩布囊貯，蒸熱，更番以熨之。亦可煮飲，少少服之。

此本在雜治中，病名曰陰尸，得者多死。

治尸注鬼注方第七

原　文

尸注鬼注病者，葛雲即是五尸之中尸注，又挾諸鬼邪為害也。其病變動，乃有三十六種至九十九種，大略使人寒熱淋漓，恍恍默默，不的知其所苦，而無處不惡，累年積月，漸就頓滯，以至於死。死後復傳之旁人，乃至滅門。覺知此候者，便宜急治之方：

取桑樹白皮，曝乾，燒為灰，得二斗許，著甑中蒸，令氣浹便下，以釜中湯三四斗淋之又淋，凡三度，極濃止，澄清取二斗，以漬赤小豆二斗，一宿，曝乾，乾復漬灰汁盡止。乃濕蒸令熟，以羊肉若鹿肉作羹，進此豆飯，初食一升至二升，取飽滿。微者三四斗癒，極者七八斗。病去時體中自覺疼癢淫

淫，或若根本不拔，重為之，神驗也。

又方：桃仁五十枚，破，研，以水煮取四升，一服盡當吐。吐病不盡，三兩日更作。若不吐，非注。

又方：杜蘅[1]一兩，莖一兩，人參半兩許，瓠子二七枚，松蘿六銖，赤小豆二七枚，搗末散，平旦溫服方寸匕，晚當吐百種物。若不盡，後更服之也。

又方：獺肝一具，陰乾，搗末，水服方寸匕，日三。一具未差，更作。姚云神良。

又方：朱砂、雄黃各一兩，鬼臼、閭草各半兩，巴豆四十枚去心皮，蜈蚣兩枚，搗，蜜和丸，服如小豆。不得下，服二丸亦長將行之。姚氏：燒髮灰，熬杏仁紫色，分等，搗如脂，豬脂和，酒服梧桐子大，日三服，差。

又有華佗狸骨散、龍牙散、羊脂丸諸大藥等，並在大方中。及成帝所受淮南丸，並療痊易[2]滅門。女子小兒多注車、注船、心悶亂、頭痛、吐，有此疹者，宜辟方：

車前子、車下李根皮、石長生、徐長卿各數兩，分等，粗搗，作方囊貯半合，繫衣帶及頭。若注船，下暴慘，以和此共帶之。又臨入船，刻取此船自燒作屑，以水服之。

【附方】

《子母秘錄》治尸注：燒亂髮如雞子大，為末，水服之，差。

《食醫心鏡》主傳尸鬼氣[3]，咳嗽，痃癖[4]，注氣，血氣不通，日漸羸瘦方：桃仁一兩去皮尖，杵碎，以水一升半煮汁，著米煮粥，空心食之。

注釋

〔1〕指馬兜鈴科植物杜衡的根，後面的「莖」是指杜衡的

<u>莖</u>。

〔2〕具有傳染性的慢性病。

〔3〕即尸注、鬼注，又稱勞瘵。

〔4〕古病名，臍腹或脅肋部位有痞塊為主症。

治卒心痛方第八

原　文

治卒心痛〔1〕：桃白皮煮汁，宜空腹服之。

又方：桂末若乾薑末，二藥並可單用，溫酒服方寸匕，須臾六七服，差。

又方：驢矢，絞取汁五六合，及熱頓服，立定。

又方：東引桃枝一把，切，以酒一升，煎取半升，頓服，大效。

又方：生油半合，溫服，差。

又方：黃連八兩，以水七升煮取一升五合，去滓，溫服五合，每日三服。

又方：當戶以坐，若男子病者，令婦人以一杯水以飲之；若婦人病者，令男子以一杯水以飲之，得新汲水尤佳。又以蜜一分，水二分，飲之，益良也。

又方：敗布裹鹽如彈丸，燒令赤，末，以酒一盞服之。

又方：煮三沸湯一升，以鹽一合攪，飲之。若無火作湯，亦可用水。

又方：閉氣忍之數十度，並以手大指按心下宛宛中，取癒。

又方：白艾成熟者三升，以水三升煮取一升，去滓，頓服之。若為客氣所中者，當吐之蟲物。

又方：苦酒一杯，雞子一枚，著中合攪，飲之。好酒亦可

用。

又方：取灶下熱灰，篩去炭分，以布囊貯，令灼灼爾，便更番以熨痛上，冷更熬熱。

又方：蒸大豆，若煮之，以囊貯，更番熨痛處，冷復易之。

又方：切生薑若乾薑半升，以水二升煮取一升，去滓，頓服。

又方：灸手中央長指端三壯。

又方：好桂削去皮，搗篩，溫酒服三方寸匕。不差者，須臾可六七服。無桂者，末乾薑，佳。

又方：橫度病人口折之，以度心厭下，灸度頭三壯。

又方：畫地作五行字，撮中央土，以水一升攪飲之也。

又方：吳茱萸二升，生薑四兩，豉一升，酒六升煮三升半，分三服。

又方：人參、桂心、梔子擘、甘草炙、黃芩各一兩，水六升煮取二升，分三服，奇效。

又方：桃仁七枚，去皮尖，熟研，水合頓服，良。亦可治三十年患。

又方：附子二兩炮，乾薑一兩，搗蜜丸，服四丸如梧子大，日三。

又方：吳茱萸一兩半，乾薑準上，桂心一兩，白朮二兩，人參、橘皮、椒去閉口及子，汗，甘草炙、黃芩、當歸、桔梗各一兩，附子一兩半炮，搗篩，蜜和為丸，如梧子大，日三，稍加至十丸，十五丸，酒飲下，飯前食後任意，效驗。

又方：桂心八兩，水四升煮取一升，分三服。

又方：苦參三兩，苦酒升半煮取八合，分再服。亦可用水。無煮者，生亦可用。

又方：龍膽四兩，酒三升煮取一升半，頓服。

又方：吳茱萸五合，桂一兩，酒二升半煎取一升，分二服，效。

又方：吳茱萸二升，生薑四兩，豉一升，酒六升煮取二升半，分為三服。

又方：白雞一頭，治之如食法，水三升煮取二升，去雞，煎汁取六合，內苦酒六合，入珍珠一錢，復煎取六合，內末麝香如大豆二枚，頓服之。

又方：桂心、當歸各一兩，梔子十四枚，搗為散，酒服方寸匕，日三五服。亦治久心病，發作有時節者也。

又方：桂心二兩，烏頭一兩，搗篩，蜜和為丸，一服如梧子大三丸，漸加之。

暴得心腹痛如刺方：苦參、龍膽各二兩，升麻、梔子各三兩，苦酒五升煮取二升，分二服，當大吐，乃差。

治心疝[2]發作有時，激痛難忍方：真射罔、吳茱萸分等，搗末，蜜和丸如麻子，服二丸，日三服，勿吃熱食。

又方：灸心鳩尾下一寸，名巨闕，及左右一寸，並百壯。又與物度頸及度脊如之，令正相對也。凡灸六處。治久患常痛，不能飲食，頭中疼重方：烏頭六分，椒六分，乾薑四分，搗末，蜜丸，酒飲服如大豆四丸，稍加之。

又方：半夏五分，細辛五分，乾薑二分，人參三分，附子一分，搗末，苦酒和丸如梧子大，酒服五丸，日三服。

治心下牽急懊痛方：桂三兩，生薑三兩，枳實五枚，水五升煮取三升，分三服。亦可加朮二兩，膠飴半斤。

治心肺傷動冷痛方：桂心二兩，豬腎二枚，水八升煮取三升，分三服。

又方：附子二兩，乾薑一兩，蜜丸，服四丸如梧子大，日三服。

治心痺[3]心痛方：蜀椒一兩，熬令黃，末之，以狗心血丸之如梧子，服五丸，日五服。

治心下堅痛，大如碗，邊如旋柈，名為氣分水飲所結方：枳實七枚，炙，朮三兩，水一斗煮取三升，分為三服，當稍軟也。

若心下百結積來去痛者方：吳茱萸末一升，真射罔如彈丸一枚，合搗，以雞子白和丸，丸如小豆大，服二丸，即差。

治心痛多唾，似有蟲方：取六畜[4]心，生切作十四臠，刀縱橫各割之，以真丹一兩，粉肉割中，旦悉吞之。入雄黃、麝香佳。

飢而心痛者，名曰飢疝。龍膽、附子、黃連分等，搗篩，服一錢匕，日三度服之。

【附方】

《藥性論》主心痛中惡，或連腰臍者。

鹽如雞子大，青布裹，燒赤內酒中，頓服，當吐惡物。

《拾遺序》延胡索止心痛，末之，酒服。

《聖惠方》治久心痛，時發不定，多吐清水；不下飲食，以雄黃二兩，好醋二升，慢火煎成膏，用乾蒸餅丸如梧桐子大，每服七丸，薑湯下。

又方：治九種心痛妨悶，用桂心一分，為末，以酒一大盞煎至半盞，去滓，稍熱服，立效。

又方：治寒疝心痛，四肢逆冷，全不飲食，用桂心二兩為散，不計時候，熱酒調下一錢匕。

《外台秘要》治卒心痛，乾薑為末，水飲調下一錢。

又方：治心痛，當歸為末，酒服方寸匕。

又《必效》治疰[5]心痛，熊膽如大豆，和水服，大效。

又方：取鰻鱺魚，淡炙令熟，與患人食一二枚，永差。飽

食彌佳。

《經驗方》治四十年心痛不差，黍米淘汁，溫服，隨多少。

《經驗後方》治心痛，薑黃一兩，桂穰三兩，為末，醋湯下一錢匕。

《簡要濟眾》治九種心痛及腹脅積聚滯氣，筒子乾漆二兩，搗碎，炒煙出，細研，醋煮，面糊和丸如梧桐子大，每服五丸至七丸，熱酒下，醋湯亦得，無時服。

姚和眾治卒心痛，鬱李仁三七枚，爛嚼，以新汲水下之，飲溫湯尤妙。須臾痛止，卻煎薄鹽湯熱呷之。

《兵部手集》治心痛不可忍，十年五年者，隨手效。以小蒜，釅醋煮，頓服之，取飽，不用著鹽。

注釋

〔1〕葛洪所述心痛包括有胃痛、心絞痛、腹痛等胸腹部疼痛。

〔2〕古病名，症見腹部疼痛，腹皮隆起，自覺有氣自臍上沖心。

〔3〕古病名，以胸中窒悶，心悸心痛，突發氣喘為主症，類似於冠心病。

〔4〕即馬、牛、羊、豬、狗、雞。

〔5〕古病名，痟，憂鬱，《列子·楊朱》：「心痟體煩，內熱生病矣」。此指因憂鬱而致心胸部疼痛的疾病。

治卒腹痛方第九

原　文

治卒腹痛方：書舌上作風字，又畫紙上作兩蜈蚣相交，吞

之。

又方：搗桂末，服三寸匕。苦酒、人參、上好乾薑亦佳。

又方：粳米二升，以水六升煮二七沸，飲之。

又方：食鹽一大把，多飲水送之，忽當吐，即差。

又方：掘土作小坎，水滿坎中，熟攪，取汁飲之。

又方：令人騎其腹，溺臍中。

又方：米粉一升，水二升，和飲。

又方：使病人伏臥，一人跨上，兩手抄舉其腹，令病人自縱重輕舉抄之，令去床三尺許便放之，如此二七度止。拈取其脊骨皮深取痛引之，從龜尾至頂乃止。未癒，更為之。

又方：令臥，枕高一尺許，拄膝使腹皮蹙氣入胸，令人抓其臍上三寸便癒。能乾咽吞氣數十遍者彌佳。此方亦治心痛，此即伏氣。

治卒得諸疝，小腹及陰中相引痛如絞，自汗出，欲死方：搗沙參末，篩，服方寸匕，立差。

此本在雜治中，謂之寒疝，亦名陰疝。此治不差，可服諸利丸下之，作走馬湯亦佳。

治寒疝腹痛，飲食下，唯不覺其流行方：椒二合，乾薑四兩，水四升煮取二升，去滓，內飴一斤，又煎取半，分再服，數數服之。

又方：半夏一升，桂八兩，生薑一升，水六升煮取二升，分為三服。

治寒疝來去，每發絞痛方：吳茱萸三兩，生薑四兩，豉二合，酒四升煮取二升，分為二服。

又方：附子一枚，椒二百粒，乾薑半兩，半夏十枚，大棗三十枚，粳米一升，水七升煮米熟，去滓，一服一升，令盡。

又方：肉桂一斤，吳茱萸半升，水五升煮取一升半，分再

服。

又方：牡蠣、甘草、桂各二兩，水五升煮取一升半，再服。

又方：宿烏雞一頭，治如食法，生地黃七斤，合細銼之，著甄蔽中蒸，銅器承，須取汁，清旦服，至日晡令盡。其間當下諸寒癖，訖，作白粥漸食之。久疝者，下三劑。

【附方】

《博濟方》治冷熱氣不和，不思飲食，或腹痛疞刺，山梔子、川烏頭等分，生搗為末，以酒糊丸如梧桐子大，每服十五丸，炒生薑湯下。如小腸氣痛，炒茴香，蔥酒任下二十丸。

《經驗方》治元藏氣發，久冷腹痛虛瀉。應急大效玉粉丹：生硫黃五兩，青鹽一兩，已上袞細研，以蒸餅為丸如綠豆大，每服五丸，熱酒空心服，以食壓之。

《子母秘錄》治小腹疼，青黑，或亦不能喘。苦參一兩，醋一升半煎八合，分二服。

《聖惠方》治寒疝，小腹及陰中相引痛，自汗出，以丹參一兩杵為散，每服熱酒調下二錢匕，佳。

治心腹俱痛方第十

原　文

治心腹俱脹痛，短氣欲死，或已絕方：取梔子十四枚，豉七合，以水二升，先煮豉取一升二合，絞去滓，內梔子，更煎取八合，又絞去滓，服半升。不癒者，盡服之。

又方：浣小衣，飲其汁一二升，即癒。

又方：桂二兩切，以水一升二合煮取八合，去滓，頓服。無桂者，著乾薑亦佳。

又方：烏梅二七枚，以水五升煮一沸，內大錢二七枚，煮

得二升半，強人可頓服，羸人可分為再服，當下，便癒。

又方：茱萸一兩，生薑四兩，豉三合，酒四升煮取二升，分為三服，即差。

又方：乾薑一兩，巴豆二兩，搗，蜜丸，一服如小豆二丸，當吐下，差。

治心腹相連常脹痛方：狼毒二兩，附子半兩，搗篩，蜜丸如梧子大，日一服一丸，二日二丸，三日後服三丸，再一丸，至六日，服三丸，自一至三，以常服，即差。

又方：吳茱萸一合，乾薑四分，附子、細辛、人參各二分，搗篩，蜜丸如梧子大，服五丸，日三服。

凡心腹痛，若非中惡、霍亂，則是皆宿結冷熱所為。今此方可採以救急，差後要作諸大治，以消其根源也。

【附方】

《梅師方》治心腹脹堅，痛悶不安，雖未吐下欲死，以鹽五合，水一升煎令消，頓服，自吐下，食出即定，不吐更服。

《孫真人方》治心腹俱痛，以布裹椒，薄注上火熨，令椒汗出，良。

《十全方》心脾痛，以高良薑細銼，炒杵末，米飲調下一錢匕，立止。

治卒心腹煩滿方第十一

原　文

治卒心腹煩滿，又胸脅痛欲死方：以熱湯令灼灼爾，漬手足，復易，祕方。

又方：青布方寸，鹿角三分，亂髮灰二錢匕，以水二升煮令得一升五合，去滓，盡服之。

又方：銼薏苡根，濃煮取汁，服三升。

又方：取比輪錢二十枚，水五升煮取三沸，日三服。

又方：搗香菜汁，服一二升。水煮乾薑亦佳。

又方：即用前心痛支子豉湯法，差。

又方：黃芩一兩，杏仁二十枚，牡蠣一兩，水三升煮取一升，頓服。

治厥逆煩滿，常欲嘔方：小草[1]、桂、細辛、乾薑、椒各二兩，附子二兩炮，搗，蜜和丸，服如桐子大四丸。

治卒吐逆方：灸乳下一寸七壯，即癒。

又方：灸兩手大拇指內邊爪後第一文頭各一壯，又灸兩手中央長指爪下一壯，癒。

此本雜治中，其病亦是痰壅霍亂之例，兼宜依霍亂條法治之。人卒在此上條患者亦少，皆因他病兼之耳。或從傷寒未復，或從霍亂吐下後虛燥，或是勞損服諸補藥痞滿，或觸寒熱邪氣，或食飲協毒，或服藥失度，並宜各循其本源為治，不得專用此法也。

【附方】

《千金方》治心腹脹短氣，以草豆蔻一兩，去皮為末，以木瓜生薑湯下半錢。

《斗門方》治男子女人久患氣脹心悶，飲食不得，因飲食不調，冷熱相擊，致令心腹脹滿方：厚朴火上炙令乾，又蘸薑汁炙，直待焦黑為度，搗篩如麵，以陳米飲調下二錢匕，日三服，良。亦治反胃，止瀉甚妙。

《經驗方》治食氣遍身黃腫，氣喘，食不得，心胸滿悶。不蛀皂角，去皮、子，塗好醋炙令焦，為末，一錢匕，巴豆七枚，去油、膜，二件以淡醋及研好墨為丸如麻子大，每服三丸，食後陳橘皮湯下，日三服，隔一日增一丸，以利為度。如

第五章 葛洪《肘後方》道醫與中醫藥養生（內附注釋、譯文）

常服，消酒食。

《梅師方》治腹滿不能服藥，煨生薑，綿裹內下部中，冷即易之。

《聖惠方》治肺藏壅熱煩悶，新百合四兩，蜜半盞，和蒸令軟，時時含一棗大，咽津。

注釋

〔1〕即遠志的莖葉。

卷 二

治卒霍亂諸急方第十二

原 文

凡所以得霍亂者，多起飲食，或飲食生冷雜物，以肥膩酒鱠，而當風履濕，薄衣露坐，或夜臥失覆之所致。

初得之便務令暖，以炭火布其所臥下，大熱減之。又並蒸被絮，若衣絮自苞，冷易熱者。亦可燒地令熱，水沃，敷薄布席，臥其上，厚覆之。亦可作灼灼爾熱湯著甕中，漬足，令至膝，並銅器貯湯，以著腹上，衣藉之，冷復易。亦可以熨斗貯火著腹上。如此而不淨者，便急灸之。但明案次第，莫為亂灸。須有其病，乃隨病灸之。未有病，莫預灸。灸之雖未即愈，要萬不復死矣。莫以灸不既而止灸。霍亂艾丸，苦不大，壯數亦不多。本方言七壯為可，四五十無不便，火下得活。服舊方用理中丸及厚朴大豆豉通脈半夏湯，先輩所用藥皆難得，今但疏良灸之法及單行〔1〕數方，用之有效，不減於貴藥。已死未久者，猶可灸。

餘藥乃可難備，而理中丸、四順、厚朴諸湯，每向秋月，常買自隨。

卒得霍亂，先腹痛者，灸臍上十四壯，名太倉，在心厭下四寸，更度之。

先洞下者，灸臍邊一寸，男左女右，十四壯，甚者至三十、四十壯，名大腸募。洞者宜瀉。

先吐者，灸心下一寸十四壯，又並治下痢不止，上氣，灸五十壯，名巨闕，正心厭尖頭下一寸是也。

先手足逆冷者，灸兩足內踝上一尖骨是也，兩足各七壯，不癒加數，名三陰交，在內踝尖上三寸是也。

轉筋者，灸厥心當拇指大聚筋上六七壯，名湧泉。又灸足大指下約中一壯，神驗。

又方：灸大指上爪甲際七壯。

轉筋入腹痛者，令四人捉手足，灸臍左二寸十四，灸股中大筋上去陰一寸。

若悗者，灸手腕第一約理中七壯，名心主，當中指。

下利不止者，灸足大指本節內側寸白肉際，左右各七壯，名大都。

乾嘔者，灸手腕後三寸兩筋間是，左右各七壯，名間使。若正厥嘔絕，灸之便通。

《小品方》起死：

吐且下利者，灸兩乳連黑外近腹白肉際，各七壯，亦可至二七壯。

若吐止而利不止者，灸臍一夫納中七壯。又云臍下一寸二七壯。

若煩悶湊滿者，灸心厭下三寸七壯，名胃管。

又方：以鹽內臍中，上灸二七壯。

若繞臍痛急者，灸臍下三寸三七壯，名關元，良。

治霍亂神秘起死灸法：以物橫度病人人中，屈之，從心鳩尾飛度以下灸，先灸中央畢，更橫灸左右也。又灸脊上，以物圍令正當心厭，又夾脊左右一寸各七壯，是腹背各灸三處也。

華佗治霍亂已死，上屋喚魂，又以諸治皆至而猶不差者：

捧病人腹臥之，伸臂對以繩度兩頭肘尖頭，依繩下夾背脊大骨完中，去脊各一寸，灸之百壯。不治者，可灸肘椎。已試數百人，皆灸畢即起坐。佗以此術傳子孫，代代皆秘之。

上此前並是灸法。

治霍亂心腹脹痛，煩滿短氣，未得吐下方：

鹽二升，以水五升煮取二升，頓服，得吐癒。

又方：生薑若乾薑一二升，㕮咀，以水六升煮三沸，頓服。若不即癒，更可作，無新藥，煮滓亦得。

又方：飲好苦酒三升，小老羸者，可飲一二升。

又方：溫酒一二升，以蠟如彈丸一枚，置酒中，消乃飲。無蠟，以鹽二方寸匕代，亦得。

又方：桂屑半升，以暖飲二升和之，盡服之。

又方：濃煮竹葉湯五六升，令灼已轉筋處。

又方：取楠若樟木大如掌者，削之，以水三升煮三沸，去滓，令灼之也。

又方：服乾薑屑三方寸匕。

又方：取蓼若葉，細切二升，水五升煮三沸，頓服之。煮乾蘇若生蘇汁，即亦佳。

又方：小蒜一升，㕮咀，以水三升煮取一升，頓服之。

又方：以暖湯漬小蒜五升許，取汁服之，亦可。

又方：以人血合丹，服如梧子大二丸。

又方：生薑一斤，切，以水七升煮取二升，分為三服。

又方：取賣解家機上垢如雞子大，溫酒服之，差。

又方：飲竹瀝少許，亦差。

又方：乾薑二兩，甘草二兩，附子一兩，水三升煮取一升，內豬膽一合，相和，分為三服。

又方：蘆蓬茸一大把，濃煮，飲二升，差。

若轉筋方：燒鐵令赤，以灼踵白肉際上近後，當縱鐵，以隨足為留停，令成瘡，兩足皆爾。須臾間，熱入腹，不復轉筋，便癒。可脫刀燒蝦尾用之，即差。

又方：煮苦酒三沸，以摩之，合少粉尤佳。以絮胎縛，從當膝下至足。

又方：燒梔子二七枚，研末，服之。

又方：桂、半夏等分，末，方寸匕，水一升和服之，差。

又方：生大豆屑，酒和服方寸匕。

又方：燒蜈蚣，膏傅之，即差。

若轉筋入腸中，如欲轉者：

取雞矢白一寸，水六合煮三沸，頓服之。勿令病者知之。

又方：苦酒煮衣絮，絮中令溫，從轉筋處裹之。

又方：燒編薦索三撮，仍酒服之，即差。

又方：釜底黑末，酒服之，差。

若腹中已轉筋者：

當倒擔病人，頭在下，勿使及地，腹中平乃止。

若兩臂腳及胸肋轉筋：

取鹽一升半，水一斗，煮令熱灼灼爾，漬手足。在胸脅者，湯洗之。轉筋入腹中，倒擔病人，令頭在下，腹中平乃止。若極者，手引陰，陰縮必死，猶在倒擔之，可活耳。

若注痢不止，而轉筋入腹欲死：生薑一兩，累擘破，以酒升半煮合三四沸，頓服之，差。

治霍亂吐下後，心腹煩滿方：

梔子十四枚，水三升煮取二升，內豉七合，煮取一升，頓服之。嘔者，加橘皮二兩若煩悶，加豉一升，甘草一兩，蜜一升，增水二升，分為三服。

治霍亂煩躁，臥不安穩方：

蔥白二十莖，大棗二十枚，水三升煮取二升，頓服之。

治霍亂吐下後，大渴多飲則煞人方：

以黃米五升，水一斗煮之，令得三升，清澄，稍稍飲之，莫飲餘物也。

崔氏雲理中丸方：

甘草三兩，乾薑、人參、白朮各一兩，搗，下篩，蜜丸如彈丸，覺不住，更服一枚。須臾不差，仍溫湯一斗，以糜肉中服之，頻頻三五度，令差。亦可用酒服。

四順湯：治吐下腹干嘔，手足冷不止。

乾薑、甘草、人參、附子各二兩，水六升煮取三升半，分為三服。若下不止，加龍骨一兩；腹痛甚，加當歸二兩。胡治用附子一枚，桂一兩。人霍亂，亦不吐痢，但四支脈沉，肉冷汗出渴者，即差。

厚朴湯：治煩嘔腹脹。

厚朴四兩炙，桂二兩，枳實五枚炙，生薑三兩，以水六升煮取二升，分為三服。

凡此湯四種，是霍亂諸患皆治之，不可不合也。霍亂若心痛尤甚者，此為挾毒，兼用中惡方治之。

【附方】

孫真人治霍亂。以胡椒三四十粒，以飲吞之。

《斗門方》治霍亂。用黃杉木劈開作片，一握〔2〕，以水濃煎一盞，服之。

《外台秘要》治霍亂煩躁。燒亂發如雞子大，鹽湯三升，和服之。不吐，再服。

又方：治霍亂腹痛吐痢。取桃葉三升，切，以水五升煮取一升三合，分溫二服。

《梅師方》治霍亂心痛利無汗。取梨葉枝一大握，水二升煎。取一升服。

又方：治霍亂後煩躁臥不安穩。蔥白二十莖，大棗二十枚，以水三升煎取二升，分服。

《兵部手集》救人霍亂，頗有神效。漿水稍酸味者，煎乾薑屑呷之，夏月腹肚不調，煎呷之，差。

孫用和治大瀉霍亂不止：

附子一枚，重七錢，炮，去皮、臍，為末，每服四錢，水兩盞，鹽半錢，煎取一盞，溫服，立止。

《集效方》治吐瀉不止，或取轉多四肢發厥，虛風，不省人事，服此四肢漸暖，神志便省。

回陽散：天南星為末，每服三錢，入京棗三枚，水一盞半，同煎至八分，溫服。未省，再服。

《聖惠方》治霍亂轉筋垂死。敗蒲席一握，細切，漿水一盞煮汁，溫溫頓服。

又方：治肝虛轉筋。用赤蓼莖葉，切三合，水一盞，酒三合，煎至四合，去滓，溫分二服。

又方：治肝風虛轉筋入腹。以鹽半斤，水煮少時，熱漬之，佳。

孫尚藥治腳轉筋疼痛攣急者。松節一兩，細銼如米粒，乳香一錢，右件藥用銀、石器內慢火炒令焦，只留三分性，出火毒，研細，每服一錢至二錢，熱木瓜酒調下，應時筋病皆治之。

《古今錄驗》方：治霍亂轉筋。取蓼一手把，去兩頭，以

水二升半煮取一升半，頓服之。

注釋

〔1〕指單用一味藥。

〔2〕量詞，指一手所能握取的量。

治傷寒時氣溫病方第十三

原　文

治傷寒[1]及時氣[2]、溫病[3]，及頭痛、壯熱、脈大，始得一日方：取旨兌根、葉，合搗三升許，和之真丹一兩，水一升合煮，絞取汁，頓服之，得吐便差。若重，一升盡服，厚覆取汗，差。

又方：小蒜一升，搗取汁三合，頓服之。不過，再作，便差。

又方：烏梅二七枚，鹽五合，以水三升煮取一升，去滓，頓服之。

又方：取生梓木，削去黑皮，細切裡白一升，以水二升五合煎，去滓，一服八合，三服差。

又方：取朮丸子二七枚，以水五升，授之令熟，去滓，盡服汁，當吐下，癒。

又方：雞子一枚，著冷水半升，攪與和，乃復煮三升水極令沸，以向所和水投湯中，急攪令相得，適寒溫，頓服取汗。

又方：以真丹塗身令遍，面向火坐，令汗出，差。

又方：取生蘘荷根、葉合搗，絞取汁，服三四升。

又方：取乾艾三斤，以水一斗煮取一升，去滓，頓服取汗。

又方：鹽一升食之，以湯送之腹中，當絞吐，便覆取汗，

便差。

又方：取比輪錢一百五十七枚，以水一斗煮取七升，服汁盡之。須臾，復以五升水更煮，令得一升，以水二升投中，合令得三升，出錢，飲汁，當吐毒出也。

又方：取豬膏如彈丸者，溫服之，日三服，三日九服。

又方：烏梅三十枚，去核，以豉一升，苦酒三升，煮取一升半，去滓，頓服。

又傷寒有數種，人不能別，令一藥盡治之者。若初覺頭痛，肉熱，脈洪，起一二日，便作蔥豉湯：用蔥白一虎口，豉一升，以水三升煮取一升，頓服取汗。不汗，復更作，加葛根二兩，升麻三兩，五升水煎取二升，分再服，必得汗。若不汗，更加麻黃二兩。又用蔥湯，研米二合，水一升，煮之少時，下鹽、豉後，內蔥白四物。令火煎取三升，分服取汗也。

又方：豉一升，小男溺三升，煎取一升，分為再服，取汗。

又方：葛根四兩，水一斗煎取三升，乃內豉一升，煎取升半，一服。搗生葛汁，服一二升，亦為佳也。

若汗出不歇已三四日，胸中惡，欲令吐者：

豉三升，水七升煮取二升半，去滓，內蜜一兩，又煮三沸，頓服。安臥，當得吐。不差，更服，取差。秘法傳於子孫也。

又方：生地黃三斤，細切，水一斗煮取三升，分三服。亦可服藜蘆吐散及苦參龍膽散。

若已五六日以上者：

可多作青竹瀝，少煎令減，為數數飲之，厚覆取汗。

又方：大黃、黃連、黃蘗、梔子各半兩，水八升煮六七沸，內豉一升，蔥白七莖，煮取三升，分服，宜老少。

又方：苦參二兩，黃芩二兩，生地黃半斤，水八升煮取一

升，分再服。或吐下毒則癒。

若已六七日，熱極，心下煩悶，狂言見鬼，欲起走。

用乾茱萸三升，水二升煮取一升後，去滓，寒溫服之，得汗便癒。此方恐不失，必可用也，秘之。

又方：大蚓一升，破去，以人溺煮令熟，去滓，服之。直生絞汁及水煎之，並善。又絞糞汁，飲數合至一二升，謂之黃龍湯。陳久者佳。

又方：取白犬，從背破取血，破之多多為佳，當及熱以薄胸上，冷乃去之，此治垂死者活。無白犬，諸純色者亦可用之。

又方：取桐皮，削去上黑者，細擘之，長斷，令四寸一束，以酒五合，以水一升煮取一升，去滓，頓服之，當吐下青黃汁數升，即差。

又方：雞子三枚，芒硝方寸匕，酒三合，合攪散消，盡服之。

又方：黃連三兩，黃蘗、黃芩各二兩，梔子十四枚，水六升煎取二升，分再服，治煩嘔不得眠。

治時氣行垂死，破棺千金煮湯：苦參一兩，㕮咀，以酒二升半，舊方用苦參，酒煮令得一升半，去滓，適寒溫盡服之。當間苦寒吐毒如溶膠，便癒。

又方：大錢百文，水一斗煮取八升，內麝香當門子李子大，末，稍稍與飲至盡，或汗，或吐之。

治溫毒發斑，大疫難救，黑膏：生地黃半斤，切碎，好豉一升，豬脂二斤，合煎五六沸，令至三分減一，絞去滓，末雄黃、麝香如大豆者，內中攪和，盡服之，毒從皮中出，即癒。

又方：用生蝦蟆，正爾破腹去腸，乃搗吞食之。得五月五日干者，燒末亦佳矣。

黑奴丸，胡洽《小品》同，一名水解丸。又一方加小麥黑

呋[4]一兩，名為麥奴丸。支同此注。麻黃二兩，大黃二兩，黃芩一兩，芒硝一兩，釜底墨一兩，灶突墨二兩，梁上塵二兩，搗蜜丸如彈丸，新汲水五合，末一丸，頓服之。若渴，但與水。須臾寒，寒了汗出便解。日移五赤[5]不覺，更服一丸。此治五六日，胸中大熱，口噤，名為壞病，不可醫治，用此黑奴丸。

又方：大青四兩，甘草、膠各二兩，豉八合，以水一斗煮二物，取三升半，去滓，內豉煮三沸，去滓，乃內膠，分作四服，盡又合。此治得至七八日，發汗不解，及吐下大熱，甚佳。

又方：大黃三兩，甘草二兩，麻黃二兩，杏仁三十枚，芒硝五合，黃芩一兩，巴豆二十粒熬，搗，蜜丸和如大豆，服三丸，當利毒。利不止，米飲止之。家人視病者，亦可先服取利，則不相染易也。

麻黃解肌，一二日便服之。

麻黃、甘草、升麻、芍藥、石膏各一兩，杏仁三十枚，貝齒三枚，末之，以水三升煮取一升，頓服，覆取汗出即癒。便食豉粥補虛，即宜也。

又方：麻黃二兩，芩、桂各一兩，生薑三兩，以水六升煮取二升，分為四服。

亦可服葛根解肌湯：葛根四兩，芍藥二兩，麻黃、大青、甘草、黃芩、石膏、桂各一兩，大棗四枚，以水五升煮取二升半，去滓，分為三服，微取汗。

二日已上至七八日不解者，可服小柴胡湯：柴胡八兩，人參、甘草、黃芩各三兩，生薑八兩，無者乾薑三兩，半夏五兩，湯洗之，大棗十二枚，水九升煮取二升半，分為三服，微覆取汗，半，日須臾便差。若不好，更作一劑。

若有熱實，得汗不解，復滿痛煩躁，欲謬語者，可服大柴

胡湯方：柴胡半斤，大黃二兩，黃芩三兩，芍藥二兩，枳實十枚，半夏五兩，洗之，生薑五兩，大棗十二枚，水一斗煮取四升，當分為四服，當微利也。

此四方最第一急需者，若幸可得藥，便可不營之，保無死憂。諸小治為防以窮極耳。若病失治，及治不差，十日已上，皆名壞病，唯應服大、小鱉甲湯。此方藥分兩乃少而種數多，非備急家所辦，故不載。凡傷寒發汗，皆不可使流離過多。一服得微汗，汗潔便止。未止，粉之，勿當風。初得傷寒，便身重腰背痛，煩悶不已，脈浮，面赤斑斑如錦文，喉咽痛，或下痢，或狂言欲走，此名中陽毒。五日可治，過此死。宜用此方：

雄黃、甘草、升麻、當歸、椒、桂各一分，水五升煮取二升半，分三服，溫覆取汗。服後不汗，更作一劑。

若身重背強，蟄蟄如被打，腹中痛，心下強，短氣嘔逆，唇青面黑，四肢冷，脈沉細而緊數，此名中陰毒。五日可治，過此死。用此方：

甘草、升麻各二分，當歸、椒各一分，鱉甲一兩，以水五升煮取二升半，分三服，溫覆取汗。汗不出，湯煮更作也。

陰毒傷口鼻冷者，乾薑、桂各一分，末，溫酒三合，服之，當大熱，差。凡陰、陽二毒，不但初得便爾，或一二日變作者，皆以今藥治之，得此病多死。治熱病不解，而下痢困篤欲死者，服此。

大青湯方：大青四兩，甘草三兩，膠二兩，豉八合，赤石脂三兩，以水一斗煮取三升，分三服，盡更作，日夜兩劑，癒。

又方：但以水五升，豉一升，梔子十四枚，韭白一把，煮取三升半，分為三服。

又方：龍骨半斤，搗碎，以水一斗煮取五升，使極冷，稍

稍飲，其間或得汗即癒矣。

又方：黃連、當歸各二兩，乾薑一兩，赤石脂二兩，蜜丸如梧子，服二十丸，日三夜再。

又方：黃連二兩，熟艾如鴨卵大，以水二斗煮取一升，頓服，立止。

天行[6]諸痢悉主之：黃連三兩，黃蘗、當歸、龍骨各二兩，以水六升煮取二升，去滓，入蜜七合，又火煎取一升半，分為三服，效。

天行毒病，挾熱腹痛，下痢：升麻、甘草、黃連、當歸、芍藥、桂心、黃蘗各半兩，以水三升煮取一升，服之，當良。

天行四五日，大下熱痢：黃連、黃蘗各三兩，龍骨三兩，艾如雞子大，以水六升煮取二升，分為二服。忌食豬肉、冷水。

若下膿血不止者：赤石脂一斤，乾薑一兩，粳米一升，水七升煮米熟，去滓，服七合，日三。

又方：赤石脂一斤，乾薑二兩，水五升煮取三升，分二服。若絞臍痛，加當歸一兩，芍藥二兩，加水一升也。若大便堅閉令利者，大黃四兩，厚朴二兩，枳實四枚，以水四升煮取一升二合，分再服，得通者止之。

若十餘日不大便者，服承氣丸：大黃、杏仁各二兩，枳實一兩，芒硝一合，搗蜜和丸如彈丸，和湯六七合服之，未通更服。

若下痢不能食者，黃連一升，烏梅二十枚，炙燥，並得搗末，蠟如棋子大，蜜一升，合於微火上令可丸，丸如梧子大，一服二丸，日三。

若小腹滿，不得小便方：細末雌黃，蜜和丸，取如棗核大，內溺孔中令半寸，亦以竹管注陰，令痛朔之通。

又方：末滑石三兩，葶藶子一合，水二升煮取七合，服。

又方：搗生蔥，薄小腹上，參易之。

治胸脅痞滿，心塞氣急，喘急方：人參、朮各一兩，枳實二兩，乾薑一兩，搗蜜和丸，一服一枚。若嗽，加瓜蔞二兩；吐，加牡蠣二兩，日夜服五六丸。不癒，更服。

毒病攻喉咽腫痛方：切當陸，炙令熱，以布藉喉，以熨布上，冷復易。

又方：取真藺茹爪甲大，內口中，以牙小嚼汁，以漬喉，當微覺異為佳也。

毒病後攻目方：煮蜂窠以洗之，日六七度，佳。

又方：冷水漬青布，以掩之。

若生瑿[7]者，燒豉二七粒，末，內管鼻中以吹之。

治傷寒嘔不止方：甘草一兩，升麻半兩，生薑三兩，橘皮二兩，水三升煮取二升，頓服之，癒。

又方：乾薑六分，附子四分，末，以苦酒丸如梧子大，一服三丸，日三服。

治傷寒 不止方：甘草三兩，橘皮一升，水五升煮取三升，分服，日三，取差。

又方：熟洗半夏，末服之，一錢一服。

又方：赤蘇一把，水三升煮取二升，稍稍飲。

又方：乾薑六分，附子四分，末，苦酒丸如梧子大，服三丸，日三服。

比歲有病時行，仍發瘡，頭面及身，須臾周匝，狀如火瘡，皆戴白漿，隨決隨生。不即治，劇者多死。治得差後，瘡瘢紫黑，彌歲方滅，此惡毒之氣。世人云：永徽四年[8]，此瘡從西東流，遍於海中，煮葵菜，以蒜齏啖之，即止。初患急食之，少飯下菜亦得。以建武中[9]，於南陽擊虜所得，仍呼為虜

瘡。諸醫參詳作治，用之有效方：

取好蜜通身上摩，亦可以蜜煎升麻，並數數食。

又方：以水濃煮升麻，綿沾洗之。苦酒漬彌好，但痛難忍。

其餘治猶依傷寒法，但每多作毒意防之，用地黃黑膏亦好。

治時行病發黃方：茵陳六兩，大黃二兩，梔子十二枚，以水一斗，先煮茵陳取五升，去滓，內二物，又煮取三升，分四服。亦可兼取黃疸中雜治法，差。

比歲又有虜黃病，初唯覺四體沉沉不快，須臾見眼中黃，漸至面黃及舉身皆黃，急令溺白紙，紙即如檗染者，此熱毒已入內，急治之。若初覺，便作瓜蒂赤豆散，吹鼻中，鼻中黃汁出數升者，多差。若已深，應看其舌下兩邊有白脈彌彌處，蘆刀割破之，紫血出數升，亦歇。然此須慣解割者，不解割，忽傷亂舌下青脈，血出不止，便煞人。方可燒紡軡鐵，以灼此脈令焦，兼瓜蒂雜巴豆，搗為丸服之，大小便亦去黃汁。破灼已後禁諸雜食。又云有依黃坐黃復，須分別之方：

切竹煮，飲之如飲。

又方：搗生瓜根，絞取汁，飲一升至二三升。

又方：醋酒浸雞子一宿，吞其白數枚。又方：竹葉切五升，小麥七升，後膏三兩，末，綿裹之，以水一斗五升煮取七升，一服一升，盡吃即差也。

又方：生葛根汁二升，好豉一升，梔子三七枚，茵陳切一升，水五升煮取三升，去滓，內葛汁，分為五服。

又方：金色腳雞，雌雞血，在治如食法，熟食肉，飲汁令盡。不過再作，亦可下少鹽、豉，佳。

治毒攻手足腫，疼痛欲斷方：用虎杖根銼，煮，適寒溫以漬足，令踝上有赤許水止之。

又方：以稻穰灰汁漬足。

又方：酒煮苦參，以漬足，差。

又方：鹽、豉及羊尿一升，搗令熟，以漬之。

又方：細銼黃柏五斤，以水三斗，煮漬之。亦治攻陰腫痛。

又方：作坎令深三尺，少容兩足，燒坎令熱，以酒灌坎中，著屐踞坎中，甕勿令泄。

又方：煮羊桃汁，漬之，雜少鹽、豉尤好。

又方：煮馬矢若羊矢汁，漬。

又方：豬膏和羊矢塗之，亦佳。

又方：以牛肉裹腫處，腫消痛止。

又方：搗常思草，絞取汁，以漬足。

又方：豬蹄一具，合蔥煮，去滓，內少鹽，以漬之。

毒病，下部生瘡者，燒鹽以深導之，不過三。

又方：生漆塗之，綿導之。

又方：大丸艾灸下部，此謂窮無藥。

又方：取蚓三升，以水五升得二升半，盡服之。

又方：煮桃皮，煎如飴，以綿合導之。

又方：水中荇菜，搗，綿裹導之，日五易，差。

又方：櫸皮、檞皮合煮汁，如粘糖以導之。又濃煮桃皮飲之，最良。

又方：搗蛇莓汁，服三合，日三。水漬烏梅令濃，並內崖蜜，數數飲。

若病人齒無色，舌上白，或喜睡眠憒憒，不知痛癢處，或下痢，急治下部。不曉此者，但攻其上，不以下為意，下部生蟲，蟲食其肛，肛爛見五臟便死。治之方：

取雞子白，內漆合攪，還內殼中，仰頭吞之，當吐蟲則愈。

又方：燒馬蹄作灰，細末，豬脂和，塗綿以導下部，日數

度，差。

又方：桃仁十五枚，苦酒二升，鹽一合，煮取六合，服之。

又方：燒艾於管中薰之，令煙入下部中，少雄黃雜妙。此方是溪溫〔10〕，故而兼取彼治法。

又有病蜃下不止者，烏頭二兩，女萎、雲實各一兩，桂二分，蜜丸如桐子，水服五丸，一日三服。

治下部卒痛，如鳥啄之方：赤小豆、大豆各一升，合搗，兩囊貯，蒸之令熟，更手坐，即癒。

此本在雜治中，亦是傷寒毒氣所攻。故凡治傷寒方甚多，其有諸麻黃、葛根、桂枝、柴胡、青龍、白虎、四順、四逆二十餘方，並是至要者，而藥難盡備。且診候須明悉，別所在撰大方中，今唯載前四方，尤是急需者耳。其黃膏、赤散，在辟病條中癒合，初覺患便服之。傷寒、時行、溫疫，三名同一種耳，而源本小異，其冬月傷於寒，或疾行力作，汗出得風冷，至夏發，名為傷寒。其冬月不甚寒，多暖氣及西風，使人骨節緩墮受病，至春發，名為時行。其年歲中有癘氣〔11〕，兼挾鬼毒相注，名為溫病。如此診候，並相似，又貴勝雅言，總名傷寒。世俗因號為時行，道術符刻言五溫，亦復殊大歸終止，是共途也。然自有陽明、少陰、陰毒、陽毒為異耳。少陰病例不發熱，而腹滿下痢，最難治也。

【附方】

《必效方》治天行一二日者，麻黃一大兩，去節，以水四升煮，去沫，取二升，去滓，著米一匙，及豉為稀粥，取強一升。先作熟湯浴，淋頭百餘碗，然後服粥，厚覆取汗，於夜最佳。

《梅師方》治傷寒汗出不解已三四日，胸中悶吐。豉一升，鹽一合，水四升煎取一升半，分服，當吐。

《聖惠方》治傷寒四日已嘔吐，更宜吐。以苦參末，酒下二錢，得吐差。

又方：治時氣熱毒，心神煩躁。用藍淀半大匙，以新汲水一盞服。

又方：治時氣頭痛不止，用朴硝三兩，搗羅為散，生油調，塗頂上。

又方：治時氣煩渴，用生藕汁一中盞，入生蜜一合，令勻，分二服。

《勝金方》治時疾熱病，狂言心躁，苦參不限多少，炒黃色，為末，每服二錢，水一盞煎至八分，溫服，連煎三服，有汗無汗皆差。

《博濟方》治陰陽二毒，傷寒黑龍丹：舶上硫橫一兩，以柳木槌研三兩日，巴豆一兩，和殼記個數，用二升鐺子一口，先安硫黃鋪鐺底，次安巴豆，又以硫黃蓋之，釅醋半升已來澆之，盞子蓋合令緊密，更以濕紙周回固濟縫，勿令透氣，縫紙干，更以醋濕之，文武火熬，常著人守之，候裡面巴豆作聲，數已半為度，急將鐺子離火，便入臼中，急搗令細，再以少米醋並蒸餅少許，再搗令冷，可丸如雞頭大。若是陰毒，用椒四十九粒，蔥白二莖，水一盞煎至六分，服一丸。陽毒，用豆豉四十九粒，蔥白二莖，水一盞同煎，吞一丸，不得嚼破。

《孫用和方》治陽毒入胃，下血頻疼痛不可忍。鬱金五個大者，牛黃一皂莢子，別細研二味，同為散，每服用醋漿水一盞，同煎三沸，溫服。

《孫兆口訣》治陰毒傷寒，手足逆冷，脈息沉細，頭疼腰重，兼治陰毒咳逆等疾方：

川烏頭、乾薑等分，為粗散，炒令轉色，放冷，再搗為細散，每一錢，水一盞，鹽一撮，煎取半盞，溫服。

又方：治陰勝隔陽傷寒，其人必燥熱，而不欲飲水者是也。宜服霹靂散：附子一枚，燒為灰，存性，為末，蜜水調下，為一服而癒。此逼散寒氣，然後熱氣上行而汗出，乃癒。

《聖惠方》治陰毒傷寒，四肢逆冷，宜熨，以吳茱萸一升，酒和勻，濕絹袋二只貯，蒸令極熱，熨腳心，候氣通暢勻暖即停熨，累驗。

唐崔元亮療時疾發黃，心狂煩悶熱不認人者，取大栝樓一枚黃者，以新汲水九合浸，淘取汁，下蜜半大合，朴硝八分，合攪令消盡，分再服，便差。

《外台秘要》治天行病四五日，結胸滿痛，壯熱身體熱，苦參一兩銼，以醋二升煮取一升二合，盡飲之，當吐，即癒。天行毒病，非苦參醋藥不解，及溫覆取汗，癒。

又方：救急治天行後，嘔逆不下食，食入即出，取羊肝如食法，作生淡食，不過三度，即止。

又方：以雞卵一枚，煮三五沸，出以水浸之，外熟內熱則吞之，良。

《聖惠方》治時氣嘔逆，不下食，用半夏半兩，湯浸洗七遍去滑，生薑一兩，同銼碎，以水一大盞煎至六分，去滓，分二服，不計時候，溫服。

《深師方》治傷寒病 不止，半夏熟洗。乾，末之，生薑湯服一錢匕。

《簡要濟眾》治傷寒咳噫不止及噦逆不定。香一兩，乾柿蒂一兩，焙乾，搗末，人參煎湯下一錢，無時服。

《外台秘要》治天行毒病衄鼻，是熱毒血下數升者，好墨末之，雞子白丸如梧子，用生地黃汁下一二十丸，如人行五里再服。

又療傷寒已八九日至十餘日，大煩渴熱勝而三焦有瘡蠥

者，多下或張口吐舌呵吁，目爛口鼻生瘡，吟語不識人，除熱毒止痢方：

龍骨半斤，碎，以水一斗煮取四升，沉之井底令冷，服五合，漸漸進之，恣意飲，尤宜老少。

《梅師方》治熱病後下痢膿血不止，不能食，白龍骨末，米飲調方寸匕服。

《食療》治傷寒熱毒下血，羚羊角末，服之即差。又療疝氣。

《聖惠方》治傷寒狐惑〔12〕，毒蝕下部，肛外如蜃，痛癢不止，雄黃半兩，先用瓶子一個口大者，內入灰上，如裝香火，將雄黃燒之，候煙出，當病處薰之。

又方：主傷寒下部生蜃瘡，用烏梅肉三兩，炒令燥，杵為末，煉蜜丸如梧桐子大，以石榴根皮煎湯，食前下十丸。

《外台秘要方》崔氏療傷寒手足疼欲脫，取羊屎煮汁以灌之，差止。亦療時疾。陰囊及莖熱腫，亦可煮黃蘗等洗之。

《梅師方》治傷寒發豌豆瘡未成膿，研芒硝，用豬膽和塗上，效。

《經驗後方》治時疾發豌豆瘡，及赤瘡子未透，心煩狂躁，氣喘妄語，或見鬼神。龍腦一錢，細研，旋滴豬心血，和丸如雞頭肉大，每服一丸，紫草湯下。少時心神便定，得睡，瘡復發透，依常將息取安。

《藥性論》云：虎杖治大熱煩躁，止渴，利小便，壓一切熱毒。暑月和甘草煎，色如琥珀，可愛堪看，嘗之甘美，瓶置井中，令冷徹如水，白瓷器及銀器中貯，似茶啜之，時人呼為冷飲子，又且尊於茗。能破女子經候不通，搗以酒浸，常服。有孕人勿服，破血。

〔1〕病名。以外感寒邪，發熱或不發熱，必惡寒，頭身痛，脈浮緊為主證。

〔2〕病名。是一種傳染性強的流行病，有寒熱之分。

〔3〕病名。多種外感急性熱病的總稱。

〔4〕麥穗將熟時上有黑霉者。

〔5〕約相當於 2 ～ 3 個小時。

〔6〕即時氣。

〔7〕黑睛混濁或病變後黑睛上有疤痕。

〔8〕公元 653 年。

〔9〕公元 25 ～ 55 年。

〔10〕古病名。詳見後面的水毒病。

〔11〕又稱毒氣、異氣、戾氣或雜氣。是具有強烈傳染性的致病氣體。

〔12〕古病名。以肛門及前後二陰蝕爛為主症。

治時氣病起諸勞複方第十四

原　文

凡得毒病癒後，百日之內禁食豬、犬、羊肉，並傷血及肥魚久膩乾魚，則必大下痢，下則不可復救。又禁食麵食、胡蒜、韭薤、生菜、蝦鱔輩，食此多致復發，則難治。

又令到他年數發也。

治篤病新起，早勞及食飲多致欲死方：

燒鱉甲，服方寸匕。

又方：以水服胡粉少許。

又方：粉三升，以暖水和服之，厚覆取汗。

又方：乾蘇一把，水五升煮取二升，盡服之。無乾者，生亦可用。加生薑四兩，豉一升。

又方：鼠矢兩頭尖者二七枚，豉五合，以水三升煎半，頓服之，可服溫覆取汗，癒。有麻子人內一升，加水一升，彌良。亦可內枳實、蔥白一虎口也。

又方：取伏雞子殼碎之，熬令黃黑，細末，熱湯服一合，溫覆取汗。

又方：大黃、麻黃各二兩，梔子人十四枚，豉一升，水五升煮取三升，分再服，當小汗及下痢。

又方：濃煮甘皮服之。蘆根亦佳；

覺多而發複方：燒飯篩末，服方寸匕，良。

治交接勞復[1]，陰卵腫，或縮入腹，腹中絞痛，或便絕方：燒婦人月經衣，服方寸匕。

又方：取豚子一枚，撞之三十六，放於戶中，逐使喘極，乃刺脅下取血一升，酒一升，合和飲之。若卒無者，但服血。慎勿便冷，應用貛豚。

又方：取所交接婦人衣，覆男子上，一食久，活之。

又方：取貛豚脛及血，和酒飲之，差。

又方：刮青竹茹二升，以水三升煮令五六沸，然後絞去滓，以竹茹湯溫服之。此方亦通治勞復。

又方：礜石一分，消三分，末，以大麥粥清可方寸匕，三服，熱毒隨大小便出。

又方：取蓼子一大把，水挼取汁，飲一升。乾者，濃取汁服之。蔥頭搗，以苦酒和服，亦佳。

又方：蚯蚓數升，絞取汁，服之良。

若差後，病男接女，病女接男，安者陰易，病者發復，復者亦必死。

卒陰易病，男女溫病，差後雖數十日，血脈未和，尚有熱毒，與之交接者即得病，曰陰易。殺人甚於時行，宜急治之。

令人身體重，小腹急，熱上腫胸，頭重不能舉，眼中生眵，膝脛拘急，欲死方：

取婦人褲親陰上者，割取燒末，服方寸匕，日三，小便即利，而陰微腫者，此當癒。得童女褲亦良。若女病，亦可用男褲。

又方：鼠矢兩頭尖者二七枚，藍一把，水五升煮取二升，盡服之，溫覆取汗。

又方：蚯蚓二十四枚，水一斗煮取三升，一服，仍取汗，並良。

又方：末乾薑四兩，湯和，頓服，溫覆取汗，得解止。

又方：男初覺，便灸陰三七壯。若已盡，甚至百壯即癒。眼無妨，陰道瘡復常。

兩男兩女，並不自相易。則易之為名，陰陽交換之謂也。

凡欲病人不復，取女人手足爪二十枚，又取女中下裳帶一尺，燒灰，以酒若米飲服之。

大病差後，小勞便鼻衄方：

左顧[2]牡蠣十分，石膏五分，搗末，酒服方寸匕，日三四。亦可蜜丸服如梧子大，服之。

大病差後，多虛汗及眼中流汗方：

杜仲、牡蠣分等，暮臥水服五匕則停，不止更作。

又方：甘草二兩，石膏二兩，搗末，以漿服方寸匕，日二服，差。

又方：龍骨、牡蠣、麻黃根，末，雜粉以粉身，良。

又差復，虛煩不得眠，眼中羡（ㄩㄢ）疼，懊憹，豉七合，烏梅十四枚，水四升，先煮梅取二升半，內豉取一升半，分再

服。無烏梅，用梔子十四枚亦得。

又方：黃連四兩，芍藥二兩，黃芩一兩，膠三小挺，水六升煮取三升，分三服。亦可內乳子黃二枚。

又方：千里流水一石[3]，揚之萬度二斗半，半夏二兩，洗之，秫米一斗，茯苓四兩，合煮得五升，分五服。

【附方】

《梅師方》治傷寒差後，交接發動，困欲死，眼不開，不能語方：

梔子三十枚，水三升煎取一升，服。

注釋

〔1〕病名。疾病初癒，過早操勞，或七情內傷，飲食失宜，房室過度，導致疾病復發。

〔2〕即指左殼，左殼牡蠣稍大而深，右殼牡蠣稍小如蓋。

〔3〕容量單位，相當於十斗。

治瘴氣疫癘溫毒諸方第十五

原　文

辟瘟疫[1]藥干散：大麻人、柏子人、乾薑、細辛各一兩，附子半兩，炮，搗篩，正旦以井華水舉家備服方寸匕，疫極則三服，日一服。

老君神明白散：白朮一兩，附子三兩，烏頭四兩，桔梗二兩半，細辛一兩，搗篩，正旦服一錢匕。一家合藥，則一里無病。此帶行，所遇病氣皆消。若他人有得病者，便溫酒服之，方寸匕亦得。病已四五日，以水三升煮散，服一升，覆取汗出也。

赤散方：牡丹五分，皂莢五分，炙之，細辛、乾薑、附子各三分，肉桂二分，珍珠四分，躑躅四分，搗篩為散，初覺頭強邑邑，便以少許內鼻中，吸之取吐，溫酒服方寸匕，覆眠得汗即差。晨夜行及視病，亦宜少許以內粉粉身佳。牛馬疫，以一匕著舌下，溺灌，日三四度，甚妙也。

度瘴散，辟山瘴惡氣。若有黑霧鬱勃，及西南溫風，皆為疫癘之候方：

麻黃、椒各五分，烏頭三分，細辛、朮、防風、桔梗、桂、乾薑各一分，搗篩，平旦酒服一盞匕，辟毒諸惡氣。冒霧行，尤宜服之。

太乙流金方：雄黃三兩，雌黃二兩，礜石、鬼箭各一兩半，羧羊角[2]二兩，搗為散，三角絳囊貯一兩，帶心前並門戶上。月旦青布裹一刀圭，中庭燒，溫病人亦燒薰之，即差。

辟天行疫癘：雄黃、丹砂、巴豆、礜石、附子、乾薑分等，搗蜜丸，平旦向日吞之一丸如胡麻大，九日止，令無病。

常用辟溫病散方：珍珠、肉桂各一分，貝母三分，熬之，雞子白熬令黃黑，三分，搗篩，歲旦服方寸匕。若歲中多病，可月月朔望[3]服之，有病即癒。病人服者，當可大效。

虎頭殺鬼方：虎頭骨五兩，朱砂、雄黃、雌黃各一兩半，鬼臼、皂莢、蕪荑各一兩，搗篩，以蠟蜜和如彈丸，絳囊貯，繫臂，男左女右，家中懸屋四角，月朔望夜半中庭燒一丸。一方有菖蒲、藜蘆，無虎頭、鬼臼、皂莢，作散帶之。

趙泉黃膏方：大黃、附子、細辛、乾薑、椒、桂各一兩，巴豆八十枚，去心、皮，搗細，苦酒漬之，宿臘月豬膏二斤，煎三上三下，絞去滓，密器貯之。初覺勃色，便熱如梧子大一丸，不差，又服。亦可火炙，以摩身體數百遍，佳。並治賊風走游皮膚，並良。可癒合之，便服即癒也。

單行方術：西南社中柏東南枝，取暴乾，末，服方寸匕，立差。

又方：正月上寅日，搗女青屑，三角絳囊貯，繫戶上帳前，大吉。

又方：馬蹄木搗屑二兩，絳囊帶之，男左女右。

又方：正月朔旦及七月，吞麻子、小豆各二七枚。又各二七枚投井中，又以附子二枚，小豆七枚，令女子投井中。

又方：冬至日，取雄赤雞作臘，至立春煮食盡，勿分他人。二月一日，取東行桑根，大如指，懸門戶上，又人人帶之。

又方：埋鵲於圃前。

斷溫病，令不相染著：斷髮仍使長七寸，盜著病人臥席下。

又方：以繩度所住戶中壁，屈繩結之。

又方：密以艾灸病人床四角各一壯，不得令知之，佳也。

又方：取小豆，新布囊貯之，置井中三日出，舉家男服十枚，女服二十枚。

又方：桃木中蟲矢末，服方寸匕。

又方：鮑魚頭燒三指撮，小豆七枚，合末，服之，女用豆二七枚。

又方：熬豉雜土酒漬，常將服之。

又方：以鯽魚密致臥下，勿令知之。

又方：柏子人、細辛、穄米、乾薑三分，附子一分，末，酒服方寸匕，日服三，服十日。

又方：用麥蘗服穄米、乾薑。又云麻子人，可作三種服之。

【附方】

《外台秘要》辟瘟方：取上等朱砂一兩，細研，白蜜和丸如麻子大，常以太歲日平旦，一家大小勿食諸物，面向東立，各吞三七丸，永無疾疫。

〔1〕感受疫癘毒氣，成為流行的急性傳染病的總稱。

〔2〕指黑色的公羊角。

〔3〕朔，陰曆初一；望，陰曆十五。

卷　三

治寒熱諸瘧方第十六

原　文

治瘧病方：鼠婦〔1〕、豆豉二七枚，合搗，令相和，未發時服二丸，欲發時服一丸。

又方：青蒿一握，以水二升漬，絞取汁，盡服之。

又方：用獨父蒜，於白碳上燒之，末，服方寸匕。

又方：五月五日，蒜一片去皮，中破之，刀割，令容巴豆一枚，去心、皮，內蒜中，令合以竹挾，以火灸之，取可熱，搗為三丸，未發前服一丸。不止，後與一丸。

又方：取蜘蛛一枚，蘆管中密塞管中以縮頸，過發時乃解去也。

又方：日始出時，東向日再拜，畢，正長跪，向日叉手，當閉氣，以書墨注其管兩耳中。各七注，又丹書舌上，言子日死，畢，復再拜，還去勿顧，安臥勿食，過發時斷，即差。

又方：多煮豉湯，飲數升，令得大吐，便差。

又方：取蜘蛛一枚，著飯中合丸，吞之。

又方：臨發時，搗大附子，下篩，以苦酒和之，塗背上。

又方：鼠婦蟲子四枚，各一以飴糖裹之，丸服便斷，即差。

又方：常山，搗，下篩成末，三兩，真丹一兩，白蜜和搗

百杵，丸如梧子，先發服三丸，中服三丸，臨臥服三丸。無不斷者，常用，效。

又方：大開口，度上下唇，以繩度心頭，灸此度下頭百壯，又灸脊中央五十壯，過發時，灸二十壯。

又方：破一大豆去皮，書一片作日字，一片作月字，左手持日，右手持月，吞之立癒。向日服之，勿令人知也。

又方：皂莢三兩，去皮，炙。巴豆二兩，去心、皮，搗丸如大豆大，一服一枚。

又方：巴豆一枚，去心、皮，射罔如巴豆，大棗一枚，去皮，合搗成丸，先發各服一丸如梧子大也。

又方：常山、知母、甘草、麻黃等分，搗蜜和丸如大豆，服三丸，比發時令過畢。

又方：常山三兩，甘草半兩，水、酒各半升，合煮取半升，先發時一服，比發令三服盡。

又方：常山三兩，銼，以酒三升漬二三日，平旦作三合服，欲嘔之，臨發又服二合，便斷。舊酒亦佳。急亦可煮。

又方：常山三兩，秫米三百粒，以水六升煮取三升，分之服，至發時令盡。

又方：若發作無常，心下煩熱，取常山二兩，甘草一兩半，合以水六升煮取二升，分再服；當快吐，仍斷，勿飲食。

老瘧久不斷者，常山三兩，鱉甲一兩炙，升麻一兩，附子一兩，烏賊骨一兩，以酒六升漬之，小令近火，一宿成，服一合，比發可數作。

又方：藜蘆、皂莢各一兩，炙，巴豆二十五枚，並搗，熬令黃，依法搗蜜丸如小豆，空心服一丸，未發時一丸，臨發時又一丸，勿飲食。

又方：牛膝莖葉一把，切，以酒三升服，令微有酒氣。不

即斷，更作，不過三服而止。

又方：末龍骨方寸匕，先發一時以酒一升半煮三沸，及熱盡服，溫覆取汗，便即效。

又方：常山三兩，甘草半兩，知母一兩，搗蜜丸，至先發時服如梧子大十丸，次服減七丸、八丸，後五六丸，即差。

又方：先發二時，以炭火床下令脊腳極暖，被覆，過時乃止。此治先寒後熱者。

又方：先炙鱉甲，搗末方寸匕，至時令三服盡，用火炙，無不斷。

又方：常山三兩，搗篩，雞子白和之丸，空腹三十丸，去發食久三十丸，發時三十丸，或吐或否也。從服藥至過發時，勿飲食。

治溫瘧不下食，知母、鱉甲炙、常山各二兩，地骨皮三兩切，竹葉一升切，石膏四兩，以水七升煮二升五合，分溫三服。忌蒜、熱麵、豬、魚。

治瘴瘧，常山、黃連、豉熬各三兩，附子二兩炮，搗篩，蜜丸，空腹服四丸，欲發三丸，飲下之。服藥後至過發時，勿吃食。

若兼諸痢者，黃連、犀角各三兩，牡蠣、香豉各二兩，並熬，龍骨四兩，搗篩，蜜丸，服四十丸，日再服，飲下。

無時節發者，常山二兩，甘草一兩半，豉五合，綿裹，以水六升煮取三升，再服，快吐。

無問年月，可治三十年者。常山、黃連各三兩，酒一斗，宿漬之，曉以瓦釜煮取六升，一服八合，比發時令得三服，熱當吐，冷當利，服之無不差者。半料合服得。

勞瘧積久，眾治不差者。生長大牛膝一大虎口，以水六升煮取二升，空腹一服，欲發一服。

禳一切瘧，是日抱雄雞，一時令作大聲，無不差。

又方：未發頭向南臥，五心及額、舌七處，閉氣書鬼字。咒法：發日執一石於水濱，一氣咒云：督督圓圓，行路非難；提取瘧鬼，送與河官。急急如律令。投於水，不得回顧。

治一切瘧，烏梅丸方：甘草二兩，烏梅肉熬，人參、桂心、肉蓯蓉、知母、牡丹各二兩，常山、升麻、桃仁去皮尖熬，烏豆皮熬膜取皮各三兩；桃仁研，欲丸入之，搗篩，蜜丸，蘇屠臼搗一萬杵。發日五更酒下三十丸，平旦四十丸。欲發四十丸，不發日空腹四十丸，晚三十丸，無不差。徐服，後十餘日吃肥肉發之也。

乞見瘧[2]，白驢蹄二分，熬，大黃四分，綠豆三分，末，砒霜二分，光明砂半分，雄黃一分，搗蜜丸如梧子，發日平旦冷水服二丸，七日內忌油。

【附方】

《外臺秘要》治瘧不痊，乾薑、高良薑等分為末，每服一錢，水一中盞，煎至七分，服。

《聖惠方》治久患勞瘧瘴等方：用鱉甲三兩，塗酥炙令黃，去裙為末，臨發時溫酒調下二錢匕。

治瘧，用桃仁一百個去皮尖，於乳缽中細研成膏，不得犯生水，候成膏入黃丹三錢，丸如梧子大，每服三丸。當發日面北，用溫酒吞下。如不飲酒，井花水亦得。五月五日午時合，忌雞、犬、婦人見。

又方：用小蒜不拘多少，研極爛，和黃丹少許，以聚為度，丸如雞頭大，候乾，每服一丸，新汲水下，面東服，至妙。

注釋

〔1〕出《神農本草經》，為鼠婦科動物平甲蟲的乾燥全體，

味酸性涼。功能破血、利水、解毒、止痛。

〔2〕一種瘧病，其病症不詳。

治卒發癲狂病方第十七

原　文

治卒癲疾方：炙陰莖上宛宛中三壯，得小便通則癒。

又方：炙陰莖上三壯，囊下縫二七壯。

又方：炙兩乳頭三壯。又炙足大指本聚毛中七壯，炙足小指本節七壯。

又方：取葶藶一升，搗三千杵，取白犬倒懸之，以杖犬令血出，承取，以和葶藶末，服如麻子大一丸，三服取差。

又方：莨菪子三升，酒五升漬之，出，曝乾，漬盡酒止，搗，服一錢匕，日三。勿多，益狂。

又《小品》癲狂莨菪散：莨菪子三升，末之，酒一升漬多日，出，搗之，以向汁和絞去滓，湯上煎，令可丸，服如小豆三丸，日三。口面當覺急，頭中有蟲行者，額及手足應有赤色處，如此必是差候。若未見，服取盡矣。

又方：末房葵，溫酒服一刀圭至二三，身潤又小不仁為候。

又方：自縊死者繩，燒三指撮，服之。

凡癲疾，發則仆地，吐涎沫，無知，僵掠起如狂，反遺糞者難治。

治卒發狂方：燒蛤蟆，搗末，服方寸匕，日三服之，酒服。

又方：臥其人著地，以冷水淋其面，為終日淋之。

治卒狂言鬼語方：針其足大拇指爪甲下，入少許即止。

又方：以甑帶急合縛兩手，火炙左右脅，握肘頭文俱起，七壯，須臾，鬼語[1]，自道姓名乞去，徐徐詰問，乃解手耳。

第五章 葛洪《肘後方》道醫與中醫藥 養生（內附注釋、譯文）

凡狂發則欲走，或自高貴稱神聖，皆應備諸火灸，乃得永差耳。

若或悲泣呻吟者，此為邪魅，非狂，自依邪方治之。《近效方》：已生薑紙作灰，酒、水任下，差。療風癲也。

【附方】

《斗門方》治癲癇，用艾於陰囊下穀道正門當中間，隨年數灸之。

《千金方》治風癲百病：麻人四升，水六升，猛火煮令牙生[2]，去滓，煎取七合，旦空心服。或發或不發，或多言語，勿怪之，但人摩手足須定。凡進三劑，癒。

又方：治狂邪發無時，披頭大叫，欲殺人，不避水火。苦參，以蜜丸如梧子大，每服十丸，薄荷湯下。

《外台秘要》治風癇引脅牽痛，發作則吐，耳如蟬鳴：天門冬去心皮，曝乾，搗篩酒服方寸匕。若人久服，亦能長生。

《廣利方》治心熱風癇：爛龍角，濃研汁，食上服二合，日再服。

《經驗後方》治大人小兒久患風癇，纏喉咬嗽，遍身風疹，急中涎潮等。

此藥不大吐逆，只出涎水，小兒服一字。瓜蒂不限多少，細碾為末，壯年一字，十五已下、老怯半字。早晨井花水下，一食頃含沙糖一塊，良久涎如水出，年深涎盡。有一塊如涎布水上如鑑矣。涎盡，食粥一兩日。如吐多困甚，即咽麝香湯一盞，即止矣。

麝細研，溫水調下。昔天平尚書覺昏眩，即服之，取涎有效。

《明皇雜錄》記載：開元中有名醫紀朋者，觀人顏色談笑，知病深淺，不待診脈。帝聞之，召於掖庭中，看一宮人每日戾

則笑歌啼號，若狂疾而足不能履地，朋視之曰：此必因食飽而大促力，頓仆於地而然。乃飲以雲母湯，令熟寐，覺而失所苦。問之，乃言：因太華公主載誕，宮中大陳歌吹，某乃主謳，懼其聲不能清，且長吃豚蹄羹飽，而當筵歌大曲，曲罷覺胸中甚熱，戲於砌台上，高而墜下，久而方惺，病狂，足不能及地。

注釋

〔1〕指鬼魂附體，使病人以鬼的口氣說話。
〔2〕指煮爛開花。

治卒得驚邪恍惚方第十八

原　文

治人心下虛悸方：麻黃、半夏等分，搗蜜丸，服如大豆三丸，日三，稍增之。半夏，湯洗去滑，乾。

若驚憂怖迫逐，或驚恐失財，或激憤悵悵，致志氣錯越，心行違僻，不得安定者：

龍骨、遠志、茯神、防風、牡蠣各二兩，甘草七兩，大棗七枚，以水八升煮取二升，分再服，日日作之，取差。

又方：茯苓、乾地黃各四兩，人參、桂各三兩，甘草二兩，麥門冬一升去心，半夏六兩洗滑，生薑一斤，以水一斗，又殺烏雞取血及肝、心煮三升，分四服，日三夜一。其聞少食無爽，作三劑差。

又方：白雄雞一頭，治如食，真珠四兩，切薤白四兩，以水三升煮取二升。宿勿食，旦悉食雞等，及飲汁盡。

又有鎮心定志諸丸，在大方中。

治卒中邪鬼恍惚振噤方：灸鼻下人中及兩手足大指爪甲本，令艾丸在肉上各七壯。不止，至十四壯，癒。此事本在雜治中。

治女人與邪物交通，獨言獨笑，悲思恍惚者：末雄黃一兩，以松脂二兩，溶和，虎爪攪令如彈丸，夜內火籠中燒之，令女人侵坐其上，被急自蒙，唯出頭耳。一爾未差，不過三劑，過自斷也。

又方：雄黃一兩，人參一兩，防風一兩，五味子一升，搗篩，清旦以井水服方寸匕，三服差。

師往以針五枚內頭髻中，狂病者則以器貯水，三尺新布覆之，橫大刀於上。悉乃矜莊呼見其人，其人必欲起走，慎勿聽。因取一噴之，一呵視，三通乃熟。拭去水，指彈額上近髮際，問欲癒乎？其人必不肯答，如此二七彈，乃答。欲因杖針刺鼻下人中近孔內側空停針，兩耳根前宛宛動中停針，又刺鼻直上入髮際一寸，橫針又刺鼻直上入。乃具詰問，憐憐醒悟，則乃止矣。

若男女喜夢與鬼通，致恍惚者，鋸截鹿角屑，酒服三指撮，日三。

【附方】

張仲景主心下悸；半夏、麻黃丸二物等分，末，蜜丸如小豆，每服三丸，日三。

《簡要濟眾方》每心藏不安，驚悸善忘，上鬲風熱化痰：白石英一兩，朱砂一兩，同研為散，每服半錢。食後夜臥，金銀湯調下。

心中客熱，膀胱間連脅下氣妨，常旦憂愁不樂，兼心忪者：

取莎草根二大斤切，熬令香，以生絹袋貯之，杵三大斗無

灰清酒中浸之，春三月浸一日即堪服，冬十月後即七日，近暖處乃佳。每空腹服一盞，日夜三四服之。常令酒氣相續，以知為度。若不飲酒，即取莎草根十兩，加桂心五兩，蕪荑三兩，和搗為散，以蜜和為丸，搗一千杵，丸如梧子大，每空腹以酒及薑蜜湯飲汁等下二十丸，日再服，漸加至三十丸，以差為度。

治中風諸急方第十九

原　文

治卒中急風，悶亂欲死方：灸兩足大指下橫文中隨年壯。又別有續命湯。

若毒急不得行者，內筋急者，灸內踝；外筋急者，灸外踝上二十壯。若有腫痹虛者，取白蘞二分，附子一分，搗，服半刀圭，每日可三服。

若眼上睛垂者，灸目兩眥後三壯。

若不識人者，灸季脅[1]頭各七壯，此脅小肋屈頭也。

不能語者，灸第二槌或第五槌上五十壯。又別有不得語方，在後篇中矣。

又方：豉、茱萸各一升，水五升，煮取二升，稍稍服。

若眼反口噤，腹中切痛者，灸陰囊下第一橫理十四壯。又別有服膏之方。

若狂走欲斫刺人或欲自殺，罵詈不息，稱鬼語者：灸兩口吻頭赤肉際各一壯，又灸兩肘屈中五壯，又灸背胛中間三壯。三日報灸三，倉公秘法。又應灸陰囊下縫三十壯。又別有狂邪方。

若發狂者，取車轂中脂如雞子，熱溫淳苦酒，以投脂甚攪，令消，服之令盡。

若心煩恍惚，腹中痛滿，或時絕而復蘇者：取釜下土五升，搗篩，以冷水八升和之，取汁盡服之。口已噤者，強開以竹筒灌之，使得下入，便癒。甚妙。

若身體角弓反張，四肢不隨，煩亂欲死者：清酒五升，雞白矢一升，搗篩，合和，揚之千遍，乃飲之。大人服一升，日三，少五合，差。

若頭身無不痛，顛倒煩滿欲死者：

取頭垢如大豆大，服之，並囊貯大豆，蒸熟逐痛處熨之，作兩囊，更番為佳。若無豆，亦可蒸鼠壤土，熨。

若但腹中切痛者，取鹽半斤，熬令盡，著口中，飲熱湯二升，得便吐，癒。

又方：附子六分，生薑三兩，切，以水二升煮取一升，分為再服。

若手足不隨方：取青布燒作煙，就小口器中薰痛處。

又方：豉三升，水九升煮取三升，分三服。又取豉一升，微熬，囊貯，漬三升酒中三宿，溫服，微令醉為佳。

若身中有掣痛，不仁不隨處者：取乾艾葉一斗許，丸之，內瓦甑下，塞餘孔，唯留一目，以痛處著目下，燒艾以薰之，一時間癒矣。

又方：取朽木削之，以水煮令濃熱灼灼爾，以漬痛處，效。

若口噤不開者：取大豆五升，熬令黃黑，以酒五升漬取汁，以物強發口而灌之，畢，取汗。

又方：獨活四兩，桂二兩，以酒水二升煮取一升半，分為三服，開口與之。溫臥，火灸，令取汗。

若身直不得屈伸反覆者：取槐皮黃白者切之，以酒共水六升煮取二升，去滓，適寒溫，稍稍服之。

又方：刮積樹皮取一升，以酒一升漬一宿，服五合至一

升，酒盡更作，差。

若口喎僻者：銜奏灸口吻口橫文間，覺火熱便去艾，即癒。勿盡艾，盡艾則太過。若口左僻，灸右吻；右僻，灸左吻。又灸手中指節上一丸，喎右灸左也。又有灸口喎法在此後也。

又方：取空青末，著口中，入咽即癒。姚同。

又方：取蜘蛛子，摩其偏急頰車上，候視正則止。亦可向火摩之。

又方：牡蠣、礬石、附子、灶中黃土分等，搗末，以三歲雄雞冠血和傅，急上持水著邊，視欲還正，便急洗去藥。不著，更塗上，便癒。

又方：鱉甲、烏頭塗之，欲正即揭去之。

若四肢逆冷，吐清汁，宛轉啼呼者：取桂一兩，㕮咀，以水三升煮取二升，去滓，適寒溫，盡服。

若關節痛疼：蒲黃八兩，附子一兩，炮，合末之，服一錢匕，日三，稍增至方寸匕。

若骨節疼煩，不得屈伸，近之則痛，短氣得汗出，或欲腫者：

附子二兩，桂四兩，朮三兩，甘草二兩，水六升煮取三升，分三服，汗出癒也。

若中暴風，白汗出如水者：

石膏、甘草各等分，搗，酒服方寸匕。日移一丈輒一服也。

若中緩風，四肢不收者：

豉三升，水九升煮取三升，分為三服，日二作之。亦可酒漬煮，飲之。

若卒中風癱，身體不自收，不能語，迷昧不知人者，陳元狸骨膏至要，在備急藥方中。

【附方】頭風、頭痛附。

《經驗方》治急中風，目瞑牙噤，無門下藥者：用此末子，以中指點末，揩齒三二十，揩大牙左右，其口自開，始得下藥名：

開關散：天南星搗為末，白龍腦，二件各等分，研，自五月五日午時合，患者只一字至半錢。

《簡要濟眾》治中風口噤不開，涎潮吐方：用皂角一挺，去皮，塗豬脂，炙令黃色，為末，每服一錢匕，非時溫酒服。如氣實脈大，調二錢匕。如牙關不開，用白梅揩齒，口開即灌藥，以吐出風涎，差。

治中風不省人事，牙關緊急者：

藜蘆一兩，去蘆頭，濃煎，防風湯浴過，焙乾，碎切，炒微褐色，搗為末，每服半錢，溫水調下，以吐出風涎為效。如人行二里末吐，再服。

又治膽風毒氣，虛實不調，昏沉睡多：

酸棗仁一兩，生用，金挺蠟茶二兩，以生薑汁塗，炙令微焦，搗羅為散，每服二錢水七分煎六分，無時溫服。

孫尚藥治卒中風，昏昏若醉，形體昏悶，四肢不收，或倒或不倒，或口角似斜，微有涎出，斯須不治，便為大病，故傷人也。此證風涎潮於上膈，痹氣不通，宜用。

急救稀涎散：豬牙皂角四挺，須是肥實不蛀，削去黑皮，晉礬一兩，光明通瑩者，二味同搗羅為細末，再研為散。如有患者，可服半錢；重者，三字匕，溫水調灌下。不大嘔吐，只是微微涎稀令出，或一升二升。當時惺惺，次緩而調治，不可便大段治，恐過傷人命。累經效，不能盡述。

《梅師方》療癱緩風，手足曳，口眼喎斜，語言蹇澀，履步不正。

神驗烏龍丹：川烏頭，去皮、臍了，五靈脂各五兩，上為末，入龍腦、麝香，研令細勻，滴水丸如彈子大，每服一丸。先以生薑汁研化，次暖酒調服之，一日兩服，空心晚食前服，治一人只三十丸。服得五七丸，便覺抬得手，移得步，十丸可以自梳頭。

《聖惠方》治一切風疾，若能久服，輕身明目，黑髭駐顏。用南燭樹，春夏取枝葉，秋冬取根皮，揀擇細銼五升，水五斗，慢火煎取二斗，去滓，別於淨鍋中慢火煎如稀餳，以瓷瓶貯，溫酒下一匙，日三服。

又方：治風立有奇效。用木天蓼一斤，去皮細銼，以生絹袋貯，好酒二斗浸之，春夏一七日，秋冬二七日後開，每空心，日午初夜合溫飲一盞，老幼臨時加減。若長服，日只每朝一盞。

又方：治中風口喎。巴豆七枚，去皮爛研，喎左塗右手心，喎右塗左手心，仍以暖水一盞安向手心，須曳即便正。洗去藥，並頻抽掣中指。

又方：治風頭旋。用蟬殼二兩，微炒為末，非時溫酒下一錢匕。

《千金方》治中風，面目相引偏僻，牙車急，舌不可轉：桂心，以酒煮取汁，故布蘸貼病上，正即正。左喎貼右，右喎貼左，常用大效之。

又方：治三年中風不輕者：松葉一斤，細切之，以酒一斗煮取三升，頓服，取汗出，立差。

又方：主卒中風頭面腫，杵杏仁如膏，傅之。

又方：治頭面風，眼瞤鼻塞，眼暗冷淚。杏仁三升，為末，水煮四五沸，洗頭冷汗盡，三度差。

《外台秘要》治卒中風口喎。

皂角五兩，去皮為末，三年大醋和，右喎塗左，左喎塗右，乾及傅之，差。

又治偏風及一切風：桑枝銼一大升，用今年新嫩枝，以水一大斗煎取二大升，夏用井中沉，恐酢壞，每日服一盞，空心服盡，又煎服，終身不患偏風。若預防風，能服一大升，佳。

又主風，身體如蟲行。鹽一斗，水一石煎減半，澄清，溫洗三五度，治一切風。

《葛氏方》治中風寒瘂直口噤不知人：雞屎白一升，熬令黃，極熱，以酒三升和攪，去滓服。

《千金翼方》治熱風汗出心悶。水和雲母，服之。不過再服，立差。

《篋中方》治風頭及腦掣痛不可禁者，摩膏主之。

取牛蒡莖葉，搗取濃汁二升，合無灰酒一升，鹽花一匙頭，塘火煎令稠成膏，以摩痛處，風毒散自止。亦主時行頭痛，摩時須極力令作熱，乃速效，冬月無葉，用根代之亦可。

《經驗後方》治中風及壅滯。以旋覆花洗塵令淨，搗末煉蜜丸如梧子大，夜臥以茶湯下五丸至七丸十丸。

又方：解風熱，疏積熱風壅，消食化氣，導血，大解壅滯。大黃四兩。牽牛子四兩，半生半熱，為末，煉蜜為丸如梧子大。每服茶下一十丸。如要微動，吃十五丸，冬月宜服，並不搜攪人。

《集驗方》治風熱心燥，口乾狂言，渾身壯熱，及中諸毒，龍腦甘露丸。寒水石半斤，燒半日，淨地坑內，盆合四面濕土壅起，候經宿取出，入甘草末、天竺黃各二兩，龍腦二分，糯米膏丸彈子大，蜜水磨下。

《食醫心鏡》主中風，心肺風熱，手足不隨，及風痺不任，筋脈五緩，恍惚煩躁。

熊肉一斤，切如常法，調和作醃臘，空腹食之。

又主風攣拘急，偏枯，血氣不通利。

雁肪四兩，煉，濾過，每日空心暖酒一杯，肪一匙頭，飲之。

《同經》曰：治歷節諸風，骨節疼痛，晝夜不可忍者。

沒藥半兩，研，虎腦骨三兩，塗酥炙黃色，先搗，羅為散，與沒藥同研，令細，溫酒調二錢，日三服，大佳。

《聖惠方》治歷節風，百節疼痛不可忍。

用虎頭骨一具，塗酥炙黃，槌碎，絹袋貯，用清酒二斗浸五宿，隨性多少，暖飲之，妙。

《內台秘要方》療歷節諸風，百節酸痛不可忍。松脂三十斤，煉五十遍，不能五十遍，亦可二十遍。用以煉酥三升，溫和松脂三升，熟攪令極稠，旦空腹以酒服方寸匕，日三。數食麵粥為佳。慎血腥生冷、酢物果子，一百日差。

又方：松節酒主歷節風，四肢疼痛如解落。

松節二十斤，酒五斗漬二七日，服一合，日五六服。

《斗門方》治白虎風，所患不以，積年久治無效，痛不可忍者。

用腦、麝、楓柳皮[2]，不限多少，細銼，焙乾，浸酒常服，以醉為度，即差。今之寄生楓樹上者[3]方堪用。其葉亦可製砒霜粉，尤妙矣。

《經驗後方》治白虎風，走注疼痛，兩膝熱腫。

虎脛骨，塗酥炙黑，附子炮裂去皮臍，各一兩，為末，每服溫酒調下二錢匕，日再服。

《外台秘要》治癧瘍風[4]及三年。

酢磨烏賊魚骨，先布磨肉赤，即傅之。

又治癧瘍風，酢磨硫黃，傅之止。

《聖惠方》治癧瘍風，用羊蹄菜根，於生鐵上以好醋磨，旋旋刮取，塗於患上。未差，更入硫黃少許，同磨，塗之。

《集驗方》治頭頸及面上白駁，浸淫漸長，有似癬，但無瘡，可治。鰻鱺魚脂傅之。先拭剝上刮使燥痛，後以魚脂傅之，一度便癒。甚者，不過三度。

《聖惠方》治白駁，用蛇蛻燒末，醋調，傅上，佳。

又方：治中風煩熱，皮膚瘙癢，用醍醐四兩，每服酒調下半匙。

《集驗方》治風氣客於皮膚，瘙癢不已。蜂房炙過、蟬蛻等分，為末，酒調一錢匕，日三二服。

又方：蟬蛻、薄苛等分，為末，酒調一錢匕，日三服。

《北夢瑣言》云：有一朝士見梁奉御，診之曰：風疾已深，請速歸去。朝士復見鄜州馬醫趙鄂者復診之，言疾危，與梁所說同矣。曰：只有一法，請官人試吃消梨，不限多少，咀齗不及，絞汁而飲。到家旬日，唯吃消梨，頓爽矣。

《千金方》治頭風頭痛，大豆三升，炒令無聲，先以貯一斗二升瓶一只，貯九升清酒，采豆熱即投於酒中，蜜泥封之七日，溫服。

《孫真人方》治頭風痛，以豉湯洗頭，避風，即差。

《千金翼》治頭風，搗葶藶子，以湯淋取汁，洗頭上。

又主頭風沐頭，吳茱萸二升，水五升煮取三升，以綿染拭髮根。

《聖惠方》治頭風痛，每欲天陰雨風先發者：用桂心一兩，為末，以酒調如膏，用傅頂上並額角。

《陳藏器拾遺》序云：頭疼欲死，鼻內吹消石末，癒。

《日華子》云：治頭痛，水調決明子，貼太陽穴。

又方：決明子作枕，勝黑豆，治頭風明目也。

《外台秘要》治頭疼欲裂。當歸二兩，酒一升煮取六合飲，至再服。

《孫兆口訣》云：治頭痛。

附子炮，石膏煅，等分為末，入腦麝少許，茶酒下半錢。

《斗門方》治卒頭痛，白僵蠶碾為末，去絲，以熟水二錢匕，立差。

又方：治偏頭疼，用京芎細銼，酒浸服之，佳。

《博濟方》治偏頭疼，至靈散：雄黃、細辛等分，研令細，每用一字以下，左邊疼吹入右鼻，右邊疼吹入左鼻，立效。

《經驗後方》治偏頭疼，絕妙。蓽茇為末，令患者口中含溫水，左邊疼令左鼻吸一字，右邊疼令右鼻吸一字，效。

《集驗方》治偏正頭疼，穀精草一兩，為末，用白麵調攤紙花子上，貼疼處，乾又換。

偏頭疼方：用生蘿蔔汁一蜆殼，仰臥注鼻，左痛注左，右痛注右，左右俱注亦得，神效。

《外台秘要》頭風，白屑如麩糠方。豎截楮木作枕，六十日一易新者。

注釋

〔1〕又名季肋，相當於側胸第十一、第十二肋軟骨部分。

〔2〕為胡桃科植物楓楊 PterocaryastenopteraDC. 的樹皮。

〔3〕為桑寄生科植物扁枝槲寄生 Viscumartcu-latumBurmf. 的枝葉。

〔4〕為風邪濕熱鬱於皮膚所致。多發於頸旁、胸背、腋下等處，其色紫白，斑點群集相連，可蔓延擴大，癢或不甚，冬重夏輕。

治卒風喑不得語方第二十

原 文

治卒不得語方。以苦酒煮瓜子，薄頸一周，以衣苞，一日一夕乃解，即差。

又方：煮大豆，煎其汁令如飴，含之，亦但濃煮飲之。

又方：煮豉汁，稍服之一日，可美酒半升中攪，分為三服。

又方：用新好桂削去皮，搗篩三指撮，著舌下咽之。

又方：銼穀枝葉，酒煮熱灰中，沫出，隨多少飲之。

治卒失聲，聲噎不出方：橘皮五兩，水三升煮取一升，去滓，頓服，傾合服之。

又方：濃煮苦竹葉，服之，差。

又方：搗蘘荷根，酒和，絞飲其汁。此本在雜治中。

又方：通草、乾薑、附子、茯神各一兩，防風、桂、石膏各二兩，麻黃一兩半，白朮半兩，杏仁三十枚，十物搗篩為末，蜜丸如大豆大，一服七丸，漸增加之。凡此皆中風。又有竹瀝諸湯甚多，此用藥雖少，而是將治所患。一劑不差，更應服之。

又方：針大椎旁一寸五分，又刺其下停針之。

又方：礬石、桂，末，綿裹如棗，內舌下，有唾出之。

又方：燒馬勒銜鐵令赤，內一升苦酒中，破一雞子，合和，飲之。

若卒中冷，聲嘶啞者：甘草一兩，桂二兩，五味子二兩，杏仁三十枚，生薑八兩，切，以水七升，煮取二升，為二服，服之。

【附方】

《經驗後方》治中風不語，獨活一兩，銼，酒二升煎一升，大豆五合，炒有聲，將藥酒熱投。蓋良久，溫服三合。未差，再服。

又方：治中風不語，喉中如拽鋸聲，口中涎沫。取藜蘆一分，天南星一個，去浮皮，卻臍子上陷一個坑子，內入陳醋一橡斗子，四面用火逼，令黃色，同一處搗，再研極細，用生蜜為丸如赤豆大，每服三丸，溫酒下。

《聖惠方》治中風，以大聲咽喉不利：以蘘荷根二兩，研，絞取汁，酒一大盞相和，令勻，不計時候溫服半盞。

治風毒腳弱痹滿上氣方第二十一

原　文

腳氣之病，先起嶺南，稍來江東，得之無漸，或微覺疼痹，或兩脛小滿，或行起忽弱，或小腹不仁，或時冷時熱，皆其候也。不即治，轉上入腹，便發氣，則殺人。治之多用湯、酒、摩膏。種數既多，不但一劑，今只取單效用兼灸法。

取好豉一升，三蒸三曝乾。以好酒三斗漬之三宿，可飲，隨人多少。欲預防不必待時，便與酒煮豉服之。腳弱其得小愈，及更營諸方服之，並及灸之。

次服獨活酒方：獨活五兩，附子五兩，生用，切，以酒一斗，漬經三宿，服從一合始，以微痹為度。

又方：白拌石二斤，亦可用鐘乳末，附子三兩，豉三升，酒三斗漬四五日，稍飲之。若此有氣，加蘇子二升也。

又方：好硫黃三兩，末之，牛乳五升，先煮乳水五升，仍內硫黃，煎取三升，一服三合。亦可直以乳煎硫黃，不用水

也。卒無牛乳，羊乳亦得。

又方：法先煎牛乳三升，令減半，以五合輒服硫黃末一兩，服畢，厚蓋取汗，勿令得風，中間更一服，暮又一服。若已得汗，不復更取。但好將息將護之。若未差，癒後數日中亦可更作。若長將，亦可煎為丸，北人服此，治腳多效，但須極好硫黃耳。可預備之。

若脛已滿，捏之沒指者，但勒飲烏犢牛溺二三升，使小便利，息漸漸消。當以銅器，尿取新者為佳。無烏牛，純黃者亦可用之。

又方：取牽牛子，搗蜜丸如小豆大，五丸，取令小便利。亦可正爾吞之。其子黑色，正似球子核形，市人亦賣之。

又方：三白根搗碎，酒飲之。

又方：酒若水煮大豆，飲其汁。又食小豆亦佳。又生研胡麻，酒和服之，差。

又方：大豆三升，水一斗煮取九升，內清酒九升，又煎取九升，稍稍飲之，小便利，則腫歇也。

其有風引、白雞、竹瀝、獨活諸湯，及八風、石斛、狗脊諸散，並別在大方中。金芽酒最為治之要，今載其方：

蜀椒、茵芋、金牙、細辛、罔草、乾地黃、防風、附子、地膚、蒴藋、升麻各四兩，人參三兩，羌活一斤，牛膝五兩，十四物切，以酒四斗漬七日，飲二三合，稍加之。亦治口不能言，腳屈，至良。又有側子酒，亦效。

若田舍貧家，此藥可釀拔葜，及松節、松葉，皆善。

拔葜淨洗，銼之一斛，以水三斛煮取九斗，以漬曲及煮去滓，取一斛漬飯，釀之如酒法，熟即取飲，多少任意，可頓作三五斛。若用松節葉，亦依準此法，其汁不厭濃也。患腳屈，積年不能行，腰脊攣痹，及腹內緊結者，服之不過三五劑，皆

平復，如無釀，水邊商陸亦佳。

　　其灸法，孔穴亦甚多，恐人不能悉皆知處。今止疏要者，必先從上始。若直灸腳，氣上不泄則危矣。先灸大椎[1]：

　　在項上大節高起者，灸其上面一穴耳。若氣，可先灸百會[2]五十壯，穴在頭頂凹中也。

　　肩井[3]各一百壯：

　　在兩肩小近頭凹處，指捏之，安令正得中穴耳。

　　次灸膻中五十壯：

　　在胸前兩邊對乳胸厭骨節間，指按覺氣翕翕爾是也。一云正胸中一穴也。

　　次灸巨闕[4]：

　　在心厭尖下一寸，以赤度之。凡灸以上部五穴，亦足治其氣。若能灸百會、風府、胃管及五藏腧，則益佳。視病之寬急耳。諸穴出《灸經》[5]，不可具載之。

　　次乃灸風市[6]百壯：

　　在兩髀外，可平倚垂手直掩髀上，當中指頭大筋上捻之，自覺好也。

　　次灸三里二百壯：

　　以病人手橫掩，下併四指，名曰一夫指。至膝頭骨下，指中節是其穴，附脛骨外邊，捻之，凹凹然也。

　　次灸上廉一百壯：又灸三里下一夫。

　　次灸下廉一百壯：又在上廉下一夫。

　　次灸絕骨[7]二百壯：

　　在外踝上三寸餘，指端取踝骨上際，屈指頭四寸便是。與下廉頗相對，分間二穴也。此下一十八穴並是要穴。餘伏兔、犢鼻穴。凡灸此壯數，不必頓畢，三日中報灸合盡。

　　又方：孔公孽二斤，石斛五兩，酒二斗浸，服之。

【附方】

《斗門方》治卒風毒腫氣急痛：以柳白皮一斤，銼，以酒煮令熱，帛裹熨腫上，冷再煮，易之，甚妙也。

《聖惠方》治走注風毒疼痛：用小芥子末，和雞子白調，傅之。

《經驗後方》治風毒骨髓疼痛。芍藥二分，虎骨一兩。炙，為末，夾絹袋貯，酒三升漬五日，每服二合，日三服。

《食醫心鏡》除一切風濕痺，四肢拘攣：蒼耳子三兩，搗末，以水一升半煎取七合，去滓，呷之。

又治筋脈拘攣，久風濕痺，下氣，除骨中邪氣，利腸胃，消水腫，久服輕身益氣力。

薏苡仁一升，搗為散，每服以水二升，煮兩匙末作粥，空腹食。

又主補虛，去風濕痺，醍醐二大兩，暖酒一杯和醍醐一匙，飲之。

《經驗方》治諸處皮裡面痛：何首烏，末，薑汁調成膏，痛處以帛子裹之，用火炙鞋底，熨之，妙。

《孫真人方》主腳氣及上氣：取鯽魚一赤長者作膾，食一兩，頓差。

《千金翼》治腳氣沖心：白礬二兩，以水一斗五升煎三五沸，浸洗腳，良。

《廣利方》治腳氣沖煩，悶亂不識人：大豆一升，水三升，濃煮取汁，頓服半升。如未定，可更服半升，即定。

蘇恭云：凡患腳氣，每旦任意飽食，午後少食，日晚不食。如飢，可食豉粥。若暝不消，欲致霍亂者，即以高良薑一兩，打碎，以水三升煮取一升，頓服，盡即消。待極飢，乃食一碗薄粥，其藥唯極飲之，良。若卒無高良薑，母薑一兩代

之，以清酒一升煮令極熟，和滓食之。雖不及高良薑，亦大效矣。

《唐本》注云腳氣：

煮莊草濃汁漬之，多差。

《簡要濟眾》治腳氣連腿腫滿，久不差方：

黑附子一兩，去皮臍，生用，搗為散，生薑汁調如膏，塗傅腫上，藥乾再調塗之，腫消為度。

注釋

〔1〕為經穴名，出自《素問·生氣通天論》，別名百勞、上杼，屬督脈，位於第七頸椎與第一胸椎棘突之間。主治發熱、瘧疾、中暑、流行性感冒、虛勞、癲癇、精神病、項背痛等。

〔2〕為經穴名，出自《針灸甲乙經》，別名三陽五會、天滿。《素問·骨空論》稱之顛上，屬督脈，位於頭頂正中線上，距前髮際五寸，或兩耳尖連線與頭部正中線之交點處，主治昏厥、休克、頭痛、眩暈、癲癇、精神病、脫肛等。

〔3〕經穴名，出《針灸甲乙經》。別名膊井，屬足少陽膽經。位於肩上，當大椎穴與肩峰連線的中點處。主治肩臂酸痛，中風偏癱，滯產，產後出血，乳腺炎，頸淋巴結核等。

〔4〕經穴名，出自《針灸甲乙經》。屬任脈，為心之募穴，位於腹正中線臍上六寸處。主治嘔吐，呃逆，胃脘痛驚悸，癲癇，精神病，膽道蛔蟲症等。

〔5〕即《針灸甲乙經》。

〔6〕經穴名，出《千金要方》，屬足少陽膽經，位於大腿外側中線。髖骨上緣上七寸，直立垂手時，當中指尖所至處。主治下肢麻痹或癱瘓，坐骨神經痛，股外側神經炎等病症。

〔7〕又名懸鐘穴，出《針灸甲乙經》，屬足少陽膽經，位於小腿前外側。外踝上三寸，腓骨前緣與腓骨長肌腱之間。

治服散卒發動困篤方第二十二

原　文

凡服五石〔1〕護命、更生及鐘乳、寒食之散，失將和節度，皆致發動，其病無所不為。若發起倉卒，不以漸而至者，皆是散勢也，宜及時救解之。若四肢身外有諸一切痛違常者：

皆即冷水洗數百遍，熱有所沖，水漬布巾，隨以敷之。又水漬冷石以熨之，行飲暖酒，逍遙起行。

若心腹內有諸一切疾痛違常，煩悶昏恍者，急解之。取冷熱，取溫酒，飲一二升，漸漸稍進，覺小寬，更進冷食。其心痛者，最急。若肉冷，口已噤，但折齒下熱酒，差。

若腹內有結堅熱癖〔2〕，使眾疾者，急下之：

梔子十四枚，豉五合，水二升煮取一升，頓服之。熱甚已發瘡者，加黃芩二兩。

癖食猶不消，惡食畏冷者，更下。

好大黃末半升，芒硝半升，甘草二兩，半夏、黃芩、芫花各一分，搗為散，藏密器中。欲服，以水八升先煮大棗二十枚，使爛，取四升，去棗，乃內藥五方寸匕，攪和著火上，三上三下畢，分三服。旦一服，便利者，亦可停。若不快，更一服，下後即作酒粥，食二升，次作水餐進之。不可不即食，胃中空虛，得熱入，便煞人矣。

得下後，應長將備急。

大黃、葶藶、豉各一合，杏仁、巴豆三十枚，搗，蜜丸如胡豆大，旦服二枚：利者減之，痞者加之。

解散湯方，丸、散、酒甚多，大要在於將冷，及數自下，惟取通利，四體欲常勞動。又不可失食致飢，及餿飯臭魚肉；兼不可熱飲食，厚衣向火，冒暑遠行；亦不宜過風冷，大都每使於體粗堪任為好。若已病發，不得不強自澆耳。所將藥，每以解毒而冷者為宜。服散覺病去，停住。後二十日、三十日，便自服常。若留結不消，猶致煩熱，皆是失度，則宜依法防治，此法乃多為貴樂人用，而賤苦者服之，更少發動，當以得寒勞故也。恐脫在危急，故略載此數條，以備忽卒，餘具大方中。

【附方】

《聖惠方》治乳石發動，壅熱心悶吐血：

以生刺薊搗取汁，每服三合，入蜜少許，攪勻，服之。

《食療》云若丹石熱發：菰根和鯽魚煮作羹，食之三兩頓，即便差耳。

注釋

〔1〕包括陽起石、鐘乳石、靈磁石、空青石、金剛石等五種礦物。見《史記·扁鵲倉公列傳》。

〔2〕古病名，見《諸病源候論·癖病諸候》，痞塊生於兩脅，時痛時止，亦有以痞塊隱伏於兩脅，平時尋摸不見，痛時才能觸及為其特徵。多由飲食不節，寒痰凝聚，氣血瘀阻等所引起。

治卒上氣咳嗽方第二十三

原　文

治卒上氣，鳴息便欲絕方：

搗韭絞汁，飲一升許，立癒。

又方：細切桑根白皮三升，生薑三兩，吳茱萸半升，水七升，酒五升，煮三沸，去滓，盡服之。一升入口則氣下，千金不傳方。

又方：茱萸二升，生薑三兩，以水七升煮取二升，分為三服。

又方：麻黃四兩，桂、甘草各二兩，杏仁五十枚，熬之，搗為散，溫湯服方寸匕，日三。

又方：末人參，服方寸匕，日五六。

氣嗽不問多少時者，服之便差方：

陳橘皮、桂心、杏仁去尖皮熬，三物等分，搗，蜜丸，每服飯後，須茱湯下二十丸。忌生蔥。史侍郎傳。

治卒厥逆上氣，又兩心脅下痛滿，奄奄欲絕方：溫湯令灼灼爾，以漬兩足及兩手，數易之也；

此謂奔豚病，從卒驚怖憂追得之。氣下縱縱沖心胸，臍間築築，發動有時，不治煞人，諸方用藥皆多，又必須煞豚，唯有一湯，但可辨耳。

甘草二兩，人參二兩，桂心二兩，茱萸一升，生薑一斤，半夏一升，以水一斗煮取三升，分三服。此藥宜預蓄，得病便急合之。

又方：麻黃二兩，杏仁一兩，熬令黃，搗散，酒散方寸匕，數服之，差。

治卒乏氣，氣不復，報肩息方：乾薑三兩，㕮咀，以酒一升漬之，每服三合，日三服。

又方：度手拇指折度心下，灸三壯，差。

又方：麻黃三兩，先煎去沫，甘草二兩，以水三升煮取一升半，分三服。差後欲令不發者。取此二物，並熬杏仁五十

枚，蜜丸，服如桐子大四五丸，日三服，差。

又方：麻黃二兩，桂、甘草各一兩，杏仁四十枚，以水六升煮取二升，分三服。此三方，並各小投杯湯，有氣疹者，亦可以藥搗作散，長將服之。多冷者，加乾薑三兩；多痰者，加半夏三兩。

治大走馬及奔趁喘乏，便飲冷水，因得上氣發熱方：用竹葉三斤，橘皮三兩，以水一斗煮取三升，去滓，分為三服，三日一劑，良。

治大熱行極，及食熱餅，竟飲冷水過多，沖咽不即消，仍以發氣。

【呼吸喘息方】

大黃、乾薑、巴豆等分，末服，半錢匕。若得吐下，即癒。

若猶覺停滯在心胸膈中不利者：瓜蒂二分，杜衡三分，人參一分，搗篩，以湯服一錢匕，日二三服，效。

治肺痿咳嗽，吐涎沫，心中溫溫，咽燥而不渴者：生薑五兩，人參二兩，甘草二兩，大棗十二枚，水三升煮取一升半，分為再服。

又方：甘草二兩，以水三升煮取一升半，分再服。

又方：生天門冬，搗取汁一斗，酒一斗，飴一升，紫菀四合，銅器於湯上煎可丸，服如杏子大一丸，日可三服。

又方：甘草二兩，乾薑三兩，棗十二枚，水三升煮取一升半，分為再服。

卒得寒冷上氣方：乾蘇葉三兩，陳橘皮四兩，酒四升煮取一升半，分為再服。

治卒得咳嗽方：用釜月下土一分，豉七分，搗為丸梧子大，服十四丸。

又方：烏雞一頭，治如食法，以好酒漬之半日，出雞服

酒。一云苦酒一斗，煮白雞，取三升，分三服。食雞肉，莫與鹽食則良。

又方：從大椎下第五節下六節上空間灸一處，隨年，並治上氣。

又方：灸兩乳下黑白肉際各百壯，即癒。亦治上氣，灸胸前對乳一處，須隨年壯也。

又方：桃仁三升，去皮，搗，著器中密封頭，蒸之一炊傾，出，曝乾，絹袋貯，以內二斗酒中六七日，可飲四五合，稍增至一升，吃之。

又方：飴糖六兩，乾薑六兩，末之，豉二兩，先以水一升煮豉三沸，去滓，內飴糖，消，內乾薑，分為三服。

又方：以飴糖雜生薑屑，蒸三斗米下，食如彈子丸，日夜十度服。

又方：豬腎二枚，細切，乾薑三兩，末，水七升煮二升，稍稍服，覆取汗。

又方：炙鳥心食之，佳。

又方：生薑汁、百部汁，和同合煎，服二合。

又方：百部根四兩，以酒一斗漬再宿，火暖，服一升，日再服。

又方：椒二百粒，搗，末之，杏仁二百枚，熬之，棗百枚，去核，合搗，令極熟，稍稍合如棗許大，則服之。

又方：生薑三兩，搗取汁，乾薑屑三兩，杏仁一升，去皮，熬，合搗為丸，服三丸，日五六服。

又方：芫花一升，水三升煮取一升，去滓，以棗十四枚，煎令汁盡，一日一食之，三日訖。、

又方：熬搗葶藶一兩，乾棗三枚，水三升，先煮棗，取一升，去棗，內葶藶，煎取五合，大人分三服，小兒則分為四服。

又華佗五嗽丸：炙皂莢、乾薑、桂等分，搗蜜丸如桐子，服三丸，日三。

又方：錯取松屑一分，桂二分，皂莢二兩，炙，去皮子，搗蜜丸如桐子大，服十五丸，小兒五丸，日一二服。

又方：屋上白蜆殼，搗末，酒服方寸匕。

又方：末浮散石，服，亦蜜丸。

又方：豬胰一具，薄切，以苦酒煮食，令盡，不過二服。

又方：芫花二兩，水二升，煮四沸，去滓，內白糖一斤，服如棗大，勿食鹹酸。亦治久咳嗽者。

治久咳嗽上氣十年、二十年，諸藥治不差方：豬胰三具，棗百枚，酒三升漬數日，服三二合，加至四五合，服之不久，差。

又方：生龜一隻，著坎中，就溺之，令沒龜死，漬之三日出，燒末，以醇酒一升，和屑如乾飯，頓服之。須臾大吐，嗽囊出，則差。小兒可服半升。

又方：生龜三，治如食法，去腸，以水五升煮取三升，以漬曲，釀秫米四升如常法，熟，飲二升，令盡，此則永斷。

又方：蝙蝠除頭，燒令焦，末，飲服之。

【附方】

《孫真人方》治咳嗽：

皂莢燒，研碎二錢匕，豉湯下之。

《十全博救方》治咳嗽：

天南星一個大者，炮令裂，為末，每服一大錢，水一盞，生薑三斤，煎至五分，溫服，空心，日午、臨臥時各一服。

《篋中方》治咳嗽含膏丸：

曹州葶藶子一兩，紙襯熬令黑，知母、貝母各一兩，三物同搗篩，以棗肉半兩，別銷沙糖一兩半，同入藥中，和為丸，

大如彈丸，每服以新綿裹一丸含之，徐徐咽津。甚者不過三丸，今醫亦多用。

崔知悌療久嗽薰法：

每旦取款冬花如雞子許，少蜜拌花使潤，內一升鐵鐺中。又用一瓦碗鑽一孔，孔內安一小竹筒，筆管亦得，其筒稍長。作碗鐺相合，及撞筒處皆面塗之，勿令漏氣，鐺下著炭，少時款冬煙自從筒出，則口含筒，吸取煙咽之。如胸中少悶，須舉頭，即將指頭捻筒頭，勿使漏煙氣，吸煙使盡止。凡如是五日一為之，待至六日則飽食羊肉鋪飥一頓，永差。

《勝金方》治久嗽暴嗽勞嗽金粟丸：葉子雌黃一兩，研細，用紙筋泥固濟小合子一個，令乾，勿令泥厚，將藥入合子內，水調赤石脂，封合子口，更以泥封之。侯乾，坐合子於地上，上面以末入窯瓦坯子彈子大，擁合子令作一尖子，上用炭十斤簇定，頂上著火一熨斗籠起。令火從上漸熾，候火消三分去一，看瓦坯通赤則去火。侯冷，開合子取藥，當如鏡面光明紅色，入乳缽內細研，湯浸蒸餅心為丸如粟米大，每服三丸、五丸，甘草水服。服後睡良久，妙。

《崔元亮海上方》療嗽單驗方：取好梨去核，搗取汁一茶碗，著椒四十粒，煎一沸，去滓，即內黑錫一大兩，消訖，細細含咽，立定。

孟詵云卒咳嗽：以梨一顆，刺作五十孔，每孔內以椒一粒以麵裹，於熱火灰中煨令熟，出停冷，去椒。食之。

又方：梨一顆去核，內酥蜜麵裹，燒令熟，食之。

又方：取梨肉，內酥中煎，停冷，食之。

又方：搗梨汁一升，酥一兩，蜜一兩，地黃汁一升，緩火煎，細細含咽。凡治嗽皆須待冷，喘息定後方食，熱食之反傷矣。冷嗽更極不可救。如此者，可作羊肉湯餅飽食之，便臥少

時。

《千金方》治小兒、大人咳逆上氣：杏仁三升，去皮尖，炒令黃，杵如膏，蜜一升，分為三分，內杏仁杵令得所，更內一分杵如膏，又內一分杵熟止，先食含之，咽汁。

《楊氏產乳》療上氣急滿，坐臥不得方：鱉甲一大兩，炙令黃，細搗為散，取燈心一握，水二升煎取五合，食前服一錢匕，食後蜜水服一錢匕。

《劉禹錫傳信方》李亞治一切嗽及上氣者：用乾薑，須是台州至好者，皂莢炮去皮子，取肥大無孔者，桂心紫色辛辣者，削去皮，三物並別搗，下篩了，各稱等分，多少任意，和合後更搗篩一遍，煉白蜜和搜，又搗一二十杵，每飲服三丸。丸稍加大如梧子，不限食之先後，嗽發即服，日三五服。噤食蔥油鹹腥熱麵，其效如神。劉在淮南與李同幕府，李每與人藥而不出方，或譏其吝，李乃情話曰：凡人患嗽，多進冷藥。若見此方用藥熱燥，即不肯服，故但出藥，多效。試之，信之。

《簡要濟眾》治肺氣喘嗽：馬兜鈴二兩，只用裡面子去卻殼，酥半兩，入碗內拌和勻，慢火炒乾，甘草一兩炙，二味為末，每服一錢，水一盞煎六分，溫呷。或以藥末含咽津，亦得。

治痰嗽喘急不定：桔梗一兩半，搗羅為散，用童子小便半升煎取四合，去滓，溫服。

楊文蔚治痰嗽利胸膈方：瓜簍肥實大者，割開子淨洗，捶破刮皮，細切，焙乾，半夏四十九個，湯洗十遍，捶破，焙，搗羅為末，用洗栝樓熟水並瓤同熬成膏，研細，為丸如梧子大，生薑湯下二十丸。

《深師方》療久咳逆上氣，體腫短氣脹滿，晝夜倚壁不得臥，常作水雞聲者，白前湯主之。白前二兩，紫菀、半夏洗各三兩，大戟七合，切，四物以水一斗漬一宿，明日煮取三升，

分三服，禁食羊肉餳，大佳。

《梅師方》治久患段呷咳嗽，喉中作聲，不得眠，取白前搗為末，溫酒調二錢匕，服。

又方：治上氣咳嗽，呷呀息氣，喉中作聲，唾黏，以藍實葉，水浸良久，搗絞取汁一升，空腹頓服。須臾，以杏仁研取汁，煮粥食之，一兩日將息，依前法更服，吐痰盡方差。

《兵部手集》治小兒大人咳逆短氣，胸中吸吸，咳出涕唾，嗽出臭膿涕黏：淡竹瀝一合，日三五服，大人一升。

《聖惠方》治傷中筋脈急上氣咳嗽：用棗二十枚，去核，以酥四兩微火煎，入棗肉中滴盡酥，常含一枚，微微咽之。

《經驗後方》定喘化涎：豬蹄甲四十九個，淨洗控乾，每個指甲內半夏、白礬各一字，入罐子內封閉，勿令煙出，火煅通赤，去火細研，入麝香一錢匕，人有上喘咳，用糯米飲下，小兒半錢，至妙。

《靈苑方》治咳嗽上氣喘急，嗽血吐血：人參好者，搗為末，每服三錢匕，雞子清調之，五更初服便睡，去枕仰臥，只一服癒。年深者再服。忌腥鹹鮓醬麵等，並勿過醉飽，將息佳。

席延賞治虛中有熱，咳嗽膿血，口舌咽乾，又不可服涼藥：好黃蓍四兩，甘草一兩，為末，每服三錢。如茶點羹粥中，亦可服。

杜壬方治上焦有熱，口舌咽中生瘡，嗽有膿血：桔梗一兩，甘草二兩，上為末，每服二錢，水一盞煎六分，去滓，溫服，食後細呷之，亦治肺癰。

《經驗方》治咳嗽甚者，或有吐血新鮮：桑根白皮一斤，米泔浸三宿，淨刮上黃皮，銼細，入糯米四兩，焙乾，一處搗為末，每服米飲調下一兩錢。

《斗門方》治肺破出血，忽嗽血不止者：用海犀膏一大片，

於火上炙令焦黃色，後以酥塗之，又炙再塗，令通透，可碾為末，用湯化三大錢匕，放冷服之，即血止，水膠是也。大驗。

《食醫心鏡》主上氣咳嗽，胸膈痞滿氣喘：桃仁三兩去皮尖，以水一升，研取汁，和粳米二合煮粥。食之。

又治一切肺病咳嗽，膿血不止：好酥五斤，溶三遍，停取凝，當出醍醐，服一合，差。

又主積年上氣咳嗽，多痰喘促，唾膿血：以蘿蔔子一合，研，煎湯，食上服之。

注釋

〔1〕似是指來勢迅猛的短氣咳喘。

〔2〕為酥酪上凝聚的油狀物。據《本草衍義》載：作酪時，上一重凝者為酥，酥上奶油者為醍醐，熬之即出，不可多得，極甘美。

治卒身面腫滿方第二十四

原　文

治卒腫滿，身面皆洪大方：大鯉一頭，醇酒三升煮之，令酒乾盡，乃食之。勿用醋及鹽、豉、他物雜也。不過三兩服，差。

又方：灸足內踝下白肉三壯，差。

又方：大豆一斗，熟煮，漉飲汁及食豆，不過數度必癒。小豆尤佳。

又方：取雞子黃白相和，塗腫處，乾復塗之。

又方：杏葉銼，煮令濃，及熱漬之，亦可服之。

又方：車下李核中仁十枚，研令熟，粳米三合，研，以水

四升煮作粥，令得二升，服之，三作加核也。

又方：大豆一升，以水五升煮二升，去豆，內酒八升更煮九升，分三四服。腫差後渴，慎不可多飲。

又方：黃牛溺，頓服三升，即覺減。未消，更服之。

又方：章陸根一斤，刮去皮，薄切之，煮令爛，去滓，內羊肉一斤，下蔥、豉、鹽如食法，隨意食之。腫差後，亦宜作此。亦可常搗章陸，與米中半蒸作餅子，食之。

又方：豬腎一枚，分為七臠，甘遂一分，以粉之，火炙令熟，一日一食，至四五，當覺腹脅鳴，小便利。不爾，更進盡。熟剝去皮食之，須盡為佳。不爾再之，勿食鹽。

又方：切章陸一升，以酒三升漬三宿，服五合至一升，日三服之。凡此滿，或是虛氣，或是風冷氣，或是水飲氣，此方皆治之。

治腫入腹苦滿急，害飲食方：大戟、烏翅末各二兩，搗篩，蜜和丸，丸如桐子大，旦服二丸，當下漸退，更取令消，乃止之。

又方：葶藶子七兩，椒目三兩，茯苓三兩，吳茱萸二兩，搗，蜜和丸如桐子大，服十丸，日三服。

又方：鯉魚一頭，重五斤者，以水二斗煮取斗半，去魚，澤漆五兩，茯苓三兩，桑根白皮切三升，澤瀉五兩，又煮取四升，分四服，服之小便當利，漸消也。

又方：皂莢剝，炙令黃，銼三升，酒一斗漬，石器煮令沸，服一升，日三服，盡更作。

若腫偏有所起處者：以水和灰以塗之，燥復更塗。

又方：赤豆、麻子合搗，以傅腫上。

又方：水煮巴豆，以布沾以拭之。姚雲巴豆三十枚，合皮吹咀，水五升煮取三升，日五拭腫上，隨手即減。勿近目及

陰，療身體暴腫如吹者。

若但是腫者：銼蔥，煮令爛，以漬之，日三四度。

又方：菟絲子一升，酒五升漬二三宿，服一升，日三服，差。

若腫從腳起稍上進者，入腹則煞人，治之方：小豆一斛，煮令極爛，得四五斗汁，溫以漬膝已下，日二為之，數日消盡。若已入腹者，不復漬，但煮小豆食之，莫雜吃飯及魚鹽。又傳飲小豆汁，無小豆，大豆亦可用。如此之病，十死一生，急救之。

又方：削楠或桐木，煮取汁，以漬之。並飲少許，加小豆妙。

又方：生豬肝一具，細切，頓食之，勿與鹽，乃可用苦酒，妙。

又方：煮豉汁飲，以淬傅腳。

【附方】

《備急方》療身體暴腫滿：榆皮搗屑，隨多少，雜米作粥食，小便利。

《楊氏產乳》療通體遍身腫，小便不利：豬苓五兩，搗篩，煎水三合，調服方寸匕，加至二匕。

《食醫心鏡》主氣喘促，浮腫，小便澀：杏仁一兩，去尖皮，熬，研，和末煮粥，極熟，空心吃二合。

卷　四

治卒大腹水病方第二十五

原　文

水病之初，先目上腫起如老蠶色，俠頭脈動，股裡冷，脛中滿，按之沒指，腹內轉側有節聲，此其侯也。不即治，須臾身體稍腫，肚盡脹，按之隨手起，則病已成，猶可為治。此皆從虛損大病，或下痢後，婦人產後，飲水不即消，三焦受病，小便不利，乃相結漸漸生聚，遠流諸經絡故也。

治之方：葶藶一升，熬，搗之於臼上，割生雄鳥雞合血共頭，共搗萬杵，服如梧子五丸，稍加至十丸。勿食鹽。常食小豆飯，飲小豆汁，鱧魚佳也。

又方：防己、甘草、葶藶各三兩，搗，苦酒和丸如梧子大，三丸，日三服，常服之，取消平乃止。

又方：雄黃六分，麝香三分，甘遂、芫花、人參各二分，搗，蜜和丸，服如豆大二丸，加至四丸，即差。

又方：但以春酒五升，漬葶藶子二升，隔宿，稍服一合，小便當利。

又方：葶藶一兩，杏仁二十枚，並熬黃色，搗，分十服，小便去，立差。

又方：胡洽水銀丸，大治水腫，利小便，姚同。葶藶、椒目各一升，芒硝六兩，水銀十兩，水煮水銀三日三夜，乃以合搗六萬杵，自相和丸，服如大豆丸，日三服，日增一丸，至十丸，更從一起。差後食牛、羊肉自補，稍稍飲之。

又方：多取柯枝[1]皮，銼，濃煮，煎令可丸，服如梧子大三丸，須臾又一丸，當下水。後將服三丸，日三服。此樹一

名木奴，南人用作船。

又方：真蘇合香、水銀、白粉等分，蜜丸，服如大豆二丸，日三，當下水，節飲好自養。無蘇合，可闕之也。

又方：取草麻繩熟者二十枚，去皮，研之，水解得三合，日一服，至日中許，當吐下諸水汁結裹。若不盡，三日後更服三十枚，猶未盡，更復作。差後節飲及鹹物等。

又方：小豆一升，白雞一頭，治如食法，以水三斗煮熟，食滓飲汁，稍稍令盡。

又方：取青雄鴨，以水五升，煮取飲汁一升，稍稍飲，令盡，厚覆之取汗，佳。

又方：取胡燕卵中黃，頓吞十枚。

又方：取蛤螻，炙令熟，日食十個。

又方：若唯腹大動搖水聲，皮膚黑，名曰水蠱。巴豆九十枚，去皮心，杏仁六十枚，去皮尖，並熬令黃，搗和之，服如小豆大一枚，以水下為度，勿飲酒，佳。

又方：鬼扇[2]，細搗，絞汁，服如雞子，即下水。更復取水蠱[3]，若湯研麻子汁飲之。

又方：茲彌草三十斤，水三石煮取一石，去滓，更湯上煎，令可丸，服如皂莢子三丸至五六丸，水隨小便去。節飲，糜粥養之。

又方：白茅根一大把，小豆三升，水三升，煮取乾，去茅根，食豆，水隨小便下。

又方：鼠尾草、馬鞭草各十斤，水一石煮取五斗，去滓，更煎，以粉和為丸，服如大豆大二丸，加至四五丸。禁肥肉，生冷勿食。

腫滿者：白楂樹白皮一握，水二升煮取五合，白檳榔大者二枚，末之，內更煎三五沸，湯成，下少許紅雪，服之。

又將服牛溺、章陸[4]、羊肉臛及香柔煎等，在腫滿條中。其十水丸諸大方在別卷。

若止皮膚水，腹內未有者，服諸發汗藥，得汗便差。然慎護風寒為急。若唯腹大，下之不去，便針臍下二寸，入數分，令水出孔合，須腹減乃止。

【附方】

李絳《兵部手集方》療水病，無問年月深淺，雖復脈惡，亦主之。

大戟、當歸、橘皮各一大兩，切，以水一大升煮取七合，頓服，利水二三斗，勿怪。至重，不過再服，便差。禁毒食一年。水下後更服，永不作。此方出張尚客。

《外台秘要》治水氣：章陸根白者，去皮，切如小豆許一大盞，以水三升煮取一升，已上爛，即取粟米一大盞，煮成粥，仍空心服。若一日兩度服，即恐利多；每日服一頓，即微利，不得雜食。

又療水病腫：鯉魚一頭，極大者，去頭尾及骨，唯取肉，以水二斗，赤小豆一大升，和魚肉煮，可取二升，已上汁生布絞去滓，頓服盡。如不能盡，分為二服，後服溫令暖。服訖，當下利，利盡即差。

又方：卒患腫滿，曾有人忽腳趺腫，漸上至膝，足不可踐地，至大水頭面，遍身大腫脹滿，苦瓠白瓤實，捻如大豆粒，以麵裹，煮一沸，空心服七枚，至午當出水一斗，三日水自出不止，大瘦乃差。三年內慎口味也。苦瓠須好者，無黡䵟細理妍淨者，不爾有毒，不用。

《聖惠方》治十種水，不差垂死：用猯肉半斤，切，粳米三合，水三升，蔥、椒、薑、豉作粥食之。

又方：治十種水病，腫滿喘促不得臥：以螻蛄五枚，乾，

為末，食前湯調半錢匕至一錢，小便通，效。

《食醫心鏡》治十種水病，不差垂死：青頭鴨一隻，治如食法，細切，和米並五味，煮令極熟作粥，空腹食之。

又方：主水氣脹滿浮腫，小便澀少：白鴨一隻，去毛腸洗，饋飯半升，以飯、薑、椒釀鴨腹中，縫定，如法蒸，侯熟，食之。

《楊氏產乳》療身體腫滿，水氣急，臥不得：鬱李仁一大合，搗為末，和麥面搜作餅子，與吃入口，即大便通利氣，便差。

《梅師方》治水腫，坐臥不得，頭面身體悉腫：取東引花桑枝，燒灰淋汁，煮赤小豆，空心食令飽，飢即食盡，不得吃飯。

又方：治水腫，小便澀：黃牛尿，飲一升，日至夜，小便利，差。勿食鹽。

又方：治心下有水：白朮三兩，澤瀉五兩，銼，以水三升煎取一升半，分服。

《千金翼》治小便不利，膀胱水氣流滯：以浮萍，日乾，末，服方寸匕，日一二服，良。

《經驗方》河東裴氏傳經效治水腫及暴腫：葶藶三兩，杵六千下，令如泥，即下漢防己末四兩，取綠頭鴨，就藥臼中截頭，瀝血於臼中，血盡，和鴨頭更搗五千下，丸如梧桐子。患甚者，空腹白湯下十丸，稍可者，五丸，頻服五日止。此藥利小便，有效如神。

韋宙獨行方：療水腫從腳起，入腹則殺人：用赤小豆一斗，煮令極爛，取汁四五升，溫漬膝以下。若以入腹，但服小豆，勿雜食，亦癒。

李絳《兵部手集方》亦著此法，云曾得效。

注釋

〔1〕柯枝，又名木奴。應為芸香科植物茶枝柑 Citruscha-chiensisHort 及其同屬多種近緣植物的莖皮，具有通利小便的作用。

〔2〕為鳶尾科植物射干 Belamcandachinensis（L.）DC. 的根莖。

〔3〕病名，亦稱為水鼓。有水毒氣結聚於內所致。症見腹漸腫大。動搖有聲。形如鐘等。或因飲酒無度，水濕停滯所形成的彭脹。

(4)為商陸科植物商陸 PhytolaccaacinosaRoxb 的根，功能通二便，利水散結，可治水腫、脹滿症。

治卒心腹癥堅方第二十六

原　文

治卒暴癥，腹中有物如石，痛如刺，晝夜啼呼，不治之。百日死方：牛膝二斤，以酒一斗漬，以蜜封，於熱灰火中溫，令味出，服五合至一升，量力服之。

又方：用蒴藋根，亦如此，尤良。

姚云：牛膝酒，神驗也。

又方：多取當陸根，蒸之，以新布藉腹上，藥披著布上，勿腹上，冷復之，晝夜勿息。

又方：五月五日葫十斤，去皮，桂一尺二寸，灶中黃土如鴨子一枚，合搗，以苦酒和塗，以布裹病，不過三，差。

又方：取櫟木燒為灰，淋取汁八升，以釀一斛米，酒成服之。從半合始，不知，稍稍增至一二升，不盡一劑皆癒。此灰入染絳，用葉中釀酒也。櫟，直忍切。

凡癥堅之起，多以漸生。如有卒覺便牢大，自難治也。腹中癥有結積，便害飲食，轉羸瘦，治之多用陷冰、玉壺、八毒諸大藥，今止取小易得者。

取虎杖根，勿令影臨水上者，可得石餘，杵熟煮汁，可丸，以秫米五六升炊飯內，日中塗藥，後可飯，取差。

又方：亦可取根一升，搗千杵，酒漬之，從少起，日三服。此酒治癥，乃勝諸大藥。

又方：蠶矢一石，桑柴燒灰，以水淋之五度，取生鱉長一尺者，內中煮之，爛熟去骨，細擘，銼，更煎令可丸，丸如梧子大，一服七丸，日三。

又方：射罔二兩，椒三百粒，搗末，雞子白和為丸，如大麻子，服一丸，漸至如大豆大，一丸至三丸為度。

又方：大豬心一枚，破頭去血，搗末，雄黃、麝香當門子[1]五枚，巴豆百枚，去心皮，生用，心縫，以好酒於小銅器中煎之，令心沒欲歇，隨益盡三升，當糜爛，煎令可丸，如麻子，服三丸，日三服。酒盡不糜者，出，搗蜜丸之，良。又大黃末半斤，朴硝三兩，蜜一斤，合於湯上煎，可丸如梧子，服十丸，日三服之。

治鱉癥伏在心下，手揣見頭足，時時轉者：白雌雞一雙，絕食一宿。明旦膏煎飯飼之，取其矢，無問多少，於銅器中以溺和之，火上熬，可搗末，服方寸匕，日四五服，須消盡乃止。常飼雞取矢，差畢煞雞，單食之，姚同。

治心下有物大如杯，不得食者：葶藶二兩，熬之，大黃二兩，澤漆四兩，搗篩，蜜丸，和搗千杵，服如梧子大二丸，日三服，稍加。

其有陷冰、赭鬼諸丸方，別在大方中。

治兩脅下有氣結者：狼毒二兩，旋覆花一兩，附子二兩，

炮之，搗篩，蜜和丸，服如梧子大二丸，稍加至三丸，服之。

熨癥法：銅器受二升許，貯魚膏，令深二三寸，作大火炷六七枚，燃之令膏暖，重紙覆癥上，以器熨之，晝夜勿息，膏盡更益也。

又方：茱萸三升，碎之，以酒和煮令熟，布帛物裏以熨癥上，冷更均番用之。癥當移去，復逐熨，須臾消止。

亦可用好茱萸末，以雞子白和射罔，服之。

又方：灶中黃土一升，先搗葫熟，內上復搗，以苦酒澆令涸涸，先以塗布一面，仍罨病上，以塗布上，乾復易之，取令消止，差。

治婦人臍下結物大如杯升，月經不通，發作往來，下痢羸瘦，此為氣瘕。按之若牢強肉癥者，不可治；未者，可治。

末乾漆一斤，生地黃三十斤，搗絞取汁，火煎乾漆令可丸，食後服如梧子大三丸，日三服，即差。

【附方】

《外台秘方要》療心腹宿癥，卒得癥：取朱砂，細研，搜飯令朱多，以雄雞一隻，先餓二日，後以朱飯飼之，著雞於板上，收取糞，曝燥為末，溫清酒服方寸匕至五錢，日三服。若病困者，晝夜可六服。一雞少，更飼一雞，取足服之，俟癒即止。

又療食魚肉等成癥結在腹，並諸毒氣方：狗糞五升，燒，末之，綿裹，酒五升漬再宿，取清，分十服，日再已後，日三服。使盡隨所食，癥結即便出矣。

《千金方》治食魚鱠及生肉住胸膈不化必成癥瘕。搗馬鞭草汁，飲之一升。生薑水亦得，即消。

又方：治肉癥，思肉不已，食訖復思：白馬尿三升，空心飲，當吐肉。肉不出，即死。

《藥性論》云治癥癖病：鱉甲、訶梨勒皮、乾薑末等分，為丸，空心下三十丸，再服。

宋明帝宮人患腰痛牽心，發則氣絕，徐文伯視之曰發瘕。

以油灌之，吐物如發，引之長三尺，頭已成蛇，能動搖。懸之滴盡，惟一發。

《勝金方》治膜外氣及氣塊方：延胡索不限多少，為末，豬胰一具，切作塊子，炙熟，蘸藥末食之。

注釋

〔1〕麝香仁中呈塊狀顆粒者，習稱「當門子」。

治心腹寒冷食飲積聚結癖方第二十七

原　文

治腹中冷癖，水穀陰結，心下停痰，兩脅痞滿，按之鳴轉，逆害飲食。

取大蟾蜍一枚，去皮及腹中物，支解之，芒硝，大人一升，中人七合，瘦弱人五合，以水六升煮取四升，一服一升。一服後，未得下，更一升；得下，則九日、十日一作。

又方：茱萸八兩，消石一升，生薑一斤，以酒五升合煮，取四升，先一服一升。不痛者止，勿再服之。下病後，好將養之。

又方：大黃八兩，葶藶四兩，並熬，芒硝四兩，熬令汁盡，熟搗，蜜和丸，丸如梧子大，食後服三丸，稍增五丸。

又方：狼毒三兩，附子一兩，旋覆花三兩，搗，蜜丸，服如梧子大，食前三丸，日三服。

又方：巴豆三十枚，去心，杏仁二十枚，並熬，桔梗六

分，藜蘆四分，皂莢三分，並炙之，搗蜜和丸如胡豆大，未食服一丸，日二。欲下病者，服二丸，長將息百日都好，差。

又方：貝母二兩，桔梗二兩，礬石一兩，巴豆一兩，去心皮，生用，搗千杵，蜜和丸如梧子，一服二丸。病後少少減服。

又方：茯苓一兩，茱萸三兩，搗，蜜丸如梧子大，服五丸，日三服。

又治暴宿食留飲不除，腹中為患方：

大黃、茯苓、芒硝各三兩，巴豆一分，搗，蜜丸如梧子大，一服二丸，不痛止。

又方：椒目二兩，巴豆一兩，去皮心，熬，搗，以棗膏丸如麻子，服二丸，下痛止。

又方：巴豆一枚，去心皮，熬之，椒目十四枚，豉十六粒，合搗為丸，服二丸，當吐利。吐利不盡，更服二丸。

服四神丸下之，亦佳。

中候黑丸：治諸癖結痰 第一良。

桔梗四分，桂四分，巴豆八分，去心皮，杏仁五分，去皮，芫花十二分，並熬令紫色，先搗三味藥成末，又搗巴豆、杏仁如膏，合和，又搗二千杵，丸如胡豆大，服一丸取利，至二三丸。兒生十日欲癇，皆與一二丸如粟粒大。諸腹內不便，體中覺患便服，得一兩行利，則好也。

硫黃丸至熱，治人之大冷，夏月溫飲食，不解衣者。硫黃、礬石、乾薑、茱萸、桂、烏頭、附子、椒、人參、細辛、皂莢、當歸，十二種分等，隨人多少，搗蜜丸如梧子大，一服十丸至二十丸，日三服。若冷痢者，加赤石脂、龍骨，即便癒也。

露宿丸治大寒冷積聚方：

礬石、乾薑、桂、桔梗、附子炮、皂莢各三兩，搗篩，蜜

丸如梧子大，酒下十丸；加至一十五丸。

【附方】

《外台秘要》療癖方：

大黃十兩，杵，篩，醋三升和勻，白蜜兩匙，煎堪丸如梧桐子大，一服三十丸，生薑湯吞下，以利為度，小者減之。

《聖惠方》治伏梁氣在心下，結聚不散。

用桃奴[1]二兩，為末，空心溫酒調二錢匕。

《簡要濟眾》治久積冷不下食，嘔吐不止，冷在胃中。

半夏五兩，洗過，為末，每服二錢，白麵一兩，以水和搜，切作棋子，水煮面熟為度。用生薑，醋調和，服之。

注釋

〔1〕為薔薇科植物桃 Prunuspersia（L.）Batsch 或山桃 P.daridana（Carr.）Franch 的尚未成熟的果實，藥材名碧桃乾。

治胸膈上痰癊諸方第二十八

原　文

治卒頭痛如破，非中冷，又非中風方：釜月下墨四分，附子三分，桂一分，搗篩，以冷水服方寸匕，當吐。一方無桂。

又方：苦參、桂、半夏等分，搗，下篩，苦酒和，以塗痛，則差。

又方：烏梅三十枚，鹽三指撮，酒三升煮取一升，去滓，頓服，當吐，癒。

此本在雜治中，其病是胸中膈上痰厥氣上沖所致，名為厥頭痛，吐之即差。

但單煮米作濃飲二三升許，適冷暖飲盡二三升，須臾適

吐，適吐畢，又飲，如此數過。劇者，須臾吐膽乃止，不損人而即差。

治胸中多痰，頭痛不欲食及飲酒則瘀阻痰方：常山二兩，甘草一兩，松蘿一兩，瓜蒂三七枚，酒、水各一升半，煮取升半，初服七合，取吐。吐不盡，餘更分二服。後可服半夏湯。

胡洽名粉隔湯：礬石一兩，水二升煮取一升，內蜜半合，頓服。須臾未吐，飲少熱湯。

又方：杜蘅三兩，松蘿三兩，瓜蒂三十枚，酒一升二合，漬再宿，去滓，溫服五合。一服不吐，晚更一服。

又方：瓜蒂一兩，赤小豆四兩，搗末，溫湯三合和服，便安臥。欲摘之不吐，更服之。

又方：先作一升湯，投水一升，名為生熟湯。及食三合鹽，以此湯送之，須臾欲吐，便摘出。未盡，更服二合，飲湯二升後，亦可更服，湯不復也。

又方：常山四兩，甘草半兩，水七升煮取三升，內半升蜜，服一升。不吐更服，無蜜亦可。

方中能月服一種，則無痰水之患。又有旋覆、五飲，在諸大方中。若胸中痞寒，短氣膈者。

甘草二兩，茯苓三兩，杏仁五十枚，碎之，水一斗三升煮取六升，分為五服。

又方：桂四兩，朮、甘草二兩，附子炮，水六升煮取三升，分為三服。膈中有結積，覺駁駁不去者：藜蘆一兩，炙，末之，巴豆半兩，去皮心，熬之，先搗巴豆如泥，入藜蘆末，又搗萬杵，蜜丸如麻子大，服一丸至二三丸。

膈中之病[1]，名曰膏肓。湯丸徑過，針灸不及，所以作丸含之，令氣勢得相薰染，有五膈丸方：麥門冬十分，去心，甘草十分，炙，椒、遠志、附子炮、乾薑、人參、桂、細辛各六

分，搗篩，以上好蜜丸如彈丸，以一丸含，稍稍咽其汁，日三丸。服之主短氣，心胸滿，心下堅，冷氣也。

此疾有十許方，率皆相類，此丸最勝。用藥雖多不合。

五膈[2]之名，謂憂膈、氣膈、恚膈、寒膈、熱膈，其病各有診，別在大方中。又有七氣方，大約與此大同小別耳。

【附方】

《聖惠方》治痰厥[3]頭痛：以烏梅十個，取肉，鹽二錢，酒一中盞，合煎至七分，去滓，非時溫服，吐即佳。

又方：治冷痰飲[4]噁心。

用蓽茇一兩，搗為末，於食前用清粥飲調半錢服。

又方：治痰壅嘔逆，心胸滿悶不下食。

用厚朴一兩，塗生薑汁，炙令黃，為末，非時粥飲調下二錢匕。

《千金翼》論曰：治痰飲吐水無時節者，其源以冷飲過度，遂令脾胃氣羸，不能消於飲食，飲食入胃則皆變成冷水，反吐不停者。

赤石脂散主之。

赤石脂一斤，搗篩，服方寸匕，酒飲自任，稍稍加至三匕。服盡一斤，則終身不吐淡水。又不下痢，補五臟，令人肥健。有人痰飲，服諸藥不效，用此方遂癒。

《御藥院方》真宗賜高祖相國，去痰清目，進飲食，生犀丸。

川芎十兩，緊小者，粟米泔浸三日，換切片子，日乾，為末，作兩料，每料入麝、腦各一分，生犀半兩，重湯煮，蜜杵為丸小彈子大，茶、酒嚼下一丸，痰，加朱砂半兩，膈壅，加牛黃一分，水飛，鐵粉一分；頭目昏眩，加細辛一分；口眼喎斜，炮天南星一分。

又方：治膈壅風痰。

半夏不計多少，酸漿浸一宿，溫湯洗五、七遍，去惡氣，日中曬乾，搗為末，漿水搜餅子，日中乾之，再為末，每五兩入生腦子一錢，研勻，以漿水濃腳丸雞頭大，紗袋貯，通風處陰乾。每一丸，好茶或薄荷湯下。

《王氏博濟》治三焦氣不順，胸膈壅塞，頭昏目眩，涕唾痰涎，精神不爽。

利膈丸：牽牛子四兩，半生半熟，不蛀皂莢，塗酥二兩，為末，生薑自然汁，煮糊丸如桐子大，每服二十丸，荊芥湯下。

《經驗後方》治頭風化痰：川芎不計分兩，用淨水洗浸，薄切片子，日乾或焙，杵為末，煉蜜為丸如小彈子大，不拘時，茶、酒嚼下。

又方：治風痰。郁金一分，藜蘆十分，各為末，和令勻，每服一字，用溫漿水一盞。先以少漿水調下，餘者水漱口，都服便以食壓之。

《外台秘要》治一切風痰風霍亂，食不消大便澀。

訶梨勒三枚，搗取末，和酒頓服。三、五度，良。

《勝金方》治風痰。

白僵蠶七個，直者，細研，以薑汁一茶腳，溫水調灌之。

又方：治風痰。

以蘿蔔子為末，溫水調一匙頭，良久吐出涎沫。如是癱緩風，以此吐後，用緊疏藥服，疏後服和氣散〔5〕，差。

《斗門方》治胸膈壅滯，去痰開胃。

用半夏淨洗，焙乾，搗羅為末，以生薑自然汁和為餅子，用濕紙裹，於慢火中煨令香，熟水兩盞，用餅子一塊如彈丸大，入鹽半錢，煎服一盞，溫服。能去胸膈壅逆，大壓痰毒，及治酒食所傷，其功極驗。

〔1〕噎膈的一種，又名怒膈。症見噎塞不通，胸脅逆滿，噯氣腐臭等。

〔2〕五膈之稱始見於《諸病源候論》卷十三，包括憂膈、氣膈、恚膈、寒膈、熱膈。

〔3〕為厥證之一，是指因痰盛氣閉而引起的四肢厥冷，甚而昏厥的病證。

〔4〕是指體內過量水液不得輸化，停留或滲注於某一部位而發生的疾病。

〔5〕由青皮、小茴香、蒼朮、肉桂、高良薑、香附、甘草、桔梗等藥味組成，主治脾胃不和，中脘氣滯，心腹脹滿，嘔吐酸水等病症。

治卒患胸痹痛方第二十九

原　文

胸痹之病，令人心中堅痞忽痛，肌中苦痹，絞急如刺，不得俯仰，其胸前皮皆痛，不得手犯，胸滿短氣，咳嗽引痛，煩悶自汗出，或徹引背膂，不即治之，數日害人。

治之方：用雄黃、巴豆，先搗雄黃，細篩，內巴豆，務熟搗，相入丸如小豆大，服一丸。不效，稍益之。

又方：取枳實搗，宜服方寸匕，日三夜一服。

又方：搗栝樓實大者一枚，切薤白半升，以白酒七升煮取二升，分再服。亦可加半夏四兩，湯洗去滑則用之。

又方：橘皮半斤，枳實四枚，生薑半斤，水四升煮取二升，分再服。

第五章　葛洪《肘後方》道醫與中醫藥　養生（內附注釋、譯文）

557

又方：枳實、桂等分，搗末，橘皮湯下方寸匕，日三服。仲景方，神效。

又方：桂、烏喙、乾薑各一分，人參、細辛、茱萸各二分，貝母二分，合搗，蜜和丸如小豆大，一服三丸，日三服之。

若已差，復發者：下韭根五斤，搗絞取汁，飲之癒。

【附方】

杜壬治胸膈痛徹背，心腹痞滿，氣不得通，及治痰嗽。大瓜蔞，去穰取子，熟炒，別研，和子皮，麵糊為丸如梧桐子大，米飲下十五丸。

治卒胃反嘔宛方第三十

原　文

葛氏治卒乾嘔不息方：破雞子，去白，吞中黃數枚，即癒也。

又方：搗葛根，絞取汁，服一升許。

又方：一云蔗汁，溫令熱，服一升，日三，一方：生薑汁，服一升。

又方：灸兩腕後兩筋中一穴名間使[1]各七壯，灸心主曲澤亦佳。

又方：甘草、人參各二兩，生薑四兩，水六升煮取二升，分為三服。

治卒嘔宛，又厥逆[2]方：用生薑半斤，去皮切之，橘皮四兩，擘之，以水七升煮三升，去滓，適寒溫服一升，日三服。

又方：蘡薁藤[3]，斷之當汁出，器承取，飲一升。生葛藤尤佳。

治卒宛不止方：飲新汲井水數升，甚良。

又方：痛爪眉中夾間氣也。

又方：以物刺鼻中各一分來許，皂莢內鼻中令嚏，差。

又方：但閉氣仰引之。

又方：好豉二升，煮取汁，服之也。

又方：香蘇[4]，濃煮汁，頓服一、二升，良。

又方：粱米三升，為粉，井花水服之良。

又方：用枇杷葉一斤，拭去毛，炙，水一斗煮取三升，服。蘆根亦佳。

治食後喜嘔吐者：燒鹿角灰二兩，人參一兩。搗末，方寸匕，日三服。姚同。

治人忽噁心不已方：薤白半斤，茱萸一兩，豉半升，米一合，棗四枚，枳實二枚，鹽如彈丸，水三升煮取一升半，分為三服。

又方：但多嚼豆蔻子，及咬檳榔，亦佳。

治人胃反不受食，食畢輒吐出方：大黃四兩，甘草二兩，水二升煮取一升半，分為再服之。

治人食畢噫醋及醋心方：人參一兩，茱萸半斤，生薑六兩，大棗十二枚，水六升煮取二升，分為再服也。

噦不止，半夏洗，乾，末之，服一匕，則立止。

又方：乾薑六分，附子四分，炮，搗，苦酒丸如梧子，服三丸，日三，效。

【附方】

《張仲景方》治反胃嘔吐，大半夏湯：半夏三升，人參三兩，白蜜一升，以水一斗二升煎，揚之一百二十遍，煮下三升半，溫服一升，日再。亦治膈間痰飲。

又方：主嘔噦，穀不得下，眩悸，半夏加茯苓湯：半夏一升，生薑半斤，茯苓三兩，切，以水七升煎取一升半，分溫服

第五章 養生（內附注釋、譯文） 葛洪《肘後方》道醫與中醫藥

之。

《千金方》治反胃，食即吐：搗粟米作粉，和水丸如梧子大，七枚，爛煮，內醋中，細吞之，得下便已。面亦得用之。

又方：治乾噦，若手足厥冷，宜食生薑，此是嘔家聖藥。

治心下痞堅，不能食，胸中嘔噦：生薑八兩，細切，以水三升煮取一升，半夏五合，洗去滑，以水五升煮取一升，二味合煮，取一升半，稍稍服之。

又方：主乾嘔。取羊乳一杯，空心飲之。

《斗門方》治翻胃：用附子一個，最大者，坐於磚上，四面著火漸逼碎，入生薑自然汁中，又依前火逼乾，復淬之。約生薑汁盡，盡半碗許，搗羅為末，用粟米飲下一錢，不過三服，差。

《經驗方》治嘔逆反胃散：大附子一個，生薑一斤，細銼，煮，研如麵糊，米飲下之。

又方：治丈夫婦人吐逆，連日不止，粥食湯藥不能下者，可以應用此候效摩丸：五靈脂，不夾土石，揀精好者，不計多少，搗羅為末，研，狗膽汁和為丸如雞頭大，每服一丸。煎熱生薑酒摩令極細，更以少生薑酒化以湯，湯藥令極熱。須是先做下粥，溫熱得所，左手與患人藥吃，不得嗽口，右手急將粥與患人吃，不令太多。

又方：碧霞丹，治吐逆，立效。

北來黃丹四兩，篩過，用好米醋半升，同藥入銚〔5〕內煎令干，卻用炭火三秤，就銚內煅透紅，冷取研細為末，用粟米飯丸如桐子大，煎醆湯下七丸，不嚼，只一服。

《孫真人食忌》治嘔吐：以白檳榔一顆，煨，橘皮一分，炙，為末，水一盞煎半盞，服。

《廣濟方》治嘔逆不能食：訶梨勒皮二兩，去核，熬為末，

蜜和丸如梧子大，空心服二十丸，日二服。

《食醫心鏡》主脾胃氣弱，食不消化，嘔逆反胃，湯飲不下：

粟米半升，杵細。水和丸如梧子大，煮令熟，點少鹽，空心和汁吞下。

《金匱玉函方》治五噎心膈氣滯煩悶，吐逆不下食。

蘆根五兩，銼，以水三大盞煮取二盞，去滓，不計時，溫服。

《外台秘要》治反胃，昔幼年經患此疾，每服食餅及羹粥等，須臾吐出。貞觀許奉御兄弟及柴蔣等家，時稱名醫，奉敕令治，罄竭各人所長，競不能療，漸羸憊，候絕朝夕。忽有一衛士云：

服驢小便極驗。旦服二合，後食，唯吐一半，晡時又服二合，人定時食粥，吐即便定，迄至今日。午時奏之，大內中五六人患反胃，同服，一時俱差。此藥稍有毒，服時不可過多。承取尿，及熱服二合，病深七日以來，服之良。後來療人，並差。

又方：治嘔：麻仁三兩，杵，熬，以水研取汁，著少鹽，吃立效。李諫議用，極妙。

又方：治久患咳噫，連咳四五十聲者。取生薑汁半合，蜜一匙頭，煎令熟，溫服，如此三服，立效。

又方：治咳噫：生薑四兩，爛搗，入蘭香葉二兩，椒末一錢匕，鹽和麵四兩，裹作燒餅，熟煨，空心吃，不過三兩度，效。

《孫尚藥方》治諸吃噫：橘皮二兩，湯浸去瓤，銼，以水一升煎之五合，通熱頓服。更加枳殼一兩，去瓤，炒，同煎之，服，效。

《梅師方》主胃反，朝食暮吐，旋旋吐者。以甘蔗汁七升，生薑汁一升，二味相和，分為三服。

又方：治醋心：檳榔四兩，橘皮二兩，細搗為散，空心，生蜜湯下方寸匕。

《兵部手集》治醋心，每醋氣上攻如釀醋：

吳茱萸一合，水三盞煎七分，頓服。縱濃，亦須強服。近有人心如蜇破，服此方後二十年不發。

注釋

〔1〕出《靈樞・本輸》，屬手厥陰心包絡經，位於前臂屈側，腕橫紋上 3 寸處，橈側腕屈肌腱與掌長肌腱之間。主治心悸，心動過速，心律不整，心絞痛，胸痛，瘧疾，癲癇，精神病等。

〔2〕厥逆證有多種，此處因嘔吐引起的厥逆可能屬於《靈樞・巔狂》中所述的厥逆證，證見胸腹劇痛而兩足暴冷，煩而不能進食。脈大小皆澀。

〔3〕為葡萄科植物蘡薁 VitisthunbergiiSieb etZucc. 的莖葉，性味甘、平，功能祛濕、利小便、解毒。

〔4〕為唇形科植物水蘇 StachysbaicalensisFisch 的全草，性味辛，微溫，功能疏風理氣，止血消炎。

〔5〕一種有柄有流的小烹器具。

治卒發黃疸諸黃病第三十一

原 文

治黃疸方：蕪菁子五升，搗篩，服方寸匕，日三。先後十日，癒之。

又方：燒亂發，服一錢匕，日三服。秘方，此治黃疸。

又方：搗生麥苗，水和絞取汁，服三升。以小麥勝大麥，一服六七合，日三四。此酒疸也。

又方：以藜蘆，著灰中炮之，令小變色，搗，下篩末，服半錢匕，當小吐。不過，數服。此秘方也。

又方：取小豆、秫米、雞矢白各二分，搗篩為末，分為三服，黃汁當出。此通治面目黃，即差。

疸病有五種，謂黃疸、穀疸、酒疸、女疸、勞疸也。黃汁者，身體四肢微腫，胸滿不得汗，汗出如黃蘗汁，由大汗出，卒入水所致方：

豬脂一斤，溫令熱，盡服之，日三。當下，下則稍癒。

又方：梔子十五枚，瓜蔞子三枚，苦參三分，搗末，以苦酒漬雞子二枚，令軟，合黃白以和藥，搗丸如梧子大，每服十丸，日五、六。除熱不吐即下，自消也。

又方：黃雌雞一隻，治之，銼，生地黃三斤，內腹中，急縛仰置銅器中，蒸令極熟，絞取汁，再服之。

又方：生茅根一把，細切，以豬肉一斤，合作羹，盡啜食之。

又方：柞樹皮燒末，服方寸匕，日三服。

又方：甘草一尺，梔子十五枚，黃蘗十五分，水四升煮取一升半，分為再服。此藥亦治溫病發黃。

又方：茵陳六兩，水一斗二升煮取六升，去滓，內大黃二兩，梔子十四枚，煮取三升，分為三服。

又方：麻黃一把，酒五升煮取二升半，可盡服。汗出差。

若變成疸者，多死。急治之方：土瓜根搗取汁，頓服一升，至三服，須病汗，當小便去。不爾，更服之。

穀疸者，食畢頭旋，心怫鬱不安而發黃，由失飢大食。胃

氣沖薰所致。治之方：茵陳四兩，水一斗煮取六升，去滓，內大黃二兩，梔子七枚，煮取二升，分三服。溺去黃汁，差。

又方：苦參三兩，龍膽一合，末，牛膽丸如梧子，以生麥汁服五丸，日三服。

酒疸者，心懊痛，足脛滿，小便黃，飲酒發赤斑黃黑，由大醉當風，入水所致。治之方：黃蓍二兩，木蘭一兩，末之，酒服方寸匕，日三服。

又方：大黃一兩，枳實五枚，梔子七枚，豉六合，水六升煮取二升，分為三服。

又方：芫花、椒目等分，燒末，服半錢，日一兩遍。女勞疸者，身目皆黃，發熱惡寒，小腹滿急，小便難，由大勞大熱交接，交接後入水所致。治之方：消石、礬石等分，末，以大麥粥飲服方寸匕，日三。令小汗出，小便當去黃汁也。

又方：亂髮如雞子大，豬膏半斤，煎令消盡，分二服。

【附方】

《外臺秘要》治黃疸：柳枝，以水一斗，煮取濃汁半斤，服令盡。

又方：治陰黃，汗染衣，涕唾黃：取蔓菁子，搗末，平旦以井花水服一匙，日再，加至兩匙，以知為度。每夜小便，重浸少許帛子，各書記日，色漸退白，則差。不過，服五升。

《圖經》曰：黃疸病及狐惑[1]病，並豬苓散主之。豬苓、茯苓、朮等分，杵末，每服方寸匕，水調下。

《食療》云：主心急黃：以百合蒸過，蜜和食之，作粉尤佳。紅花者，名山丹，不堪食。

治黃疸：用秦艽一大兩，細銼，作兩貼子，以上好酒一升，每貼半升酒，絞取汁，去滓，空腹分兩服，或利便止。就中好酒人易治。凡黃有數種，傷酒曰酒黃；夜食誤食鼠糞亦作

黃；因勞發黃，多痰涕，目有赤脈，日益憔悴，或面赤惡心者，是崔元亮用之，及治人皆得，方極效。秦艽須用新羅文者。

《傷寒類要》療男子婦人黃疸病，醫不癒，耳目悉黃，食飲不消，胃中脹熱生黃衣，在胃中有乾屎使病爾。用煎豬脂一小升，溫熱頓服之，日三，燥屎下去，乃癒。

又方：治黃，百藥不差：煮驢頭熟，以薑、虀啖之，並隨多少飲汁。

又方：治黃疸身眼皆如金色：不可使婦人雞犬見，取東引桃根，切細如箸，若釵股以下者一握，以水一大升煎取一小升，適溫空腹頓服。後三五日，其黃離離如薄雲散，唯眼最後差，百日方平復。身黃散後，可時時飲一盞清酒，則眼中易散。不飲則散遲。忌食熱麵、豬魚等肉，此是徐之才家秘方。

正元《廣利方》療黃，心煩熱，口乾，皮肉皆黃：以秦艽十二分，牛乳一大升同煮，取七合，去滓，分溫再服，差。此方出於許人則。

注釋

〔1〕大多是因濕邪浸淫，熱毒遏鬱所致。《金匱要略·百合狐惑陰陽毒病證治》記載：「狐惑之為病，狀如傷寒，默默欲眠，目不得閉，臥起不安，蝕於喉為惑，蝕於陰為狐。不欲飲食，惡為食臭，其面目乍赤乍黑乍白。」尤以咽喉及前後陰蝕爛為主證，病人神情恍惚，或亂狐疑。故得此病名。

治卒患腰脅痛諸方第三十二

原　文

葛氏治卒腰痛諸方，不得俯仰方：正立倚小竹，度其人足

下至臍，斷竹，及以度後當脊中，灸竹上頭處，隨年壯，畢，藏竹，勿令人得矣。

又方：鹿角長六寸，燒，搗末，酒服之。鹿茸尤佳。

又方：取鱉甲一枚，炙，搗篩，服方寸匕，食後，日三服。

又方：桂八分，牡丹四分，附子三分，搗末，酒服一刀圭，日再服。

治腎氣虛衰，腰脊疼痛，或當風臥濕，為冷所中，不速治，流入腿膝，為偏枯冷[1]痹緩弱，宜速治之方：

獨活四分，附子一枚，大者炮，杜仲、茯苓、桂心各八分，牛膝、秦芃、防風、芎藭、芍藥六分，細辛五分，乾地黃十分，切，水九升煮取三升，空腹分三服，如行八九里進一服。忌如前，頓服三劑。

治諸腰痛，或腎虛冷，腰疼痛陽萎方：乾漆熬煙絕、巴戟天去心、杜仲、牛膝各十二分，桂心、狗脊、獨活各八分，五加皮、山茱萸、乾薯蕷各十分，防風六分，附子四分，煉蜜丸如梧子大，空腹酒下二十丸，日再，加減以知為度也。大效。

脅痛如打方：大豆半升，熬令焦，好酒一升，煮之令沸熟，飲取醉。

又方：芫花、菊花等分，躑躅花半斤，布囊貯，蒸令熱，以熨痛處，冷復易之。

又方：去肋骨上一寸灸七壯，其左右一寸，又灸七壯。

又積年久疹，有時發動方：乾地黃十分，甘草五分，乾漆五分，水五分，桂一尺，搗篩，酒服一匕，日三服。

又方：六、七月取地膚子，陰乾，末，服方寸匕，日五、六服。

治反腰有血痛方：搗杜仲三升許，以苦酒和塗痛上，乾復塗。並灸足腫白肉際三壯。

治脊腰痛：生葛根，嚼之，咽其汁，多多益佳。

又方：生地黃，搗絞取汁，三升煎取二升，內蜜一升，和一升，日三服。不差，則更服之。

又方：灸腰眼中七壯。

脊腰者，猶如反腰，忽轉而俛之。

治腰中常冷如帶錢方：甘草、乾薑各二兩，茯苓、朮各四兩，水五升煮取三升，分為三服。《小品》云溫。

治脅卒痛如打方：以繩橫度兩乳中間，屈繩從乳橫度，以移痛脅下，灸繩下屈處三十壯，便癒。此本在雜治中。

《隱居效方》腰背痛方：杜仲一斤，切，酒二斗漬十日，服三合。

【附方】

《千金方》治腰腳疼痛：胡麻一升，新者，熬令香，杵篩，日服一小升，計服一斗，即永差。酒飲、蜜湯、羹汁皆可服之，佳。

《續千金方》治腰膝疼痛傷敗：鹿茸不限多少，塗酥炙紫色，為末，溫酒調下一錢匕。

《經驗方》治腰腳痛：威靈仙一斤，洗乾，好酒浸七日，為末，麵糊丸桐子大，以浸藥酒下二十丸。

《經驗後方》治腰疼，神妙。用破故紙為末，溫酒下三錢匕。

又方：治腎虛腰腳無力。生栗袋貯，懸乾，每日平明吃十餘顆，次吃豬腎粥。

又方：治丈夫腰膝積冷痛，或頑麻無力。

菟絲子洗，秤一兩，牛膝一兩，同浸於銀器內，用酒過一寸五日，暴乾，為末，將元浸酒再入少醇酒作糊，搜和丸如梧桐子大，空心酒下二十丸。

《外台秘要》療腰痛：取黃狗皮炙，裹腰痛處，取暖徹為度，頻即差也。徐伯玉方同。

《斗門方》治腰痛：用大黃半兩，更入生薑半兩，同切如小豆大，於鐺內炒令黃色，投水兩碗，至五更初，頓服，天明取下腰間惡血物，用盆器貯，如雞肝樣，即痛止。

又方：治腰重痛。用檳榔為末，酒下一錢。

《梅師方》治卒腰痛，暫轉不得：鹿角一枚，長五寸。酒二升，燒鹿角令赤，內酒中浸一宿，飲之。

《崔元亮海上方》治腰腳冷風氣：以大黃二大兩，切如棋子，和少酥炒，令酥盡入藥中，切不得令黃焦，則無力。搗篩為末，每日空腹以水大三合，入生薑兩片如錢，煎十餘沸，去薑，取大黃末兩錢，別置碗子中，以薑湯調之，空腹頓服。如有餘薑湯，徐徐呷之令盡。當下冷膿多惡物等，病即差止。古人用毒藥攻病，必隨人之虛實而處置，非一切而用也。姚僧垣初仕，梁武帝因發熱，欲服大黃，僧垣曰：大黃乃是快藥，至尊年高不可輕用。帝弗從，幾至委頓。元帝常有心腹疾，諸醫咸謂宣用平藥，可漸宣通。僧垣曰：脈洪而實，此有宿食，非用大黃無差理。帝從而遂癒。以此言之，今醫用一毒藥而攻眾病，其偶中病，便謂此方之神奇；其差誤，乃不言用藥之失。如此者眾矣，可不戒哉！

《修真方》神仙方：菟絲子一斗，酒一斗浸良久，漉出曝干，又浸，以酒盡為度。每服二錢，溫酒下，日二服，後吃三、五匙水飯壓之。至三七日，加至三錢匕。服之令人光澤，三年老變為少。此藥治腰膝祛風，久服延年。

注釋

〔1〕出自《內經》刺節真邪等篇，又名偏風，亦稱半身不

遂。多由營衛俱虛，真氣不能充於全身，或兼邪氣侵襲，故而發病。症見一側上下肢偏廢，不能隨意活動，或兼有疼痛，久則導致肌肉枯瘦，神志無異常變化。

治虛損羸瘦不堪勞動方第三十三

原　文

治人素有勞根，苦作便發，則身百節皮膚無處不疼痛，或熱筋急方：取白柘[1]東南行根一尺，刮去上皮，取中間皮，以燒屑，亦可細切搗之，以酒服三方寸匕，厚覆取汗，日三服。無酒以漿服之。白柘，是柘之無刺者也。

治卒連時不得眠方：暮以新布火炙，以熨目，並蒸大豆，更番囊貯枕，枕冷復更易熱，終夜常枕熱豆，即立癒也。

此二條本在雜治中，並皆虛勞。患此疾，雖非乃飆急，不即治，亦漸療人，後方勞救，為力數倍，今故略載諸法。

凡男女因積勞虛損，或大病後不復常，若四體沉滯，骨肉疼酸，吸吸少氣，行動喘惙，或小腹拘急，腰背強痛，心中虛悸，咽乾唇燥，面體少色，或飲食無味，陰陽廢弱，悲憂慘戚，多臥少起，久者積年，輕者才百日，漸至瘦削，五藏氣竭，則難可復振。治之湯方：

甘草二兩，桂三兩，芍藥四兩，生薑五兩，無者亦可用乾薑，大棗二七枚，以水九升煮取三升，去滓，內飴八兩，分三服，間日復作一劑，後可將諸丸散耳。黃耆加二兩，人參二兩，為佳。若患痰滿及溏泄，可除飴耳。姚同。

又方：烏雌雞一頭，治如食法，以生地黃一斤，切，飴糖二升，內腹內，急縛，銅器貯，甑中蒸五升米久，須臾取出，食肉飲汁，勿啗鹽。三月三度作之。姚云神良。並止盜汗。

又方：甘草一兩，白朮四兩，麥門冬四兩，牡蠣二兩，大棗二十枚，膠三兩，水八升煮取二升，再服。

又方：黃蓍、枸杞根白皮、生薑三兩，甘草、麥門冬、桂各二兩，生米三合，水九升煮取三升，分四服。

又方：羊腎一枚，切，朮一升，以水一斗煮取九升，服一升，日二、三服，一日盡。冬月分二日服，日可再服。

又有建中腎瀝湯法諸丸方：乾地黃四兩，茯苓、薯蕷、桂、牡丹、山茱萸各二兩，附子、澤瀉一兩，搗蜜丸如梧子，服七丸，日三，加至十丸。此是張仲景八味腎氣丸方，療虛勞不足，大傷飲水，腰痛，小腹急，小便不利。又云長服，即去附子，加五味子，治大風冷。

又方：苦參、黃連、菖蒲、車前子、忍冬、枸杞子各一升，搗蜜丸如梧子大，服十丸，日三服。

有腎氣大丸法諸散方：朮一斤，桂半斤，乾地黃、澤瀉、茯苓各四兩，搗篩，飲服方寸匕，日三、兩服，佳。

又方：生地黃二斤，麵一斤，搗，炒干，篩，酒服方寸匕，日三服。

【附方】

枸杞子酒，主補虛，長肌肉，益顏色，肥健人，能去勞熱。用生枸杞子五升，好酒二斗，研搦勻碎，浸七日，漉去滓，飲之。初以三合為始，後即任意飲之。《外台秘要》同。

《食療》補虛勞，治肺勞，止渴去熱風：用天門冬，去皮心，入蜜煮之，食後服之。若曝乾，入蜜丸，尤佳。亦用洗面，甚佳。

又方：雀卵白和天雄末、菟絲子末為丸，空心酒下五丸。主男子陽痿不起，女子帶下，便溺不利，除疝瘕，決癰腫，續五藏氣。

《經驗方》暖精氣，益元陽：白龍骨、遠志等分，為末，煉蜜丸如梧桐子大，空心臥時，冷水下三十丸。

又方：除盜汗及陰汗。牡蠣為末，有汗處粉之。

《經驗後方》治五勞七傷，陽氣衰弱，腰腳無力，羊腎蓯蓉羹法：羊腎一對，去脂膜，細切，肉蓯蓉一兩，酒浸一宿，刮去皺皮，細切，相和作羹，蔥白、鹽、五味等，如常法事治，空腹食之。

又方：治男子女人五勞七傷，下元久冷，烏髭鬢，一切風病，四肢疼痛，駐顏壯氣：補骨脂一斤，酒浸一宿，放乾，卻用烏油麻一升，和炒，令麻子聲絕，即播去，只取補骨脂為末，醋煮麵糊，丸如梧桐子大，早晨溫酒、鹽湯下二十丸。

又方：固陽丹：菟絲子二兩，酒浸十日，水淘，焙乾，為末，更入杜仲一兩，蜜炙，搗，用薯蕷末，酒煮為糊，丸如梧桐子大，空心用酒下五十丸。

《食醫心鏡》益丈夫興陽，理腿膝冷。淫羊霍一斤，酒一斗浸，經三日，飲之佳。

《御藥院》治腳膝風濕，虛汗少力多疼痛及陰汗：燒礬作灰，細研末，一匙頭，沸湯投之，淋洗痛處。

《外台秘要》補虛勞，益髓長肌，悅顏色，令人肥健：鹿角膠，炙，搗為末，以酒服方寸匕，日三服。

又治骨蒸：桃仁一百二十枚，去皮、雙人，留尖，杵和為丸，平旦井花水頃服令盡。服訖，量性飲酒令醉，仍須吃水，能多最精。隔日又服一劑。百日不得食肉。

又骨蒸，亦曰內蒸。所以言內者，必外寒內熱附骨也。

其根在五臟六腑之中，或皮燥而無光。蒸作之時，四肢漸細，足跗腫者。

石膏十分，研如乳法，和水服方寸匕，日再，以體涼為度。

《崔元亮海上方》療骨蒸鬼氣：取童子小便五大斗，澄過，青蒿五斗，八月九月採，帶子者最好，細銼，二物相和，內好大釜中，以猛火煎取三大斗，去滓，淨洗釜令乾，再瀉汁安釜中，以微火煎可二大斗，即取豬膽十枚，相和煎一大斗半，除火待冷，以新瓷器貯。每欲服時，取甘草二、三兩，熟炙，搗末，以煎和，搗一千杵為丸，空腹粥飲下二十丸，漸增至三十丸止。

注釋

〔1〕為桑科植物柘樹 Cudraniatricuspidata（Carr）Bur 的根，性味苦，平，具有補腎固經涼血、舒筋的功效。

治脾胃虛弱不能飲食方第三十四

原　文

治卒得食病似傷寒，其人但欲臥，七、八日不治，煞人方：按其脊兩邊有陷處，正炙陷處兩頭各七壯，即癒。治食魚鱠及生肉，住胸膈中不消化，吐之又不出，不可留多使成癥方：朴消如半雞子一枚，大黃一兩，凡二物，哎咀，以酒二升煮取一升，去滓，盡服之，立消。若無朴硝者，芒硝代之，皆可用。

治食生冷雜物，或寒時衣薄當風，或夜食便臥不即消，心腹煩痛脹急，或連日不化方：燒地令極熱，即敷薄薦莞席〔1〕，向臥覆取汗，即立癒也。

治食過飽煩悶，但欲臥而腹脹方：熬麵令微香，搗服方寸匕。得大麥生麵益佳。無麵，以糜亦得。

此四條，本在雜治中，皆食飲脾胃家事，令胃氣充實，則

永無食患。食宜先治其本，故後疏諸法。

腹中虛冷，不能飲食，食輒不消，羸瘦致之，四肢尪弱，百疾因此互生：生地黃十斤，搗，絞取汁，和好麵三斤，以日曝乾，更和汁盡止。末食後服半合，日三，稍增至三合。

又方：麵半斤，麥蘗五升，豉五合，杏仁二升，皆熬令黃香，搗篩，丸如彈，服一枚，後稍增之。

又方：大黃、芍藥各半斤，搗，末之，芒硝半斤，以蜜三斤，於銅器中湯上煎，可丸如梧子大，服七丸至十丸。

又方：曲一斤，乾薑十兩，茱萸一升，鹽一彈，合搗，蜜和如彈丸，日三服。

又方：朮二斤，麴一斤，熬令黃，搗蜜丸如梧子大，服三十丸，日三。若大冷，可加乾薑三兩；若患腹痛，加當歸三兩；羸弱，加甘草二兩，並長將息。徐以麴朮法，療產後心下停水，仍須利之。

治脾胃氣弱，水穀不得下，遂成不復受食方：大麻子三升，大豆炒黃香，合搗篩，食前一、二方寸匕，日四、五服，佳矣。

治飽食便臥，得穀勞病，令人四肢煩重，嘿嘿欲臥，食畢輒甚方：大麥蘗一升，椒一兩，並熬，乾薑三兩，搗末，服方寸匕，日三、四服。

【附方】

《食醫心鏡》治脾胃氣冷，不能下食，虛弱無力，鶻突羹：鯽魚半斤，細切，起作鱠，沸豉汁熱投之，著胡椒、乾薑、蒔蘿、橘皮等末，空腹食之。

《近世方》主脾胃虛冷，不下食，積久羸弱成瘵者：溫州白乾薑一物，漿水煮令透心潤濕，取出焙乾，搗篩，陳廩米煮粥飲，丸如桐子，一服三、五十丸，湯使任用。其效如神。

《食療》治胃氣虛，風熱不能食：生薑汁半雞子殼，生地黃汁少許，蜜一匙頭，和水三合，頓服，立差。

《經驗方》治脾元氣發歇痛不可忍者：吳茱萸一兩，桃仁一兩，和炒，令茱萸焦黑後去茱萸，取桃仁，去皮尖，研細，蔥白三莖，煨熟，以酒浸，溫分二服。

《經驗後方》治脾胃進食：茴香二兩，生薑四兩，同搗令勻，淨器內濕紙蓋一宿，次以銀石器中，文武火炒令黃焦，為末，酒丸如梧子大，每服十丸至十五丸，茶、酒下。

《外台秘要》治久患氣脹：烏牛尿，空心溫服一升，日一服，氣散即止。

注釋

〔1〕為莎草科植物，俗名水蔥、席子草，民間常用來編織鋪席。

治卒絕糧失食飢憊欲死方第三十五

原　文

糧食者，生人之所資，數日乏絕，便能致命。本草有不飢之文，而醫方莫言斯術者，當以其涉在仙奇之境，非庸俗所能遵故也。遂使荒饉之歲，餓尸橫路，良可哀乎！今略載其易為者云，若脫值奔竄在無人之鄉，及墮墜溪谷空井深冢之中，四顧迥絕，無可藉口者，便須飲水服氣。其服法如左：

閉口以舌舔上下齒，取津液而咽之，一日得三百六十咽便佳。漸習乃可至千，自然不飢。三、五日小疲極，過此使漸輕強。復有食十二時，六戊者諸法，恐危逼之地，不能曉方面及時之早晚，故不論此。若有水者，卒無器，便與左手貯，祝

曰：「丞掾吏之賜，真之糧，正赤黃，行無過，城下諸醫以自防」。畢，三叩齒，右手指三叩左手，如此三遍，便飲之。後復有杯器，貯水尤佳。亦左手執右手，以物扣之如法，日服三升，便不復飢，即差。

若可得遊涉之地周行山澤間者：但取松、柏葉，細切，水服二合，日中二、三升，便佳。又掘取白茅根，洗淨，切，服之。此三物得行曝燥，石上搗碎服。服者食方寸，辟一日。又有大豆者，取含光明幣熱，以水服，盡此則解十日，赤小豆亦佳。得熬二豆黃末，服一、二升，辟十日。草中有朮、天門冬、麥門冬、黃精、萎蕤、貝母，或生或熟，皆可單食。樹木上自耳及檀榆白皮，並可辟飢也。

若遇荒年穀貴，無以充糧，應須藥濟命者：取稻米一斗，淘汰之，百蒸百曝〔1〕，搗，日一餐，以水得，三十日都止，則可終身不食，日行三百里。

又方：粳米一斗，酒三升漬之，出，曝之，又漬，酒盡止，出，稍食之，渴飲之，辟三十日。足一斛二升，辟周年。

有守中丸藥法：其疏諸米豆者，是人間易得易作，且不乖穀氣，使質力無減耳。恐肉穢之身，忽然專御藥物，或非所堪。若可得頻營，則自更按余所撰穀方中求也。

【附方】

《聖惠方》絕穀升仙不食法：取松實，搗為膏，酒調下三錢，日三，則不飢。渴飲水，勿食他物，百日身輕，日行五百里。

《野人閒話》雲伏虎尊師煉松脂法：十斤松脂，五度以水煮過，令苦味盡，取得後，每一斤煉了松脂入四兩茯苓末，每晨水下一刀圭，即終年不食，而復延齡身輕清爽。

《抱朴子》云：漢成帝時，獵者於終南山見一人，無衣服，

身皆生黑毛，跳坑越澗如飛。乃密伺其所在，合圍取得。乃是一婦人，問之，言我是秦之宮人，關東賊至，秦王出降，驚走入山。飢無所食，淚欲餓死。有一老公教我吃松、柏葉實，初時苦澀，後稍便吃，遂不復飢。冬不寒，夏不熱。此女是秦人，至成帝時三百餘載也。

注釋

〔1〕是指蒸熟後經陽光曬乾，再上鍋蒸煮，煮後曬乾，如此反覆多次。而非指蒸曬一百次。

卷　五

治癰疽妬乳諸毒腫方第三十六

原　文

隱居效方治羊疽瘡有蟲癢：附子八分，藜蘆二分，末，傅之，蟲自然出。

葛氏療奶發，諸癰疽發背及乳方：比灸其上百壯。

又方：熬粱粉令黑，雞子白和之，塗練上，以貼癰，小穿練上，作小口泄毒氣，燥易之，神秘。

又方：釜底上搗，以雞子中黃和塗之，加少豉，彌良。

又方：搗黃蘗末，篩，雞子白和，厚塗之，乾復易，差。

又方：燒鹿角，搗末，以苦酒和塗之，佳。

又方：於石上水磨鹿角，取濁汁塗癰上，乾復易，隨手消。

又方：半夏末，雞子白和塗之，水磨傅，並良。

又方：神效，半夏水磨，出《小品》。

又方：醋和茱萸，若搗薑，或小蒜，傅之，並良。

一切惡毒腫：蔓菁根一大握，無，以龍葵根代之，乳頭香一兩，光明者，黃連一兩，宣州者，杏仁四十九枚，去尖用，柳木取三、四錢，白色者，各細銼，搗三、二百杵，團作餅子，厚三、四分，可腫處大小貼之，乾復易，立散。別貼膏藥治瘡處，佳。

葛氏療癰發數十處方：取牛矢燒，搗末，以雞子白和塗之，乾復易，神效。

又方：用鹿角、桂、雞屎，別搗，燒，合和，雞子白和塗，乾復上。

又癰已有膿，當使壞方：取白雞兩翅羽肢各一枚，燒，服之，即穿。姚同。

又方：吞薏苡子一枚，勿多。

又方：以苦酒和雀矢，塗癰頭上如小豆。

葛氏若已結癰，使聚不更長方：小豆末塗，若雞子白和尤佳，即差。

又方：芫花末，膠汁和，貼上，燥復易，化為水。

若潰後膿血不止，急痛：取生白楸葉十重貼上，布帛寬縛之。

乳腫：桂心、甘草各二分，烏頭一分，炮，搗為末，和苦酒塗紙覆之，膿化為水，則神效。

葛氏婦女乳癰妒腫：削柳根皮，熟搗，火溫，帛囊貯，熨之，冷更易，大良。

又方：取研米，槌，煮令沸，絮中覆乳，以熨上。當用二枚，互熨之，數十回止。姚云神效。

乳癰方：大黃、罔草、伏龍肝、（灶下黃土也），生薑各二分，先以三物搗篩，又合生薑搗，以醋和塗乳，痛則止，極驗。劉涓子不用生薑，用生魚，四味等分。餘比見用鯽魚，立

驗。此方《小品》佳。

姚氏乳癰：大黃、鼠糞濕者、黃連各一分，二物為末，鼠矢更搗，以黍米粥清和，傅乳四邊，痛即止，癒。無黍米，用粳米並得。

又方：牛馬矢傅，並佳。此並消去。

《小品》妒方：黃芩、白蘞、芍藥分等，末，篩，漿服一錢匕，日五服。若右乳結者，將左乳汁服；左乳結者，將右乳汁服，散消根。姚同。此方必癒。

姚方：搗生地黃傅之，熱則易。小豆亦佳。

又云：二、三百眾療不差，但堅紫色者：

用前柳根皮法云，熬令溫，熨腫一宿，癒。

凡乳汁不得泄，內結名妒乳，乃急於癰。

徐玉療乳中瘰癧起痛方：大黃、黃連各三兩，水五升煮取一升二合，分三服，得下即癒。

葛氏卒毒腫起急痛方：蕪菁根大者，削去上皮，熟搗，苦酒和如泥，煮三沸，急攪之，出傅腫，帛裹上，日再，三易。用子亦良。

又方：燒牛矢，末，苦酒和傅上，乾復易。

又方：水和石灰封上。又苦酒磨升麻，若青木香，或紫檀，以磨傅上，良。

又方：取水中萍子草，熟搗，以傅上。

又已入腹者：麝香、薰陸香、青木香、雞舌香各一兩，以水四升煮取二升，分為再服。

若惡核腫結不肯散者：吳茱萸、小蒜分等，合搗，傅之。丹蒜亦得。

又方：搗鯽魚，以傅之。

若風腫多癢，按之隨手起，或隱疹方：但令痛以手摩捋抑

按，日數度，自消。

又方：以苦酒磨桂，若獨活，數傅之，良。

身體頭面忽有暴腫處如吹方：巴豆三十枚，連皮碎，水五升，煮取三升，去滓，綿沾以拭腫上，趁手消，勿近口。

皮肉卒腫起，狹長赤痛名䏢：鹿角五兩，白斂一兩，牡蠣四兩，附子一兩，搗篩，和苦酒塗帛上，燥復易。

《小品》癰結腫堅如石，或如大核色不變，或作石癰不消：鹿角八兩，燒作灰，白斂二兩，粗理黃色磨石[1]一斤，燒令赤，三物搗作末，以苦酒和泥厚塗癰上，燥更塗，取消止。內服連翹湯下之。姚方云：燒石令極赤，內五升苦酒中，復燒，又內苦酒中，令減半止，搗石和藥，先用所餘苦酒，不足添上用。

姚方：若發腫至堅而有根者，名曰石癰。

當上灸百壯，石子當碎出；不出者，可益壯。癰疽瘤石癰結筋瘰癧，皆不可就針角。針角者，少有不及禍者也。

又癰未潰方：罔草末，和雞子白，塗紙令厚貼上，燥復易，得痛自差。

癰腫振焮不可棖方：大黃搗篩，以苦酒和貼腫上，燥易，不過三，即差減，不復作，膿自消除。甚神驗也。

癰腫未成膿：取牛耳垢，封之，即癒。

若惡肉不盡者，食肉藥食去，以膏塗之則癒。食肉方：取白炭灰、荻灰等分，煎令如膏，此不宜預作，十日則歇。並可與去黑子。此大毒，若用效驗。本方用法，凡癰腫用：栝蔞根、赤小豆，皆當內苦酒中，五宿出，熬之畢，搗為散，以苦酒和，塗紙上貼腫，驗。

《隱居效方》消癰腫：白斂二分，藜蘆一分，為末，酒和如泥貼上，日三，大良。

疽瘡骨出：黃連、牡蠣各二分，為末，先鹽酒洗，後傅。

葛氏忽得熛疽[2]著手足肩，累累如米豆，刮汁出，急療之：熬蕪菁，熟搗，裹以展轉其上，日夜勿止。

若發疽於十指端，及色赤黑，甚難療，宜按大方，非單方所及。

若骨疽積年，一捏一汁出，不差。

熬末膠飴勃瘡上，乃破生鯉魚以揜之，如炊頃，刮視有小蟲出，更洗傅藥，蟲盡則便止，差。

姚方云：熛疽者，肉中忽生一黡子如豆粟，劇者如梅李大，或赤或黑或白或青，其黶有核，核有深根，痛癢應心，小久四面悉腫，疱黯黯紫黑色，能爛壞筋骨，毒入臟腑煞人，南方人名為揜著毒。

著厚肉處，皆割之；亦燒鐵令赤，烙赤三上，令焦如炭；亦灸黯炮上百壯，為佳。早春酸摹葉，薄其四面，防其長也。飲葵根汁、犀角汁、升麻汁，折其熱內，外療依丹毒法也。

劉涓子療癰疽發壞出膿血，生肉黃蓍膏：黃蓍、芍藥、大黃、當歸、芎藭、獨活、白芷、薤白各一兩，生地黃三兩，九物切，豬膏二升半，煎三上三下，膏成，絞去滓，傅充瘡中，摩左右，日三。

又丹癰疽始發浸淫進長，並少小丹揜方：升麻、黃連、大黃、芎藭各二兩，黃芩、芒硝各三兩，當歸、甘草炙、羚羊角各一兩，九物㕮咀，水一斗三升煮取五升，去滓，還內鐺中芒硝上杖攪，令成膏，適冷熱，貼帛拓腫上，數度，便隨手消散。王練、甘林所秘方。慎不可近陰。

又熛瘡浸淫多汁，日就浸大胡粉散：胡粉熬、甘草炙、閭茹、黃連各二分，四物搗散，篩，以粉瘡，日三，極驗。

諸疽瘡膏方：蠟、亂髮、礬石、松脂各一兩，豬膏四兩，

五物先下發，發消下礬石，礬石消下松脂，松脂消下蠟，蠟消下豬膏，塗瘡上。

赤龍皮湯洗諸敗爛瘡方：槲樹皮，切三升，以水一斗煮取五升，春夏冷用，秋冬溫用，洗乳瘡及諸敗瘡，洗了則傅膏。

發背上[3]初欲疹便服此大黃湯：大黃、甘草炙、黃芩各二兩，升麻二兩，梔子一百枚，五物以水九升煮取三升半，服得快下數行，便止。不下，則更服。

療發背及婦人發乳及腸癰，木占斯散：木占斯、厚朴炙、甘草炙、細辛、栝樓、防風、乾薑、人參、桔梗、敗醬各一兩，十物搗為散，酒服方寸匕，晝七夜四，以多為善。病在上常吐，在下膿血，此謂腸癰之屬。其癰腫即不痛，長服療諸疽痔。若瘡已潰，便早癒。發背無有不療。不覺腫去時長服，去敗醬。多療婦人發乳諸產癥瘕，益良。並劉涓子方。

劉涓子療癰消膿，木占斯散方：木占斯、桂心、人參、細辛、敗醬、乾薑、厚朴炙、甘草炙、防風、桔梗各一兩，十物為散，服方寸匕，入咽覺流入瘡中。若癰疽灸不發壞者，可服之。瘡未壞，去敗醬，此藥或時有癰令成水者。

癰腫瘰癧核不消，白蘞薄方：白蘞、黃連、大黃、黃芩、罔草、赤石脂、吳茱萸、芍藥各四分，八物搗篩，以雞子白和如泥，塗故帛上薄之，開小口，乾即易之，差。

發背欲死者：取冬瓜截去頭，合瘡上，瓜當爛，截去更合之，瓜未盡，瘡已斂小矣。即用膏養之。

又方：伏龍肝末之，以酒調，厚傅其瘡口，乾即易，不日平復。

又方：取梧桐子葉，鏃上煿成灰，絹羅，蜜調傅之，乾即易之。

癰腫雜效方：療熱腫。以家芥子並柏葉搗，傅之，無不

癒，大驗。得山芥更妙。又搗小芥子末，醋和作餅子，貼腫及瘰癧，數看消即止，恐損肉。此療馬附骨良。

又方：燒人糞作灰，頭醋和如泥，塗腫處，乾數易，大驗。

又方：取黃色雄黃、雌黃色石，燒熱令赤，以大醋沃之，更燒醋沃，其石即軟如泥，刮取塗腫，若干醋和。此大秘要耳。

灸腫令消法：取獨顆蒜橫截厚一分，安腫頭上，炷如梧桐子大，灸蒜上百壯。不覺消，數數灸，唯多為善。勿令大熱，但覺痛即擎起蒜，蒜焦更換用新者，不用灸損皮肉。如有體乾，不須灸。余嘗小腹下患大腫，灸即差，每用之，則可大效也。

又方：生參，塗，頭上挾，又磁石末，和醋傅之。

又方：甘草，塗，此蕉子不中食。

又方：雞腸草敷。

又方：白蘞末敷，並良。

又熱腫癤：烊膠數塗，一日十數度，即差。療小兒癤子尤良。每用神效。

一切毒腫疼痛不可忍者：搜麵團腫頭如錢大，滿中安椒，以麵餅子蓋頭上，灸令徹痛，即立止。

又方：搗蓖麻仁傅之，立差。

手腳心風毒腫：生椒末、鹽末等分，以醋和傅，立差。

癰疽生臭惡肉者：以白閭茹散傅之，看肉盡便停，但傅諸膏藥。若不生肉，傅黃耆散。閭茹、黃耆，止一切惡肉。仍不盡者，可以七頭赤皮閭茹為散，用半錢匕，和白閭茹散三錢匕，以傅之。此姚方，差。

惡脈病，身中忽有赤絡脈起如蚓狀。

此由春冬惡風入絡脈之中，其血瘀所作，宜服之五香連翹，鑱去血，傅丹參膏，積日乃差。余度山嶺即患，常服五香

湯，傅小豆得消。以下並姚方。

惡核病者，肉中忽有核，如梅李，小者如豆粒，皮中慘痛，左右走，身中壯熱，㾮惡寒是也。此病卒然如起，有毒，入腹殺人，南方多有此患。

宜服五香連翹湯，以小豆傅之，立消。若餘核，亦得傅丹參膏。

惡肉病者，身中忽有肉如赤小豆粒，突出便長如牛馬乳，亦如雞冠狀，亦宜服漏蘆湯，外可以燒鐵烙之，日三烙，令稍焦。

以升麻膏傅之。

氣痛之病，身中忽有一處如打樸之狀，不可堪耐，而左右走身中，發作有時，痛靜時便覺其處冷如霜雪所加。

此皆由冬溫至春暴寒傷之，宜先服五香連翹數劑，又以白酒煮楊柳皮暖熨之，有赤點點處，宜鑱去血也。

五香連翹湯：療惡肉惡脈、惡核瘰癧、風結腫氣痛。

木香、沉香、雞舌香各二兩，麝香半兩，薰陸一兩，夜乾、紫葛、升麻、獨活、寄生、甘草炙、連翹各二兩，大黃三兩，淡竹瀝三升，十三物以水九升，煮減半，內竹瀝，取三升，分三服，大良。

漏蘆湯：療癰疽丹疹，毒腫惡肉。

漏蘆、白斂、黃芩、白薇、枳實炙、升麻、甘草炙、芍藥、麻黃去節各二兩，大黃三兩，十物以水一斗煮取三升。若無藥，用大黃下之，佳。其丹毒，須針鑱去血。

丹參膏：療惡肉惡核，瘰癧風結，諸脈腫。

丹參、蒴藋各二兩，秦膠、獨活、烏頭、白芨、牛膝、菊花、防風各一兩，岡草葉、躑躅花、蜀椒各半兩，十二物切，以苦酒二升漬之一宿，豬膏四斤，俱煎之，令酒竭，勿過焦，

去滓，以塗諸疾上，日五度，塗故布上貼之。此膏亦可服，得大行即須少少服。《小品》同。

升麻膏：療丹毒腫熱瘡：升麻、白斂、漏蘆、芒硝各二兩，黃芩、枳實、連翹、蛇銜各三兩，梔子二十枚，蒴藋根四兩，十物切，舂令細，納器中，以水三升漬半日，以豬脂五升，煎令水竭，去滓，傅之，日五度。若急合，即水煎，極驗方。

葛氏療卒毒腫起急痛：柳白皮，酒煮令熱，熨上痛止。

【附方】

《勝金方》治發腦發背，及癰疽熱癤惡瘡等：臘月兔頭，細銼，入瓶內密封，惟久愈佳。塗帛上，厚封之，熱痛傅之如冰，頻換，差。

《千金方》治發背癰腫已潰未潰方：香豉三升，少與水和，熟搗成泥，可腫處作餅子厚三分，已上有孔，勿覆孔上，布豉餅，以艾烈其上灸之，使溫溫而熱，勿令破肉。如熱痛，即急易之。患當減快得分穩，一日二度灸之。如先有瘡孔中汁出，即差。

《外台秘要》療惡寒嗇嗇，似欲發背，或已生瘡腫癮疹起方：消石三兩，以暖水一升和令消，待冷，取故青布揲三重，可似赤處方圓，濕布拓之，熱即換，頻易，立差。

《集驗方》治發背：以蝸牛一百個活者，以一升淨瓶入蝸牛，用新汲水一盞漫瓶中，封繫，自晚至明，取出蝸牛放之，其水如涎，將真蛤粉不以多少，旋調傅，以雞翎掃之瘡上，日可十餘度，其熱痛止，瘡便愈。

《崔元亮海上方》治發背秘法。李北海云：此方神授，極奇秘。以甘草三大兩，生搗，別篩末，大麥麵九兩，於大盤中相和，攪令勻，取上等好酥少許，別捻入藥令勻，百沸水搜如

餅子，劑方圓大於瘡一分，熱傅腫上，以油片及故紙隔令通風，冷則換之。已成膿，水自出；未成腫便內消。當患腫著藥時，常須吃黃蓍粥，甚妙。

又一法：甘草一大兩，微炙，搗碎，水一大升浸之，器上橫一小刀子，置露中經宿，平明以物攪令沫出，吹沫服之。但是瘡腫發背，皆可服，甚效。

《梅師方》治諸癰疽發背，或發乳房初起微赤，不急治之，即死速。

消方：搗苧根，傅之，數易。

《聖惠方》治附骨疽[4]及魚眼瘡：用狗頭骨燒煙薰之。

《張文仲方》治石癰堅如石，不作膿者：生章陸根搗，擦之，燥即易，取軟為度。

《子母秘錄》治癰疽痔瘺瘡及小兒丹：水煮棘根汁，洗之。又方：末螬蠐，傅之。

《小品方》治疽初作：以赤小豆末，醋和傅之，亦消。

《博濟方》治一切癰腫未破，疼痛，令內消。以生地黃杵如泥，隨腫大小攤於布上，摻木香末於中，又再攤地黃一重，貼於腫上，不過三、五度。

《日華子》雲消腫毒：水調決明子末，塗。

《食療》治癰腫：栝樓根，苦酒中熬燥，搗篩之，苦酒和，塗紙上攤貼，服金石人宜用。

《楊文蔚方》治癰未潰：栝樓根、赤小豆等分，為末，醋調塗。

《千金方》治諸惡腫失治有膿：燒棘針作灰，水服之，經宿頭出。

又方：治癰瘡中冷，瘡口不合。用鼠皮一枚，燒為灰，細研，封瘡口上。

孫真人云：主癰發數處。取牛糞燒作灰，以雞子白和，傅之，乾即易。

《孫真人食忌》主一切熱毒腫：章陸根，和鹽少許，傅之，日再易。

《集驗方》治腫：柳枝如腳指大，長三尺，二十枚，水煮令極熱，以故布裹腫處，取湯熱洗之，即差。

又方：治癰一切腫未成膿，拔毒。牡蠣白者，為細末，水調塗，乾更塗。

又方：治毒熱足腫疼欲脫。

酒煮苦參以漬之。

《外台秘要》治癰腫：伏龍肝，以蒜和作泥，塗用布上貼之，如乾，則再易。

又方：凡腫已潰未潰者。

以白膠一片，水漬令軟納納然，腫之大小貼當頭，上開孔。若已潰還合者，膿當被膠急撮之，膿皆出盡；未有膿者，腫當自消矣。

又方：燒鯉魚作灰，酢和塗之一切腫上，以差為度。

又療熱毒病攻手足腫，疼痛欲脫方：取蒼耳汁，以漬之。

又方：水煮馬糞汁，以漬之。

《肘後方》治毒攻手足腫，疼痛欲斷：豬蹄一具，合蔥煮，去滓，內少許鹽，以漬之。

《經驗後方》治一切癰腫無頭：以葵菜子一粒，新汲水吞下，須臾即破。如要兩處破，服兩粒；要破處，逐粒加之，驗。

又方：治諸癰不消已成膿，懼針不得破，令速決。取白雞翅下第一毛，兩邊各一莖，燒灰，研，水調服之。

又《梅師方》：取雀屎塗頭上，即易破。雄雀屎佳。堅者為雄。

謹按，雄黃治瘡瘍尚矣。

《周禮》瘍醫，凡療瘍以五毒攻之。鄭康成注云：今醫方有五毒之藥，作之合黃墊，置石膽、丹砂、雄黃、礜石、磁石其中，燒之三日三夜，其煙上著，以雞羽掃取之。以注創，惡肉破骨則盡出。故翰林學士楊億嘗筆記，直史館楊嵎，年少時有瘍，生於頰，連齒輔車，外腫若覆甌，內潰出膿血，不輟吐之。痛楚難忍，療之百方，彌年不差。人語之依鄭法，合燒藥成，注之創中，少頃朽骨連兩牙潰出，遂愈。後更安寧。信古方攻病之速也。黃墊若今市中所貨，有蓋瓦合也。近世合丹藥，猶用黃瓦吷，亦名黃墊，事出於古也。墊，音ㄒㄩˇ。

《梅師方》治產後不自乳見，蓄積乳汁結作癰。取蒲公草搗，傅腫上，日三、四度易之。俗呼為蒲公英，語訛為僕公罌是也。水煮汁服，亦得。

又方：治妒乳乳癰。取丁香，搗末，水調方寸匕服。

又方：治乳頭裂破。搗丁香末，傅之。

《千金方》治妒乳：梁上塵，醋和塗之。亦治陰腫。

《靈苑方》治乳痛癰初發，腫痛結硬欲破膿，令一服差。以北來真樺皮，無灰酒服方寸匕，就之臥，及覺已差。

《聖惠方》主婦人乳癰不消。右用白麵半斤，炒令黃色，用醋煮為糊，塗於乳上，即消。

《產寶》治乳及癰腫：雞屎末，服方寸匕，須臾三服，癒。《梅師方》亦治乳頭破裂，方同。

《簡要濟眾》治婦人乳癰汁不出，內結成膿腫，名妒乳方：露蜂房，燒灰，研，每服二錢，水一中盞，煎至六分，去滓，溫服。

又方：治吹奶，獨勝散。白丁香半兩，搗羅為散，每服一錢匕，溫酒調下，無時服。

《子母秘錄》療吹奶,惡寒壯熱。豬肪脂,以冷水浸,榻之,熱即易,立效。

《楊炎南行方》治吹奶,疼痛不可忍。用穿山甲炙黃、木通各一兩,自然銅半兩,生用,三味搗羅為散,每服二錢,溫酒調下,不計時候。

《食醫心鏡》云:治吹奶,不癢不痛,腫硬如石。以青橘皮二兩,湯浸去穰,焙為末,非時溫酒下二錢匕。

注釋

〔1〕即麥飯石。

〔2〕此疽多見於手指或足趾端處,係由外傷感染,毒入肌膚、筋脈所致。或由臟腑火毒凝結而成。據《外科大成》記載:瘭疽……初如紅點,次變黑色,小者如黍如豆,大者如梅如李,腫痛應心,腐筋爛骨,膿如小豆汁。

〔3〕是指有頭疽生於脊背者。因臟腑俞穴皆在背部,臟腑氣血不調。或火毒內鬱,或陰虛火盛,凝滯經脈,使氣血壅塞不通而發病。又因發病部位不同而有上發背、中發背、下發背、上搭手、中搭手、下搭手之分;因形態不同而又有蓮子發、蜂窩發之別。

〔4〕又名多骨疽、朽骨疽、股骨疽、咬骨疽、疵疽等。症狀為:初起時多見寒熱往來,病處多漫腫無頭,皮色不變。繼而筋骨疼痛如錐刺,甚至肢體難以屈伸轉動。久則鬱而化熱,肉腐成膿,潰後稀膿淋漓不盡,色白腥穢,不易收口,形成竇道或有死骨脫出。包括西醫所說的骨髓炎、慢性骨髓炎、骨結核等。

治腸癖肺癖方第三十七

（按：此篇僅有標題無正文）

治卒發丹火惡毒瘡方第三十八

（按：此篇有文無標題，照目錄加）

原　文

葛氏大人小兒卒得惡瘡，不可名識者：燒竹葉，和雞子中黃塗，差。

又方：取蛇床子，合黃連二兩，末，粉瘡上。燥者，豬脂和塗，差。

又方：燒蛇皮，末，以豬膏和塗之。

又方：煮柳葉若皮，洗之。亦可內少鹽。此又療面上瘡。

又方：蠟月豬膏一升，亂發如雞子大，生鯽魚一頭，令煎令消盡，又內雄黃、苦參末二兩，大附子一枚，末，絞令凝，以傅諸瘡，無不差。胡洽療瘑疽疥，大效。

瘡中突出惡肉者：末烏梅屑，傅之。又末硫黃，傅上。燥者，唾和塗之。

惡瘡連痂癢痛：搗扁豆，封，痂落即差。近方。

治瘑 癬疥漆瘡諸惡瘡方第三十九

（按：此篇有文無標題，照目錄加）

原　文

《小品》療瘑癬疥惡瘡方：水銀、礬石、蛇床子、黃連各二兩，四物搗篩，以臘月豬膏七合，並下水銀，攪萬度，不見

水銀，膏成，傅瘡，並小兒頭瘡，良。龔慶宣加哎茹一兩，療諸瘡，神驗無比。

姚療痂疥：雄黃一兩，黃連二兩，松脂二兩，髮灰如彈丸，四物熔豬膏與松脂合，熱搗，以薄瘡上，則大良。

又療惡瘡粉方：水銀、黃連、胡粉、熬令黃，各二兩，下篩，粉瘡。瘡無汁者，唾和之。

小兒身中惡瘡：取筍汁自澡洗，以筍殼作散傅之，效。

人體生惡瘡似火自爛：胡粉熬黑，黃蘗、黃連分等，下篩，粉之也。

卒得惡瘡：蒼耳、桃皮，作屑，內瘡中，佳。

頭中惡瘡：胡粉、水銀、白松脂各二兩，臘月豬膏四兩，合松脂煎，以水銀、胡粉合研，以塗上，日再。胡洽云：療小兒頭面瘡。又一方加黃連二兩，亦療得禿瘡。

惡瘡雄黃膏方：雄黃、雌黃併末，水銀各一兩，松脂二兩，豬脂半斤，亂髮如雞子大，以上合煎，去滓，內水銀，傅瘡，日再。

效方：惡瘡食肉，雄黃散：雄黃六分，藺茹、礜石各二分，末，瘡中，日二。

療瘡方，最去面上粉刺方：黃連八分，糯米、赤小豆各五分，吳茱萸一分，胡粉、水銀各六分，搗黃連等，下篩，先於掌中研水銀使極細，和藥使相入，以生麻油總稀稠得所，洗瘡拭乾，傅之。但是瘡即療，神驗不傳。

甘家松脂膏，療熱瘡尤嘲膿不痂無瘢方：松脂、白膠香、薰陸香各一兩，當歸、蠟各一兩半，甘草一兩，並切，豬脂、羊腎脂各半合許，生地黃汁亦半合，以松脂等末內脂膏、地黃汁中，微火煎令黃，下臘，絞去滓，塗布貼瘡，極有驗。甘家秘不能傳。此是半劑。

地黃膏，療一切瘡已潰者，及炙貼之，無痂生肉，去膿神秘方：地黃汁一升，松脂二兩，薰陸香一兩，羊腎脂及牛酥各如雞子大，先於地黃汁煎松脂及香令消，即內羊脂、酥，並更用蠟半雞子大，一時相和，緩火煎水盡膏成，去滓，塗帛貼瘡，日一、二易。加故緋一片，亂髮一雞子許大，療年深者，十余日即差：生肉秘法。

婦人頰上瘡，差後每年又發，甘家秘方，塗之永差：黃礬石二兩，燒令汁盡，胡粉一兩，水銀一兩半，搗篩，礬石、胡粉更篩，先以片許豬脂，於瓷器內，熟研水銀令消盡，更加豬脂並礬石、胡粉，和使黏稠，洗面瘡，以塗上。又別熬胡粉令黃，塗膏訖，則薄此粉，數日即差。甘家用大驗。

療痟瘡，但是腰腳已下，名為痟，此皆有蟲食之，蟲死即差。此方立驗：醋泔淀一碗，大麻子一盞，白沙鹽末各一抄，和掩以傅瘡，乾更傅。先溫泔淨洗，拭乾，傅一、二度，即差。孔如針穴，皆蟲食，大驗。

效方：惡瘡三十年不癒者：大黃、黃芩、黃連各一兩，為散，洗瘡淨，以粉之，日三，無不差。又黃蘗分等，亦佳。

葛氏療白禿方：殺豬即取肚，破去屎，及熱以反拓頭上，須臾蟲出著肚。若不盡，更作，取令無蟲即休。

又方：末藜蘆，以臘月豬膏和塗之。五月漏蘆草燒作灰，膏和使塗之，皆先用鹽湯洗，乃傅。

又方：羊蹄草根獨根者，勿見風日及婦女、雞犬，以三年醋研和如泥，生布拭瘡令赤，以傅之。

姚方：以羊肉如作脯法，炙令香，及熱以榻上，不過三、四日，差。

又方：先以皂莢湯，熱洗拭乾，以少麻油塗，再三，即差。

【附方】

《千金方》治遍身風癢，生瘡疥：以蒺藜子苗煮湯，洗之，立差。《千金翼方》同。

又方：茵陳蒿不計多少，煮濃汁，洗之，立差。

《千金翼方》瘡癬初生，或始痛癢：以薑黃傅之，妙。

又方：嚼鹽塗之，妙。

又方：漏瘤瘡濕癬癢浸淫，日瘙癢不可忍，搔之黃水出，差後復發：取羊蹄根，去土細切，搗，以大醋和，淨洗，傅上，一時間以冷水洗之，日一傅，差。若為末傅之，妙。

《外台秘要》治癬瘡方：取蟾蜍燒灰，末，以豬脂和，傅之。

又方：治乾癬積年生痂，瘙之黃水出，每逢陰雨即癢。用斑貓半兩，微炒，為末，蜜調傅之。

又治疥方：搗羊蹄根，和豬脂塗上，或著鹽少許，佳。

《斗門方》治疥癬：用藜蘆，細搗為末，以生油調，傅之。

《王氏博濟》治疥癬滿身作瘡不可治者：何首烏、艾等分，以水煎令濃，於盆內洗之，甚能解痛生肌肉。

《簡要濟眾》治癬瘡久不差：羊蹄根，搗絞取汁，用調膩粉少許如膏，塗傅癬上，三、五遍即差。如乾，即豬脂調和傅之。

《鬼遺方》治疥癬：松膠香，研細，約酌入少輕粉，袞令勻，凡疥癬上，先用油塗了，擦末，一日便乾，頑者三、兩度。

《聖惠方》治癬濕癢：用楮葉半斤，細切，搗爛，傅癬上。

《楊氏產乳》療瘡疥：燒竹葉為末，以雞子白和之，塗上，不過三、四次，立差。

《十全方》治疥瘡：巴豆十粒，火炮過黃色，去皮膜，右

順手研如麵，入酥少許，膩粉少許，同研勻，刮破，以竹篦子點藥，不得落眼裡及外腎[1]上。如薰炙著外腎，以黃丹塗，甚妙。

《經驗方》治五般瘡癬：以韭根炒存性，旋搗末，以豬脂油調，傅之，三度差。

《千金方》療漆瘡：用湯漬芒硝，令濃，塗之，乾即易之。

譚氏治漆瘡：漢椒湯洗之，即癒。

《千金翼》治漆瘡：羊乳傅之。

《集驗方》治漆瘡：取蓮葉乾者一斤，水一斗煮取五升，洗瘡上，日再，差。

《斗門方》治漆咬：用韭葉研，傅之。《食醫心鏡》同。

《千金方》主大人小兒風瘙癮疹，心迷悶方：巴豆二兩，搥破，以水七升煮取三升，以帛染拭之。

《外台秘要》塗風疹：取枳實，以醋漬令濕，火炙令熱，適寒溫用，熨上，即消。

《斗門方》治癮疹：楝皮濃煎，浴之。

《梅師方》治一切疹：以水煮枳殼為煎，塗之，乾即又塗之。

又方：以水煮芒硝，塗之。

又治風癮疹方：以水煮蜂房取二升，入芒硝，傅上，日五度，即差。

《聖惠方》治風瘙癮疹，遍身癢成瘡：用蠶沙一升，水二斗煮取一斗二升，去滓，溫熱得所以洗之，宜避風。

《千金翼》療丹癮疹方：酪和鹽熱煮，以摩之，手下消。

又主大人小兒風疹：茱萸一升，酒五升煮取一升，帛染拭之。

初虞世治皮膚風熱，遍身生癮疹：牛蒡子、浮萍等分，以

薄荷湯調下二錢，日二服。

《經驗後方》治肺毒瘡如大風疾，綠雲散：以桑葉好者，淨洗過，熟蒸一宿後，日乾，為末，水調二錢匕，服。

《肘後方》治卒得浸淫瘡[2]，轉有汁，多起心，早治之，續身周匝則殺人：以雞冠血傅之，差。

又方：療大人小兒卒得月蝕[3]方：於月望[4]夕取兔屎，及內蛤蟆腹中，合燒為灰，末，以傅瘡上，差。

《集驗方》療月蝕瘡：虎頭骨二兩，搗碎，同豬脂一升熬成膏，黃，取塗瘡上。

《聖惠方》治反花瘡：用馬齒莧一斤，燒作灰，細研，豬脂調，傅之。

又方：治諸瘡胬肉如蟻出數寸：用硫黃一兩，細研，胬肉上薄塗之，即便縮。

《鬼遺方》治一切瘡肉出：以烏梅燒為灰，研末，傅上，惡肉立盡，極妙。

《簡要濟眾方》傅瘡藥：黃藥子四兩，為末，以冷水調傅瘡上，乾即旋傅之。

《兵部手集》治服丹石人有熱瘡，疼不可忍方：用紙環圍腫處，中心填硝石令滿，匙抄水淋之，覺其不熱疼，即止。

治頭瘡及諸熱瘡：先用醋少許，和水淨洗去痂，再用溫水洗拭乾，百草霜細研，入膩粉少許，生油調塗，立癒。

治惡瘡：唐人記其事云：江左曾有商人，左膊上有瘡如人面，亦無它苦。商人戲滴酒口中，其面亦赤色，以物食之，亦能食，食多則寬膊內肉脹起，或不食之，則一臂痹。有善醫者，教其歷試諸藥，金石草木之類，悉試之，無苦。至貝母，其瘡乃聚眉閉口。商人喜曰：此藥可治也。因以小筆筒毀其口，灌之，數日成痂，遂癒。然不知何疾也。謹按《本經》主金瘡，此豈金瘡之類歟！

〔1〕指陰囊，或男子的外生殖器。

〔2〕病名，出自《金匱要略》。多由心火脾濕，凝滯不散，復感風邪，鬱於肌膚所引起。初時形如粟米，瘙癢不止，搔破流黃水，蔓延迅速。浸淫成片，嚴重者身熱。類似於急性濕疹。

〔3〕即月蝕瘡，又名旋耳瘡。因膽脾經濕熱上蒸，或耳道流膿延及外耳所致。耳後折縫間皮膚潮紅，久則滋水淋漓，濕爛所癢，搔破則出水，甚者耳後折縫裂開，狀如刀割，纏綿難癒。

〔4〕即望日，農曆每月十五日稱為「望日」。

治卒得癩皮毛變黑方第四十

原　文

癩病[1]方：初覺皮膚不仁，或淫淫苦癢如蟲行，或眼前見物如垂絲，或癮疹赤黑，此即急療，蠻夷[2]酒，佳善。

療白癩：苦參五斤，酒三斗漬，飲勿絕。並取皮、根，末，服，效驗。

又方：艾乾莖，濃煮，以汁漬麴作酒，常飲使醺醺。姚同。

姚方：大蝮蛇一枚，切，勿令傷，以酒漬之，大者一斗，小者五升，以糠火溫，令取蛇一寸許，以臘月豬膏和，傅瘡，差。

亦療鼠瘺諸惡瘡：苦參二斤，露蜂房二兩，麴二斤，水三斗漬藥二宿，去滓，黍米二升，釀熟，稍飲，日三。一方加猬皮，更佳。

【附方】

《聖惠方》治大風癩疾，骨肉疽敗，百節疼酸，眉鬢墮

落，身體習習癢痛：以馬先蒿細銼，炒，為末，每空心及晚食前溫酒調下二錢匕。

又方：治大風疾，令眉鬢再生：用側柏葉九蒸九曝，搗羅為末，煉蜜和丸如梧桐子大，日三服，夜一服，熟水下五丸、十丸，百日即生。

又方：治大風頭面髭髮脫落：以桑柴灰，熱湯淋取汁，洗面。以大豆，水研取漿，解澤灰，味彌佳。次用熟水入綠豆，取淨，不過十度，良。三日一沐頭，一日一洗面。

又方：治白癩：用馬鞭草不限多少，為末，每服食前，用荊芥薄荷湯調下一錢匕。

《食療》治癩：可取白蜜一斤，生薑二斤，搗取汁，先稱銅鐺令知斤兩，即下蜜於鐺中，消之，又秤知斤兩，下薑汁於蜜中，微火煎令薑汁盡，秤蜜斤兩在即休，藥已成矣。患三十年癩者，平旦服棗許大一丸，一日三服，酒飲任下。忌生冷醋滑臭物，功用甚多，活人眾矣。不能一一具之。

《外台秘要》治惡風疾：松脂，煉投冷水中二十次，蜜丸，服二兩，飢即服之，日三。鼻柱斷離者，三百日差。斷鹽及房室。

《抱朴子》云：趙瞿病癩歷年，醫不差，家乃齎糧棄送於山穴中。瞿自怨不幸，悲歎涕泣，經月，有仙人經穴見之，哀之，具問其詳。瞿知其異人也，叩頭自陳乞命。於是仙人取囊中藥賜之，教其服。百餘日，瘡癒，顏色悅，肌膚潤。仙人再過視之，瞿謝活命之恩，乞遺其方。仙人曰：此是松脂，彼中極多，汝可煉服之。長服身轉輕，力百倍，登危涉險，終日不困。年百歲，齒不墮，髮不白，夜臥常見有光大如鏡。

《感應神仙傳》云：崔言者，職隸左親騎軍。一旦得疾，雙眼昏，咫尺不辨人物，眉髮自落，鼻梁崩倒，肌膚有瘡如

癬，皆謂惡疾，勢不可救。因為洋州駱谷子歸寨使遇一道流，自谷中出，不言名姓，授其方曰：

皂角刺一二斤，為灰，蒸久曬，研為末，食上濃煎大黃湯調一錢匕，服一旬，鬢髮再生，肌膚悅潤，愈眼目，倍常明。得此方後，卻入山不知所之。

《朝野僉載》云：商州有人患大風，家人惡之，山中為起茅屋，有烏蛇墜酒缸中，病人不知，飲酒漸差。缸底尚有蛇骨，方知其由也。用道謹按，李肇國史補云：李舟之弟患風，或説蛇酒治風，乃求黑蛇，生置甕中，醞以麴蘗，數日蛇聲不絕。及熟，香氣酷烈，引滿而飲之，斯須悉化為水，唯毛髮存焉。《僉載》之説，恐不可輕用。

注釋

〔1〕癩病，亦叫癘風、大風、大風惡疾、大麻風、麻風等。因體虛感受暴癘風毒，或接觸傳染，內侵血脈而成。初時患處麻木不仁，繼而成紅斑，再發展則膿潰無膿，久之可蔓延全身肌膚，出現落眉、目損、鼻崩、唇裂、足底穿等重症。

〔2〕泛指外國。

治卒得蟲鼠諸瘻方第四十一（後有瘰癧）

原　文

姚云：凡有腫，皆有相主，患者宜檢本方。多發頭兩邊，累累有核。

姚方，鼠瘻腫核痛未成膿方：以柏葉傅著腫上，熬鹽著葉上，熨令熱氣下，即消。

葛氏卒得鼠瘻，有瘰癧未發瘡而速熱者，速療方：搗烏雞

足，若車前草，傅之。

若已有核膿血出者：以熱牛屎塗之，日三。

又方：取白鮮皮煮，服一升，當吐鼠子。

又方：取貓狸〔1〕一物，料理作羹如食法，空心進之，鼠子死出。又當生吞，其功彌效。

又方：取鼠中者一枚，亂髮如雞子大，以三歲臘月豬脂煎之，令鼠骨肉及髮消盡，半塗之，半酒服，鼠從瘡中出。姚云：秘不傳之法。

《劉涓子》鼠瘻方：以龜殼、甘草炙、桂心、雄黃、乾薑、狸骨炙，六物分等，搗，下蜜和，內瘡中，無不差。先灸作瘡，後與藥，良。

又方：柞木皮五升，以酒一斗，合煎熟，出皮煎汁，令得二升，服之盡，有宿肉出，癒。

又瘻瘡坐肉膏：楝樹白皮、鼠肉、當歸各二兩，薤白三兩，生地黃五兩，臘月豬脂三升，煎膏成，傅之孔上，令生肉。

葛氏若瘡多而孔小是蟻瘻方：燒鱔鯉甲，豬膏和，傅。

又方：燒蜘蛛二七枚，傅，良。

又瘻方：煎桃葉、枝，作煎，淨洗瘡了，內孔中，大驗方。

葛氏若著口裡：東行楝根，細銼，水煮取清汁，含之，數吐勿咽。

肉瘻方：槐白皮，搗丸，綿裏內下部中，傅，效。

鼠瘻方：石南、生地黃、雌黃、茯苓、黃連各二兩，為散，傅瘡上，日再。

又方：礬石三分，燒，斑貓一分，炙，去頭足，搗下，用醋和，服半匕，須臾瘻蟲從小便中出。《刪繁方》。

【附方】

《肘後方》治風瘻：露蜂房一枚，炙令黃赤色，為末，每

用一錢，臘月豬脂勻調，傅瘡上。

《千金方》治鼠瘻：以雞子一枚，米下熬半日，取出黃，熬令黑，先拭瘡上汁令乾，以藥內瘡孔中，三度即差。

《千金翼》治蟻瘻：取鯪鯉甲二七枚，末，豬膏和，傅之。

《聖惠方》治螻蛄瘻：用槲葉燒灰，細研，以泔別浸槲葉，取洗瘡，拭之，內少許灰於瘡中。

又方：治一切瘻。煉成松脂，末，填瘡孔令滿，日三、四度用之。

注釋

〔1〕一種形體似貓的狸。

治卒陰腫痛頹卵方第四十二

原　文

葛氏男子陰卒腫痛方：灸足大指第二節下橫文理正中央五壯，佳。姚云：足大指本三壯。

又方：桃核中仁，熬，末，酒服如彈丸。姚云：不過三。

又方：灶中黃土，末，以雞子黃和傅之。蛇床子，末，和雞子黃傅之，亦良。

又方：搗蕪菁根，若馬鞭草，傅並良。姚同。

又方：雞翮〔1〕六枚，燒，並蛇床子末分等，合服。少隨卵左右，傅卵，佳。姚方無蛇床子。

小兒陰疝，發時腫痛：依仙翁前灸法，隨左右灸，差。

隨痛如刺方：但服生射干汁，取下。亦可服丸藥下之。云作走馬湯，亦在尸注中有。

陰丸卒縮入腹，急痛欲死，名陰疝。

狼毒四兩，防風二兩，附子三兩，燒，蜜丸，服三丸如桐子大，日夜三度。

陰莖中卒痛不可忍：雄黃、礜石各二兩，甘草一尺，水五升煮取二升，漬。姚云：療大如斗者。

葛氏男子陰瘡損爛：煮黃蘗洗之。又白蜜塗之。

又方：黃連、黃蘗分等，末之，煮取肥豬肉汁，漬瘡訖，粉之。姚方蜜煎甘草，末，塗之。比者見有陰頭腫，項下瘡欲斷者，豬肉汁漬。依姚方，即神效。

陰蝕[2]欲盡者：蝦蟆、兔矢分等，末，敷瘡上。

陰癢汁出：嚼生大豆黃塗之，亦療尿灰瘡。

姚療陰癢生瘡：嚼胡麻塗之。

葛療陰囊下濕癢皮剝：烏梅十四枚，錢四十文，三指撮鹽，苦酒一升，於銅器內總漬九日，日洗之。又煮槐皮，若黃蘗汁及香葉汁，並良。

療人陰生瘡濃出臼方：高昌白礬一小兩，搗細，麻人等分，研，煉豬脂一合，於瓷器中和攪如膏，然後取槐白皮切，作湯以洗瘡上，拭令乾，即取膏塗上，然後以楸葉帖上，不過三。

又陰瘡有二種：一者作臼膿出，曰陰蝕瘡，二者但亦作瘡，名為熱瘡。若是熱，即取黃蘗一兩，黃芩一兩，切，作湯洗之，仍取黃連、黃蘗，作末傅之。

女子陰瘡：末硫黃傅上。姚同。又燒杏仁，搗，塗之。

又方：末雄黃、礜石各二分，麝香半分，搗，傅。姚同。

若陰中痛：礜石二分，熬，大黃一分、甘草半分，末，綿裹如棗，以道之，取差。

若有息肉突出：以苦酒三升，漬烏喙五枚三日，以洗之，日夜三、四度。

若苦癢搔之痛悶：取豬肝炙熱，內陰中，當有蟲著肝。

小兒禿方：取白頭翁根，搗，傅一宿，或作瘡，二十日癒。

灸癩：但灸其上，又灸莖上，又灸白小腹脈[3]上，及灸腳大指三中灸一壯。又灸小指頭，隨癩左右著灸。

姚氏方：楊、柳枝如足大指大，長三尺，二十枚，水煮令極熱，以故紙及呿掩腫處，取熱柳枝，更取拄之，如此取得差止。

又卵癩：熟搗桃仁，傅之。亦療婦人陰腫，燥即易之。

《小品》牡丹散，療癩偏大氣脹方：牡丹、防風、桂心、豉熬、鐵精分等，合搗下，服方寸匕，小兒一刀圭，二十日愈，大良。嬰兒以乳汁和如大豆，與之。

不用藥法，療癩必差方：令病人自把糯米餅子一枚，並皂莢刺一百個，就百姓間坐社處，先將皂莢刺分合社人，社官三老已下各付一針，即出餅子示人，從頭至尾，皆言從社官已下乞針搥，社人問云：搥何物？病人云：搥人魁。周匝總遍訖針並插盡，即時餅卻到家，收掌於一處，餅乾，癩不覺自散，永差。極神效。

【附方】

《千金方》有人陰冷，漸漸冷氣入陰囊，腫滿恐死，日夜疼悶不得眠：取生椒，擇之令淨，以布帛裹，著丸囊，令厚半寸，須臾熱氣大通，日再易之，取消差。

又《外臺秘要方》：煮大薊根汁，服之立差。

《梅師方》治卒外腎偏腫疼痛：大黃，末，和醋塗之，乾即易之。

又方：桂心，末，和水調方寸匕，塗之。

又方：治卒外腎偏疼。皂莢和皮為末，水調傅之，良。

第五章 養生（內附注釋、譯文） 葛洪《肘後方》道醫與中醫藥

初虞世方治水㿗^{〔4〕}偏大，上下不定疼痛：牡蠣不限多少，鹽泥固濟，炭三斤，煅令火盡，冷，取二兩，乾薑一兩炮，右為細末，用冷水調稀稠得所，塗病處，小便利，即癒。

《經驗方》治丈夫本藏氣傷膀胱連小腸等氣。金鈴子一百個，溫湯浸過，去皮，巴豆二百個，槌微破，麩二升，同於銅鍋內炒金鈴子赤熟為度，放冷取出，去核為末，每服三錢，非時熱酒、醋湯調，並得。其麩、巴豆不用也。

《外台秘要》治膀胱氣急，宜下氣：蕪荑，搗，和食鹽末，二物等分，以綿裹如棗大，內下部，或下水惡汁並下氣，佳。

又治陰下濕：吳茱萸一升，水三升煮三沸，去滓，洗癢，差。

又治陰頭生瘡：以蜜煎甘草，塗之，差。

《千金方》治丈夫陰頭癰，師所不能治：烏賊魚骨，末，粉傅之，良。

又《千金翼方》：鱉甲一枚，燒令末，以雞子白和，傅之，良。

注釋

〔1〕即雞翅羽毛。

〔2〕又名陰瘡、陰匿等。因情志鬱火，損傷肝脾，濕熱下注。鬱蒸生蟲，蟲蝕陰中所引起。可見外陰部潰爛，形成潰瘍，膿血淋漓，或痛或癢，腫脹墜痛，多伴有赤白帶下，小便淋漓等症狀。

〔3〕似應為任脈。

〔4〕病名。指因小濕下注或感受風寒濕邪所引起的隱睪症。

卷　六

治目赤痛暗昧刺諸病方第四十三

原　文

華佗禁方：令病人自用手兩指擘所患眼，垂空咒之曰：疋疋，屋舍狹窄，不容宿客。即出也。

《傷寒方》末亦有眼方。姚方目中冷淚出，眥赤癢，乳汁煎方：黃連三分，蕤仁二分，乾薑四分，以乳汁一升漬一宿，微火煎取三合，去滓，取米大傅眥。

睛為所傷損破方：牛旋，日二點，避風。黑睛破，亦差。

【附方】

《范注方》主目中淚出，不得開即刺痛方：以鹽如大豆許，內目中，習習去鹽，以冷水數洗目，差。

《博濟方》治風毒上攻眼，腫癢澀，痛不可忍者，或上下瞼皆赤爛浮醫瘀，肉侵睛神，效驅風散：五倍子一兩，蔓荊子一兩半，同杵末，每服二錢，水二盞，銅石器內煎及一盞，澄滓，熱淋洗，留滓二服。又依前煎淋洗，大能明眼目，去澀癢。

《簡要濟眾》治肝虛目睛疼，冷淚不止，筋脈痛，及眼羞明怕日，補肝散：夏枯草半兩，香附子一兩，共為末，每服一錢，臘茶調下，無時。

《聖惠方》治眼癢急，赤澀，用犬膽汁注目中。

又方：治風赤眼。以地龍十條，炙乾，為末，夜臥以冷茶調下二錢匕。

又方：治傷寒熱毒氣攻眼，生白醫。用烏賊魚骨二兩，不用大皮，杵末，入龍腦少許，更研令細，日三、四度，取少許點之。

又方：治久患內障眼[1]。車前子、乾地黃、麥門冬等分，為末，蜜丸如梧桐子大，服、屢效。

治目方用黃連多矣，而羊肝丸尤奇異：取黃連末一大兩，白羊子肝一具，去膜，同於砂盆內研令極細，眾手捻為丸，如梧桐子，每食以暖漿水吞二七枚，連作五劑、差。但是諸眼目疾，及障翳青盲，皆主之。禁食豬肉及冷水。劉禹錫云：有崔承元者，因官治一死罪囚出活之，因後數年以病自致死。一旦崔為內障所苦，喪明，逾年後，半夜嘆息獨坐時，聞階除間悉窣之聲，崔問為誰？曰是昔所蒙活者囚，今故報恩至此。遂以此方告訖而沒。崔依此合服，不數月眼復明。因傳此方於世。

又方：今醫家洗眼湯：以當歸、芍藥、黃連等分，停細，以雪水或甜水煎濃汁，乘熱洗，冷即再溫洗，甚益眼目。但是風毒赤目花翳等，皆可用之。其說云：凡眼目之病，皆以血脈凝滯使然，故以行血藥合黃連治之。血得熱即行，故乘熱洗之。用者無不神效。

又方：治雀目[2]不計時月。用蒼朮二兩，搗羅為散，每服一錢，不計時候。以好羊子肝一個，用竹刀子枇破，糝藥在內，麻繩纏定，以粟米泔一大盞，煮熟為度，患人先薰眼，藥氣絕即吃之。《簡要濟眾》治小兒雀目。

《梅師方》治目暗，黃昏不見物者：以青羊肝，切、淡、醋食之，煮亦佳。

又方：治眼睛無故突一、二寸者。以新汲水灌漬睛中，數易水，睛自入。

《崔元亮海上方》著此三名：一名西國草，一名畢楞伽，一名覆盆子。治眼暗不見物，冷淚浸淫不止，及青盲[3]天行目暗等。取西國草，日暴乾，搗令極爛，薄綿裹之，以飲男乳汁中浸如人行八、九里久。用點目中，即仰臥，不過三、四日，

視物如少年。禁酒、油、麵。

《千金方》點小兒黑花眼瞖澀痛：用貝齒一兩，燒作灰，研如麵，入少龍腦，點之妙。

又方：常服明目洞視：胡麻一石，蒸之三十遍，末、酒服，每日一升。

又方：古方明目黑髮，槐子於牛膽中漬，陰乾百日，食後吞一枚，十日身輕，三十日白髮黑，百日內通神。

《孫真人食忌》主眼有瞖：取芒硝一大兩，置銅器中，急火上煉之，放冷後，以生絹細羅，點眼角中，每夜欲臥時一度點，妙。

《經驗方》退瞖明目白龍散：馬牙消光淨者，用厚紙裹，令按實，安在懷內著肉處，養一百二十日，取出，研如粉，入少龍腦，同研細，不計年歲深遠，眼內生瞖膜，漸漸昏暗，遠視不明，但瞳人不破散，並醫得。每點用藥末兩米許，點目中。

又方：治內外障眼。蒼朮四兩，米泔浸七日，逐日換水，後刮去黑皮，細切，入青鹽一兩，同炒黃色為度，去鹽不用，木賊二兩，以童子小便浸一宿，水淘，焙乾，同搗為末。每日不計時候，但飲食疏菜內調下一錢匕，服甚驗。

《經驗後方》治虛勞眼暗：採三月蔓菁花，陰乾，為末，以井花水，每空心調下二錢匕。久服長生，可讀夜書。

《外台秘要》主目瞖及努肉：用礬石最白者，內一黍米大於瞖上及胬肉上即冷淚出，綿拭之，令惡汁盡，其疾日日減，瞖自消薄，便差。礬石須真白好者，方可使用。

又補肝散：治三十年失明。蒺藜子七月七日收，陰乾，搗散食，後水服方寸匕。

又療盲：豬膽一枚，微火上煎之可丸，如黍米大，內眼中，食頃，良。

又方：治翳如重者：取豬膽白皮，曝乾，合作小繩子如粗釵股大小，燒作灰，待冷，便以灰點翳上，不過三、五度，即差。

又方：輕身益氣明目。蕪菁子一升，水九升煮令汁盡，日乾，如此三度，搗末，水服方寸匕，日三。

《斗門方》治火眼：用艾燒令煙起，以碗蓋之，候煙上碗成煤，取下，用溫水調化，洗火眼，即差。更入黃連，甚妙。

《廣利方》治眼目損胬肉出：生杏仁七枚，去皮，細嚼，吐於掌中，及熱以綿裹筋頭，將點胬肉上，不過四、五度，差。

《藥性論》云：空心用鹽揩齒，少時吐水中，洗眼，夜見小字，良。

顧含養嫂失明：含當藥視膳，不冠不食。嫂目疾，須用蚺蛇膽，含計盡求不得，有一童子，以一合授含，含開乃蚺蛇膽也。童子出門，化為青鳥而去。嫂目遂差。

注釋

〔1〕主要是指發生於瞳仁及眼內的疾病。一般以虛證居多，尤以肝腎不足、氣血兩虧為常見。此外，陰虛火旺，或情志失調，氣滯血瘀，風火痰濕上擾清竅，以及外傷等，亦可致病。常常自我感覺眼前如蚊蠅飛舞，黑花飄蕩，視燈火如彩虹，視物昏蒙，夜盲，甚至暴盲等。

〔2〕又叫雀目內障、雞盲，俗稱雞蒙眼，即夜盲症。此病分先天和後天二種，先天者稱高風雀盲，多因腎虛不足，脾失健運所致；後天者多屬肝虛雀盲，由脾失健運引起，常出現症狀不上目的早期，症見黑夜或暗處視物不清。

〔3〕多因肝腎虧衰，精血虛損，目竅萎用所致。《諸病源候論》：「青盲者，謂眼本無異，瞳子黑白分明，直不見物耳。」指眼外觀無異常而逐漸失明者。相當於視神經萎縮。

治卒耳聾諸病方第四十七

原　文

葛氏耳卒聾：取鼠膽內耳內，不過三，癒。有人云：側臥，瀝一膽盡，須臾膽汁從下透出，初出益聾，半日頃，乃差。治三十年老聾。

又方：巴豆十四枚，搗，鵝脂半兩，火熔，內巴豆，和取如小豆，綿裹內耳中，差。日一易。姚云：差三十年聾。

若卒得風，覺耳中恍恍者：急取鹽七升，甑蒸使熱，以耳枕鹽上，冷復易。亦療耳卒疼痛，蒸熨。

又方：栝蔞根，削令可入耳，以臘月豬脂煎三沸，出，塞耳，每日作，三七日即癒。

姚氏耳痛有汁出方：熬杏仁令赤黑，搗如膏，以綿裹塞耳，日三易，三日即癒。

聹耳，耳中痛，膿血出方：月下灰吹滿耳，令深入無苦，即自出。

耳聾，菖蒲根丸：菖蒲根一寸，巴豆一粒，去皮心，二物合搗篩，分作七丸，綿裹，臥即塞，夜易之，十日立癒。黃汁，立差。

耳中膿血出方：細附子末，以蔥涕和，灌耳中，良。單蔥涕亦佳。側耳令入耳。

耳中常鳴方：生地黃，切，以塞耳，日十數易。

《小品》療聹耳出膿汁散方：礬石二兩，燒。黃連一兩，烏賊魚骨一兩，二物為散，即如棗核大，綿裹塞耳，日再易。

更加龍骨。

耳聾巴豆丸：巴豆一枚，去心皮，班貓一枚，去翅足，二物合搗篩，綿裹塞入耳中，再易，甚驗。云此來所用則良。

607

又方：磁石、菖蒲、通草、薰陸香、杏仁、草麻、松脂，搗篩為末，等分，蠟及鵝脂和，硬和為丸，稍長，用釵子穿心為孔，先去耳塞，然後內於藥，日再。初著癢及作聲，月餘總差。殿中侯監效。

耳卒痛：蒸鹽熨之。

痛不可忍，求死者：菖蒲、附子各一分，末，和烏麻油煉，點耳中，則立止。

聤耳膿血出：車轄脂，塞耳中，膿血出盡癒。

【附方】

《肘後方》療耳卒腫出膿水方：礬石燒末，以筆管吹耳內，日三、四度。或以綿裹塞耳中，立差。

《經驗方》治底耳方：用桑螵蛸一個，慢火炙及八分熟，存性，細研，入麝香一字，為末，糝在耳內，每用半字，如神效。如有膿，先用綿包子捻去，次後糝藥末入耳內。

又方：治耳卒聾。巴豆一粒，蠟裹，針刺令通透，用塞耳中。

《梅師方》治耳久聾：松脂三兩，煉巴豆一兩，相和，熟搗可丸，通過以薄綿裹，內耳孔中塞之，日一度易。

《聖惠方》治腎氣虛損耳聾：用鹿腎一對，去脂膜，切，於豉汁中，入粳米二合，和煮粥，入五味之法調和，空腹，令之作羹及酒，並得。

杜壬方：治耳聾，因腎虛所致，十年內一服，癒。蝎至小者四十九枚，生薑如蝎大四十九片，二物銅器內炒至生薑乾為度，為末，都作一服。初夜溫酒下，至二更盡，儘量飲酒，至醉不妨。次日耳中如笙簧，即效。

《勝金方》治耳聾，立效：以乾地龍，入鹽，貯在蔥尾內，為水，點之。

《千金方》治耳聾：以雄黃、硫黃等分，為末，綿裹塞耳中。

又方：酒三升，漬牡荊子一升，碎之浸，七日，去滓，任性服盡。三十年聾差。

又方：以醇酢，微火煎附子，削令尖，塞耳效。

《外台秘要》治聾：芥子搗碎，以人乳調和，綿裹塞耳，差。

《楊氏產乳方》療耳鳴無晝夜：烏頭燒作灰，菖蒲等分，為末，綿裹塞耳中，日再用，效。

治耳為百蟲雜物所入方第四十八

原　文

葛氏百蟲入耳：以好酒灌之，起行自出。

又方：閉氣，令人以蘆吹一耳。

又方：以桃葉塞兩耳，立出。

蜈蚣入耳：以樹葉裹鹽灰，令熱，以掩耳，冷復易，立出。

蚰蜒入耳：熬胡麻，以葛囊貯，枕之。蟲聞香，則自出。

蟻入耳：炙豬脂香物，安耳孔邊，即自出。

《神效方》蚰蜒入耳：以牛酪灌滿耳，蚰蜒即出，出當半銷。若入腹中，空腹食好酪一、二升，即化為黃水而出。不盡，更作服。手用神驗無比，此方是近得。

又方：小雞一隻，去毛、足，以油煎令黃，筋穿作孔，枕之。

又方：取蚯蚓，內蔥葉中，並化為水，滴入耳中，蚰蜒亦化為水矣。

【附方】

《勝金方》主百蟲入耳不出：以雞冠血滴入耳內，即出。

又《千金方》：搗韭汁灌耳中，差。

又方：治耳中有物不可出：以麻繩剪令頭散，傅好膠，著耳中物上黏之，令相著，徐徐引之，令出。

又《梅師方》：取車釭脂塗耳孔中，自出。

《續十全方》治蟲入耳：秦椒末一錢，醋半盞，浸良久，少少灌耳，蟲自出。

《外台秘要》、《肘後》治蟻入耳：燒鯪鯉甲，末，以水調灌之，即出。

劉禹錫《傳信方》治蚰蜒入耳：以麻油作煎餅，枕臥，須臾蚰蜒自出而差。李元淳尚書在河陽日，蚰蜒入耳，無計可為，半月後腦中洪洪有聲，腦悶不可徹，至以頭自擊門柱。奏疾狀危極，因發禦藥以療之，無差者，為受苦不念生存。忽有人獻此方，乃癒。

《兵部手集》治蚰蜒入耳。小蒜汁理一切蟲入耳，皆同。

《錢相公篋中方》治百節蚰蜒並蟻入耳：以苦醋注之，起行即出。

《聖惠方》治飛蛾入耳：醬汁灌入耳，即出。又擊銅器於耳傍。

《經驗方》治水入耳：以薄荷汁點，立效。

治卒食噎不下方第四十九

原　文

葛氏方：取少蜜含之，即立下。

又方：取老牛涎沫如棗核大，置水中，飲之，終身不復患噎也。

【附方】

《外台秘要》治噎：羚羊角屑一物，多少自在，末之，飲服方寸匕。亦可以角摩噎上，良。

《食醫心鏡》治卒食噎：以陳皮一兩，溫浸去穰，焙為末，以水一大盞煎取半盞，熱服。

《聖惠方》治膈氣，咽喉噎塞，飲食不下。用碓觜上細糠，蜜丸彈子大，非時含一丸，咽津。

《廣五行記》云：永徽中，絳州僧病噎不下食，告弟子，吾死之後，便可開吾胸喉，視有何物。言終而卒。弟子依言，而開視胸中，得一物，形似魚而有兩頭，遍體是肉鱗。弟子置器中，跳躍不止。戲以諸味，皆隨化盡。時夏中，藍多作淀，有一僧以淀置器中，此蟲遂繞器而走，須臾化為水。

治卒諸雜物鯁不下方第五十

原　文

食諸魚骨鯁：以魚骨於頭上，立即癒。下云：聲咳即出。

又方：小嚼薤白令柔，以繩擊中，持繩端，吞薤到鯁處，引之，鯁當隨出。

療骨鯁：仍取所餘者骨，左右手反覆擲背後，立出。

雜物鯁方：解衣帶，目窺下部，不下，即出。

又方：好蜜，以匕抄，稍稍咽之，令下。魚骨鯁在喉中，眾法不能去者方：取飴糖，丸如雞子黃大，吞之。不去，又吞，以漸大作丸。用得效。

【附方】

《斗門方》治骨鯁：用鹿角為末，含津咽下，妙。

《外台秘要》療鯁：取虎骨為末，水服方寸匕。

又方：螻蛄腦一物，吞，亦治刺不出。傅之，刺即出。

又方：口稱鸕鷀，則下。

又《古今錄驗》療魚鯁骨橫喉中六、七日不出。取鯉魚鱗皮，合燒作屑，以水服之，則出。未出更服。

《勝金方》治小兒大人一切骨鯁，或竹木籤刺喉中不下方：於臘月中取鱖魚膽，懸北檐下令乾。每魚鯁，即取一皂子許，以酒煎化，溫溫呷。若得逆，便吐，骨即隨頑涎出。若未吐，更吃溫酒，但以吐為妙。酒即隨性量力也。若未出，更煎一塊子，無不出者。此藥但是鯁物在藏腑中，日久痛，黃瘦甚者，服之皆出。若卒求鱖魚不得，蠡魚、鯇魚、鯽魚俱可。臘月收之，甚佳。

孟詵云：人患卒瘂：取杏仁三分，去皮尖，熬，別杵，桂一分，和如泥，取李核，用綿裹含，細細咽之，日五夜三。

治卒誤吞諸物及患方第五十一

原　文

葛氏誤吞釵方：取薤曝令萎，煮使熟，勿切，食一大束，釵即隨出。生麥菜若節縷，皆可用。

誤吞釘及箭金針錢鐵等物方：多食肥羊脂，諸般肥肉等，自裹之，必得出。

吞諸珠璫鐵而鯁方：燒弩銅令赤，內水中，飲其汁，立癒。

誤吞錢：燒火炭末，服方寸匕，即出。《小品》同。

又方：服蜜三升，即出。

姚氏食中吞髮，繞喉不出方：取梳頭髮，燒作灰，服一錢匕。

吞環若指驅：燒鵝羽數枚，末，飲之。

吞錢：臘月米飴，頓服半升。

又方：濃煎艾汁，服，效。

【附方】

《聖惠方》治誤吞銀環子釵子：以水銀半兩，服之，再服，即出。

又方：治小兒誤吞針：用磁石如棗核大，磨令光，鑽作竅，絲穿，令含，針自出。

又方：治小兒誤吞銅鐵物，在咽喉內不下。用南燭根，燒，細研，熱水調一錢，下之。

《錢相公篋中方》療誤吞錢：以磁石棗許大一塊，含之，立出。

又方：取艾蒿一把，細銼，用水五升煎取一升，頓服，便下。

又《外台秘要》：取飴糖一斤，漸漸盡食之，環及釵便出。

又《楊氏產乳》：蒼耳頭一把，以水一升，浸水中十餘度〔1〕，飲水癒。

《孫用和方》治誤吞金銀或錢，在腹內不下方：石灰一杏核大，硫黃一皂子大，同研為末，酒調下，不計時候。

《姚氏方》治食中誤吞髮，繞喉不出。取己頭亂髮，燒作灰，服一錢匕，水調。

陳藏器云：故鋸無毒，主誤吞竹木入喉咽，出入不得者，燒令赤，漬酒中，及熱飲，並得。

注釋

〔1〕其意似為取蒼耳置水中浸泡一段時間後取出晾乾，再放入水中浸泡，這樣反覆十餘次。

治面皰髮禿身臭心昏鄙醜方第五十二

原 文

葛氏療年少氣充，面生皰瘡：胡粉、水銀，臘月豬脂和，熟研，令水銀消散，向暝以粉面，曉拭去，勿水洗。至暝又塗之，三度即差。姚方同。

又方：塗麋脂，即差。

又方：三歲苦酒漬雞子三宿，軟，取白，以塗上。

《隱居效方》皰瘡方：黃連、牡蠣各二兩，二物搗篩，和水作泥，封瘡上，濃汁粉之，神驗。

冬葵散：冬葵子、柏子仁、茯苓、瓜瓣各一兩，四物為散，食後服方寸匕，日三，酒下之。

療面及鼻酒皶方：真珠、胡粉、水銀分等，豬脂和塗。又鸕鷀矢，和臘月豬脂塗，亦大驗。神效。

面多䵟黯，或似雀卵色者；苦酒煮朮；常以拭面，稍稍自去。

又方：新生雞子一枚，穿去其黃，以朱末一兩內中，漆固，別方云蠟塞，以雞伏著例，出取塗面，立去而白。又別方，出西王母枕中。陳朝張貴妃常用膏方：雞子一枚，丹砂二兩，末之，仍云安白雞腹下伏之，餘同。雞子令面皮急而光滑，丹砂發紅色，不過五度傅面，面白如玉，光潤照人，大佳。

卒病餘面如米粉傅者：熬礬石，酒和塗之。姚云：不過三度。

又方：白斂二分，杏人半分，雞矢白一分，搗下，以蜜和之，雜水以拭面，良。

療人頭面患癧瘍方：雄黃、硫黃、礬石，末，豬脂和塗之。

又方：取生樹木孔中蝱汁拭之，末桂和，傅上，日再三。

又方：蛇蛻皮，熟以磨之數百度，令熱，乃棄草中，勿顧。療人面體黎黑，膚色麤陋，皮厚狀醜。

細搗羖羊脛骨，雞子白和傅面，乾以白梁米泔汁洗之，三日如素，神效。

又方：蕪菁子二兩，杏仁一兩，並搗，破栝蔞去子囊，豬胰五具，淳酒和，夜傅之。寒月以為手面膏。別方云：老者少，黑者白。亦可加土瓜根一兩，大棗七枚，自漸白悅。姚方：豬胰五具，神驗。

《隱居效驗方》面黑令白去黶方：烏賊魚骨、細辛、栝蔞、乾薑、椒各二兩，五物切，以苦酒漬三日，以成煉牛髓二斤煎之，苦酒氣盡藥成，以粉面，醜人特異鮮好，神妙方。

又令面白如玉色方：羊脂、狗脂各一升，白芷半升，甘草一尺，半夏半兩，烏喙十四枚，合煎，以白器成，塗面，二十日即變，兄弟不相識，何況餘人乎？

《傳效方》療化面方：真珠屑、光明砂，並別熟研，冬瓜、陳人各二兩，變研，水銀四兩，以四、五重帛練袋於貯之，銅鐺中醋漿微火煮之，一宿一日堪用，取水銀和面脂，熟研使消，乃合珠屑，砂並瓜子末，更合調，然後傅面。

又療人面無光潤，黑䵟及皺，常傅面脂方：細辛、萎蕤、黃蓍、薯蕷、白附子、辛夷、芎藭、白芷各一兩，栝蔞、木蘭皮各一分，成煉豬脂二升，十一物切之，以綿裹，用少酒漬之一宿，內豬脂煎之七上七下，別出一片白芷內煎，候白芷黃色成，去滓，絞用汁，以傅面，千金不傳。此膏亦療金瘡並吐血。

療人䵟，令人面皮薄如蕣華方：鹿角尖，取實白處，於平石上以磨之，稍濃，取一大合，乾薑一大兩，搗，密絹篩，和鹿角汁，攪使調勻，每夜先以暖漿水洗面，軟帛拭之，以白蜜塗面，以手拍，使蜜盡，手指不黏為盡，然後塗藥，平旦還以

暖漿水洗，二、三七日顏色驚人。塗藥不見風日，慎之。

又面上暴生皯方：生杏仁，去皮，搗，以雞子白和，如煎餅麵，入夜洗面乾塗之，旦以水洗之，立癒。姚方云：經宿拭去。

面上䵟𪐏子化面並療，仍得光潤皮急方：土瓜根，搗篩，以漿水和，令調勻，入夜漿水以洗面，塗藥，且復洗之，百日光華射人，夫妻不相識。

葛氏服藥取白方：取三樹桃花，陰乾，末之，食前服方寸匕，日三。姚云：並細腰身。

又方：白瓜子中仁五分，白楊皮二分，桃花四分，搗末，食後服方寸匕，日三。欲白，加瓜子，欲赤，加桃花。三十日面白，五十日手足俱白。又一方有橘皮三分，無楊皮。

又方：女苑三分，鉛丹一分，末，以醋漿服一刀圭，日三服。十日大便黑，十八、十九日如漆，二十一日全白，便止，過此太白。其年過三十，難復療。服藥忌五辛。

又方：朱丹五兩，桃花三兩，末，井朝水服方寸匕，日三服。十日知，二十日太白，小便當出黑汁。

又方：白松脂十分，乾地黃九分，乾漆五分，熬，附子一分，炮，桂心二分，搗下篩，蜜丸，服十九，日三。諸蟲悉出，便肥白。

又方：乾薑、桂、甘草分等，末之，且以生雞子一枚，內一升酒中，攪溫，以服方寸匕。十日知，一月白光潤。

又方：去黑：羊膽、豬胰、細辛等分，煎三沸，塗面咽，旦醋漿洗之。

又方：茯苓、白石脂分等，蜜和塗之，日三度。

服一種藥，一月即得肥白方：大豆黃炒，春如作醬滓，取純黃一大升，搗，篩，煉豬脂和令熟丸，酒服二十丸，日再，

漸加至三、四十丸，服盡五升。不出一月，即大能食，肥白，試用之。

療人鬚鬢禿落不生長方：麻子仁三升，秦椒二合，置泔汁中一宿，去滓，日一沐，一月長二尺也。

又方：蔓荊子三分，附子二枚，碎，酒七升，合和，器中封二七日，澤沐，十日長一尺。勿近面上，恐有毛生。

又方：桑白皮，銼三、二升，以水淹煮五、六沸，去滓，以洗鬚鬢，數數為之，即自不落。

又方：麻子人三升，白桐葉一把，米泔煮五、六沸，去滓，以洗之，數之則長。

又方：東行桑根長三尺，中央當甑䭓上蒸之，承取兩頭汁，以塗鬚鬢，則立癒。

療鬚鬢黃方：燒梧桐灰，乳汁和，以塗膚及鬚鬢，佳。

染髮鬚，白令黑方：醋漿煮豆，漆之，黑如漆色。

又方：先洗鬚髮令淨，取石灰、胡粉分等，漿和溫，夕臥塗訖，用油衣包裹，明日洗去，便黑，大佳。

又拔白毛令黑毛生方：拔去白毛，以好白蜜任孔中，即生黑毛。眉中無毛，亦針挑傷，傅蜜，亦毛生。比見諸人水取石子，研丁香汁，拔訖，急手傅孔中，亦即生黑毛。此法大神驗。

若頭風白屑，檢風條中方，脂澤等方，在此篇末。

姚方療皯：白蜜和茯苓，塗上，滿七日，即癒。

又療面胡粉刺方：搗生菟絲，絞取汁，塗之，不過三、五上。

又黑面方：牯羊膽、牛膽，淳酒三升，合煮三沸，以塗面良。

面上惡瘡方：黃連、黃蘗、胡粉各五兩，下篩，以粉面上瘡。瘡方並出本條中，患宜簡用之。

葛氏療身體及腋下狐臭方：正旦以小便洗腋下，即不臭。姚云：大神驗。

又方：燒好礬石，作末，絹囊貯，常以粉腋下。又用馬齒礬石燒，令汁盡，粉之，即差。

又方：青木香二兩，附子一兩，石灰一兩，細末，著粉腋中，汁出即粉之。姚方有礬石半兩燒。

又方：炊飯及熱丸，以拭腋下臭，仍與犬食之，七日一如此，即差。

又方：煮兩雞子熟，去殼皮，各內腋下，冷棄三路口，勿反顧，三為之，良。

姚方：取牛脂、胡粉，合椒，以塗腋下，一宿即癒。可三、兩度作之，則永差。

又兩腋下及手足掌陰下股裡常汗濕致臭方：乾枸杞根、乾薔根、甘草半兩，乾章陸、胡粉、滑石各一兩，六物以苦酒和，塗腋下，當汁出，易衣更塗，不過三傅，便癒。或更發，復塗之。不可多傅，傷人。腋餘處，亦塗之。

若股內陰下常濕且臭或作瘡者方：但以胡粉一分，粉之，即差。常用驗方。

《隱居效方》療胡臭：雞舌、藿香、青木香、胡粉各二兩，為散，內腋下，綿裹之，常作差。

令人香方：白芷、薰草、杜若、杜蘅、藁本分等，蜜丸為丸，但旦服三丸，暮服四丸，二十日足下悉香，云大神驗。

又方：瓜子、芎藭、藁本、當歸、杜蘅、細辛各二分，白芷、桂各五分，搗下，食後服方寸匕，日三服。五日口香，一十日肉中皆香，神良。

《小品》又方：甘草、松樹根及皮、大棗、甜瓜子，四物分等，末，服方寸匕，日三。二十日覺效，五十日身體並香，

百日衣服床幃皆香。姚同。

療人心孔昏塞，多忘喜誤：七月七日，取蜘蛛網著領中，勿令人知，則永不忘也。姚方同。

又方：丁酉日，密自至市買遠志，著巾角中還，末服之，勿令人知。姚同。

又方：丙午日，取鱉甲著衣帶上，良。

又方：取牛、馬、豬、雞心干之，末，向日酒服方寸匕，日三，問一知十〔1〕。

孔子大聖智枕中方，已出在第九卷〔2〕。姚同。

又方：茯苓、茯神、人參五分，遠志七分，菖蒲二分，末，服方寸匕，日三夜一服。

又方：章陸花，陰乾一百日，搗末，暮水服方寸匕，暮臥思念所欲知事，即於眠中醒悟。

又方：上黨人參半斤，七月七日麻勃一升，合搗，蒸使氣盡遍，服一刀圭，暮臥逆知未然之事。

療人嗜眠喜睡方：馬頭骨，燒作灰，末，服方寸匕，日三夜一。

又方：父鼠目一枚，燒作屑，魚膏和，注目外眥，則不肯眠。兼取兩目絳囊裏帶。

又方：麻黃、朮各五分，甘草三分，日中南搗末，服一方寸匕，日三。

姚方：人不忘。菖蒲三分，茯苓五分，伏神，人參各五分，遠志七分，末，服方寸匕，日三夜一，五日則知，神良。

傳用方，頭不光澤，臘澤飾髮方：青木香、白芷、零陵香、甘松香、澤蘭各一分，用綿裹，酒漬再宿，內油薰煎再宿，加臘澤斟量硬軟，即火急煎，著少許胡粉，煙脂訖，又緩火煎令黏極，去滓，作梃，以飾髮，神良。

作香澤塗髮方：依臘澤藥，內漬油薰煎，即用塗髮。亦綿裹，煎之。

作手脂法：豬胰一具，白芷、桃人碎各一兩，辛夷各二分，冬瓜人二分，細辛半分，黃瓜、栝蔞人各三分，以油一大升，煮白芷等二、三沸，去滓，按豬胰取盡，乃內冬瓜、桃人末，合和之，膏成以塗手掌，即光。

菫豆香藻法：菫豆一升，白附、芎藭、白芍藥、水栝蔞、當陸、桃人、冬瓜人各二兩，搗篩，和合，先用水洗手面，然後傅藥粉飾之也。

六味薰衣香方：沉香一片，麝香一兩，蘇合香，蜜塗微火灸，少令變色，白膠香一兩，搗，沉香令破如大豆粒，丁香一兩，亦別搗，令作三兩段，搗餘香訖，蜜和為炷，燒之。若薰衣，著半兩許。又藿香一兩，佳。

葛氏既有膏傅面染髮等方，故疏脂澤等法，亦粉飾之所要云。

髮生方：蔓荊子三分，附子二枚，生用，並碎之，二物以酒七升和，內磁器中，封閉經二七日，藥成。先以灰汁淨洗鬚髮，痛拭乾，取烏雞脂揩，一日三遍，凡經七日，然後以藥塗，日三、四遍，四十日長一尺。餘處則勿塗。

【附方】

《肘後方》姚氏療黑：茯苓末，白蜜和塗上，滿七日，即癒。

又方：療面多皯黷如雀卵色。以羖羊膽一枚，酒二升合煮三沸，以塗拭之，日三度，差。

《千金方》治血皯面皺：取蔓菁子爛研，入常用面脂中，良。

《崔元亮海上方》減瘢膏：以黃礬石燒令汁出，胡粉炒令

黃，各八分，惟須細研，以臘月豬脂和，更研如泥。先取生布揩令痛，則用藥塗五度。又取鷹屎白、燕窠中草，燒作灰，等分，和人乳塗之，其瘢自滅，肉平如故。

又方：治面䵟黑子。取李核中人去皮，細研，以雞子白和如稀餳塗，至晚每以淡漿洗之，後塗胡粉，不過五、六日，有神。慎風。

《孫真人食忌》去靨子：取石灰，炭上熬令熱，插糯米於灰上，候米化，即取米點之。

《外台秘要》救急去黑子方：夜以暖漿水洗面，以布揩黑子，令赤痛，水研白檀香，取濃汁以塗之。旦又復以漿水洗面，仍以鷹糞粉黑子。

又令面生光方：以蜜陀僧用乳煎塗面，佳。兼治　鼻皰。

《聖惠方》治䵟黯斑點方：用蜜陀僧二兩，細研，以人乳汁調，塗面，每夜用之。

又方：治黑痣生於身面上。用藜蘆灰五兩，水一大碗，淋灰汁於銅器中貯，以重湯煮令如黑膏，以針微撥破痣處點之，良。不過三遍，神驗。

又方：生眉毛：用七月烏麻花，陰乾為末，生烏麻油浸，每夜傅之。

《千金翼》老人令面光澤方：大豬蹄一具，洗淨，理如食法，煮漿如膠，夜以塗面，曉以漿水洗面，皮急矣。

《譚氏小兒方》療豆瘡瘢面靨：以蜜陀僧細研，水調，夜塗之，明旦洗去，平復矣。

有治癧瘍三方，具風條中。

《千金方》治諸腋臭：伏龍肝澆作泥，傅之，立差。

《外台秘要》治狐臭，若股內陰下恒濕臭或作瘡：
青木香，好醋浸，致腋下夾之，即癒。

又生狐臭：以三年釀醋和石灰，傅之。

《經驗方》善治狐臭：用生薑塗腋下，絕根本。

又方：烏髭鬢，駐顏色，壯筋骨，明耳目，除風氣，潤肌膚，久服令人輕健。

蒼朮不計多少，用米泔水浸三、兩日，逐日換水，候滿日即出，刮去黑皮，切作片子，暴乾，用慢火炒令黃色，細搗末，每一斤末用蒸過茯苓半斤，煉蜜為丸如梧桐子大，空心臥時，溫熟水下十五丸。別用朮末六兩，甘草末一兩，拌和勻，作湯點之，下朮丸，妙。忌桃李雀蛤及三白。

《千金方》治發落不生令長：麻子一升，熬黑，壓油，以傅頭，長髮，妙。

又治髮不生：以羊屎灰淋取汁，洗之，三日一洗，不過十度即生。

又治眉髮髭落：石灰三升，以水拌勻，焰火炒令焦，以絹袋貯，使好酒一斗漬之，密封，冬十四日，春秋七日，取服一合，常令酒氣相接。嚴云：百日即新髭髮生，不落。

《孫真人食忌》生髮方：取側柏葉，陰乾，作末，和油塗之。

又方：令髮鬢烏黑：醋煮大豆黑者，去豆，煎令稠，傅發。

又方：治頭禿：蕪菁子末，酢和傅之，日三。

《梅師方》治年少髮白：拔去白髮，又白蜜塗毛孔中，即生黑者。髮不生，取梧桐子搗汁塗上，必生黑者。

《千金翼》療髮黃：熊脂塗髮，梳之散頭，入床底伏地，一食頃即出，便盡黑。不過一升脂，驗。

《楊氏產乳》療白禿瘡及髮中生癬：取熊白傅之。

又療禿瘡：取虎膏塗之。

《聖惠方》治白禿：以白鴿糞搗，細羅為散，先以醋米泔

洗了，傅之，立差。

又治頭赤禿：用白馬蹄燒灰，末，以臘月豬脂和，傅之。

《簡要濟眾》治頭瘡：大筍殼葉燒為灰，量瘡大小，用灰調生油，傅入。少膩粉，佳。

注釋

〔1〕表示記憶力大增。

〔2〕似是指葛洪所撰《玉函方》的卷數。

卷　七

治為熊虎爪牙所傷毒痛方第五十三

原　文

葛氏方：燒青布以薰瘡口，毒即出。仍煮葛根令濃，以洗瘡。搗乾葛根末，以煮葛根汁，服方寸匕，日五夜一，則佳。

又方：嚼粟塗之。姚同。

又煮生鐵令有味，以洗瘡上。姚同。

凡猛獸毒蟲，皆受人禁氣。將入山草，宜先禁之。其經術云：

到山下先閉氣三十五息，存神仙將虎來到吾前，乃存吾肺中有白帝出，把虎兩目塞吾下部。又乃吐肺氣，白通冠一山林之上，於是良久。又閉氣三十五息，兩手捻都監目作三步，步皆以右足在前，乃止。祝曰：李耳李耳，圖汝非李耳耶！汝盜黃帝之犬，黃帝教我問汝，汝答之云何畢。便行，一山之虎不可得見。若逢之者，目向立，大張左手五指，側之極勢，跳手上下三度，於跳中大喚咄：虎，北斗君汝去。虎即走。止宿亦

先四向如此。又燒牛、羊角，虎亦不敢近人。又搗雄黃、紫石，縫囊貯而帶之。

【附方】

《梅師方》治虎傷人瘡：但飲酒，常令大醉，當吐毛出。

治卒有猘犬凡所咬毒方第五十四

原　文

療猘犬咬人方：先嗍卻惡血，灸瘡中十壯，明日以去，日灸一壯，滿百乃止。姚云：忌酒。

又云：地榆根，末服，方寸匕，日一、二。亦末，傅瘡上。生根，搗傅，佳。

又方：刮虎牙，若虎骨，服一匕。已發如猘犬者，服此藥即差。姚同。

又方：仍殺所咬犬，取腦傅之，後不復發。

又方：搗薤汁傅之，又飲一升，日三，瘡乃差。

又方：末礬石，內瘡中裹之，止瘡不壞，速癒，神妙。

又方：頭髮、貓皮，燒末，水和飲一杯。若或已目赤口噤者，折齒下之。姚云：二物等分。

又方：搗地黃汁飲之，並以塗瘡，過百度止。

又方：末乾薑，常服，並以內瘡中。

凡猘犬咬人，七日一發，過三七日不發，則脫也。要過百日，乃為大免耳。

每到七日，輒當飲薤汁三、二升。又當終身禁食犬肉、蠶蛹。食此，發則不可救矣。瘡未差之間，亦忌生物、諸肥膩及冷。但於飯下蒸魚，及就膩氣中食便發，不宜飲酒。能過一年乃佳。

若重發療方：生食蟾蜍鱠，絕良，驗。姚同。亦可燒炙食之，不必令其人知。初得嚙，便為之，則後不發。姚剝作鱠，吞蒜薺下。

又方：搗薑根汁，飲之，即差。

又方：服蔓菁汁，亦佳。

又凡犬咬人：取灶中熱灰以粉瘡，傅之。姚同。

又方：火炙蠟，以灌瘡中。姚同。

又方：以頭垢少少內瘡中，以熱牛屎塗之，佳。姚同。

又方：按蓼，以敷瘡上。

又方：乾薑末，服二匕。薑汁服半升，亦良。

又方：但依制犬法，彌佳。燒蟾蜍，及末礜石傅之，亦佳。

得犬嚙者難療。凡犬食馬肉生狂方：及尋常忽鼻頭燥，眼赤不食，避人藏身，皆欲發狂。便宜枸杞汁，煮糜飼之，即不狂。若不肯食糜，以鹽伺鼻，便忽塗其鼻，既舐之，則欲食矣。神驗。

【附方】

《梅師方》治狂狗咬人：取桃白皮一握，水三升煎取一升，服。

《食療》治犬傷人：杵生杏仁，封之，差。

治卒毒及狐溺棘所毒方第五十五

原　文

馬嚙人作瘡，有毒，種熱疼痛方：刺雞冠血，瀝著瘡中三下。若駁馬用雌雞，草馬用雄雞。姚同。

又方：灸瘡及腫上，差。

若瘡久不差者：馬鞭梢長二寸，鼠矢二七枚，燒末，膏和

傅之，效。

又方：以婦人月經傅上，最良。姚云：神效。

人體上先有瘡而乘馬，馬汗若馬毛入瘡中，或但為馬氣所蒸，皆致腫痛煩熱，入腹則殺人。

燒馬鞭皮，末，以膏和，傅上。

又方：多飲淳酒，取醉即癒。

又剝死馬，馬骨傷人手，毒攻欲死方：便取死馬腹中屎塗之，即差。姚同。

又方：以手內女人陰中，即癒。有胎者不可，令胎墮。

狐尿棘刺刺人，腫痛欲死方：破雞拓之，即差。

又方：以熱桑灰汁漬，冷復易，取癒。

《小品方》以熱蠟著瘡中，又煙薰之，令汁出，即便癒。

此狐所尿之木，猶如蛇袛也。此下有魚骨傷人。

【附方】

《圖經》云：治惡刺及狐尿刺。搗取蒲公草根莖白汁，塗之，惟多塗，立差止。此方出孫思邈《千金方》。其序云：余以貞觀五年七月十五日夜，以左手巾指背觸著庭木，至曉遂患痛不可忍，經十日，痛日深，瘡日高大，色如熟小豆色。嘗聞長者之論有此方，遂依治之。手下則癒，痛亦除，瘡亦即差，未十日而平復。楊炎《南行方》亦著其效云。

《效方》治狐尿刺螫痛：杏人細研，煮一、兩沸，承熱以浸螫處，數數易之。

《外台秘要》治剝馬被骨刺破，中毒欲死，取剝馬腹中糞及馬尿洗，以糞傅之，大驗。絞糞汁飲之，效。

《聖惠方》治馬咬人，毒入心：馬齒莧湯食之，差。

《靈苑方》治馬汗入瘡，腫痛漸甚，宜急療之，遲則毒深難理。

以生烏頭末傅瘡口，良久，有黃水出，立癒。

《王氏博濟》治驢涎馬汗毒所傷，神效。

白礬飛過，黃丹炒令紫色，各等分，相袞合，調貼患處。

治卒青蛙蝮虺眾蛇所螫方第五十六

原　文

葛氏竹中青蜂螫人方：雄黃、麝香、乾薑分等，搗篩，以麝罔和之，著小竹管帶之行，急便用傅瘡，兼眾蛇虺毒之，神良。

又方：破烏雞，熱傅之。

蛇綠色，喜緣樹及竹上，大者不過四、五尺，皆呼為青條蛇，人中立死。

葛氏毒蛇螫人方：急掘作坑，以埋瘡處，堅築其上，毒即入土中，須臾，痛緩乃出。

徐王治蛇毒方：用搗地榆根，絞取汁，飲兼以漬瘡。

又方：搗小蒜，飲汁，以滓傅瘡上。

又方：豬耳垢著瘡中，牛耳中垢亦可用之，良。

又方：嚼鹽唾上訖，灸三壯，復嚼鹽唾之瘡上。

又方：搗薤傅之。

又方：燒蜈蚣末，以傅瘡上。

又方：先以無節竹筒著瘡上，溶蠟及蜜等分，灌竹筒中。無蜜，單蠟亦通。

又方：急且尿瘡中，乃拔向日閉氣三步，以刀掘地作小坎，以熱湯沃坎中泥作丸如梧子大，服之。並以少泥泥之瘡上，佳。

又方：桂心、栝蔞分等，為末，用小竹筒蜜塞之，以帶

行。卒為蝮蛇，即傅之，此藥療諸蛇毒。塞不密，則氣歇不中用。

一切蛇毒：急灸瘡三、五壯，則眾毒不能行。

蛇毒：搗鬼針草，傅上即定。

又方：荊葉，袋貯，薄瘡腫上。

又方：以麝罔塗腫上，血出乃差。

又方：以合口椒並葉，搗，傅之，無不止。

又方：切葉刀，燒赤烙之。

【附方】

《梅師方》治蛇虺螫人：以獨頭蒜、酸草，搗絞，傅所咬處。

《廣利方》治蛇咬方：取黑豆葉，銼，杵，傅之，日三易，良。

《廣濟方》治毒蛇嚙方：菰蔣草根灰，取以封之。其草似鳶尾也。

《兵部手集》主蛇蝎蜘蛛毒：雞卵輕敲一小孔，合咬處，立差。

《劉禹錫傳信方》治蛇咬蝎螫：燒刀子頭令赤，以白礬置刀上，看成汁，便熱滴咬處，立差。此極神驗，得力者數十人。貞元三十二年，有兩僧流向南到鄧州，俱為蛇嚙，令用此法救之，傅藥了便發，更無他苦。

治蛇瘡敗蛇骨刺人入口繞身諸方第五十七

原　文

葛氏凡蛇瘡未癒，禁熱食，便發，療之依初螫人法。

蛇螫人，九竅皆血出方：取虻蟲初食牛、馬血腹滿者二七

枚，燒服之。

此上蛇瘡敗及洪腫法方。蛇螫人，牙折入肉中，痛不可堪方：取蝦蟆肝，以傅上，立出。

又方：先密取苄葉，當其上穿，勿令人見，以再覆瘡口上，一時著葉當上穿，即折牙出也。

蛇骨刺人毒痛方：以鐵精如大豆者，以管吹瘡內。姚同。

又方：燒死鼠擣，傅之瘡上。

蛇螫人，瘡已合而餘毒在肉中，淫淫痛癢方：取大、小蒜各一升；合擣，熱湯淋取汁，灌瘡中。姚同。

蛇卒繞人不解方：以熱湯淋即解。亦可令就尿之。

蛇入人口中不出方：艾灸蛇尾即出。若無火，以刀周匝割蛇尾，截令皮斷，乃將皮倒脱，即出。《小品》同之。

七、八月中，諸蛇毒旺不得泄，皆嚙草木，即枯死，名為蛇蚍，此物傷人甚於蛇螫。即依蛇之螫法，療之。

【附方】

《廣利方》治蛇咬瘡：暖酒，淋洗瘡上，日三易。

《聖惠方》治蛇入口並入七孔中：割母豬尾頭，瀝血滴口中，即出。

治卒入山草禁辟眾蛇藥術方第五十八

原　文

辟眾蛇方：同前姚氏仙人入山草法。

辟蛇之藥雖多，唯以武都雄黃為上。帶一塊右稱五兩於肘間，則諸蛇毒莫敢犯。

他人中者，便磨以療之。又帶五蛄黃丸，良。丸有蜈蚣，故方在於備急中。此下有禁法云不受而行，則無驗。

中蛇毒，勿渡水，渡水則痛甚於初螫。

亦當先存想作大蜈蚣，前，己隨後渡。若乘船渡，不作法，殺人。

入山並不得呼作蛇，皆喚為蛇。中之者，彌宜勿誤。辟蛇法：到處燒羖羊角，令有煙出，蛇則去矣。

【附方】

《廣利方》治諸蛇毒螫人欲死，兼辟蛇。

乾薑、雄黃等分，同研，用小絹袋貯，繫臂上，男左女右，蛇聞藥氣逆避。人螫毒，傅之。

治卒蜈蚣蜘蛛所螫方第五十九

原　文

葛氏方：割雞冠血，塗之。

又方：以鹽緘瘡上，即癒。云蜈蚣去遠者，即不復得。

又方：鹽熱，漬之。

又方：嚼大蒜，若小蒜，或桑樹白汁，塗之。亦以麻履底土，揩之，良。

蜈蚣甚嚙人，其毒殊輕於蜂，當時小痛而易歇。蜘蛛毒：生鐵衣，醋研，取濃汁塗之。又烏麻油和胡粉，傅上，乾復易，取差。取羊桃葉，傅之，立癒。

【附方】蚯蚓、螻蛄、蠶咬，蠷螋尿及惡蟲咬人附。

《梅師方》治蜈蚣咬人，痛不止：獨頭蒜，摩螫處，痛止。

又《經驗後方》：燒雞屎，酒和傅之，佳。又取雞屎，和醋傅之。

《聖惠方》治蜈蚣咬方：用蝸牛，擦取汁，滴入咬處。

《兵部手集》治蜘蛛咬，遍身成瘡：取上好春酒飲醉，使

人翻，不得一向臥，恐酒毒腐人，須臾，蟲於肉中小如米自出。

又《譚氏小兒方》：以蔥一枝，去尖頭，作孔，將蚯蚓入蔥葉中，緊捏兩頭，勿泄氣，頻搖動，即化為水，點咬處，差。

劉禹錫《傳信方》治蟲豸傷咬：取大藍汁一碗，入雄黃、麝香，二物隨意看多少，細研，投藍中，以點咬處。若是毒者，即並細服其汁，神異之極也。昔張員外在劍南為張延賞判官，忽被斑蜘蛛咬項上，一宿，咬有二道赤色，細如箸，繞項上，從胸前下至心，經兩宿，頭面腫疼，如數升碗大，肚漸腫，幾至不救。張相素重薦，因出家資五百千，並薦家財又數百千，募能療者。忽一人應召云：可治。張相初甚不信，欲驗其方，遂令目前合藥。其人云：不惜方，當療人性命耳。遂取大藍汁一瓷碗，取蜘蛛投之藍汁，良久方出，得汁中甚困，不能動。又別搗藍汁，加麝香末，更取蜘蛛投之，至汁而死。又更取藍汁、麝香，復加雄黃和之，更取一蜘蛛投汁中，隨化為水。張相與諸人甚異之，遂令點於咬處，兩日內悉平癒。但咬處作小瘡，痂落如舊。

《經驗方》治蜘蛛咬，遍身生絲：羊乳一升，飲之。貞元十年，崔員外從質云，目擊有人被蜘蛛咬，腹大如孕婦，其家棄之，乞食於道。有僧遇之，教飲羊乳，未幾日而平。

又方：治蚯蚓咬。濃作鹽湯，浸身數遍，差。浙西軍將張韶為此蟲所咬，其形大如風，眉髮皆落，每久蚯蚓鳴於體，有僧教以此方，癒。

又方：治蚯蚓蟲咬，其形如大風，眉髮皆落。以石灰浸身，亦良。

《聖惠方》治蚰蜒咬人方：以雞屎傅之。

又方：治螻蛄咬人。用石灰，醋和，塗之。

《廣利方》治蠶咬人：麝香，細研，蜜調塗之，差。

《千金方》治蠷螋尿瘡：楝樹枝皮，燒灰，和豬膏傅之。

又方：杵豉傅之。

又方：以酢和粉，傅之。

又方：治蠷螋蟲尿人影。

著處便令人體病瘡，其狀如粟粒累累，一聚慘痛，身中忽有處燥痛如芒刺，亦如刺蟲所螫，後細瘡瘰作叢，如茱萸子狀也。四畔赤，中央有白膿如黍粟，亦令人皮急，舉身惡寒壯熱，極者連起，竟腰脅胸也。治之法：初得，磨犀角，塗之止。

《博物志》治蠷螋蟲溺人影，亦隨所著作瘡。

以雞腸草汁，傅之，良。

《外台秘要》治蠷螋尿瘡繞身匝，即死：

以鳶巢中土，豬脂、苦酒和，傅之。

又方：治蠷螋尿瘡。

燒鹿角末，以苦酒調塗之。

《錢相公方》療蠷螋尿瘡黃水出：嚼梨葉，傅之，乾即易。

《勝金方》治蠷螋尿人成瘡，初如糝粟，漸大如豆，更大如火烙漿庖，疼痛至甚，宜速用草茶，並蠟茶俱可，以生油調，傅上，其痛藥至立止，妙。

《聖濟方》治惡蟲咬人：用紫草油塗之。

又方：以酥和鹽，傅之。

治卒蠆螫方第六十

原　文

以玉壺丸及五蛄丸塗其上，並得。

其方在備急丸散方中。

又方：取屋檐下土，水和傅之。

治卒蜂所螫方第六十一

原　文

蜂螫人：取人尿洗之。

又方：谷樹、桑樹白汁，塗之，並佳。

又方：刮齒垢，塗之。又破蜘蛛，又煮蜂房。塗之。燒牛角灰，苦酒和，塗之。又斷葫，揩之。又嚼青蒿，傅之。

【附方】

《千金方》治蜂螫人：用露蜂房末，豬膏和，傅之。《楊氏產乳》：蜂房煎湯，洗，亦得。

又《外臺秘要》挼薄荷，貼之，差。

又《聖惠方》以酥傅之，癒。

《沈存中筆談》云：處士劉湯隱居王屋山，當於齋中見一大蜂竄，為蛛網絲縛之，為蜂所螫墜地，俄頃蛛鼓腹欲裂，徐徐行入草，嚙芋梗微破，以瘡就嚙處磨之，良久，腹漸消，輕躁如故。自後人有為蜂螫者，挼芋梗傅之，則癒。

治卒蝎所螫方第六十二

原　文

蝎螫人：溫湯漬之。

又方：挼馬莧、大蒜，又嚼乾薑，塗之，佳。姚方以冷水漬螫處，即不痛。水微暖便痛，即易水。又以冷漬故布，搨之，數易。

《新效方》：蜀葵花、石榴花、艾心分等，並五月五日午時取，陰乾，合搗，和水塗之，螫處，立定。二花未定，又鬼針草挼汁，傅之，立差。又黃丹，醋塗之。又生烏頭末，唾，傅

之。嚼乾薑塗之。又射罔封之，溫酒漬之，即癒。

【附方】

《孫真人食忌》主蝎螫：以礬石一兩，醋半升，煎之，投礬末於醋中，浸螫處。

又《勝金方》烏頭末少許，頭醋調，傅之。

又《錢相公篋中方》：取半夏，以水研，塗之，立止。

又《食醫心鏡》：以醋磨附子，傅之。

又《經驗方》：以驢耳垢傅之。差。崔給事傳。

《廣利方》：治蝎螫人，痛不止方：楮樹白汁，塗之，立差。

治中蠱毒方第六十三

原　文

《葛氏方》療蠱毒下血方：羖羊皮方三寸，得敗鼓亦好，蘘荷葉、苦參、黃連、當歸各二兩，水七升煮二升，分三服。一方加犀角、升麻各三兩。無蘘荷根，用茜根四兩代之，佳。

人有養畜蠱以病人，其診法：中蠱令人心腹切痛，如有物嚙，或吐下血，不即療之，食人五藏，則死矣。欲知蠱與非蠱，當令病人唾水中，沉者是，浮者非。《小品》姚並同。

欲知蠱毒主姓名方：取鼓皮少少，燒末，飲病人，病人須臾自當呼蠱主姓名，可語便去則便癒。亦見蛇蜒合作蠱毒，著飲食中，使人得瘕病。此一種積年乃死，療之各自有藥。又蘘荷葉，密著病人臥席下，其病人即自呼蠱主姓名也。

療中蠱毒吐血，或下血，皆如爛肝方：茜草根、蘘荷根各三兩，㕮咀，以水四升煮取二升，去滓，適寒溫，頓服，即癒。又自當呼蠱主姓名。茜草即染絳草也。《小品》並姚方同也。

又方：巴豆一枚，去心皮，熬，豉三粒，釜底墨方寸匕，合搗為三丸，一丸當下毒。不可者，更服一丸，即下。

又方：鹽一升，淳苦酒和，一服立吐，即癒。《小品》同。支方：苦酒一升，煮令消，服，癒。

又方：取蚯蚓十四枚，以苦酒三升漬之，蚓死，但服其汁。已死者，皆可活。

又方：苦瓠一枚，水二升煮取一升，服，立即吐，癒。《小品》同。又方：用苦酒一升，煮令消，服，神驗。

又方：皂莢三梃，炙，去皮子，酒五升漬一宿，去滓，分三服。《小品》同。

療飲中蠱毒，令人腹內堅痛，面目青黃，淋露骨立，病變無常方：取鐵精搗之，細篩，又別搗烏雞肝，以和之，丸如梧子大，服三丸。甚者，不過十日，微者即癒。另有鐵精方。

又方：豬肝一具，蜜一升，共煎之，令熟，分為二十服，秘方。《小品》同。又方：分作丸，亦得。

又方：取棗木心，銼得一斛，著釜中淹之，令上有三寸木，煮取二斗，澄取清，微火煎得五升，宿勿食，旦服五合，則吐蠱毒出。《小品》姚同之。

又方：雄黃、丹砂、藜蘆各一兩，搗末，旦以井花水服一刀圭，當下吐蠱蟲出。

又方：隱蔥草汁，飲一、二升。此草桔梗苗，人皆食之。

治蠱已食下部，肚盡腸穿者：取長股蝦蟆青背一枚，雞骨，支方一分，燒為灰，合內下部，令深入。《小品》同。又方：屢用大驗。姚方亦同。

又方：以豬膽瀝內下部中，以綿深導內塞之。

又方：五蠱黃丸，最為療蠱之要。其方在備急條中。復有自然飛蠱，狀如鬼氣者，難。

此諸種，得真犀、麝香、雄黃為良藥，人帶此於身，亦預防之。

姚氏療中蠱下血如雞肝，出石餘，四藏悉壞，唯心未毀，或鼻破。

待死方：末桔梗，酒服一匕，日一、二。葛氏方也。

支太醫有十數傳用方：取馬兜鈴根，搗末，水服方寸匕，隨吐則出，極神驗。此物苗似葛，蔓綠柴生，子似橘子。

凡畏已中蠱，欲服甘草汁。

宜生煮服之，當吐疾出。若平生預服防蠱毒者，宜熟炙煮服，即內消，不令吐，神驗。

又方：甘草炙，每含咽汁。若因食中蠱及毒，即自吐出，極良。常含咽之，永不慮藥及蠱毒也。

又有解百毒散，在後藥毒條中。亦療方：桑白汁一合服之，須臾吐利蠱出。

席辯刺史傳效二方，云並試用神驗：

斑貓蟲四枚，去足翅，炙，桃皮五月初五採取，去黑皮，陰乾，大戟，凡三物並搗，別篩，取斑貓一分，桃皮、大戟各二分，合和棗核大，以米清飲服之訖，吐出蠱。一服不差，十日更一服，差。此蠱洪州最多，老嫗解療一人，得縑二十疋，秘方不可傳。其子孫犯法，黃花公若於則為都督，因以得之流傳，老嫗不復得縑。席云：已差十餘人也。

又方：羖羊皮方寸匕，蘘荷根四兩，苦參、黃連各二兩，當歸、犀角、升麻各三兩，七物以水九升煮取三升，分三服，蠱即出。席云：曾與一人服，應時吐蜂兒數升，即差。此是姚大夫方。

【附方】

《千金翼方》療蠱毒：以檞木北陰白皮一大握，長五寸，

以水三升煮取一升，空腹分服，即吐蠱出也。

又治蠱毒下血：猥皮燒末，水服方寸匕，當吐蠱毒。

《外台秘要》救急治蠱：以白鴿毛糞燒灰，飲和服之。

《楊氏產乳》療中蠱毒：生玳瑁，以水磨如濃飲，服一盞，自解。

《聖惠方》治小兒中蠱，下血欲死。搗青藍汁，頻頻服半合。

治卒中溪毒方第六十四

原　文

姚氏中水毒秘方：取水萍曝乾，以酒服方寸匕，差止。又云：中水病，手足指冷即是，若暖非也。其冷或一寸，極或竟指，未過肘膝一寸線，至於肘膝為劇。

葛氏水毒中人，一名中溪，一名中灑，一名水病，似射工而無物。其診法：

初得之，惡寒頭微痛，目注疼，心中煩懊，四肢振淅，骨節皆強，筋急，但欲睡，旦醒暮劇，手逆冷，三日則復生蟲食下瘡，不痛不癢不冷，人覺視之乃知。不即療，過六、七日，下部膿潰，蟲食五藏，熱極煩毒，注下不禁，八、九日，良醫不能療。覺得急當深視下部，若有瘡，正赤如截肉者，為陽毒，最急若瘡如蠡魚齒者，為陰毒，猶小緩。要皆煞人，不過二十日。欲知是中水毒，當作數升湯，以小蒜五寸，咬咀，投湯中，莫令大熱，熱即無力。捩去滓，適寒溫以浴。若身體發赤斑文者，又無異證，當以他病療之也。

病中水毒方：取梅若桃葉，搗，絞汁三升許，以少水解為飲之。姚云：小兒不能飲，以汁傅乳頭與之。

又方：常思草[1]，搗絞，飲汁一、二升。並以綿染寸中，以導下部，日三過，即差。

又方：搗藍青汁，以少水和塗之，頭面身體令匝。

又方：取梨葉一把，熟搗，以酒一杯和絞，服之，不過三。

又方，取蛇莓草根，搗作末，服之。並以導下部。亦可飲汁一、二升。夏月常行，欲入水浴，先以少末投水中流，更無所畏。又辟射工，家中雖以器貯水浴，亦宜少末投水中，大佳。

今東間諸山縣無不病溪毒，春月皆得，亦如傷寒，呼為溪溫，未必是射工輩，亦盡患瘡痢，但寒熱煩疼，不解便致死耳。方家用藥，與傷寒溫疾相似，今施其單法：五加根，燒末，酒若漿水飲之。荊葉汁，佳。千金不傳，秘之。

又方：密取蓼，搗汁，飲一、二合。又以塗身令周匝。

取牛膝莖一把，水、酒共一杯漬，絞取汁，飲之，日三。雄牛膝莖，紫色者是也。

若下部生瘡，已決洞者：秫米一升，鹽五升，水一石煮作糜，坐中，即差。

又方：桃皮葉，熟搗，水漬令濃，去滓，著盆中坐漬之，有蟲出。

又方：皂莢燒末，綿裏導之，亦佳。又服牡丹方寸匕，日三服。

注釋

〔1〕此即菊科植物蒼耳 XanthiumsibiricumPatr·exWidd 。全草或莖葉。據《名醫別錄》載：治膝痛，溪毒。

治卒中射工水弩毒方第六十五

原　文

江南有射工毒蟲，一名短狐。一名蜮。常在山間水中，人行及水浴，此蟲口中橫骨角弩唧以射人形影則病。其診法：

初得或如傷寒，或似中惡，或口不能語，或惡寒熱，四肢拘急，旦可暮劇，困者三日，齒間血出，不療即死。其中人有四種，初覺則遍身體視之，其一種正黑如墨子，而繞四邊，犯之如刺狀；其一種作瘡，瘡久即穿陷；一種突起如石；其一種如火灼人肉，熛起作瘡，此種最急，並皆煞人。居地天大雨，或逐人行潦流，入人家而射人。又當養鵝鴨，食，人行將純白鵝以辟之，白鴨亦善。帶好生犀角，佳也。

若見身中有此四種瘡處，便急療之。

急周繞遍，去此瘡邊一寸，輒灸一處百壯，瘡亦百壯則。

又方：赤莧莖葉，搗絞取汁，飲之，以滓傅之。姚云：服七合，日四、五服。

又方：葫蒜，今傅以搨瘡上，灸蒜上千壯，差。

又方：白雞矢白者二枚，以小飴和調，以塗瘡上。

又方：鼠婦蟲、豉各七合，巴豆三枚，去心，合豬脂，但以此藥塗之。

又方：取水上浮走豉母蟲一枚，置口中，便差。云此蟲正黑，如大豆浮水上相游者。

又方：取皂莢一梃尺二者，捶碎，苦酒一升，煎如飴，去滓，傅之痛處，差。

又方：馬齒莧，搗飲汁一升，滓傅瘡上，日四、五偏，則良驗。

又方：升麻、烏翣各二兩，水三升煮取一升，盡服之，滓傅瘡上。不差，更作。姚同。更加犀角二兩。

云此蟲含沙射人影便病，欲渡水，先以石投之，口邊角弩發矢，言口息兩角能屈伸。

冬月則蟄。

有一長角橫在口前，弩檐臨其角端，曲如上弩，以氣為矢，用水勢以射人，人中之便不能語，餘狀如葛氏所說。

治卒中沙虱毒方第六十六

原　文

山水間多有沙虱，甚細略不可見。人入水浴，及以水澡浴，此蟲在水中著人身，及陰天雨行草中，亦著人：便鑽入皮裡。其診法：初得之，皮上正赤如小豆、黍米、粟粒，以手摩赤上，痛如刺，三日之後，令百節強，疼痛寒熱，赤上發瘡，此蟲漸入至骨，則殺人。自有山澗浴畢，當以布拭身數遍，以故帛拭之一度，乃傅粉之也。

又療沙虱毒方：以大蒜十片，著熱灰中，溫之令熱，斷蒜及熱拄瘡上，盡十片，復以艾灸瘡上七壯，則良。

又方：斑貓二枚，熬，一枚末，服之；燒一枚，令絕煙，末，以傅瘡上，即差。又以射罔傅之，佳。

又方：生麝香、大蒜合搗，以羊脂和，著小筒子中，帶之行。今東間水無不有此，浴竟中拭如芒毛針刺熱，看見則以竹葉抄挑去之。

比見嶺南人初有此者，即以茅葉茗茗刮去，及小傷皮，則為佳。仍數塗苦苣菜汁，佳。

已深者，針挑取蟲子，正如疥蟲，著爪上映光方見行動

也。若挑得，便就上灸三、四壯，則蟲死病除。

若覺猶昏昏，見是其已太深，便應依土俗作方術。拂出，乃用諸湯藥以浴，皆一、二升，出都盡乃止。亦依此方，並雜溪毒及射工法急救；七日中，宜差。不爾，則仍有飛蟲，啖人心藏，便死。慎不可輕。

治卒服藥過劑煩悶方第六十七

原　文

服藥過劑煩悶，及中毒多煩悶欲死方：刮東壁土少少，以水一、二升和，飲之，良。

又方：於屋溜下作坎，方二尺，深三尺，以水七升灌坎中，以物揚之令沫出，取一升飲之。未解，更作。

又方：搗藍取汁，服數升。無藍，只洗青絹，取汁飲，亦得。

服藥失度心中苦煩方：飲生葛根汁，大良。無生者，乾葛為末，水服五合。亦可煮服之。

又方：吞雞子黃數枚，即癒。不差，更作。

服石藥過劑者：白鴨屎末，和水調，服之，差。

又方：大黃三兩，芒硝二兩，生地黃汁五升，煮取三升，分三服，得下便癒。

若卒服藥吐不止者：飲新汲水一升，即止。

若藥中有巴豆，下痢不止方：末乾薑、黃連，服方寸匕，差。

又方：煮豆汁一升，服之差。

【附方】

《外台秘要》治服藥過劑，及中毒煩悶欲死：燒犀角，末，

水服方寸匕。

治卒中諸藥毒救解方第六十八

原　文

治食野葛已死方：以物開口，取雞子三枚，和以吞之，須臾，吐野葛出。

又方：溫豬脂一升，飲之。

又方：取生鴨，就口斷鴨頭以血瀝口中，入咽則活。若口不可開者，取大竹筒洞節，以頭注其脅，取冷水竹筒中，數易水，須臾口開，則可得下藥。若人多者，兩脅及臍中各與筒，甚佳。

又方：多飲甘草汁，佳。

姚方中諸毒藥及野葛已死方：新小便和人屎，絞取汁一升，頓服，入腹即活。解諸毒，無過此汁。

中鴆毒已死者：粉三合，水三升，和飲之。口噤，以竹管強開灌之。

中射罔毒：藍汁、大豆、豬犬血，並解之。

中狼毒[1]毒：以藍汁解之。

中狼葵毒：以葵根汁解之。

中藜蘆毒：以雄黃、蔥汁，並可解之。

中躑躅毒：以梔子汁解之。

中巴豆毒：黃連、小豆、藿汁、大豆汁，並可解之。

中雄黃毒：以防己汁解之。

中蜀椒毒、中蜈蚣毒：二毒，桑汁、煮桑根汁，並解之。

中礜石毒：以大豆汁解之。

中芫花毒：以防風、甘草、桂，並解之。

中半夏毒：以生薑汁、乾薑，並解之。

中附子、烏頭毒：大豆汁，遠志汁，並可解之。

中杏仁毒：以藍子汁解之。

食金已死者：取雞屎半升，水淋得一升，飲之，日三服。

又方：吞水銀二兩，即裹金出。少者一兩，亦足。

姚云：一服一兩，三度服之。扶坐與之，令入腹，即活。

又方：鴨血及雞子，亦解之。

今取一種，而兼解眾毒。

取甘草㕮咀，濃煮，多飲其汁。並多食蔥中涕，並佳。

又方：煮大豆令湧，多飲其汁。無大豆，豉亦佳。

又方：藍青藍子，亦通解諸毒，常預畜之。

又方：煮薺苨，令濃飲一、二升，秘方。卒無可煮嚼食之，亦可作散服之。此藥在諸藥中，諸藥則皆驗。

又方：凡煮此藥汁解毒者，不可熱飲之。諸毒得熱更甚，宜使小冷為良。

席辯刺史云：嶺南俚人，毒皆因食得之。多不即覺，漸不能食，或更心中漸脹，並背急悶，先寒似瘴。

微覺，即急取一片白銀含之，一宿銀變色，即是藥也。銀青是藍藥，銀黃赤是菌藥。久久者入眼，眼或青，或黃赤。青是藍藥，黃赤是菌藥。俚人有解療者，畏人得知，在外預言三百牛藥，或云三百兩銀藥。余久任，以首領親狎，知其藥常用，俚人不識本草，乃妄言之。其方並如後也。

初得俚人毒藥且令定方：生薑四兩，甘草三兩，炙，切，以水六升煮取二升，且服三服。服訖，然後覓藥療之。

療方：常山四兩，切，白鹽四錢，以水一斗漬一宿，以月盡日漬，月一日五更以土釜煮，勿令奴婢、雞犬見，煮取二升，旦分再服。服了，少時即吐，以銅器貯取，若青色，以杖

舉五尺不斷者，即藥末盡。二日後更一劑。席辯曾飲酒得藥，月餘始覺，首領梁墳將土常山與為，呼為一百頭牛藥，服之即差。差後二十日，慎毒食，唯有煮飯食之。前後得差，凡九人。

又方：黃藤十兩，嶺南皆有，切，以水一斗煮取二升，分三服。服訖，毒藥內消。若防己，俚人藥。常服此藤，繼得，自然不發。席云：常服之，利小便，亦療數人。

又方：都淋藤十兩，嶺南皆有，土人悉知，俚人呼為三百兩銀。其葉細長，有三尺微，藤生。切，以水一斗，和酒二升，煮取三升，分三服。服訖，毒藥並逐小便出，十日慎毒食。不差，更服之，即癒。

又方：乾藍實四兩，白花藤四兩，出雟州者上，不得取野葛同生者，切，以水七升，酒一升，煮取半，空腹頓服之，少悶勿怪。單乾藍搗末，頓服之，亦差。

又療腹內諸毒：都淋藤二兩，長三寸，並細銼，酒三升合，安甖中，密封，以糠火燒四邊，燒令三沸，待冷出，溫服。常令有酒色，亦無所忌，大效。

若不獲已，食俚人食者：先取甘草一寸，炙之後，熟嚼吞之。若食著毒藥即吐，便是得藥，依前法療之。席辯云：常囊貯甘草十片以自防。

【附方】

《勝金方》治一切毒：以膽子礬為末，用糯米糊丸如雞頭實大，以朱砂衣，常以朱砂養之。冷水化一丸，服，立差。

《經驗方》解藥毒上攻如聖散：露蜂房、甘草等分，用麩炒令黃色，去麩，為末，水二碗煎至八分一碗，令溫，臨臥頓服，明日取下惡物。

《外台秘要》治諸藥石後，或熱噤多向冷地臥，又不得食諸熱麵酒等方：五加皮二兩，以水四升煮取二升半，候石發之

時便服。未定，更服。

孫思邈論云：有人中烏頭、巴豆毒。

甘草入腹即定。方稱大豆解百藥毒，嘗試之，不效。乃加甘草，為甘豆湯，其效更速。

《梅師方》蜀椒閉口者有毒，誤食之，便氣欲絕，或下白沫，身體冷。急煎桂汁服之，多飲冷水一、二升。忽食飲吐漿，煎濃豉汁，服之。

《聖惠方》治硫黃忽發氣悶，用羊血服一合，效。

又方：治射罔在諸肉中有毒，及漏脯毒。用貝子，末，水調半錢服，效。或食麵臛毒，亦同用。

《初虞世方》治藥毒秘效。巴豆去皮，不出油，馬牙硝，等分，合研成膏，冷水化一彈子許，服，差。

注釋

〔1〕為瑞香科植物紅狼毒 Stellera chamaejasme L. 及大戟科植物月腺大戟 Euphorbia ebracteolata Hayata 和狼毒大戟 E. fischeriana Steud. 的根。

治食中諸毒方第六十九

原　文

蜀椒閉口者有毒，戟人咽氣便欲絕，又令人吐白沫。多飲桂汁，若冷水一、二升，及多食大蒜，即便癒。慎不可飲熱，殺人。比見在中椒毒，含蒜及薺苨，差。

鉤吻葉與芥相似，誤食之殺人方：薺苨八兩，水六升煮取三升，服五合，日五服。又云：此非鉤吻。

食諸菜中毒，發狂煩悶，吐下欲死方：取雞屎燒末，服方

寸匕。不解，更服。又煮葛根，飲汁。

莨菪毒：煮甘草汁，搗藍汁飲，並良。

苦瓠毒：煮黍穰令濃，飲汁數升，佳。

食馬肝中毒：取牡鼠屎二七枚，兩頭尖者是，水和飲之。未解者，更作。

食六畜鳥獸：幞頭垢一錢匕，《小品》云：起死人。又飲豉汁數升，良。

凡物肝臟，自不可輕啖，自死者，彌勿食之。生食肝中毒：搗附子末，服一刀圭，日三服。

肉有箭毒：以藍汁、大豆解射罔毒。

食鬱肉，謂在蜜器中經宿者，及漏脯，茅屋汁霑脯為漏脯，此前並有毒：燒人屎，末，酒服方寸匕。

又方：搗薤汁，服二、三升，各連取，以少水和之。

食黍米中藏脯中毒方：此是郁脯，煮大豆一沸，飲汁數升，即解。兼解諸肉漏毒。

食自死六畜諸肉中毒方：黃檗末，服方寸匕。未解者，數服。

六畜自死，皆是遭疫，有毒，食之洞下，亦致堅積，並宜以痢丸下之。

食魚中毒：濃煮橘皮，飲汁。《小品》云：冬瓜汁最驗。

食豬肉遇冷不消，必成蟲癥，下之方：大黃、朴硝各一兩，芒硝亦佳，煮取一升，盡服之。若不消，並皮研杏子湯三升，和，三服，吐出，神驗。

食牛肉中毒：煮甘草飲汁一、二升。

食馬肉洞下欲死者：豉二百粒，杏子二十枚，㕮咀，蒸之五升飯下熟，合搗之，再朝服令盡。

此牛馬皆謂病死者耳。

食鱸魚肝及鯸鮧魚中毒：剉蘆根，煮汁，飲一、二升，良。

解毒：濃煮香蘇，飲汁一升。

飲食不知是何毒：依煎甘草、薺苨，通療此毒，皆可以救之。

食葅菜，誤吞水蛭，蛭唼臟血，腸痛漸黃瘦者：飲牛、羊熱血一二升許，經一宿，便暖豬脂一升，飲之，便下蛭。

食菌遇毒死方：絞人屎汁，飲一升，即活。服諸吐痢丸，亦佳。又掘地作土漿，服二、三升，則良。

誤食野芋欲死，療同菌法。

凡種芋三年不取，亦成野芋，即殺人也。

【附方】

《梅師方》治飲食中毒魚肉菜等：苦參三兩，以苦酒一升，煎三、五沸，去滓，服之，吐出即癒。或取煮犀角汁一升，亦佳。

又方：治食狗肉不消，心下堅，或腹脹口乾，發熱妄語，煮蘆根飲之。

又方：杏仁一升，去皮，水三升，煎沸，去滓取汁，為三服，下肉為度。

《金匱方》治食蟹中毒：紫蘇煮汁，飲之三升，以子汁飲之，亦治。凡蟹未經霜多毒。

又《聖惠方》以生藕汁，或煮乾蒜汁，或冬瓜汁，並佳。

又方：治雉肉作臛，食之吐下。用生犀角末，方寸匕，新汲水調下，即差。

唐崔魏公云：鉉夜暴亡，有梁新聞之，乃診之曰：食毒。僕曰：常好食竹雞。多食半夏苗，必是半夏毒。命生薑擂汁，折齒而灌之，活。

《金匱方》春秋二時，龍帶精入芹菜中，人遇食之為病。

第五章　葛洪《肘後方》道醫與中醫藥養生（內附注釋、譯文）

發時手青肚滿，痛不可忍，作蛟龍病。服硬糖三、二升，日二度，吐出如蜥蜴三、二個，便差。

《明皇雜錄》云：有黃門奉使交廣回，周顧謂曰：此人腹中有蛟龍。上驚問黃門曰：卿有疾否？曰：臣馳馬大庾嶺，時當大熱，困且渴，遂飲水，覺腹中堅痞如杯。周遂以硝石及雄黃煮服之，立吐一物，長數寸，大如指。視之鱗甲具，投之水中，俄頃長數尺，復以苦酒沃之，如故。以器覆之，明日已生一龍矣。上甚訝之。

治防避飲食諸毒方第七十

原　文

雜鳥獸他物諸忌法：白羊不可雜雄雞。羊肝不可合烏梅及椒食。

豬肉不可雜羊肝。牛腸不可合犬肉。雄雞肉不可合生蔥菜。雞、鴨肉不可合蒜及李子、鱉肉等。生肝投地，塵芥不著者，不可食。暴脯不肯燥，及火炙不動，並見水而動，並勿食。鳥獸自死，口不開者，不可食。

水中魚物諸忌：魚頭有正白連諸脊上不可食。魚無腸膽及頭無魫勿食。魚不合烏雞肉食。生魚目赤不可作膾。魚勿合小豆藿。青魚鮓不可合生胡荽。鱉目凹者不可食。鱉肉不可合雞鴨子及赤莧菜食之。妊娠者不可食鱠魚。

雜果菜諸忌：李子不可合雞子及臨水食之。五月五日不可食生菜。病人不可食生胡芥菜。妊娠勿食桑椹並鴨子、巴豆藿。薑半夏、菖蒲、羊肉、細辛、桔梗忌菜。甘草忌菘菜。牡丹忌胡荽。常山忌蔥。黃連、桔梗忌豬肉。茯苓忌大醋。天門冬忌鯉魚。

【附方】

《食醫心鏡》黃帝云：食甜瓜竟食鹽，成霍亂。

《孫真人食忌》：蒼耳合豬肉食害人。又云：九月勿食被霜瓜，食之令人成反胃病。

治卒飲酒大醉諸病方第七十一

原　文

大醉恐腹腸爛：作湯於大器中，以漬之，冷復易。

大醉不可安臥，常令搖動轉側。又當風席地，及水洗、飲水，最忌於交接也。

飲醉頭痛方：刮生竹皮五兩，水八升煮取五升，去滓，然後合納雞子五枚，攪調，更煮再沸，二、三升服盡。

飲後下痢不止：煮龍骨飲之。亦可末服。

連月飲酒，喉咽爛，舌上生瘡：搗大麻子一升，末黃蘗二兩，以蜜為丸，服之。

飲酒積熱，遂發黃方：雞子七枚，苦酒漬之，封密器中，納井底二宿，當取各吞二枚，枚漸盡，癒。

大醉酒，連日煩毒不堪方：蔓青菜並少米熟煮，去滓，冷之便飲，則良。

又方：生葛根汁一、二升，干葛煮飲，亦得。

欲使難醉，醉則不損人方：搗柏子仁、麻子仁各二合，一服之，乃以飲酒，多二倍。

又方：葛花並小豆花子，末為散，服三、二七。又時進葛根飲、枇杷葉飲，並以雜者乾蒲、麻子等，皆使飲而不病人。胡麻亦煞酒。先食鹽一七，後則飲酒，亦倍。

【附方】

《外台秘要》治酒醉不醒：九月九日真菊花，末，飲服方寸匕。

又方：斷酒，用驢駒衣燒灰，酒服之。

又方：鸕鷀灰，水服方寸匕。

《聖惠方》治酒毒或醉昏悶煩渴。要易醒方：取柑皮二兩，焙干為末，以三錢匕，水一中盞，煎三、五沸，入鹽，如茶法服，妙。

又方：治酒醉不醒。用菘菜子二合，細研，井花水一盞，調為二服。

《千金方》斷酒法：以酒七升著瓶中，朱砂半兩，細研，著酒中，緊閉塞瓶口，安豬圈中，任豬搖動，經七日，頓飲之。

又方：正月一日，酒五升，淋碓頭杵下，取飲。

又方：治酒病。豉蔥白各半升，水二升煮取一升，頓服。

卷　八

治百病備急丸散膏諸要方第七十二

原　文

裴氏五毒神膏，療中惡暴百病方：雄黃、朱砂、當歸、椒各二兩，烏頭一升，以苦酒漬一宿，豬脂五斤，東面陳蘆煎五上五下，絞去滓，內雄黃、朱砂末，攪令相得畢，諸卒百病，溫酒服如棗核一枚。不差更服，得下即除。四肢有病，可摩，癰腫諸病瘡，皆摩傅之，夜行及病冒霧露，皆以塗人身中，佳。

效方，並療時行溫疫、諸毒氣、毒惡核、金瘡等：蒼梧道士陳元膏，療百病方：當歸、天雄、烏頭各三兩，細辛、芎

蕳、朱砂各二兩，乾薑、附子、雄黃各二兩半，桂心、白芷各一兩，松脂八兩，生地黃二斤，搗絞取汁，十三物，別搗雄黃、朱砂為末，餘㕮咀，以釀苦酒三升，合地黃漬藥一宿，取豬脂八斤，微火煎十五沸，白芷黃為度，絞去滓，內雄黃、朱砂末，攪令稠和，密器貯之。腹內病，皆對火摩病上，日兩、三度。從十日乃至二十日，取病出差止。四肢肥肉風瘴，亦可酒溫服之如杏子大二枚。

主心腹積聚，四支痹躄，舉體風殘，百病效方。

華佗虎骨膏，療百病：虎骨、野葛各三兩，附子十五枚，重九兩，椒三升，杏仁、巴豆去心皮，芎藭切，各一升，甘草、細辛各一兩，雄黃二兩，十物苦酒漬周時，豬脂六斤，微煎三上三下，完附子一枚，視黃為度，絞去滓，乃內雄黃，攪使稠和，容器貯之。百病皆摩傅上，唯不得入眼。若服之，可如棗大，內一合熱酒中，須臾後拔白髮，以傅處，即生烏。豬瘡毒風腫及馬鞍瘡等，洗即差，牛領亦然。

莽草膏，療諸賊風腫痹，風入五臟恍惚方：莽草一斤，烏頭、附子、躑躅各三兩，四物切，以水苦酒一升，漬一宿，豬脂四斤，煎三上三下，絞去滓，向火以手摩病上三百度，應手即差。耳鼻病可以綿裹塞之。療諸疥癬雜瘡。

《隱居效驗方》云：並療手腳攣，不得舉動，及頭惡風、背脊卒痛等。

蛇銜膏：療癰腫，金瘡瘀血，產後血積，耳目諸病，牛領馬鞍瘡。蛇銜、大黃、附子、當歸、芍藥、細辛、黃芩、椒、莽草、獨活各一兩，薤白十四莖，十一物，苦酒淹漬一宿，豬脂三斤，合煎於七星火上，各沸，絞去滓，溫酒服如彈丸一枚，日再。病在外摩，傅之。耳，以綿裹塞之。目病，如黍米注眥中。其色緗黃，一名緗膏。人又用龍銜藤一兩，合煎，名

為龍銜膏。

神黃膏，療諸惡瘡、頭瘡、百雜瘡方：黃連、黃蘗、附子、雄黃、水銀、藜蘆各一兩，胡粉二兩，七物細篩，以臘月豬脂一斤，和藥調器中，急密塞口，蒸五斗米下，熟出，內水銀，又研令調，密藏之。有諸瘡，先以鹽湯洗，乃傅上，無不差者。

《隱居效驗方》云：此膏塗瘡，一度即瘥，時人為聖。

青龍五生膏，療天下雜瘡方：丹砂、雄黃、芎藭、椒、防己各五分，龍膽、梧桐皮、柏皮、青竹茹、桑白皮、蜂房、猥皮各四兩，蛇蛻皮一具，十三物切，以苦酒浸半月，微火煎少時，乃內臘月豬脂三斤，煎三上三下，去滓，以傅瘡上，並服如棗核大，神良。

《隱居效驗方》云：主癭疽、痔、惡瘡等。

以前備急諸方，故是要驗。此來積用效者，亦次於後云。

扁鵲陷冰丸：療內脹病，並蠱疰、中惡等，及蜂百毒、溪毒、射工。雄黃、真丹砂，別研，礬石，熬，各一兩，將生礬石三兩半燒之，鬼臼一兩半，蜈蚣一枚，赤足者，小炙，斑貓，去翅足，龍膽、附子，炮各七枚，藜蘆七分，炙，杏仁四十枚，去尖皮，熬，搗篩，蜜和搗千杵。腹內脹病，中惡邪氣，飛尸遊走，皆服二丸如小豆。若積聚堅結，服四丸，取痢，泄下蟲蛇五色。若蟲注病、中惡邪、飛尸遊走，皆服二、三丸，以二丸摩痛上。若蛇蜂百病，苦中溪毒、射工，其服者，視強弱大小及病輕重，加減服之。

丹參膏：療傷寒時行，賊風惡氣。

在外，即支節麻痛，喉咽痹寒；入腹，則心急脹滿，胸脅痞塞。內則服之，外則摩之。並癱緩不隨，風濕痹，不仁偏枯，拘屈口喎，耳聾齒痛，頭風痹腫，腦中風動且痛，若癱結

核漏瘰癧，堅腫未潰，傅之取消。及丹疹諸腫無頭，欲狀骨疽者，摩之令消。及惡結核走身中者，風水游腫，亦摩之。其服者，如棗核大，小兒以意減之，日五服，數用之，悉效。丹參、蒴藋各三兩，莽草葉、躑躅花各一兩，秦膠、獨活、烏頭、川椒、連翹、桑白皮、牛膝各二兩，十二物，以苦酒五升，油麻七升，煎令苦酒盡，去滓，用如前法。亦用豬脂同煎之。若是風寒冷毒，可用酒服。若毒熱病，但單服。牙齒痛，單服之。仍用綿裹嚼之。此常用豬脂煎藥，有小兒耳後癧子，其堅如骨，已經數月不盡，以帛塗膏貼之，二十日消盡，神效無比。此方出《小品》。

神明白膏：療百病，中風惡氣，頭面諸病，青盲，風爛眥鼻，耳聾，寒齒痛，癰腫疽痔，金瘡癬疥，悉主之。

當歸、細辛各三兩，吳茱萸、芎藭、蜀椒、朮、前胡、白芷各一兩，附子三十枚，九物切，煎豬脂十斤，炭火煎一沸即下，三上三下，白芷黃膏成，去滓，密貯。看病在內，酒服如彈丸一枚，日三。在外，皆摩傅之。目病，如黍米內兩眥中，以目向天風可扇之。瘡蟲齒，亦得傅之。耳內底著，亦療之。緩風冷者，宜用之。

成膏：清麻油十三兩，菜油亦得，黃丹七兩，二物鐵鐺文火煎，粗濕柳批篦攪不停，至色黑，加武火，仍以扇扇之，攪不停，煙斷絕盡，看漸稠，膏成。煎須淨處，勿令雞犬見。齒瘡貼，痔瘡服之。

藥子一物方：婆羅門胡名船疏樹子，國人名藥。療病唯須細研，勿令粗，皆取其中人，去皮用之。

療諸疾病方：卒得吐瀉、霍亂、蠱毒，臍下絞痛，赤痢，心腹脹滿，宿食不消，蛇螫毒入腹，被毒箭入腹，並服二枚。取藥子中人，暖水二合，研碎，服之。疽瘡、附骨疽腫[1]、疔

瘡、癰腫，此四病，量瘡腫大小，用藥子中人，暖水碎，和豬膽封上。癧、腫、冷、游腫、癬、瘡，此五病，用醋研，封上。蛇螫、惡毛、蝎、蜈蚣等螫、沙虱射工，此六病，用暖水研，赤莧和，封之。婦人難產後，腹中絞痛，及惡露不止，痛中瘀血下，此六病，以一枚一杯，酒研，溫服之。帶下、暴下，此二病，以栗汁研，溫服之。齲蟲食齒，細削，內孔中，立癒。其檮末篩，著瘡上，甚主肌肉。此法出支家太醫本方。

服鹽方，療暴得熱病，頭痛目眩，並卒心腹痛，及欲霍亂，痰飲宿食，及氣滿喘息，久下赤白，及積聚吐逆，乏氣少力，顏色痿黃，瘴瘧諸風。其服法：取上好鹽，先以大豆許，口中含勿咽，須臾水當滿口，水近齒，更用方寸匕抄鹽內口中，與水一時咽，不爾，或令消盡。喉若久病，長服者至二、三月，每旦先服，或吐，或安擊卒病，可服三方寸匕，取即吐痢，不吐病痢，更加服。新患瘧者，即差。心腹痛及滿，得吐下，亦佳。久病每上以心中熱為善。三、五日亦服佳。加服取吐痢，痢不損人。久服大補，補豚腎氣五石，無不差之病。但恨人不服，不能久取。此療方不一，《小品》云：卒心痛鬼氣，宿食不消，霍亂氣滿，中毒，咸作湯，服一、二升，刺便吐之，良。

葛氏常備藥：大黃、桂心、甘草、乾薑、黃連、椒、朮、吳茱萸、熟艾、雄黃、犀角、麝香、菖蒲、人參、芍藥、附子、巴豆、半夏、麻黃、柴胡、杏仁、葛根、黃芩、烏頭、秦椒等，此等藥並應各少許。

以前諸藥，固以大要嶺南使用，仍開者，今復疏之。眾藥並成劑藥，自常和合，貯此之備，最先於衣食耳。

常山十四兩，蜀漆、石膏一斤，阿膠七兩，牡蠣、朱砂、大青各七兩，鱉三枚，鯪鯉甲一斤，烏賊魚骨、馬藺子一大

升，蜀升麻十四兩，檳榔五十枚，龍骨、赤石脂、羚羊角三枚，橘皮、獨活，其不注兩數者，各四兩，用芒硝一升，良。

成劑藥：金牙散、玉壺黃丸、三物備急藥、紫雪、丹參、罔草膏、玉黃丸、度瘴散、末散、理中散、痢藥、疔腫藥，其有側注者，隨得一種，為佳。

老君神明白散：朮、附子炮，各二兩，烏頭炮，桔梗二兩，細辛一兩，搗篩，旦服五方寸匕。若一家有藥，則一里無病。帶行者，所遇病氣皆削。若他人得病者，溫酒服一方寸匕。若已四、五日者，以散三匕，水三升煮三沸，服一升，取汗，即癒。

雲常用辟病散：真珠、桂肉各一分，貝母三分，杏仁二分，熬，雞子白熬令黃黑，三分，五物搗篩，歲旦服方寸匕。若歲中多病，可月月朔望服。

單行方：南向社中柏東向枝，取曝乾，末，服方寸。姚云：疾疫流行，預備之，名為柏枝散，服神良。《刪煩方》云：旦南行，見社中柏，即便收取之。

斷溫病令不相染方：熬豉，新米酒漬，常服之。

《小品》正朝屠蘇酒法，令人不病溫疫。

大黃五分，川椒五分，冰桂各三分，桔梗四分，烏頭一分，菝葜二分，七物細切，以絹囊貯之，十二月晦日正中時，懸置井中至泥，正曉拜慶前出之，正旦取藥置酒中，屠蘇飲之。於東向藥置井中，能迎歲可世無此病。此華佗法，武帝有方驗中，從小至大，少隨所堪，一人飲，一家無患，飲藥三朝。

一方有防風一兩。

姚大夫辟溫病粉身方：芎藭、白芷、藁本，三物等分，下篩，內粉中，以塗粉於身，大良。

【附方】

張仲景三物備急方：司空裴秀為散，用療心腹諸疾，卒暴百病。

用大黃、乾薑、巴豆各一兩，須精新好者，搗篩，蜜和，更搗一千杵，丸如小豆，服三丸，老小斟量之。為散不及丸也。若中惡、客忤，心腹脹滿，卒痛如錐刀刺痛，氣急口噤，停尸卒死者，以暖水若酒服之。若不下捧頭起灌令下喉，須臾差。未知，更與三丸，腹當鳴轉，即吐下，便癒。若口已噤，亦須折齒灌之，藥入喉即瘥。

《崔氏海上方》云：威靈仙，去眾風，通十二經脈。此藥朝服暮效，疏宣五臟冷膿，宿水變病，微利不瀉。人服此，四肢輕健，手足溫暖，並得清涼。時商州有人患重足不履地，經十年不瘥，忽遇新羅僧見云：此疾有藥可理。遂入山求之，遣服數日，平復後，留此藥名而去。此藥治丈夫婦人中風不語，手足不隨，口眼喎斜，筋骨節風，胎風頭風，暗風心風，風狂人，傷寒頭痛，鼻清涕，服經二度，傷寒即止。頭旋目眩，白癜風，極治。大風，皮膚風癢，大毒熱毒，風瘡，深治。勞疾連腰，骨節風，繞腕風，言語澀滯，痰積，宣通五臟。腹內宿滯，心頭痰水，膀胱宿膿，口中涎水，好吃茶漬，手足頑痹，冷熱氣壅，腰膝疼痛，久立不得，浮氣瘴氣，憎寒壯熱，頭痛尤甚，攻耳成膿而聾，又衝眼赤，大小腸秘，服此立通，飲食即住。黃疸黑疸，面無顏色，瘰癧遍項，產後秘澀，暨腰痛，曾經損墜心痛，注氣膈氣，冷氣攻衝，腎臟風壅，腹肚脹滿，頭面浮腫，住毒，脾肺氣痰熱，咳嗽氣急，坐臥不安，疥癬等瘡，婦人月水不來，動經多日，血氣沖心，陰汗盜汗，鴉臭穢甚，氣息不堪，動服威靈仙。更用熱湯盡日頻洗，朝塗若唾。若治鴉臭，藥自塗身上，內外塗之，當得平癒。孩子無辜，令

母含藥灌之。痔疾秘澀，氣痢絞結，並皆治之，威靈仙一味，洗焙為末，以好酒和令微濕，入在竹筒內，牢塞口，九蒸九暴，如乾，添酒重灑之，以白蜜和為丸，如桐子大，每服二十至三十丸，湯酒下。

《千金方》：當以五月五日午時，附地刈取蒼耳葉。

洗曝燥，搗下篩，酒若漿水服方寸匕，日三夜三。散若吐逆，可蜜和為丸，準計一方匕數也。風輕易治者，日再服。若身體有風處皆作粟肌出，或如麻豆粒，此為風毒出也，可以針刺潰去之，皆黃汁出乃吐。五月五日，多取陰乾，著大甕中，稍取用之，此草辟惡，若欲省病省疾者，便服之，令人無所畏。若時氣不和，舉家服之。若病胃脹滿，心悶發熱，即服之。並殺三蟲，腸痔。能進食，一周年服之，佳。七月七、九月九，可採用。

注釋

又名多骨疽、朽骨疽、股脛疽、咬骨疽、疵疽等。發病初時，常見有寒熱往來，病處多漫腫無頭，皮色不變。逐漸感覺筋骨疼痛如錐刺，甚至肢體難以屈伸轉動。經久則鬱而化熱，肉腐成膿，潰爛後稀膿淋漓不盡，色白而腥穢，不易收口，形成竇道或有死骨脫出。包括現代醫學所指的骨髓炎、慢性骨髓炎、骨結核等病症。

治牛馬六畜水穀疫癘諸病方第七十三

原 文

治馬熱哎顙顙黑汗，鼻有膿哐有膿，水草不進方：黃瓜蔞根、貝母、桔梗、小青、梔子仁、吳藍、款冬花、大黃、白鮮

第五章 葛洪《肘後方》道醫與中醫藥養生（內附注釋、譯文）

皮、黃芩、鬱金各二大兩，黃蘗、馬牙硝各四大兩，搗篩，患相當及常要啖，重者，藥三大兩，地黃半斤，豉二合，蔓菁油四合，合齊前啖，至晚飼，大效。

馬遠行到歇處，良久，與空草，熟刷刷，罷飲，飲竟，當飼。困時與料必病，及水穀。

六畜瘡焦痂：以面膠封之，即落。

馬急黃黑汗：右割取上斷訖，取陳久靴爪頭，水漬汁，灌口。如不定，用大黃、當歸各一兩，鹽半升，以水三升煎取半升，分兩度灌口。如不定，破尾尖，鑱血出，即止，立效。

馬起臥胞轉[1]及腸結，此方並主之：細辛、防風、芍藥各一兩，以鹽一升，水五升，煮取二升半，分為二度灌後。灌前，用芒硝、鬱金、寒水石、大青各一兩，水五升煮取二升半，以酒、油各半升，和攪，分二度灌口中。

馬羯骨脹：取四十九根羊蹄燒之，熨骨上，冷易之。如無羊蹄，楊柳枝指粗者，炙熨之，不論數。

飲馬，以寅午二時，晚少飲之。

啖鹽法：鹽須乾，天須晴，七日，大馬一啖一升，小馬半升，用長柄杓子深內咽中令下，肥而強水草也。

治馬後冷：豉、蔥、薑各一兩，水五升煮取半升，和酒灌之，即瘥。

蟲顙十年者：醬清如膽者半合，分兩度灌鼻，每灌，一兩日將息。不得多，多即損馬也。

蟲顙重者：葶藶子一合，熬令紫色，搗如泥，桑根白皮一大握，大棗二十枚，擘，水二升，煮藥取一升，去滓，入葶藶，搗令調勻，適寒溫灌口中，隔一日又灌，重者不過再，瘥。

蟲顙馬鼻沫出梁腫起者，不可治也。

驢馬胞轉欲死：搗蒜內小便孔中，深五寸，立瘥。又用小

兒屎，和水灌口，立瘥。

又方：騎馬走上坂，用木腹下來去擦，以手內大孔探卻糞，大效。探法：剪卻指甲，以油塗手，恐損破馬腸。

脊瘡：以黃丹傅之，避風，立瘥。

疥，以大豆熬焦，和生油麻搗，傅，醋、泔淨洗。

目暈，以霜後楮葉，細末，一日兩度，管吹眼中。即瘥。

馬蛆蹄：槽下立處，掘一尺，埋雞子許大圓石子，令常立上，一兩日，永差。

啖大麻子：淨擇一升，飼之，治哐及毛焦，大效。

疥：以樗根末，和油麻塗。先以皂莢或米泔淨洗之，洗了塗，令中間空少許，放蟲出。下得多塗，恐瘡大。

秘療疥：以巴豆、膩粉，研，油麻塗定，洗之，塗數日後，看更驗。

注釋

〔1〕又名轉胞。是指以臍下急痛為主症的小便不通。多由強忍小便，或寒熱所迫，或驚擾暴怒，水氣上逆，氣迫膀胱，使膀胱屈戾不舒所致。

※第六章※

葛洪在羅浮山廣建道觀、弘揚道家丹道與中醫藥養生文化、著書立說、行醫度人

葛洪（公元 283～363 年），字稚川，號抱朴子，丹陽句容（今江蘇句容縣）人，係三國方士葛玄重孫。青年時代的葛洪曾任過咨議、參軍等職，因厭惡官場，遂產生了崇尚神仙道家思想，在做了幾年官後，於公元 330 年左右攜家人來到廣東羅浮山修煉，長期從事煉丹術研究，過著「神仙丹鼎」生活。

羅浮山南傍東江幹流，綿亙在惠州博羅縣西北境內。「南粵名山數二樵」，一為西樵山，另一個即是羅浮山（古稱東樵山）。據《羅浮山志》記載：「羅浮山廣袤五百七十里、山高三千六百丈、大小山巒四百三十二，為嶺十五，為溪七十二，瀑布九百八十……。」

漢代史學家司馬遷稱羅浮山為「百粵群山之祖」。羅浮山是由羅山與浮山合抱而成，傳說浮山原是蓬萊三仙島之一，堯時，從東海浮來，傅於原有的羅山，合為一體，成為羅浮山。

秦始皇三十三年（公元 214 年）於境內設置縣治，即是據此傳說取名為傅羅縣，晉武帝太康元年（公元 280 年）改傅羅為博羅，至今羅浮山仍屬博羅縣轄範圍。

古代的羅浮山充滿了原始森林的雄渾曠美，古木參天，巨竹連嶺，山水神奇，珍禽異獸昌盛繁衍。但當時羅浮山並不很出名，自東晉咸和初年葛洪辭官上山隱居後，漸漸地有一些人

上山追隨葛洪學道，葛洪遂分別在羅浮山東、西和北方建三個觀，自己往來講學，最早建起的南觀稱都虛觀，也就是現在的衝虛古觀。

自此之後，羅浮山名傳漸遠，歷代不斷有人上山建寺修觀，而且香火十分旺盛，遂形成九寺十八觀的宏大氣勢，使羅浮山成為古代道教聖地，故在道教上，羅浮山被譽為「第七洞天」，「第三十四福地」，素有「神仙洞府」之稱，名聞遐邇。

由於羅浮山是道教聖地，遺跡遍布山中，加之風景優美，猶如仙境，因而吸引了大批的文人墨客。

自晉以來，不少著名的文人墨客為訪求羅浮仙境，追尋葛仙遺跡，不辭千辛萬苦，跋山涉水，遠道而來，他們往往如臨仙境，留連忘返，於探景訪勝之餘，發為吟詠，或鑿於崖，或題於壁，或散見於書……，所以又形成了羅浮山的一大景觀——摩崖石刻，滿山皆是。

呂洞賓、張三豐、陳泥丸、白玉蟾等仙道真人；以及杜甫、李白、蘇軾、李賀、劉禹錫、朱熹等歷代著名文人均留有名詞絕句，其中北宋著名詩人蘇軾的《初食荔枝》：「羅浮山下四時春，盧桔楊梅次第新，日啖荔枝三百顆，不辭長作嶺南人。」更是膾炙人口。

清代戊戌變法維新運動首領康有為、梁啟超，民國時期要人蔣介石、陳濟棠、蔡廷楷等均登臨羅浮，醉賞仙境，留有遺跡。可見羅浮山的確是一個「不可不遊」的旅遊勝地，現已成為我國十大名山之一。

羅浮山之所以成為道教和旅遊聖（勝）地，可以說是得助於當初葛洪發現並將其選為煉丹、布道、著述和隱居地。

葛洪來到羅浮山上，首先利用羅浮山上的礦石建爐煉丹，他由於厭惡做官，崇尚道家思想，希望能超凡出世，以達到自

我解脫的目的，因而從方士求仙思想出發，煉製仙丹以求長生不死，這些自然是不可能的，但煉丹實際上是早期的化學實驗，葛洪透過考察許多文獻資料，進行長期的煉丹實踐，認識了很多化學物質的特性，積累了豐富的藥物、冶金、化學等方面的知識，其中他著的《抱朴子內篇》系統記載了一些實驗操作技術和一些化學反應現象，如「丹砂（硫化汞）燒之成水銀，積變還成丹砂」的化學反應以及把鐵放在膽礬（硫酸銅）溶液中把銅置換出來的方法等，對促進化學及製藥化學的發展具有重要的貢獻。

羅浮山草木茂盛，藥物資源豐富，葛洪對此進行了充分研究利用工作。他在羅浮山一帶採藥行醫，多「採賤價草石」，「施於貧家野居」。他的主要醫學著作《肘後備急方》就是在廣泛收集嶺南民間醫藥方法，結合自己研究羅浮山藥物的成果及前人的經驗基礎上撰寫而成的。

《肘後備急方》在醫療和用藥方面都務求簡便實用，全書列有七十餘篇，以各種傳染病、寄生蟲病、內科雜病、外科急症等內容最多，尤其是對傳染病和寄生蟲病的防治方面有許多獨到之處。值得一提的是該書對羅浮山一帶流行的瘴病、瘧疾、腳氣等嶺南常見病都提出了一些合理的治療方法，其醫學成就是值得稱頌的。

葛洪對羅浮山的藥物研究也是富有成效的。《肘後備急方》中所載藥物約 350 種，其中植物藥 230 種，動物藥 70 種、礦物及其他藥 50 種，這些藥物大多來自羅浮山中。葛洪對開闢羅浮山藥物資源作出了重要貢獻。「羅浮山中多靈藥」，後世在羅浮山沖虛古觀形成的「洞天藥市」，就是歷史上著名的「廣東四市」之一。

今天，羅浮山的中草藥資源依然豐富，已成為我國重要的

第六章 葛洪在羅浮山廣建道觀、弘揚道家丹道與中醫藥養生文化、著書立說、行醫度人

南藥產地，羅浮山下已建起了廣東省博羅製藥廠、羅浮山製藥廠、白鶴中藥廠等5家中型製藥企業，真是葛洪遺風再現。

葛洪開拓了嶺南名山羅浮山，葛洪使羅浮山成為歷代的道教和旅遊勝（聖）地；羅浮山孕育了一代聖賢葛洪，羅浮山使葛洪在醫藥學、煉丹術、道教理論上取得了巨大成就。歲月流逝，山河迭易，但嶺南人民尊敬和懷念葛洪的意念是永遠不會改變的。在葛洪逝世1600多年後的今天，羅浮山上仍然保留了許多有關葛洪的古跡：

沖虛觀：為葛洪在羅浮山上最早建成的四觀之一，位於羅山之陽，麻姑峰下，座北向南，主體是一套四合院式庭院的木石建築結構，包括山門，正殿和兩廊，總建築面積為4400平方公尺。此觀幾經修建，現觀是1985年香港圓玄學院等道教團體捐修的。

沖虛觀因為是葛洪所創的道教聖地，已成為嶺南所有道觀的「祖庭」，歷代香火鼎盛，朝拜及參觀者絡繹不絕，現已被國務院列為全國重點道教活動基地之一。

葛仙祠：位於沖虛觀大殿的左邊，祠內供奉著葛洪及其妻鮑姑塑像，還保存著一塊清代嘉慶皇帝御筆「惠民佑順」木牌匾及木刻楹聯一副，聯云：「神仙忠孝有完人抱朴存真功侔雨地參天不盡飛裾成蝶化；道術儒修無二致丸泥濟世澤衍藥池丹灶可徒遺履認鳧蹤。」祠內至今香火不斷，多是嶺南及港澳的香客、遊人及醫藥工作者來此朝拜、參觀。

衣冠塚：位於沖虛觀左側半山腰，墓四周全是石塊，灰沙夯壘而成的一道墓墻，墓占地280平方公尺。墓碑已斷截，碑係紅石雕成，碑身正中刻有「衣冠塚」字樣，旁無年號及落款。關於葛洪的死與葬，《羅浮山志》有這樣的記載：「洪坐至日中，兀然若睡，年八十一，視其顏如生體，柔軟，舉入棺甚

輕如空衣，世以為得尸解云」，「衣冠冢在觀北，葛仙尸解，葬其衣冠」。現在「衣冠冢」方位與史料記載基本相符，但屬何年代所設，有待進一步考證。

稚川丹灶：又稱煉丹爐，位於沖虛觀右側。爐高 3.33 公尺，由爐座、爐身和爐鼎三部分組成，爐座是由 24 條青石砌成八角狀，石上分別按方位雕刻有八卦圖形及禽獸圖案。爐身呈正方形，邊角有 4 根八角形青石柱，每柱上端刻有雲龍浮雕，爐鼎呈葫蘆狀，用青石雕成，爐門向西，正中鑲有楷書：「稚川丹灶」四個大字，右刻「乾隆二十四年六月既望」，左刻落款：「廣東督學使者仁和吳鴻書」。據《羅浮山志》載，原「稚川丹灶」四個字為蘇東坡所書，原跡已佚。傳說葛洪當年就是用這個自行設計建造的石爐進行煉丹的。

洗藥池：位於沖虛觀右側，「稚川丹灶」旁邊。為八角形狀，由青磚砌成，面積 15 平方公尺，池畔矗一巨石，呈橢圓形，石中刻有「洗藥池」三個大字，左刻一首詩：「仙人洗藥池，時聞藥香發，洗藥仙人去不還，古池冷浸梅花月」，落款「庚戌秋為沖虛觀主題，邱逢甲」。相傳葛洪在此池洗藥，但據考證，此池非葛洪時期所建，係後人為紀念葛洪而修建的。

此外，還有葛洪煉丹時汲水的「長生井」及「遺履軒」等勝跡，處處引人緬懷羅浮山開山祖師的業績。改革開放後的羅浮山各處奇觀遺跡均修茸一新，作為道教和旅遊勝（聖）地的羅浮山正以一種全新面貌迎接國內外廣大遊客的光臨。

最近，羅浮山旅遊管理局已正式成立，葛洪紀念館籌建工作也正在進行，有關部門還在籌劃成立葛洪醫藥開發研究所和葛洪醫藥學術研究會，而位於羅浮山下的廣東省博羅製藥廠和羅浮山製藥廠等單位正在加緊對葛洪寶貴醫藥經驗進行挖掘整理、繼承研究工作，並在此基礎上已研製開發出了葛洪腰痛寧

保健袋，羅浮山百草油等新產品。

這次，中國藥學會在惠州主持召開的「紀念葛洪及其藥劑學成就學術研討會」對於深入挖掘、繼承整理葛洪寶貴醫藥經驗，推動葛洪醫藥學術思想的研究工作廣泛深入開展，將具有重要的現實意義。

我們相信，在不久的將來，葛洪的寶貴醫藥經驗將會為保障人民身體健康發揮出更大的作用。

彩色圖解太極武術

定價220元

定價220元

定價220元

定價220元

定價350元

定價350元

定價350元

定價350元

定價350元

定價350元

定價350元

定價350元

定價350元

定價220元

定價220元

定價220元

定價350元

定價220元

定價350元

定價350元

定價220元

定價220元

定價220元

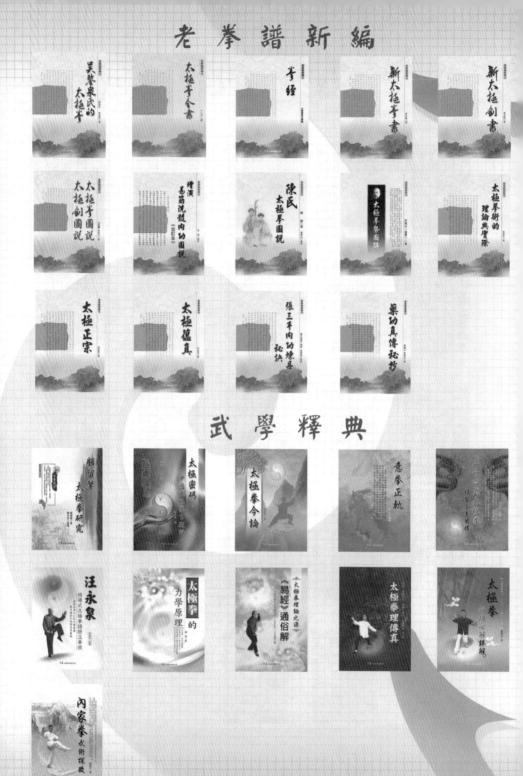

老拳譜新編

吳鑑泉氏的太極拳　太極拳全書　拳經　新太極拳書　新太極劍書

太極拳圖說太極劍圖說　增演易筋洗髓內功圖說《合訂本》　陳氏太極拳圖說　太極拳術圖解　太極拳術的理論與實際

太極正宗　太極蘊真　張三丰內功煉身秘訣　藥功真傳秘抄

武學釋典

顧留馨太極拳研究　太極密碼中國太極拳百科全書　太極拳今論　意拳正軌　三十四球太極劍張肇平氏圖釋

汪永泉揚譜武術太極拳揅心五十勢　太極拳的力學原理　《易經》通俗解太極拳理論之源　太極拳理傳真　太極拳内功心法詳解

內家拳武術探微

養生保健　古今養生保健法 強身健體增加身體免疫力

醫療養生氣功
定價250元

中國氣功圖譜
定價250元

少林醫療氣功精粹
定價250元

龍形實用氣功
定價220元

魚戲增視強身氣功
定價220元

道家玄牝氣功
定價200元

仙家秘傳袪病功
定價160元

少林十大健身功
定價180元

中國自控氣功
定價250元

醫療防癌氣功
定價250元

醫療強身氣功
定價250元

醫療點穴氣功
定價250元

中國八卦如意功
定價180元

正宗馬禮堂養氣功
定價420元

秘傳道家筋經內丹功
定價300元

三元開慧功
定價250元

防癌治癌新氣功
定價180元

禪定與佛家氣功修煉
定價200元

願倒之術
定價360元

簡明氣功辭典
定價360元

八卦三合功
定價230元

朱砂掌健身養生功
定價250元

抗老功
定價230元

意氣按穴排濁自療法
定價250元

健身袪病小功法
定價200元

張氏太極混元功
定價250元

中國少林禪密功
定價200元

郭林新氣功
定價400元

太極
定價280元

現代原始氣功
定價400元

開脈太極
定價300元

運靈功
定價300元

太極內功養生法
定價180元

無極養生氣功
定價200元

易筋經
定價350元

沈髓經
定價400元

精功易簡經
定價200元

武當張門七心活氣功
定價280元

手杖健身法
定價200元

武當道教養生導引術
定價180元

武當道教養生氏壽功
定價200元

太極拳內功養生心法
定價280元

意拳
定價280元

靜坐要訣
定價200元